巴西

A Biography

被殖民掠奪的熱帶天堂，
以狂歡掩飾創傷的森巴王國

BRAZIL

LILIA MORITZ SCHWARCZ
莉莉亞．蘇瓦茲
HELOISA MURGEL STARLING
海洛伊莎．史塔寧
著

許邏灣
譯

學者專家推薦

在外人看來巴西這國家是如此複雜、矛盾：擁有豐富的天然資源，卻也有聞名世界的貧民窟；伴隨著熱情的嘉年華會是冷酷的犯罪暴力；有最先進的憲法和完善的選舉制度，但政治卻無法穩定。今日的巴西仍舊是個充滿魅力的謎題。

本書作者，兩位知名的歷史學家強調歷史並非線性式發展，巴西歷史更不可能如此。她們描繪的巴西經歷過殖民時期的經濟開發，獨立後的君王體制，然後度過了獨裁政權，在進入民主化和經濟發展之後，卻又陷入政府貪汙，民眾抗議的亂象。

有別於過往的書寫方式，本書透過多元的人物和聲音敘述巴西人的集體故事，更指出影響這個國家的重大決策、各項計畫之間的矛盾，以及所帶來的歷史轉折。這是一本史料豐富，而且相當有趣的讀本，讓遠在臺灣的讀者更了解巴西，也拉近了臺灣與拉美的距離。

陳韻如（國立臺北大學社會學系兼任副教授）

巴西的種族混合形象塑造過程中，不能不提華人的角色，雖然人數不多，卻是具有某種意義的族群。十九世紀初期，華人攜帶了茶葉栽種的技術，首次受邀進入位於南美洲的巴西，可惜因土壤及氣候不適，未能順利開展。一九六〇年代，為開發巴西廣大的土地，巴西政府向包括臺灣在內的東亞國家公開招聘移民，掀起臺灣民眾移民巴西的熱潮。在不同種族參與巴西多元性的農業發展及經貿活動中，臺灣移民的貢獻是相當具體的，包括菇類的生產等。臺灣移民已經成為今日巴西多族群中的一分子。

湯熙勇（中央研究院人文社會科學研究中心兼任研究員）

這是一部巴西人的史記；追溯了五個世紀香料、糖業和金屬稀有物奴隸殖民制的悲慘歷史。如此的歷史物質主義，不僅形塑了巴西種族主義的建構，也確定了命定的階級社會關係。儘管巴西人民經歷過眾多「熱帶起義」式的反體制運動，然而，「包法利主義」的民族執念，一而再地讓世襲主義、政治庇護和任人唯親統治集團繼續侵蝕人民民主。不禁要問，這部巴西歷史，不也是眾多第三世界的歷史嗎？

鍾秀梅（國立成功大學台灣文學系教授）

目次

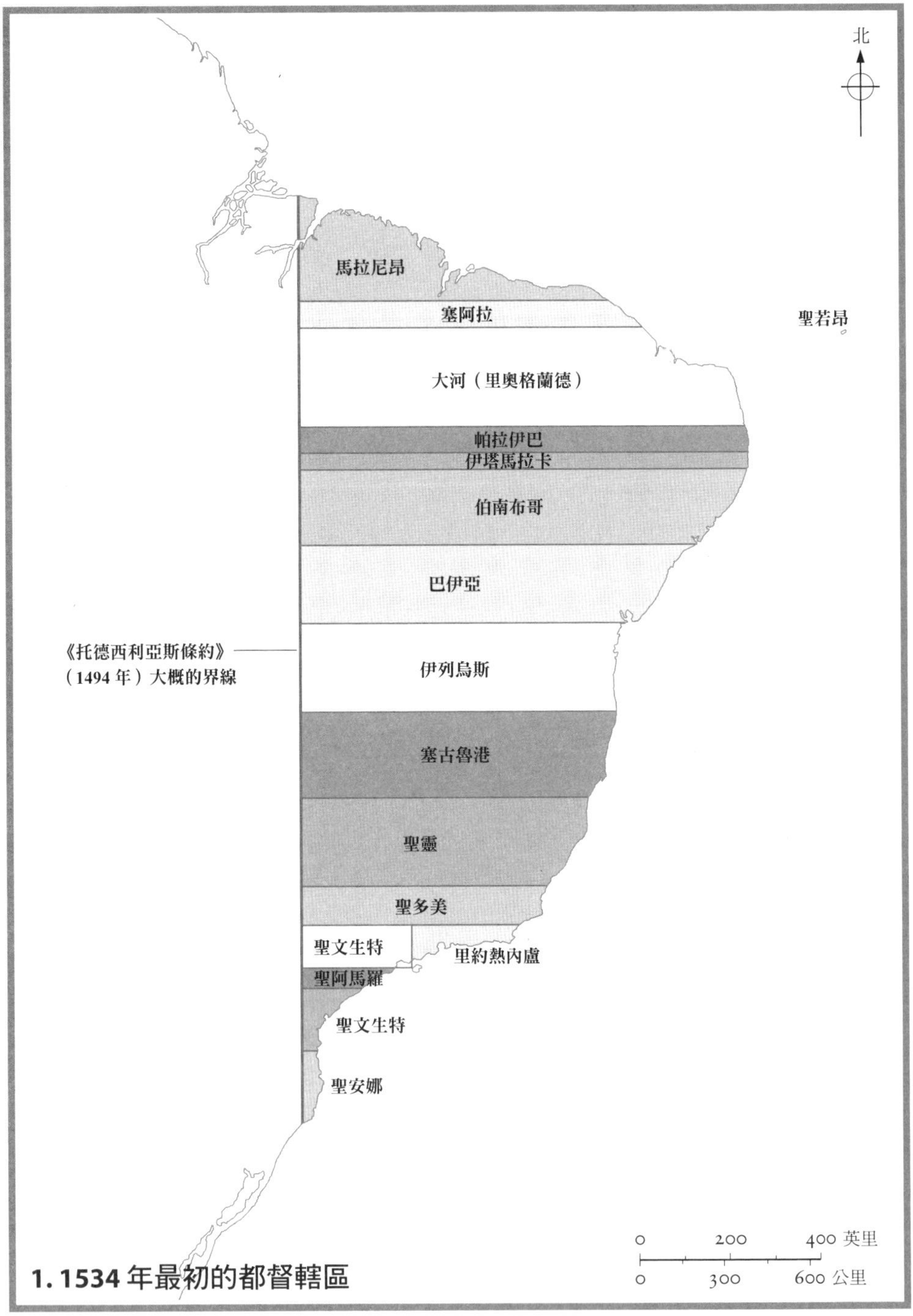

1. 1534 年最初的都督轄區

北
格朗帕拉
馬拉尼昂
伯南布哥
巴伊亞
聖保羅
里約熱內盧
聖佩德羅大河
（聖佩德羅里
奧格蘭德）
大西洋
太平洋
0 200 400 英里
0 400 800 公里

2. 1709 年巴西

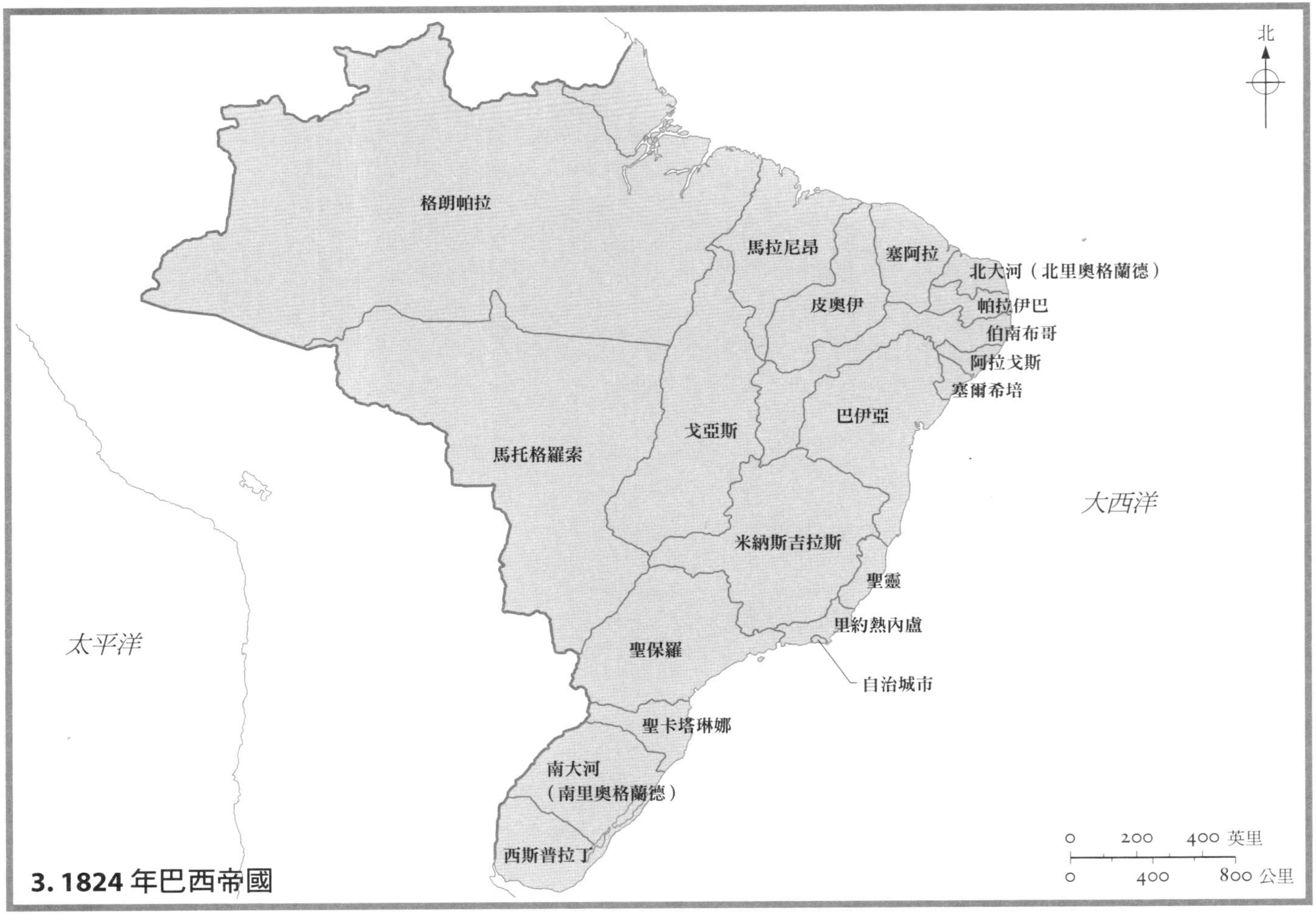
北
格朗帕拉
馬拉尼昂
塞阿拉
北大河（北里奧格蘭德）
皮奧伊
帕拉伊巴
伯南布哥
阿拉戈斯
塞爾希培
巴伊亞
戈亞斯
馬托格羅索
大西洋
米納斯吉拉斯
聖靈
里約熱內盧
自治城市
太平洋
聖保羅
聖卡塔琳娜
南大河
（南里奧格蘭德）
西斯普拉丁
0 200 400 英里
0 400 800 公里

3. 1824 年巴西帝國

4. 1889年巴西帝國

北
亞馬遜
帕拉
馬拉尼昂
塞阿拉
北大河（北里奧格蘭德）
帕拉伊巴
皮奧伊
伯南布哥
阿拉戈斯
塞爾希培
巴伊亞
戈亞斯
馬托格羅索
米納斯吉拉斯
聖靈
聖保羅
里約熱內盧
自治城市
巴拉那
聖卡塔琳娜
南大河
（南里奧格蘭德）
太平洋
大西洋
0 200 400 英里
0 400 800 公里

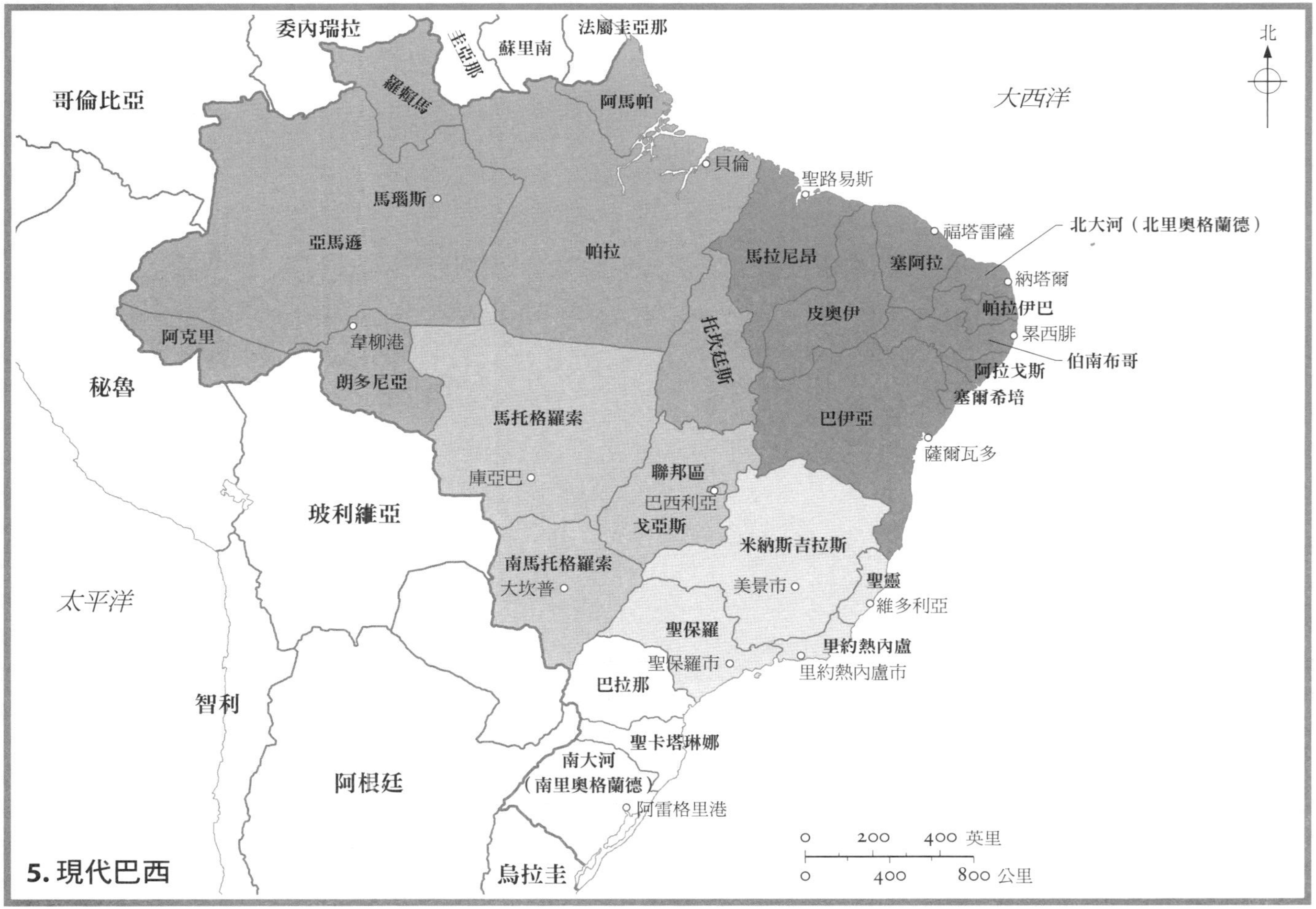

5. 現代巴西
北
大西洋
太平洋
哥倫比亞
委內瑞拉
圭亞那
蘇里南
法屬圭亞那
秘魯
玻利維亞
智利
阿根廷
烏拉圭
羅賴馬
阿馬帕
亞馬遜
馬瑙斯
帕拉
貝倫
馬拉尼昂
聖路易斯
塞阿拉
福塔雷薩
北大河（北里奧格蘭德）
納塔爾
帕拉伊巴
累西腓
伯南布哥
阿拉戈斯
塞爾希培
皮奧伊
巴伊亞
薩爾瓦多
托坎廷斯
阿克里
韋柳港
朗多尼亞
馬托格羅索
庫亞巴
聯邦區
巴西利亞
戈亞斯
米納斯吉拉斯
美景市
聖靈
維多利亞
南馬托格羅索
大坎普
聖保羅
聖保羅市
里約熱內盧
里約熱內盧市
巴拉那
聖卡塔琳娜
南大河
（南里奧格蘭德）
阿雷格里港
0 200 400 英里
0 400 800 公里

序文

「巴西近在咫尺」

很高興知道：一八八八年奴隸制廢除，全國都感受到本市〔里約熱內盧〕欣喜的反應。不可能不高興，因為奴隸制的起源是不公平，在日常生活中大家都有所體會。我上學的地方，在雷森德路（Rua do Rezende）一所國營機構，孩子們都很開心。我記得，我們的老師阿馬拉爾（D. Tereza Pimentel do Amaral）是很聰慧的女人，她向我們解釋這件事的真諦。但是我只有小孩子天真的想法：自由！自由！我以為現在我們都可以為所欲為；從此我們夢想的進步將沒有止境。但是我們離那一切多麼遙遠！仍然陷入偏見、規則與法律的羅網！〔……〕這些回憶美好，有些許鄉愁，使我們感知永恆。頑強的時間是死神的後代和同志，逐漸扼殺抱負，使我們的希望破滅，只留給我們哀傷和對過去的回憶——經常是微不足道的瑣事，卻總是給人安慰。

這篇文章的作者是利馬．巴雷托（Lima Barreto，全名 Afonso Henriques de Lima Barret），該市的新聞記者、隨筆作家和專欄作家。他居住的國家，人口普查顯示大多數居民是黑人和混血兒（mestizo），但是以個人的身分和在著作裡，定義自己是黑人的巴西作家寥寥可數，他是其中一位。這篇文章似乎不是為後人書寫。這種情感的爆發，潦草地寫在「戰爭部」（War Ministry）一張紙的背面；作者在「戰爭部」擔任文書，在公務員的等級相當低。

他的父親，恩里克斯·德利馬·巴雷托（João Henriques de Lima Barreto），與君主國有關連，在新共和政府的統治下，他是最先失業的其中一位。他找到倉庫的工作，之後負責管理一家精神病院。一九〇二年他被診斷出「精神錯亂」，被迫從公職退休。當時把精神病看作異族通婚造成種族退化的結果，他的兒子終生受精神病折磨；在一九一四年和一九一九年，利馬·巴雷托被關進「國立精神病院」兩次。這位作家的著作時常出現「瘋狂」、「沮喪」和「排斥」這些字眼，在很大程度上定義他這一代。

這篇文章似乎沒有信口開河或武斷的內容。它顯示某些特性持續存在於巴西簡史；至少，此歷史以一五〇〇年這個國家「被發現」時開始，雖然有些人稱之為「發現」，但是「侵略」會是更正確的字眼。這個國家存在的這五百年，發生的事件包羅甚廣，但是在政治與文化歧異的背景，可以觀察到某些特性頑強地堅持著。其中正是公民權發展的過程，充滿挑戰且迂迴曲折。本書將說明，民眾曾經多次表露公民意識和熱忱，例如利馬·巴雷托提及的一八八八年奴隸制廢除。伊莎貝爾公主在**帝國皇宮**（Paço Imperial）陽臺上宣布期待已久的政令時，下方的廣場擠滿民眾。雖然政府終於制定《**黃金法**》（Lei Aurea），但是大多出自輿論壓力。無論這條法律多麼重要，它未盡力使那些久未享有公民身分和權利的巴西人融入社會。這說明反覆出現的模式。在許多這類法案之後，接著發生政治與社會的挫敗：那些項目無法產生一個包容性社會；共和國缺乏共和價值，如同利馬·巴雷托的描述。

就是這個原因，巴西史有這麼多的來來回回、前進與後退，可能具有「混血兒」特徵，在某種意義上，像巴西的人民。這個歷史提供多重的答案，有時模稜兩可，不能以傳統的節日和慶典闡明，也不能單憑客觀因素或明確的演化觀點探索。巴西的歷史是一種混合體，產生不同的「記憶」形式。巴西史是「混血兒」，不僅因為它是一種「混合物」，而且它顯然是一種「分離」。這個國家以地主的權力為特徵（許多地主擁有龐大的莊園，一座城市的規模），權威主義和個人利益始終根深蒂固，動搖公民力量的自由行使，削弱公共事業，爭取人權的鬥爭隨之減弱。巴西有一句流行的諺語：「如果你偷一些，你是小偷；如果你偷很多，你是首長」，彷彿使這個觀念合法化（現今備受爭議、被廣泛討論）：有錢有勢的人被豁免，他們是不容置疑的公民。

還有一個特性，當作社會建構而非自然建構，不是民族特有，然而，令人震驚的是，它抗拒改進，始終存在於巴西史。暴力的邏輯和語言，深深嵌進巴西文化的決定因素。自從殖民化初期以奴隸制為顯著特點，暴力一直是巴西史的特徵。這種暴力史滲透巴西社會，擴展到各方面，幾乎自然化。雖然巴西不再實施奴隸制，但是奴隸制的後果投下揮之不去的陰影。這種暴力和痛苦的經驗，在現代的巴西社會重複、擴散並持續，在許多方面影響民生。

巴西是最後一個廢除奴隸制的西方國家，現今巴西繼續支持社會不平等和種族歧視，雖然加以掩飾，同樣悖理。儘管差別待遇不具法定形式，但是窮人、尤其是黑人，受到司法系統最嚴厲的處置，平均壽命最短，最難取得高等教育和高度勝任的工作。奴隸制難以磨滅的印記，對巴西文化起制約作用；這個國家根據膚色的層次自我定義。功成名就的人變得「比較白」，而貧寒的人變得「比較黑」。但是巴西人的自我認同，不止步於這種漏洞百出的民族意識，在這個國家，許多最著名的文化活動：卡波耶拉戰舞、坎東伯雷教、森巴、足球，有種族包容性。巴西的音樂與文化，起源和奇異點都是「混血兒」。儘管如此，不能忽視社會排斥的程序眾多；這些程序反映在有限享用娛樂和休閒、就業市場和保健服務（影響出生率），以及警方的日常恫嚇，以種族的相貌判定為基準。

在某種程度上，這種膚色與習俗的混合體，種族混合，塑造巴西的形象。一方面，這種混合靠暴力鞏固，各種民族、文化和經驗強制輸入這個國家。絕非所謂的社會和諧的嘗試，而是深謀遠慮地將不同種族混在一起。這起因於購買非洲人；用武力把非洲人帶進巴西的數量，比帶進任何其他國家的數量大許多。從非洲帶出來的全部奴隸，巴西接收四〇%以上，在葡屬美洲的種植園工作，總計約三百八十萬人。現今，巴西人口六〇%是黑人和「棕色人種」；因此，除了奈及利亞，巴西可以被歸類於人口最多的「非洲」國家。另外，縱使有許多爭論，據估計：在一五〇〇年原住民人口是一百萬到八百萬，與歐洲人「邂逅」後，其中二五到九五%被摧毀殆盡。

另一方面，不可否認，同樣的種族混合使其他國家相形見絀，產生一種社會以異族通婚、混合的節奏、藝術、運動、香料、料理及文學表現為顯著特徵。可以說「巴西的靈魂」五彩繽紛。巴西人有各種各樣的容貌、特徵、思考和理解這個國家的方式，是種族混合根深蒂固的證據，也是混雜的性質和形形色色的經驗產生新文化的證據。文化多樣性或許是這個國家最重要的面向之一，以「分離」和漫長的**人種混雜**（mestiçagem）過程產生的「混合物」為印記，並且受制約。

雖然這是數百年來遵照差別待遇行事的結果，但是巴西混合種族的靈魂（源於美洲印第安人、非洲人和歐洲人的混合物）提供新視角。這個國家未遵守統治者與被統治者（歐洲人與美洲印第安人，白人與非洲人）確立的相互關係，所產生的文化有多重意義。如同吉馬良斯．羅沙（Guimarães Rosa）最重要的小說人物之一——里奧巴爾多．塔塔拉那（Riobaldo Tatarana），曾經說：「這棵樹被禁錮在命運的小土堆裡，它卻張開那麼多臂膀」，所以，巴西有混合的靈魂，也有許多臂膀。巴西不能被歸類，把最顯著的文化實踐變得曖昧不明；這個國家既是世界的一部分，也與世界的其餘部分截然不同，但是永遠是巴西的。

這個國家有許多特性。利馬．巴雷托的原文以激動的諷刺下結論：「我們繼續頑強地活著，盼望著、盼望著……盼望什麼呢？明天或未來的某個時候，可能發生意想不到的事；說不定，突然交好運？花園有寶藏？」歷史學家布阿爾克．德奧蘭達（Sérgio Buarque de Holanda）在一九三六年的開創性著作**《巴西的根源》**（*Raízes do Brasil*）說明：這是巴西的民族執念，一個國家費心尋覓每日奇蹟、或某個出乎意料的救世主。他把這個特性稱作「**包法利主義**」（Bovarism），用這個概念表示「對我們自己的現實難以克服的幻滅」。從此，**卡里奧卡**（Carioca，里約熱內盧）的文學家們採用這個概念，描述巴西對「外國習俗」上癮，「什麼都模仿，彷彿那是自己的原料」。

「**包法利主義**」這個詞源自福樓拜的**《包法利夫人》**，用以定義現實感改變，個人把自己看作是別人。這種心理狀態產生長期的不滿情緒，因為幻想與抱負的強烈反差而產生，尤其是這些幻想與現實持續懸殊。現在試想一下：相同的現象從個人轉移到整個社會，把自己視為他物，等待出乎意料的事件使慘淡的現實改觀。根據布阿爾克．德奧蘭達（與利馬．巴雷托）的說法，全體巴西人都有包法利夫人的條件。

代表巴西民族性的一個標誌性隱喻，在足球比賽，眾人都等待「某事發生」以拯救球賽。人民的手指交叉，祈求蒼天會降下某種神奇的干預（緩解不適和解決所有的問題）。**立即達成主義**（immediatism）取代籌劃實質性的長期變革。目前流行的風尚，讓巴西人認定自己是「金磚五國」（BRICS）的成員，並且抱著這個信念：因為最近數年非凡的經濟成長，以及更大程度的自治權，這個國家加入俄國、印度、中國和南非的行列。[1] 如果巴西確實達成如此顯著的經濟發展，確實是世界第七大經濟體，更別提這個國家龐大的自然資源很少開發，那麼巴西不該忽視嚴重的社會問題，在運輸、衛生、教育和住房這些方面，雖然大有進展，但是匱乏的程度依然可悲。

「**包法利主義**」也隱含在十足巴西式的集體逃避，使巴西人否認這個國家的真實面目，想像一個截然不同的國家，因為真實的巴西令人不滿意；更糟的是，市民對變革覺得無能為力。巴西人的本色與他們對自己的認知，在這兩者之間的空虛感，他們幾乎探求所有可能的身分：白人、黑人、穆拉托人、野蠻人、北美人、歐洲人，與現在的「金磚五國」。哈姆雷特的「苟且偷生或是毀滅」，熱帶的版本是「苟且偷生就是毀滅」。或是，套用電影評論家保羅．戈梅斯（Paulo Emílio Sales Gomes）的話，「不成為別人或是成為別人，在這種奧妙的辯證，逐漸顯出我們堅持不懈的自我建構」。

這個概念也說明另一個本土執念：注視鏡中的自己，總會看到某種差別。有時比較法國式，有時比較美國式；有時比較落後，有時比較先進：卻總是不一樣。在巴西史的不同階段，這種理想化的國家建構，促進巴西民族主義的發展。

儘管民族論述有多種釋義，不久之前的殖民國家，像巴西，對創造身分很著迷，可媲美對充氣床墊的痴迷。在這些國家，民族認同總是被質疑。然而，我們明白：身分不是本質的現象，更何況，不受時間影響。恰恰相反，身分是動態的、政治的、可變通的表徵，在既定的情境裡對談判的反應。或許是這個原因，巴西人堅持這個想法：這種可塑性和自發性，是國家實踐與社會思潮不可或缺的部分。從這個觀點來看，巴西變成形勢總會好轉的即興之地，可以理解這句流行的諺語（有不加掩飾的確信）：「上帝是巴西人」。無論是用魔法、召喚聖人協助，或是用禱告和咒語，信念與宗教融合，使夢寐以求的奇蹟顯現。

巴西的**包法利主義**，隱含在定義民族性的另一個特徵：**家庭主義**——這種根深蒂固的慣例，把公共議題變成私人問題。出色的政治人物變成「家庭成員」，總是用教名稱呼他們：熱圖利奧、儒塞利諾、姜戈、盧拉、迪爾瑪。這似乎不是巧合，在獨裁統治時期，用姓氏稱呼將軍們：卡斯特洛·布蘭科、科斯塔－席爾瓦、蓋澤爾、梅第奇和菲格雷多。如同布阿爾克·德奧蘭達的論點：巴西的特點在於總是優先考慮情感和情緒，而許多國家組織社會的原則嚴峻到不近人情。他說：「我們會給世界一個真誠的人」，不是讚美的語氣，而是遺憾，批評巴西迂迴曲折地進入現代。「真誠」的英文（cordial）出自拉丁文（cor, cordis），在語意上與巴西表示「**心**」的單字（coração）有關，並且與這個推測有關：在巴西，親密感是基準（甚至連聖人的名字都用暱稱），對公益觀念顯得特別不熱衷，對那些掌權者明顯感到厭惡。更糟的是，大部分的集團不接受布阿爾克·德奧蘭達的論點，普遍誤解他對「真誠」的看法。它被看作嘲弄熱情友好的巴西，一個和諧、從善如流的民族，拒絕暴力行為。它反映前瞻性地建立有效的制度很困難，這種批判的意義未被理解。**包法利主義**的另一個例子是巴西持續很久的自我形象：一個愛好和平的國家，拒絕激進主義，儘管巴西歷史不時出現數不清的叛亂、舉事和抗議遊行。巴西又是又不是：一句模稜兩可的話，比幾個呆板的官方形象更有效率。

因此，精湛的意識形態可以媲美刺青或**執念**（idée fixes）；意識形態似乎有強加於社會和生成現實的影響力。不斷地聽到這些思想，巴西人終於相信這個國家，在這裡道聽塗說比現實重要。根據他們的想像力、快樂和克服困難的特殊方法，巴西人建構不一樣的巴西，一個憑空捏造的形象，最後成為巴西的鏡像。這一切利弊互見。但是這個國家繼續為社會不平等而鬥爭，仍然在奮力建構真正的共和價值與真正的公民。

一旦確認這種內在辯證，下一步是理解實際上它不完全是內在的。這個國家總是由那些外來的旁觀者給予定義。從十六世紀，在巴西是巴西之前，它仍然被看作不見經傳的葡屬美洲，受到十分好奇的觀察。這片領土是西方的「異類」，它**沒**有的（法律、規則或等級制度），或是它過分展現的（情欲、性、怠惰和社交玩樂），被用來描述它。從這個角度來看，這個國家只是在文明世界的邊緣，粗俗的文化充滿粗鄙的人民，然而他們熱愛和平並且幸福快樂。在廣告裡，以及根據外國人的說法，巴西仍然被看作是熱情好客、有異國價值觀，而且擁有一種「宇宙原住民」的樣式，因為這個國家的居民顯然是世界各地的「異族」混合體。

不可否認，巴西享有一連串的「奇蹟」，溫和的氣候（十六世紀的旅人稱之為「恆春國」），沒有天災——颶風、海嘯或地震，以及對某些團體沒有制度化對立和官方的對立，但是它當然不是應許之地，也不是「未來的國度」。有人企圖選派巴西當作替代方案，解決僵局和西方的矛盾。受同類相食的思想啟發，如同第一批訪客的見證，後來由蒙田（Montaigne）詳細說明，甚至更後來在二十世紀由奧斯瓦爾德·德索薩·安德拉德（Oswald de Souza Andrade）在《**食人族宣言**》（*Manifesto antropófago*）重新闡明，巴西人對重塑自我痴迷，使缺點變成優點和預兆。食人習俗、蔑視慣例和擾亂生產場所，仍然是本土的特性，反體制者抗命的儀式，或許使巴西人與眾不同，或者至少使烏托邦的火焰燃燒不熄。

自從卡布拉爾（Cabral）與他的帆船隊抵達，巴西對某些人而言是天堂樂園，對某些人是無止境的地獄，對其餘的人是地球上的煉獄。儘管與過去融為一體，這些特性依舊長盛不衰。在一六三〇年左右，方濟會的文森特修士（Vicente do Salvador，被視為巴西第一位歷史學家），在簡短的《**巴西史**》（*History of Brazil*）寫道：「這個島沒有任何一人是共和主義者，沒有人會在乎或管理公共財富；反而每個人只在乎自己。」

自從這個國家五百年左右的歷史有了起頭，在後來被視為巴西的領土建立最早的種植園，顯然難以共享權力和產生公益意識。然而，不管文森特修士的評論，共和價值確實存在於巴西。編造想像的公共生活建構，是巴西典型的逃避方式，避開在社會內部產生的僵局，某些方面成功而某些方面失敗。

所以巴西的發展出自矛盾對立。一方面，這個國家有高度的社會不平等，而且文盲的比例高，而另一方面，它的選舉制度是世界上最完善、最可靠的其中一種。巴西的工業區迅速現代化，它的「臉書」使用人數是世界第二高。然而，廣大的地理區域被荒廢，尤其是北部以簡陋的帆船為主要的交通工具。巴西有先進的憲法，禁止任何類型的歧視，然而，事實上，各種形式的偏見諱莫如深又乖張，根深蒂固且普遍存在於日常生活。在巴西，傳統與世界性、都市與農村、異國的與文明化，並行不悖。落伍的與現代的混合，以不斷質詢的方式互相質疑。

單獨一本書無法講述巴西的歷史。實際上，沒有任何國家的歷史可以用線性形式、當作一系列事件、甚或以單一版本來陳述。本書不打算講巴西的故事，而是讓巴西成為故事。套用漢娜・鄂蘭（Hannah Arendt）的話，歷史學家和他們的讀者學會「訓練想像力出去遊覽」。本書嚴肅看待她對「遊覽」的想法。本書不試圖建構「巴西人通史」，而是選擇傳記當作另類形式，從歷史角度了解巴西：了解許多事件塑造這個國家，在某種程度上維持國族議題。

公共領域與私人領域之間有奧妙的關連，傳記是最基本的例子：唯有明確表達，這些領域才會構成傳記的脈絡，使傳記永遠真實。撰寫這個國家的傳記，意味著質疑那些隨著時間推移而形成國家軌跡的事件，並且從中了解公共生活、世界與當代巴西——以便了解往昔的巴西人，以及應該存在或可能曾經存在的巴西人。

想像力與資料的多樣性，是編寫傳記重要的先決條件。一部傳記包括偉人、政治人物、公務員和「名人」，也包括不重要的人，幾乎是無名氏。但是建構一部傳記絕非易事：很難還原激發手勢的瞬間。根據歷史學家埃瓦爾多．卡布拉爾（Evaldo Cabral）所言，個人必須「處於亡者的地位」，使公共的與私人的產生聯繫，穿越不屬於我們的時代，打開不屬於我們的房門，意識到歷史人物的感受，試圖理解傳記處理的對象（在此處是巴西人）活動的軌跡：經過數百年，利用可取得的資源，他們在公共領域的成就；事實上他們的生活根據他們的時代需求，並非我們的時代。同時，不把日常巴西人的甘苦置之度外，而是進入他們的私密世界，傾聽他們的心聲。歷史學家必須找到方法處理模糊的界線，重拾經驗、認清這個經驗不牢固且沒有定論，並闡明其意義。所以傳記也是歷史編纂學的一種形式。

由於類似的原因，本書未超越獨裁統治後標誌民主化最後階段的年度，一九九五年，費爾南多．恩里克．卡多佐（Fernando Henrique Cardoso）於此年當選總統。我們認為：卡多佐與繼任者盧拉（Lula）的政府作用尚未充分顯示，他們標誌這個國家的歷史開始新的階段。現況都受到這兩位總統的影響，或許這是新聞記者的任務，表達政府的作用。

那麼，顯然本書不試圖包含完整的巴西史。更確切地說，牢記上述的議題，本書闡述建構複雜「熱帶社會」的冒險經歷。如同作家馬里奧．德安德拉德（Mário de Andrade）所言，巴西推翻我們所有關於巴西的概念。絕非溫順又愛好和平的國家形象，有假想的種族民主，本書描述一個國族的榮枯盛衰，這個國家有奧妙的**人種混雜**，成功調解嚴格的等級制度，以共有的內在價值制約，有獨特的社會習慣語。從這個角度來看，套用詞曲創作者湯姆．裘賓（Tom Jobim）的話：「巴西不適合新手。」這需要周全的翻譯。

第一章

先有名稱，然後這片土地叫做巴西

> 年輕的阿爾瓦雷斯．卡布拉爾（Álvares Cabral）到外地排解煩悶，
> 他發現地獄之都；換言之，他發現巴西。
> ——龐特．普雷塔（Stanislaw Ponte Preta）[1]

千變萬化的新世界

難以想像，「發現一個新世界」產生多大的影響和重要性。新，因為現有的地圖沒有它的標識；新，因為此地有不明的野生動物和植物麕集；新，因為有奇特的人類居住，他們實行一夫多妻制，赤裸裸地四處走動，主要的工作是打仗和「吃同類」。根據最早的報導，他們是「食人族」；那些報導標新立異，充滿異國風情和想像力。

熱那亞籍探險家哥倫布（Christopher Columbus）[2]自創 canibal（吃人肉的）這個新字，是西班牙文 caribal（加勒比的）訛寫。這個詞源自南美洲與安地列斯群島的原住民，卡拉伊巴族（cara ba）的阿拉瓦克語（Arawak），立即與歐洲探險家報導的習俗產生關連；當地的人民有食人[3]癖，使探

險家深感不安。這個詞也與 can 這個字有關，西班牙文 can 代表「狗」，與聖經人物**含**（Cam 英文寫成 Ham 或 Cham）產生聯想。在〈創世紀〉，諾亞醉臥在帳棚裡，么兒**含**嘲笑他的裸體，諾亞因而詛咒**含**將來成為兄長的「奴僕的奴僕」。[4]因此播下種子，日後「教會」名正言順地奴役非洲黑人，連帶地奴役印第安人，因為他們都被認為是**含**受詛咒的家族後裔。[5]

哥倫布初次到加勒比海諸島探險（一四九二—一四九三），日記裡夾雜著好奇和憤慨；他批評島上的土著有吃人肉的習慣，用形容詞 caribes（野蠻的）或 canibes（吃人肉的）描述他們。他二度到安地列斯群島探險（一四九三—一四九六），首次出現 canibal 當形容詞。美洲原住民有吃人的習俗，消息傳開來，使君主國的新提案有現成的正當理由實施奴隸制。哥倫布寫信給西班牙的天主教雙王斐迪南和伊莎貝拉，聲稱這些土著懶惰而且有失檢點——他們的身體塗戰鬥漆，不穿衣服，只用項鍊、手鐲和刺青遮掩私處。他主張：雖然食人族缺乏西方文明的價值觀，但是可以把他們當作奴隸充分利用。

阿美利哥．維斯普奇（Amerigo Vespucci）也在信件提起美洲有食人族。據說是維斯普奇寫給羅倫佐．德梅迪西（Lorenzo di Pierfrancesco de' Medici）[6]的信，在一五〇四年印刷成書，書名《新世界》（*Mundus Novus*），立即大獲成功，在歐洲各地出版。因為作者描述直接目睹吃人肉的場面，附有生動的版畫插圖，維斯普奇的觀察資料造成巨大影響，甚至超越哥倫布。維斯普奇能言善道，附加的圖像一樣具有說服力，形成決定性的論據，將美洲原住民妖魔化。他們被塑造成沒有社會秩序或宗教信仰的民族，對財產、領土或金錢毫無概念，對家庭和婚姻這類的制度一無所知。[7]維斯普奇的「新世界」印象與頹廢的民族不可分地聯繫在一起。他們似乎是另一種人類，漠視「舊世界」的價值觀。

從美洲的葡萄牙屬地傳來消息，其中有許多傳聞激發歐洲人的想像力：豐富的天然資源宛如天堂樂園，居民卻有惡魔的習性。一個未知的、深奧莫測的領地存在著，這份認知使人類的歷史開始嶄新的一頁。巴西的歷史正典以「發現者們」的成就開始，不僅建立新的葡萄牙領地，而且對此地的價值有敏銳的洞察力。矛盾的是，一旦故事包含原住民，這種官方的、宗主國的敘述體總會更改——那些民族顯然被人遺忘，無法分類、命名或理解。

若是這些敘述的語氣明顯帶有驚訝的反應——航海日誌描述海妖、巨獸、戰士和食人族，歷史學家反而不再主張美洲是偶然被發現。瓦斯科・達伽馬（Vasco da Gama）於一四九九年確定前往西印度群島的海路；根據他帶回來的資訊，葡萄牙君主國立即籌劃另一支探險隊。對位於大西洋口的小國家而言，顯然這是葡萄牙王國最佳的發展途徑。這個國家與占領伊比利亞半島的摩爾人（Moors）對抗數年後，國王阿豐索三世（Afonso III）[8]於一二四九年再度征服阿爾加維（Algarve），完成統一。統一加上海軍和航海儀器的發展，使葡萄牙得天獨厚，從事偉大的探險。葡萄牙帝國是持續最久的殖民帝國，在四大洲擁有領地，第一次征服於一四一五年獲得西非海岸的休達（Ceuta），絕非偶然。

葡萄牙對外擴張的推力，起初是基於貿易、軍事和傳布福音的綜合利益。例如，十四、十五世紀，香料市場促使葡萄牙人發現新路線到東洋。「香料」這個詞表示一批植物性產品有濃烈的香味或滋味，或是兩者兼備。香料用來調味和保存食物，也用於各種油、軟膏、香水和藥物。十字軍東征後，香料的消費量開始增加，在十四世紀熱帶香料，例如黑胡椒粒、丁香、肉桂和肉荳蔻，需求量最大。這些香料是亞洲的土產，要價極高。香料被當作貨幣使用，列入貴族與王室的嫁妝，列入遺產、資本準備金與王國政府的歲收。香料也用來交易，換取服務、契約、履行宗教義務和獲得免稅，並且用以賄賂高官。

然而，一四五三年五月二十九日，鄂圖曼土耳其人占領君士坦丁堡，土耳其控制香料路線，禁止基督教商人進入。因此，西班牙人和葡萄牙人著手勘察探險，發現陸上和海上的新路線，旨在壟斷香料貿易。他們企圖環繞非洲大陸航行，這是極危險的冒險，以前不曾有人嘗試。一百年後才成功，但是延擱證實是有利的。葡萄牙在非洲沿海地帶設立交易所，成為目前和未來的殖民戰略要地。

葡萄牙人抵達東洋，航線於是統合，成為眾所周知的「非洲巡航」（African Periplus）。原本這個詞暗示吉兆：長途旅行，順利歸來。但是時間一久，任何特定時期的變動和氛圍，總會影響語言，因此這個詞產生較負面的含意，與失敗的冒險和「薛西佛斯的詛咒」產生聯想。它被用以形容所有不自量力的人從事無法完成的冒險，正如同希臘神話裡的薛西佛斯（Sisyphus），他騙得過死神，但是只有一次。葡萄牙文 periplus 的意思變成永無休止的旅行，沒有任何好處。但是這種懷疑論證實是無稽之談。新航線產生特別的效益，成為葡萄牙進入現代的象徵。這是出發點，為建立遼闊的強大帝國。

西班牙也經歷殖民擴張的過程。西班牙王國於一四九二年統一，成為「民族國家」，為尋找東洋新航線，開始向西旅行。長久以來歐洲一直衝突不斷，為避免再發生戰爭，《托德西利亞斯條約》（Treaty of Tordesillas）於一四九四年六月七日簽訂，由葡萄牙和西班牙的王國政府瓜分「已發現或尚待發現」的領土。一年半前西班牙人抵達他們認為的西印度群島，其實是「新世界」，為天主教女王伊莎貝拉正式提出所有權聲明。葡萄牙君主抗議西班牙君主的聲明，《托德西利亞斯條約》是立即的回應。縱使無人知曉這些土地的範圍，憑藉此條約，現在這些土地有了主人和出生證明。[9]

《托德西利亞斯條約》有前身：教宗亞歷山大六世（Pope Alexander VI）於一四九三年五月四日簽署詔書《**其他事宜**》（*Inter Caetera*），將「新世界」劃分給葡萄牙和西班牙。這表示佛得角（Cape Verde）群島以西一百里格（約五百公里）所有的土地將屬於葡萄牙，一百里格以外的土地屬於西班牙。葡萄牙唯恐失去潛在的征服地，提議校對詔書並且設法修正。這兩個君主國簽訂《托德西利亞斯條約》，將佛得角海域（葡萄牙的領土）一座未具體說明的島嶼以西三七〇里格的經線定為分界線，這是佛得角與卡拉伊巴斯（Caraíbas）兩地之間的半程標記，哥倫布發現的。此條約也載明，經線以東的全部領土將屬於葡萄牙，以西的全部領土屬於西班牙。西班牙在一四九四年六月二日簽約，葡萄牙在九月五日簽約，彷彿這個世界（真實的，或是他們想像的）只能分成兩半，沒有爭論的餘地。

例如，當時巴西尚未出現在任何世界地圖，卻已列入協議：條約的分界線將這個國家從大約現今北部的帕拉州首都貝倫（Belém）縱切到南部的聖卡塔琳娜州拉古納鎮（Laguna）。不過，當時葡萄牙無意勘探這個假想的領地，主因是葡萄牙與東洋貿易，有足夠的盈利滿足需求。儘管如此，另一支探險隊於一五〇〇年組成，由總司令阿爾瓦雷斯．卡布拉爾（Pedro Alvares Cabral）率領，他是小貴族的一員，原本繼承母親伊莎貝爾．德古維亞（Isabel de Gouveia）家族的姓，後來改用父姓；其父費爾南．卡布拉爾（Fernão Cabral）是貝爾蒙特鎮（Belmonte）要塞指揮官。如同其他重要的探險家，卡布拉爾的事蹟鮮為人知。一四七九年，他大約十二歲，被送到葡萄牙國王阿豐索五世（Afonso V）[10]的宮廷。他在里斯本受教育，攻讀人文學科，他所受的教養是為國打仗。

一四八四年六月三十日，卡布拉爾約十七歲，在國王若昂二世（João II）[11]的朝廷接受第一級貴族初級騎士的頭銜（無重要性的頭銜，通常頒給年輕的貴族），得到年金兩萬六千雷亞爾（réis，葡萄牙貨幣）作為酬勞。一四九四年他晉升「基督軍團騎士」，這是葡萄牙最有威望的騎士品級。他獲得另一筆年金四萬雷亞爾，可能是他到北非旅行的報酬，如同其他年輕貴族的例子。雖然卡布拉爾沒有留下任何畫像，據悉他的體格健壯且個子高，將近六呎三吋（按：約一百九十公分，與其父一樣高）。有一些報導描述他通情達理、對敵人寬宏大量，也自負，得到這種高級官職的貴族在所難免。人們普遍認為他聰明機敏；縱使他欠缺經驗，他被任命統率葡萄牙最大的艦隊，啟航到遙遠且未知的地區。

指揮官率領探險隊到西印度群島，現存的文件很少，未說明遴選的標準。任命卡布拉爾為總司令的政令，只提到他的「功績和職務」。不過，據悉這位國王熟知朝廷的成員，而且卡布拉爾家族以效忠葡萄牙君主聞名。卡布拉爾也屬於國王的智囊團，他的任職可能幫助解決複雜的政治陰謀。有人認為此任命兼顧貴族的兩個派系，是深思熟慮的策略，因為，儘管卡布拉爾有個人的特質，他的經驗不足以統率這麼重要的探險隊。令人玩味的是，經驗較豐富的葡萄牙籍航海家，諸如巴爾托洛梅烏・迪亞斯（Bartolomeu Dias）、迪奧戈・迪亞斯（Diogo Dias）和尼可勞・科埃略（Nicolau Coelho），被任命為船長，在卡布拉爾的指揮下航行。

總司令的薪資高：卡布拉爾得到一萬克魯扎多(cruzados，巴西貨幣)，相當於三十五公斤黃金，並且有權利自費購買三十噸胡椒粉和十箱其他香料，在歐洲免稅轉售。因此，雖然這趟旅程非常危險，卡布拉爾回國時必定很富有，因為香料的需求旺盛卻很稀有。[12]船上每一百桶的貯存空間讓船長獲得一千克魯扎多，以及「不超載的」六箱[13]和五十「英擔」[14]（quintais，一英擔約一百磅）胡椒粉。[15]水手一個月賺十克魯扎多和十英擔胡椒粉，船艙侍者賺水手的一半，清掃組船員賺三分之一。還有水手長和船的守衛，他們的薪資是水手的一・五倍。船上也有神父，不僅擔任心靈導師也充當醫生。照例必定有妓女，藏在船員當中。這種陽剛的世界不會拒絕「名聲可疑」的女人，她們偶爾在波濤洶湧的海上懷孕，並且在船上生下子女。

探險隊的船員約一千人，其中七百人被指定為士兵，實際上他們是未受訓練的農家子弟，很多人被強徵入伍。這個名副其實的流動堡壘，問題不少。費爾南多・奧利韋拉（Fernando Oliveira）神父多次參與這類探險旅行，提供下列謹慎的建議：「海上沒有商店，敵人的領土沒有舒適的宿舍公寓；因此，每個人把家裡的糧食帶來。」[16]唯獨船長可以帶雞（通常給病人吃）、羊、豬甚至牛上船。但是這些牲畜從未分給船員，他們普遍挨餓。

如果旅程中沒有偶發事件，船上的食物僅勉強滿足水手的基本需求。在無風帶，或是因為舵手愚昧，船偏離航線，使行程突然延長，情況嚴重惡化。餅乾，在最早期的航行就有，是船上主要的食品。酒的存貨也很多，一天的配額是四分之一升，與飲用水和烹調用水的分配量一樣。然而，水往往放在不衛生的木桶，造成細菌繁殖、船員腹瀉並爆發傳染病。嚴格管制肉的配給，每隔一天分配；如果有存貨，間隔一日吃米飯配乳酪或魚。貯藏也是日常的難題。由於大部分食物跟著船員上船，成群的老鼠、蟑螂和甲蟲出沒，一起搶奪食物，一樣狼吞虎嚥。這些船沒有衛浴設備，小便斗懸掛在舷側，導致甲板上永遠有一股臭味。

有這麼多衛生問題，渡海時經常出現各種疾病。除了胸膜和肺的疾病，缺少維生素C引起壞血病（後來通稱牙齦病或羅安達病〔Luanda disease〕）也最常見。幾乎每天都有人死亡，唯一的解決辦法是在甲板上為屍體做殮葬準備，召神父來快速禱告，將屍體丟入水中。

橫渡無法無天的海域，旅程中盡是暴力、偷竊和各種想像得到的道德敗壞。犯罪、襲擊和打鬥與日俱增，與船上普遍不明確的狀態成正比。緩和緊張的活動非常少：打牌、集體表演、閱讀世俗和宗教的書籍，以及在甲板上遊行。

嚴格地講，海上探險是私人的冒險計畫，但是全部由王室資助，而且國王本人密切監督。這不僅需要龐大的投資，而且個人承擔極大的風險，必須有相當高的酬勞才划算。作為回報，君主國保留權利，控制所有攻克的領土、分配土地和壟斷贏利。因此，這類探險隊出發時，需要紀念儀式。

一五〇〇年三月九日中午，艦隊駛離塔古斯河（Tagus）的情景很美好，可能是十艘大型帆船和三艘輕快小帆船。這一年標誌著十六世紀的開始，充滿希望，而且這個季節適合橫渡南大西洋。前一日，船員接受盛大的歡送，有公眾的慶祝活動與國王親臨的彌撒。自從巴爾托洛梅烏・迪亞斯於一四八八年繞過「非洲之角」，將它取名為「折磨角」，表示貶抑聖科斯馬病[17]（St Cosmas' disease，指惡臭的雨水弄髒水手的衣服，導致皮膚膿腫），尤其是自從國王若昂二世將名稱改為「好望角」後，葡萄牙人就以「海洋領主」自居，受命運之神眷顧。

無論是什麼名稱，這個海角提供唯一的航線，連接大西洋與印度洋。對葡萄牙人而言，世界變得如此容易航行、如此小。然而，大西洋是「未知的海」，隱藏各種想像得到的危險：怪物、磨難，海洋的盡頭是大瀑布。如同瓦倫丁・費爾南德斯（Valentim Fernandes）在一五〇三年五月二十日的官方聲明：大西洋是「未知的海洋」。[18]但是人們持續探測海洋的奧祕：巴爾托洛梅烏・迪亞斯繞過「非洲之角」後，瓦斯科・達伽馬的艦隊於一四九七年啟航，在這九年中海洋變成實驗室，人們已經學到教訓。因此，雖然沒有把握，但是不完全聽天由命。卡布拉爾的艦隊直接航向佛得角群島，避開非洲海岸，避免困在赤道無風帶。一切準確無比，顯示指揮官遵循一條已確認的航線。

一五〇〇年三月十四日早上，這支艦隊經過加那利群島（Canary Islands）、航向佛得角，於三月二十二日抵達西非海岸附近的葡萄牙殖民地。第二天，其中一艘船由經驗豐富的船長瓦斯科・德阿泰德（Vasco de Ata de）指揮，載著一百五十人，消失得無影無蹤。船員個個愁容滿面，他們開始害怕這些未知的、簡直無法無天的海域。一般而言，這些人幾乎不知道探險的目的。由於地區的資訊不足，他們開始過度幻想，以為有寶藏和滿坑滿谷的黃金在等待這些探險家，也幻想有恐怖的怪物、各種龐大無比的魚，和各種難以名狀的危險。

實際上這類損失司空見慣。根據王國政府的資料，一四九七至一六一二年間，六百二十艘船從塔古斯河出航後，三百八十一艘未回到葡萄牙；其中的兩百八十五艘停留在東洋，六十六艘遭遇海難，二十艘偏離航線，六艘著火，四艘被敵人挾持。[19]這一連串的災難，大半要歸咎於暴風雨、過多的船貨、惡劣的航海狀況，以及用劣等木材建造輕快帆船；大部分輕快帆船只禁得起一次長途航行。

儘管有這些挫敗，葡萄牙艦隊朝西南方航行，遠離非洲大陸，在四月九日通過赤道。他們使用葡萄牙的航海技術，包括劃出一道大弧形，繞過無風帶的中心區域，藉此利用適宜的潮流和風向。這個策略很成功。早在四月二十一日，佩羅·瓦茲·德卡米尼亞（Pêro Vaz de Caminha）[20]就記述「陸地的跡象」：海草和海裡的垃圾。四月二十二日，卡布拉爾的艦隊觀測到西方有陸地。起初他們看見鳥，可能是海燕，然後看見一座很高的圓形大山丘，因為適逢復活節週，他們把它取名為「**逾越節山**」（Monte Pascoal），把這片新土地叫做「**真十字架之地**」（Terra de Vera Cruz）。[21]「探險隊發現新世界」，最初的反應是驚奇和想要占有，於是葡萄牙人為他們「發現」的一切創造名稱。

這片新土地位於現今的巴伊亞（Bahia），[22]我們有兩份罕見的早期描述，在四月二十六日與五月一日之間撰寫。西班牙天文學家若昂·法拉斯（João Faras，以若昂大師的稱號較廣為人知），率先描述「新世界」的天空和天體。他認為這些星群是全新的，「尤其是那些十字星」。這是歐洲人觀測南十字星最早的記載，這個星宿將成為巴西的象徵。另一份現存的文件是著名的「奏摺」，寄給葡萄牙國王，被視為巴西的「出生證明書」：標記巴西歷史起源的創始文件。作者是佩羅・瓦茲・德卡米尼亞，他與艦隊同行以便記錄事件。佩羅・瓦茲・德卡米尼亞被委派這項職務時已五十歲；他是君主的忠僕，在阿豐索五世、若昂二世和曼努埃爾一世（Manuel I）[23]的朝廷當武士。他呈上狂喜的見證報告，「此次探險已經發現您的新世界」。在這些船員和他們的代言人眼中，毫無疑問這是剛被「發現」的新土地。「誰找到就是誰的」，這個想法就是立即登記所有權，即使他們並不清楚自己真正找到的是什麼。

他們「找到」的，據推測是一種「新」人類。關於印第安人的來歷，開始流傳許多怪誕的理論。一五二〇年，帕拉塞爾蘇斯（Paracelsus）[24]表達他的想法：他們不是亞當的後裔，而是與巨人、水仙、地精和侏儒同族。一五四七年，吉羅拉莫・卡爾達諾（Gerolamo Cardano）[25]聲稱：他們是野生的，從腐敗的物質繁衍，像昆蟲和蘑菇。佩羅・瓦茲・德卡米尼亞報告他的見聞：

> 尼可勞・科埃略示意他們把弓放下。他們把弓放下。但是無法聽他們說話或理解任何有助益的話，因為波浪正在沖擊海岸。他只是給他們一頂四角帽（biretta）、他戴在頭上的亞麻布無邊帽，以及一頂黑草帽。他們其中一人給他鳥類羽毛做成的頭飾帶，很長，有紅棕色羽毛（像鸚鵡的羽毛）做成的榮冠。[26]

此文描述的交換，在巴西仍然廣受爭議：這種征服的開創性時刻是什麼狀況？縱使有政治、文化和語言的差異，這是「友善的接觸」、公平交易的實例嗎？

佩羅・瓦茲・德卡米尼亞對這些新人類很著迷：

> 他們有棕色皮膚、淡紅的面色、俊俏的容貌，鼻子的形狀很好看。他們赤裸裸地四處走動，沒有衣物。他們不覺得需要遮掩私處，隨時暴露私處就像露出他們的臉。就這一點而言，他們很單純。

他很驚奇他們的「紅皮膚和柔軟光滑的頭髮」，以及美好的身體和心靈。這是巴西「高貴野蠻人」的起源；這種陳腔濫調有些濫用，法國探險家經常引用這個比喻，後來在十八世紀被盧梭（Rousseau）採用。對這位啟蒙運動的哲學家而言，在批判歐洲和歐洲文明時，這個概念是很有用的對照，與任何直觀沒有關連。但是對最初抵達巴西的人而言，他們的認知是真實的。此地的異教徒善良，可以傳授他們教義，使皈依真正的信仰。因此，在一五〇〇年的復活節星期日，神父們在木造的祭壇舉行彌撒。總司令懸掛基督旗，使人類的英勇與神靈結合。然後他們給予神聖、有益的講道，敘述耶穌的故事；最後，以十字架之名，他們抵達和發現這塊土地的故事。

接著，五月一日星期五，他們在上游地區尋找最適合豎立十字架的位置，如此四面八方都看得到十字架。一旦豎立十字架和皇家徽章，神父（恩里克修士，Friar Henrique）舉行彌撒。根據佩羅・瓦茲・德卡米尼亞的說法，除了艦隊的成員，「有五、六十位印第安人參加，全都跪著」。讀福音書後，每個人站起來高舉雙手，佩羅・瓦茲・德卡米尼亞注意到，印第安人也跟著做。他很驚訝他們居然領聖餐：「其中一位，大約五十五歲，站在領聖餐的人當中〔……〕，走在他們當中，對他們說話，一隻手指指向祭壇，然後指向天空，彷彿好事要發生的預兆；我們也這麼認為！」

佩羅・瓦茲・德卡米尼亞顯然看得入迷。他的報導變成另一種反覆出現的神話——和平的征服神話，藉宗教結合眾人靈交。於是開始一種離奇的過程，使巴西被看作沒有爭端的國家，彷彿憑藉某種奇蹟或是神的干預，熱帶可以消除緊張和防止戰爭。根據歐洲人的說法，雖然歐洲因戰爭而分裂並且血流成河，但是在「新世界」即使有戰爭也只是小型的內戰。第一次接觸應該是無與倫比且平等對待，雖然時間證實相反：這是種族大屠殺和征服的故事。

這時候葡萄牙人已經以新土地的主人自居，主宰這片土地的命運、邊界和名稱。不過，這個發現起初並未轉移葡萄牙人的注意力，他們只對東洋感興趣。因此，有一段時間，這個幅員遼闊的新地區被擱置。然而，國際的競爭、他國的威脅，以及對雙邊的《托德西利亞斯條約》爭吵不休，不允許這種形勢持續太久。西班牙人已占據南美洲東北海岸，但是英國和法國侵入沿海地帶的各個據點，他們不同意西班牙和葡萄牙瓜分地球。法國國王弗朗西斯一世（Francis I）[27]言簡意賅地批評：「我想要了解，亞當的遺囑哪一條將世界分給葡萄牙和西班牙，拒絕給我該得的一份。」

到了一五三〇年，葡萄牙國王若昂三世（João III）[28]已經明白，教宗至高無上的權威使條約合法化，卻不足以嚇阻法國的海盜船，越來越多海盜在他的美洲領地定居。解決之道是成立若干殖民陣線，基本上是獨立的，較常與里斯本通訊，而非彼此聯繫。行政制度採用世襲的都督轄區，葡萄牙已經在佛得角和馬德拉島（Madeira）殖民地順利使用這個制度。這個概念很簡單：王國政府的財力和人力資源有限，因此將殖民化的任務與開發龐大的領地委託平民，授予他們廣闊的土地和世襲的權利。

一五三四年葡萄牙政府逐步將巴西分割成十四個都督轄區，授予十二人，通稱受贈者。因為完全不了解這個國家的內陸，於是想像與海岸線平行的狹長地帶，往內地延伸到**蠻荒林區**（sertão）[29]。

受益人都是小貴族的成員；七位曾經在非洲會戰和印度贏得勛章，四位高級司法官。這個制度授予他們都督轄區管轄權，有至高無上的權力發展這個區域和奴役印第安人。然而，極端的孤立證實非常不利，以致王國政府在一五七二年將巴西分成兩個行政區：「北部政府」首府在薩爾瓦多，負責的區域從萬聖灣的巴伊亞（Bahia de Todos os Santos）[30]都督轄區到馬拉尼昂（Maranhão）都督轄區；「南部政府」在里約熱內盧，負責的區域從伊列烏斯港（Ilhéus）到殖民地的最南端。如此一來形成領地中的領地，使幾乎互不相識的區域歸屬於單一的政務單位。

實際上，在前往西印度群島的航線上，「發現」這個奇異的世界時，葡萄牙人就決定至少該給它取個名字。多年來他們不太清楚如何處理新領地，有很多的猶豫不決。為了彌補，一五〇一年後探險隊被派到沿海地帶勘察，開始為地理特徵命名，測量和劃分緯度區，基於這確實是新大陸的前提。儘管他們對這片領土不感興趣，尤其是從一開始找不到讓西班牙人狂喜的大量白銀和黃金，他們仍然必須給它名稱。[31]在若昂大師與佩羅．瓦茲．德卡米尼亞的信中，它叫做「**真十字架**」（Vera Cruz，音譯**維拉克魯斯**）或「**聖十字架**」（Santa Cruz，音譯**聖克魯斯**）。但是沒有一致的協定；一五〇一年後，這片領土有時叫做「**鸚鵡之國**」，與五彩斑斕、會說話的鳥類有關（縱使沒有人懂鳥語），有時叫做「**聖十字架之地**」。後者是國王曼努埃爾一世寫信給西班牙國王的用詞。這也是第一次舉行彌撒的地名，由佩羅．瓦茲．德卡米尼亞詳細描述，被看作是軍隊和基督教首次使用這片領土的場所。根據若昂．德巴羅斯（João de Barros）當時的報告，卡布拉爾將**聖克魯斯**領地獻給「聖十字架」運動，使彌撒的慶典與耶穌的犧牲產生關連，輸送到他們「找到」的土地。因此，這片領土應該全部奉獻給上帝，對上帝而言最佳的禮拜是異教徒皈依。

早期的種種謠傳和互相矛盾的報導之後，逐漸產生一種意識：必須保護新領土不受外國攻擊。

新領土必須有人居住和殖民化，而且必須激勵某種經濟活動。除了鸚鵡和猴子，唯一可交易的產品是「染料木」，在東洋是相當有名的珍貴顏料，在歐洲高價出售。因此，在卡布拉爾的探險後不久，其他葡萄牙籍航海家也啟航到新領土勘探，萃取這種土生土長的植物。

巴西木（Brazilwood）[32]在沿海地帶大量生長，圖皮族（Tupi）印第安人原本把它叫做「**紅木**」（Ibirapitanga）。這種樹經常長到十五公尺高，樹幹巨大、樹枝結實，豆莢多刺。巴西木的需求量大，適合做優質家具，微紅的樹脂用以染布。據悉，葡萄牙人抵達時，大約有七千萬棵巴西木。接下來的數年，葡萄牙的伐木者，用物品換取印第安勞工的協助，將這個品種摧毀殆盡。早在公元九〇〇年，東印度群島的各種記載可以找到巴西木，與若干生產紅色染料的植物並列。這種樹和染料有很多不同的名稱：brecillis、bersil、brezil、brasil、brazily，全都源自拉丁文 brasilia，意思是鮮豔的紅色，「火焰的顏色」。最初「**滿載一船巴西木**」抵達歐洲的紀錄是在法國，追溯到一〇八五年。加斯帕・德萊莫斯（Gaspar de Lemos）在一五〇一年探險時，阿美利哥・維斯普奇已注意到滿載一船這種漂亮的木頭。

一五〇二年殖民者已開始更有系統地開發巴西木。雖然不像東洋商品那般被珍視，巴西木引起相當大的興趣：間接地，葡萄牙人已回歸香料貿易。葡萄牙王國政府立即宣布巴西木是皇家專賣品，只允許經由付稅的方式開發。第一個開採特許權於一五〇一年授予費爾南多・迪諾羅尼亞（Fernando de Noronha）[33]，他也獲贈聖若昂島（Island of São João），後來改為都督轄區，採用這位受贈者的名字。印第安人提供勞力換取廉價珠寶。他們砍伐樹木，將木頭帶到岸邊停泊的葡萄牙船；作為回報，他們獲得菜刀、小刀、布匹和各種小玩意兒。將巴西木運到葡萄牙的第一艘船叫做 Bretoa，於一五一一年啟航，船上有五千根原木，以及猴子、貓、大批鸚鵡和四十名印第安人；歐洲人對這些印第安人十分好奇。[34]

一五一二年左右，這個產品在國際市場打下基礎，Brazil（**巴西**）這個詞變成葡屬美洲的官方名稱。但是其他名稱、或是合併的名稱，仍然同時使用，包括「**巴西聖十字架之地**」及「**葡萄牙聖十字架之地**」。在這種分歧的專門用語的背後，世俗的與宗教的強權之間有更複雜的鬥爭。十字架豎立在那個遙遠的小山頂，經歷短暫的優勢；現在是魔鬼在統治。基督教的年代史編者，對這個事實深感遺憾：由於船舶裝載的商品增多，在這個新王國物質利益取代聖十字架的利益。例如，若昂·德巴羅斯感嘆，「染布料的木頭名稱」受到重視，勝過「使聖體可信的那根木頭，耶穌的血流在那根木頭上，使它染上血色，我們因此得救」。[35]

於是，「耶穌的血」紅色與逐漸和魔鬼產生關連的「紅色染料」，開始鬥爭。馬加良斯·甘達沃（Pero de Magalhães Gândavo）[36]的著作使鬥爭進一步激化，他可能是里斯本國家檔案館的抄寫員。[37]他在《**聖克魯斯省發展史**》（*História da provincial de Santa Cruz*，於一五七六年出版）呼籲恢復原來的名稱；他認為企圖抹殺「聖十字架」的記憶乃魔鬼的行徑。這是費力的鬥爭；殖民地已順利開拓，殖民者逐漸將貿易的角色與「教會」傳授教義的宗教使命聯繫在一起。或許魔鬼會繼續存在，但是殖民者認為他們的工作也是上帝的工作。新殖民地的名稱備受爭議，引起矛盾情緒和不安，逐漸反映在對此地更深切的關注。

就是在這個時期，有關「新世界」的報導，停止區分土地、產品和原住民。巴西歷史學家布阿爾克·德奧蘭達（Sérgio Buarque de Holanda）在他的著作《**天堂願景**》（*Visão do Paraíso*）[38]回想古塞爾特神話，為名稱的由來提供另類的解釋。根據這個神話，在遠古時代大西洋有數座島嶼長滿地衣和其他製造染料的植物，例如「龍血」（Dragon’s blood）有紅色樹脂。這位歷史學家下結論：巴西的名稱源自愛爾蘭語 Hy Bressail 和 O'Brazil，意思是「幸運島」。

島嶼是呈現烏托邦的理想地點。愛爾蘭的「幸運島」原本是虛無縹緲的島，沒有歷史可考證，十五世紀又出現在亞速爾群島（Azores）附近。這個島也與航海家聖布倫丹（Saint Brendan）的「天國之島」（Isle of the Blessed）產生聯想。佩羅．瓦茲．德卡米尼亞描述的天堂樂園，使人想起烏托邦似的「幸運島」。這或許也說明十六世紀初很多地圖出現 Obrasil 這個名稱的緣由。愛爾蘭神話是宗教與伊甸園傳統的部分，很迎合當時的地圖製作者。一三三〇年這個名稱首次出現在一座神祕島的標識，一三五三年它仍然存在於一幅英國的地圖上。無論如何，在「發現」的時期，印第安人長壽和伊甸園般的生活狀況，顯然與其他類似的神祕地區有關連。長久以來這個謎團一直不變，正如同（熾熱的木炭）紅巴西木與救世主的木頭，這種矛盾的態度。或許最好的作法是為上帝點燃一根蠟燭，吹熄魔鬼的那根蠟燭。[39]

天堂或地獄：十六世紀報導的自然與土著

無論選定哪個名稱：巴西、聖十字架之地、鸚鵡之國、或葡屬美洲，都會產生某種矛盾情緒，但是有一點是確定的：此地的自然和土著已開始呈現「另類」的角色。[40]它的自然環境被看作是天堂樂園（永遠的春天，棲息的動物不傷人），它的族群卻越來越令人擔憂。士兵、指揮官、海盜、神父和純粹好奇者，熱切地交易浮誇的故事。這些幻想的作品，遵循古老的傳統，盡是旅行者天花亂墜的報導，超越肉眼能看到的或是智力能理解的故事，例如**《大修道院院長聖布倫丹航海記》**（*Navigatio Sancti Brendani Abbatis*）[41]、伊希克斯．伊斯特（Aethicus Ister）的**《宇宙誌》**（*Cosmo-*

graphia）[42]、皮耶・戴伊（Pierre d'Ailly）的**《世界寶鑑》**（*Imago Mundi*）[43]、《約翰・曼德維爾遊記》（*The Travels of Sir John Mandeville*）[44]，以及十六世紀初其他受歡迎的著作。[45]

這類遊記，有時描述這些奇妙的區域是地球上的天堂樂園，有肥沃的平原和青春泉；有時把它們描繪成荒涼的土地，居民是畸形的怪物。文獻這麼強調：這些地區的居民有四隻手臂，或是額頭中間有一隻眼睛，有陰陽人、侏儒和著魔的美人魚。難怪，在哥倫布最初寄回國的信中，他覺得如釋重負卻有些失望，他承認不曾見到任何像人類的怪物，相反地，這些土著的身體都很健全。[46]不過，圖畫和地圖仍然描繪這些怪物，而且與吃人肉的習俗有關連。因而針對這些異教民族的本性，進行哲學和宗教的討論。有些人認為他們是亞當和夏娃的後裔；有些人認為他們是凶猛的野獸。

這種文獻在十六、十七世紀大量增加。在歐洲人的思維，他們既惶恐又驚奇地認為，與美洲接觸將是西方現代史最了不起的成就。這是部分原因，旅行敘述體在「新世界」裡再現曾經被信以為真的神話：地球有天堂。可是，異教徒的習俗，很難與地球上的天堂樂園並存。總的說來，負面形象的衝擊，或許不如伊甸園的描繪那般強烈，然而，幻想的作品幾乎將土著刻畫成反天堂樂園的居民，甚至是地獄的居民。因為吃人、巫術和不控制性欲，這些人必須受譴責。[47]

十六世紀以後，無數的文章以這個尚待開發的人類新領域為主題。因為著作權的概念尚未落實，往往一份報告被另一份報告複製和擴充，加強虛構的觀點並且大肆渲染。有關這個國家的第一封信，由佩羅・瓦茲・德卡米尼亞於一五〇〇年撰寫，直到一七七三年才發表。然而，阿美利哥・維斯普奇寫給羅倫佐・德梅迪西的信，不僅提到「聖十字架之地」，也提到該地的居民。這些文件根據哥倫布在最初的日記裡表達的思想，進而顯示馬可波羅與曼德維爾旅行敘述體的影響。開始流傳這個觀念：地球上的天堂與青春泉在附近某處，亞馬遜英勇女戰士也住在那兒。不同國籍的旅行者來到這個國家，他們都很熟悉義大利學者皮加費塔（Antonio Pigafetta）[48]的著作，他在一五一九年摘要他的研究結果如下：「巴西的男人和女人赤裸裸地四處行走，活到一百四十歲。」

十六世紀五〇年代才開始出現更多樣的巴西文學：一方面，伊比利亞半島的作者把焦點放在殖民化；另一方面，「非伊比利亞半島的作者」，主要是法國人，關注有關「原住民」的非議。以葡萄牙文撰寫的文章，最著名的是前面提及的馬加良斯．甘達沃，他是國王塞巴斯蒂昂一世（Sebastião I）[49]的宮廷侍從和武士、皇家的財政祕書，（可能）兼國家檔案館抄寫員；他的著作普遍被認為最具權威性，導致佩羅．瓦茲．德卡米尼亞與維斯普奇展開辯論。巴西是天堂或地獄？巴西的居民是單純或墮落？雖然甘達沃稱讚這片土地肥沃、氣候溫和宜人，但是他也率先描述此地的人民是「一大群野蠻的異教徒」。他在七〇年代寫《**巴西領地條約**》（*Tratado da Terra do Brasil*），一五七六年寫《**聖克魯斯省發展史**》（*História da província de Santa Cruz*）[50]，這兩部作品旨在鼓勵葡萄牙人移民和投資美洲殖民地，效法英國人在維吉尼亞州的作法。雖然葡萄牙的注意力仍然集中在東洋，現在西班牙、英國和法國將矛頭指向「新世界」[51]，但是瞄準不同的區域：秘魯和墨西哥將成為西班牙人的美洲；佛羅里達州變成英國人的；巴西變成法國人的美洲。[52]

甘達沃的讚美滔滔不絕：「這片土地令人歡喜而且氣候溫和，絕對不會讓人覺得太熱或太冷。」這的確是富饒的土地而且四季如春。然而，對此地的印第安人，他的話並不令人振奮：「那些住在沿海地帶的人，他們的語言很容易描述：少了三個字母。沒有F、沒有L、沒有K，[53]這值得驚奇；沒有 Faith（信仰）、Law（法律），也沒有 King（國王），因此他們的生活沒有正義和秩序。」[54]他以這些原住民的缺憾來概括他們，而非他們擁有的價值觀。雖然豐富的天然資源宛如天堂樂園，但是這些土著的風俗，最客氣的說法是奇特：他們居住的村落「擠滿人」，使用吊床，「他們全都睡在一起，沒有規章制度」。更糟的是，根據甘達沃的描述，他們「逞凶鬥狠」，殺囚犯和吃囚犯，「因為仇恨而非飢餓」。隨著書中內容的進展，這位作者對這些「野蠻人」越來越沒有同情心。「這些印第安人極為野蠻和殘忍，他們從不因為同情而心軟。他們過野獸般的生活，沒有秩序、不和諧，很不誠實，而且縱情於性和罪惡，彷彿沒有人類的理智。」[55]

甘達沃在他的著作《**通稱巴西的聖克魯斯省發展史**》（*História da província de Santa Cruz a que vulgarmente chamamos Brasil*）[56]重複這些論點。他詳盡地描寫「當地的土著」：銅色皮膚和黑色直髮，扁平臉，五官「像中國佬」。他堅稱：「他們的生活懶散，善變且飄忽不定」，而且「不做禮拜，不尊重他們的國王或任何法官」。吊床用以象徵他們的懶惰和淫蕩；當時的版畫總是有吊床，彷彿美洲人在等待歐洲人來躺下。從「教會」的觀點，這些土著的儀式是盲目崇拜，有許多習俗，例如以人為祭品；這些族群崇拜魔鬼，信奉虛假的宗教，與聖子為人類贖罪、救世和犧牲的啟示完全相反。原住民的信仰被認為是嚴重倒退的例子；就他們的道德狀態而言，最近被征服的民族，危險且背信棄義。[57]

雖然葡萄牙人對土著的報導普遍沒有好評，卻非常積極地宣傳這片領土豐富的天然資源；畢竟，報告書的用意大多是鼓勵移民。另一方面，法國人留下旅行日誌，引起更大的騷動。雖然諾曼（Norman）航海家在文章裡提及「缺乏信仰」的問題，但是他們從事巴西木的交易，與圖皮南巴族（Tupinambá）易貨貿易，因而致富；法國人大體上似乎不在意土著沒有規章制度和宗教信仰。皮埃爾．德龍薩（Pierre de Ronsard）[58]一五五九年的著作《**命運悲歌**》（*Complainte contre Fortune*）描述「美洲的黃金時代」，他想要在美洲定居，「在那兒無教養的人純真地四處閒逛，總是赤裸裸的；沒有惡意、沒有善、沒有惡……」[59]此處的「沒有」表示具備特質，而非缺乏特質。巴西的異教徒激發法國人的想像力。

舉個例子，一五五〇年盧昂市舉行**巴西節**（fête brésilienne），法國國王亨利二世[60]偕妻子凱薩琳．德梅迪西[61]出席。盧昂市為王室伉儷籌備盛大的招待會，建造壯觀的紀念建築物，包括方尖碑、聖堂和凱旋門，用以歌頌「新世界」。自從葡萄牙人抵達美洲已經過了半世紀，表演「巴西人」——英勇的圖皮南巴族與法國人並肩作戰，是最時髦的事。當地的貴族觀察五十位圖皮南巴人在塞納河兩岸模擬戰鬥。為了讓表演更生動，兩百五十位「臨時演員」打扮成印第安人，與表演者一起演出狩獵探險、戀人幽會和戰爭的場景，以及像是在裝載鸚鵡和香蕉。[62]

與這類的田園表現相反，一種截然不同的形象——印第安人是食人族的形象顯現，象徵他們的生活方式。自中世紀以來，同類相食的妖怪一直是歐洲人的幻想物，但是沒有確切的地點。已知存在這種習俗的第一個地方是哥倫布的安地列斯群島；狄德羅（Diderot）的《**百科全書**》（*Encyclopaedia*）[63]仍然將此地的人民列為食人族。一五四〇年托勒密（Ptolemy）的《**地理學指南**》（*Geographia*）[64]列入德國製圖家塞巴斯丁．明斯特（Sebastian Münster）[65]繪製的地圖，該地圖將 cannibals 這個詞橫越整個巴西，從亞馬遜流域到拉普拉塔河（Rio de la Plata）。據說印第安人是「互相殘殺和同類相食的狗」，使人想起文藝復興的畫像，[66]尤其是弗朗索瓦．拉伯雷（François Rabelais）的畫：「食人族，像怪物的非洲人，臉像狗，笑聲像狗吠。」[67]

之後法國人創造「同類相食」（cannibalism）與「食人癖」（anthropophagy）重要的語意區別，提供兩種不同的詮釋。這兩個詞都是指吃人肉的風俗，但是後者的情況只在動機是高度儀式化的**復仇**。十八世紀法國人道主義者與十九世紀巴西的浪漫主義印第安學派，將巴西的印第安人理想化，[68]這是根據十六世紀思潮脫穎而出的概念。

蒙田（Michel de Montaigne）一五八〇年的散文〈食人族〉，是法國最著名的人道主義作品之一，以圖皮南巴族為模型，是這股思想的範例。這位哲學家說：在盧昂市過完**巴西節**，他與定居法國的印第安人談話後，產生念頭寫這篇散文。他的散文運用相對論，從中發覺圖皮南巴族作戰的方法比歐洲人更合乎邏輯：「現在，回到主題，我看不到這些族群有任何野蠻或殘暴的行為，除非大家認為野蠻的事情就是自己的國家不做的事情。」[69]這篇著名的散文有很多詮釋。或許最重要的觀點是他對這些原住民讚賞有加，尤其是以十六世紀歐洲遭受宗教戰爭的攻擊為背景。不過，他下結論：「坦白說，與我們相比，這些人很殘暴；情勢所逼，他們必須絕對殘暴，否則就是我們殘暴；因為他們的風俗與我們迥然不同。」這是人道主義願景的萌芽階段，質疑歐洲人的價值觀，而非印第安人的價值觀。

哲人的思考並非唯一的關注。在十六、十七世紀大量法文的報導更關注法國企圖在巴西建立殖民屯墾區。法國人明目張膽地藐視《托德西利亞斯條約》，不接受此條約，多次侵略殖民地，其中兩次是持久戰。第一個殖民屯墾區項目是「法屬南極洲」，由維萊加格農（Nicolas Durand de Villegaignon）負責；一五五五年他在里約熱內盧登陸，有大批的士兵和工匠伴隨。然而，第二年維萊加格農寫信給喀爾文（John Calvin，新教改革的領導者之一，他在奧爾良的法學同學），要求他派一組新教的信徒來控制叛亂，殖民地正在遭受荼毒。因此，一五五七年十四位喀爾文教徒抵達里約熱內盧。事情馬上見分曉，他們的出現反而使衝突惡化。在危急關頭，這些喀爾文教徒被迫逃離瓜納巴拉灣（Guanabara Bay）島嶼，尋求圖皮南巴族的庇護。

這個經歷有幾份報告書留存，描述這片土地和居民。從一五五五至一五五八年維萊加格農待在巴西，遺留許多信件描寫這個區域。一封一五五六年的信，署名N. B.（Nicolas Barré，尼古拉・巴爾雷，法國派來的喀爾文教徒），信中維萊加格農百般讚美巴西的天然美景，但是有些懷疑地描述「巴西野蠻人」：「他們赤裸裸地四處行走，拿著弓箭，隨時可以作戰。」這些信件混合宗教與哲學的思考，以及對這個國家的勘察計畫。巴爾雷說：他確信他們會找到貴金屬，「因為葡萄牙人在上游五十里格的地方找到銀和銅」。

這些信件影響日後的報導，例如方濟會修士安德烈・泰韋（André Thevet）的報導。他在東洋和地中海的一些島嶼旅行後，在一五五五年與海軍上將維萊加格農一起登陸，建立「法屬南極洲」殖民地。泰韋在瓜納巴拉灣殖民地只待了三個月，以生病為理由，次年六月回到法國。在歐洲，許多人對「新世界」無比好奇，泰韋看到寫作的良機，將最近的發現與人道主義結合，做一番時髦的報導。一五五七年他出版《**法屬南極洲奇人怪事**》（*Les Singularitez de la France Antarctique*）[70]，他在世時這本書大獲成功。泰韋的文句冗長、凌亂，經常穿插利己的評論，以彰顯他的學識。雖然風格鋪張華麗，但是這是對巴西天然美景最早的詳盡描述。更重要的是，雖然圖皮南巴族與法國並肩作戰，泰韋形容他們是「食人族，赤身露體，飾以羽毛」。他從第二十七章開始討論巴西，描寫這片土地宛如天堂樂園。然而，他再度對這些民族有截然不同的看法。實際上，泰韋對印第安人的評語，大體上不同於前一部作品《**宇宙誌**》，在該書他的描述充滿同情：「那些可憐人的生活沒有信仰和法律」。在《**法屬南極洲奇人怪事**》他義憤填膺，「他們的宗教、魔法和巫術令人厭惡」，這些野蠻人「實行吃人肉的殘暴行為」，永無休止的戰爭，「報復心很強，令人難以置信」。[71]

這個時期另有兩位作者與圖皮南巴族一起生活，一位是盟友，一位是後來被吞食的敵人，最後都變成泰韋的敵人。漢斯・史達頓（Hans Staden），來自德國黑森州的炮兵隊士兵，被印第安人囚禁；一五五七年他出版一本書敘述他的遭遇，一年內發行四版。尚・德萊里（Jean de Léry）的《**巴**

西航海史》（*Historie d'un Voyage Faict en la Terre du Brésil*）[72]，一五六三年撰寫但是一五七八年才出版，一樣暢銷。因為這兩本書，巴西以「世界的另一邊」出名。一五九二年這兩部作品在法國出版，是「偉大的旅行」（Great Journey）系列叢書的部分，由西奧多．德布里（Théodore de Bry）繪製插圖，他是金匠、雕版師和胡格諾派（Huguenot）傳教士，從未造訪美洲，卻變成當時描繪美洲最有名的畫家。[73]肉眼看不到的，用想像力創造。

尚．德萊里的《**巴西航海史**》[74]於一五七八年出版後，發行五版，而且法文版和拉丁文版都在一六一一年發行十版。根據這位作者的說法，此書的目的在於改正泰韋報告書的「謊言和錯誤」。在「宗教改革」初期，萊里是「教會」的牧師，維萊加格農要求喀爾文教徒援軍時，萊里是日內瓦的鞋匠和神學的學生。一五五八年萊里啟程，與一群新教的牧師和工匠加入「法屬南極洲」的創立者。他目擊法屬殖民地瓦解，與圖皮南巴族一起度過他在巴西剩餘的時光。這位十六世紀的旅行家，關注印第安人的「差異」，而非他們違反神旨的習俗。對於巴西這片新發現的土地，他變成最廣為人知且被人模仿的實況解說者。

與其他的報導相反，萊里在《**巴西航海史**》序言表示：卡拉伊巴族根據內部的規定發動戰爭，復仇是他們共有的價值觀，「一種不同的思考方式，與迄今所編造的寓言迥然不同」。[75]雖然這個國家的天然美景令人震撼，有鸚鵡、猴子、五彩斑斕的鳥、蝴蝶、巨龜、鱷魚、犰狳和長鼻浣熊，但是印第安人留給他的印象更為深刻。他描述這些「野蠻人」準備麵粉、做麵包、釀酒和把肉風乾。

尚．德萊里竭盡所能了解戰爭和復仇在印第安族群的角色，以及他們的「規定」如何凌駕「貪吃」[76]。他回到日內瓦，得知一五七二年八月二十四日「聖巴薩勒繆日大屠殺」，法國天主教徒謀殺新教徒，引發殘暴的內戰，使法國分裂而且深陷於殺戮。[77]萊里認為：印第安人發動戰爭和吃人肉的習俗，不是因為他們需要食物，而是內部的溝通形式，象徵價值觀與貨物的交換。[78]有關「新世界」互相矛盾的觀點，就此開始新一章的故事。

回到漢斯・史達頓的部分，這位炮兵隊士兵寫了兩本書，第一本是《巴西的兩次遊歷》（*Two Journeys to Brazil*），第二本是《十六世紀與新世界食人族的勇敢冒險》（*Brave Adventures in the Sixteenth Century among the Cannibals of the New World*）。史達頓到南美洲旅行兩次，一次搭西班牙船，一次搭葡萄牙船。他在聖阿馬羅（Santo Amaro，當時最重要的都督轄區之一）[79]島上的小堡壘工作時，被圖皮南巴族俘虜。圖皮南巴族是法國的盟友，葡萄牙的敵人。他們強迫他過十年半艱苦的囚禁生活。他努力避免被印第安人吃掉，假裝他是巫醫，利用他的醫學知識，協助治療這群飽受流行病摧殘的民族。他爭取時間，記錄這個村落的日常生活與住在村裡的圖皮南巴族，套用他的文字，「他們駭人聽聞的習俗」[80]使他提心吊膽。

史達頓的生平鮮為人知，但是《巴西的兩次遊歷》發行超過五十版，有德文、法蘭德斯文、荷蘭文、拉丁文、法文、英文和葡萄牙文版本。這本書的賣點是作者曾經被圖皮南巴族俘虜，加上他指導設計恐怖的木版畫。史達頓的報導平鋪直敘，講解他使用哪些詭計避免被吃掉。這位作者曾經幾次目擊大屠殺，與「野蠻人」一起生活和治療他們的疾病。直到書中的最後幾章，**凱薩琳德維特維爾號**（Catherine de Vetteville）船上的法國籍貿易商拯救他，他才獲釋。

漢斯・史達頓更正許多維斯普奇的評論，他提供資料，關於印第安人的家庭結構、性生活、物質文化、宗教信仰，以及他們將動物、水果和花分類的方法。這一切都是用口語的語言描述，包括吃人的習俗和把人肉切碎。他用強硬的聲明結束這本書：「我看到和目擊這一切。」[81]這是產生可信度的方法，否則這本書可能被解釋為幻想的作品。他問：「該責怪誰呢？」並且下結論：「我已經在本書給你們足夠的訊息。跟隨這條線索。對得到上帝協助的人而言，世界是敞開的。」[82]就某個層面而言，史達頓當然完全正確：世界從未封閉。

教化或奴役一部分人類

對於所謂的「新世界」（只因為歐洲人認為他們自己的文明是「舊的」），族群的身世仍然有很多爭議。傳統的看法大多認為他們的來歷追溯到一萬兩千年前，但是最近的研究認為在三萬至三萬五千年前。這些原住民的歷史幾乎不為人知，無數的種族消失了，現今我們把原因委婉地稱為舊世界與新世界的「接觸」。在和平的初次彌撒就開始種族大屠殺：在一五〇〇年估計數百萬的人口，減少到八十多萬，是現今住在巴西的印第安人數目。[83]這個巨變有幾個解釋。首先，這些族群對歐洲的疾病沒有免疫力，他們遭到病原體的攻擊，包括天花、痲疹、百日咳、水痘、白喉、斑疹傷寒、腺鼠疫，甚至現今認為比較不傷害人的感冒。與非洲的狀況相反，在非洲成千上萬的白種人死亡，彷彿有某種隱形的毒線貫穿他們。相對地，在美洲，土著死亡。缺乏免疫力尚不足以說明巨大的死亡率。這種生物激變，只有在特定的環境、有特定的社會特徵，才會產生影響，在那個時期之前一直是平衡的狀態。

開拓殖民地導致剝削印第安勞工，是巨大死亡率的主因。殖民者也使印第安族群的戰爭惡化。雖然仇恨早已存在，如今殖民者推波助瀾，與原住民族群結成戰略聯盟，然後任意違反盟約。這往往導致村落的印第安人與葡萄牙人結盟，而在未知的內地（**蠻荒林區**）印第安人變成他們的敵人。

法律定義這兩種族群為「友善的」和「野蠻的」印第安人。村落的印第安人是盟友，在村子裡的自由得到保障，負責維護邊界。與「友善的村落印第安人」接觸，過程始終如一：首先，把印第安人從村落「帶」到葡萄牙人的屯墾區；然後傳授他們教義、教化他們，將他們改造成「有用的奴僕」。[84]

葡萄牙人發動戰爭攻打敵對的印第安族群時，村落的印第安人也被指派打仗的任務。當時殖民的戰爭文獻，幾乎全都提及參戰的「村民和盟友」，後者是塔普亞族（Tapuia）印第安人。他們成立防衛隊，保護**蠻荒林區**，阻擋陌生人通行。就是這支分遣隊被動員驅逐維萊加格農和他的士兵，維萊加格農於是與法國的盟友圖皮南巴族聯軍。因此，如果「解放」（意思是傳授教義）是結盟的村落印第安人的「獎賞」，奴隸制就是敵對的印第安人的命運。

在這種背景，葡萄牙王國政府恢復「正義之戰」（Guerra Justa）的舊觀念，發動戰爭攻打不懂信仰、因此甚至不能被當作異教徒的族群。許多因素使「正義之戰」合法化：拒絕皈依宗教、對葡萄牙的臣民和盟友有敵意、違約和吃人。吃同類乃「違反自然法則的罪行」；對食人族開戰被當作是一種權利和義務，以便拯救那些會被犧牲或被吃掉的人。

這時候，兩位宗教人士，拉斯卡薩斯（Bartolomé de Las Casas）與塞普爾韋達（Juan Ginés de Sepúlveda），對理解原住民的兩種方式進行激烈的辯論。他們的見解不同，產生截然不同的統治模式。對拉斯卡薩斯而言，原住民就像是應該受控制的獸群。依照塞普爾韋達的看法，原住民還不是人類，應該用受洗的方式強迫他們獲得人性，藉工作強迫他們變成人。雖然葡萄牙王國政府把戰爭當作最後的手段，但是殖民者不斷開戰，用戰爭來揭露「這些人有敵意」和「敵人殘暴」的證據。王國政府知道種種弊端，立法管制非法的奴役，然而，法律並未防止許多原住民族群被消滅，因為根據歐洲人的邏輯，那是「正義之戰」。根據那種邏輯開戰，導致隨便將對手重新命名，造成既是盟友也是敵人。

將原住民集中在傳教士管制的村落，證實一樣是災難，導致疾病和流行病擴散。整個殖民計畫案的重心是傳授教義和教化，名正言順地在村落附近的傳道區限制行動，並且在「耶穌會」（Companhia de Jesus）的行政部門使用印第安勞工。這個制度由「耶穌會」率先制定；一五三四年羅耀拉（Ignacio Loyola）創辦「耶穌會」，這是宗教修道會在「天主教改革」的環境下誕生的典型。不久之前，教宗保羅三世（Pope Paul III）頒布詔書，承認印第安人是以上帝的形象創造的人類，因此值得為他們傳授教義。在歐洲，耶穌會會士以傳授天主教教義為重點，但是「發現者們」看到他們在世界各地旅行，藉教義問答傳播「真正的信仰」。最後他們被叫做「基督的士兵」，變成名副其實的穿法衣的神父軍團，打擊魔鬼，隨時可以拯救靈魂。

教宗保羅三世核准成立「修道會」，耶穌會會士立即動身前往葡萄牙的東洋領地，行程遠至中國和日本。在非洲西南海岸，他們在羅安達成立耶穌會學院，將基督教經文翻譯成班圖語（Bantu）。在曼努埃爾．達諾布瑞加（Manoel da Nóbrega）的率領下，他們在一五四九年抵達巴西，並且在一五五七年制定計畫，限制印第安人在傳道村裡活動，也就是把印第安人移送到「修道會」控制的居住地。在巴西傳道被視為危險的工作，畢竟，一五五四年佩德羅．科雷亞（Pedro Correia）被卡里霍（Carijó）印第安人吞食；一五五六年在現今的阿拉戈斯州（Alagoas）海岸，薩丁尼亞主教（Pero Fernandes Sardinha）被卡埃特（Caeté）印第安人吃掉。最好的作法是向這些人灌輸教義，他們「沒有任何宗教信仰」，不像東洋的土著。耶穌會會士被指示藉行善和好榜樣，使印地安人皈依，並且使天主教「適應」當地的文化，調整用語和觀念，以符合該區域的現實狀況。一個早期的例子，一五五六年若澤．德安奇塔（José de Anchieta）[85]撰寫《圖皮—瓜拉尼語文法》（*Grammar of the Tupi-Guarani Language*），在殖民地幾乎所有的居民都必須閱讀。

有這麼多互相衝突的目的，耶穌會會士與殖民者之間的敵對很快就浮現。雖然殖民者始終把奴役印第安人當作「正義之戰」的一部分，但是耶穌會會士努力保護新近皈依的天主教教徒，呼籲王國政府採取更有效的保護措施。因為這股壓力，一五七〇年的〈敕令〉禁止奴役印第安人，除非出自「正義之戰」的因素。國王必須不斷地仲裁紛爭，耶穌會會士指控殖民者貪婪，而殖民者指控耶穌會會士想要控制這個國家。

久而久之，「耶穌會」變成名副其實的經濟集團。雖然最初「耶穌會」依賴王國政府的慷慨解囊，耶穌會會士逐漸變富有，出租房屋和土地，在他們控制的村落栽培香料，控制利潤高的香料貿易。他們的霸權到這種地步，以致西班牙和葡萄牙的君主在十八世紀禁止「修道會」。一七五九年耶穌會會士被逐出葡萄牙和葡屬殖民地，一七六二年被逐出法國，一七六七年被逐出西班牙和那不勒斯王國，最後在一七七三年教宗克勉十四世（Pope Clement XIV）廢除「修道會」。直到一八一四年拿破崙一世引起大規模的變革後，「修道會」才恢復。但是那是另一回事。在殖民地擴張時期，耶穌會會士的歷史與印第安族群不可分地聯繫在一起。

比卡布拉爾久遠

殖民的宗主國很快就了解，無論是長期的或是最近被挑起的，原住民族群的競爭有戰略潛能。因此，在十六世紀，葡萄牙與圖皮尼金族（Tupiniquim）結盟，而法國與塔莫伊歐族（Tamoios）[86]及圖皮南巴族結盟。之後，在十七世紀，荷蘭與塔普亞族聯軍對抗葡萄牙。無論葡萄牙人如何稱呼這些交戰的族群，塔莫伊歐、塔普亞、圖皮南巴以各自的風俗背景，闡明他們各有結盟的理由。套用巴西現代主義詩人奧斯瓦爾德・德索薩・安德拉德（José Oswald de Souza Andrade）的話：「在葡萄牙人發現巴西之前，巴西已經發現幸福。」的確，這裡的原住民已經有他們自己的社會、價值觀、語言、風俗和儀式。

一四九二年哥倫布在安地列斯群島登陸時，這些島嶼人口密集，都是講阿拉瓦克語的泰諾族（Taino）；因為流行病和殘暴的虐待，泰諾族很快就被殲滅殆盡。這些原住民族群，阿拉瓦克語通稱 kasiks，西班牙文訛寫成 cacicazgos，他們服從一位部落長或酋長（cacique）。美洲有中央集權的政治制度，酋長是地位最高的領袖，治理數個村落和管區，也是等級制度的結構。然而，與歐洲國家不同，沒有行政官團隊和常設的軍隊。酋長解決所有的紛爭，萬一發生戰爭，酋長會召集他的戰士。[87]

此模式逐漸擴展到整個殖民地，稱為「**酋長管轄區**」（cacicado）。這個詞表示殖民地有區域中心、公共工程、集體農莊和農業工人、大大小小的住宅、交換農產品的商業網絡，以及葬禮的技術程序。許多區域有等級制度的區分結構，但是所有的社會確實有某種信仰和法規，縱使他們與歐洲人有截然不同的價值觀。現代的地理劃分，創造獨特的民族國家，也是基於這種殖民化邏輯和「發現」，不顧及早已存在的邊界。因此，儘管他們的語言不同，今日這些人民統稱為「美洲印第安人」；因為文化關係與後來被稱為美洲的這塊大陸，他們成為一體。

美洲的名稱向阿美利哥・維斯普奇致敬，他是義大利商人、航海家、地理學家兼製圖家。他記述歐洲以西的「新土地」，認為自己是踏上某塊土地的第一人，實際上大約三萬五千年前就有人居住。這麼久遠的過去鮮為人知。然而，據悉，約一萬兩千年前天氣變得更暖和，導致兩塊大陸逐漸分開、海水湧入。因此，普遍被認可的假設是陸地的移民群，從亞洲東北部經過白令海峽，逐漸分散到整個美洲大陸。最近有一個備受爭議的假設，暗示第一批移民坐船抵達，在巴西東北海岸登陸。然而，可以確定的是，在歐洲人征服的前夕，不同的原住民社會體系並非孤立地存在著，而是地方與區域的層級都聯繫在一起。居住地相距甚遠的族群，也有商業網絡的連結。

這些遼闊的區域，最初由亞馬遜盆地形成。十六、十七世紀的年代史編者，除了較浮華的報導，幻想地描繪失落的「**黃金國**」（Eldorado）與亞馬遜人居住的土地，也提供我們一些珍貴的資料。根據所有的跡象，亞馬遜河沿岸斷斷續續地有人居住，村落散布在大片無人居住的土地之間。這些村落有大有小，居民的數目各異。據悉，最大的村落沿著河流擴展七公里，而且有等級制度以及政治和典禮的活動。這些記載也提到豐富的天然資源，包括大量的魚和農產品，例如玉米和木薯。其中許多村落已發展陶器藝術，例如馬拉若（Marajoara）文化。馬拉若島位於現今的帕拉州沿海，在亞馬遜河口，從公元四〇〇至一四〇〇年島上的馬拉若文化蓬勃發展。馬拉若的政治制度變化很大。各種記載顯示**酋長管轄區**盛行，族群藉聯姻生育後代。與巴西歷史的官方說法相反，一開始「接觸」就充滿暴力，殖民者強占港口和掠奪村子，村落的戰士全副武裝迎戰，出動獨木舟船隊和發射毒箭。

現今被多方研究的另一個地區在欣谷河（Xingu），亞馬遜河主要的南方支流之一。這個區域出現多種民族、多種語言，但是文化同源的社會；非遊牧，以捕魚和種植木薯為基礎。大量的天然資源，意味著十五、十六世紀有很多居民，他們樂於和其他文化定期交流，與這些民族的傳統形象——孤立的團體，與外界只有零星的接觸——截然不同。欣谷族的政治制度包括一位酋長與各種人民團體，有顯著的政治自治權。

還有第三區，在亞馬遜森林南方和東方的邊界：**熱帶大草原**（cerrado）[88]的牧草地。這片廣大的灌木叢林地是大杰族（Macro-Jê，音譯馬克羅—杰族）的根據地。大杰族遭受某種文化歧視，因安地斯山族群有偉大的文明而歪曲見解，而且圖皮南巴族、圖皮—瓜拉尼族與鄙視這些族群的葡萄牙人都存有偏見。因此，多年來大杰族被稱為「蠻族」，既沒有村莊、農業、交通系統，也沒有陶器。

實際上，沿海地帶的圖皮—瓜拉尼族將**蠻荒林區**的人民取名為塔普亞族，藉以抹殺他們的獨特性。然而，卓越的人類學家，尼穆恩德久（Curt Nimuendajú）、李維史陀（Claude Lévi-Strauss）和最近的卡斯特羅（Eduardo Viveiros de Castro），已經在他們的研究重新審視灌木叢林地據說邊緣化的杰族（Jê）。杰族不再被視為遊牧的狩獵採集者，而是公認有複雜的經濟組織和宇宙論的民族。數千年前這個區域有園藝的記載，而且史前時代到九世紀整個區域有製陶藝術，通稱「**烏納**」（una），之後被其他傳統的製陶技術取代，例如**阿拉圖**（aratu）和**烏魯**（uru）。[89]大約在公元八〇〇至一五〇〇年，村落是圓形的布局，以中央臺地為特徵。印第安人在該地栽種玉米和地瓜。這些村落有一至三圈的房子，有時叫做「**奧卡**」（ocas），[90]中央有圓形的公用區域，[91]舉行各種典禮和儀式。這些村落的人口比現今的多，有八百至兩千名居民。在巴西，杰族的社會結構與熱帶雨林區的族群差別很大。杰族是旅行者，住在大村子，謀生技術很簡單，身體的飾品很精美。雖然社區的公共機構與莊嚴的典禮有某種等級制度，卻沒有最高的首長。

大體上，杰族與亞馬遜族群及美洲印第安人一樣，沒有留下任何與安地斯建築有關的雄偉建築物（安地斯建築已成為評鑑美洲原住民的基準），但是杰族的宇宙論確實深奧。人類學家卡斯特羅和德斯科拉（Philippe Descola）借用哲學術語「視角主義」（perspectivism，萊布尼茲與尼采的用語），描述美洲印第安族群的某些宇宙論觀點。此概念的基礎乃「觀點」根據環境和情境而改變，因而產生認知和思想。這是很複雜的宇宙論，但是可以檢視兩個大前提加以簡化。第一，許多種類居住在這個世界，人類和非人類全都擁有意識和文化；第二，這些種類以很奇特的方式認識自己和彼此。各個群體把自己看作是人類，把所有其他群體看作非人類，也就是動物或精靈。根據美洲印第安人的神話，「起初」所有的生物都是人類，變成今日的動物。根據西方的科學，人類是以前的動物變成的，但是對美洲印第安人而言，所有的動物以前是人類。這種推論是針對人類與動物的互動有不同的詮釋；人類和動物都是有社會關係的「居民」。這個模型也質疑西方的基本參數，例如「自然」和「文化」。對西方人而言，有大自然（一種既定的且普遍存在的自然）和不同的文化（各種建構的文化）。另一方面，對美洲印第安人而言，有單一的文化但是不同的「自然狀態」：人、動物和精靈。

在這些「自然狀態」的互動，薩滿教巫師扮演重要的角色；他相當於政治、社會和心靈的領導者。必須完全了解這個角色，才能夠了解人類與非人類無差別的社會。他是唯一能夠「移送身體」的人，有能力察覺不同的生存狀態（人、動物或精靈）。美洲印第安人的理論，質疑我們普遍抱持的偏見：印第安人有「神話」而我們有「哲學」；印第安人有「儀式」而我們有「科學」。這些是十六世紀旅行家殘留的著作遺產，他們把實際上不同者看作是劣等。葡萄牙人抵達之前，這些族群已經在美洲生活，認真對待他們，不僅表示從我們的角度去思考他們的歷史，也表示我們明白：過去和未來始終有不同的方式理解我們現今稱為巴西的這片土地。[92]

對這些原住民做完整的概述，我們必須提及當初葡萄牙人抵達時，住在巴西沿海地帶的族群：從北到南，占據海岸線的普遍被認為是同源的一支民族，圖皮—瓜拉尼族。根據語言和文化的差異，這個族群可以分成兩個小團體。在南部，瓜拉尼族住在帕拉納河、巴拉圭河和烏拉圭河的盆地，以及從帕圖斯潟湖（Lagoa dos Patos）[93]到卡納內亞（Cananeia）的沿海地帶，在現今的聖保羅州。北部海岸線，從伊瓜佩（Iguape）到今日的塞阿拉州（Ceará），居民大部分是圖皮南巴族；也有圖皮南巴人住在內地，在鐵特河（Tietê）[94]與巴拉那帕內馬河（Paranapanema）[95]之間的區域。[96]

如同亞馬遜文化，圖皮－瓜拉尼族靠捕魚和打獵維持生活。他們也從事傳統的農耕技術，通稱**刀耕火種**（coivara），砍掉當地的矮樹叢，然後焚燒草木以清出一塊空地，栽種輪耕的作物。瓜拉尼族的主食是玉米，而圖皮南巴族種木薯、做木薯粉。兩個族群都從這個區域的河海資源獲益，都是划獨木舟的高手，十六世紀的年代史編者當然注意到這個事實。豐富的天然資源維持大批居民的生計。據悉，圖皮南巴族居住的地區總人口一百萬，每平方公里九個居民。瓜拉尼族居住的南部地區總人口一百五十萬，每平方公里四個居民。這個區域有相當多的印第安人住在耶穌會傳教士建立的村落。他們經常被動員參戰（尤其是圖皮南巴族的情況），或是被所謂的**先鋒旗隊**（Bandeirantes）奴役，在內地探險時使用。**先鋒旗隊**是勇於冒險的殖民者，大膽進入地圖未標示的地區，為追求財富而搜尋奴隸和貴金屬；從十六世紀起大批瓜拉尼人被俘虜。前文已說明，巴斯·德卡米尼亞首先使用 sertão（**蠻荒林區**）這個詞，指幅員遼闊、不為人知的殖民地內陸，遠離海洋。從十五世紀開始，殖民地擴張，sertão（這個詞原本用以表示遠離里斯本的葡萄牙地區）用以表示鮮為人知或一無所知的地區。

然而，久而久之，**蠻荒林區**這個名稱變成表示象徵的空間，而非地理的空間。「屯墾區」指「天主教教會」治理的特定地區，而**蠻荒林區**指沒有這類治理的遼闊區域——不久這些區域將被勘察，以開發其資源（木材、礦物和印第安人）。葡萄牙人能夠征服美洲的內地，歸因於他們與印第安族群結盟。皮拉蒂寧加高原（Piratininga）[97]是特別顯著的例子。[98]十六世紀中葉引進糖的生產（本書下一章的主題），為維持新興的經濟，導致勞工需求量大幅增加，而敵對的印第安族群發生戰爭，使情勢惡化。

一五四八年聖維森特（São Vicente）都督轄區建立時，其沿海地帶有三千名印第安奴隸，全部供六家當地的糖廠使用。一五五三年耶穌會傳教士來到這個區域，與當地的糖料作物栽培者發生衝突。耶穌會會士要求把來自內陸的印第安人安置在傳道村。此事立竿見影，一五七〇年〈印第安人自由法案〉通過，除了「正義之戰」，禁止奴役原住民。因此，在一五八〇至一五九〇年間，探險隊從內陸帶回大批虜獲的印第安人，全都假借「正義之戰」的名義。

在一六〇〇至一六四一年間，說瓜拉尼語的部分族人，卡里霍（Carijó）印第安人，住在聖保羅南方與西南方地區，成為主要的靶子。在十七世紀二〇、三〇年代，「狩獵探險隊」達到巔峰，明目張膽地藐視法律，不顧耶穌會會士的抗議，其規模和任由他們支配的資源，開始像准軍事部隊。例如，曼努埃爾・普雷托（Manuel Preto）、拉波索・塔瓦雷斯（Antônio Raposo Tavares）與費爾南・迪亞斯・佩斯（Fernão Dias Paes）率領的**旗隊**（Bandeiras，深入內地的探險隊），把當地的居民殲滅，導致探險家、耶穌會會士與王國政府之間的關係變得十分緊張。

巴西史將**先鋒旗隊**描寫得極為壯烈，因此，在二十世紀初，他們的形象被聖保羅州用以象徵「這個區域勇於冒險的大無畏精神」。雖然他們英勇的行為帶來經濟利益和受到讚揚（「危險的**蠻荒林區**」無所畏懼的探險家們與豐富的礦物資源），這些探險隊有暴力的特徵，俘虜和奴役印第安人，卻省事地被遺忘了。事實上，在十六、十七世紀惡性循環開始運轉，窮凶極惡。沿海地帶欠缺原住民勞工，導致越來越多探險隊侵入內地更深處，流行病和探險家的攻擊，造成大批印第安人死亡。

雖然許多族群的人數急遽減少，在十六世紀圖皮—瓜拉尼族維持卓越的政經體系。各村落由全體居民約五百至兩千人組織而成，他們與有親族關係的其他群體保持密切聯繫。圖皮—瓜拉尼族偉大的薩滿教巫師，通稱 karaí 或 karaíba，在這片土地四處旅行、治病和占卜。就是在這種背景出現圖皮族的千禧年運動，預告沒有罪惡的時代即將來臨。歐洲人抵達後，這項運動採取與眾不同的反葡萄牙偏斜路線。

除此之外，有一些村落互相結盟，成立跨社區團體。他們沒有區域中心，酋長的權力局限在自己的村落。權力不世襲，必須在戰鬥中贏得。有幾位酋長在戰時召集許多地方團體、動員大批軍力，因為領導有方而聞名。例如，尚・德萊里以馬拉卡雅族（Maracajá）與圖皮南巴族對抗為例證，後者的兵力合計達四千人。然而，這些戰爭的目的，並非一貫的掠奪村子和獲得領土。他們的動機是「復仇」和捕捉俘虜，這些俘虜的命運並非當奴隸，而是死亡。在村落中央圓形的公用會場「**奧卡拉**」，俘虜被吃掉。[99] 當時的報導完全一致。這個時期的作者，必定會提及戰爭和圖皮南巴族吃人的習俗。現在我們明白，這些習俗是族群信仰的重心，形成活躍的貿易制度和文化交流，但是憎惡中央集權和任何形式的壟斷。[100]

在殖民者抵達之前，有一支龐大的族群分遣隊遍布美洲大陸，在地方與區域的層級有各種各樣的社會、經濟和政治制度。如果卡布拉爾的來到對這些居民是一種災難，就沒有理由只從生活、土地和文化的觀點來描述損害。沒有任何歷史是靜止不變的，現今繼續在接觸和變化。美洲印第安人的習俗和宗教信仰，逐漸獲得更大的空間，他們在巴西境內當社會行動者，縱使他們的政治參與權大半依舊被忽視。我們對他們的歷史知道得太少，但是沒有理由認為他們是被動地接受耶穌會會士灌輸思想。安東尼奧・維埃拉（Antonio Vieira）神父是葡萄牙籍演講家、「耶穌會」的哲學家和「印第安人權益」[101]偉大的辯護者，在一場著名的布道，他試圖描述在巴西遇到的土著。他惋惜傳布福音的使命不太順利，接著他比喻歐洲人與印第安人的差別，像大理石與桃金孃灌木叢的差別。他說：歐洲人像大理石很難雕刻，但是一旦完工，雕像會永遠保持不變。相反地，美洲印第安人像桃金孃灌木叢，乍看之下容易造形，之後卻回復本來的形狀。[102]這是傳布福音必須面對的現實。雖然這些美洲印第安人表面上毫不反抗地接受新宗教，但是他們「反覆無常」，或是「更糟，不贊成新的信仰和法律」，總是回到他們自己的社會風俗和宇宙論。

五百年前，這片幅員遼闊的領土得到名字，但是它的邊界和內地仍然未知；儘管如此，它的居民似乎囊括一切「新」事物：一種新奇的人類型態。對歐洲的民眾而言，有關這些新土地的一切：居民、動物、氣候和植物，都令人興奮且充滿異國情趣。

卡丹神父（費爾南・卡丹，Fernão Cardim）在一五八三至一六〇一年間撰寫論文《巴西的氣候與土地》（*On the Climate and Land of Brazil*），於一六二五年翻譯成英文（未具作者的姓名），全文終於在十九世紀以葡萄牙文出版；顯然，過了一段時間才受歡迎。然而，在十六世紀初流通的文件往往互相影射，這位神父的評論很可能使民眾的想像力更旺盛，「巴西」、聖十字架之地、鸚鵡之國，現在變成迷人的食人國。卡丹神父進一步添加有異國風情的內容：在舉例說明巴西豐富的天然資源後，他接著透露各種虛構的生物，對當時的葡萄牙籍作者必不可少的，包括美人魚和雄性人魚。卡丹下結論：「這個巴西是另一個葡萄牙。」然而，事實不只如此。巴西是不一樣的世界。

第二章

蔗糖文明：多數吃苦頭，少數嘗甜頭

黑夜裡他注視那些可怕的火爐永無休止地在燃燒〔……〕，輪子與鐵鏈的噪音，和夜一般黑的人發出嘈雜聲，他們吃力地做苦工，不停地呻吟，沒有片刻的休息或鬆懈。雖然他曾經觀察埃特納火山或維蘇威火山的最深處，看到這部巴比倫機械發出轟隆的巨響和混亂的狀態，他一定不會懷疑，眼前是地獄的翻版。

——安東尼奧．維埃拉神父

又甜又苦：蔗糖文明

令人費解，這片位於天堂與地獄之間的土地，如何演變成重要的製糖中心，從「聲名狼藉的人類交易」，取得勞工產銷「甜料」。該重新審視這個故事了，因為一連串的事件不會自然而然地發生，也不是天上掉下來的禮物。我們對地方、產品和感覺的偏好，都是學來的習性，有時候這些品味是在歷史上某個特定的日子被創造或捏造出來；我們認同這些品味，變得熟悉。歐洲人在加勒比地區和巴西，成立公司和殖民社會；他們也創造糖。人類幾乎把任何東西都做成食物，但是人類對食物的選擇和料理的方式，根據區域、社會階級、世代和性別，產生很大的變化。糖不僅是一種**產品**，也是行為準則和風俗習慣的**製造者**。在十六世紀，人們對甜品產生欲望，廣泛培養。更久之前，水果和蜂蜜確實被當作甜料，但是在西方世界史一個很明確的時期，對甜品的新愛好變成普遍的需要。糖，主要是蔗糖，以前是最稀罕的奢侈品，一六五〇年後才變成尋常的基本需要。

雖然早期的人類史已熟知蜂蜜，糖出現的時間卻晚很多，尤其是蔗糖，在過去這五百年才廣泛食用。[1]公元一〇〇〇年很少人知道糖的存在，但是到了十七世紀貴族和富有的中產階級已經有糖「癮」。西醫採用糖，因為認為糖有療效。糖滲透到當時的文學想像，而且持續出現在「上流社會」的餐桌。

最早論及甘蔗的出處，已知來自新幾內亞，大約在公元前八〇〇〇年。兩千年後，據報導甘蔗來到菲律賓、印度，可能到印尼。直到公元三五〇年後，實際的製糖資料才開始在印度定期出現，公元五〇〇年左右變得更加頻繁。七一一年阿拉伯人侵略西班牙，把甘蔗帶到歐洲。他們確立製糖技術，喜愛「不同類型的甜料」。除了藥用和烹調之外，糖開始用於日常食品，例如茶、麵包和餡餅，僅僅為了「變甜」。當時北非和地中海的若干島嶼有甘蔗種植園，最著名的是西西里島。隨著十字軍東征，糖的消費量顯著增加，大多因為非洲與歐洲擴展蔗糖貿易。[2]從那時起，糖與胡椒、丁香和肉桂，並列為珍貴的貿易商品。糖成為君主的主食、公主必備的嫁妝、貴族重要的遺產，諸如此類。

香料貿易的發展，與貿易商旅行的路線，大都有完整的記載。然而，並不清楚這些產品為何變得如此受歡迎，如何導致歐洲有錢有勢的人對辛辣的食物產生愛好，用胡椒調味、燻製的、芳香的、醃漬的、油的、辣的或純粹甜的。最令人信服的解釋：在這些產品來到之前，食物一般都很乏味和單調。因此，比較多樣化的異國風味受歡迎，甚至滿足最獨特的口味。糖也容易保存。這種組合確保糖的地位，成為欲望和權力的目標，掌握在國王和商人的手裡。不久糖變成生活必需品，需求量增多，糖的產銷投資額增加。

這是葡萄牙王國的狀況，從市場察覺到方法，解決葡萄牙在非洲和美洲面臨的種種問題。另有一個因素，導致葡萄牙的君主決定促進蔗糖生產：以前地中海地區製糖業旺盛，尤其是西西里島與摩爾人的西班牙，但是已開始衰退。因此，在葡萄牙亨利王子[3]的贊助下，從西西里島帶來第一批甘蔗苗，最初在馬德拉島栽種，很快就成為西方最大的甘蔗單一生產者。十六世紀初，馬德拉島生產白糖超過十七萬七千阿羅瓦（arrobas）[4]、粗糖（Muscovado）[5]二十三萬阿羅瓦，以及其他低級品。[6]

不過，馬德拉島的蔗糖貿易，成長和衰退一樣快速。蔗糖貿易從馬德拉島迅速發展到亞速爾群島、佛得角和聖多美（São Tomé）。起初是熱那亞人和威尼斯人控制這些大西洋島嶼的貿易。然而，在一四七二年左右，法蘭德斯商人控制商品批發到葡萄牙市場，接管蔗糖貿易。有一段時期，熱那亞和法蘭德斯的銀行家，與葡萄牙建立商業金融關係，提供信貸的途徑做重要的投資。實際上，在一六二一年西印度公司創立之前，荷蘭早已對巴西感興趣。葡萄牙與「低地國家」之間有相當多交易，荷蘭船提供葡萄牙港口北歐的商品（小麥、木材、金屬和製成品）以及荷蘭的產品，包括魚、奶油和乳酪。回程，荷蘭船載運東非的木材、岩鹽、酒、香料和藥草，之後補上巴西的蔗糖。西班牙與新教的荷蘭為敵；在國王腓力二世和三世[7]的命令下，西班牙艦隊封鎖葡萄牙港口，屢次阻止荷蘭船入港。儘管有這些臨時的擾亂，貿易繼續進行。

馬德拉島的種植園衰退後，聖多美的甘蔗生產繁盛。這時候已經使用奴隸在種植園工作。光是一五一六年就有四千名奴隸在聖多美登陸，到了一五五四年當地的居民包括六百名白人、六百名**穆拉托人**（mulattoes，黑白混血兒）和兩千名奴隸。由於聖多美靠近非洲海岸，後來變成大西洋的市場，販運奴隸到「新世界」。十六世紀中葉，聖多美的製糖業衰微，全力投入奴隸的買賣，從塞內岡比亞、安哥拉和貝寧進「貨」。

聖多美的糖料作物生產，適合巴西未來的活動，變成極佳的訓練場。生產方法、內部組織、奴隸與殖民者的比例——全部課程都在島上學習，吸收後加以應用。種植園業主在前往美洲殖民地時，對奴隸起義（尤其是一五七四年）深感憂懼。儘管如此，葡萄牙人已學到經驗。雖然對「新世界」的領土範圍沒有準確的概念，他們卻相當了解海岸線，明白必須在沿海地區落戶，即使只是遏止外國侵略。另一方面，當時歐洲市場正在擴大，糖和其他調味品的價格節節上升。

因此，結合商業與意願（在殖民地落戶的需要與大發利市的欲望），新的殖民化型態，取代純粹移民領地的政策，有不同的目的。以前葡萄牙局限於出售新領地發現的商品（如同殖民地早期對巴西木的處理），但是此時殖民事業旨在獲得更殷實的成果，生產系統必須不斷滿足歐洲市場。在這片土地落戶的需要，與開發土地謀利的欲望密切相關，而且甘蔗的單一種植利潤最多。葡萄牙有足夠的經驗栽培、行銷和批發甘蔗。雖然王國政府尚未控制全部領地，顯然，大量可利用的土地會吸引巨額投資。

因此，主要的目標並非使人民移居，而是大規模生產特定的產品，以便在歐洲交易。一種新型的熱帶殖民地開始形成，傾全力栽培適合在溫帶氣候茁壯成長的作物，歐洲對這些作物有持續的需求。他們的經濟體制完全以滿足歐洲的需求為目標，不顧國內的需求，以致有時候連一根甘蔗也沒有留給殖民地消費。

無論如何，一種制度顯現，以占有龐大的土地（種植園）為基礎，專門大規模生產單一的出口作物。在現代化的新時代，經濟的存續，需要附屬的經濟體制高度專業化生產；這種制度的設計，使殖民地的資源和國外的獲利最大化。理想上蔗糖符合所有的條件，歐洲的消費者喜出望外，對新糖粉貪求無厭。我們都知道，需求可以創造，流行主宰消費。例如，紅茶有咖啡因，亞洲人把紅茶當作興奮劑，但是西方人把紅茶當作鎮靜劑。傍晚五點喝紅茶，準備一夜好眠。[8]現在糖變成時髦的東西，不再是一種藥品，而是一種奢侈品：多甜料、多滋味、多熱量、多幸福。

糖料作物抵達巴西

巴西最早的糖料作物記載和生產計畫，追溯到一五一六年，當時國王曼努埃爾一世[9]下令將鋤頭、斧頭和其他工具分配給「那些即將移住巴西者」，以及「找一個能幹又有技術的人，在巴西設立糖廠……」。[10]足見這個主意是在新土地可能變成問題之前從中獲利。畢竟，這是「開拓殖民地的重點」：移居新土地，但是始終牢記里斯本的利益。

雖然不成熟，這位君主的計畫會慢慢加強。一五三〇年十二月，馬蒂姆．阿豐索．德索薩（Martim Afonso de Sousa）率領探險隊，從葡萄牙出發到巴西，船上載著首批甘蔗苗。這些甘蔗苗沿著聖維森特海岸線栽種，一五三二年馬蒂姆．阿豐索在此地建立首家糖廠，變成眾所周知的「**總督製糖工廠**」（Engenho do Governador）。幾年後，糖廠賣給法蘭德斯商人，改名「**伊拉斯莫斯聖喬治製糖工廠**」（Engenho São Jorge dos Erasmos），現今仍然看得到廢墟。一五三四年國王若昂三世[11]建立都督轄區世襲制，將美洲殖民地的海岸線分割成十五部分，贈給十二位葡萄牙貴族管理。馬蒂姆·阿豐索接受甘蔗種植園旺盛的聖維森特都督轄區。然而，整體的結果令人失望：有些都督轄區甚至從未殖民化，而有些都督轄區遭到孤立和印第安人的攻擊。

實際上，自從巴西開始殖民化，原住民族群竭力抵抗葡萄牙的統治，逃走或拿起武器反抗。後者的策略使歐洲人有藉口，發動所謂的「正義之戰」，奴役印第安人。由於印第安人在自己的「地盤」，有無數的機會各自逃走，確實很難阻止奴隸脫逃。偶爾也有起義的記載：印第安人謀殺他們的主人，集體逃亡。

到了十六世紀末，這些起義變成明顯的指標：文化和經濟體制懸殊，沿著衝突的軌跡發展。葡萄牙人把這種集體的奴隸（主要是原住民）起義叫做**聖戰**（Santidade）。[12]這些起義真正的原因是狂熱的救世主信仰：應許終止奴隸制與白人的統治，和平盛世來臨。殖民化過程推進時，無惡時代的預言，變成在精神上明確的反葡萄牙。印第安人開始攻擊甘蔗種植園，並且收留逃跑的奴隸。

十六世紀八〇年代，**環巴伊亞灣區**（Recôncavo bainao）[13]發生最重要的起義，「**雅瓜里皮聖戰**」（Santidade de Jaguaripe）[14]。起義者結合圖皮南巴族的儀式元素（應許地球上的天堂樂園）與羅馬天主教的象徵（應許未來的救贖）。雖然葡萄牙人派遠征軍與他們戰鬥，這個族群繼續茁壯。一六一〇年巴伊亞都督轄區的總督記述，這個族群有兩萬兵力。一六一三年葡萄牙人發動滅絕之戰對付**聖戰**，一六二八年後有關**聖戰**的參考資料全部終止。[15]

在都督轄區的制度下，少數成功的區域生產甘蔗，並且（至少嘗試）與印第安人和平相處。從聖維森特到伯南布哥（Pernambuco），已殖民化的都督轄區全都栽種甘蔗，使用馬德拉島和聖多美的甘蔗苗。糖廠設在巴伊亞都督轄區塞古羅港（Porto Seguro）[16]和伊列烏斯港，以及聖維森特。馬蒂姆·阿豐索努力引進甘蔗栽培，大獲成功；截至十六世紀末，**桑托斯低地**（Baixada Santista）[17]

已設立十來座糖料作物種植園。

然而，要得到勞工，難上加難。原因之一是耶穌會士越來越常大顯神通保護印第安人，而且印第安人頻頻設法逃走。重要的因素也包括需要大量投資和不斷地擊退外國的侵略。結果只有兩個都督轄區成功：伯南布哥和聖維森特，但是後者的糖料作物種植園也無法繼續旺盛。一五三三年受贈者回到葡萄牙，聖維森特都督轄區歸里斯本直接統轄，變成外國一連串攻擊的目標。一六一五年元月，荷蘭的海軍上將斯皮爾伯格（Joris van Spilberg）給予「**致命的一擊**」：入侵聖維森特海岸（現今的聖保羅州），接著襲擊、掠奪，然後放火焚燒有象徵性且宏偉的**伊拉斯莫斯聖喬治製糖工廠**。這類挫敗接踵而來，獎勵如此少，種植園業主認為最好放棄這種冒險的事業。

這些事件標示甘蔗的生產開始往東北部遷移，向歐洲出口的數量隨之大幅增加。東北部有肥沃的沖積土地區，當地通稱**馬薩佩**（massapê），是生產甘蔗的理想地區。一九三〇年，吉爾貝托·費雷雷（Gilberto Freyre）[18]以富有詩意的形式描述：「**馬薩佩**是溫和的土地〔……〕灌木叢林地乾燥的沙地，可怕、憤怒的嘎吱聲，與**馬薩佩**的溫和形成對比〔……〕高貴的**馬薩佩**，有抵抗力和深度。」[19]費雷雷以平常的風格，描述這片土地注定要種植甘蔗，為巴西東北部孕育獨特的文化。實際上他說對了：**馬薩佩**確實擁有適合的特性，使甘蔗栽培成功。這個區域氣候炎熱、溼度高，廣闊的天然水路網將產品運送到沿海地區，加上比較靠近葡萄牙（順風和較短的距離使行程縮短），甘蔗變成葡萄牙帝國的冠軍產品。引力的中心轉移了。葡萄牙帝國的注意力和戰略措施，不再指向印度，而是對準巴西。

在都督轄區的物主杜阿爾特·科埃略（Duarte Coelho）的指導下，伯南布哥第一家糖廠於一五三五年開工。從那時起數目增多：一五五〇年四座種植園；一五七〇年三十座；截至十六世紀末一百四十座。其生產在數字和地理上都增加，遍布整個轄區，往南到巴伊亞，往北到帕拉伊巴（Paraiba）和北大河州（Rio Grande do Norte）。不過，真正繁榮的糖料作物產地是在伯南布哥和巴伊亞，尤其是環巴伊亞灣區。於是開始巴西製糖的黃金歲月。截至十六世紀末，產量達到一年三十五萬阿羅瓦，[20]殖民團幾乎壟斷這個市場。甘蔗變成巴西固有的一部分特色：整個殖民地致力於甘蔗的生產，王國政府確立甘蔗為皇家專賣品。

然而，蔗糖貿易很快就依賴荷蘭貨輪，將商品運送到北半球。[21]甚至有論據，因為荷蘭人的商業和金融技術，巴西蔗糖才得以蓬勃發展，而且荷蘭人也是巴西建立和擴展甘蔗工業主要的金主。毫無疑問，荷蘭船的使用，逐年穩定成長，因為荷蘭船比葡萄牙船快速，設備也比較好。荷蘭船偽裝成葡萄牙船，因此在巴西與歐洲之間的運輸業占最多數。

葡萄牙人沒有選擇的餘地。無論他們多麼努力去控制各階段的運作，蔗糖貿易的支配權，不受他們或作物產地的地主掌控。主要的進口商設在阿姆斯特丹、倫敦、漢堡和熱那亞，[22]他們有權力制定價格。因此，巴西的甘蔗經濟越來越國際化，而且獨斷獨行地全球化。

另一個巴西：法國與荷蘭的屬地

在十六、十七世紀，歐洲的其他國家獲悉，另一個美洲殖民地被「發現」，巴西海岸立即變成目標，屢遭侵略。首先是阿爾及利亞和摩洛哥的海盜，在馬德拉島到里斯本的途中；然後是法國、荷蘭和英國的海盜船，在大西洋兩岸巡邏，襲擊載運糖料的貨船。滿載商品從巴西啟航的船，也變成海盜的犧牲品。光是一五八八至一五九一年，這些船被擄掠三十六艘。[23]葡萄牙的輕快帆船，重量在八十至一百二十噸，船員少，容易掠奪。耶穌會的作家維埃拉神父，指這些船是「懦夫訓練班」，因為他們唯一的防衛動作是逃走，這種戰術很難成功，因為他們通常超載貨物。葡萄牙企圖減少海運的弱點，於一六四九年通過法律使船隻以艦隊的方式航行。從此輕快帆船變得更大且更重，由西班牙大帆船護送；西班牙大帆船更輕、更快速，有完善的大炮裝備。

海盜並非葡萄牙人必須面對的唯一問題。第一章已提及，法國藐視《托德西利亞斯條約》，兩度試圖在巴西建立殖民地。第一次的嘗試，「法屬南極洲」，由維萊加格農率領一大群人，於一五五五年在里約熱內盧登陸，在那兒待了三年。雖然他停留的時間短，卻引起廣大的回響。從安德烈・泰韋與尚・德萊里到蒙田的著作，舉印第安文明為楷模，藉以批判歐洲文明，並非對巴西的原住民族群有真正的理解。

為接管圖皮南巴族和圖皮尼金族的貿易，法國持續與葡萄牙戰鬥。「法屬南極洲」失敗後，法國人於一六一二年捲土重來，侵略馬拉尼昂州聖路易斯，企圖在此地建立「法屬赤道領地」。[24]法國人對這種冒險並不陌生，他們在這個區域的經驗追溯到數年前。一五九四年海軍上校雅克・里福特（Jacques Riffault）動身到巴西探險，終究失敗。不過，部分隊員留在葡萄牙的殖民地，包括沃克斯（Charles des Vaux）。後來沃克斯回到法國，說服亨利四世必須為殖民地作戰。之後不久，沃克斯出發到「馬拉尼昂島」[25]（即聖路易斯島）探險。這時候法國人已經在聖路易斯島（Upaon-Açu）設立軍事基地，取得當地印第安居民的信任，甚至學習他們的語言。

「法屬赤道領地」的設立，得到法蘭西王國的支持，與攝政女王（梅迪西家族的瑪麗）的協助，她准許在赤道以南建立殖民地，從「馬拉尼昂島」已建設的要塞兩側各延伸五十里格。她也指派「嘉布遣會」（Capuchin）傳教士，為這個區域的圖皮南巴族傳道。一六一二年三月，在丹尼爾・德拉屠須（Daniel de la Touche）的率領下，建立殖民地。屠須是貴族，八年前到圭亞那海岸探險而聞名。他用三艘船載五百位殖民者，朝現今的馬拉尼昂州出發。他們抵達「法屬赤道領地」，以國王路易十三之名，將屯墾區命名為聖路易斯。一六一二年九月八日「嘉布遣會」修士舉行首次彌撒，象徵性地聲明這個地區是基督教的領域。

法國人占據的領土幅員遼闊，從馬拉尼昂的海岸，綿延到今日的托坎廷斯州（Tocantins）北方，也控制帕拉東部和今日的阿馬帕（Amapa）的大部分地區。他們設立數個屯墾區，包括托坎廷斯河兩岸的卡梅塔（Cametá），與阿拉瓜亞河（Araguaia）河口附近的屯墾區。葡萄牙的反擊根據侵略的規模。他們在伯南布哥都督轄區集合部隊，行軍到聖路易斯屯墾區。此次遠征於一六一五年十一月四日結束，法國人有條件地投降。葡萄牙的殖民者於是占據這個地區，引進糖料作物的栽培。不過，法國人不放棄。他們接著試圖在亞馬遜河口開拓殖民地，再度遭到葡萄牙人驅逐。一六二六年法國人在現今的法屬圭亞那領地殖民，終於嘗到成功。雖然一六三五年法屬圭亞那建立首府卡宴市（Cayenne），但是一六七四年法國人才接管這個區域，從此由法國政府統治。[26]儘管如此，一六一五年後法國人不再試圖在巴西建立殖民屯墾區。

如果法國人的殖民化企圖是因地制宜，荷蘭人的殖民化企圖則截然不同。葡萄牙與荷蘭的關係始終是劍拔弩張，似乎注定要在「新世界」一決勝負。[27]阿維斯（Avis）王朝於一五八〇年結束，葡萄牙的繼位危機到了緊要關頭，在現今通稱「伊比利亞聯盟」時期，西班牙君主登上王位。在聞名的「腓力王朝」，不僅兩個王國政府共享，連西班牙與葡萄牙各自的殖民地也共享。雖然「伊比利亞聯盟」是現代歷史學家創造的新詞，卻恰如其分地描述這個局面：葡萄牙不僅受西班牙統治，也「捕獲」西班牙的敵人，當然包括荷蘭。

荷蘭最近才獨立；以前荷蘭是哈布斯堡帝國的部分，受西班牙統治。由於西班牙拒絕承認荷蘭獨立，兩國的關係緊繃。荷蘭與「低地國家」，以前是葡萄牙的盟友，現在變成敵人。基於現狀，荷蘭人覺得有正當的理由，入侵葡萄牙最富裕的殖民地。畢竟，作為葡萄牙的盟友，荷蘭人曾經控制巴西的蔗糖商品化和提煉，至少理論上，現在葡萄牙人必須讓渡殖民地。

荷蘭人不再拖延。一五九五年他們掠奪非洲海岸，一六〇四年攻擊當時的巴西首府薩爾瓦多市。[28]他們深信當地的軍事防衛不熟練，而且以為（結果是錯誤的想像）攻克這個城市後，葡萄牙裔居民會接納他們。不過，他們不確定自己的軍隊能否保護殖民地遼闊的海岸線。[29]除了這些戰略因素，荷蘭人憧憬他們可能在巴西獲得贏利。他們也認為：荷蘭人的征服，會削弱西班牙王國，因而削弱「伊比利亞聯盟」。計畫很簡單：攻打殖民地首府。然而，一六〇四年首次襲擊失敗，要等一些時日，荷蘭人才會再出擊。

在比較平靜的數年後，葡萄牙的局勢再度緊張。一六二一年荷蘭西印度公司成立，於是改變現狀，結束兩國的休戰。荷蘭西印度公司有國家的資金和金融家私人的投資，主要的目的是接管巴西的糖料作物產地，並且控制非洲的奴隸供應：這兩種活動相輔相成。安東尼爾神父（André João Antonil）[30]，「葡屬美洲」最重要的年代史編者之一，在十八世紀初闡明：奴隸是糖廠業主的「手和腳」，沒有奴隸就沒有糖。

薩爾瓦多的居民知道荷蘭人的意圖，預料會發生攻擊。既然休戰結束，他們認為西班牙與荷蘭很有可能重新開戰，似乎會波及「葡屬美洲」。一六二四年五月九日，荷蘭人攻擊薩爾瓦多，占據市區二十四小時。根據歷史學家查理・博克瑟（Charles Boxer）的說法，「普遍驚慌失措，以致白人和印第安人都沒有用，各自尋找安全的地方躲起來，毫無反擊的念頭」。

然而，荷蘭人無法超越薩爾瓦多的界限。在殖民地新任的葡萄牙裔總督馬蒂亞斯・德阿爾布開克（Matias de Albuquerque）和主教馬爾科斯・特謝拉（Marcos Teixeira）的率領下，所謂的「**好人**」（homens bons，指有產階級）組織抵抗運動，阻止農場被占領。他們使用游擊隊戰術，直到數量驚人的葡萄牙增援艦隊到來，五十六艘軍艦、一千一百八十五尊大炮，以及來自卡斯提拉、葡萄牙和那不勒斯的一萬兩千四百六十三名士兵，他們成功地阻止侵略擴大。葡萄牙決意不失去最富裕的殖民地。經歷漫長的戰鬥、伏擊和缺乏糧食，荷蘭人投降。他們在巴伊亞待了將近一年。一六二七年又發生攻擊，但是此時荷蘭的軍隊變小，而這個城市的防禦工事變強。荷蘭人似乎醉心於掠奪城市，勝於侵略；他們奪走兩千六百五十四箱糖料（大約環巴伊亞灣區年產量的六分之一），以及皮革、菸草、棉花、黃金和白銀。[31]

但是荷蘭人不放棄。他們注意到繁榮的伯南布哥都督轄區，當時該區的財富與巴伊亞匹敵。伯南布哥有一百二十一家糖廠，激起荷蘭西印度公司董事們的興趣。[32]另外，從薩爾瓦多到羅安達的行程需三十五天，從累西腓只需二十九天，荷蘭人早就明白這個差別。[33]一六三〇年初，他們用六十五艘船和七千兩百八十名士兵發動攻擊。二月十四日首府奧林達（Olinda）淪陷。

馬德里收到慘敗的消息，第一個反應是傳一道命令給里斯本，祈禱「防止更大的惡」。「宗教裁判所」被告知要加倍努力，施加更嚴厲的懲罰，因為這件事只能當作「上帝給予懲戒」，解放猶太人和異教徒必定已經觸怒上帝。但是祈禱沒有應驗，必須成立抵抗軍。另一方面，「**巴西游擊隊**」（guerra brasilica）成立。不過，從一六三〇至一六三七年荷蘭人加強控制塞阿拉與聖弗朗西斯科河之間的區域。這時候一位當地的種植園業主費爾南德斯・卡拉巴爾（Domingos Fernandes Calabar），因為背叛，在葡萄牙和巴西臭名遠揚。卡拉巴爾離開葡萄牙軍隊，投靠荷蘭人，利用他對地勢的了解，幫助敵人進攻。最後他遭到逮捕和處死。現今在巴西他仍然是矛盾的人物：有些人認為他是英雄，有些人認為他是惡棍。葡萄牙的賣國賊，抑或另一個巴西——「荷屬巴西」的防禦者。

與其論斷是非，不如描述抗戰之後的和平時期。雖然葡萄牙人繼續在內地打仗，任由敵人占領城市和要塞，荷蘭人已確定獲勝，開始在攻克的殖民地投資。「十九人委員會」管理西印度公司，負責「荷屬巴西」的行政，聘請陸軍上校拿騷—錫根的約翰·莫里斯（Johann Moritz von Nassau-Siegen，德國伯爵，當時三十二歲）從一六三七至一六四四年擔任總督。拿騷抵達都督轄區時，情況令人心灰意懶：糖廠遭到破壞和遺棄；瘡痍滿目以及被外國征服者統治的想法，使居民感到恐懼和失望。

拿騷力圖振興經濟和贏得信任。由於糖廠的業主已逃到巴伊亞，拿騷以賒購的方式出售廢棄的糖廠。他重新確立奴隸販運到該區域（荷蘭人已侵占許多非洲的奴隸市場）；提供購買廠房及設備的貸款；迫使地主依照擁有的奴隸數目，按比例種植「國家麵包」（木薯），解決糧食危機。身為喀爾文教徒，這位伯爵頒布宗教自由的法令，容忍天主教；根據當時的文件記載，他也寬容祕密信奉宗教的「新基督徒」，所謂的「隱密的猶太人」。[34]累西腓的猶太裔貿易商十分活躍；在十七世紀四〇年代累西腓以擁有兩座猶太教堂而自豪。拿騷也鼓勵藝術家、植物學家和學者造訪伯南布哥。

「荷屬巴西」的圖畫不多，都是當時拿騷聘請畫家到伯南布哥描繪。由於葡萄牙的圖畫大多是宗教性質，供教堂使用，畫家弗蘭斯·波斯特（Frans Post，一六一二—一六八〇）與阿爾伯特·埃克霍特（Albert Eckhout，一六一〇—一六六六）的作品，是這個時期重要的參考資料。波斯特是拿騷的扈從，抵達巴西時才二十四歲。波斯特的事蹟鮮為人知，一六一二年他出生於荷蘭萊登市；重要的藝術家集中在萊登市，他們曾經在當地的大學受教育。波斯特描繪無數的港口和要塞的景致，他似乎迷上平和的熱帶地區：伯南布哥、馬拉尼昂和巴伊亞。沒有當時日常生活的圖片，波斯特的油畫變成巴西的部分想像，彷彿他的畫忠實地呈現十七世紀的「荷屬巴西」。其實不然。在荷蘭，大部分畫家呈現家庭和都市的風景，但是波斯特比較喜歡巴西的景觀。烏雲密布的天空、壯觀的瀑布、孤立的房子、船在天堂似的河川上、外來的水果和動物——全都呈現和諧、無拘無束的熱帶地區。

阿爾伯特・埃克霍特也來到拿騷的荷屬都督轄區，他專注地描繪這個區域的印第安人和水果。起初被視為可靠的人種學研究資料，這位荷蘭人的圖畫細部，實際上流露很多民俗的元素。這位畫家給觀眾想要看的東西：「食人族奇異的風俗習慣」。必定是這個緣故，在一幅寧靜的塔普亞情侶油畫中，埃克霍特硬是在這對情侶背後的籃子添加亡敵的四肢，顯然在暗示吃人肉的習俗和故事。除了埃克霍特和波斯特，扎哈里亞斯・瓦亨納爾（Zacharias Wagenaer，一六一四—一六八八）也留下豐富的畫作，呈現非洲信徒的閃電神儀式舞（Xangô）、馬西亞皮（Maciape）的糖廠，以及累西腓的奴隸市場。

拿騷這個名字的重要性，超越他給予藝術和貿易的獎勵。荷蘭人將累西腓提升為殖民地首府，取代奧林達，這位伯爵對累西腓市進行廣大範圍的改建。在臨近港口的破敗地區，拿騷建造**莫里西亞市**（Cidade Maurícia），由建築師彼得・波斯特（Pieter Post）設計；此熱帶城市複製荷蘭首都，以運河交叉的方格系統為建造的基礎。此新市鎮使大約七千名居民髒亂的衛生狀況和住家環境大獲改善。該鎮以莫里斯市（Mauritz-Stadt）出現在數張地圖和全景畫，列入加斯帕爾・巴爾拉克斯（Gaspar Barlacus）於一六四七年在阿姆斯特丹出版的作品。拿騷總督也建造宮殿和喀爾文教堂，並且設置巴西第一座觀測站（記錄一六四〇年日蝕）。他接著在一些街道鋪路和建造汙水處理系統。他下令所有的街道鋪沙子預防水災，一天必須重複兩次，否則有罰款六荷蘭盾（florins）的危險。任何人「在街上亂扔垃圾」[35]，或是將甘蔗渣[36]丟入河川或水庫，也罰同樣的金額；甘蔗渣會影響淡水魚的繁殖，而淡水魚是居民基本的食物。拿騷也下令建造三座橋梁，是巴西最早建造的大橋。

拿騷的莫里斯在累西腓建造大型的「休閒花園」，也是稀有植物的果樹園，有八百五十二棵橘子樹、五棵檸檬樹、八十棵甜萊姆樹和六十六棵無花果樹。特別栽種七百棵椰子樹，供來自世界各地的動物棲息。這些動物包括各種鳥類：剃刀嘴鳳冠雉（Alagoas curassows）[37]、鸚鵡、孔雀、鴿子、火雞、鴨子、天鵝和珍珠雞。也有蜘蛛、陸龜、長鼻浣熊、食蟻獸、吼猴、狨、老虎和美洲獅這類大貓、佛得角山羊、安哥拉綿羊，以及兩個養魚池繁殖的魚。這個園區也充當實驗室，裡面的科學家是拿騷的扈從。其中有醫生威廉·披索（Willem Piso）研究自然環境、熱帶氣候和疾病，以及植物學家兼製圖家喬治·馬克格拉夫（Georg Marcgrave）。拿騷在總督府蒐集各種古董，包括弓、箭、矛、吊床、原住民的羽毛飾品、紅木（jacaranda）和象牙做成的家具，都是巴西製造。[38]

拿騷在巴西非常受歡迎，綽號「巴西人」，因為他對這個殖民地很著迷。儘管如此，他受到荷蘭當局的壓迫，於一六四四年回到歐洲。「荷屬巴西」，原本要永遠持續下去的殖民計畫案，在同一年開始衰落。

次年，所謂的**巴西游擊隊**又開始與荷蘭人戰鬥。這些戰爭通稱「再征服」，持續到一六五四年，葡萄牙和巴西的軍隊再度聯合起來，驅逐「侵略者」。「**殖民者**」與「**侵略者**」，這兩種字眼表示情緒和當地緊張的氣氛。在和平時期荷蘭人也被稱為「殖民者」；現在他們再度變成「闖入的侵略者」。國際情勢也非常複雜：一六四〇年葡萄牙人揭竿而起，反抗西班牙王權，恢復葡萄牙君主國。布拉干薩（Bragança）王朝第一位君主約翰四世[39]登上王位，接受**御前會議**（Cortes）[40]的歡呼擁立。雖然這表示「伊比利亞聯盟」結束，但是葡萄牙與荷蘭繼續敵對關係，不會重建兩國在一五八〇年以前的和平關係。荷蘭人占據相當多的巴西領土，沒有表態要離開。伯南布哥起義，由維達爾・德內格雷羅斯（André Vidal de Negreiros）與這個地區富有的地主費爾南德斯・維埃拉（João Fernandes Vieira）率領，非洲裔巴西籍軍事將領恩里克・迪亞斯（Henrique Dias）和印第安人費利佩・卡馬朗（Filipe Camarão）加入他們的戰線。

一六四八至一六四九年，在累西腓南方十公里的瓜拉拉皮斯（Guararapes）打了兩場仗，被看作巴西建國的基礎，尤其是伯南布哥。後人進一步闡述這個故事，讚揚這個區域不同的民族團結起來，為解放巴西而戰。不久「再征服」這個詞引起強烈的情緒力量，甚至今日葡萄牙人和巴西人把這件事當作「正直者」[41]的勝利來慶祝。歷史大多由勝利者撰著，在這個情況荷蘭人是戰敗者。現今我們明白：除了卡拉巴爾，許多糖廠的業主、甘蔗收割者、新基督徒、黑奴、塔普亞印第安人、貧窮的混血兒和其他更窮苦的階級，也支持荷蘭人。那些與荷蘭人對抗的軍隊，無法證實是這個國家的三種族群：印第安人、黑人和葡萄牙人，所組成的聯合陣線。

戰爭持續數年：起義者占據內地，荷蘭人繼續控制累西腓。然而，巴西人起義並非荷蘭人潰敗的唯一原因；西印度公司本身有危機，再也找不到投資者。除了缺乏資金，還有文化衝擊：葡萄牙人對宗教信仰傾向於武斷，一旦觸及政治和經濟卻相當不正統，荷蘭人恰恰相反。他們容忍宗教慣例，但是處理欠債的地主卻極其苛刻。最後，經過這麼多年的鬥爭，在巴西的軍事行動需要資金，資源就是不再出現。

一六五四年葡萄牙海軍艦隊抵達，封鎖累西腓，荷蘭人終於有條件地投降。葡萄牙人的抵抗運動，變成知名的「神聖的自由之戰」，專注於整個區域的聯盟，尤其是與地主結盟；荷蘭人要求高稅率使地主不滿。一六六一年八月六日，在不列顛君主國的斡旋下，終於商定《海牙條約》（Treaty of The Hague）的細節：葡萄牙人保有非洲和美洲全部被侵占的領土，給荷蘭人賠償金四百萬克魯扎多。巴西政府開始徵稅，以協助支付賠償金；這個稅法造成長久的影響，直到十九世紀仍然在執行（雖然這筆債早已付清）。伯南布哥打勝仗卻必須付出代價，激起民眾的憤慨。或許因此播下種子，未來這個州將發生十九世紀最凶猛的暴動。[42]

不過，至少目前已重建和平，伯南布哥都督轄區可以恢復艱辛的製糖工作。這個階段巴西處於備戰的氛圍，「眾人反抗眾人」，向荷蘭人開戰只是一個例子。除了擔心又有外國人占領，還有美洲印第安人與被奴役的非洲人滿腔的怒火。[43]在這樣的社會，所有市民都攜帶武器，不曾鬆懈。

強制勞動的土地

此時巴西已確立重要的事業，完全以甘蔗的單一種植為基礎。在種植園周遭發展次要的活動，例如生產自用的食物（尤其是木薯）和養牛。牛不可或缺：土地的耕作、壓榨甘蔗和運送甘蔗，以及提供食物給居民。在東北部的內地，「皮革社會」與糖料作物為主的社會齊頭並進，因為可用以工作的牛和人源源不絕。

在巴伊亞，菸草作物栽培在卡舒埃拉（Cochoeira）、環巴伊亞灣區和都督轄區較遠的北方擴展；這些地區合起來占全國九〇%左右的產量。菸草的種類繁多，最精製的向歐洲輸出。比較粗糙的菸草，用以交換非洲海岸的奴隸。菸草作物與甘蔗的生產互補。菸草作物可以小規模生產，因此發展出許多小農場，大多是種木薯的農夫或葡萄牙裔移民在經營；這些移民幾乎一文不名地來到殖民地。由於王國政府壟斷殖民地的菸草生產，菸草也促進葡萄牙的貿易穩定。不過，就重要性而言，菸草沒有與甘蔗競爭的風險；資助新興的地主階級，也沒有與甘蔗栽培者競爭的風險。

使糖料作物系統起作用，使磨輪持續轉動，維持勞工的供應是關鍵。前文已提及，在上個世紀，使用原住民勞工生產巴西木，已經變成棘手的問題。在生產甘蔗的時代，情況變得更嚴重。宗教的修道會，尤其是「耶穌會」，竭力阻止使用奴工。他們聲稱原住民是「叛亂者」、「怠惰」，而且拒絕務農。現今我們明白：奴隸制的前提是一個人擁有另一個人，使用暴力當作**操作模式**；美洲印第安人，與屈服於奴隸制的其他人一樣，既不會叛亂也不會「不情願工作」。事實上，一旦政策涉及處理印第安人和非洲人，「教會」與殖民者的意見就有很大的分歧。

針對奴役印第安人的問題，殖民者與「教會」爭論不休；對於強制土著勞動的問題，無根據的觀念也是沒完沒了。基於道德因素，「教會」主張印第安人「不適合」農業的工作。然而，這種「欠缺適應能力」的臆說，顯示歐洲人與美洲原住民對日常生活的構想大相逕庭。印第安人完全不在乎「盈餘」的概念；他們關注社區福利，注重耕作與消費互惠。這是國內的生產。在原住民的社會，不因經濟能力而產生身分地位。對勞動有不同的理解，葡萄牙人的解釋是欠缺精力和資質。事實上，這種結果出於對世界、社會關係和處理生活的基本需要有截然不同的概念。

除了這些差異，天花這類疾病，以及對這片土地的深刻了解，促使印第安人避開來勢洶洶的殖民者。尤其是，他們的目的是避免被抓住和被奴役。此時「教會」繼續鼓吹：傳布福音的使命，是一種道德和基督徒的責任。印第安人是「教友」，有皈依新教的潛能。

然而，不同於歷史書籍推廣的傳統觀點——印第安人死亡促進非洲奴隸的輸入，現今我們明白：實際上印第安人持續被奴役很長一段時間。例如，**保利斯塔人**（Paulistas）[44]繼續禁錮印第安人直到十八世紀，將他們出售或是在皮拉蒂寧加高原的種植園當奴工使用。**保利斯塔人**不僅襲擊巴拉圭河流域的耶穌會傳道區，而且從一六四〇年起，他們導致整個東北灌木叢林地大批的印第安人死亡，當時殖民者尚未逼進這個區域。攻擊印第安居民的戰役，通稱「野蠻人的戰爭」，持續到十八世紀中葉。[45]**保利斯塔人**的利益與耶穌會會士的利益截然對立，導致不斷暗中侵害彼此的主動權。

實際上，為甘蔗工業維持繁榮的市場，需要長期穩定的解決辦法，完全擺脫宗教和道德的爭議。因此，有利可圖的甘蔗貿易，與販運人類的交易結合。一方面，葡萄牙帝國在非洲西岸的沿海地區擁有交易所；另一方面，葡萄牙貿易商控制南美洲的內戰，將被征服者變成俘虜，複製非洲大陸的奴隸制。[46]

各種型態的奴隸制確實存在於非洲。然而，關鍵差異在於流程的規模和制度的性質，包括引進利潤龐大的商業制度，最先獲利的是非洲的談判者，然後是葡萄牙人，最後是巴西的貿易商。奴隸的採購和分配，形同殖民地的收入保證金。葡萄牙王國政府壟斷勞工的供應和甘蔗的銷售。甘蔗和甘蔗所帶來的利潤，這些財富幾乎都沒有留在殖民地。

漸漸地，做奴隸買賣的巴西人越來越多。各種記載顯示，在這個時期，奴隸貿易商開始被稱為「巴西人」，或許為了與葡萄牙裔殖民者有所區分。有幾回，特別是在十八世紀，荷蘭人控制非洲的奴隸市場，拒絕與葡萄牙人做生意，卻繼續與巴西人做交易。畢竟，巴西人備有**甘蔗酒**（cachaça）[47]、菸草和皮革，用以交換奴隸。

矛盾的是，大西洋的蔗糖貿易擴展，伊比利亞半島非洲奴隸制悠久的歷史增長，使葡萄牙人得以熟悉非洲人，逐漸了解非洲人的特長。早在十六世紀，葡萄牙的文獻詳細記載，許多非洲的族群有能力學習製糖技術。因此，第一批非洲人從安哥拉和幾內亞抵達巴西，立即被分配專業化工作，例如淨化和煮沸蔗糖，以及監督生產的過程。實際上，許多來自西非的奴隸，擁有打鐵、農業、給牛打烙印和養牛的經驗。這不表示他們是「心甘情願的奴隸」：恰恰相反。

隨著時間的推移，非洲奴隸制與製糖的過程越來越有關連，直到這兩種現象被視為形影不離。奴隸制深深嵌在巴西的殖民文化，反映在當時使用的字眼，印第安人被稱為「土著」或「黑人」，而非洲人被稱為「幾內亞」黑人或「土著」黑人。因此「**黑人**」（negro）這個詞變成代表「奴隸」的總稱，顯示殖民地的經濟取決於黑白對立。葡萄牙語採用一組文字表示膚色的深淺，絕非表示沒有歧視，而是名副其實地運用語言工程，區別身體特徵、行為特徵和不同的心態。這種結構很複雜，乍看起來比實際情況更容易變通。美洲原住民被傳授教義後，變成王國政府的僕從，而奴隸改信基督教。實際上，殖民團在整個領地採用奴隸制，形成二分的社會，使地主與奴隸、白人與黑人、土著與非洲人對立。

就味覺而言，甜和苦是兩回事，但是在甘蔗企業的邏輯，這兩者分不開。奴隸販運船從不閒置。船隻在大西洋來來往往，滿載著白糖與來自非洲各國的黑皮膚奴隸。里斯本的**御前會議**、阿姆斯特丹和倫敦的商業機構、亞馬遜的森林、非洲的交易所，尤其是美洲的糖料作物種植園，宣布奴隸勞工法。[48]如同維埃拉神父所言，在遙遠的巴西土地，新的地獄已經形成。不再是用巴西木的紅色染料製造地獄，而是用糖廠的火爐和奴隸流血的身體製造地獄。

新的「蔗糖邏輯」

從十六世紀起，殖民事業各方面皆仰仗甘蔗的生產：從屯墾區的形成、城鎮和領地的防衛，到房地產的分配、相異的人民團體的相互關係，甚至挑選首府。一五四八年，國王若昂三世藉「皇家特許狀」，確認總督的任命與王國政府的其他代表人員派駐殖民地。次年，首任總督托梅・德索薩（Tomé de Souza）在當時幾近荒廢的巴伊亞都督轄區登陸，立即在海岸著手建造首府。這個城市被命名為薩爾瓦多，一直是巴西的首府，直到一七六三年首府才轉移到里約熱內盧。薩爾瓦多成為政府、最高法院和重要的王國政府稽查員的所在地，並且成為出口中心，最初是輸出巴西木，然後是甘蔗。並非所有的都督轄區都這麼幸運。大多數都督轄區慘遭孤立和印第安人的襲擊，以致無法利用王國政府提供的獎勵措施，例如免除什一稅，以及其他財政優惠。

縱使王國政府企圖控制殖民地，地方分權化仍然很明顯。就字面和象徵的意義而言，**大宅邸**（casa-grande）和**製糖工廠**（engenho）[49]大權在握；這些地方是殖民生活、指揮權和統治集團的中心。**製糖工廠**這個詞最初是指糖廠本身，後來表示整體的製糖綜合企業：磨坊、土地、種植園和附屬建築物。

大宅邸位於糖廠附近，不僅是地主的住宅，也充當要塞、客房和辦公室。有些**大宅邸**有二樓，即便如此，也絕非宏偉的建築。在十七世紀以前，**大宅邸**外觀簡陋：枝條泥巴牆，用**茅草**（sapê）[50]覆蓋屋頂。然而，地主，尤其是沿海地區**製糖工廠**的業主，把大房子當作標誌，象徵他們在殖民地取得社會地位和經濟與政治權力。安東尼爾神父描述這些地主擁有眾人渴望的地位：他們「被服侍、被服從、備受尊敬」。他們形成有錢有勢的貴族階級，並非歐洲國家世襲的貴族。

在殖民地，為表彰功勞而授予貴族的頭銜，但是這個頭銜也買得到。不過，製糖業大亨（sugar barons）享有持久的權勢，那些渴望當貴族的人得不到這種權勢。如同德國旅行家亞歷山大・馮・洪堡（Alexander von Humboldt）的記述：「在美洲，所有的白人都是紳士。」在這片領土，非洲奴隸構成勞動人口，光是身為白人這個事實就被認為占優勢，有權利被當作貴族對待。一七八九年王國政府的一位僱員注意到：殖民地這種地方是「有少許財物、出身卑微的人，擺架子當最顯赫的貴族」。[51]甚至博學的治安法官和富有的零售商，都渴望成為貴族。

巴西的貴族成員，依照他們**不**做的事情來定義身分。體力勞動、開店、當工匠與其他類似活動，都是土著或奴隸在進行。這可以說明巴西對體力勞動一直存有偏見，認為那是「低等的」活動，普遍不屑一顧。另一方面，「貴族們」靠租金和官職的收入維生。然而，最優越的是製糖業大亨，身邊有一大群親戚、傭人和食客。這個新「貴族」主宰殖民社會；資本、權力、權威、奴隸所有權、參與政治，以及成為眾多親戚的大家長——這些是他的集體裝飾品。這個模式以大家庭為基礎，在甘蔗的生產週期繼續存在。雖然原生家庭形成**製糖工廠**的核心，主子的隨從也包括收養的子女和寄居人，[52]以及親戚、傭人和奴隸。

從整體上看，這些地主的家族極少數是葡萄牙貴族，舊基督徒甚至更少。自從葡萄牙設立「宗教裁判所」，曼努埃爾一世在位時，已經把羅馬天主教徒（舊基督徒）後裔與最近皈依的猶太人（新基督徒）後裔區別開來。儘管他們裝腔作勢，許多製糖業大亨實際上是新基督徒，移入的富商後代，他們把時間和資本投資在甘蔗的產銷。經過幾代後，這些地主與舊基督徒家族聯姻，於是創造想像的家譜，與貴族建立遙遠的連結。

然而，不論他們是否貴族的後裔，他們「再造」自己的貴族身分。有很多報導描述這些地主穿華麗的衣服、戴白帽、穿擦亮的靴子，隆重地遊街。他們是早起的人，天亮時已經檢視房地產、下工作指令，確定前一天的工作已圓滿完成。他們也喜歡某些社交聯誼，保持客廳和餐桌的食物豐盛，宴客和安排郊遊。當地的村民和壓榨甘蔗的工人，會以恭敬的態度迎接地主，地主經常給他們取綽號，這是家長式統治的部分表現。

這種權力的排場，重點包括幫主子的家人穿上國外最華麗的衣服，提供鋪張浪費的宴席，和炫耀**大宅邸**內部的奢華。在十七世紀**大宅邸**的建築越來越壯觀。這種兩層樓的房子，有各種樣式和大小。不過，他們全都安裝大窗戶，迴廊環繞整幢房子，廊柱優雅。**大宅邸**通常在**製糖工廠**的最高處，從遠處就看得到。**大宅邸**有很多臥室，提供給家人和寄宿的人：夫妻的雙親、姪子和外甥、孫子、政治夥伴、零售商、親友和家庭牧師；另有接待室、餐廳、祈禱室、辦公室、食物貯藏室和廚房。禮拜堂與**大宅邸**連接，實際上是擴建的部分：樸實無華、全白，但是夠大，可以舉行洗禮、婚禮和喪禮。禮拜堂通常是磚造的矮建築，只有祭壇。地主們對小禮拜堂非常依戀，往往在遺囑裡聲明：希望葬在禮拜堂。

不論是建在**大宅邸**內部或分開，禮拜堂是這個世界必要的元素。星期日和國定假日，禮拜堂的幾張木製長椅和椅子，不夠容納所有望彌撒的人：主子的大家庭、本地的農夫、鄰居和其他依賴**製糖工廠**維生的人。奴隸也被召集參加宗教儀式，以前在非洲未受洗者，按照儀式受洗成為基督徒。對這個甘蔗社會和被強迫的勞工而言，羅馬天主教是重心；因此，這是既定的傳統，主子讓其中一個兒子奉行神父的獨身生活。長子繼承**製糖工廠**。次子通常注定在行政、法律、或戰爭方面為王國政府服務。主子的能力，以他生育後代的人數（最好是男的）來衡量，如果他「受命運之神眷顧」，三男就當神父。如此，地主們確保他們與政府和「教會」的關係，這兩者都支持製糖業。

另一個富裕的象徵是主子餐桌上豐盛的食物。這個家庭必定有糖，大量的糖送到廚房，主要是做點心——用玉米、椰子、百香果、香蕉、格尼帕果（genipap）和曼加巴（mangaba）當原料[53]——以及蛋糕和甜品。許多點心的名稱充滿柔情，表示親密的關係，例如「愛之環」、「情人結」、「情侶蛋糕」、「養胖老公」，或「挑逗」；其他名稱有宗教的聯想，例如「夏娃布丁」、「天堂嗎哪」、或「修女的夢」。[54]這些虔誠的名稱，表示殖民地的家庭主婦繼續葡萄牙修女做糖果的傳統（或許與一些更大型的**製糖工廠**在他們的土地建造女修道院有關）。[55]現今巴西仍然有這種說法：「要虜朋友的心，先填他們的胃」，或許不是巧合。[56]

但是有**大宅邸**必定有**奴隸小屋**（senzala，即奴隸宿舍）。這兩者表面上對立，實際上密切相關，成為吉爾貝托．費雷雷的題材，對巴西的社會結構做指標性的記述，在一九三三年出版《**大宅邸**與**奴隸小屋**》，探討主子與奴隸充滿矛盾的關係。書名的「與」字連結兩者，顯示這位伯南布哥人類學家了解，這兩極的相互關係有重要性。「平衡經濟與文化的對立」，他用這句話表示：日常生活中不僅有家長式統治與暴力，而且有雙邊談判。[57]

Senzala 是金邦杜語（Kimbundu）[58]，表示「農業地產的工人住處」，或是「與大房子隔開的住處」。甘蔗田的**奴隸小屋**供數十、甚至數百的奴隸住宿，他們經常手和手臂被鏈子拴住，躺在衛生狀況令人作嘔的泥地上。由於擁有眾多奴隸是聲望和富裕的象徵，主子們喜歡數量勝過質量。有各種不同的狀況：有些種植園是奴隸集體住宿，有些種植園是男女分開住宿，少數的情況是夫婦和兒童有獨立的住處。在東北部，**奴隸小屋**大多是數排毗連，與**大宅邸**有一段距離。晚上工頭把小屋鎖上，以防止奴隸逃跑、維持紀律，和控制奴隸睡覺與起床的時間。休息和衛生都不足。**奴隸小屋**沒有燈光也沒有窗戶，所以不僅永遠黑暗，而且過度擁擠使小屋悶熱。這些小屋通常是泥牆和**茅草**屋頂，很容易損壞，因此當時有許多旅人批評小屋的外觀簡陋。[59]有**大宅邸**必定有**奴隸小屋**，這是一體兩面的問題。

相對的，主子們用「貴族階級」的象徵來包裝自己：華麗的衣服、貴重的家具、純種馬、在文盲之地會讀會寫，最重要的是指揮權。巴西有另一個生活層面不同於里斯本：各種不同的文化和平共存，殖民者依照膚色的深淺將這些文化歸類。由於非洲人和印第安人視同異教徒（即使他們已受洗或變成僕從），這些族群都沒有權利。因此，「土著」和「村落印第安人」，或是**無知的**（boçais）**和聰明的**（ladinos）非洲人[60]，這些區分代表文化類別，標示內部的階層接納與排斥的分野。

膚色變成基本的社會指標。這些類別不固定，隨時間和地點而變化；但是膚色始終界定社會地位。在殖民地早期，葡萄牙人與印第安人或是白人與黑人交媾，產生混合種族的群體，另外分類。殖民地的日常生活又進一步細分：主子與奴隸交媾所生的子女叫做**梅斯蒂索**（mestizos）；印第安人與黑人交媾所生的子女叫做**卡布拉**（cabras）；皮膚「微黑」的人叫做**莫雷諾**（moreno，起源於 Moor 這個字），最後是**帕爾多**（pardo，類似「蒼白的混血兒」）。現今的巴西戶籍仍然有 pardo 這個顏色，實際上的分類意義，類似「以上皆非」、其他或不符合常規。換句話說，不是白色、黃色（在巴西黃色指東方人）、紅色（印第安人）或黑色，這些人通稱 pardo。

即使今日，pardo 的字義因社會環境和被分類的個人而不同。這個字來自葡萄牙，起源於 pardal（麻雀）這個名稱，一方面麻雀有深色羽毛但是顏色不明確，另一方面到處都看得到麻雀。[61]**梅斯蒂索**的民族和種族進一步細分：**馬穆魯克**（mamelucos，指印第安人和白人交媾所生的子女）；**卡布克羅**（caboclos，指印第安人講耶穌會會士教導的**通用語**）；**卡里諾**（carijós，這個詞原本用來歸類巴西南部的居民，但是圖皮族用以指白人與白翅黑鳥結合的後代）；**庫里博卡**（curibocas，指有銅色皮膚和直髮的混血兒）。[62]

在「甘蔗時代」，這是複雜的人類「基因圖譜系統」，藉膚色和父母的身分歸類。「有色人種」，這個詞在巴西仍然通用（委婉地表示「黑人」，而「白人」非有色人種），順應所有可能的歧視類型。首先，他們的深色皮膚表示祖先是奴隸，因而暗示備受鄙視的強制體力勞動。其次，這表示道德上有瑕疵的社會地位，因為這些人的出生是「非正式」的結合（奴隸主正式登記私生子的例子很罕見）。最後，混血兒一概被視為貪婪、狡猾、不能信任。

由於主子逐漸釋放一些奴隸，**大宅邸**周遭出現自由黑人混雜的族群。這個族群的形成也依照膚色的深淺：個人的膚色越淺，越容易獲釋（所謂的**解放**〔alforria〕）和僱用，甚至在奴隸主的宅邸做家務。被解放的奴隸，有足夠的財力立即購買自用的奴隸，貧農亦然。在這種甘蔗文化，蓄奴是社會聲望的一種象徵，一種實質的保證：奴隸主是富裕、可靠的市民。

種族、文化和個人因素，產生錯綜複雜的組合。最接近**大宅邸**的是**穆拉托人**和**克里奧爾人**（Creoles），後者是在奴隸主的房地產出生的奴隸，換言之，不是非洲人。他們構成精英的類型，做家務和專業化工作，但是經常被指證偷懶。**帕爾多人**被認為能夠駕馭特定的任務，而「非洲人」視同「外國的異教徒」（充其量最近才皈依宗教），十之八九危險且不穩定。奴隸制與非洲人及其後裔越來越有關連。時間一久，在「葡屬美洲」這個概念變得根深蒂固。

雖然奴隸主與奴隸形成甘蔗綜合企業的核心，一個更廣大的社會階層圍繞他們，由**隨從**（agregados）和農夫構成。隨從往往構成一個大團體，他們的生計仰仗主子的援助。雖然這些隨從幾乎沒有經濟勢力，但是他們的人數和忠誠，助長主子的影響力，因此他們確實有一些政治和社會的重要性。這個團體包含被解放的奴隸、當地的政客和零售商，以及沒有土地因而受扶養的親戚。

當地的主子分配禮物，變成一種貨幣，進一步增強他的統轄，促進種植園綜合企業的經濟、政治和文化中央集權化。[63]另一方面，農夫分成兩組：向地主承租土地者，以及依賴**製糖工廠**的糖廠壓榨甘蔗的小地主。這兩者都躲不掉主子的統治權。

於是產生甘蔗貴族，由奴隸主統率，成為政治與社會生活的中心人物。在「遙遠的巴西領地」，大地主稱王稱霸，幾乎沒有競爭者。王國政府認為這是內部事務，不願意干涉。然而，日常的甘蔗生意根本不穩固，有很多風險。國際的市價波動與收穫量的多寡，影響甘蔗企業。這種企業端賴良好的管理、適當地控制奴隸，並且將家長式統治的恩惠，明智地施與大家庭眾多的成員。

甘蔗企業

甘蔗「文化」是恰當的觀念，因為糖料作物的生產滲入殖民地的社會、經濟和文化生活。生產的過程費時一年，沒有間隔。二月有雨水就開始栽種，持續到五月，某些區域延到七、八月。選擇較高的土地，因為野草在低窪地繁衍茂盛，是糖料作物種植園的大敵。用燃燒的方式整地，這是印第安人相傳的技術，前提是這些地區不缺耕地。首先砍樹，然後焚燒草木。不用犁；奴隸用鋤頭翻土。巴西引進的甘蔗，原本來自印度，與西西里島種植成功的甘蔗是相同的植物，通稱**克里奧爾甘蔗**（cana-crioula）。這種細長的植物，節間短，生產力比其他品種遜色。這個名稱並非巧合，而是對**克里奧爾人**的道德批判。一年後，頂多一年半，開始收割，總是配合磨坊可以壓榨的時間。這個過程必須快速和有效率，因為甘蔗砍下來二十四小時後，蔗糖的成分就大量流失。

甘蔗砍下後，用船或牛車從種植園運到磨坊。船的速度快很多。因此，河邊的土地可以賣最高的價錢。河水也是大型水磨的動力，以「水力磨坊」或「皇家磨坊」聞名，並非與王室有關係，而是比其他磨坊優越。但是很少地主能夠負擔這種奢侈的磨坊。大多數磨坊的操作使用牛、馬，甚至人，俗名**糖坊**（trapiches）、**小磨坊**（molinetes）[64]或**動物磨坊**（almanjarras）。最後一個名稱是由奴隸將甘蔗放入滾輪，這是極其危險的工作，經常發生意外。

有進一步的區分：沿海地區的**製糖工廠**（被視為最古老且最有貴族氣派）與「林地」或「內地」的**製糖工廠**。後者通常比較小而且更簡陋，製糖的技術比較原始。在十七世紀以前，大多數磨坊使用兩個平放的木圓柱，壓榨的過程緩慢。一六一〇年後才開始在所謂的「高蹺磨坊」（stilt mills）使用較先進的設備，採用新的壓榨系統：三個金屬襯裡的圓柱，需要的工人較少，而且產生較快速的成果。

操作糖廠的另一項必備物品是木材。據估計，這些火爐每小時需要燃燒一牛車的木材。耶穌會的安東尼爾神父，形容這些火爐是「吞噬森林的嘴，火和煙的地牢，活火山逼真的寫照」[65]。後果之一是摧毀巴西東北岸的森林，砍掉巴西木時這片森林已遭到蹂躪。

不論是什麼類型的糖廠，初步處理甘蔗莖，然後放入滾輪榨取甘蔗汁。甘蔗汁存放在木桶裡，然後運到火爐，用銅製的大鍋爐煮沸和淨化甘蔗汁。一旦去除雜質，甘蔗汁變成糖蜜，倒入模具或容量約三十二公升的土缸。接著將糖蜜帶到「淨化室」，進行四十天「白化」過程。最後，糖蜜乾燥後，用薄刃刀將最白的部分與較深色的部分（粗糖）切開。

糖料的價格差別極大。首次煮沸得到四種糖，通稱**雄糖**（macho）：精製白糖、白砂糖、低等白糖和粗糖，依照白的程度決定售價。在淨化的過程，大缸滲出糖蜜，也收集起來再加工，但是售價較低。模具也滲出較稀的糖漿，是**燒酒**（aguardente）[66]——**甘蔗酒**或**糖蜜酒**（pinga）——的原料，整個殖民地都喝這種酒，在非洲也普遍用這種酒交換奴隸。雖然這三個詞可以互換，表示同樣的酒，實際上並非同義詞。**燒酒**是總稱，指任何甜的植物蒸餾製成的酒；**甘蔗酒**是甘蔗做成**燒酒**的特定名稱；**糖蜜酒**是俗名。**糖蜜酒**（葡萄牙文 pinga，有「滴」的意思）據說起源於奴隸蒸餾**甘蔗酒**：甘蔗汁煮沸時，凝結在屋頂的水蒸汽，滴到奴隸的頭上。

甘蔗酒太受歡迎，以致葡萄牙禁止這種產品進口，甚至限制殖民地可以生產的數量，企圖保護葡萄牙種葡萄兼釀葡萄酒的業主利益。然而，**甘蔗酒**是奴隸買賣重要的交易品，在巴西仍然是很重要的產品。在十八世紀，里約熱內盧市**甘蔗酒**的輸出比糖料多。**甘蔗酒**是該市的頭號出口貨，大部分被預定用在安哥拉的奴隸貿易。實際上，在製糖的過程，全部副產品都被利用，包括**紅糖**（rapadura），一種未精煉的蔗糖。**紅糖**加上肉乾和粗麵粉，就是工人基本的食物。

巴西的蔗糖經濟有一個很重要的特徵：缺少精煉廠。巴西和葡萄牙都沒有精煉廠。這表示蔗糖貿易和最後的生產階段都受荷蘭人掌控。巴西最著名的是未精煉的糖（**混糖或粗糖**）。這種糖，安地列斯群島也生產，占這個國家大半的產量，提供原料給北歐的精煉工業。[67]

實際上，歐洲對巴西蔗糖始終懷有疑慮。板條箱的重量經常被篡改，產品的品質申報也偽造。糖的價格因顏色而異。由於板條箱密封，無法證實內容物，往往在箱底放石頭增加重量。歐洲的貿易商不停抱怨這些欺騙的伎倆，他們說：巴西的「黑糖」和「更黑的作法」，會毀掉巴西的蔗糖貿易。越白越純的白糖，與據稱品質較差的深色品種相比，變成隱喻，在巴西的社會持續許多年。

白人地主高高在上，黑奴在最下層，這種社會階層很快就被看作起源於自然狀態。這兩種族群的身分對比，不是從歷史、經濟或政治的論證來解釋，而是比較甘蔗的兩種顏色，與據稱是「自然的」推測：白色的比深色的優越。甚至今日的巴西人，傾向於依照膚色的深淺來形容彼此，這些顏色符合不同的社會階級：諸如**糖蜜白**、**灰白**、**幾近白**、**發白**，與**些微混血兒**。[68]這些字眼的用法，表示依據膚色來認知社會地位，現今仍然存在於巴西。[69]

因此，甘蔗與奴隸制結合的力量，影響既廣泛又密集。栽培和收割甘蔗費時半年，配製糖料又費時半年。兩者都必須持續艱苦地工作。這項工作的規模，以十七世紀環巴伊亞灣區的種植園為例：**伯爵領地塞爾希培**（Sergipe do Conde）每天進行兩百零三項工作，都與生產的過程有關。一個工人需要大約三百個工作日才能完成這些工作。工人夜以繼日操勞，壓榨甘蔗和煮沸甘蔗汁，兩班制。淨化、乾燥和包裝只需一個班，但是持續十八小時以上。星期日和假日，大多數種植園的奴隸栽種自用的食物，或是在附近的河流釣魚。這些是必要的補充糧食，因為他們吃規定的食物，不僅定量分配，而且幾乎沒有營養價值。

各個部門單日的工作量，使奴隸筋疲力盡。為消除疲勞和保持狂熱的節奏，他們邊工作邊唱歌；歌唱使族群團結起來，在長時間不間斷地勞動時提高士氣。當時華許牧師（Reverend Wash）造訪巴西，根據他的說法，這些奴隸早上五點醒來，祈禱後立即到種植園。他們九點吃少量的早餐，中午吃午餐，未離開田地。然後他們又拿起鋤頭幹活，直到傍晚。在收割期間每件事都必須更快速，**製糖工廠**二十四小時不停地操作，只分配四小時休息和清理設備。

有四個基本的部門：處理甘蔗、運送、維修和行政。**製糖工廠**由主子管理，神父和總工頭協助。收割時，主子很少離開**製糖工廠**，他需要專業人員的協助，核實法律文件和帳目。前文已提到，通常是次子取得學位當律師，以保護家族的商業利益、處理法律文件和其他行政事務。「皇家」**製糖工廠**通常僱用一位外科醫生，以及一位當地的辦事員處理商務。

非奴隸的勞工做專業化工作，這些人被視為技術人員。總工頭充當經理，處理「個人的」任何問題，負責進行集體與個別的懲罰。奴隸都很怕他。他也負責設備的維修。他是主子的膀臂，在**製糖工廠**的薪資最高。在這個等級制度，次高的職位是來自該鎮的辦事員，他充當商務代理人，接收糖料、將糖料存放在碼頭的倉庫，負責糖料的銷售和上船。然後是「收帳人」：農夫承租主子的土地，此人負責收租金。抄寫員和倉務員控制支出，事務律師是**製糖工廠**的法律代表，他們的薪資相同。

然後有「文人」，受僱處理訴訟，以及「大鍋撇渣工」負責撇掉甘蔗汁泡沫。或許所有甘蔗專業人員中，最有價值的是「製糖師傅」，**製糖工廠**的成敗端賴此人。實質上他是工程師，負責全部的技術操作。他監督榨取甘蔗汁，避免汁液過量，努力達到理想的煮沸條件。他負責監督煮沸的全部過程，以及鍋爐工人和糖廠其他工人的工作。他是備受尊敬的專業人員，這種人很難找，薪資極高。

有這麼多專業化領域，巴西的**製糖工廠**採用當時的製造標準，包含一系列相互連結、複雜的活動。大規模生產的要求，迫使巴西必須在嚴格的階層式結構，組織糖料作物生產單位。但是不應高估這種企業的精確性：當時的文件證實，為支持個人和團體的經驗而忽視科學方法。旅人總會批評：在巴西一切都是「用眼睛完成」。船或牛車運送甘蔗，就是用眼睛評估數量。工具很簡陋：用鶴嘴鋤和鋤頭整地；通常不用犁。最後，整個生產週期端賴奴隸的汗水和使用鞭子。

到了十七世紀，由於奴隸取代極少數的自由勞工，這類組織逐漸進化。實際上，巴西東北部的糖料作物生產，導致非洲奴隸的人口超過美洲原住民。在十六世紀五〇、六〇年代，東北部幾乎沒有非洲人在種植園工作。勞動人口由印第安奴隸構成，在更小的程度上，從耶穌會的村落帶來印第安人。但是形勢產生巨變，非洲奴隸開始取代印第安奴隸和自由的印第安村民。一五七四年非洲人只占奴隸勞工七%，一五九一年占三七%，到了一六三八年非洲人和非洲裔巴西人幾乎是全部的勞動人口。[70]例如，在一六三五年，前述的**伯爵領地塞爾希培製糖工廠**，有八十名奴隸和十三名給薪工人。到了十八世紀初，奴隸的數目上升到兩百名，給薪工人減少到只有六名。非洲勞工占上風，也產生一種矛盾：奴隸有能力填補最有威望和最重要的職位，可能對他們大有裨益，因為自由是最有價值的報酬。

這些機構的投資，分配在建造建築物、磨坊和大鍋爐（銅製的），以及用以取得牛、獸力車、船、牧場、種植園土地和奴隸（最重要）。投資在奴隸的金額，占地主的總資金七%至三七%之間；大多數花二五%左右的資金購買奴隸。因此這些採購占全部費用很大的比例，當務之急是把資源的使用最大化，避免任何可能的「損失」。

截至十七世紀，販運奴隸已是利潤極高的生意，許多奴隸主花心思「更換」死亡的奴隸，不花時間和金錢扶養「屬於」他們的孩子。一般人以為巴西的奴隸制不像北美那麼苛刻，北美有專門「繁殖」奴隸的大農場；這是臆測，並非事實。巴西的奴隸主絕非人道主義者，他們的行為出於商業和實用主義的考慮。扶養一個童奴直到他或她達到生產的年紀，很費錢。因此，買「一個新的」比較有利。在公開市場，奴隸和家庭用品及裝飾品放在一起展示，價格也因「用途」而異：女人和兒童比成年的男人便宜。八歲以下的奴隸歸類為兒童；三十五歲以上被當作老年，不適合**製糖工廠**繁重的工作。老化發生得早，青春期也結束得早：八歲，頂多十二歲，奴隸的童年就結束。各種記載顯示：八歲的奴隸被登記為成年人。過多的工作量使他們提早老化，喪失正常的壽命。我們將會更詳盡地了解，蔗糖文化（sugar culture）產生極致之地。一個真實的新世界正在形成。在這個世界，被歐洲奴役的人做苦工，提煉歐洲需求的甜料。

第三章 針鋒相對：奴隸制與暴力合理化

販運人類

義大利耶穌會安東尼爾神父有名氣，因為他的陳述既殘酷又合乎邏輯。他將奴隸定義為「奴隸主的手和腳。沒有奴隸就無法創造巴西，無法維持和增加巴西的歲收，無法使糖廠正常運行」。在環巴伊亞灣區這類區域，奴隸構成的人口高達七五％，他們是社會真正的中流砥柱。從十六世紀直到一八五〇年禁止販運奴隸，因為猝死和出生率低，奴隸的人數下降，必須不斷從非洲進口新的奴隸勞工。這導致人口販子前往美洲晉升為權勢階級，而且在非洲海岸銷售的產品，包括菸草和**燒酒**，需求量增多。

自古以來，歐洲人已通曉各種形式的奴隸制，在大航海時代這個制度變本加厲，雖然比不上十六世紀以後採取奴隸貿易那般密集和普遍。幾乎所有社會都曾經在某個時期與奴隸制共存，有共同特性：把奴隸當作「外國人」，當作沒有經歷或家族的個人。誠然，歐洲佃農和農奴的生活狀況，也非常近似奴隸制。然而，沒有根源、沒有權利、沒有社區聯繫，使奴隸制與其他形式的強制勞動有所區別。

希臘的城市與羅馬帝國，可視為古代奴隸社會最顯著的例子；羅馬帝國鼎盛時有兩、三百萬奴隸，相當於全體居民的三五%至四〇%。儘管如此，與現代奴隸制不同，強制勞動並非生產商品和服務的主要來源。即使羅馬帝國衰微，奴隸的活動集中在家務方面，奴隸制仍然投入使用。在五、六世紀，野蠻人入侵的時期，持續有奴隸的存在和使用奴工的資料。穆斯林侵略伊比利亞半島和地中海群島，促進奴隸制的實施，尤其是在西班牙和葡萄牙起更重大的作用。然而，從十世紀到十三世紀，十字軍東征才更普遍地使用奴工。也是在這個時期，熱那亞人和威尼斯人來到黑海、巴爾幹半島、敘利亞、巴勒斯坦、塞浦路斯和克里特島，另有一股奴工的浪潮，販賣擄獲的**斯拉夫人**（Slavs）生意興隆，這是**奴隸**（slave）這個詞的起源。

中世紀末葉，奴隸已經在地中海群島從事糖料生產，是歐洲使用奴工最緊張頻繁的區域。然而，應注意，雖然有若干民族使用奴工，在農業使用奴工卻很罕見。這些奴隸畢竟是工匠。直到十五世紀葡萄牙人抵達幾內亞海岸之前，當地的佃農仍然是農業生產必不可少的勞工。[1]

非洲也使用奴隸制，但是背景截然不同：根據血統和親族關係。沒有任何影響深遠的政治或宗教制度，非洲人可以自由的買賣奴隸，甚至出口他們的奴隸。從七世紀起，大篷車風塵僕僕地進入撒哈拉沙漠，穆斯林商人在此地買賣人類。主要的貿易路線到非洲以北，以及紅海和非洲大陸東部；這些地區也有奴隸制，但是對當地的經濟沒有影響力。一般而言，奴隸大多用來做家務勞動，只有少數的情況用奴隸生產商品或做農活。奴隸也執行家庭和宗教的任務。女奴經常被迫當妾，有時為祭神儀式犧牲。儘管如此，奴隸貿易在國內和國際市場興隆八百年，歐洲人是最大的客戶。

葡萄牙與黑非洲聯繫，有一樣悠久的歷史，比巴西殖民化提早將近半世紀。例如，一四五三年，葡萄牙年代史編者埃亞內斯·德祖拉拉（Gomes Eanes de Zurara）的著作《**幾內亞編年史**》

（*Crônica de Guiné*），描述葡萄牙人在塞內加爾河口的活動。此時葡萄牙人主要的關注是黃金，其次才是奴隸、象牙和胡椒。為滿足歐洲對家事勞工的需求，他們開始販運奴隸。然而，隨著糖料作物種植園的發展而產生劇變。葡萄牙人對胡椒的興趣，完全被人力的需求所取代。販運人類變成當務之急。在十六世紀中葉，里斯本是非洲奴隸數目最大的歐洲城市，塞維利亞居次。總共十萬的居民，其中一萬人是黑奴或**穆拉托**俘虜。[2]

在十六、十七世紀，佛得角、聖多美和馬德拉島，發展出名副其實的葡裔非洲人社會。葡萄牙人的勢力從橫渡大西洋的貿易開始壯大，在一四九二年後洲際聯繫突然變頻繁。截至一五八二年這些島嶼的人口約一萬六千，大多是奴隸，占總數的八七%。以前海洋使各種民族和文化分開，現在使他們匯集，因為新航線和發現有利的洋流。到了一五二〇年葡萄牙人已經在非洲設立若干交易所，把來自貝寧及剛果河下游的奴隸帶到聖多美，在一五七〇年左右把奴隸帶到巴西繁榮的市場。這些貿易商大多是塞法迪猶太人（Sephardi），開始掌管「巴西糖貿易」。另一方面，美洲龐大的種植園，見證葡萄牙人創造大規模的市場，滿足與日俱增的需求。[3]

另外，「非洲」是領土的實體，當時這種概念不存在，甚至連非洲的居民都不知道。在十九世紀「泛非主義」（pan-Africanism）出現之前，西方社會把撒哈拉沙漠以南的居民看作是「等著被奴役」。事實上，非洲人被輸出到亞洲、歐洲和中東，至少六百年之久。據估計，大約六百萬非洲人被販賣為奴。

十五世紀初，葡萄牙人抵達撒哈拉以南大西洋海岸，徹底改變奴隸貿易的規模，而且越來越常使用暴力。葡萄牙人的勢力也影響非洲人的內戰，以及他們在非洲內地的關係網絡。先前我們已經注意到，起初葡萄牙對獲得奴隸只有一丁點興趣，一旦甘蔗成為葡萄牙帝國主要的產品之一，葡萄牙人徹底改變立場，占領聖多美並且與剛果人建立友好關係後，尤其明顯。葡萄牙人在這個區域保持強大的勢力，充當事務員、軍人和人口販子。他們也是天主教傳教士；剛果王室、區域精英和城市居民，都欣然接受天主教信仰。不過，這種友好關係只持續到一六六五年。[4]

殖民化的最初數年，黑人勞工已皈依基督教，適應伊比利亞半島文化，卻再度被輸出，在巴西的糖料作物種植園工作，但是糖料生產迅速擴大，於是將奴隸直接從非洲向「新世界」出口。人數也增加：在十六世紀上半葉，被帶到巴西的非洲人只有數百，很快就增加到一年約一千的「輸入額」，到了十六世紀八〇年代已達到三千人。[5]從那時起，無特權地位的非洲人，不是基督徒又不會講羅曼語，綽號**傻子**（boçai），向巴西集體輸出。葡萄牙人在西非海岸的羅安達設立新的交易所，起重要的作用促進貿易，在一五七五年後成為主要的奴隸運輸中心。接下來的兩百年，葡萄牙的貿易中心集中在羅安達，在寬扎河（Cuanza）與本格拉河（Benguela）的區域。這個地區僱用的白人從未超過五百人。

這時候葡萄牙人自以為熟悉非洲的民族，將他們分為朋友或敵人、穆斯林或異教徒，從未依照膚色或現今我們會使用的「種族」名稱。奴隸沒其他勞工昂貴，部分原因是奴隸的特定用途是勞動。其他的促成因素包括勞工成本增加；因為鄂圖曼帝國崛起，以及獨立的摩洛哥帝國統一，導致限制使用這些民族，加上開放航線通往撒哈拉以南的市場。

另外，西非促進黃金和象牙的貿易，葡萄牙人在亞洲的經濟活動增強，與非洲人的聯繫更頻繁。同時，大西洋的人口販子變得更有效率，提供勞工給美洲，並且更安全地運送奴隸。在暴力下離開家園和帶到殖民地的人數越來越多，奴隸變得更便宜。漸漸地，從十六世紀歐洲人的觀點，「非洲人」這個詞變成「奴工」的同義詞。在這幾年的貿易，八百萬至一千一百萬非洲人被奴役，其中四百九十萬人被帶到巴西。另一方面，巴西的種植園系統大獲成功，影響歐洲其他國家以奴隸為基礎的農業體制，法國、英國和西班牙採用葡萄牙的模式，儘管莊園比較小。

行動始於伏擊未來的奴隸，或是在作戰時捕捉他們。繼之而來的經常是漫長的旅程，穿越非洲內地。俘虜被迫長途跋涉，抵達登船的港口，許多人在旅途中喪命，因為生病或航行的壓力太大。非洲王國與葡萄牙人結盟，從事這些行動；葡萄牙人從不直接捲入這種內部的活動。作為販運奴隸的回報，一些非洲精英得到武器和熱門的消費品，例如**燒酒**和菸草。在港口，直到船上符合裝載人類的貨艙完成之前，數日、有時甚至數月，俘虜把營房擠得水洩不通；在不安全、不衛生、通風不良的狀況下，死亡率很高。然後奴隸進入**墓船**（tumbeiros，即奴隸販運船）[6]，被送到未知的世界。通常，在上船之前，用熾熱的烙鐵在奴隸的胸膛或背部烙印，作為辨識他們屬於哪一位人口販子的記號，因為同一艘船運送許多不同的業主和他們的俘虜是慣例。

與一般的見解相反，問題不僅是捕捉非洲人。必須用布料、工具、金屬條、火藥、**甘蔗酒**或蘭姆酒來交換非洲人。在奴隸販子的手裡，這些產品變成重要的交易貨幣。非洲商人絕非胸無城府或被動的貿易夥伴。相反的，他們與最適合當地市場狀況的人口販子做生意。巴西的奴隸主喜歡採購來自各種不同民族和文化的勞工；奴隸無法彼此溝通，降低起義的風險。然而，通常是人口販子決定交易的條件，為方便後勤起見，他們寧可運送來自同一區域的人。

販運奴隸是複雜的生意，需要交易所、在沿海地區航行的船隻、在海灘建造要塞，以及位置適當的港口。有各種不同類型的非洲商人：有些人只是代理商，有些人受僱於國家專營的公司，或是屬於國王和貴族的類似穩定機構。有些地方不徵稅，有些地方受制於政府和其他集團的干預。另有一個普遍的誤解：奴隸如此便宜，以致奴隸販運船草菅人命屢見不鮮。縱使情況駭人聽聞，人口販子想要防止死亡率損害他們的利潤。因此，一艘船容納多少奴隸，依照運送士兵或囚犯的計算法。目的始終如一：把「貨」送到目的地。

從十六到十八世紀，一艘葡萄牙的多桅帆船可運送五百名奴隸，雙桅小帆船運送兩百名。十九世紀使用汽船，航行速度更快，平均容納三百五十名奴隸。經常有人說歐洲人進行「三邊」貿易：把歐洲商品的貨船帶到非洲，把奴隸的貨船帶到美洲，把美洲的糖帶回歐洲。這個看法被此一事實駁倒：人口販子的船通常比較小，貨艙經過特別的設計，把人類當貨物運送。[7]

一切都是為了把成本效益最大化。貨艙裝滿人，經常強制減少糧食供應。在這種情況下，被奴役的人通常一天吃一餐，必須只依賴玉米和橄欖油以及少量的飲用水，熬過整個旅程活下來。自從他們被囚禁，食物缺乏維生素C，時常爆發壞血病，通稱「羅安達病」。

經過數年，至少就基本需要而言，糧食和家畜短缺已逐漸改善。跨海旅程變頻繁，死亡率開始下降。從十八世紀初開始實施通用的標準，要求貿易商限制奴隸的數目為每噸一．五人，維持相同的日常飲食，並且遵守運送俘虜的基準。健康的要求，包括衛生的步驟、運動和每天日光浴。[8]奴隸貿易商為全體船員打天花疫苗；如果空間足夠，依照性別和年齡將奴隸分組。[9]儘管如此，死亡率仍然高；在三十五天的行程中，平均一〇%的健康青少年和成人死亡。從相對的角度來了解，這個時期在法國這樣的死亡率列為疫病。

大多數死因是不同類型的胃腸炎，因為食物和水的品質差。痢疾很常見，也常爆發「血痢」，腸道感染的流行性傳染病，造成許多人死亡。天花、痲疹、黃熱病和斑疹傷寒，這類傳染病也提高死亡率。另外，來自不同區域的非洲民族在船上很靠近，導致許多人死於以前不曾接觸的疾病。也有自殺的記載，俘虜跳海或徹底絕食。我們別忘記，渡海到美洲時，持續過度擁擠也導致死亡。

這些跨海旅程的慘狀，留存的報導很少。一六四九年，義大利「嘉布遣會」蘇連多修士（Friar Sorrento）搭奴隸販運船旅行，算出船上有九百名俘虜。他描述此次的經驗：「那艘船〔……〕奇臭無比，擁擠不堪，許多可憐人不停地哭喊，無止境的苦難，宛如地獄。」[10]針對地獄這個話題，某些被囚禁的乘客，甚至進一步受到精神創傷，他們擔憂靈魂的命運，因為剛果和安哥拉這些區域的宗教信仰，他們相信：死亡時「他們的生者」和子孫必須圍繞死者。死在海上的奴隸販運船，表示他們的靈魂將無法與村落的族人會合。這造成船上瀰漫一種氛圍，在哀傷、不服從、憂鬱和憤怒的情緒中游移。

儘管微乎其微，跨海旅程確實帶來少許好處。在同一艘船旅行的俘虜，有時會建立友誼，以**同行者**（malungos）稱呼彼此。雖然情況惡劣，**同行者**難得被同一地主購得，保持一輩子忠誠的聯繫。在奴隸販運船上，不僅疾病會交流，風俗習慣、信仰、祭典、治療的方法、宗教的神祕，尤其是友誼，也可以交流。[11]人口販子最擔心這些交誼，使船上充滿警戒和懷疑的氣氛。由於人口販子害怕暴動，經常用鏈條拴住俘虜。在十六世紀，從安哥拉渡海到伯南布哥平均花三十五天，到巴伊亞四十天，到里約熱內盧五十天。如果風向不佳，橫渡海洋的旅程要花更長的時間，導致糧食不足，俘虜的死亡率可能高達二〇%。

縱使有這些「挫折」，販運奴隸被認為值得投資。船隻橫渡大西洋的流程，取決於巴西種植園業主的需要，而非根據氣象或地理因素，例如環繞好望角。除了葡萄牙人，歐洲的人口販子不甚了解非洲的俘虜，因為他們在船上才第一次接觸；在剛果、安哥拉和莫三比克，他們有工頭。另一方面，俘虜的語言或方言往往不相同，很難了解他們屬於哪些族群。

人口販子不知道、或不想知道，一旦奴隸出海數哩可能會發生什麼事情。在十六世紀巴伊亞都督轄區與貝寧灣保持穩定的關係，是極端明顯的特例。他們也無法控制男女的比例。這是非洲的市場狀況在支配，不是美洲的需求在左右。男性通常占俘虜的六五%，不過，其中有許多兒童，雖然種植園的需求大多是成人。女人的體力較差，仍然被安排與男人一起在甘蔗、咖啡和棉花的種植園工作。女人被視為擅長某些活動的「專家」。

然而，非洲的經濟、社會和文化組織，根據區域和母系的親族關係構成，對女人的需求較多，所以被俘虜的男人多於女人。在某些社會，女人備受重視，因為「妻妾成群」的男人獲得身分地位，也因為親屬規則在這些社會形成強大的網絡。在一夫多妻制的社會，女奴為當地的領主帶來更大的權力。非洲也需要大批女人當農業工人，尤其是種植季節。在非洲社會女人有這麼多重要的角色，難怪在巴西登陸的女人普遍比男人蒼老。

兒童在美洲市場的售價很低，因此奴隸販運船載運的兒童很少。根據人口販子的邏輯，最好別讓利潤微薄的「商品」占用空間。這些因素導致殖民地奴隸的人口成長率低，尤其是第一代。也促使奴隸買賣增強，逐漸變成興隆的生意。在十八世紀以前，非洲已出口兩百二十萬名奴隸；到了十八世紀，奴隸變成非洲大陸首屈一指的「出口貨」。[12]

前文已提及，抵達美洲的奴隸語言不同；有家族和文化關係的俘虜，往往被分開並賣給不同的主子。在新大陸，非洲的宗教慣例也產生變化，結合天主教元素與傳統的膜拜儀式。雖然「天主教會」徹底禁止信奉這些宗教，非洲人展現高超的技巧，利用天主教的斗篷，遮掩他們的祭典。美洲最普遍的宗教表現形式是**坎東伯雷**（candomblé）、**巫毒**（voodoo）和**聖人崇拜教**（santeria）。[13] **巫毒教**在聖多明各島（St Domingo）最普遍，其形式大多源自達荷美（Dahomey）豐族（Fon）。然而，達荷美、安哥拉和剛果的民族，尤其是在巴伊亞，他們信奉的宗教，有許多形式以約魯巴人

（Yorubas）引進的**坎東伯雷納戈**（candomblé nagô）為基礎。

坎東伯雷源自非洲的萬物有靈論（animism），有圖騰和家族淵源，信奉的眾神通稱**奧里沙**（orishas）。俘虜將**奧里沙**與天主教的聖人連結，充當偽裝和保護的手段。據悉，非洲各族各信奉一位**奧里沙**，因此被奴役者匯合不同的膜拜儀式，變成宗教的一種特色，引進殖民地。通常會指定一位「聖人監護人」（男的通稱**巴巴洛里沙**〔babalorisha〕，女的通稱**亞洛里沙**〔ialorisha〕）主持儀式。在俘虜當中，有些人是非洲的祭司，帶著各自的**奧里沙**、祭典和地方話來到巴西。由於多種文化豐富的結合，一種新型的**坎東伯雷**在美洲興起，現今在巴西仍然是普及的宗教，有很大的影響力。[14]

非洲的膜拜儀式，有傳統的讚美詩、音樂、擊鼓、食物和法衣，經過轉移和適應，在「新世界」產生混合的過程。尤其是巴西的情況，從強迫移居開始，在奴隸制的逆境下，非洲人再現傳統和膜拜儀式。這不是葡萄牙人想要的，也意料不到，他們的計畫只是讓非洲人集體在東北的糖料作物種植園工作。從一五八〇至一五九〇年，光是在繁榮的伯南布哥和巴伊亞都督轄區，前者進口六千名非洲人，後者進口四千名非洲人。雖然這是大概的數字，據估計，一五八四年巴西的總人口有兩萬五千名白人、十八萬名歸化的印第安人和十四萬名非洲奴隸。[15]因此這個國家正在經歷一種新的黑羅馬，迄今無法估算被迫移居國外的人數。

經歷漫長且痛苦難忘的跨海旅程後，非洲人抵達巴西的港口。起初里約熱內盧、薩爾瓦多、累西腓、福塔雷薩（Fortaleza）、貝倫和聖路易斯是主要的進口商和批發商。在十七世紀，薩爾瓦多和累西腓也成為主要的港口，將奴隸分配到北部的都督轄區：馬拉尼昂、帕拉和亞馬遜。在十八世紀里約熱內盧發現金礦，成為最繁華的港口，將俘虜再出口到米納斯吉拉斯（Minas Gerais）、馬托格羅索（Mato Grosso）和薩克拉門托殖民地（Colônia do Sacramento，現今的烏拉圭）。[16]

奴隸抵達後，地方當局立即依照性別和年齡將他們分類。與母親一起被帶來的兒童也確定人數。登錄他們的「商品」後，人口販子為三歲以上的奴隸繳稅金，然後帶新到的奴隸去拍賣。如果現場有客戶，奴隸立即在稅關處前面被拍賣，否則帶到港口附近的倉庫。經過這趟旅程，俘虜瘦弱且全身是瘡。這時期的圖畫總是呈現兒童腫脹的肚子，這是寄生蟲病和營養不良的結果。許多人得了壞血病，而且由於不衛生和陽光不足，在旅途中普遍傳染結膜炎。

在拍賣之前，為了使奴隸顯得更有價值，會努力改善他們的外表。讓俘虜清潔和沐浴；男人刮鬍子和剃頭，皮膚擦油以遮蓋瘡。讓他們吃大量的食物，使他們看起來比較健康。給他們薑和菸草之類的興奮劑，以避免萎靡不振的樣子，貿易商所謂的「**思鄉病**」（banzo），也就是巴西人口販子熟知的「**渴望病**」（saudade sickness）。

在報紙刊登廣告後，依照性別、年齡和國籍，排列展示非洲人。針對狀況和價錢，奴隸主和人口販子大聲地討價還價。也有規定：購買後兩週內，如果奴隸染病、被發現身體有缺陷、或「品行不端」，可以退還。未立即賣掉的奴隸，由各家貿易公司議價，或者由當地小規模的人口販子、騾夫，以及在殖民地巡迴推銷的小販們議價。始於非洲大草原的漫長旅行，於是在甘蔗種植園、農場或當時幾個城鎮的住宅裡結束。

如此這般，地圖上加強和增加這種貿易的各點相連成線，導致數百萬人被驅逐出境和流亡國外。人口販子將這個制度的效能，用在人類已知最慘烈的種族大屠殺之一。這是所有移民模式中最暴虐的，為日益壯大的甘蔗工業提供勞動大軍，並且在下一個世紀開採黃金和鑽石。經濟利益如此龐大，尤其是巴西，奴隸貿易持續到一八五〇年（當時禁止販運奴隸，而蓄奴不違法），甚至在那之後。在十六世紀進入殖民地的奴隸，大多來自非洲西岸的塞內岡比亞區域。他們屬於不同的族群，包括**巴蘭塔**（Balantas）、**曼加科**（Manjacos）、**比熱戈**（Bijagós）、**曼丁加**（Mandingas）和**雅洛弗**（Jalofos）。傳統上由茅利塔尼亞、塞內岡比亞和象牙海岸的穆斯林控制貿易，現在轉移到葡萄牙人控制的交易所，戰略性地設置在沿海地區。更往南，剛果人加入貿易。葡萄牙人的到來，使奴隸貿易的性質產生劇變，部分原因是他們的業務擴大，也因為他們接觸各種文化與非基督教信仰的大混合。

從一四八〇至一四九〇年，葡萄牙人與剛果國王有初始的聯繫，互換大使，而且地方首長改信天主教。國王恩庫武（Nzinga a Nkuwu）親自皈依，取教名堂・若昂。[17]這時候也舉行儀式，破壞剛果王國敬拜的「神像」。從那時起，士兵、教師、基督教書籍、禮拜儀式的法衣、歐洲的布料、武器、馬，甚至農耕的工具，源源不斷地湧入剛果。葡萄牙人手腳利落，截至一五六七年，他們已經在剛果和羅安達的港口建立若干穩固的作戰基地。三十三年後，與美洲的貿易比在非洲內地進行的貿易更龐大。

一五七五年，葡萄牙人在安哥拉開拓殖民地並建設羅安達，販運奴隸的數目加倍。截至一六〇〇年，據估計總共五萬名非洲人在巴西登陸。十七世紀二〇年代，荷蘭的記載顯示，光是伯南布哥每年進口四千名奴隸。在十六世紀，據估計，來自幾內亞、剛果和安哥拉一萬至一萬五千名非洲人，被當作奴隸向巴西輸出。十七世紀的估算提及，光是幾內亞灣每年用船運送六千名奴隸。[18]不過，十六世紀奴隸貿易最重要的港口是羅安達、本格拉、卡賓達和維達；從一五〇二至一八六七年，羅安達總共出口兩百八十二萬六千名非洲人，本格拉總共出口一百萬零四千名非洲人。根據葡萄牙人在這個地區的勢力範圍，這些數目只增不減。[19]在殖民地早期，巴西與安哥拉的關連如此顯著，維埃拉神父評論：「提到糖，你會說巴西。提到巴西，你會說安哥拉。」[20]

起初，來自安哥拉的奴隸大多被帶到南部的都督轄區。東北部的奴隸大半來自貝寧灣（現今奈及利亞東南部）或象牙海岸。來自象牙海岸的奴隸通稱**米納族**（minas）。非洲人口販子與之後來自巴伊亞的奴隸貿易商，從阿茹達（Ajudá）、波波（Popó）、雅坎（Jaquin）和貝寧灣阿帕（Apá）港口，進口達戈美族（Dagomés）、杰杰族（Jejes）、豪薩人（Hausa）、柏魯族（Bornus）、塔帕族（Tapas）和納戈族（Nagôs），後來也從奧尼姆（Onim，靠近現今的拉各斯〔Lagos〕）[21]港口進口奴隸。語群接近，促使建立團結的友誼網絡，而散居在美洲的非洲人，豐富的文化增添習俗的多樣性。巴西逐漸變成一種「新非洲」，或者，套用費爾南德斯・布蘭道（Ambrósio Fernandes Brandão，果亞和里斯本的商人，在帕拉伊巴州開業當**製糖工廠**的主人）的話，巴西變成「新幾內亞」。[22]

巴西，一種混合物

雖然西班牙與荷蘭的戰爭影響奴隸貿易，實際上，在十七世紀反而促進加強人口販子的角色，他們保證持續供應勞工給殖民地。在現今的迦納，聖喬治要塞成為中心，大批來自幾內亞、安哥拉、莫三比克和**黃金海岸**（Costa da Mina）的俘虜，從這個要塞向美洲輸出。葡萄牙人與達荷美國王建立更親密的關係，在「**阿茹達施洗者聖約翰修道院**」建造要塞，後來成為本世紀最大的奴隸供應中心。前文已提及，在巴西，被奴役者來自塞內加爾、安哥拉、剛果、**黃金海岸**和貝寧灣，他們始終有非洲文化實質的混合。還有成千上萬的杰杰族、納戈族（約魯巴人）、塔帕族（努佩族〔Nupes〕）、豪薩人和蘇丹人。不過，將近三分之一的奴隸來自安哥拉和中非的班圖人。

奴隸主通常比較喜歡「安哥拉黑人」，認為他們是「好勞工」。「莫三比克黑人」不太受「重視」。一位地主甚至說：他們太常造反，以致「他們像魔鬼的化身」。然而，不斷需要新勞工，意味著無論市場有什麼主子就買什麼。出售「產品」的地方有許多描述；奴隸的身體塗鯨油，在陽光下閃閃發亮；為評估他們的價值，仔細檢查他們的牙齒、頭髮和肌肉。除了性別和年齡，健康也是估價必要的關注。

巴西接收的女人比男人少，原因之一是不重視女人的生育能力，男人的體力才重要。十四歲以下的兒童占二％至六％，而女人占總數的二〇％至三〇％。新到的奴隸不容易計算正確的年齡，因為登記簿通常會四捨五入，或是調高為整數。十歲以下的兒童會仔細登記，對四十歲以上的「老」奴隸就不會如此慎重。

在**大宅邸**工作的奴隸與在種植園工作的奴隸有天壤之別：家庭傭工的個人資料，每一類都很清楚；而種植園的勞工依數量挑選，不在乎品質。人口販子用一套術語確認「商品」的年齡群：「奶娃」指一歲以下的嬰兒；「男孩」或「女孩」指八歲以下的兒童；「**少年**」（moleque 或 moleca）指八至十四歲的俘虜；「青少年」指青春期。[23]在殖民地早期，大部分的奴隸初來乍到。在一六〇〇年左右，奴隸占總人口的七〇％。**製糖工廠**的業主喜歡新來的奴隸，新人不適應這個國家的風俗習慣，因此逃走的可能性比較小。

巴西的奴隸主不喜歡像美國那樣「繁殖」奴隸，因為兒童死亡率特別高，而且生育率低。後者是因為營養不良（使經期延後）、超額的工作量和女人稀少。也有文化因素。約魯巴人認為產後要禁欲，若是再度懷孕，會殃及孩子的健康。這至少可以說是悖論，沒有據稱的「雜交」，實際上似乎是自動自發地戒除性交。「雜交」這個詞總是用來形容和譴責「他人」的性生活。很少有婚姻的登記，因為主子們寧可不承認這種同居婚姻，那麼任何時候他們要賣掉其中一位伴侶，就可以賣掉。[24]不過，兒童通常與雙親或其中一位家長住在一起，或是在大人的監視下集體生活。

實際上，通常會企圖忽視這類家庭關係。一般以受洗的教名，以及他們的膚色和出生地來認識奴隸。由於許多奴隸叫做若昂，用國籍來辨認他們是慣例：**安哥拉若昂**、**卡賓達若昂**或**幾內亞若昂**。也經常加上奴隸主的姓名，例如「安東尼奧．多斯桑托斯的奴隸」。奴隸獲得自由後，往往保留前主人的姓名，例如費利克斯．馬西埃爾（Felix Maciel）曾經是貝爾肖爾．馬西埃爾（Belchior Maciel）的奴隸。實際上，姓舊主子的姓是一種標識：即使奴隸被釋放，他或她仍然仰仗主子的保護。這被看作是根深蒂固的恩賜傳統，形成「教父」與「教子」的家庭關係。這意味著仍然要求對主子忠誠和順從，彷彿在巴西奴隸身分是無法變更的命運。

奴隸制是暴力的同義詞

以現代奴隸制的規模建立一種體制，只能從擴張海外殖民地，以及殖民地配合國外市場大量生產，這樣的背景去了解。單一作物栽培需要一支勞動大軍，要求他們順從重罰制度，既沒有酬勞也沒有個人動機。利用勞工的強制勞動，於是在「新世界」再現奴隸制，勞工與他們的根源疏離，不僅失去自由，而且與從事的工作沒有關連。一般認為他們是沒有個人意志的勞工，對自己的產品一無所知。

這個時期的熱帶生活被刻畫成一種負擔、一種懲罰，對主子和奴隸而言都是在監獄服刑。「教會」與地主的論述，認為艱苦的強制勞動會使奴隸守紀律和文明化。甚至有手冊，應用鑑戒性懲罰範例，教導種植園業主如何確保奴隸順從，使奴隸變成馴服的勞工。惡名昭彰的「馴奴者」是實例，在巴西馴奴術經常用以「教育」新到的或新買的奴隸，藉當眾鞭打提醒奴隸們：在任何權威者的面前，他們都必須一直低頭向下看。

十七世紀末葉，喬治・本奇（Jorge Benci）神父造訪這個國家，根據他的說法，使奴隸服從這些懲罰，「如此他們才不會變得傲慢、不服管教和難以控制，也不會找奸詐的方法逃避服從他們的主人」[25]。因此，這是家長式統治和宗教的釋罪——應諾未來的救贖，這個制度只能用暴力來操作的正當理由。

種植園的工作周而復始、艱巨、累死累活，本身就是暴力的形式。如同主子的權威所顯示，強制勞動逐漸灌輸畏懼感，時常動用集體懲罰引起恐怖。[26]在示眾臺上公開體罰，使用鞭子當作處罰和羞辱的形式，鐵項圈有釘尖以避免脫逃，鐵面具防止奴隸吃土引起緩慢又痛苦的死亡，用鏈條將他們拴在地上，在巴西創造暴力的世界，深植在主子這個人物和他在法律上至高無上的權力，持續在奴隸的身上留下標記。至於非洲人，一旦踏上巴西的土地，就必須學會生存的技術。

像現代奴隸制的任何制度，只能繼續使用暴力來維持。就主子而言，這清楚顯示在不斷對奴隸施加瘋狂的殘忍，使他們畏縮而屈服，並且絕對服從。就被奴役者而言，暴力的範圍從執意不服從的小動作，到大規模的起義和建立**逃奴社區**（quilombos）。[27]

奴隸制遺留的標記如此深刻，甚至當時的習俗和詞語，在今日的巴西社會依然常見。如果**大宅邸**在家庭和勞工之間畫界線，相同的象徵性建築存在於今日的巴西。住宅區公寓大樓全都設置隔離電梯，不僅是貨物和送貨專用，而且供服務人員和家庭傭工使用，他們的膚色往往與巴西奴隸制的歷史一致。當時的奴隸制詞語現今仍然通用，雖然大多失去原意。「**不餵奶的保母**」（ama-seca）這個詞用以區別「不餵奶的」和「哺乳的」保母；女奴當奶媽必須養育主人的子孫，往往不能用母乳餵養自己的孩子。Boçal 仍然用以指傻瓜，反應和思想遲鈍的人，而 ladino 仍然是「聰明」或「精明」的同義詞。在原來的意思，**傻子**（boçais）這個詞用以辨識新到的奴隸；不像第二代的**拉迪諾人**（ladinos），**傻子**既不懂語言也不了解農村，因此不大可能逃走。

然而，當時的術語有一些已完全消失，例如「**自動商品**」（bens semoventes）這個詞，在目錄和遺囑裡一概用以描述奴隸和家畜。但是今日的巴西社會仍然有一種分野很少被提及：個人的膚色變成社會的差異指標。警方每天的行動證實這一點：他們攔住和逮捕的黑人遠多於白人。此慣例委婉的說法是「質詢」。有很多案例，無辜的人不斷受到警察騷擾，真的開始相信自己或多或少有罪。人類學家迪迪耶．法尚（Didier Fassin）稱之為「併入的記憶」：還來不及思索，身體就記起來。在奴隸制時期，自由的黑人被當街攔住，因為「有奴隸嫌疑」。現今由於其他被指控的罪行，他們被以相同的方式拘留。這是種族的側寫。他們真正的「罪過」是他們的民族根源。[28]

雖然在奴隸社會暴力普遍化，但是有一種內部階級。種植園奴隸，人數多，服從繁重苛刻的工作制度嚴厲的控制，而家庭奴隸過著截然不同的日常生活。在龐大的**製糖工廠**，可能有一百位以上被奴役的人在田裡工作，其中有許多人主子幾乎不認識。另一方面，家庭奴隸比較少，他們與這個家庭住得很靠近，當廚師、保母、侍從和奶媽，在日常的例行工作，這群傭人陪伴這個家族。

然而，除了這些比較得天獨厚的少數人，毫無疑問，絕大多數的奴隸注定在東北部灼熱的太陽下，牛馬不如地在田裡工作，有時接連二十小時。在壓榨甘蔗的磨坊工作，火爐和大鍋爐甚至可能更糟。在糖廠不時有被奴役的人失去手臂或手。有幾份報導提及，在甘蔗榨汁機附近總是放一把斧頭，萬一奴隸的手被滾輪夾住，可以立即砍斷，避免破壞蔗糖或機械。

火爐和大鍋爐產生高溫使人無法忍受；除了忍受酷熱的環境，奴隸經常遭受嚴重燙傷。這種工作極為艱苦和危險，經常當作一種懲罰，留給被視為「傲慢」或不服管教的被奴役者。也有記載：奴隸的臉頰和胸部被燙傷、用熱蠟燒傷，用熾熱的烙鐵施以酷刑，以及他們的鼻子和耳朵被割掉。

遭受主子蠻橫的虐待是家常便飯。女人經常是性虐待的受害者。她們的身體不僅適合勞動，也是主人娛樂（和犯罪）的工具，以及主人善妒的妻子仇恨的對象。在這些祕密的性幽會，暴君享受女奴「明顯的」被動。實際上，她的屈從是出於恐懼和害怕遭到報復。安東尼爾神父撰述：用三個P對待奴隸：pau, pão, e pano——棍棒、麵包和布料。真正的原因是：白人領主們知道他們是少數派，只能透過製造一種有預謀的恐懼氣氛來控制奴隸。

工作始終過多，衣物和食物始終短缺。來到這個國家的旅人，注意到巴西的奴隸在挨餓。奴隸被要求為他們的營養種植食物，但是只保留星期日從事這項活動。在幾近飢餓的狀態，他們經常捕捉在種植園出沒的老鼠，在**奴隸小屋**煮老鼠肉。他們的基本食物是木薯粉和肉乾或魚乾；雞肉和新鮮的肉留給生病的奴隸。現今仍然有一句俗語：「窮人的家裡有雞肉吃，必定是窮人生病或是雞生病。」外國的旅人也注意到：巴西的某些區域把 bacalhau（鱈魚乾，音譯馬介休）叫做「黑人的食物」。諷刺的是，用以懲戒奴隸的皮鞭有扭曲的鞭梢，也叫做 bacalhau。

因此，從一開始，奴隸經濟伴隨高死亡率。被帶到美洲的奴隸很容易死亡，因為他們對「新世界」的各種疾病沒有免疫力。橫渡大西洋後，他們的身心都受到衝擊，因為伺機性感染而病倒。不管從什麼意義而言，他們的頭一年最多災多難。他們不僅必須習慣累垮人的工作制度，也必須學習語言並適應不同的氣候。兒童的死亡率甚至更驚人：有損健康的環境、缺乏醫療和營養不良，導致死產兒的比率高，以及三歲以下兒童的死亡率高。

這種工作制度是首惡，耗盡女人的精力，使「老人」（四十歲以上的奴隸）滅亡。根據**製糖工**

廠的財產目錄，六%的奴隸死於「勞累」：筋疲力盡，身體完全虛脫。從一六二二至一六三五年，巴伊亞的**伯爵領地塞爾希培製糖工廠**，因為不斷有人死亡，一年購買五個新奴隸，以補足一組七十人。東北部的**製糖工廠**，會計簿也登記無數墮胎和自殺的案例——不願意接受奴役狀態者，個人的反抗形式。這足以駁倒這種看法：巴西的奴隸制比美國仁慈。巴西的奴隸平均壽命二十五歲，低於美國的三十五歲，雖然這兩國的白人居民也存在相同的差距。

生活必需品匱乏的制度，影響奴隸日常工作的各方面，包括給他們的衣服經常破舊不堪。當時的記載顯示，奴隸幾乎衣不蔽體地工作，很容易受天氣變化的影響而病倒。男人通常打赤膊，穿長度及膝的寬鬆薄褲子。他們的頭纏一塊布或手帕，避免汗水流入眼睛。女人的衣服比較完整：緊身內衣、襯裙、上衣和裙子。有時會誤以為這些衣服是為慶典或出售奴隸而準備。一般而言，這些衣服是「石棉」（mountain cloth），用原棉線編織而成的厚布料，使皮膚刺癢。一年發送衣服兩次：收穫期和甘蔗可以壓榨的時候。

家庭奴隸的穿著比種植園奴隸好。他們經常穿禮服，偶爾戴大禮帽，為主子打傘遮陽光。在城市，平均每位主子的奴隸人數相當少。他們花很多時間遠離主子的警戒，被出租去賣報紙或是在街上工作。依照他們的工時，按日或按週索取工資，他們把賺來的錢交給主子。他們的工作包羅萬象，當油漆匠、砌磚工人、木匠、碼頭工人、裁縫師、鐵匠、馬車夫、牛車夫、理髮師和鞋匠。女人當傭人、廚師、清潔工和護士，以及洗、燙、漿衣服。她們賣木薯糊、蝦米、糖果、糕餅和非洲美食。她們沿街叫賣器具，經常背著她們的孩子，用一塊顯示國籍的「**海岸布**」（Pano da Costa）綁著。她們也充當信差，因為她們總是在鎮上四處走動，可以傳遞情報和起義的消息。被奴役的女人也被迫在港口周圍地區當妓女，把出賣肉體賺來的錢交給主子。

在奴隸社會，耗體力的工作都被認為有失體面，「歸屬於」奴隸。在巴西社會，膚色變成分界線，使非洲黑人與體力勞動產生聯想。例如，許多「**穆拉托人**」是奴隸主的私生子，通常被挑選做家務。雖然**穆拉托人**在**製糖工廠**只占奴隸總人口的七%，他們卻相當於二〇%的家庭奴隸。[29]

巴西的奴隸制與眾不同，提供機會給被奴役者使她或他獲得自由，稱為「**解放**」。通常因為品行端正而授予自由，但是奴隸偶爾可以購買自由。他們獲准儲蓄，而且一些**穆拉托人**有專業技術，確實盼望將來能被解放。雖然未列入巴西的任何法律（民法或宗教法），釋放的機會始終存在。可以在遺囑裡給予自由，作為忠誠的回報，或是出於個人的情感。被釋放的奴隸，以女人、兒童和擁有特殊才能者占最多數。在巴伊亞，所有得到自由的奴隸中，有四五%是**穆拉托人**。

然而，被釋放的是少數——在十六、十七世紀，每年從未超過奴隸總人口的一%。另一方面，再度被奴役的可能性極高。所有的釋放證件可以作廢；證件的保留，取決於舊奴隸的品行被認為「得體」。「不忠」被當作充分的理由，可廢止奴隸的釋放令。舊奴隸經常在旅行時被逮捕，使他們的證件失效。

由於缺乏真正的司法制度，暴力和虐待變成約定俗成。法律試圖控制暴力，整個殖民地藐視法律，助長非法再度奴役的惡習。若是身體特徵顯示她或他曾經是奴隸，旅行時必須攜帶通行證與奴隸主的書面許可。常見黑人被攔住並被要求出示他們的旅行文件、身分證件或護照。藉由這個過程，許多人被沒收證明自由的文件，然後成為俘虜，被賣回當奴隸。[30]

火爐灼熱的火焰，加上巴西東北部炎熱，食物不足，持續的虐待和累垮人的工作制度，意味著在**製糖工廠**勞動確實是人間地獄。安東尼爾神父再度將殖民地定義為「黑人的地獄，白人的煉獄」。「地獄」這個詞變成在殖民地工作的隱喻。然而，儘管殘忍和病態的虐待，顯然這個制度的暴力出於經濟因素：強迫奴隸接受他們的境遇，竭盡全力生產。

很難逃避奴隸制。殖民地普遍設立奴隸制，使巴西成為史上最大的強制勞動輸入者。奴隸制滲透社會各階層：擁有奴隸絕非少數人的特權。神父、軍人、公務員、工匠、酒館主人、商人、小農、窮人，甚至被解放的俘虜，都擁有奴隸。因此，奴隸制不只是一種經濟制度：它影響行為，凸顯社會不平等，使種族和膚色成為基本的差異指標，支持有關命令與服從的規定，並且使社會受家長式統治與嚴格的階層式結構的制約。

有進一步的指標，反駁這種陳腐的論點：巴西奴隸制不比其他地方凶猛。在所有殖民地奴隸中，巴西人忝列最強勁的反動者之一，殺主人和工頭最頻繁，最常在**逃奴社區**避難，而且精心策劃的起義反覆發生。有許多原因說明巴西奴隸起義的規模：警察與法律之類的制度搖搖欲墜；地主階級沒有凝聚力，他們分成大、中、小型的房地產物主，散布在殖民地各處；尤其是這個太過明顯的事實：暴力衍生暴力。

畢竟，被奴役者絕非木頭人，這個事實經常被忽視。在處處受限制、苦不堪言的狀況下，他們在陌生的國度努力爭取少許自由的時間，養活一家子，再現他們的習俗和宗教慣例，尤其是保護和照顧他們的子女。[31]表面上他們是良好的天主教信徒、真正皈依信仰者，參加彌撒和敬奉聖人，但是他們保持一套祕密的平行系統，使每一位天主教聖人與非洲的**奧里沙**諸神聯繫在一起。

藉由禮拜儀式，巴西人進行某種宗教的對話。許多來到巴西的非洲人，堅定地皈依天主教，信奉天主教聖人；但是他們也改變聖人的名稱、特徵和意義。於是他們創造一種新的萬神殿，表面上參與宗教慶典，崇拜葡萄牙君主和天主教聖人，暗中敬拜自己的國王和神明。**卡波耶拉**（capoeira）武術有類似的起源。這個名稱指最初實施這項運動的地方，是奴隸開墾的小塊土地，把開始長回來的野草燒掉。原本這是一種打鬥的運動，以娛樂的舞蹈呈現。[32]面對嚴格的限制，奴隸不斷創造虛假的表象——打鬥假裝跳舞，**奧里沙**神明充當聖人。奴隸制開創一個偽裝與談判的世界。

實際上，殖民地從一開始就有針鋒相對的感覺。為了對抗嚴酷的生活，有時候非洲人逃跑，可能的話他們反抗。只要奴隸制繼續存在，始終有**逃奴社區**。奴隸制的各種形式都不相上下。所有種類的奴隸制都有共同之處：他們造成虐待狂、暴力合理化和社會的反常狀態。凡是容許奴隸存在的地方，一直未變的是這種可恥的行為：同化這種制度，而且如此長久地延續。爭取自由始終是奴隸最大的渴望和唯一的目標。奴隸主通常藉虐待和所有想像得到的懲罰手段來操縱情況，但是有時候奴隸主也提供正面的獎勵，承諾休假，甚至給予自由。奴隸也不得不談判。他們請求允許他們在週五和週六處理私事，要求選擇自己的工頭和負責管理種植園的設備。他們需要照顧自己的子女，敬拜他們的神明以及在「新世界」發現的聖人。在一份罕見的文件裡，書記登錄一份奴隸請願書，他們要求：不用徵求許可就可以「娛樂、休息和唱歌」。希望渺茫而暴力頻繁，但是來自非洲的勞工不只努力活下來。為了擺脫他們身為「工具」的境遇，他們尋找這個制度的任何漏洞，藉以再創他們的文化和抱負，因為他們夢想自由和起義。

針鋒相對：叛亂、起義和有組織的行動

被奴役者從不放棄他們的意志，在某些方面照料和控制自己的生活。首先，他們建立情誼、宗教團體和社交網絡。旅人注意到：有時候奴隸與主子的妻兒建立情感關係，而且**同行者**（渡海的旅伴）保持密切的聯繫。奴隸也表示抗拒繁重的工作制度，他們與工頭談判，拒絕執行某些工作，或

者乾脆不做主人要求的工作。

但是奴隸也使用暴力，反抗日常工作的暴虐。時常發生個人或集體逃跑，也不斷發生有組織的起義，謀殺主子和工頭。十六世紀「葡屬美洲」開始出現**逃奴社區**（quilombos，又譯**逃奴堡**）和**逃奴小村落**（mocambos，音譯**莫坎博**）。葡萄牙文 mocambo 指「藏身之處」；quilombo 是安哥拉的金邦杜語，指某種設防的軍營，戰士經過入營儀式，採取嚴格的紀律和施行魔法。[33]自從建立**棕櫚城**（Palmares），**逃奴社區**這個詞用以表示逃脫的被奴役者團體；我們將明白，**棕櫚城**是這個國家最成功、最頑強的**逃奴社區**組合，但是直到十八世紀才普遍化。為了遏止**棕櫚城**急速擴張，葡萄牙當局通過一條法律，任何時候不准六個以上的奴隸聚集在同一場所，除非他們是在工作。

從十六世紀中葉出現**逃奴社區**的消息，最初傳到薩爾瓦多，並且迅速傳到里斯本，到十九世紀中葉開始有廢奴主義者的著作，逃脫的被奴役者，在別無選擇的社會，執意尋找立足之地。[34]在奴隸社會嚴酷的現實與企圖再創造能存活的現實之間，許多被奴役者不假思索：自殺是極端的解決方法，而獨自沿著道路走出去和穿越村子是孤注一擲。解決之道是成群結隊地逃到內地，設法在森林或無人居住的、荒涼的**蠻荒林區**（乾旱的腹地）建立社區，遠離奴隸社會。**逃奴社區**通常設在難以到達的地方，保護他們避開駐守城市的警察，遠離公路的交通和種植園嚴密的警戒。說來諷刺，**逃奴社區**與附近的屯墾區維持交易的關係。

因為複雜的特性和身分，**逃奴小村落**和**逃奴社區**在殖民地各處迅速擴張。他們並非只是臨時的屯墾區，收容未來不能自立的逃亡者，象徵性地擯棄奴隸社會的規則；他們也非全然孤立：許多人與鄰近社區建立商業關係。在政治景觀他們是全新的元素，使抗拒與談判、叛亂與實用主義結合。[35]對住在那兒的人而言，他們是危險的，有時招致悲劇。

逃奴社區提供具體的方案取代奴隸制，因此變得關係重大，引起殖民者和當局的憂慮，準備徹底與他們對抗。這個社會想要鎮壓**逃奴社區**，然而，**逃奴社區**建立各種連結，也成為社會的一部分。他們與鄰近社區有各式各樣的商務聯繫，確立複雜度各異的網絡取得情報，而且，不可避免的，與城鎮邊緣的社區和種植園的工人建立友誼（和愛情關係）。

逃奴社區的居民繼續生存，他們在森林裡尋找食物、種蔬菜（大多是玉米、木薯、菜豆和地瓜）、養雞，並且與附近的社區交易。[36]所有**逃奴社區**都與鄰居建立某種友好的共存。不過，許多**逃奴社區**也造成敵對狀態，因為某些團體襲擊市郊的屯墾區、掠奪農場和搶走動物，並且攻擊公路上的旅人。

十八世紀中葉，**犰狳洞**（Buraco do Tatu）[37]設在伊塔普阿（Itapuã）[38]的**逃奴社區**，靠近薩爾瓦多市很不安全，以偷竊維持經濟。**犰狳洞**有忠誠的同謀，市區的奴隸和自由民帶來家畜和軍火補給品。[39]所有**逃奴社區**都有同一種狀況：他們生存的機會取決於他們與鄰近社區建立社會聯結網絡的能力。**逃奴社區**急速擴張，散布在殖民地最有生產力的都督轄區，很快就成立地下組織「**黑人區**」（campo negro）[40]，擴大他們的勢力範圍和提高自主程度。

形形色色的人和社交型人物，被吸引到**逃奴社區**發展，有不同程度的共謀和商業利益。這些同夥未必都是被奴役者和自由民。他們包括走私販；來自種植園的奴隸，提供情報和傳遞**逃奴社區**彼此的訊息；小販帶來火藥、**甘蔗酒**、衣物和鹽，以及流動的**逃奴**（quilombolas，即**逃奴社區**的居民）裝在麻布袋裡的贓物。

即使**逃奴社區**的居民選擇靠偷竊和掠奪維生，也不能免除這種關係與利益網絡的共謀。至於當局，他們竭盡所能壓制這些互助系統。薩爾瓦多派來的警察，不足以摧毀像**犰狳洞**這種**逃奴社區**，必須動員印第安人的部隊去攻擊他們。

在下亞馬遜流域，「葡屬美洲」最北端，逃脫的奴隸沿著庫魯阿河（Curuá）與特龍貝塔河（Trombeta）支流[41]，在廣闊的河流左岸，在最初的急流和瀑布上方的「湍流中」紮營。這是現今蘇里南（Suriname）[42]邊境的密林。有強健的身體、勇氣和敏銳的觀察力，仍然不足以在那兒生存；關鍵在於了解森林。為了適應森林的生活，**逃奴**與當地的印第安人和動物建立關係，有時友好、有時敵對。他們適應日常的飲食，用棕櫚仁椰子麵團代替麵粉，魚獲不足時吃烏龜肉。他們也雕塑神像，用巴巴蘇棕櫚樹幹提煉的紙漿。[43]他們發現堅果的經濟價值和某些植物的醫療用途，例如卡拉伊巴油和**穗菝葜**（salsaparrilha）。[44]在適當的時候，他們變成「**森林動物**」（bichos do mato）——森林之子。

棕櫚城：逃奴社區叛亂

每個**逃奴社區**都有自己的故事，但是「葡屬美洲」最大且可能最持久的逃奴社區，**棕櫚城**，變成國家的象徵，代表巴西的**逃奴堡**戰士英勇抵抗的悠久傳統。一般認為，**棕櫚城**原先的核心，由伯南布哥同一家**製糖工廠**約四十位奴隸構成。可能在一五九七年左右，他們逃走，攀登沿海**林區**（Zona da Mata）[45]的巴里加山脈（Serra da Barriga），在現今的阿拉戈斯州。[46]此地群山環繞，完全沒有人煙，提供天然屏障，使逃脫者避開攻擊。這個地區到處是棕櫚樹，提供糧食和舒適，例如他們吃**棕櫚芯**，用棕櫚葉蓋房子、做衣服和布置陷阱。棕櫚樹是強有力的象徵；逃脫者會在棕櫚樹林定居，將此地命名為**棕櫚城**，合乎常情。

棕櫚城並非單一的**逃奴社區**，而是散布在這個區域大大小小的社區的聯盟。他們利用協約互相聯結，但是各自處理商務，各有自治權並選擇他們的領導者。他們包括**阿克蒂琳**（Acotirene）**逃奴社區**，這個名稱向這位女族長兼**逃奴**領導者顧問致敬；**丹布拉班加**（Dambrabanga）**逃奴社區**，以傑出的軍事領袖命名；**尊比**（Zumbi）**逃奴社區**，以該區的宗教及軍事領袖命名；**阿夸爾圖恩**（Aqualtune）和**安達拉奎圖須**（Andalaquituche）**逃奴社區**，分別以尊比的母親和弟弟命名；**蘇布皮拉**（Subupira）**逃奴社區**，充當**逃奴**軍事基地；**馬卡古皇家圈**（Cerca Real do Macaco，即**猴圈**）[47]，這個區域最大且最重要的**逃奴社區**。**棕櫚城**的領袖岡加．尊巴（Ganga Zumba），「大頭目」，在此地主持首長會議，對戰爭與和平的重大問題做決策。

後來**逃奴**聯盟擴大，成為多種族社會，但是許多最早的居民來自安哥拉和剛果，起初這個庇護所通稱「**小安哥拉**」（Angola Janga）。這些居民企圖在巴西再造一個非洲國家，不僅顯示他們把自己看作外國人，而且顯示他們創造的社區是政治組織，有公共行政、法律、政府的形式和軍事結構，以及宗教和文化準則，這一切促成和加強集體認同。殖民地當局也承認**棕櫚城**的存在：在寄給里斯本的文件稱**棕櫚城**為「共和國」，當時這個詞表示：在葡萄牙或海外的任何地區，有自己的行政機關、受政治制度的約束，而且擁有相當程度的自治權。[48]

在巔峰時期，**棕櫚城**的居民約兩萬人。其中大約六千人住在**馬卡古皇家圈**。這個時期（一六六〇年左右）里約熱內盧的居民，包括印第安人和非洲人，估計約七千人。[49]**逃奴**聯盟與附近的市鎮和村莊維持興隆的交易。超過一百年，**逃奴**聯盟鼓舞奴隸集體脫逃，在**製糖工廠**、農場和小村部落發動無數的攻擊，而且被派來摧毀**逃奴**聯盟的遠征軍全部被擊退。一六一二年葡萄牙人首次攻打**棕櫚城**，最後一次在一六九五年，殺死領導者尊比（岡加．尊巴的繼承人）。在一六四四與一六四五年間，荷蘭人占據東北部的糖料作物生產區（特別是伯南布哥都督轄區），西印度公司兩次下令攻打**棕櫚城**都失敗。森林游擊隊使用伏擊、小規模戰鬥和突襲的戰術，荷蘭人深受其害。

荷蘭人的占領引起危機，**棕櫚城**趁機擴張。這是奴隸抵抗運動反覆出現的特徵：無論是因為戰爭、外國入侵或是內部糾紛，一旦奴隸社會被削弱或瓜分，奴隸總會採取行動。一六七〇年後，**逃奴**造成更大的威脅，**棕櫚城**的名聲傳遍「葡屬美洲」，殖民地當局擬定徹底消滅的戰略，包括每年攻擊、偵察任務，和消除**逃奴社區**與鄰近社區的商務聯繫。葡萄牙毀滅**逃奴社區**的企圖繼續失敗，但是**逃奴社區**的領導者終究彼此內鬥，最後葡萄牙坐收漁利。

一六七八年，殖民地當局提出和平協約，葡萄牙的代表團與岡加．尊巴派來的大批起義者，在累西腓會面並舉行簽約儀式。這份協約安排所有逃脫的奴隸（換言之，不是在**棕櫚城**出生的所有**逃奴**）還給王國政府。葡萄牙的計畫是終止**逃奴**與**製糖工廠**的奴隸勾結。作為交換，葡萄牙保證所有在**棕櫚城**出生的人自由、贈與土地和王國政府屬民的身分。《累西腓協約》使**逃奴**分裂，使岡加．尊巴對尊比採取敵對態度，而且開創此社區史上最凶殘的時期。岡加．尊巴被告發是叛徒後，他被毒死，他的軍長全部被斬首。接下來的十五年，尊比發動戰爭攻打葡萄牙當局，維護**逃奴社區**的自治權和保障社區居民的自由。經過四十二天的圍攻，**馬卡古皇家圈**淪陷，尊比戰敗並且遭到處決，**棕櫚城**全部摧毀，戰爭才結束。

棕櫚城充當雙方的範例。殖民地當局把**棕櫚城**當作證據，對奴隸的反抗只有一種回應：殘酷的鎮壓和全面的毀滅。然而，**棕櫚城**也成為抵抗運動的標誌，無可置疑地駁斥這個看法：巴西被奴役的人和以前被奴役的人，僅僅是被動的受害者。相反的，他們有行為能力：他們不願意屈服於這種倒行逆施的政體。

將近兩百年後，在一八七〇年八月，廢奴主義詩人卡斯特羅・阿爾維斯（Castro Alves）[50]撰寫〈向棕櫚城致敬〉，嚴厲譴責奴隸制的暴虐和人類關係的退化，並且讚揚**逃奴社區**。[51]這位偉大的詩人遠遠超越他的時代：之後這種強大的奴隸難民聯盟才成為學術研究的主題，引起全國的好奇。在十八、十九世紀，奴隸制仍然存在，[52]**逃奴社區**是普遍畏懼的因素。最大的憂慮是**棕櫚城**現象會重演。直到二十世紀，歷史著作、知識分子的論述和一般的文化，對**棕櫚城**的看法才有重大的轉變。**棕櫚城**不僅成為巴西奴隸和全體黑人奮鬥的象徵，而且是具代表性的標誌：在巴西的歷史，從前的時刻和記憶可以建構的方式。[53]

眾多支持抵抗運動的形式

有些逃脫的奴隸未成立**逃奴社區**或加入。但是逃跑始終是抗拒行為，俘虜有許多正當的理由逃跑：體罰和道德懲戒的極端暴力，隔離親人和愛人，主子專橫的權力。逃跑或許帶來討價還價的本錢，加強要求停止懲罰和過勞。當然，逃跑是爭取自由的強烈呼籲。十七、十八世紀徹頭徹尾是「**拔菟絲子**」（tirar o cipó），意思是「前進叢林地」，遭受無數的危險。

不論是個人或集體，逃跑始終是公然反抗統治階級。逃脫的奴隸冒犯財產原則，對社會治安構成威脅，造成奴隸主的財政損失。巴西社會很快就發現：懲罰再度捕獲的奴隸，無論多麼恐怖，都不足以制止逃跑。為了控制和維持奴隸制，必須設置各種機制，發展有效的鎮壓策略。成立這種管制機構，要循序漸進、有條理，而且有法律的支持，進而使鎮壓戰術有施展的餘地。他們堅信公開懲罰的效力，戲劇性地展現法律的力量。公開懲罰有幾種形式。一種是使犯罪的奴隸殘廢，以便在任何時候和任何情況下見到他，大家都會看到這些標記並想起他的「罪」。另一種是當眾羞辱，用鏈條將奴隸拴在**頸手枷**（pelourinho，石柱狀的刑枷，用以展示王室的兵器，矗立在各市鎮最大的廣場，當作效忠君主的象徵），然後鞭打。尚有一種是將捕獲的逃犯和**逃奴**梟首示眾，發動數不清的突擊，摧毀他們的庇護所。

但是這一切仍然不夠。殖民地當局深信需要訓練有素的專業人士，即使這意味著地主必須出錢。到某種地步，解決之道可想而知：成立特種部隊以追捕逃脫的奴隸；這是專業機構，有高度軍事化人員，有權力在公路、森林和**逃奴社區**捕捉黑人逃犯，根據命令殺人放火和毀壞任何抵抗組織的據點。在這種鎮壓機構的中心，葡萄牙人確立奴隸捕捉者**叢林隊長**（capitão do mato）[54]的地位。這個職位未設立之前，工頭負責管理**製糖工廠**和懲罰奴隸，零星地籌劃追捕逃脫的奴隸。但是，從十七世紀中葉起，法律明文規定，允許搜查村落以阻止逃跑，社會認可**叢林隊長**是奴隸制不可或缺的構成部分。[55]

從十七世紀到十九世紀，數千名**叢林隊長**分布在殖民地各處。其中有許多人以前是奴隸，吹噓他們熟知逃犯的行為。自從處於這種奴隸社會，奴隸和**逃奴社區**與最壞的地獄形象產生關連——痛苦的死亡、藏身在魔鬼盤踞的森林、盲目崇拜，因此決定由財力雄厚的人物，帕多瓦聖人安東尼（St Anthony of Padua），保護**叢林隊長**。在殖民地和帝國的所在地，聖安東尼是最受崇敬的聖人，被視為戰士聖人，保衛「葡屬美洲」抵抗侵略。未經他的許可，三百年來聖安東尼貢獻他的神力，協助再度捕獲奴隸和毀滅**逃奴社區**。[56]

另一方面，奴隸主僱用塵世的**叢林隊長**，依照服務內容付款。金額視脫逃地點與捕獲地點之間的距離而定：距離越遠，報酬越高。將奴隸本人或砍下的頭送達就付款，**叢林隊長**把首級放在皮包裡，向僱主證實他履行契約的條款。[57]

逃跑並非唯一的抗拒形式。其他形式包括謀殺或毒殺主子、自殺和墮胎；被奴役者提出要求，並且毅然拒絕他們的處境。即使最單純的違抗行為，對主子的權威也是一種威脅，因為主子需要全體勞工盲目的服從，以便經營他的莊園並確保他的利潤。奴隸很清楚他們遭受的風險。敵人有令人望之生畏的部隊聽命於他，如果他們被捕獲，沒有法律的保護。因此，所有抗拒行為都必須祕密地進行，無論是偷竊、暗殺、自殺、墮胎，或是只是辱罵，更別提不服從僱員和操縱僱員，或是其他微不足道但令人不安的違抗行為。

抵抗運動需要創造力、運氣、共謀和機智。經常採取間接戰略，以削弱敵人為目標。蓄意破壞是一種常在危險，不費吹灰之力就可以達成。最微不足道的行動，可能導致大破壞：甘蔗田的一個火花；一片檸檬掉到製造糖蜜的銅鍋；用水力推進或動物牽引大輪子壓榨甘蔗，一根輻條斷掉。[58]任何這種小阻撓，無論多麼不足取，都會影響糖的生產，更極端的情況可能導致**製糖工廠**損失全部的生產。

就被奴役的巴西人而言，發展抵抗運動必不可少的要素，乃保存和培植有關非洲的記憶，探索文化根源。經過幾代人，在奴隸制新的現實裡，這些根源被修改、混合和再創造。他們變成重要的工具，建構宗教生活和娛樂形式，促進集體認同和集體抵抗。

在咖啡和糖料作物種植園，以及都市環境，奴隸經常勇敢地與主人談判，要求依照他們的宗教儀式，有打鼓、跳舞和唱歌的權利，不需要徵求工頭的許可，尤其是沒有警察的干預。這些活動通常在森林的空地舉行，靠近**製糖工廠**和市鎮的地區，由奴隸仔細整地。這些空地叫做**廣場**（terreiros）[59]，在那兒舉行祭典，體現文化與宗教元素獨特的組合。音樂、舞蹈、節拍和動作融為一體，形成禮拜儀式別具一格的心靈語言，其特徵是連結非洲祭典的口頭傳達與神明附體。[60]

非洲祭典的再現，根據納戈族的傳統，並且受到杰杰族文化的影響，從十九世紀初通稱**坎東伯雷**（信奉**奧里沙**的宗教）。[61]從一開始，**坎東伯雷**就結合許多文化的元素，奴隸與非洲擄來的不同族群交往，因而吸收他們的文化。**坎東伯雷**在許多方面自創一格：消除不同族群的文化障礙，產生道德準則，對和諧的社區生活有象徵的重要性，充當管道與奴隸社會的其他階層溝通。**坎東伯雷**也體現印第安人的宗教傳統，所以今日**卡布克羅的坎東伯雷**喚起的祖先，是在歐洲人抵達之前早已在巴西生活的民族。

逃奴社區是享有特權的場所，旨在保護奴隸自主的心靈和私人的活動。在十七世紀末葉，巴西詩人格雷戈里奧．德馬托斯（Gregorió de Matos，因為他諷刺的韻文淫穢，綽號「地獄口」）[62]，不經意地提及**逃奴社區**執行宗教儀式，依照擊鼓的節奏：「蕩婦或破產的紈褲／無不來到**逃奴社區**／他們跳舞跳到趴下。」[63]在〈準則一〉（Precept I）[64]這首詩，德馬托斯可能指**卡倫杜**（calundu）特有的節奏；**卡倫杜**是一種儀式，召喚神明預測民眾的前途。

從**卡倫杜**的儀式變遷，到森巴（samba）的起源，非洲奴隸及其後裔的社區生活，儘管匱乏，卻充滿創造力。[65]如果這種關係始終非對稱，各種反動從來沒有定局。或許可以試圖把人變成財產，但是不可能消滅人的行為能力、創造力和隨機應變的能力。被奴役的非洲人不僅繼續生存，而且成為巴西人，阻撓折磨者的陰謀，使沉迷於暴力、倒行逆施的政體未能得逞。

第四章

黃金！

卡塔瓜族的蠻荒林區

截至十八世紀初，經營帝國的費用高昂，嚴重影響葡萄牙的財政。安地列斯群島使甘蔗產業逐漸認識到競爭的衝擊。荷蘭人被驅離巴西後，把安地列斯群島的糖運往歐洲，嚴重影響巴西東北部的種植園。此時，薩爾瓦多殖民地總督若昂·德倫卡斯特羅（João de Lencastro）思索著：在**蠻荒林區發現黃金**，對葡萄牙王國政府是否有利可圖的事業？儘管里斯本傳來樂觀的看法，這位總督仍然懷疑黃金的數量。他不相信：在現今米納斯吉拉斯州中央區域的溪流發現小金塊，會彌補王國政府在美洲開拓殖民地的巨額投資，或是為帝國的事業投入新力量。

「卡塔瓜族」（Cataguás）是最早與殖民地開拓者對抗的原住民族群，住在米納斯吉拉斯領地的南部、西部和中央區域。他們是特雷門貝族（Tremembé）的後裔，在十六世紀從現今的塞阿拉州東北海岸遷出的族群。實際上他們自稱 Catu-auá（卡圖—奧阿）；Cataguá 是這個原始名稱訛誤的葡萄牙文。現今他們已滅絕。低地人也將米納斯吉拉斯山區「**黃金國**」的印第安人統稱為卡塔瓜族；此地的河床粗沙中，小粒的黃金閃閃發光。

葡萄牙王國政府已經花了兩百年尋找貴金屬，[1]但是不曾放棄，這始終是他們執意要快速致富的重點。里斯本當局普遍抱持樂觀主義，傾向於相信美洲有大量的寶藏，只是尚待發現。十六世紀上半葉，西班牙人在美洲殖民地發現數量驚人的黃金和白銀，帶到塞維利亞，使歐洲各王朝讚嘆不已。卡斯提爾國王累積龐大的財富，足以引起歐洲任何一位君主的羨慕，當然足以使葡萄牙人繼續對美洲的財富抱持夢想。

十六世紀中葉，幸運的西班牙人在安地斯山脈的中央，波多西小富山（Cerro Rico de Potosí，在現今的玻利維亞），發現一整座山的銀礦，這個消息觸發歐洲的想像力，使里斯本相信兩件事：巴西必定也有大量的貴金屬礦藏，在內地開拓殖民地是找到礦床唯一的途徑。這種旅程困難重重，但是承擔任務的人確信他們終究會成功。當時地圖繪製員相信：美洲大陸如此狹窄，葡萄牙的探險家簡直是與上秘魯無比富有的山脈為鄰。他們認為：如果探險隊從桑托斯（Santos）港口出發，由陸路或水路，只需要十二天的行程。[2]

殖民地總督也兼民兵司令的軍職，職責是護衛殖民地，防止私掠船和海盜入侵，並且防止敵對的歐洲強國入侵，例如荷蘭和法國熱衷於建立帝國殖民地，以及從海上貿易獲利。他也必須促進內地殖民化，尋找貴金屬。然而，關於卡塔瓜族的**蠻荒林區**發現黃金的消息，若昂·德倫卡斯特羅總督有充分理由持慎重的態度。在一五六〇與一五六一年間，在橫越現今聖保羅州與巴拉那州的山脈，尤其是在伊瓜佩、巴拉那瓜與庫里提巴，發現小量的黃金，無法滿足葡萄牙人的胃口。里斯本的意見：「我們想要在巴西發現秘魯，不是發現巴西。」[3]他們有意將巴拉那皮亞卡巴山脈（Serra de Paranapiacaba，是馬爾山脈〔Serra do Mar〕的土著地名）[4]變成安地斯山脈的翻版，甚至計劃進口兩百匹駱馬運送黃金。但是在那兒發現的黃金數量微不足道；礦脈不連續，礦山的產量很低。[5]

一如他的同代人，對若昂・德倫卡斯特羅而言，經濟成長意味著甘蔗產業。從十六世紀七〇年代起，甘蔗產業一直很旺盛，尤其是在伯南布哥沿海地區和環巴伊亞灣區，後者成為「葡屬美洲」的經濟中心。在十八世紀初，安東尼爾神父也認為：當局執意要找到黃金，對殖民地是一種風險。原因不難了解。糖成為巴西的財富，**製糖工廠**是傳教中心，使奴隸皈依。如果在米納斯吉拉斯找到黃金，導致大批民眾遷移到內地，這一切可能會遭到破壞。[6]

我們已經明白，葡萄牙「南大西洋帝國」的經濟生活，以糖料作物和奴隸的結合為基礎。這種結合形成貿易社區，繞著大莊園孳生的財富運行。薩爾瓦多是葡萄牙行政機關的動力中心，也充當此農村社會最大的港口。不容置疑，若昂・德倫卡斯特羅以優秀的總督自居，處理任何開採金礦的新提案必須慎重。他的當務之急是回應商業精英和**製糖工廠**主子們當前的需求和利益。

在一六九七年中，發現金礦的消息傳到薩爾瓦多。在林木潮溼的山谷裡，四周是埃斯皮尼亞蘇山脈（Serra do Espinhaço）陡峭的斷崖，在一條小河的河床上黃金混入砂礫。當地的原住民把這條河叫做**特里普伊**（Tripui，即水底暗處）[7]。這位總督可能料想不到，**特里普伊**只是開端：此地發現「**黑金**」（ouro preto）[8]，證實是發現巨量貴金屬的第一條線索，綿延到卡莫（Carmo）和薩巴拉（Sabará），在瓜伊庫伊河（Guaicui，現今的韋利亞斯河〔Rio das Velhas〕）[9]截斷兩地之處。這位總督仍然認為：在米納斯吉拉斯發現黃金，實際上是嚴重的問題。一七〇一年他寫一封長信給堂・佩德羅二世[10]，信中有一些建議。首先，封閉發現黃金的地區，所有通往內地的路線都禁止通行。其次，把出自礦山的交易全部集中在薩爾瓦多，使整個採礦區域隸屬於巴伊亞都督轄區[11]。

里斯本對若昂・德倫卡斯特羅的警惕無動於衷。儘管無數的探險隊失敗，王國政府從未打消對金山和銀山的執念。當局也相信：在皮拉蒂寧加的聖保羅（探險家從這個基地出發，進入內地探險），有居民知道正確的地點，可以找到大部分的黃金。畢竟，早在十七世紀九〇年代發現黃金之前，他們已經在查勘**蠻荒林區**。然而，他們在尋找別的東西：「紅金」（red gold），維埃拉神父與印第安奴隸制鬥爭時創造這個名詞，指印第安人遭到殖民者俘虜和奴役而流下鮮血。[12]

這些殖民地開拓者長途旅行，一連數月甚或數年，幾乎都是步行，排成一列縱隊前進，像印第安人那樣光著腳，雙腳張開成八字形、腳踝向內，以緩解疲勞並更快速著地。在十七世紀，為了捕捉印第安人，無數探險隊穿越**蠻荒林區**（現今米納斯吉拉斯州的一部分），使聖保羅的居民（**保利斯塔人**）名聲傳遍殖民地。這些人在皮拉蒂寧加高原似乎只為一個目標而活：查勘無法無天的內地，而且往內地越走越遠，所到之處都有弓箭、野獸和熱病。[13]

這種探險從皮拉蒂寧加的聖保羅鎮開始，馬爾山脈圍繞此鎮，林木茂密的山峰一個接一個往地平線延伸。這樣的戰略位置，保護鎮民不受里約熱內盧的帝國官員干預。此鎮在山崗上，遠處有坎塔雷拉山脈（Serra da Cantareira）要塞的防衛，也有神助的河流網環繞。後來探險家利用這些河流搭船到巴拉那河，由此進入拉普拉塔河流域的支流網，往上游進入殖民地的最南端。[14]

這個聖保羅鎮，從「耶穌會」會士建造的一所學院發展出來，學院的圍牆是黏土和沙子的混合物。這所學院有一座小教堂和一大片土地，周遭是印第安人的房子。它的位置正是現今的「經院庭院」（Pátio do Colégio），在市中心的正中心。這所學院是巴西耶穌會領袖曼努埃爾・達諾布雷加寄予厚望的項目：把這個區域的印第安人集合起來，建立虔誠的基督徒新社會，沒有土著的異教習俗，沒有歐洲人的壞習慣和罪惡。這個項目敗得一塌糊塗。土著無意放棄他們的信仰，葡萄牙裔殖民者也不願意放棄掠奪的行為。但是這個鎮繼續存在，在進入腹地的戰略位置，殖民者俘虜並奴役印第安人，聲稱這是「正義之戰」。印第安人被迫在田裡工作、養牛、做家務勞動，甚至充當運輸工具。[15]

在十八世紀上半葉，這些探險隊開始叫做**旗隊**（bandeiras），整個殖民地都採用這個名稱，雖然也使用其他名詞，包括**侵略**（entradas）、**征戰**（jornadas）、**艱巨任務**（empresas）、**征服**（conquistas）。**先鋒旗隊**從皮拉蒂寧加高原出發，為了奴役印第安人或尋找貴金屬，採取軍事化狩獵遠征的形式，因而產生一種生活模式，在十九世紀末和二十世紀初一些巴西的歷史學家把它定名為**旗隊主義**（bandeirantismo）[16]。探險隊從聖保羅鎮出發，徹底搜查米納斯吉拉斯的內地，並且盡可能不讓王國政府的代表們看到黃金。他們有充分的理由：與殖民地行政官員保持距離，就是避免過高的稅額和嚴厲的帝國法律限制印第安奴隸的數目。

在十七世紀九〇年代初，王國政府與最早發現金礦的**保利斯塔人**開始談判。協約由葡萄牙國王堂・佩德羅二世直接授權，保障發現者的所有權、開採權並擁有他們發現的礦山。另外，王國政府當局賦予**先鋒旗隊**最渴望的權力：允許他們「處理」在內地捕獲的印第安人，讓印第安人在皮拉蒂寧加高原當奴隸勞工。然後黃金才開始出現。[17]

在米納斯吉拉斯，不同的地區幾乎同時進一步發現黃金，全都分布在連接現今黑金市（Ouro Preto，音譯歐魯普雷圖）與鑽石城（Diamantina，音譯迪亞曼蒂納）的邊界線，在淡水河（Rio Doce）與聖弗朗西斯科河之間的流域。該地在現今米納斯吉拉斯州的中心，四周是埃斯皮尼亞蘇山脈的陡坡，小河流穿越山谷和**岩石高原**（chapadas）[18]，河床有數量驚人的黃金。這種黃金是很小的天然金塊，有各種顏色：米白、黃、灰、黑或骯髒無光澤。最後這一種被誤稱為「爛金」[19]。黑色是因為含有化學元素鈀，表示高濃度的黃金。白色是金和鎳混合的結果，價值比較低。然而，無論是什麼顏色，到處是黃金。經過數百萬年，黃金從埃斯皮尼亞蘇山脈的岩石裂縫掉下來。

這是沖積金礦，與西班牙人從墨西哥和上秘魯的地下礦床挖出大量的黃金截然不同。這個區域綿延相連的礦山很快就被發現；無論朝哪個方向看或走，都找得到黃金。因此，在十八世紀二〇年代初，這個都督轄區得到米納斯吉拉斯（Minas Gerais，即**總礦**）[20]這個名稱。最重要的礦山所在地，變成知名的「黃金區」。大部分礦山在韋利亞斯河的源頭找到，在現今的黑金市（燕子瀑布〔Cachoeira das Andorinhas〕的位置）[21]。民眾快速遷移到這個地區，因而形成米納斯吉拉斯最早的三個鎮，都是在一七一一年元月建造。嘉模聖母村（Nossa Senhora do Carmo）[22]得到「**鎮**」的地位；六月，黑金城、安東尼奧迪亞斯、法利亞神父（Padre Faria）和特里普伊，這些採礦中心合而為一，叫做富裕鎮（Vila Rica，音譯**里加鎮**）；同月，薩巴拉布蘇村（Sabarabuçu）[23]正式成為薩巴拉聖母無原罪鎮。現今分別是馬里亞納市、黑金市和薩巴拉市。[24]

從十七世紀最後十年到十八世紀最初十年，皮拉蒂寧加高原的居民開始覺得受騙。葡萄牙王國政府不打算兌現諾言，無意將金礦所有權授予發現者。在一七〇七至一七〇九年間不滿的情緒爆發，成為知名的「**新移民之戰**」（Guerra dos Emboabas，又譯**恩博阿巴戰爭**）。**先鋒旗隊**怒不可遏，向**恩博阿巴**（Emboabas，指**新移民**）開戰，以便控制米納斯吉拉斯。Emboabas 這個詞源自印第安語，指雙腳長滿羽毛的雞。皮拉蒂寧加的居民赤腳，用這個詞稱呼穿行軍靴的「外人」，尤其是葡萄牙人，看作是極大的侮辱。一旦認出敵人的靴子，就咒罵他們**恩博阿巴**。甚至今日，聽到遠處一聲巨響，**米納斯人**（Mineiro）[25]喃喃地說：「剛才不是狗死了，就是**恩博阿巴**死了。」

這個區域的居民怒火中燒，王國政府務實地決定赦免起義者。然而，王國政府不放棄政治立場：指派**新移民**，在新成立的鎮擔任所有重要的行政職位，就此終止**保利斯塔人**在政治上控制這個地區的雄心。[26]最後他們被驅離米納斯吉拉斯，回到腹地探險，又兩度發現大金礦。第一次在一七二二年，在馬托格羅索州蘇提爾礦山（Sutil Mines），現今是該州的首府所在地，庫亞巴（Cuiabá）。第二次在五年後，在戈亞斯（Goiás）都督轄區的博阿鎮礦山（Vila Boa Mines）。於是，在十八世紀二〇年代末，「葡屬美洲」三大金礦區終於確立。

「普通的」金礦

一六七四年七月二十一日早上，費爾南・迪亞斯・派斯（Fernão Dias Pais Leme）最後一次大冒險，從皮拉蒂寧加的聖保羅鎮出發。他率領四家公司的人員，有一百名印第安人和四十名白人，包括他的嫡子賈西亞・羅德里格斯（Garcia Rodrigues Pais）和混血兒若澤（José Pais），以及女婿博爾巴・加托（Manuel da Borba Gato），朝**蠻荒林區**前進。當時他年約六十歲，擁有大量的財產和豐富的探險經驗，多次捕獲印第安人。他在聖保羅附近有龐大的地產，在現今的皮涅魯斯區（Pinheiros）。[27] 他花兩年的時間籌劃此任務所有的細節，與總督和王國政府通信。他的口袋裡有一張特許狀，總督賦予他權力，凌駕探險隊的全部成員，以及任何已穿越內地那片區域的人，或是在探險隊通過後將要到內地的任何人。

費爾南・迪亞斯尋找神話中的薩巴拉布蘇山脈。根據印第安人的說法，這些山的光芒如此燦爛，從遠處就看得到，太靠近會令人目眩。在圖皮—瓜拉尼族，這些山通稱「土太陽」。[28] 一條河溢出閃閃的綠寶石、銀塊和金塊，據說從斜坡掉下來。西班牙籍探險家費利佩・吉倫（Felipe Guillén）說：有人告訴他，印第安人蒐集這些寶石，只用來做豬的食槽，因為他們相信金屬「引起各種疾病」。[29]

進入米納斯吉拉斯領地之前，費爾南・迪亞斯預先派一組人設立補給基地，以確保探險隊的生存。這個營區占據韋利亞斯河兩岸的桑塔納村（Santana）和蘇米多魯村（Sumidouro），結合軍事營地和快速擴張的屯墾區，四周是廣大的種植園，有玉米、地瓜、南瓜、菜豆和山藥。次年，探險隊朝東北方穿越**蠻荒林區**，「雨季結束，秋季正開始，／土地焦乾，飲盡季節水」[30]，引自奧拉沃・比拉克（Olavo Bilac）於一九〇二年出版的優美詩作[31]〈綠寶石獵人〉（The Emerald Hunter）[32]。從一六七五至一六八一年，探險隊沿著埃斯皮尼亞蘇山脈崎嶇的輪廓前進，橫越整個米納斯吉拉斯的範圍，最後抵達熱基蒂尼奧尼亞河（Jequitinhonha）與阿拉蘇阿伊河（Araçuai）的區域。該地在米納斯礦山的東北角末端，探險隊的成員相信他們已發現印第安神話中有巨大財富的大湖，「瓦帕布蘇」（Vapabuçu），美洲傳奇的河流源頭，這些河流連接巴西與安地斯山脈。[33]

「瓦帕布蘇」是印第安人與歐洲人想像的結晶。探險隊紮營的河岸確實看起來有綠寶石閃閃發亮。但是那是錯覺，它們是電氣石，沒有價值的準寶石。費爾南・迪亞斯患瘧疾，排除困難回到蘇米多魯湖（神奇的「消失的水」，隱沒於森林的一個窟窿，而持續奔流於地底），數日後他在此地去世。

「綠寶石礦山／從未尋著／希望和發燒／使人喪命／找到的是／自然的幻影？」[34]這是兩百年後德魯蒙德・德安德拉德（Carlos Drummond de Andrade）描述費爾南・迪亞斯的詩句。[35]未找到神話中的山，迪亞斯的探險隊沒有為里斯本朝廷生產任何一塊黃金。儘管如此，此次遠征仍然是重要的成就：**先鋒旗隊**學到生存的策略，適應米納斯吉拉斯的內地狀況，在這個孤立的區域長期居住，周遭是難駕馭的天然環境、野獸和充滿敵意的印第安人。對里斯本而言，征服並徵用這個區域，與找到寶藏一樣重要，迪亞斯已經做到。進入內地搜尋時，他的探險隊採取軍事戰略，在叢林墾地，為部隊的生計種植食物；與印第安人戰鬥和占據土地時，證實這是關鍵戰略。[36]因此開闢進入米納斯吉拉斯的小路，但是對任何冒險前進的人而言，這條小路仍然是巨大的挑戰。費爾南．迪亞斯的探險隊開闢一條路連接沿海地區與曼蒂凱拉山脈（Serra da Mantiqueira）[37]，通過韋利亞斯河，繼續前進到米納斯礦山的東北方。這就是**內地公路**（Caminho Geral do Sertão），通稱**古道**（Caminho Velho）或**聖保羅路**（Caminho de São Paulo）[38]；此「礦山口」連接皮拉蒂寧加的聖保羅與里約熱內盧的聖塞巴斯蒂昂（São Sebastião），到達最近發現的黑金城和嘉模聖母鎮，在死亡之河（Rio das Mortes）與韋利亞斯河的河岸。[39]

橫越曼蒂凱拉山脈，特別困難。這座山脈叫做「哭泣的山」，因為有許多小溪和迂迴曲折的河流。這時候通稱**大斫刀山脈**（Serra do Facão）[40]，一條尖削的山脊小徑，越過其中最高的五座山峰，依照當時的說法，「阻止弱者進入米納斯礦山」。這是無所畏懼的強者才能承擔的任務。數日的行程後，旅人越過帕拉伊巴山谷的「**恩巴烏峽谷**」（Garganta do Embaú）[41]，在現今里約熱內盧與米納斯吉拉斯的分界點，進入這座山脈一大片深綠色的潮溼森林。山中有一大群毒蟲和突然的傾盆大雨，進一步折磨旅人。在多雨的季節，山峰籠罩在霧裡，翻山越嶺特別危險。旅人走下滑溜溜的斜坡時，冰冷的雨水使他們凍僵，山路變成腳底下的泥巴和黏土，騾和貨物翻覆。

發現黃金的消息很快就傳開來。在聖保羅、里約熱內盧和薩爾瓦多，這是鎮上的熱門話題，許多居民將這個令人興奮的訊息寄給葡萄牙的親戚。縱使王國政府努力不讓礦山的位置洩露出去（避免引起敵國的覬覦），當局警覺到沿海地區的鎮民大批離去；即使攀登曼蒂凱拉山脈驚險無比，也控制不了對黃金的渴望，狂熱的群眾蜂擁前進這個區域。

「這一切都前所未見，直到一八四九年加州淘金潮才又見識到」，這是英國的歷史學家查理．

博克瑟（Charles Boxer）於一九六二年的記述。各種各樣的人急於找到黃金，在山中小徑互相推撞。在這些群眾當中，有人為脫貧而孤注一擲，有人夢想一夜致富，有人逃離政治或宗教的迫害。最後這一群人包括國王的敵人和君主國的敵人、新基督徒、成群的吉普賽人和形形色色的異教徒。其中一位是長篇大論的千禧年信徒佩德羅．德拉蒂斯．哈尼金（Pedro de Rates Hanequim），他支持有關巴西的非正統學說。其中一個論點，他認為人間天堂隱藏在「葡屬美洲」的中央山脈裡，上帝的寶座就在直角的地方。另一個論點，他建議葡萄牙國王堂．若昂五世的弟弟伊曼紐爾王子（Infante Emanuel）成為南美洲皇帝，在他的統治下，米納斯吉拉斯的內地會成立「第五帝國」。[42]

若昂．德倫卡斯特羅總督指這群人是「一文不值、舉止粗魯的烏合之眾」[43]。里斯本當局終於附和他的感言：那些人穿越米納斯吉拉斯的內地，是「入侵者，無家可歸的暴民，他們不是在此地出生，對這個國家毫無愛心」。實際上他們的確來自許多地區。有些人來自葡萄牙，拋下妻兒。許多人來自不同的都督轄區，尤其是聖保羅、巴伊亞和里約熱內盧，他們賣掉全部家當，與黃金獵人同呼吸、共命運。十七世紀的**保利斯塔人**常常說：「小路的盡頭，礦山的起頭。」成功抵達米納斯吉拉斯的人，很清楚他們的需要：盡可能快速取走許多黃金。大量的貴金屬從周遭的岩石發出光芒，礦工眼花繚亂，發狂似地努力尋找新礦脈，卻忘記最基本的事實：黃金不能當飯吃。

這是一場災難。在一六九七與一六九八年間、一七〇〇與一七〇一年間，以及一七一三年，群眾繼續湧現，卻未栽種足夠的木薯、菜豆、南瓜和玉米供他們維持生命，套用安東尼爾神父的話，米納斯吉拉斯的居民「雙手捧著黃金餓死」[44]。為避免挨餓，**米納斯人**抓到任何東西都吃：狗、貓、昆蟲、蛇和蜥蜴。他們甚至吃**竹蟲**（bicho de taquara）[45]，竹莖裡面有毒的白色幼蟲。

從東北的港口累西腓和薩爾瓦多出發的人，只有一條路通往米納斯礦山，**內地公路**（也叫做巴伊亞小徑或聖弗朗西斯科畜欄小徑）。**內地公路**是三個「礦山口」當中最長的。走這條路尋找黃金的人，大多是巴伊亞和伯南布哥種植園地區的殖民者，因為糖業沒落而失去生計。**保利斯塔先鋒旗隊**熟悉**內地公路**，從十七世紀初就使用這條路線。有很多好處：這裡的森林不像曼蒂凱拉山脈那麼茂密，樹木間隔的距離較大，空曠地區有植被和灌木叢。最重要的是，有河流橫越，可以乘獨木舟渡河。

「**蠻荒林區**是另一個無法無天的大海」，[46] 二十世紀的歷史學家雷蒙多．法歐羅（Raimundo Faoro）在他的著作《**權力的所有者**》（*Os donos do poder*）描述得恰如其分。走在山峰與斷崖之間，在未知的深淵，這是漫長且孤寂的旅程。在抵達礦山之前，許多人離開這條小路，在內地定居：被通緝的罪犯、破產的債務人、小農的兒子（小農的土地太小無法再分配），以及沒有土地的貧窮勞工。他們停止旅行，在孤立的地區要求土地所有權；在法律管轄範圍之外，被俘虜的印第安人、金湖以及山脈閃耀著寶石的光芒，這些前景沖昏頭腦，他們繼續蹂躪米納斯吉拉斯。脫貧、尋找土地、躲避牢獄之災、或掩飾煽動暴亂的罪行，對這些人而言，這是完美的庇護所。

在米納斯吉拉斯的內地可以逍遙法外，這個普遍化的信念，導致**內地公路**變成走私黃金最熱門的路線。巴爾博薩．萊亞爾（Pedro Barbosa Leal）對這個區域了如指掌，他向當局解釋：內地「充滿『漏洞』：廢棄的田地、原始森林和無人通行的小徑，可以用來逃亡」。[47] 走私者知道這些「漏洞」的正確位置。他們膽大包天，利用獨木舟冒險通過聖弗朗西斯科河。這是漫長黃金之旅的第一站，往北到歐洲，往南到拉普拉塔河。深夜時分，看守海灘的士兵只看到黑壓壓一片，走私者在祕密的碼頭拋錨停泊，偷偷地通過國王徵稅的檢查崗哨——雅科比納（Jacobina）和孔塔斯河（Rio das Contas）的港口，黃金完好無損。他們旅行數週，穿越**蠻荒林區**到伯南布哥、帕拉伊巴、北大河州或塞阿拉州，黃金終於上船，運出殖民地。有一條替代的路線，由陸路，對走私者而言是更漫長、更危險的旅程。沿著聖弗朗西斯科河的河岸前進，直到帕納瓜（Parnaguá），位於現今的皮奧伊州（Piauí）。之後繼續前進到馬拉尼昂，將黃金私運到歐洲。[48]

王國政府大失所望，在巴西找到的黃金，從稽查員的雙手流失很大的部分。走私黃金變成重要的非法交易，利潤大到足以補償重大的危難和風險。殖民地當局竭盡所能阻止走私：在進入米納斯礦山的路線，設置檢查崗哨，配置稅務官和軍事警衛。安東尼爾神父的著作，因為描述薩爾瓦多與黃金產區之間的路線，於一七一一年被王國政府沒收並禁止。**內地公路**禁止旅人通行和運送商品，只有**米納斯人**維持生計的牛可以通行。但是這個措施沒有奏效。黃金繼續消失。大膽的走私者躲在牛群的貿易商當中，他們的黃金袋藏得很隱密。他們盡量利用貪汙受賄的神父，神父不必接受管制站檢查，成功轉移皇家金庫大量的黃金。里斯本勃然大怒，於一七〇九年禁止宗教修道會出現在米納斯吉拉斯。

內地公路進入薩巴拉的黃金產區，薩巴拉是米納斯吉拉斯的第一個鎮，也是當時最大的鎮。牛、皮革、牛肉乾、豬肉、魚、岩鹽和**紅糖**（甘蔗做成的）進入這個區域，都極為昂貴。一七〇一年，安東尼爾神父注意到：在聖保羅麵粉的價格一**阿爾奎爾**（alqueire）[49]是六百四十雷亞爾，在米納斯吉拉斯是四萬三千雷亞爾。[50]他進一步注意到物價不尋常的差異：「聖保羅一磅糖一百二十雷亞爾，米納斯吉拉斯一千兩百雷亞爾。聖保羅一隻雞一百六十雷亞爾，米納斯吉拉斯四千雷亞爾。聖保羅一隻待宰的牛兩千雷亞爾，米納斯吉拉斯同樣的牛十二萬雷亞爾。」[51]

一七三〇年，最後一次大饑荒發生在皮坦吉（Pitangui）。「**恩博阿巴戰爭**」結束時，來自聖保羅的**先鋒旗隊**建造皮坦吉鎮，充當前往戈亞斯州的中途站。皮坦吉礦山靠近**蠻荒林區**的入口，由恩想獨立的民眾加以保護，開戰後他們對王國政府的憤怒不曾消退。整個十八世紀，這群人因率直的作風而出名，他們用槍炮解決任何政治或財產的糾紛，這一回用雷筒。[52]皮坦吉缺乏家畜，幾乎毀掉這個鎮。一些居民逃出來，在森林裡求生，所有的補給品都消失了，糧價上揚到難以置信的高。民眾在挨餓，黃金卻彷彿從他們腳底下的泥土冒出來。一座奇特的圓丘贏得綽號「馬鈴薯丘」，因為在那兒發現巨大的金塊，形狀像馬鈴薯。[53]

直到開闢一條新路線通往礦山，糧食補給才改善。**新路**（Caminho Novo）由「南部行政區」總督阿圖爾·德薩—梅內塞斯（Artur de Sá e Meneses）籌劃。**新路**形成運送商品的山路網，使採礦區域連接這個國家兩個最重要的補給中心：里約熱內盧港和聖保羅鎮。這是第三個「礦山口」，也是最後一個，始於瓜納巴拉灣末端，在**弗魯米嫩塞低地**（Baixada Fluminense）[54]中央，現今是卡希亞斯公爵城（Duque de Caxias）所在地。攀登曼蒂凱拉山脈之前，**新路**與**聖保羅路**在陶巴特鎮（Taubaté）交叉。這條新路線使里約熱內盧變成米納斯吉拉斯首要的供應商，旅人川流不息，商品、牛群和無數的非洲奴隸全都路過這個城市。

新路大幅縮短行程時間，幸運的話，從里約熱內盧到富裕鎮只需二十天。但是橫越曼蒂凱拉山脈仍然是嚴峻的考驗。獸力車只能在短程的山路操縱。人和動物在泥濘中掙扎前進，在骯髒的草棚過夜，擊退蝙蝠和一大群昆蟲：螞蟻、蚊子、扁蝨、跳蚤、蟑螂和蜘蛛。一百五十年後，偉大的英國探險家理察·伯頓爵士（Sir Richard Burton）抱怨他在**新路**遭到類似的不幸：在騾夫的窩棚裡徹夜難眠，飽受蚊子的騷擾，且「一群群又圓又肥的蟲子爬進我的肉，在我的指甲底下做窩」[55]。

黃金產量達到巔峰時，在礦山與**蠻荒林區**的交界地帶，以及韋利亞斯河的河岸，已設立農場。這些是龐大的莊園，有碼頭的設施，沿著聖弗朗西斯科河和韋利亞斯河接收來自巴伊亞的商品。這些莊園包括**明霍卡**（Minhocas）、**馬卡烏巴斯**（Macaúbas）和**雅瓜拉**（Jaguara）；[56]**雅瓜拉**可容納兩千人住宿。在採礦區的中心，攀登卡帕內馬山脈（Serra de Capanema，現今仍然連接黑金市和薩巴拉）最高峰的路段，小型屯墾區興起，種植立即可食的食物：**聖安東尼奧杜雷切**（Santo Antônio do Leite）、**阿瑪蘭提納**（Amarantina）、**聖巴托洛梅烏**（São Bartolomeu）、**聖安東尼奧達卡薩布蘭卡**（Santo Antônio da Caza Branca，現今的格勞拉〔Glaura〕）和**石頭牲畜欄**（Curral de Pedra）。如同這些村莊的存在所顯示，從一開始，由於農產品和養牛業興盛，這個區域成為繁榮的國內市場。

直到一七五〇年左右，黃金的供應仍然很充足。在這期間民眾和商品沿著**新路**流動，依然緊張頻繁。此路線為富裕鎮提供糖、**甘蔗酒**、牛、火藥、菸草、橄欖油、米、鹽、木梨果凍和酒。隨著村鎮的擴張，米納斯吉拉斯開始接受各式各樣的產品和小玩意：玻璃、鏡子、火器、刀子、子彈、絨布、瓷器、金屬扣子、毛皮、紅錦緞馬褲、以金絲帶和銀絲帶裝飾的帽子、綁鞋帶的女士皮靴，以及用絲綢或絨毛做襯裡的夾克。[57]

從**新路**的一端到另一端，如今有新的恐怖威脅。這不再是畏懼卡塔瓜族、瓜亞納族或圖皮南巴族的伏擊。現在的危險是**逃奴**的攻擊，他們有計畫、有步驟地襲擊旅人、農場和村鎮的郊外，使整個區域陷入恐慌。**逃奴社區**分布在米納斯吉拉斯各地，幾乎像是同時冒出來與崎嶇的地形互補。大多數的**逃奴社區**相當小，但是太靠近市鎮非常危險。例如，聖巴托洛梅烏的**逃奴社區**，因為山頂的戰略位置，以山脈的名稱命名。旅人沿著**新路**前往富裕鎮，躲在這裡的公路強盜，足以戕害他們的性命，並且嚴重影響富裕鎮、馬里亞納和坎普瀑布（Cachoeira do Campo）之間的交通。[58]

逃奴社區與市中心發展複雜的關係人社會網絡。在街上販賣新鮮農產品的女黑人，在這個網絡的中心。黃金產區的居民時常抱怨：這些女人不僅是街上的攤販，她們也將蔬菜水果賣給雜貨店，與**逃奴**保持密切的關係。為了團結，她們充當中間人，為**逃奴社區**提供家畜和情報，也幫助逃脫的奴隸在**逃奴社區**避難。最後這件事使當局最為惱火：「來自**逃奴社區**的黑賊得到訊息，摸清他們可以搶劫的民眾去處〔……〕，這些女黑人幫助他們並且窩藏他們，助長這一切。」[59]

殖民地開拓者在米納斯吉拉斯定居時，越來越多**逃奴社區**在村鎮周遭的農村崛起。由於這麼靠近，食品店終究變成與**逃奴社區**交易走私物品的中心。當局感到惱怒，居民甚至更憤怒，他們一直生活在恐懼中，卻沒有任何法律的約束可阻止這種交易：「只要店主認為妥當，他們為逃脫的奴隸提供保護，來自森林的黑人將逃奴窩藏在所謂的『房子』〔……〕清晨時分他們就離開。因此，所有的食品雜貨店都變成**逃奴社區**。」[60]這些商店變成抵抗運動的中心，善於規避當局：他們是舉行派對的場所、戀人的幽會地點，逃奴及流浪漢的收容所，這種環境很適合與**逃奴社區**交易走私的商品。

一七一八年，由於奴隸人口增加，逃奴的頑敵，都督轄區的總督阿蘇馬爾伯爵（Count of Assumar），認清這個事實：他不可能「改變他們思考的方式或是渴望自由的天性」[61]，他建議國王「必須採取更激烈的矯正辦法，當作這些流氓應受的懲罰」。他建議的「矯正辦法」，包括切掉奴隸的腳踵以防止他們逃走。沒有人認為這個提議不合理，以至於二十年後，一七四一年，米納斯吉拉斯當局再度呈給里斯本核准；一七五五年馬里亞納鎮議會，全場喝采通過此議案，再度呈交里斯本。同時，這位伯爵通知都督轄區的居民，他打算執行種種措施，對付再度捕獲的奴隸和**逃奴**：「任何人窩藏他們，或是知道**逃奴社區**的地點而不通報當局，若是白人，當眾鞭打並且驅逐到本格拉，若是黑人，就處死。」[62]

阿蘇馬爾伯爵可能過度殘酷，但是他絕非一意孤行，也不是為自己的利益做打算。殖民地當局不停發布聲明書、皇家特許狀和專利特許證，試圖防止脫逃並鎮壓抵抗運動，以維持奴隸制度穩定。一七四一年的敕令，規定用熾熱的烙鐵在逃奴的肩膀烙印，如果再犯，就割掉逃奴的一隻耳朵。[63]

除了**逃奴**的狂暴行徑，旅人不斷受到白人、自由黑人、梅斯蒂索混血兒和穆拉托人[64]結黨襲擊的威脅；他們是各色各樣的男女，某些原因使他們未併入採礦、養牛和農業經濟，在米納斯吉拉斯的社會邊緣生存。[65]殖民地當局把這個意想不到的雜色集團叫做「遊手好閒的人」。貧窮、沒有社會地位，他們是極不安定的團體，難以控制或管教。顯然他們並非都是公路強盜。然而，每一個啟程的旅人都面臨高風險，如果被其中一個幫派攻擊，即使未被謀殺，也會被奪走所有財物。

有些幫派創造歷史。曼努埃爾・恩里克斯（Manuel Henriques），綽號「手套手」（因為打鬥失去一隻手，他戴襯墊手套代替那隻手），他的暴力集團在馬卡庫瀑布（Cachoeira do Macacu）這一帶行動，在里約熱內盧都督轄區的帕賴布納河（Paraibuna）較遠的一邊。他的聲名大噪，甚至傳到里斯本。他的手下訓練有素，大約有兩百人，包括白人、被解放的黑人和**帕爾多人**，分成幾個小組，由可信賴的下屬帶領。他們在這個地區非法勘探黃金，並且在曼蒂凱拉山脈的入口埋伏，等待從埃斯特雷拉（Estrela）港口前往富裕鎮的貨車隊。

米納斯吉拉斯最惡名昭彰的集團是「曼蒂凱拉幫」。他們在通往富裕鎮的高山峻嶺，在**新路**與聖若昂德雷鎮（São João del Rey）的交叉口附近，襲擊旅人。他們的首領是若澤・加爾旺（José Galvão），綽號「高山」，個子高大，棕色皮膚，留長髮和濃密的鬍鬚，據說有吉普賽血統。這個暴力集團在各市鎮有間諜網，監視運送黃金的貨車隊，或是用大簍子裝商品的貿易商——顯然他們帶著錢旅行。加爾旺的手下令人印象深刻，因為他們不僅手段凶殘而且膽大妄為。在偏僻的高山上，旅人身上的財物、文件和衣服都被搶走，如果最後沒有被謀殺或掩埋，算是幸運。這些襲擊的消息開始在殖民者之間傳開來，市鎮的氣氛越來越緊張，雖然不斷向總督訴願，未見採取任何有效的措施。這些路線的旅人數開始減少，而且旅人未雨綢繆，在出發前立下遺囑，屢見不鮮。

在一七八三年，若阿金・若澤・達席爾瓦・沙維爾（Joaquim José da Silva Xavier）少尉，綽號「**拔牙師**」（Tiradentes，音譯**蒂拉登特斯**）[66]，當時的**新路**分遣隊隊長，經過一番努力，才擊潰「曼蒂凱拉幫」。至今，米納斯吉拉斯的居民會勸告旅人，不要在**新路**的山峰附近過夜。眾所周知，在暴風雨的晚上，此地出現神祕的光線和各種幻象，被謀殺者的靈魂在喪命的地點徘徊，白色幻影干擾旅人的睡眠，以及幽靈馬蹄在曼蒂凱拉山的隘口快跑的聲音。

在很短的時間，米納斯吉拉斯迅速安定下來。在十七世紀九〇年代初開始生產黃金，從一七三〇至一七四〇年達到巔峰，到了一七五〇年已經下降。採用簡陋的技術，大半是臨時製作。在陽光下，顆粒狀黃金在河床和溪底閃閃發亮。這些黃金約豌豆大小，埋在砂礫中很容易被瞧見。淘金者需要好眼力，必須做好準備才進入山溪冰冷的水。也需要體力和知識，用錫盆或杉木盆清洗並篩選黃金，去掉沙子、碎石和黏土。在雨季，河川氾濫無法淘金，他們沿著河畔挖沙子，或是在山腳下將嵌在岩石隙縫裡的黃金敲下來。

一旦淘金開始供不應求，就用水沖刷黃金礦床的土。這項工作可行，只因為有黑奴大規模的勞動力，大多來自西非（喀麥隆、奈及利亞和塞內加爾）和中非（安哥拉、剛果和加彭），小部分來自東非（莫三比克）。自從開採第一座礦山，為滿足黃金的需求，大批奴隸被帶到這個區域。在一七二一與一七二二年間，據估計米納斯吉拉斯的非洲奴隸已達到四萬五千五百五十四人。截至一七四五年，這個數目已增加到九萬五千三百六十六人，到了一七八六年已達到十七萬四千人。在糖料作物種植園被奴役的人也被帶來。這些人轉移水道並建水壩，挖溝渠使黃金與砂礫分離，並且堆疊塗砂漿的石塊，使汙泥漸漸流乾。

奴隸也提供深層採礦的勞力。為觸及地下水位，他們挖井達十五公尺深，把岩石開闢成漏斗狀隧道。建隧道時土經常坍塌，使奴隸勞工喪命。他們也操作水輪，水輪連接一組打開的貨箱，用這些貨箱把土帶上來。水提供動力，把倒置的貨箱往下推並旋轉貨箱，把坑底的土挖出來。現今在米納斯吉拉斯州的鄉下，仍然看得到深層採礦的遺跡。在十七世紀，旅人憑各種跡象知道已經抵達米納斯礦山：丘陵地帶的採石場、混濁的河水、被蹂躪的森林和無所不在的壺穴。

許多人每天都在發財，縱使「葡屬美洲」的商品最昂貴，沙金是通用貨幣。富有的**米納斯人**古怪的擺闊行徑，使安東尼爾神父感到震驚：「火槍手步兵隊與他們同行，隨時可以犯下暴行」，而且「浪費金錢買不必要的物品；用一千克魯扎多買一個黑奴（他的工作是在公共場所吹號角，預示主子的來到），以及（用平常價錢的兩倍購買）一個聲名狼藉的穆拉托人，他們一起犯下許多醜惡可恥的罪行」。[69]

葡萄牙掌握殖民地內陸的狀況，心急火燎地等待找到黃金已超過一百年。如今這個美夢在米納斯吉拉斯實現，里斯本開始著手控制。一七〇〇年，所有被發現的黃金，依價值的五分之一徵稅；這叫做**五一稅**（quinto）。礦工必須把黃金帶到鍛造場，黃金做成金條就減稅。

果不出所料，繳稅的礦工非常少。但是王國政府決定設立稅制，將米納斯吉拉斯的盈利壓榨到一文不剩。王國政府成立「黃金軍需處」，指派稅務官，在出境點設立海關崗哨，並且在整個區域設置鍛造場。經過數年，王國政府增加稅額和課稅的項目。不僅韋利亞斯河、死亡之河、富裕鎮和冷鋸山（Serra do Fric）四個行政區被徵收綜合年稅，而且制定淘金稅，影響全部的礦工。每一個人和每一項經濟活動，包括在都督轄區工作的全部奴隸，都徵收人頭稅。一七五一年後，葡萄牙甚至施加更大的壓力：所有帶到鍛造場的黃金，制定最低量一年一百阿羅瓦（約一千五百公斤）。任何人未達到這個額度，必須為差額繳稅。[70]

黃金抵達塔古斯河，幾乎立即沿著相同的水路出發，前往歐洲的其他國家。主要的目的地是英格蘭，在該地用黃金購買進口的製成品，在葡萄牙國內的市場買不到這種商品。儘管有高額的逃稅和大量走私的黃金，在十八世紀上半葉，巨量的貴金屬進入里斯本港口：一七一三年總計一百九十六公斤，一七二〇年九百四十六公斤，一七二五年三・四噸，一七三一年四・二噸，一七四一年十一・五噸。

從一七三七至一七四六年產量達到最高峰，在接下來的十年中已下降。這種情況無法逆轉：在十八世紀六〇年代，「五一稅」徵收的數量跌到一年兩百零九公斤左右，到了一七七一年只有一百四十七公斤。[71]這種結果充滿戲劇性；**米納斯人**相信：他們的收入減少，並非因為產量減少，而是因為橫征暴斂。因此播下起義的種子。淘金熱的正面結果也一樣無法逆轉：截至十八世紀末葉，米納斯吉拉斯是殖民者在「葡屬美洲」創立市鎮網絡的唯一地區。這是一個獨特社會的起源，有能力發展辨識度極高且深奧微妙的文化。

黑金的富裕鎮

在十八世紀最後三十年，旅人在富裕鎮下馬，勢必會驚訝：那個「陌生的城市，遍地岩石、一片死寂，到處是黑人」[72]，竟然很繁榮，而且米納斯吉拉斯不再是發展中的世界。當時此鎮的居民約八萬人，整個都督轄區總共三十二萬人分布在各地，不包括印第安人。[73]富裕鎮的居民走在陡峭、起伏不平的街道，兩旁是各式各樣的建築物：石料和砂漿建成的宮殿、屋頂鋪瓦的城市住宅、低矮的木屋、編條和泥土建成的茅屋。在斜坡底部是寬廣的街道和空曠的廣場，廣場張貼公告並設置**頸手枷**，狹窄的巷道從廣場蜿蜒而上到山腰。[74]

附近的馬里亞納鎮是主教的宅邸和教區所在地，因此負責引導米納斯吉拉斯居民的信仰。與富裕鎮不同，馬里亞納的街道盡是小禮拜堂、耶穌受難像和「苦路十四處」。但是在殖民地最富有且居民最多的都督轄區，富裕鎮是行政中心，建築更宏偉，適合當王國政府的權力機構所在地。截至一七八〇年，富裕鎮已經有石造的總督府，矗立在聖基特里亞（Santa Quitéria）的山崗上。總督府有四個稜堡和彎曲的坡路，依照軍事要塞的模式，在坡路設置崗哨。承包商羅德里格斯・德馬塞多（João Rodrigues de Macedo）可能是這個區域最富有的人，負責對所有的進貨徵稅，也建造豪華的城市住宅。他的官邸「**會計室**」（Casa dos Contos）[75]蓋在石基上，大樓梯掛滿圖畫，有一個大陽臺和數不清的門窗——象徵屋主的社會地位。在整個都督轄區，這是最令人豔羨的豪宅。

黃金仍然用在支付費用。十八世紀八〇年代初富裕鎮興建教堂，用黃金裝潢內部。直到今日，這些教堂仍然使富裕鎮所有的遊客嘆為奇蹟：阿西斯聖弗朗西斯科教堂、聖柱聖母聖殿、與安東尼奧迪亞斯聖母無原罪教堂。搖搖欲墜的木橋換成石橋，設有拱圈、欄杆、柱石和底座，都用魚油和生石灰接合。豎立七座飲用水噴泉，取水的民眾聚在一起閒話家常。這些噴泉嵌在市區各處的牆裡，用豪華的青銅或皂石做裝飾。石橋和噴泉是奴隸、洗衣婦和騾夫聚會的場所，變成謠言製造中心。民眾站在「故事橋」的拱圈附近，或是在「光榮噴泉」的滴水嘴怪獸旁邊，聚精會神地聽並交換最新的消息。

十八世紀末葉，都督轄區的三大詩人：克勞迪奧・曼努埃爾・達科斯塔（Cláudio Manuel da Costa）、托馬斯・安東尼奧・貢薩加（Tomás Antônio Gonzaga）與阿爾瓦倫加・佩肖托（Alvarenga Peixoto），描述這些新奇的都市環境，當作韻文的骨架。克勞迪奧・曼努埃爾在一七七三年左右撰寫〈富裕鎮〉，歌頌此鎮的外觀；噴泉和其他水源；許多橋梁促進全鎮的商品運輸；優雅的鐘塔是米納斯吉拉斯美麗的建築典範；與壯麗的教堂（他可能認為過度華美，因而批評「這些教堂耗盡我們的財源」）。[76]

克勞迪奧・曼努埃爾可能是知識分子主要的參考對象，在一群學者當中資格最老，在米納斯吉拉斯他們都是上流社會的成員。他們的父親是富有的地主、金礦所有人、公務員、神職人員和高級軍官。這些年輕人都曾經在歐洲的大學受教育，在科英布拉（Coimbra）或蒙彼里耶（Montpellier）。這個集團極為重要，他們構成米納斯吉拉斯的資訊，包括製作地圖的紀錄、研究都督轄區的礦產潛力和經濟生產的多元化。這種知識助長「葡屬美洲」史上最重大的反殖民陰謀，「**米納斯密謀**」（Conjuração Mineira），第一個明顯親共和國的陰謀，會在下一章見分曉。另外，該集團的一些成員創造一種詩體，成為巴西文學的轉捩點。

在米納斯吉拉斯，這群詩人為巴西文學創造新標準。他們以阿卡迪亞詩派（Arcadians）自居，與十八世紀西歐風行的詩體有直接的關連；這種詩體描述英勇的牧羊人與溫柔的牧羊女，純樸的田園生活景象。他們都擅長歐洲田園牧歌的術語和風格，但是他們也是世界主義者：將米納斯吉拉斯的天然環境、風俗習慣和強烈的渴望，併入他們的韻文。另外，在阿卡迪亞田園主義的傳統裡，他們表現身為特權知識分子的獨特性，越發了解：葡萄牙的殖民事業與米納斯吉拉斯各鎮現實的日常生活對立，葡萄牙裔殖民者與巴西人的利益衝突，以及他們強烈渴望知識分子的表意自由，與殖民地實施嚴厲的審查制產生衝突。

這三位偉大的作家有許多歌頌富裕鎮的詩篇，例如，《**智利的來信**》（*Cartas chilenas*）[77]是一系列的詩，日期在一七八七年左右，作者是安東尼奧・貢薩加，但是克勞迪奧・曼努埃爾和阿爾瓦倫加・佩肖托很可能也一同創作。這系列的詩描寫富裕鎮的街道擠滿人，正在做他們的日常工作。在喧囂擾嚷中，自由黑人與混血兒在小巷和陡峭的街道遊蕩，避開法律無情的壓迫——死刑、監禁和毆打。旅館主人、店員和女黑人在這些詩裡露面；女黑人在戶外賣食物，或是在店裡服務奴隸和貧窮的自由民礦工；礦工夢想著曾經那麼容易找到的黃金。鞋匠、裁縫師和騾夫也出場，他們打算加入民兵組織，以提升他們的社會地位。

在《**智利的來信**》，詩人也描述鎮上的休閒活動：競賽、遊行、歌劇院。新劇院可容納三百人，有適合各類表演的設備，都督轄區富有的精英引以為傲。安東尼奧・貢薩加逐步描述「鎮公所」建造的過程：每天早上，在鞭子的驅趕下，奴隸帶著工具，吃力地走上「安東尼奧迪亞斯右街」的山腰。那是一座宏偉的建築，靈感來自米開蘭基羅在「卡庇多神殿山」（Capitoline Hill）的作品。「鎮公所」裡面有拘留所、牢房和「祈禱室」；在令人生畏的「祕密」牢房，囚犯被嚴刑拷打；被判處絞刑的人，在「祈禱室」度過最後的時刻，等待活結繩套。[78]

安東尼奧・貢薩加說對了。米納斯吉拉斯的社會是混合的，不同種族的人混入鎮上的街道和廣場。主子和奴隸經常被瞧見在並肩工作。跟種植園相比，鎮上的生活容許更大程度的變通；奴隸有更多的自主權，幸運的話，可以透過努力獲得自由。都市化和日益增多的**解放**（奴隸一次付清或分期付款購得自由，由奴隸主釋放奴隸），[79]以三個重要的方式影響這個開採金礦的社會。首先，混血兒的人數比例高於白人；其次，殖民地被解放的奴隸，形成最大的集團；第三，**帕爾多人**和自由黑人有機會提升他們的社會地位，即使機會很少。為達到目的，他們從商，或許成為小農村房地產的物主，主持彌撒儀式，從軍，或學習技術變成藝術家——雕版師、畫家、雕刻師或音樂家。

但是富裕鎮的社會結構，看似易變，實際上仍然是嚴格的等級制度。[80]在上層的是地主和金礦所有人、知識分子的精英集團、王國政府的高官和勢力強大的承包商。奴隸在下層。在這兩層之間是下等階級嘈雜地混在一起：礦工、騾夫、店員、士兵和工匠。在最下層的是人數眾多的流浪漢，幾乎像是不存在。

巴洛克風格在歐洲首次出場後，經過很長一段時間，才得到「葡屬美洲」全心全意的接納。巴洛克在這個社會變成優越的藝術表現形式，與宗教、政治和經濟期望有深切的關連。[81]雖然巴洛克最初在糖料生產週期出現在薩爾瓦多和東北部其他城鎮，卻在米納斯吉拉斯認真地扎根。巴洛克的形式和圖像有劇場的美，可順應不同的環境，無論是在教堂的祭壇或是街上的噴泉和小禮拜堂，提供動人且有效的宗教溝通模式。在整個殖民世界，巴洛克盛行於所有的藝術形式。

在米納斯吉拉斯，「第三會」（The Third Orders）與世俗教士組織，取代被王國政府驅逐的宗教修道會，資助教堂的興建。這些教堂設在山頂的戰略位置，壯觀的建築物、奢華的裝潢並用黃金給聖壇上色，示範「米納斯吉拉斯巴洛克」的壯麗。某些世俗教士組織，例如「聖衣會第三會」和「方濟各會」，與白人的經濟精英和知識精英有密切的聯繫。其他組織，例如「庇護」（Amparo）兄弟會與「梅爾塞斯」（Mercês）兄弟會協助工匠、自由的穆拉托人和**帕爾多人**，而「玫瑰聖母兄弟會」專門協助奴隸。[82]然而，舉行宗教遊行和慶祝活動時，打破等級制度，所有團體聚在一起，在大批激動人心的聖徒、十字架和彩色旗幟之中。[83]

教堂是**出類拔萃**的巴洛克名勝，而遊行和宗教節日代表巴洛克在民間層面的莊嚴偉大。依照定義，一種狂喜、壯觀、劇場的風格，巴洛克藝術迷惑人的視覺，似乎對空白空間的概念感到震驚。這些慶典的視覺效果，鋪張的排場，使富裕鎮的居民著迷。這種氛圍充滿節慶和宗教的狂喜：聖徒的雕像有繽紛的色彩、禮拜的法衣和寶石，肅穆的縱隊魚貫而行，莊重的遊行步伐，沿路的窗戶垂掛絲綢和錦緞的布，全都彌漫焚香的味道，充滿神祕色彩。「米納斯吉拉斯巴洛克」神奇的世界，必須讓世人看到並相信。

這種巴洛克藝術，獨特且富於表現的性質，出自採礦社會的都市環境，以及當地藝術家的創造力，重新確立歐洲的巴洛克風格。安東尼奧．弗朗西斯科．利斯博阿（Antônio Francisco Lisboa），由於退化性疾病，他的身體畸形，綽號「**小瘸子**」（Aleijadinho），他的作品代表這種創造力的巔峰。他是雕刻大師、雕版師和建築師。他有葡萄牙和非洲的血統，父親是葡萄牙人而母親是奴隸。他用石料和木頭創作，不僅表達他的信仰和心靈，也表達人的七情六慾。「**小瘸子**」是阿西斯聖弗朗西斯科教堂的建築師（此教堂是「米納斯吉拉斯巴洛克」皇冠上的寶石），與教堂內部裝飾品的創造者，完美地展現建築、雕刻和繪畫之間的和諧。

在同一教堂，利斯博阿與當代另一位巨匠合作：曼努埃爾．達科斯塔．阿泰德（Manuel da Costa Ataíde），通稱「阿泰德大師」。利斯博阿的作品特徵是色彩鮮豔、興高采烈的人物似乎正要活動，與「阿泰德大師」的作品旗鼓相當；這兩人相輔相成。無論是祭壇、講道壇或牆壁襯砌，「小瘸子」的雕塑都有精力旺盛的表情和明亮、閃爍的眼睛。根據傳記作家們的說法，利斯博阿是「輕聲細語的穆拉托人，有低沉的嗓音和熾熱的天賦」[84]。或許是這個原因，這些雕像生龍活虎，表情如此多變和生動，顯得慷慨激昂，在他的作品必不可少。他的夥伴，「阿泰德大師」，在阿西斯聖弗朗西斯科教堂的天花板、牆壁和所有建築的細部裝飾，創造絕美的風景。在祭壇後方的嵌板，他用淡黃色顏料，不至於掩蓋燦爛的黃金。他的傑作畫在教堂正廳的天花板，造成錯覺的透視畫法，廊柱彷彿在前進，天花板像是朝天空敞開。一位高貴、豐滿的穆拉托**波爾西溫庫拉聖母**（Nossa Senhora da Porciúncula）往上飄浮，雲朵繚繞，作伴的混血兒天使團正在舉行音樂會，演奏當時管弦樂隊典型的樂器。

金礦「總是有盡頭。金礦不會永流傳」[85]，而巴洛克藝術喚起一種難以名狀的感覺，無國界的世界。在十八世紀末葉，米納斯吉拉斯是黃金與巴洛克齊頭並進的地方。巴洛克有混血兒聖人（穆拉托人有東方人的眼睛），用直觀了解並聯結葡萄牙帝國的兩個極端，始於澳門終於富裕鎮。或者始於富裕鎮終於澳門。

第五章

熱帶樂園起義、密謀與煽動暴亂

「米納斯密謀」是葡屬美洲最重大的反殖民運動。它危及殖民地現狀，使米納斯吉拉斯變成陰謀的中心，本質顯然是共和政體。而且，一個驚人的事實經常被忽視：它發生在「法國大革命」爆發**之前**。另一方面，在殖民地公然反抗，此密謀當然不是個別情況。與巴西經常在國內和國際宣傳的形象大相逕庭，巴西史與童話迥然不同，童話被免除戰爭、衝突和日常暴力。

首先，以奴隸制為基礎的社會，從頭至尾以使用暴力為先決條件。暴力盛行絕非局限於主子與奴隸的關係。全國各地爆發其他衝突，表示不滿不僅由來已久而且根深蒂固。這清楚顯示在殖民者的怨恨：他們被孤立；在富足時代和危急時刻，都必須順從葡萄牙王國政府；而且王國政府為遼闊且遙遠的殖民地制定法律時，習慣性疏忽，導致當地的精英們有完整的自治權，恣意妄為。傳聞這個國家是人間的天堂和自然的樂園，一片和諧並且和平共存，這個神話禁不起更仔細地審視殖民地強制勞動的制度和日常的事務。這裡沒有「幸福快樂的結局」。

「人民萬歲」和「總督該死」

一六六〇年十二月八日凌晨，一群農人決定：早該起義反對巴西南部總督徵收新稅。薩—貝內維德斯（Salvador Correia de Sá e Benevides）總督必須為里約熱內盧的聖塞巴斯蒂昂鎮防禦工事籌款。該鎮持續面臨外國侵略的威脅：法國人（葡萄牙的死敵）和荷蘭人（與西班牙作戰）入侵，以及海盜和私掠船偶爾的掠奪。公然違抗的殖民者在這個區域擁有土地，叫做「**偏遠地帶**」（Banda d'Além），[1]在瓜納巴拉灣較遠的一側，始於阿馬蘭蒂的聖貢薩洛（São Gonçalo do Amarante）教區，延伸到都督轄區的內地，邊界線越來越難劃分清楚。

每件事的籌劃極其隱密。這群農人小心翼翼地等待、集會，終於拿定主意。黑暗中只有一彎月亮帶路，他們把船推進水裡，橫渡瓜納巴拉灣。他們安靜地朝巨大花崗岩前進，那是海灣入口的標誌，葡萄牙人把它命名為「塔糖峰」（The Sugar Loaf，塔糖是極珍貴的圓錐形糖塊，頂端發亮，越靠近底層顏色越深，包裝後發送歐洲）。日出之前，他們在**普亞沙巴海濱**（Praia de Piaçaba）停泊，在**卡爾莫廣場**（Largo do Carmo，現今叫做「**十一月十五日廣場**」〔Praça XV de Novembro〕）[2]的邊緣。在十七世紀後半葉，旅人都利用這些碼頭在里約熱內盧登陸。[3]就此開始葡屬美洲史上第一樁殖民者起義。

日期和地點經過精挑細選。當天是「聖母無染原罪瞻禮」[4]，依照傳統，大批群眾聚集在**卡爾莫廣場**，市區主要的聚會場所。這座公共廣場有「市政委員會會議廳」（負責該鎮的行政）和聖若澤教堂，以及**頸手枷**。而且，里約熱內盧暫時沒有領導者：薩—貝內維德斯總督被派到巴拉納瓜（Paranaguá），遼闊的「南部行政區」的最南端，王國政府委任他治理此區，由聖靈城（Espírito

Santo）、里約熱內盧和聖維森特三個都督轄區組成。他的任務是去查證消息：聖保羅與巴拉那的邊境發現金礦，消息已經傳到里約熱內盧。

這群起義者是否遭遇城衛隊抵抗，無從得知；城衛隊大概有三百五十人，數月未拿到酬勞。然而，據悉，起義者上岸後高喊「人民萬歲」和「總督該死」。在睡夢中的人被吼叫聲和「聖母無染原罪瞻禮」的信徒吵醒。參加慶祝活動的信徒提早來到，現在他們加入起義者。早上五點，群眾闖入「市政委員會會議廳」，將委員們免職，並且廢黜總督。[5]

接下來的五個月，殖民地的起義者控制里約熱內盧的政治和行政生活，試圖設立自治的政府型態。他們宣布舉行新委員選舉，投票權擴大到整個海灣區，包括**偏遠地帶**。因此，這個過程也包含里約熱內盧鄉村地區的居民和地主，以前局限於那些在市鎮立足的特權人士。他們也中斷薩－貝內維德斯授權的稅制，將他的支持者幽禁在「聖克魯斯堡」（Fortress of Santa Cruz）。[6]他最親近的夥伴被驅離都督轄區。

儘管如此，他們響亮而清晰地要求效忠王國政府。這個事件變成知名的「**甘蔗酒**起義」，不是反抗葡萄牙國王，而是反抗總督的財政政策。此次起義斷然反對一道很明確的敕令：為保護殖民地葡萄牙酒的消費，限制**甘蔗酒**的生產和出口。以前的總督睜一隻眼閉一隻眼，不干涉都督轄區的居民私釀**甘蔗酒**。

根據薩爾瓦多維森特修士（Frei Vicente do Salvador）[7]所言，在一六二〇年，殖民地有兩百三十座糖料作物種植園（大多在東北部），其中四十座設在里約熱內盧。在瓜納巴拉灣各地種植的甘蔗，蔗糖含量低，壓榨時產生大量清水般的甘蔗汁。因此，糖的品質比伯南布哥和巴伊亞生產的遜色。但是這不影響蒸餾**甘蔗酒**；前文已提及，以糖為基礎的經濟，**甘蔗酒**是重要的副產品。無論糖的品質如何，**甘蔗酒**的輸出額得到保障，因為奴隸貿易的需求，尤其是安哥拉和幾內亞，**甘蔗酒**用以交換奴隸。[8]

截至十六世紀末葉，在殖民地經營種植園，奴隸勞工不可或缺，而且購買奴隸最需要兩種物品，木薯粉和**甘蔗酒**，直接從里約熱內盧的港口運出。因此，**卡里奧卡**（Carioca）的殖民者[9]變成精通走私技巧的專家。他們避開貪求無厭的稅務官，繞過阻止帝國各殖民地互相貿易的封鎖線，用**甘蔗酒**充當交易貨幣，設法成為奴隸貿易的積極參與者。無庸置疑，走私造成王國政府不可估量的損失；然而，殖民者能夠完全掌握利潤的殖民活動很少，走私是其中一種。

甘蔗酒的國內貿易也旺盛。**甘蔗酒**被視為「男人的酒」，大多是更貧窮的階層在消費：奴隸和自由黑人、**卡夫索人**（cafuzos）[10]、貧窮的白人和流浪漢。**甘蔗酒**的卡路里含量高，充當這些居民的膳食補給品。**甘蔗酒**始終買得到，裝在葫蘆瓢裡，與**紅糖**（未提煉的糖磚）及菸草（當時叫做「聖草」）並排陳列。在村鎮和通往內地的路線上，很容易在商店裡找到**甘蔗酒**。[11]

里約熱內盧的居民時運不濟，都督轄區的財政岌岌可危，薩－貝內維德斯總督打算提高稅額以挽救財政。天花爆發，導致奴隸死亡率高，嚴重影響糖料生產，使這個城市缺乏資金，而此時需要錢構築海灣入口的防禦工事，並保證駐防城市的部隊得到報酬。一六六〇年展望不久的將來是無法償還債務：里約熱內盧破產。

薩－貝內維德斯當然不同凡響：英勇、精明、虛榮，對女士獻殷勤，對印第安人表同情，對黑人的命運不關心，對殖民者專橫。[12]他的野心不容小覷。在瓜納巴拉灣的一座島嶼，他的家族設立都督轄區第一座糖料作物種植園，他設置自用的造船廠，打算建造世界上最大的甲板帆船。他總共建造六艘船，其中一艘叫做「**永恆之父**」（Padre Eterno），兩千公噸重，五十三公尺長，甲板上有一百四十四尊大炮，在當時確實是橫渡海洋最大的船。[13] **卡里奧卡人**對**永恆之父**深感欽佩，因而將這座島命名為「**總督之島**」，將造船廠的位置叫做「**大帆船岬角**」。[14]

薩—貝內維德斯被任命為總督絕非偶然：他來自殖民地顯赫的家族。他是巴西第三位總督梅姆．德薩（Mem de Sá）的曾姪孫。梅姆．德薩曾經將法國人驅離瓜納巴拉灣，他的姪子埃斯塔西奧．德薩（Estácio de Sá）是里約熱內盧的創建者，與薩—貝內維德斯是（隔三代的）堂兄弟。身為家族治理都督轄區第四代，薩—貝內維德斯把里約熱內盧當作他的地產控股公司的部分，以及他的繼承物。這種扭曲的觀點，使他任意推翻委員會的決定，實施不得人心的稅制，耗盡這個城市的資金，濫用國王賦予他的權力。[15]

起義者的指控當然名正言順，但是他們低估薩—貝內維德斯。他不僅是王國政府資深的官員，也是特別能幹的軍事指揮官，他效命葡萄牙國王，與海上強國「荷蘭共和國」海戰的經歷，令人肅然起敬。他最值得一提的功勛，包括再度征服安哥拉，在聖靈城都督轄區的海岸附近，擊敗海軍上將皮特．海恩（Piet Heyn）率領的戰艦，在薩爾瓦多港口放火燒荷蘭船，終於將荷蘭人驅離巴伊亞。

卡里奧卡起義者承擔後果，超出他們的預料。薩—貝內維德斯未直接進城，反而在皮拉蒂寧加高原採取戰鬥狀態，等待葡萄牙艦隊從巴伊亞出航，協助他奪回城市。當他確定葡萄牙艦隊已靠近里約熱內盧，有武器、彈藥和儲備糧食，他終於離開聖保羅。一六六一年四月六日凌晨，葡萄牙戰艦進入瓜納巴拉灣，薩—貝內維德斯率領一小隊圖皮族弓箭手進入里約熱內盧；從梅姆．德薩的時代起，圖皮族是他家族忠誠的盟友。[16] 他打敗「聖塞巴斯蒂昂堡」的哨兵，[17] 占領「委員會會議廳」，湧進屋內、沒收武器並逮捕持械者。入夜前，里約熱內盧被奪回，起義者被擊敗，他們的領導者傑羅尼莫．貝澤拉（Jerônimo Barbalho Bezerra）被斬首。[18]

起義的語義

「甘蔗酒起義」可能是首次謀反，但是絕非最後一次。憤怒的殖民者懷恨在心，屢次將起義當作手段，逼迫政府滿足他們的要求，抵制地方當局濫用職權，並且抗議里斯本強加僵硬的規定。他們鼎盛的時候，殖民地到處抗議不斷，嚴重威脅葡萄牙「大西洋帝國」的穩定。[19]

為正視這些不滿的表現形式，葡萄牙對殖民地採取新形式的行政紀律，將抗議分成許多類別：暴動、煽動暴亂、造反、起義、叛亂、騷亂、暴亂等等。有事實的證明才編造這些名稱，正如同為防微杜漸而設立規則。就這層意義而言，巴西也沒有例外：試圖把威脅的嚴重性加以分類，根據這些類別把人民編組，落實控制人民的措施。

依照當時的語彙，「暴動」（insurrection）指憤怒的團體有緊迫的具體目標，奴隸有時會加入。「煽動暴亂」（sedition）指十人以上武裝的殖民者集會，故意擾亂治安。若是這類集會總計達三萬人以上，就變成「叛亂」（rebellion），是極其危險的事件，可能導致無政府狀態或內戰。「**騷亂**」（assuada）指殖民地開拓者的集會，企圖擾亂治安，對某權威人士犯下特定罪行。「起義」（uprising）指許多人聚在一起發洩各種不滿的情緒。「暴亂」（tumult）是「民眾」造反，「民眾」指全體居民，或是社會金字塔的最低階層：普通公民、庶民、暴民。雖然名稱不同，這些不服從的行為，每一種都有政治意圖。

越來越常發生內亂，顯示公眾廣泛關注的問題，政治鬥爭涉及的程度。最弱勢的階級起義，經常有被解放的黑人和逃脫的奴隸加入，暴力愈演愈烈，使居民感到恐懼。顯然，那些牽扯在內的人都承受巨大的風險。至於里斯本當局，伊比利亞聯盟時期的第一位元首，堂・腓力一世（西班牙的腓力二世），於一六〇三年頒布《菲利普律令》（the Philippine Ordinances，葡萄牙最悠久的法典），規定這些罪行的刑罰。任何人與國王的官員對抗，得依照**冒犯君主罪**（lèse-majesté）判刑，處罰的方式從當眾鞭打到沒收財產、終生在大帆船當划槳奴隸，或處以死刑。[20]

儘管如此，繼續發生叛亂，反抗殖民當局，次數多得驚人。「**甘蔗酒**起義」真正的動機，只是開始一長串的揭短，殖民者看作充分的理由提出抗議，冒著烙下叛徒的汙名和生命危險。起義以表達不滿為開端，「殖民地管理不當」，未事先諮詢就提出恐龍稅制，殖民地的王國政府官員濫用權力，巴西與葡萄牙遠隔重洋，解決衝突需要國王仲裁，但是國王與殖民地的臣民距離遙遠。[21]起義頻繁，使帝國當局保持警戒狀態。王國政府的官員頻頻遭受武裝襲擊的危險，互不相干的社會團體起義，地方政府有顛覆的徵兆。主要的危險是政治的惡劣影響：起義的次數增多，傳遍領地。動機可能不同，但是每一樁抗議一點一點地破壞殖民地的安定，進一步引起里斯本的不安。

家臣起義：政治不滿
在伯南布哥、塞爾希培、馬拉尼昂和巴伊亞

「甘蔗酒起義」過了五年，一六六六年八月底，伯南布哥總督門東薩・富爾塔多（Jerônimo de Mendonça Furtado）走在奧林達聖本篤街[22]，光天化日之下被逮捕。在都督轄區擁有房地產的精英分子，組成密謀者集團逮捕他，他們贏得群眾的支持，對抗伯南布哥最有權勢的王國政府官員。二話不說，他們將這位總督幽禁在累西腓的布魯姆要塞（Brum Fortress），然後把他攆回里斯本。[23]

這些人有權有勢，對門東薩・富爾塔多的怨言罄竹難書。他們譴責他非法強制還債、沒收財

產，公然保護積欠國庫的親戚，不尊重神職人員的免稅權，而且任意逮捕或釋放人民——全都為了換取賄賂。奧林達和累西腓到處在謠傳：這位總督不僅侵吞王國政府應得的部分歲收，而且在總督府鑄造錢幣增加這些歲收。人民鄙視門東薩．富爾塔多，為他取綽號「**酒瘋子**」（Xumbergas），這是毀損名譽的字眼，指荒淫的放蕩者、舉止怪異的醉漢。

當地接連來了幾位暴虐的總督，「**酒瘋子**」是其中一位，利用王國政府賦予他們的權力，藉賄賂和貪汙盡快致富。套用維埃拉神父的佳句，這種貪婪無可救藥，使葡萄牙對殖民地的控制蒙受風險。這位神父很了解這些總督，在講道壇公開表示：「這是巴西所有弊病的主因，從別人身上奪走不屬於自己的東西，貪婪、貪求，為中飽私囊而祕密交易、掠奪國家、忽視正義。」[24]他下結論：「簡而言之，巴西遭遇劫數，因為國王的大臣，他們來到這裡不是促進我們的利益，而是剝奪我們的財產。」[25]

在伯南布哥，不滿的原因是地方當局腐敗和權力過大。這些原因加上稅款的負擔令人灰心，不可避免地醞釀一場風暴，無論是在伯南布哥或殖民地任何其他地區。例如，一六七一年，塞爾希培德雷（Sergipe del Rei）[26]北部都督轄區爆發起義。在市政委員會的支持下，殖民者決定驅逐**要塞司令**（capitão-mor，都督轄區行政與軍隊的首長被授予此頭銜，直到里斯本指派總督）若阿金．科雷亞（Joaquim Antonio Monteiro Correia）。起義使「北部行政區」的行政官員極為憂慮，北部綿延的海岸線包括大河州（Rio Grande）、巴拉伊巴、伊塔馬拉卡（Itamaracá）、伯南布哥和巴伊亞都督轄區。由於塞爾希培德雷使巴伊亞（殖民地首府薩爾瓦多所在地）與糖業的核心伯南布哥得以藉陸路聯繫，對王國政府而言在戰略上格外重要。[27]

一六八四年叛亂的風暴橫掃馬拉尼昂。曼努埃爾．貝克曼（Manuel Beckman）與托馬斯．貝克曼（Thomás Beckman）兩兄弟領導運動，前者是糖料作物種植園業主，後者是詩人兼律師，他們有一批武裝的追隨者，約八十位，包括批發商和糖料作物栽培者。[28]他們的不滿產生具體的目標：廢黜總督，終止「**馬拉尼昂－格朗帕拉貿易公司**」[29]（為避免走私和逃稅，里斯本授予這家公司全部出口貨物的專賣權）。他們忙著造反，同時打算報復耶穌會會士；王國政府的一六八〇年法令阻止他們奴役印第安人，他們歸咎於耶穌會會士。從殖民者的觀點，糖料作物種植園欠缺勞工，此禁令對馬拉尼昂的經濟是雪上加霜。

一六八四年二月二十四日晚上，群眾在聖路易斯市中心集合，為紀念耶穌受難舉行**拜苦路**[30]慶祝活動，貝克曼兄弟的手下混入人群中。然後他們襲擊「專賣貿易行」，殖民者被迫賣給「**馬拉尼昂－格朗帕拉貿易公司**」的產品囤積在此。他們接著占據鎮上的戰略位置、撤除城衛隊的武裝，並且逮捕國王的代表們。

次日他們成立政務委員會，以「市政委員會會議廳」為基地。在這裡，他們廣播對耶穌會會士的積怨，怒氣沖天。高喊著「殺！殺死耶穌會神父」[31]，起義者在街頭示威，挨家挨戶敲門，勸告鎮民去攻打「**光之聖母學院**」（Colégio Nossa Senhora da Luz），安頓耶穌會會士的地方。群眾入侵此學院的內院，包圍教堂和高聳的石塔。但是他們來得太遲，二十七位神父已經逃到都督轄區的內地。

貝克曼兄弟起義持續一年，直到葡萄牙戰艦抵達，帶來裝備精良的分遣隊士兵和都督轄區新總督戈梅斯・弗雷勒・德安德拉德（Gomes Freire de Andrade），奪回城市，接著逮捕起義者。新總督恢復「**貿易公司**」的特權，在大廣場[32]設絞刑架。起義的兩位主要領導者，曼努埃爾・貝克曼和喬治・德桑帕約－卡瓦略（Jorge de Sampaio e Carvalho）被草率處決並絞死。起義者委派托馬斯・貝克曼到里斯本當特使，企圖說服當局他們是為正義而戰，他遭到逮捕並禁止回到馬拉尼昂，其他起義者被判處當眾鞭打。

一七一一年有另一樁起義，在薩爾瓦多由綽號「**獨臂人**」（Maneta）的**巴伊亞人**[33]若昂・德菲格雷多（João de Figueiredo da Costa）率領。他是走私販，也是批發商，他的敏銳足以了解殖民地行政中心政治力量的運轉，藉以獲利。眾所周知的「**獨臂人起義**」（Motins do Maneta）說不上是奪權。它吸引的群眾基本上是衝動的，但是有兩個明確的要求。第一，降低鹽價；鹽是生活必需品，用以保存肉和魚；第二，取消進口商品與奴隸的新稅法。私掠船屢次攻入薩爾瓦多海灣，為阻止私掠船，新稅法資助葡萄牙戰艦煥然一新。此次起義反映普遍的失望，王國政府在巴伊亞增設徵稅檢驗單位**馬德拉宮**（Paço da Madeira），向所有遠洋航行的船舶以及武器、家具、水果、木炭和軟木塞課稅。[34]

橫征暴斂是**獨臂人**起義的真正原因；實際上，各種人都想要造反，包括走私販、**墓船水手**（tumbeiros，小型奴隸販運船的船員）、奴隸販子、小零售商、露天市場零售商、旅館主人和店員。由於薩爾瓦多幾乎全部居民的生活都受到稅制的影響，普遍感到憤慨，感染庶民，甚至部隊裡那些軍階低的也熱心支持起義。只有一種團體遠離這類運動，巴伊亞權力強大的地主和批發商，依照當時的用語，「**財大氣粗**」的人。

憤怒的群眾出現，起義才真正開始。就薩爾瓦多的情況而言，新稅法的種種傳聞令人擔憂，是起義的導火線。安裝在「市政委員會會議廳」頂樓的鐘，（被不明人士）猛烈敲響召集群眾。蜂擁而至的民眾增多，起義者的信心大增。他們占據**下城**（Cidade Baixa）與**上城**（Cidade Alta）之間的分界斜坡[35]，朝總督府的方向前進。途中他們停留兩次。第一次停在鎮上最大的**什一稅**[36]稅務官兼鹽業承包商迪亞斯・費爾格拉斯（Manuel Dias Filgueiras）豪華的別墅外面。他們湧進屋子，將高雅的家具扔到窗外，打破進口的酒桶、把酒倒在街上，然後他們破壞在屋後發現的鹽礦。第二次停在費爾格拉斯的生意夥伴戈梅斯・利斯博阿（Manuel Gomes Lisboa）的城市住宅外面。家具被扔出窗外，包括有掛鎖抽屜的五斗櫃，砂金從這些抽屜撒出來，群眾喜出望外，通往**聖弗朗西斯科廣場**這幢房子的斜坡上都是砂金。

新上任的總督，瓦斯康塞洛斯—索薩（Pedro de Vasconcelos e Souza），十分恐懼，向薩巴斯蒂昂・蒙泰羅・達維德（Sebastião Monteiro da Vide）大主教求救。宗座毫不猶豫。他立即召集神父和火炮以及兄弟會的修士，他們祈求神怒，訓斥起義者。這位主教組織遊行的隊伍，從鎮上陡峭的斜坡走下來，按照宗教儀式，對騷亂的群眾展示神聖的聖體象徵，告誡他們冷靜下來。但是徒勞無益。遊行的隊伍經過時，群眾畢恭畢敬，擱置他們的武器、脫下帽子，並且跪地懺悔。一旦遊行的隊伍過去了，他們立即恢復原狀：拿起武器、包圍總督府，逼迫總督投降。瓦斯康塞洛斯—索薩總督不得不屈服於他們所有的要求：中止新稅法，降低鹽價，並且承諾赦免所有牽扯在內的人。

起義如雨後春筍。基本上是衝動的政治表態，沒有明確的戰略，連短期的掌權計畫也沒有。很快就耗盡攻擊的能量，彷彿起義者突然疲憊不堪而潰散。[37]群眾才散開，瓦斯康塞洛斯—索薩就肆無忌憚地違背他與起義者的協議，逮捕並嚴懲領導者。但是這並非故事的結尾。毀約後不到五十天，憤怒的群眾再度占據這個城市的斜坡。

米納斯吉拉斯起義

殖民者對里斯本的憤恨與日俱增，叛亂的風險始終存在。這些不滿的暗流，不僅危險而且有感染力，使殖民地各處的人民變大膽、籌劃起義。在米納斯吉拉斯，反政府的情緒最強烈，地方當局殫精竭慮，以維持國王的統治，確保殖民者尊重帝國的法律，並且阻礙他們自治的願望。佩德羅·德阿爾梅達（Pedro Miguel de Almeida e Portugal）總督，即阿蘇馬爾伯爵，以紀律聞名。他鄭重聲明：米納斯吉拉斯的人民注定是王國政府的肉中刺。他寄給里斯本當局的全部文件，最重要的是《**一七二〇年米納斯起義之政治及歷史論文**》，他著名的聲明就在其中：

> 米納斯與當地的居民，足以這麼說〔……〕，這些人難管教〔……〕這裡的土似乎有叛亂的氣息；水散發出暴亂；黃金激起對抗；風散播起義；雲吐出傲慢；星星決定謀反；氣候是和平的墳墓與叛變的搖籃；因為陷入地獄，大自然忐忑不安，內在充斥騷亂。[38]

佩德羅·德阿爾梅達治理都督轄區的期間（一七一七—一七二一），他企圖重申王國政府的權威，採取無情的鎮壓，因而臭名遠揚。那份寫給國王的《**論文**》，記述他凶惡地鎮壓「富裕鎮煽動暴亂」。這是他不得不對付的第三樁起義。卡塔斯阿塔斯鎮（Catas Altas）的居民在一七一七與一七一八年間起義，而皮坦吉彼達迪聖母鎮（Nossa Senhora da Piedade de Pitangui）的居民起義，從一七一七年持續到一七二〇年。[39]

在「米納斯密謀」之前，一七二〇年的「富裕鎮煽動暴亂」是都督轄區最重要的起義。導火線又是「皇家財政部」官員的侵略行徑。謀反者打算強迫王國政府中止設置更多鍛造場（將黃金做成金條和減免「五分之一」稅的地方）[40]。這是公然對王國政府的權威大膽提出質疑。總督、富裕鎮**監察員**（ouvidor，即判事官或大法官）[41]以及社會和經濟的精英代表們，進行緊急商議。每晚，在鎮後方的山頂[42]突然出現一群人，戴頭罩、全副武裝，隨著鼓聲朝富裕鎮的中心走下來，高喊「人民萬歲，消滅國王特使」。他們沿街奔跑，一邊洗劫和搶劫。居民嚇得在家裡找掩護。其中一次，**總監察長**（Ouvidor-Geral）的別墅被破壞。屋主是都督轄區最令人憎恨的高官，差一點就被私刑處死，他逃到里約熱內盧。

總督的反擊冷酷無情。三天後他與都督轄區的居民算帳，在他執政的四年當中，他們不曾給他片刻的寧靜。他封閉富裕鎮所有的入口，逮捕起義者，將他們趕回里約熱內盧。他也授權居民消滅戴頭罩的攻擊者，命令葡萄牙的龍騎兵（都督轄區的精英軍隊）放火，起義者最重要的領導者帕斯庫亞爾．達席爾瓦．吉馬良斯（Pascoal da Silva Guimarães）全部的房地產被燒毀。鎮民的恐懼繪聲繪影地留在米納斯吉拉斯的神話：傳說在黑夜可以聽到馬群跑過街道、馬蹄撞擊的響聲。即便如此，這位總督仍然不罷休。他在**卡馬拉廣場**（Largo da Câmara，「委員會會議廳」所在地）集合市民，下令立即處決費利佩．多斯．桑托斯（Felipe dos Santos），他並非籌劃起義的領導骨幹，但是在「富裕鎮煽動暴亂」期間他多次煽動人民造反。這位總督大動作地重申王國政府的權力和國王的正義。

這些事件過了約十年，米納斯吉拉斯臨時總督馬蒂諾．德普羅恩薩（Martinho de Mendonça de Pina e de Proença），發覺又要面對起義，這一次在都督轄區東北部。一七三六年，韋利亞斯河與聖弗朗西斯科河沿岸的居民，在「腹地起義」發洩他們的憤怒。起因又是稅額過高，尤其是要求任何人，包括奴隸，將發現的全部黃金，直接付「五分之一」稅金給都督轄區，都督轄區宣稱擁有全部土地。[43]在叛亂的巔峰時期，每晚在養牛場祕密集會，成群的起義者在街上閒逛、尋找稅務官，要將他碎屍萬段，馬蒂諾．德普羅恩薩仍然不願意把起義看作嚴重的威脅。他認為起義者提出的要求「無法協商」，歸咎於殖民地居民「素質差」。[44]然而，幾個月後，全部的牢房人滿為患，他改變想法，宣布：「密謀比看起來的更大……」。[45]

臣民密謀反抗國王

無論採取何種形式，殖民者的起義都有一個顯著的相似點：他們不懷疑葡萄牙王國政府的權威。[46]正相反，起義者的用語，表達他們對君主堅定不移的忠誠，重申國王象徵性的角色，他始終願意傾聽人民的不幸。然而，宗主國與殖民地緩慢的溝通步調，造成挫折感，被看作國王的海外代表們管理不善和過分行為的原因。這種支持君主國的一般規則只有一個例外：一七一〇年伯南布哥起義，起義者首次公開對王國政府的權威提出異議。[47]

一七一〇年的起義，十九世紀的歷史學家稱之為「**小販之戰**」（Guerra dos Mascates）。[48、49]在殖民地秩序崩潰更廣泛的背景下發生，紛爭的開端是累西腓附近的批發商建立獨立自主的「市政委員會」，他們認為奧林達（伯南布哥）的糖業大亨自負且頹廢，後者對壓力做出反擊。他們的憤怒也針對都督轄區的王國政府當局控制糖的生產，糖仍然是殖民地收入的主要來源。

此叛亂持續不到一年，充分利用農村自衛隊。這些是為糖業大亨效勞的部隊所組成，他們來自最貧窮的自由民階級。當他們齊步前進累西腓時，不出所料總督逃到巴伊亞，起義者控制都督轄區的大部分地區。然而，更嚴重的是，起義者有意宣布伯南布哥獨立。他們大多數人想要成立共和國。他們討論如何募集資源，以延續武裝的抵抗運動，並且計劃將叛亂擴大到巴伊亞和里約熱內盧。萬一密謀失敗，他們考慮接受法國的保護。貝爾納多．維埃拉（Bernardo Vieira）是起義的領導人之一，他表示：「如果伯南布哥是共和國，會更富裕。」他接著說：「若是任何因素〔……〕使我們戰敗，與其向舉止粗魯的**小販**（Mascates）投降，不如向談吐得體的法國人求援。」[50]

對奧林達的糖業大亨而言，密謀的結果是慘敗。第二年，遭到毀謗的**小販**報仇雪恨。他們奪回累西腓，攻擊都督轄區內地的起義者，並且得到援兵，葡萄牙艦隊帶來增援部隊與新總督，里斯本指派他談判皇家赦免令的條件。鬥爭的結果是累西腓獲得全面的勝利：累西腓的地位提升為「鎮」，獲准成立「市政委員會」，並且取代奧林達成為都督轄區的首府。

雖然一七一〇年的叛亂局限於伯南布哥，其背後的思想散布到都督轄區邊境以外的地區。奧林達的糖業大亨是葡屬美洲籌劃自治獨立的第一批密謀者；他們最早表明喜歡共和政體勝過君主政體。大約六十年後，整個殖民地的政治界普遍使用「自治」這個詞。對帝國而言，這當然不是好預兆。

在十八世紀的最後三十年，尤其是在米納斯吉拉斯和巴伊亞，一小群巴西人斷然採用「**密謀**」（Conjuração）這個詞指新的起義。「**密謀**」暗示某種特別的政治陰謀，密謀者對國王的權力和王國政府官員的權威提出異議。里斯本指控這類的密謀者**不忠**（inconfidência），這是新造的詞，表示對君主不忠的罪。

密謀和不忠：米納斯吉拉斯，一七八九年

一七八二年十二月，詩人托馬斯·安東尼奧·貢薩加抵達富裕鎮就任**總監察長**。從里約熱內盧騎馬，這個行程他花了十五天。他的到來使知識分子集團全員到齊，[51]幾年後這個集團與米納斯吉拉斯的經濟精英和行政精英結盟，對巴西的殖民地身分提出異議，籌劃武裝起義反抗葡萄牙王國政府，並且在葡屬美洲傳播政治上自主的共和國觀念。

這個集團兼收並蓄。其成員包括博學的神父，例如路易斯·維埃拉·達席爾瓦（Luís Vieira da Silva）是馬里亞納神學院的哲學教授，經營一家氣派的書店。這個集團也包括愛好音樂的神職人員，例如卡洛斯·科雷亞·德托萊多（Carlos Correia de Toledo）是聖若澤德雷（São José del-Rei，現今的蒂拉登特斯鎮）教區牧師，以及三大詩人：托馬斯·安東尼奧·貢薩加、克勞迪奧·曼努埃爾和阿爾瓦倫加·佩肖托。其他參與的知識分子，包括醫師兼博物學家維埃拉·科托（José Vieira Couto）、軍事工程師若阿金·達羅查（José Joaquim da Rocha）、哲學家兼自然科學家和礦物學家阿爾瓦雷斯·馬西埃爾（José Alvares Maciel），與剛從蒙彼里耶大學畢業的年輕醫師巴爾博薩·拉吉（Domingos Vidal de Barbosa Lage）。這個集團也有許多軍官，軍階最高的是龍騎兵指揮官，陸軍中將弗朗西斯科·德安德拉德（Francisco de Paula Freire de Andrade），以及都督轄區眾多經濟精英：企業家、農場主人、批發商、放高利貸者、承包商和當地的大財主，例如羅德里格斯·德馬塞多在富裕鎮擁有雄偉的城市住宅，密謀者經常在此屋聚會。[52]

此集團利用商業和親友，與米納斯吉拉斯社會的最高階層攀關係，參加各式各樣與「地方利益」有關連的活動，但是與葡萄牙當局認為適合殖民地和順從的臣民理想的活動，有些不相稱。例

如，席爾瓦—奧利韋拉．洛里姆（José da Silva e Oliveira Rolim）神父[53]致力於密謀者運動，畢生大多在詐騙王國政府。他偽造錢幣、賄賂當局（包括教會官員）、放高利貸，並且將特茹庫（Tejuco）礦區的鑽石，從通往里斯本的官方路線，轉移到終點是阿姆斯特丹的祕密路線。

毫無疑問，這位神父是一種無節制且有些爆炸性的混合物，他是走私販、放高利貸者、狂熱的冒險家和怙惡不悛的教唆者。然而，他是有魅力的人物，絕非單槍匹馬犯下這些罪行。大多數的密謀者，或多或少涉及黃金與鑽石的走私，欺騙稽查員和藐視政府。他們與祕密的淘金者，以及安排非法運送寶石到歐洲的掮客[54]，保持密切的聯繫。不過，這些密謀者也了解，都督轄區多元的經濟，有成為自給自足的可行性。[55]

儘管如此，至少此時似乎沒有人打算揭竿而起。一群知識分子和擁有土地的臣民，與皇家專制主義的世界完全融為一體，為何在葡屬美洲開先例，變成「**米納斯密謀**」這種政治起義的領導者？起義結合怨恨與都督轄區在經濟上可自給自足的認知。如同步兵少尉若阿金．若澤．達席爾瓦．沙維爾（以「**拔牙師**」較廣為人知）提醒陸軍中將弗朗西斯科．德安德拉德：米納斯吉拉斯「是與眾不同的國家，擁有各種財富」。[56]

密謀者決定行動，結合三個不同的因素：政治—行政、經濟和文化，在不同程度上影響都督轄區各社會階層。首先，里斯本實施嚴厲的法律，顯然不了解黃金生產的過程，也無意考慮勘查米納斯吉拉斯經濟潛力的替代方案。另外兩個是間接因素：庫尼亞．梅內塞斯（Cunha Meneses）總督腐敗的施政帶來政治災難，加上「海軍與海外領土貿易祕書」馬蒂諾．德麥羅—卡斯特羅（Martinho de Melo e Castro）擬定極其不得人心的皇家「指示」，送達都督轄區新統治者巴爾巴塞納子爵（Viscount of Barbacena）。這些所謂的指示，為採礦地區制定新稅法，要求所有居民每年帶一百阿羅瓦的黃金到鍛造場；未達額度者有義務為差額繳稅。對米納斯吉拉斯而言，這是雙重打擊。黃金產量下降，導致不景氣，里斯本偏偏在這個時候實施新稅法。另一方面，以前存在的契約全部作廢，當地的精英就任皇家稽查的仕途受到限制。[57]

至於密謀者究竟何時開始嚴肅地擬定計畫，沒有明顯的共識，但是很可能從一七八一年殖民地的學生在科英布拉大學承認殖民地主權的宣誓，至一七八八年當地的會議首次辯論米納斯吉拉斯自治的觀念。在十八世紀八〇年代後半葉，這個觀念發展成**佛羅倫斯共和國**（República Florente）的概念，**拔牙師**喜歡這麼描述[58]：**佛羅倫斯**意味著「富裕」和「繁榮」。米納斯吉拉斯天然的財富孕育共和國，使人民得以掌握自己的命運，不必與葡萄牙王國政府共有他們的主權。

拔牙師是最積極的宣傳員，將「**米納斯密謀**」的基本觀念傳播到各種各樣的社會團體，他巡迴的生活型態對這項工作有很大的助益。他經常在米納斯吉拉斯與里約熱內盧之間旅行，與社會各階級的人接觸。他當過驟夫，之後被任命為**新路**指揮官；**新路**在曼蒂凱拉山脈危險的路段，**逃奴**和公路強盜的幫派猖獗。

拔牙師旅行的原因之一是他「擅長〔……〕拔牙和補牙」[59]。旅行時他也治療各種疾病，根據藥草的知識指示療法。他前往里約熱內盧的一位旅伴，陸軍上尉兼皮坦吉鎮的市政委員若澤·德索薩·柯埃略（José de Souza Coelho）形容他：

> 他精通很多技術：既是外科醫師也是牙醫，對治療傷口和熱病的藥草無所不知；懂鋪路、造橋、磨坊和下水道；對每一座高山和岩洞瞭如指掌，而且知道全部居民的名字和綽號。[60]

拔牙師傳播共和國思想，傳遍都督轄區。富裕鎮、死亡之河和冷鋸山是三個最重要的傳播中心。在**新路**沿途的寄宿房屋、客棧和農場，辯論的主題是煽動暴亂、經濟自給自足和政治自主性。在周圍的村落，在藥房裡、軍營裡和教堂外頭，在米納斯吉拉斯各地的酒館和妓院，以及在冷鋸山山谷裡祕密的淘金者，大家都在討論這些主題。

此密謀打算以二月富裕鎮起義為開頭，導火線是黃金配額稅。如果密謀者成功，整個都督轄區會加入起義。他們的計畫包括宣布米納斯吉拉斯的獨立宣言與建立新共和國的手段。密謀者謹慎地遵照北美的進展，在革命後設立新制度。米納斯的密謀者尋求共和國的結構，反映北美殖民地與英國戰鬥時維護的原則。

有明顯的證據：「**米納斯密謀**」包含憲法改革，獨立的各州組成生命共同體——聯邦共和國，各州有立法自主性。密謀者重視「市政委員會」，進一步表示他們打算建立共和國，使都督轄區各地的立法機關有政治自主性。美洲原住民戰勝英國，對密謀的軍事計畫有基本的重要性：葡萄牙的戰略和後勤處於極大的劣勢，在米納斯吉拉斯不可能獲勝。葡萄牙的軍隊必須橫渡大西洋，然後攀登通往內地的山路。密謀者並不期待打勝仗和驅逐葡萄牙的軍隊，而是想要在經濟和軍事削弱帝國，直到王國政府被迫談判。

但是米納斯吉拉斯的密謀者孤軍奮鬥。其他的都督轄區都不參與密謀。另一方面，國際情勢對他們的自治計畫尤其不利。傑佛遜（Thomas Jefferson）與馬亞—巴爾巴略（José Joaquim Maia e Barbalho）[61]在法國尼姆的會議幾乎沒有作用：北美共和國想要與葡萄牙簽貿易協定（後來在一七八六年由傑佛遜簽署），無意冒險失去即將獲得的利益去支持巴西不確定的未來，即使大有前途。大多數的密謀者期待法國的支持，但是法國的政治問題層出不窮，在國際舞臺無能為力。[62]

可能是一七八九年五月十八日傍晚時分，薄霧籠罩著富裕鎮，一個人影，不確定是男或女，爬上陡峭的小巷。他或她穿著黑色長斗篷，大帽子拉低遮住眼睛，快步地走，偷偷地觀察周遭。這個被叫做**蒙面人**（Embuçado）的身影經過富裕鎮，尋找密謀者，欲警告他們：密謀已被揭露，他們有危險。[63]**蒙面人**先到克勞迪奧·曼努埃爾的家，在門口警告他。在貢薩加的屋子，留口訊給他的奴隸安東尼亞。在匆忙中，急著要將訊息給**拔牙師**的同事阿布雷烏·維埃拉（Domingos de Abreu Vieira）中校，**蒙面人**搞錯屋子，發現門半開就走進去。一看到樓梯上站著中校的鄰居太太，此人知道弄錯了，跑到屋外，消失在霧中，從未再出現。

蒙面人說對了。巴爾巴塞納子爵收到六人告發米納斯吉拉斯在進行密謀。[64]最早且最重要的告發者是席爾維里奧·多斯雷斯（Joaquim Silverio dos Reis），密謀者的一員。他是有錢人，也是積欠王國政府最多債務的密謀者。他背叛此運動，動機是他的債務有赦免的希望。他屢次詳盡地洩露一切，然後寫下密謀的細節、口令、主謀者姓名、政治計畫和軍事戰略。巴爾巴塞納接到訊息後仍然等了兩個月。然後他暫緩配額稅，逮捕密謀者，並且開庭審訊。審訊必須搜查證據、審問罪人和質問證人，王國政府藉此建立訴訟的事實。

從席爾維里奧·多斯雷斯告發的時間起，到葡萄牙女王瑪麗亞一世[65]簽署終審判決，被告度過三年的折磨和審問。巴爾巴塞納子爵將他們送到里約熱內盧，監禁在**高等法院監獄**（Cadeia da Relação）[66]和**蛇島**（Ilha das Cobras）[67]。審判結束時，密謀者被宣告犯不忠的罪，刑罰包括流放非洲、在葡萄牙終生監禁（神職人員）、沒收財產和絞死。

密謀者在富裕鎮被逮捕，從那一刻起，他們就很清楚王室的權威強大和懲罰的恐怖。一七八九年七月四日早上，詩人克勞迪奧·曼努埃爾·達科斯塔被發現死在隔間裡，羅德里格斯·德馬塞多的屋子一樓改裝而成的牢房。[68]這幢房子正是許多密謀者集會的場所，現今黑金市的**「會計室」**（Casa dos Contos）[69]。總督下令徵用這幢房子，因為正在蓋**新牢房**[70]；由於沒有足夠的空間容納眾多囚犯，牢房正在擴建。官方的說法是克勞迪奧．曼努埃爾上吊自殺。富裕鎮沒有人相信。克勞迪奧．曼努埃爾不僅是詩人，也是都督轄區很有名望的律師；普遍認為巴爾巴塞納下令謀殺他，因為他知道的太多；密謀牽涉到經濟精英以及與走私黃金有關連的集團，包括總督和他的最親密圈子。

迄今，歷史學家和作家都認為克勞迪奧．曼努埃爾的死因可疑而爭論。這個事件過了兩百年，小說家西爾維亞諾．聖地亞哥（Silviano Santiago）在他的傑作《**自由**》（*Em liberdade*）對這位詩人的死因提出異議。這部小說以歷史和虛構之間的拉鋸為架構，強調對官方說法提出質疑的重要性：「為何我的內在有一股力量無法接受克勞迪奧在**會計室**結束自己的生命？」[71]

一七八九年五月，**拔牙師**在感召更多人參加運動的旅途中，在里約熱內盧遭到逮捕。雖然他不是「米納斯密謀」的領導人，卻是首要的宣傳員。他是備受爭議的人物，衝動、粗野而天真；但是他是能說會道的奇才。他很清楚這一點，而且他的修辭經過千錘百鍊。在訊問時，他承認：為吸引新的支持者，他反覆推敲，根據個人或團體的特點和利益，修改語詞。他的同謀者報告：根據聽眾的說法，在**新路**沿途的集會地點，例如皮拉塔斯妓院（Casa das Pilatas）、科斯塔．羅德里格斯（João da Costa Rodrigues）的寄宿房屋，和馬托西紐什（Matosinhos）村子的酒館，在呼籲戰鬥時，**拔牙師**會穿插彈吉他並且唱**莫吉尼亞**（modinhas，抒情歌）[72]，促進他的成功。

這些因素導致王國政府對**拔牙師**進行鑑戒性的公開懲罰，使刑罰的恐怖深植在殖民者的記憶裡。一七九二年四月二十一日，在**蘭帕多薩廣場**（Largo da Lampadosa）**拔牙師**被絞死，屍體被挖出內臟、肢解和醃漬。[73]他的四肢被放在**新路**沿途最重要的地點展示。在富裕鎮大廣場總督府前方，他的頭被刺在柱子上，直到腐爛；現今他的紀念雕像矗立在這個地點。根據傳聞，有人在第一天的夜裡拿走他的頭，埋在附近的山裡。「**米納斯密謀**」失敗了，但是留下歷史遺產，促使許多起義前仆後繼。

薩爾瓦多，一七九八年

一七九八年初某日，薩爾瓦多的居民一覺醒來，發現中央廣場**頸手枷**旁邊的絞刑架已全部燒毀。前文已提及，**頸手枷**是王國政府**典型的**權力象徵：在這裡張貼敕令和當眾鞭打奴隸。燒毀的舉動不言而喻，這是公然反抗里斯本的政治權威。禍首的身分不明，無論是何等人物，在燒焦的殘留物底下和城門旁邊，遺留辱罵和嘲諷的小冊子，清楚表述他或她的意見。[74]這些小冊子確切的內容，仍然不得而知，也不清楚是否有居民閱讀和傳閱。葡萄牙當局無法想像即將發生的事情。

幾個月後，在八月十二日早上，薩爾瓦多的居民，包括當局，大吃一驚，他們一覺醒來發現鎮上到處都是小冊子。這些冊子放在最可能被看見的地方：濱海區、商店和政府大樓的外頭，在**下城**與**上城**之間陡峭、狹窄的街道，沿路釘在柱子上。另有三本小冊子放在市中心的教堂聖器收藏室。八月二十二日，在**頸手枷廣場**附近的斜坡上，神父們在「加爾默羅會教堂」又發現兩本小冊子，再度使當局震驚。[75]

在一七九八年，薩爾瓦多很可能有更多的小冊子在傳閱。其政治意義相當重大：以前只能透過祕密管道散布消息、思想和意見，現在可以在公共場所傳播。那些殘存的小冊子，公開表述民主與共和國思想，因此在殖民地代表無所不包的政治論說的第一個例子，在窮人當中宣傳政治平等的概念。[76]

這些巴伊亞小冊子，由社會階層中最混雜且人數眾多的階層成員撰寫：穆拉托零售商（他們的膚色進一步阻礙他們在社會晉升）、工匠和士兵。[77]在巴西這是新鮮事：與十六世紀末以來風行的毀謗、色情或諷刺的小冊子不同，[78]這些小冊子是重要的管道，傳播消息和激進的宣傳，公開表達欲脫離葡萄牙帝國的意圖。

這些宣傳冊子的風格突兀、粗野、怒氣沖沖，訴求對象是巴伊亞的「人民」，也就是薩爾瓦多的窮人和混血種族的居民。[79]以煽風點火且膽大妄為的方式，把「人民」描述為葡屬美洲共和國主權的來源。這表示密謀者受到法國思想的影響。這些自由原則始於「法國大革命」，尤其是巴黎的雅各賓（Jacobin）政府，使葡萄牙當局深惡痛絕。這些小冊子的辭彙有警告的語氣，經常使用命令語句——「下令」、「指示」、「禁止」、「要求」[80]；無疑地，撰文者認為：一旦被激怒，人民會是一股強大、凶猛的勢力，主宰自己的命運。

一七九八年薩爾瓦多的局勢更加緊張，也更熱衷於所謂的「法國」思想，在言辭和視覺上複製受歡迎的點子。例如，穆拉托人若昂・德德烏斯・納西門托（João de Deus Nascimento）是裁縫師兼自衛隊下士，[81]積極參與即將爆發的密謀。他很清楚：個人的政治思想與穿著的方式有關連，因此他打扮成「法國人」走在薩爾瓦多的街上。他穿著「貼身馬褲，又長又尖的鞋子勉強遮住腳踝」。檢察官沙維爾・德阿爾梅達（Francisco Xavier de Almeida）碰巧在街上經過他的身邊，問他為何奇裝異服，若昂・德德烏斯反駁：「閉嘴！這是法國人的打扮。先生，你將會明白，很快地所有的東西都會是法國式。」[82]

若昂・德德烏斯・納西門托或許傲慢，但是他的話很有意義：衣著顯示個人的特點，透露許多政治觀點。而且他的行為證實有感染力。從衣著可以輕易辨認**巴伊亞**的密謀者。穆拉托自由民弗雷塔斯·薩庫托（José de Freitas Sacoto），向殖民地當局解釋，密謀者不掩飾他們的信念：在街上看到任何人「戴一隻耳環，鬍子遮住一半的臉頰，錶鏈有安哥拉**瑪瑙貝**[83]，就是『法國人』，屬於叛逆黨」。[84]

飾物和衣著是確立身分的一部分；在傳統的非洲宗教，例如**坎東布雷**，瑪瑙貝的用途與占卜的習俗有關，暗示民族特性、宗教習俗和政治思想。飾物和衣著也吸引其他人注意這項運動。巴伊亞的密謀者無意隱匿身分；相反地，他們很重視展現他們的「顏色」，他們的服飾可清楚辨識，反映他們的自由概念是某種必須公開的東西，讓全部的人看見。此思想表現在密謀者的旗幟：白色的背景有一顆紅色的五角星，每兩個角之間有一個圓球，紅星下方刻印文字，也是紅色：「表現自己。不要隱藏。」[85]

對「法國式」原則的熱愛，包含各式各樣的抱負和利益，在十八世紀的巴伊亞社會許多階層都懷抱這份狂熱，包括奴隸、舊奴隸和弱勢的自由民（大多是克里奧爾人或穆拉托人）。這些原則提供辯論的架構，挑戰葡萄牙王國政府。雖然現有的小冊子都未提及終止奴隸制，根據精銳部隊上尉馬托斯·費雷拉—盧塞納（Antônio José de Mattos Ferreira e Lucena）所言，一本已失傳的小冊子承諾「給奴隸自由」[86]。

「巴伊亞密謀」徹底改變殖民地主要的論述。此時男人和女人遭受雙重的不公正，每日的生存競爭和種族邊緣化，他們開始意識到他們一樣有公民權、受法律的保護，可以在都督轄區做生意。路卡斯·丹塔斯（Lucas Dantas），密謀的領導人之一，向若昂·德德烏斯說明如何吸引新的密謀者：「你跟他們談話時，就這麼說：人民正在籌劃革命，使都督轄區變成民主國家，使我們幸福快樂。無論是白人、穆拉托人或黑人，有能力承擔此任務才可以當總督；被智者統治，勝過被愚者統治。說這些話，他們就會相信你。」[87]

然而，密謀者將計畫付諸軍事行動之前，領導人在開會時遭到逮捕，當時他們正在謹慎評估起義部隊和可以起義的時間。路卡斯．丹塔斯、若昂．德德烏斯、曼努埃爾．福斯蒂諾（Manuel Faustino）和路易斯．貢薩加（Luís Gonzaga das Virgens），都是貧窮的穆拉托人，因為大膽要求政治能見度的權利，付出慘痛的代價。王國政府當局告發這四人是叛亂的領導者，於一七九九年十一月八日早上在薩爾瓦多將他們絞死。第五位是金匠路易斯．皮雷斯（Luís Pires），也被判處死刑，但是他成功脫逃，再也找不到。那四人的屍體被挖出內臟並肢解，並且在這個城市的公共場所展示。路易斯．貢薩加被告發撰寫小冊子，雙手被釘在絞刑架。這是一個實例，顯示王國政府與殖民地開拓者的權力嚴重不平衡、任何市民敢犯法的下場，以及王國政府任意使用鎮壓的手段。[88]

如同米納斯吉拉斯的情況，基於政治考量，王國政府懲罰巴伊亞的密謀者。在巴伊亞，王國政府的憤怒重重地落在單純的無名氏，貧窮的穆拉托人，他們敢於採用「公眾輿論」。「巴伊亞密謀」是嶄新的：它提議接納獨特的族群，社經地位各不相同且利益分歧的族群。縱使密謀的領導人有功績，巴西的歷史學家偏頗地忽視他們。除了薩爾瓦多受限制的學術界和文化界之外，密謀者幾乎默默無聞。

王國政府的反擊，粉碎「巴伊亞密謀」。然而，王國政府未徹底鏟除種子，在未來萌發一連串叛亂，使巴西人從過程中學到許多政治的教訓。至今巴西人抱持這個想法：這是令人驚嘆的熱帶樂園，葡萄牙裔殖民統治者在此地過著和平且和諧的生活。但是歷史有不同的說法。在十七、十八世紀，殖民者開始對殖民地生活有不同的見解：他們要求權利，參與以前想像不到的辯論和政治談判，為人民與統治強權逐步鋪設更豐富的溝通形式。沒有一樁密謀成功，但是這些密謀為十九世紀留下遺產：一套政治與智力的工具，可以調動、適應和用以產生變革。誠然，起義不會持久。但是這些起義揭露政權不堪一擊，並且審視未來。

第六章

喂，船啊！王朝漂洋過海[1]

每一個世紀都夢想著新世紀。

——朱爾．米榭勒（Jules Michelet）

截至十八世紀末葉，「革命」、「起義」、「叛亂」和「煽動暴亂」這類字眼，在日常語彙占有一席之地。這是充滿變化和動亂的世紀；一八〇四年發明火車，或許是這一切的最佳隱喻。在透納（J. M. W. Turner）和莫內（Claude Monet）的畫作裡，火車頭戲劇性地從清晨的薄霧冒出來，像黑幽靈，暗示對未來的變化普遍充滿信心。人們相信社會已掙脫以往的停滯狀態，切斷落後的枷鎖。這種盛氣凌人的自信有一個實例，一八〇八年建造的火車頭後面，題詞帶著驕傲的挑戰：「儘管來追我！」執掌世界事務的國家流行這種心態：本世紀的新發明和結構的轉變，銳不可當。

事情發展得如此迅速，並駕齊驅確實具挑戰性。一七七六年英屬美洲十三殖民地脫離大不列顛獨立，在革命的過程中首次納入公民權利列表，使共和價值成為政治現代性不可或缺的部分，證實殖民地的身分不長久。之後，一七八〇年左右，英國爆發廣泛的工業革命，包括經濟的巨額投資、新科技和無限制使用勞動力。一七八九年發生重大的新事件完成這個腳本：「法國大革命」使向來看似宇宙的自然法則陷入混亂。一七九三年，日益偏激的政體剝奪路易十六的王權，將他判處斷頭臺斬首。他的死亡預示許多其他死亡，象徵的或非象徵的。「法國大革命」毀掉數百年的體制，在這個體制君主是中央的代表人物，掌握國家的絕對統治權。別忘了，「海地革命」（一七九一——一八〇四）使聖多明各島（Santo Domingo）天翻地覆：奴隸制廢除，非洲後裔第一個民治民享的共和國誕生——在非洲大陸境外。更重要的是，這個事件讓世人明白：奴隸社會只是悖理的歷史怪象，因此容易改變。奴隸制度不是自然的產品，也不是「神魔下降」的結果。

「革命」是現代語彙一個典型的詞：它描述一個事件可以發生在社會生活各種不同的層面和空間：習俗、法律、宗教、政治、經濟、國家，甚至七大洲，並且暗示鄭重其事的轉變。這個詞表示推翻被看作是過時的東西、縮短時間和開創未來——不僅是更好的未來，而且是在此之前不為人知。就「法國大革命」的情況而言，絕非局部化或融入背景，而是使國際政治以及在歐洲大陸和大西洋的現代國家兩極化：社會階層化的社會邏輯（特徵是僵硬的等級制度結構，以出身為根據），以及開始瓦解的「舊政體」。

歐洲的一些君主國遭受政變，方式截然不同，但是全都受到影響。決裂如此極端，終究改變時間與空間的觀念：隨著十九世紀的推移，世界變小（海路或陸路的旅行速度變快，更容易到達），而且時間似乎更短，一天之內消息就可以從一個國家傳到另一個國家。從十八世紀末開始朝現代性推進，與封建制度的過去決裂，渴望商品、產品和財富。由於急著推翻過去，新的生產力脫穎而出，依賴據稱是自由的勞動大軍，但是實際上以新的勞動型態為基礎，以促進疏離感和剝削為特點。在第一波革命後，西方世界幾乎無法辨識。「工業革命」的速度使景觀永遠改變，使等級制度和城鄉關係改觀。截至十九世紀末，景觀看起來像是焦土政策的後果。這個世界已明確地改變：每日例行的作息已徹底改變。

十八世紀末葉，曾經富足的葡萄牙小宮廷，氣氛令人不安。局勢就像在下西洋棋，英國和法國是武士和城堡，西班牙和葡萄牙是馬前卒。英國和法國競爭歐洲最強大的國家地位，西班牙竭力保住剩餘的自治權，而曾經版圖遼闊、強大的葡萄牙帝國，再也無法掩飾它的不堪一擊。葡萄牙大多依賴其美洲殖民地，許多財富浪費在效率低的行政和建造豪華的紀念性建築物，教堂是顯著的例子。面對這些弱點，葡萄牙竭盡所能維持中立的形象，採取互相矛盾的立場，想要討好每一個人，實際上沒有任何人滿意。葡萄牙女王瑪麗亞一世，以及後來她的兒子攝政王若昂[2]，採取含糊的外交政策，對支持法國或英國舉棋不定，唯恐支持一方就會被另一方視為敵人。[3]

這些是不確定的時期，葡萄牙即將失去一切：殖民帝國、王國，以及與英國的傳統聯盟。葡萄牙曾經享有良性的貿易平衡，如今成為往事。這些事件促使伊比利亞半島兩個殖民強國更密切的合作，解決他們在南美洲領地的邊界問題。一七七七年十月他們簽訂《聖伊德方索條約》（Treaty of San Ildefonso），葡萄牙為取回南美洲的領土，將**薩克拉門托殖民地**割讓給西班牙，並且放棄費爾南多波島和阿諾邦島（Islands of Fernando Pó and Ano Bom）[4]的控制權，對西班牙的奴隸貿易至關重要。[5]接著，促成兩樁婚姻以加強兩國邦交：葡萄牙王子若昂娶西班牙公主卡若塔・若阿金娜（Carlota Joaquina），西班牙王子加布里埃爾（Gabriel）娶葡萄牙公主瑪麗亞娜・維多利亞（Mariana Vitória）。

這種表面的平靜猶如曇花一現。「法國大革命」使葡萄牙與西班牙的聯盟產生風險，迫使葡萄牙採取更堅決的立場與英國結盟。葡萄牙也需要小心操縱與法國和英國的關係，這兩國在北美獨立運動是敵對的雙方。面臨這種緊張的情勢，葡萄牙努力維持複雜的中立政策。葡萄牙有一些經驗；

多年來，在衝突的時刻，用同意和審慎的平衡劑量，設法調解國際關係。最重要的是，王國政府想要保留自治權和保障海外的領土。

然而，「法國大革命」的進展令人意外：一七九三年一月，路易十六被處決。葡萄牙立即反應：私下哀悼十五天，接著公開哀悼十五天，[6]這段期間劇院不營業，向路易十六致敬，他是王室的親友。[7]各種瘋狂的傳聞使里斯本的居民心生恐懼，特別是精英分子。為維護君主國的權利，首都的警察局長皮納．馬尼克（Pina Manique）雷厲風行：扣押法國的船隻，禁止共和國的士兵上岸；禁止共和國的書籍，逮捕知識分子，驅逐全部的法國籍居民。[8]唯有支持路易十六的法國公民可以居留，待在里斯本當葡萄牙王國政府的間諜，設法取得法國的情報。[9]人們彼此不信任，一位證人如此描述：

到處有間諜。他們在這個城市的各個角落：廣場、街道、咖啡館、劇院、皇家交易所、國民大會、法官的私人辦公室、批發商的辦公室，甚至人民的家裡。[10]

此時伊比利亞半島的中立地位簡直不可信。英國政府與葡萄牙簽訂條約，包含給予保護的明確條款，然後與西班牙簽訂同樣的條約。這兩國都不知道對方已簽訂這些協定。這兩個王國政府的合作，迅速變成針鋒相對。

里斯本與瑪麗亞女王的統治，值得更仔細的審視。她的長子堂．若澤（巴西親王）是王位繼承人，於一七八八年逝世（二十七歲），未履行王室的職責。這時候女王出現失智症早期的徵兆，失去統治權。如果瑪麗亞女王無法再掌權，她的次子若昂王子現在是推定繼承人，將於一七九九年開始治國。這位年輕的王子軟弱且欠缺顯著的決斷力，他掌權當攝政王時，他的國務院給予支持。此時政治的情勢惡化：王國政府不僅擔心半島即將被侵略，也擔心失去巴西；好訴訟的強國，法國或英國，可能會占據巴西。

壓力來自兩邊。在里斯本，「英國黨」與「法國黨」競相博取若昂王子的注意。這兩黨的意識形態沒有差別；雙方都是忠於君主國的貴族，急於避免戰爭。唯一的不同點是他們構想的解決方案。「法國黨」的代表是一位外交官，知識分子安東尼奧·德阿澤維多（António de Araújo de Azevedo），即巴爾卡伯爵（Count of Barca），從一八〇四至一八〇七年間稱霸政壇。他的立場有些矛盾：他支持與法國有更密切的關係，因為他畏懼和排斥「法國大革命」，但是他相信此革命有文化與文明的利益。「英國黨」的領導也是外交官，皇家財政部總裁羅德里戈·德索薩·科蒂尼奧（Rodrigo de Sousa Coutinho）。他的當務之急是為葡萄牙的船隻防衛大西洋，藉此保衛國家和帝國。為達到此目的，他主張與英國維持傳統聯盟。在個人與政治的信念，科蒂尼奧是理性主義者。他對英國工業革命的成就有很大的信心，而且認為結盟會促進帝國的發展。

攝政王像鐘擺在這兩黨來回擺動。但是他不抱幻想：葡萄牙的邊境需要抵禦舊敵和新敵（西班牙和法國）。堂·若昂當上攝政王，立即將注意力轉向防禦工事，加固葡萄牙與西班牙的邊界。「瑞典文化遺產」牧師卡爾·魯德斯（Carl Israel Ruders），對目擊的狀況感到震驚：「每天都看得到凶猛的徵兵隊在街上抓壯丁。我經常看到多達二十位新兵被繩子綁在一起。」[11]因為缺乏資金償付這些新費用，情勢惡化：這一回負擔落在神職人員的身上，他們被要求依照財產的價值付十分之一稅金。[12]當代一位時事評論者發現，為了多籌募一、二先令，有各種新措施，當時他得知皇家的馬車被出租，運送屍體到墓地。[13]

新的防禦工事奏效的時間似乎很短。一八〇一年，拿破崙的擴張政策越來越積極，他流盼的目光再度盯住葡萄牙。現在他要求葡萄牙政府兌現以前未滿足的要求，這方面葡萄牙政府總是省事地忘記。拿破崙再度提議阻擋英國登陸，指示他的西班牙盟友查理四世（Charles IV）將他的命令傳達給葡萄牙。他清楚地表示可能侵略，不只是威脅。堂・若昂想要爭取時間。他動員外交使節團，慌張地向巴黎、馬德里和倫敦求助，都沒有作用。查理四世的部長曼努埃爾・德戈多伊（Manuel de Godoy），從加利西亞帶領一支軍隊到安達魯西亞，在杜羅河的山後（Trás-os-Montes）和阿爾加維，與葡萄牙的軍隊正面交鋒。西班牙一舉就擊退敵人。

在巴達霍斯（Badajoz）簽約投降。葡萄牙不在乎失去奧利文薩（Olivença）[14]。最痛苦的是必須支付兩千萬法朗的賠款給法國人，被迫遵守條約的要求，對英國人封港。不過，葡萄牙繼續虛與委蛇的政策，因而產生相當平靜的時期，葡萄牙可以再度敷衍了事。這是靜觀其變的策略。同時，里斯本隆重地迎接來自巴黎的大使，拉納將軍（Jean Lannes）和朱諾將軍（Jean-Andoche Junot）。他們來加強兩國的邦交，安東尼奧・德阿澤維多給予協助，他對政府的控制日益增強。朱諾當大使的活動鮮為人知。然而，我們確實知道：拉納夫人放蕩不羈的時尚感，給里斯本保守的居民留下深刻的印象。法國歌曲風靡一時，「在聖安東尼節前一週，每晚演奏馬賽曲紀念這位聖人」[15]。一八〇二年，法國與英國簽訂《亞眠條約》（Treaty of Amiens），英國承認法蘭西征服，終於宣告和平。此條約帶來短期的休戰。

但是葡萄牙仍然沒有片刻的和平。這一回問題來自皇宮內部。一八〇五年堂・若昂的妻子卡洛塔・若阿金娜籌劃謀反，之前她在許多場合支持維護西班牙利益的政策，使王國政府感到尷尬。身為女人，她走在時代的尖端：她騎馬、放射大炮和搞婚外情，這種醜聞最有可能使她溫和的丈夫難以保持心情平靜。現在她宣稱他有精神病，打算廢黜他，取代他成為攝政者。雖然攝政王反應迅速，驅逐謀反者，這個事件凸顯王室不安全，皇家的核心有西班牙的間諜。[16]

於此之際，拿破崙（從一八〇四年起法國的皇帝）渴望改造歐洲的地圖，處心積慮要拔掉唯一的肉中刺：英國。一八〇六年他宣布大陸封鎖令，禁止所有歐洲國家與英國貿易。英國的反應與這個挑釁成比例：宣布所有來自敵方港口的貿易和航行都違法，並且聲明英國有合法的權利扣押任何來自這些港口的船隻。[17]第二年，俄國和普魯士打敗仗，與拿破崙簽訂和平協約。這些威脅逼近葡萄牙，政府開始草擬臨時計畫，將王國政府轉移到殖民地。

在巴西建立宏偉的帝國，這絕非新的主意；每當王室認為統治權受到威脅，就考慮轉移。早在一五八〇年，在「復辟之戰」的期間西班牙侵略葡萄牙，克拉圖修道院副院長（Prior of Crato，王位爭奪者之一），被勸告前往巴西。[18]維埃拉神父也建議把巴西當作堂．若昂四世的避難所：「在那兒他會找到適合皇宮的地方，一年四季都可以住得舒適，而且可以在那兒建立第五帝國……」。[19]一七三八年，堂．若昂五世[20]統治的期間，路易斯．達庫尼亞（Luís da Cunha）[21]提出相同的建議。他認為：將王室轉移到巴西，會在葡萄牙與殖民地之間形成更平衡的關係。[22]一七六二年，唯恐法國和西班牙侵略，彭巴爾侯爵（Marquis of Pombal）勸告堂．若澤一世：

為巴西之旅採取必要的措施。好幾個月可以看到大船停泊在皇宮前方，準備將這位寬宏大量的元首安全地運送到帝國的另一個地區……[23]

因此這不足為奇，歐洲處於混亂的狀態，攝政王的智囊團竟然重提這個主意。早在一八〇一年，阿羅納侯爵（Marquis of Alorna）[24]慎重地提出這個話題：「殿下應該盡快將所有的船武裝起來〔……〕並且讓公主、令郎和您的金銀財寶上船。」[25]當時攝政王對這個建議感到不悅，據說他顯得「很厭惡」。羅德里戈．德索薩．科蒂尼奧（「英國」黨的首腦）在十八世紀九〇年代擔任葡萄牙外交部長，對殖民地懷有類似的野心。為轉移王國政府做準備，他聯繫巴西的精英，徵詢他們的意見，改進礦業經營和殖民地管理。[26]

同時，英國政府堅持葡萄牙王室盡快轉移。一八〇六年英國代表團到里斯本，告知政府瀕臨入侵的危險，建議：除非葡萄牙決定「有魄力、有效率地」與法國正面交鋒，搬到巴西會是最佳的抉擇，因為他們可以指望英國的支援。[27]

一八〇七年七月，拿破崙失去耐心。派駐在巴黎的葡萄牙大使羅倫佐．德利馬（Lourenço de Lima）接下棘手的工作，將這位皇帝的指示傳達給堂．若昂。訊息短而中肯：葡萄牙人向英國人宣戰的時候到了。他們必須召回駐倫敦的大使，並且要求撤回駐里斯本的英國大使，對英國船封港，在里斯本逮捕所有英國籍居民，沒收他們的財產。另一方面，這位皇帝給葡萄牙一個月的時間滿足他的要求，直到九月一日。若未能在最後期限之前完成，將視為對法國和西班牙（以及這封信的簽名者）宣戰。此時西班牙（地理位置一樣不利）已經向法國投誠。但是對拿破崙而言這還不夠，他指示朱諾將軍（之前赴里斯本的大使），在法國與西班牙邊境的巴約納（Bayonne）為艦隊編隊形。

在這段期間堂．若昂健康不佳，一直躲在馬夫拉宮[28]避難，距離里斯本三十公里。在修道院銅牆鐵壁的保護下，他努力忘掉戰爭。八月十二日他的部長安東尼奧．德阿澤維多（法國黨的首腦）來訪，帶給他消息：拿破崙已發出最後通牒。拙劣的中立遊戲結束。這一次攝政王無從選擇：他必須到巴西。

從收到這個消息到朝廷啟程前往巴西，重要的決策都暗中進行，日子充滿狂熱的活動，以致當時的報告書有矛盾的內容。然而，這是葡萄牙和巴西歷史上決定性時刻的開始。君主罕見遷移；遷移時，他們的行李很重。堂．若昂也不例外。他在廣闊的馬夫拉宮過著與世隔絕的生活，周遭是他的古籍書庫，由修士照料，還有蝙蝠幫忙吃掉一大群侵入宮殿的昆蟲。但是這位攝政王不抱幻想：他知道這是艱鉅的任務，將王室以及機構和王朝轉移到巴西。

這絕非容易的決定。將帝國所在地移到殖民地，在西洋史是頭一遭。這種局勢需要立即召集「顧問委員會」，其成員包括安東尼奧．德阿澤維多和羅德里戈．德索薩．科蒂尼奧。[29]攝政王也與最親近的朋友磋商：內閣首長若澤．德阿爾梅達（José Egídio Álvares de Almeida）；王子的祕書若昂．德巴羅斯（João Diogo de Barros）；財政部官員托馬斯．波圖加爾（Tomás Antônio de Vilanova Portugal）；他的醫師曼努埃爾．達席爾瓦（Manuel Vieira da Silva）；負責皇家服裝的弗朗西斯科．若澤（Francisco José）和馬蒂亞斯．羅巴托（Matias António Sousa Lobato）。實際上「顧問委員會」於八月十九日在馬夫拉宮第一次開會，在關鍵時刻，他們草擬一份文件，聲明葡萄牙同意對英國人封港，但是拒絕將英國人驅離里斯本，甚至也不考慮沒收他們的財產。

開會時一位議員提醒現場的人，「拿破崙戰爭」（當時已持續超過十年）導致其他君主「暫時離開首都和國家，以保護他們的主權和獨立」。這份名單包括：

在法國的土地，西班牙國王乞求拿破崙保護。法國軍隊占領普魯士首都，普魯士國王逃出來。荷蘭的王位爭奪者（Stathouder）在倫敦避難。兩西西里王國的國王，離開他喜愛的那不勒斯，流亡國外；托斯卡尼和帕爾馬的王室在歐洲漂流。皮埃蒙特（Piedmont）國王被驅逐到卡利亞里（Cagliari）宮廷。威尼斯總督和「十人委員會」變成政治棋盤上的卒。俄國沙皇隆重迎接法國盟友，發誓保持友誼，以保障他在聖彼得堡的王位。斯堪的那維亞半島諸國幾乎要哀求拿破崙指派他的將軍擔任國王。神聖羅馬皇帝和教皇本人，有時被迫放棄他們永久的、無形的寶座。[30]

他下結論，提議立即與英國政府接洽，要求英國艦供葡萄牙使用。

第二次會議於八月二十六日召開，顯然又企圖拖延決定。英國政府的公使斯特朗福德勛爵（Lord Strangford）通知倫敦：葡萄牙打算爭取時間，假裝準備攻打英國。葡萄牙知道再也不可能逃離拿破崙，所謂的「準備」只是幌子。會議的另一個主題有較多的爭議：是否派攝政王的長子（貝拉親王佩德羅）到巴西，作為保住君主國的方法。這種作法表示：如果葡萄牙參戰，布拉干薩王朝和主要的殖民地就會安全。[31]有關這件事的意見很多。有些人認為派攝政王的兒子佩德羅，勝過派整個王室，此時的王室由「一個精神病患，她無精打采的兒子和許多孩子」[32]組成。其他人擔心：王室突然失蹤，會激怒人民。[33]

儘管情勢緊急，又過了三週，九月二十三日堂・若昂再度召集「顧問委員會」。拿破崙重述他的要求：封港，扣押英國籍臣民和他們的財產。葡萄牙堅持只準備對英國封港。面對這種僵局，駐里斯本的法國代表和西班牙代表，給予最後通牒的日期：十月一日。[34]與英國繼續對話的同時，一旦攝政王下令，**阿方索德阿爾布克爾克號**（Afonso de Albuquerque）和**堂若昂德卡斯特羅號**（Dom João de Castro）旗艦、**天王星號**（Urânia）護航艦和**飛號**（Voador）雙桅帆船，隨時可以從塔古斯河口啟航。[35]

九月到了尾聲，情勢更加緊張。法國與西班牙的大使實踐他們的威脅，撤離里斯本。同時，攝政王終於授予駐倫敦的大使，羅德里戈的弟弟多明戈斯·德索薩·科蒂尼奧（Domingos de Sousa Coutinho），全權與英國密商協約的條款。九月，堂·若昂未再召開「顧問委員會」，而是指示顧問們自行開會。關於他的兒子佩德羅是否出發到巴西，意見分歧，有些人贊成立即與法國結盟，有些人贊成武裝皇家艦隊，以防衛港口，或者方便整個王室急速啟程。唯一的變化是會議的語氣越來越嚴肅，焦急地呼籲緊急行動。

這時候，巴西之「旅」的話題不再局限於政府人士。謠言多如牛毛，船塢與港口狂熱的活動，引起人民的猜測和焦慮。王室指示里斯本和各省的教會領袖，要求他們將銀器放在指定的位置以便清點，此舉引起更多懷疑。民眾的反應是祈求神的干預，舉行公禱和彌撒。紅衣主教以《**集禱文**》[36]舉行感恩祭，十月十八日大遊行，從**恩典教堂**（Igreja da Graça）出發，肅穆地穿過里斯本街道。[37]

英國籍公民也被瞧見在街上忙著他們的事；然而，他們的目標更為實際。他們正在出售物品，準備登上英國派來拯救臣民的船。他們也越來越擔憂，因為葡萄牙政府企圖緩和局勢，一再誇示對法國的忠誠：十月二十二日發布一項法令對英國的船隻封港。然而，只有少數人知道，這是兩面派的部分詭計。就在同一天在倫敦簽訂一份祕密條約：葡萄牙對英國的船隻封港，但是同時允許他們占領馬德拉島，並且開放巴西的一個港口，以減稅的方式進口英國商品。作為回報，若是葡萄牙王室決定動身到殖民地，英國艦隊會護送，而且只認可布拉干薩王朝的合法繼承人是葡萄牙國王。[38]因此葡萄牙政府捲入自己造成的局勢：一方面公開支持法國，另一方面暗中與英國對話。一位在塔古斯河河畔生活的修士，得悉對英國人封港的消息，他寫信給攝政王：「政府的祕密是不可思議的事，光憑理智不可能了解。」[39]

我們來計算日期。巴黎與里斯本之間寄郵件最快的路線，陸路十至十一天。因此，寄信和收到回信費時將近一個月；而從倫敦到里斯本用海路寄信件，這個過程只需一週。[40]因此，傳達訊息的實際問題，也使兩國的回應延誤更加嚴重。這正是十一月初的狀況。雖然葡萄牙在十月二十二日宣布支持法國，十一月一日才獲悉拿破崙已經在十月十五日發出他的最新要求：「若是葡萄牙不如我所願，布拉干薩王朝將失去在歐洲的優勢。」另外，為終止兩面派的詭計，這位皇帝派了一支軍隊，由朱諾將軍率領，正在穿越庇里牛斯山。[41]

但是葡萄牙仍然想要拖延。一方面，阿納迪亞子爵（Viscount of Anadia）[42]支持保密政策，建議沒收英國人的財產，然後「祕密地退還」，港口保持開放，如此「個人〔……〕可以佯裝逃離這個國家」[43]。另一方面，試圖取悅這位法國皇帝，派一位公使帶豪華的鑽石禮物祝賀他的征服。[44]通訊延誤再度使這些計畫失敗。法國與西班牙已簽署條約將葡萄牙分成三部分：杜羅與米尼奧河間省（Entre-Douro e Minho）歸伊特魯里亞女王（伊特魯里亞，Etruria，是拿破崙在托斯卡尼建立的王國，以佛羅倫斯為首都）；阿連特茹（Alentejo）和阿爾加維給西班牙；最大的部分——貝拉、**山後**和埃斯特雷馬杜拉（Estremadura）——給法國。葡屬美洲殖民地將由葡萄牙兩位新繼任的君主瓜分。[45]拿破崙也玩兩面派的花招：一方面威脅，另一方面他提議談判，藉此設法把攝政王留在里斯本。可能堂．若昂仍然有錦囊妙計：他計劃啟程前往巴西，以絕對保密的方式，由英國艦隊護送，雖然已確定，他繼續玩弄拿破崙。

英格蘭厭倦等待。英國的外務大臣喬治．坎寧（George Canning）通知葡萄牙政府，他將接受封港，但是其他不利於英國臣民的措施將被視為宣戰。還有更糟的，如果攝政王決定拒絕遷往巴西，英國將開始轟炸里斯本。此時里斯本的氣氛如此緊張，逐漸影響居民的日常作息。到處都在進行軍事準備，漫天的禱告和流言蜚語席捲這座城市。一位虔誠的教會信徒四處散布謠言：她得到天啟，如果這位君主啟程前往巴西，他的船會沉沒。這個預告傳到攝政王的耳朵，使他陷入「一片混亂」[46]。雪上加霜，這時期市場的食物變稀少：肉和小麥的供應短缺，十一月十六日頒布法令定量配給麵粉。[47]

葡萄牙政府駐倫敦的代表多明戈斯．德索薩．科蒂尼奥非常擔憂。[48]他寫信警告攝政王：如果他與法國簽署條約，那麼派去拯救他的分遣艦隊，槍口會對準里斯本。科蒂尼奥還不知道葡萄牙駐西班牙和法國的使節已被命令離開。他也未被告知，馬里亞爾瓦侯爵（Marquis of Marialva）[49]已前往巴黎向拿破崙致敬。此時，堂．若昂不知道法國和西班牙已經決定藉《楓丹白露條約》[50]分割葡萄牙的領土。更重要的是，攝政王的智囊團絕對想不到，在三天的時間（十一月十一日），法蘭西帝國公報《**箴言報**》（*Le Moniteur*）竟然公布決定撤銷布拉干薩王朝的王位。攝政王的前途處在風雨飄搖中：解決他的困境，取決於這份公報從巴黎送到里斯本的時間。

數日後，葡萄牙召回駐西班牙宮廷的大使，西班牙也召回駐里斯本的大使。十一月十六日，英國的分遣艦隊帶七千名士兵出現在里斯本港口的入口。[51]同時，朝廷繼續忽視拿破崙的最後通牒，仍然支持與法國的協定。里斯本不知道朱諾的部隊已經抵達邊境，在阿爾坎塔拉（Alcântara）駐紮。接下來的日子很曲折。與斯特朗福德勛爵協商後，決定由海軍上將西德尼．史密斯（Sidney Smith）統率英國艦隊。史密斯有足夠的經驗和嫻熟的能力當海軍軍官。一七八二年四月，他還是上尉，英國在多明尼加附近的「桑特海峽戰役」（Battle of the Saintes）獲勝，他立了大功，就此開始他與法國的交戰史。他曾經擔任海軍陸戰隊軍官，扮演重要的角色擊敗俄國，因而得到「寶劍勛章騎士」獎章，以及英國政府賜予「爵士」的封號。

雖然史密斯的生涯經歷許多冒險，我們在此處只回想其中幾件：他曾經在土耳其充當業餘的間諜，進而在布列塔尼海岸成功地攻打法國人。即使如此，史密斯的冒險行為並非總是順利：一七九六年他被逮捕，在巴黎聖殿塔（The Temple）監獄待了兩年。不過，獲釋後，他是當代的傳奇人物，在英吉利海峽兩岸是知名的「海上雄獅」。在一次類似的冒險後，史密斯被扛著在倫敦遊街，市民以為他是英國的救世主。一七九八年在埃及對抗法國的戰役，使他的名聲屹立不搖。他率領的部隊包括土耳其人、阿爾巴尼亞傭兵、敘利亞人、庫爾德人，及英國的水手和海軍陸戰隊士兵，成功阻擋拿破崙的軍隊挺進。史密斯指揮戰艦進行兩個月的封鎖；法國部隊折損一半後，拿破崙命令倖存者撤退。

大膽又獨立，與法國人海戰的經驗豐富，史密斯是理想的人選，可率領遠征軍，護送王室到巴西。他或許欠缺陪伴王室橫渡大西洋的經驗，但是他的名望、勇氣和堅強的個性，保證他的能力，駁斥對他的指責。即使堂．若昂很頑固，他也開始承認沒有別的選擇。

在里斯本，法國軍隊抵達邊疆的消息，與史密斯決定下令封鎖塔古斯河口的時間一致。這個城市充斥著謠言，關於英國軍隊、西班牙人，與「其他縈繞心頭的恐懼，在那個苦難的時代作祟」[52]。此時法國黨與英國黨的歧見使他們漸行漸遠。「親英派」羅德里戈．德索薩．科蒂尼奥支持抵抗運動，認為必要時應迅速出發前往巴西。「親法派」安東尼奧．德阿澤維多仍然支持與法國達成協議。斯特朗福德勛爵需要動用全部的外交權力。他從史密斯海軍上將的軍艦寫信給堂．若昂，承諾忘掉所有的敵意，保證英國給予支援，只要堂．若昂立即出發：

我已經明白這是我的責任，使陛下他改變心意，不再奢望與這個國家的侵略者安排事務，描

述這個首都憂鬱且哀傷的情況使陛下您驚恐，不久之前我才離開該地，或許，接下來描述眼前光明的願景，吸引陛下……[53]

作為論點的決定性證據，他交給攝政王一份煽動性的《箴言報》。那是最後一根稻草。一八〇七年十一月二十四日晚上，攝政王召集「顧問委員會」，告訴他們法國的軍隊已經抵達阿布蘭特什（Abrantes），強行軍三、四天內就會到達首都。開始做啟程的各項準備。「王國執政團」被任命在君主缺席時治理國家；第一個行動是準備一份攝政王的聲明。十一月二十七日清晨，王室跟隨攝政王登上前往「新世界」的船。他們才上船就有人在爭先恐後：密密麻麻的一大群政府官員、國務委員、公務員、部長的親戚，以及帶著親友的貴族成員，全都拚命找地方登上皇家艦隊的船。這是但丁的**地獄**（Inferno）場景：妻子與丈夫、父母與子女、兄弟與姊妹分離，每一艘船都塞滿人，擠得水泄不通——充滿恐慌的混亂狀態。這支艦隊於十一月二十九日星期日早上啟航。當天稍晚拿破崙的軍隊進入里斯本。

葡萄牙的君主下令，一旦他在船上，印一份聲明發送，這是他留給人民的最後幾句話。即使在那時候，政府仍然避免與法國決裂，不使用「侵略」這個詞。這位君主指法國部隊是駐紮在葡萄牙土地的外國軍隊，要求人民接受他們，以便保持「與他國軍隊共有這塊大陸必須建立的和諧關係」[54]。這是戲劇性表現中立的最後舉動。

人在海上，朝廷在大西洋

一八〇七年十一月二十五日清晨時分，堂．若昂做了決定。他再也不能耽擱眼前巨大的任務：把維繫君主國與政府生存的所有必需品卸除，從陸地轉移到海上，在里約熱內盧重新組合。時間短促，旅途漫長，未來無法預測：史上頭一遭，王室橫渡大西洋，在遙遠的土地聽天由命。與這個國家大無畏的發現者形成對比，（根據毀謗者所言）布拉干薩王朝在逃亡，（根據那些依賴王朝保護者所言）為避免瓦解，（根據那些維護葡萄牙帝國、有既得利益者所言）勇敢逃離拿破崙使歐洲其他王室屈服的羞辱待遇。

這是複雜的計畫。這個情況並非王室帶著若干中選的寵臣去旅行。王室有大批其他人陪伴——部長、智囊團、貴族、朝臣、公務員、他們的家人——換言之，各種各樣依賴攝政王維持生計的人。這個情況也不是幾個人匆忙逃亡；這是葡萄牙政府在遷移所在地，包括行政與官僚的核心組織，官府、祕書處、法庭、檔案保管處、金銀財寶和政府員工。女王與攝政王的身邊有代表君主國的一切：重要的人物、宗教、機構、服飾、宮廷禮法、國庫（維繫王朝與葡萄牙政府業務必需的全部現款）。因此，數千人帶著大量行李和箱子抵達貝倫的碼頭。根據若澤．德阿澤維多（Joaquim José de Azevedo，後來的里奧塞科子爵〔Viscount of Rio Seco〕）[55]所言，就是「這群人，為了在里斯本立足，耗盡七百年的財富」。

攝政王立即下令，所有國務大臣和皇宮的僕人與王室一起旅行。他也清楚地表示：任何臣民想要陪伴王室，准予同行，如果空間不夠，他們可以搭私人的船隻跟隨皇家艦隊。[56]雖是三更半夜，若澤．德阿澤維多被叫到阿茹達宮[57]，被指派負責監督登船的事宜。他立即著手安排運送皇家的金銀財寶。然後他的注意力指向貝倫的碼頭（在塔古斯河），他帶著地圖，下令搭帳棚，他在帳棚裡「根據船的大小和能用的艙房，分配家庭的數目」。沒有政府的通行證不得登船，但是情況如此混亂，以致計畫幾乎不可能順利進行，許多人被迫留下。[58]例如，皇家的馬術教練貝爾納多・帕切科（Bernardo José Farto Pacheco），他有王室侍從官、王室掌馬官與貝爾蒙特伯爵發給他的登船文件，卻不能旅行。雖然他有這些必需的文件，護航艦的指揮官不准他登船。

南方吹來一陣暴風，帶來暴雨，街道淹水、滿地泥濘，使情況更加混亂。這些狀況導致馬車更難抵達貝倫的碼頭，更難把大量補給品運上船，在橫渡海洋時補給品保障全體船員的生存。[59]在啟程前夕的一張必需品清單足見欠缺條理：

> 葡萄牙女王號：二十七個水桶空的。智慧女神號：只有六十個水桶。恩里克伯爵號：二十一個水桶空的，無任何牲畜。海豚號：六個水桶空的，缺牲畜、雞和木柴。天王星號：沒有木柴。復仇號：沒有水和木柴。王太子號：需要牲畜、雞、繩子、蠟、二十個水桶、焦油、纜繩和木柴。飛號：需要三個水桶。巴西君主號：缺橄欖油、蠟、繩子、木柴、三十個水桶。[60]

在最混亂的時候，教皇派到里斯本的大使，洛倫索・德卡勒皮（Lourenço de Caleppi），抵達阿茹達宮，表現他的團結精神。他是宮廷圈子裡的一員，攝政王邀請他同行。雖然這位羅馬教皇使節已六十七歲，他接受邀請。海軍大臣（阿納迪亞子爵）提供**馬蒂姆德弗雷塔斯號**（Martim de Freitas）或**水母號**（Medusa）給他及其祕書安身。然而，縱使有王子個人的邀請與海軍大臣的干預，基於「超載」的理由，他仍然被拒絕進入這兩艘船。愛爾蘭籍海軍上尉托馬斯・奧尼爾（Thomas

O'Neill）在其中一艘英國艦上，他記述一位葡萄牙官員向他吐露的訊息。雖然他寫編年史的目的至少有一部分是自我吹噓，而且有些內容很可能是杜撰的，但是對於攝政王出發前眾人的絕望，有生動的描述：「一旦得知攝政王有意搭船前往巴西，各階層充滿絕望和恐慌的可怕景象；成千上萬的男人、女人和兒童，排成縱隊前進海灘，竭力要搭船逃亡。許多貴婦走入水中，想要登上這些船，有些人甚至因此喪命。」[61]

更糟的是，鄉民在恐懼中急忙趕到里斯本，被互相矛盾的謠言所迷惑，沿途拋棄所有物。[62]在貝倫的塔古斯河沿岸的海灘和碼頭，到處是在緊要關頭被拋棄的行李和皮箱。在混亂中，大教堂的十四車的銀器被遺留在河畔。「皇家圖書館」數箱珍貴的書籍也被棄置，城市的書商對眼前這種隨便的景象感到難以置信，非常憤慨地咒罵王室官員。[63]許多豪華馬車尚未卸貨，也被棄置。有人甚至沒有帶行李，兩手空空就上船。[64]太遲了，瓦戈斯侯爵（Marquis of Vagos）[65]發覺皇家馬車連同馬鞍和馬具被棄置，他在甲板上「用沒有人懂的語言」吼著下令，僱一艘合適的船將這些馬車運到巴西。[66]

氣氛普遍情緒化而且非常激動：

在那個場合悲傷的淚水滂沱，有些人因為與父母、丈夫、兒子和愛人分離而哭泣，有些人批評外敵入侵、祖國被拋棄，導致他們沒有保護者，將在可怕的法國人當中受罪。[67]

里斯本居民的反應，在驚慌與厭惡之間搖擺不定。陪伴攝政王的幾位幸運者，在前往這些船隻時遭到「惡言相向和咒罵」，有些人實際上被「襲擊」[68]。若澤・德阿澤維多描述人民的反應：

他們在廣場與街道遊蕩〔……〕，充滿懷疑，在嘆息聲中他們落淚和咒罵，宣洩心中抑制的苦悶：驚恐、哀傷、心碎，他們受苦的高貴情操〔……〕，他們幾乎被絕望吞沒！[69]

攝政王啟程的種種描述，既感人也互相矛盾。根據一種說法，他打扮成女人抵達碼頭；另一種說法，他在夜間偷偷離去，避免民眾憤怒。還有一種說法，他抵達港口，沒有任何人迎接他，只有他的姪子作伴。據說兩名警察在傾盆大雨中站崗，放木板協助攝政王通過泥濘、坐船渡河到**王太子號**[70]。其他說法嘲笑他的離開、嘲弄地模仿王室的態度，引述當時已痴呆的女王只能清楚地說這句話：「走慢點！他們會以為我們在逃跑。」[71]實際上，堂・若昂的出發極其慎重，沒有任何排場，完全讓人想不到那是曾經叱吒風雲的大帝國元首。

全部的手續辦妥，所有的人在船上；現在只需等好天氣就可以啟程。十一月二十九日破曉時晴空萬里，小艦隊從塔古斯河啟航。小艦隊抵達河口時，英國艦隊鳴放禮炮迎接，在西德尼・史密斯爵士[72]的指揮下，四艘船準備護送葡萄牙小艦隊到里約熱內盧。海軍上將登上**王太子號**，向攝政王致敬，從海軍中將手中接受皇家艦隊十五艘船的名單：八艘戰艦、四艘護航艦、兩艘雙桅帆船和一艘縱帆船。[73]在目擊者報告和之後的研究，船的數目有差異，但是場面依然令人難忘。

至少有三十艘私人商船緊跟在皇家艦隊後面。行程的首日傍晚英國船**海伯尼亞號**（Hibernia）看見五十六艘船。雖然西德尼・史密斯爵士沒有計算船的數目，他報告看見「許多設備齊全的大商船」。[74]無論如何，皇家小艦隊排成戰鬥隊形令人肅然起敬：八艘戰艦各有六十四至八十四支槍。每一艘護航艦有三十二至四十四支槍，雙桅帆船有二十二支槍，運送補給品的貨船有二十六支槍。[75]王室——瑪麗亞女士、攝政王和妻子卡洛塔・若阿金娜與八個孩子、女王的妹妹、攝政王守寡的大嫂，以及卡洛塔・若阿金娜的西班牙裔姪子（他在葡萄牙宮廷長大）——分配在容量最大的船。在**王太子號**有女王（當時七十三歲）、攝政王（四十歲）、佩德羅王子（貝拉親王）、他最小的弟弟米格爾王子，和姪子佩德羅・卡洛斯。在**阿方索德阿爾布克爾克號**有卡洛塔・若阿金娜（三十二歲），她的女兒瑪麗亞・特蕾莎、貝拉王妃和公主瑪麗亞・伊莎貝爾、瑪麗亞・達亞松森和安娜。在**葡萄牙女王號**有堂・若昂守寡的大嫂瑪麗亞・貝內蒂塔、女王的妹妹瑪麗亞・安娜，以及堂・若昂伉儷的女兒：瑪麗亞・德阿西斯公主和伊莎貝爾・瑪麗亞公主。

根據宗座大使卡勒皮的祕書所言，他看到整個出境的過程，一萬人與皇家艦隊同行。根據公僕若昂・達席爾瓦（João Manuel Pereira da Silva）[76]的計算，包括無數商人和地主僱船追隨皇家小艦隊：「那日大約一萬五千名各種年齡的男女離開葡萄牙的土地。」在官方的登記簿，列名的五百六十三位乘客包括貴族、國務大臣、智囊團和法庭的官員。然而，在名字旁邊的備注，保守地說，顯示這個數目不正確：「巴爾巴塞納子爵和家人」；「貝爾蒙特伯爵，夫人與伯爵、他們的兒子、男僕和女僕」；「阿爾維斯・德阿爾梅達伉儷和家人」；「〔……〕」超過六十人，有男有女，不包括與他們同行的家人〔……〕」，最模糊的是，「以及其他人」。[77]

每個搭船的人確實幾乎都有家人、密友和僕人相伴。例如，卡達瓦爾公爵（Duke of Cadaval）與法籍妻子、四個子女、弟弟、十一個僕人（其中一個是「打掃的黑人」），以及許多附屬家族同行。伴隨貝拉斯侯爵（Marquis of Belas）的僕人多達二十四個。登記簿也列出王室的員工：光是餐具室就僱用二十三個「男僕」，王室的廚房另有十四個，他們全都與家人一起。在最後關頭打開另一本登記簿，打算登錄每一位乘船者的名字。然而，在提及幾位貴族的家人後，很突兀地用「另有五千人」這幾個字作結束。[78]

但是這個數目仍然不包括商船的船員和乘客。根據歷史學家肯尼斯・萊特（Kenneth Light）所言，可能有一萬兩千至一萬五千人登船。他估計一千零五十四人搭乘**王太子號**，光是起錨、將錨綁在船首和收錨鏈就需要三百八十五人。[79]每一艘船確實有一大群人吵吵嚷嚷在行動。關於抵達殖民地的人數有爭論。例如，歷史學家卡瓦爾康蒂（Nireu Oliveira Cavalcanti）算出船員七千兩百六十二人。[80]據信許多船員留在巴西——有些人擔心法國人入侵，有些人寧可與君主國同在，其他人只是遊手好閒。根據這些估計，移民的總數必定超過一萬人。[81]

無庸置疑，糧食不夠供應船上的人。**智慧女神號**（Minerva）護航艦名單的人員總數是七百四十一人，與**馬丁斯弗雷塔斯號**（Martins Freitas）的乘客人數相仿。**智慧女神號**未預先準備，才啟航就出現問題。十一月二十六日船長報告他的船任憑命運的擺布，「因為不曾有時間準備」。縱使船上只供應「餅乾和燕麥粥」，儘管「皇家軍火庫的狀況令人惋惜，各部門混亂，服務人員不足」，這艘護航艦於十一月二十九日與艦隊出航。然而，因為「這艘船處於困阨窮乏之境」，於十二月五日接到海軍中將的命令，與艦隊分開，航向巴伊亞。一八〇八年一月十日**智慧女神號**停靠在巴伊亞碼頭，已經完全沒有補給品。[82]**水母號**戰艦嚴重受損，也停靠在巴西東北部海岸，在王室的前方。儘管這種旅程帶來各種危險，並無死亡或嚴重事故的報告。但是匆促出發已經引起一連串問題：家人分散在不同的船，在碼頭遺失財物或拋棄行李，擁擠不堪、不衛生、水和食物定量配給——在橫渡公海整整兩個月的行程必須忍受這一切。

旅程才開始，艦隊就遇到暴風雨。他們安然逃脫，但是十二月中，他們通過馬德拉島時，又遭遇暴風雨，幾艘船與艦隊的主體分離，迫使計畫改變。雖然小艦隊已經航向里約熱內盧，**王太子號**與跟隨的船隻改變航線，朝巴伊亞航行。[83]除了這些危險時刻，就大自然的情緒與船隻的狀況而言，旅程算是順暢，雖然遠渡重洋難免有損害，每一艘船都抵達目的地。

但是乘客過多引發許多問題：「沒有床可以睡，沒有椅子或長椅可以坐；眾人坐在空地上，坐在甲板的光地板，沒有盤子可以進食，因為廚房用汙穢的小碗盛食物而爭吵。」船員太少，不足以應付繁多的工作。儲存的水供飲用，「連招待攝政王、女王和王子的船都有失體面，臭得像豬圈」。女士長頭蝨，不得不剃髮。旅程如此這般地延續，單調、冗長。除了觀看升帆、在夕陽下和有月光的晚上彈吉他和唱歌，以及玩撲克牌，沒有別的娛樂。[84]

此時在葡萄牙後方……

正當朝廷排除萬難橫渡大西洋、擺脫戰爭的危險，那些留下來的人面臨大規模的軍隊入侵。在一八〇七年十一月二十九日這個動盪不安的日子，皇家小艦隊從水平線消失，里斯本的邊界立即出現法國軍隊的第一道防線。[85]里斯本四處張貼法國將軍的聲明，提醒居民他的軍隊即將進城，並且保證他會保護居民：「里斯本的人民，和平地住在你們家裡：不必害怕我的軍隊或我：唯有敵人與惡人必須怕我們。偉大的拿破崙，我的指揮官，派我來保護你們，我將會保護你們。」[86]

十一月三十日，朱諾得意洋洋地進入里斯本，隨行軍官魚貫經過羅西奧廣場[87]，大約六千名士兵追隨，只有原本的分遣隊人數一半多一些。數千人因為傳染熱病和痢疾而喪命，另外數百人在葡萄牙鄉下被謀殺或受傷。這些部隊的景象淒慘，他們蹣跚地進城——衣衫襤褸、赤腳、筋疲力盡且飢腸轆轆。[88]

這些士兵，以及數日後抵達的西班牙部隊，成扇形通過里斯本，「教堂和禮拜堂無一倖免，他們把聖徒和祭壇當作帽架，懸掛武器和背包」[89]。部隊的大分遣隊在馬夫拉宮駐紮。朱諾在昆特拉男爵（Baron of Quintela）的城市住宅設立總部，下令沒收王室和貴族的財產，掠奪王室全部的馬匹和馬車以及逃脫者的物品和財產。這位法國將軍立即發送他的第一份文告，重申占領是支持堂．若昂的行動，他已經向英國宣戰。他來拯救這個王國，對抗共同的敵人：「和平的市民，不要害怕。我強大的軍隊既英勇又守紀律……」。雖然看似矛盾，這位將軍是在確認攝政王本人的話；在逃走的前夕，攝政王指示其里斯本代表接待這些部隊，「彷彿他們是貴賓，讓人想要用尊重和仁慈的行為取悅他們」。[90]

偽善的友誼維持不久。到了十二月，拿破崙的官員逐漸加強鎮壓政策。禁止各種武器，並且嚴格管制所有釣魚活動，以防止居民逃走，與駐紮在塔古斯河口海岸附近的英國艦隊聯繫。成立新稅法，官方的名稱是「捐獻」，向里斯本的居民徵收總金額四千萬克魯扎多。全面禁止可能引起騷亂的集會，包括演奏音樂和敲奏告祈禱鐘。每天早上射擊大炮，表示人民可以出門；晚上射擊大炮，表示人民必須返家。一八〇七年的聖誕節是里斯本哀傷的日子：沒有任何禮拜，因為所有教堂都關門。但是更糟的情況尚未發生。二月一日，堂．若昂在海洋的另一邊接受巴伊亞政府的歡迎儀式，法國人在葡萄牙將他正式廢黜。拿破崙終於收到王室逃亡的證實，他氣憤地告知他的新臣民：「巴西國王放棄葡萄牙，業已放棄他在這個王國全部的統治權。布拉干薩王朝不再統治葡萄牙……」。[91]

雖然人民的不滿很明顯，但是時機尚未成熟，不適合有組織的反動。留下來的皇家僕人發覺他們的處境棘手。在元首缺席的情況下，衝突一再發生，有時以流血收場。這是馬夫拉宮修士的情況。離開之前，堂．若昂限制修士留在馬夫拉宮的人數。這導致發生格鬥；其中一次小打鬥有幾位修士被刺殺。[92]留在皇宮的僕人既沒有食物也沒有薪俸。一八〇七年十二月七日，**克盧什宮**（Paço de Queluz）[93]的管理員請求採取緊急措施，因為皇宮四十一位僕人幾近斷糧。食物貯藏室的存貨只剩下「燻肉三十阿羅瓦，鱈魚一百二十阿羅瓦，蒜頭五十阿羅瓦，橄欖油四十八壺，醋二十五罐，糖八阿羅瓦，奶油八桶和豬油三桶」。十二月三十日他的語氣更為焦急：他請求指示接下來該怎麼做，現在皇宮的食品室空空如也。[94]

許多人設法逃離葡萄牙，通常是避開法國對活動的限制，成功登上英國分遣艦隊的船。一八〇八年五月，一直待在倫敦的外交官多明戈斯．德索薩．科蒂尼奧寫信給攝政王，述及大批來到英格蘭的葡萄牙難民欲搭船到巴西：「各階層的人都來了，人數這麼多，我不知道該如何幫助他們。其實他們大多一無所有地抵達，簡直衣不蔽體。」[95]

就留在國內的人而言，反動的時間來得很快。一八〇八年六月，波爾圖（Porto）起義後，葡萄牙君主國復辟期間法國人被擊潰。法國人在一八一一年永遠離開這個國家之前，曾經在一八〇九年三月與一八一〇年夏天企圖再侵略。在這兩次的攻擊，葡萄牙和英國聯手與侵略者拚命戰鬥，迫使法軍退回邊界。經年累月的戰爭和外國的統治，使葡萄牙的社會支離破碎，這一回他們下定決心不屈不撓地反擊。這是善與惡之戰。當時有無數小冊子在傳閱，非政治性的語氣，但是有一個共同的願景：神聖的祖國被玷汙，必須還給人民。歷史與神話交叉，而現實與隱喻交叉。法國與葡萄牙創造互相矛盾的傳奇故事。就法國人而言，朱諾是頭腦機靈的征服英雄。就葡萄牙人而言，經過數年的羞辱，朱諾是平庸的篡奪者。在葡萄牙人眼中，法國與「法國大革命」僅代表陰謀、背叛和未兌現的諾言。但是有另一則傳奇。拿破崙是反基督，統治「影子帝國」；共濟會會員和雅各賓黨員煽動叛亂，都是他的特工人員，都顯示法國人的邪惡。這是葡萄牙版的「大革命」。[96]

王朝是**舊政體**運作必要的工具，王朝離去使葡萄牙喪失政治穩定性，形成一個積極的環境創造模稜兩可的神話。煉金術的流程啟動，被遺棄的感覺和救贖的神祕願景，變成國民意識的新型態。葡萄牙的平民緊抱著君主國象徵的形象；他們奮勇抵抗壓迫者，這種戰鬥變成新的十字軍。法國人變成不忠的摩爾人原型，而聖十字架的旗幟橫渡大西洋，重新豎立在巴西。

在這個背景，宗教情感占優勢，而非數年前「法國大革命」引進公民權的理性論述。即使如此，葡萄牙君主國擺脫僵局，顯得更強壯，雖然是象徵性的。攝政王不再是缺席的君主；他是在場的君主，但是「躲起來」，像塞巴斯蒂昂一世（Dom Sebastião I）[97]在十字軍東征時消失在沙漠的沙子裡，但是仍然有傳奇性的影響力。他的離去形成一種空虛感（包括「伊比利亞聯盟」時期），但是也帶來希望：一種神話的信念，王國受到如此殘酷的羞辱和鄙視，一位未來的國王會保護王國的未來。

這就是葡萄牙起初在現代的道路踉蹌而行的狀況。那是曲折的過程，藉宗教的情感和歷久不衰的傳統信念，在各方面塑造成形。人民開始等待這位君主盛大歸來，他將拯救王國。唯一的問題是，這個神話實在不適合堂．若昂這個人。在這個美化的版本，雖然他仍然占有王位，但是他無法在神話占一席之地。

在海上五十四天後，一八〇八年一月二十二日，**王太子號**載著攝政王與隨行人員，停泊在薩爾瓦多港。堂．若昂在殖民地首府停留一個月後，繼續朝里約熱內盧航行，於三月八日抵達。其餘船隻追隨他，陸續抵達碼頭。為紀念這個重大的登場，臣民用特別的禮物迎接他們的王子：**三心號**（Três Corações）雙桅帆船滿載食物和熱帶水果，啟航去迎接**王太子號**。在腰果樹與椰子樹當中，這個美洲殖民地熱烈迎接葡萄牙王子。史上頭一遭，在赤道南方的殖民地治理帝國。這個世界已經顛倒，政治反其道而行。

第七章

堂・若昂與他的熱帶朝廷[1]

一八〇八年一月二十二日，堂・若昂與部分朝臣抵達海外殖民地。無論是否為巧合，攝政王被迫在薩爾瓦多短暫停留。直到一七六三年，薩爾瓦多一直是殖民地的首府和最大的城市。這個城市美不勝收。從海上看，它矗立在海灣高聳陡峭的懸崖頂，引人注目。此時它通稱「薩爾瓦多市」，官方的信件和市民也稱之為「巴伊亞市」，有茂盛的熱帶草木和紅土，與屋瓦的顏色交相輝映。海灣來來往往的船隻襯托這個背景。[2]十九世紀初桑托斯・維列納（Luis dos Santos Vilhena）來到薩爾瓦多，於一八〇二年記述「這個城市最寬的地方〔……〕直徑有四百至五百臂（braços）[3]」[4]。一百年前英國探險家威廉・丹皮爾（William Dampier）報告有兩千棟房子、鋪砌的街道、公共海濱步道和花園。他也描述豪華壯觀的教堂和兩樓或三樓的城市住宅，像里斯本阿爾法瑪區（Alfama）的房子。[5]

不過，在等候迎接這些旅人時，膽怯或許使最初的熱情有些冷卻。巴伊亞總督沙丹拿・達伽馬（Saldanha da Gama）收到消息，歐洲王室將史上頭一遭踏上美洲的土地，他在有限的時間盡力而為。這是很大的挑戰，毫無預警之下準備接待王室，除了攝政王的船，另有三艘船，其中一艘來自英國艦隊。

王室與同行的葡萄牙貴族抵達後，頂著熱帶的夏日驕陽下船，瑪麗亞女王除外，她「神經非常緊張」。雙方立即留下深刻的印象。本地人認為：王室這夥人穿著歐洲的冬裝，十分古怪。另一方面，宮廷的人必定感覺到：薩爾瓦多骯髒的街道凹凸不平，一樣奇怪。街上擠滿人，販賣各種東西，從水果、糖果到燻香腸和炸魚，他們把垃圾全都扔進排水溝，許多家畜來這裡覓食。[6]

雖然都市的景觀與里斯本類似，其他的一切截然不同。葡萄牙的秋天街上開滿杏花，此地則是茂盛的棕櫚樹果實纍纍，有各種鮮明的顏色。海浪挾帶著強烈的鹹味，與街上烹調異國食物的棕櫚油香味混在一起。[7]然而，當時的報導一致認為：這些新來者對奴隸的印象最為深刻。即使他們在歐洲熟知被俘的駭人狀況，非洲人受到野蠻的對待，仍然令人震驚。奴隸經常在街上遭到鞭打，或是幾乎被重擔壓垮。在繁多的工作中，奴隸也抬轎椅或有頂篷的轎子，白皮膚的貴婦坐在轎子精緻的亞麻簾子後面旅行。薩爾瓦多的街道到處是奴隸，賣器具、做料理、執行非洲的宗教儀式。

從十六世紀以來，薩爾瓦多一直是進口商品的中心，尤其是獲利多的奴隸貿易。雖然自一七六七年就禁止奴隸進入葡萄牙，在十九世紀初非洲奴隸繼續提供殖民地勞動力，大批抵達港口。葡萄牙與非洲的貿易大多經由巴伊亞、里約熱內盧和累西腓的港口進行。「這些區域彼此有商業往來，非洲接受吊床、木薯和玉米，賦予非洲的特色，而巴西〔……〕納入棕櫚油和辣椒的用途，以及在岸邊設穀倉的慣例。」根據人種論學者兼攝影師皮耶．維格爾（Pierre Verger）所言：「在巴西的非洲人與非洲的巴西人之間，販運奴隸的波動和回流，無法預見後果。」[8]

無庸置疑，在新移民心中這是一個全新的世界。王室在薩爾瓦多停留時，當地政府急著修正最初的壞印象，竭盡所能彌補失去的光陰。首府的教堂為王室成員舉行宗教儀式，展示教堂金碧輝煌的內部和黃檀木家具，安排他們與薩爾瓦多最傑出的市民會面。

一八〇八年一月二十八日在薩爾瓦多，最重要的大臣和顧問不在場，堂・若昂簽署法令，對友好國家開放巴西的港口。這是葡萄牙帝國在新的所在地採用的第一項措施。簽訂該法令，不僅可以用葡萄牙船運送「殖民地所有的農產品和其他產品」，也可以「用所有與帝國交好的國家的外國船運送」。根據這項新法令，溼貨（葡萄酒、白酒和橄欖油）的進口關稅加倍，乾貨（所有其他類商品）依價值的二四％課稅。除了巴西紅木和王國政府的其他專賣品，外國人可以出口殖民地所有商品和產品。[9]該法令的意義極為重大，結束葡萄牙自開始殖民以來對巴西貿易的壟斷。葡屬美洲的商品運送，不再局限於葡萄牙船或是已簽訂貿易合作關係的國家。現在商品可以直接從他國進口；巴西的船隻可以在外國的港口停泊，法國和西班牙除外，他們與葡萄牙還在打仗。

開放港口，與其說是善舉，不如說是歐洲局勢必要且不可避免的結果。葡萄牙被法國占領，巴西需要的補給品（幾乎都是進口貨）不再送達，巴西也無法出口任何產品。另一方面，有一個國家對這項法令特別感興趣，實際上是最大的受益者，在當時是葡萄牙最好的朋友：大不列顛。自從一八〇六年拿破崙的大陸封鎖令切斷英國傳統市場的通路，現在是開放巴西市場最有利的時刻。

立竿見影，英國開始出口大量商品到巴西，遠超過巴西所能吸收。大多數製成品不符合殖民地的需求。實際上，有一些幾乎不適用，例如溜冰鞋、女人的鯊魚皮束腹、銅製（暖床）長柄炭爐、厚毛毯和數學用具。英國人也送許多皮夾到這個不用紙鈔的國家，此地有資產的人從不帶錢，那是奴隸的職責。[10]巴西人發揮創造力：在糖廠煮蔗糖時，用已鑽孔的長柄炭爐撷取浮渣；淘金者把毯子當篩子；溜冰鞋做成門閂。但是這種創造力仍然不足以消耗存貨。過多的商品必須公開拍賣和特價出售。

這道敕令直接的結果是鞏固英國與巴西的貿易關係；一八一〇年二月簽訂《貿易與航行條約》

更是如此。此條約使英國產品的進口關稅降低，比其他國家的產品更有競爭力，包括葡萄牙。此條約對進入巴西的英國商品徵收進口稅一五％，對葡萄牙商品課稅一六％，對其他國家的商品課稅二四％。總之，這是殖民地酬謝英國在王室逃跑時給予協助。此「互惠」條款並未改變這個事實：葡萄牙產品的稅額高於英國產品，雖然只相差一％，但是富有象徵性。一八一〇年的貿易條約又進一步補上《和平與友誼條約》，准予英國特別採購權和取得巴西鋸木廠的營業許可。此條約也禁止「宗教裁判所」來到殖民地，並且載明逐步廢除奴隸貿易。[11]

在薩爾瓦多，攝政王開始整頓殖民地，當作帝國政府新的所在地。除了授予當地傑出人物勛章和採取例行的行政措施，堂・若昂實施開創性舉措，以前在葡屬殖民地聞所未聞。例如，一八〇八年他准許薩爾瓦多「聖若澤醫院」設立外科學院，里約熱內盧「陸軍與海軍醫院」設立解剖與外科醫學院。這些是巴西醫學院的始祖。然而，王國政府繼續限制葡萄牙設立教育機構，殖民地的專業人員長期不足。由於缺乏醫師，助長藥劑師、庸醫、巫醫和「草藥醫生」的活動，往往與醫學院學生（大多來自科英布拉大學）引進的科學知識相牴觸。

里斯本禁止殖民地設立高等教育學校，與西班牙不同，西班牙的文化政策支持殖民地的高等教育機構。直到攝政王來到之前，巴西只教授炮兵射擊術和軍事建築，偶爾有「宮廷學科」的課程：哲學、拉丁文、修辭和數學。其他的教育都是宗教的教團在修道院和神學院傳授。開放港口使葡萄牙以前的殖民地政策開始大轉彎。作為自由化的進一步指示，攝政王批准巴伊亞生產玻璃和火藥，以及設置小麥廠。

地主們竭盡所能說服攝政王留下來，總督尤其賣力，他始終抱持希望：他的城市將恢復舊身分成為殖民地首府，但是皇家小艦隊仍然於二月二十六日起錨，駛離海灣。雖然攝政王承諾他會下令在這座城市建造豪華的宮殿，他抗拒巴伊亞好客的名聲，按照他的計畫航向旅程最終的停靠港。

里約熱內盧：帝國的熱帶首都

歷史只是事後諸葛亮；就近觀察，一切都不確定。對巴西總督馬科斯・德諾羅納—布里托（Dom Marcos de Norornha e Brito，即阿爾克斯伯爵〔Conde dos Arcos〕）而言，這當然屬實。一八〇七年十月，雖然堂・若昂仍然竭力保持中立的政策，但是他決定對英國封港，立即引起殖民地憂慮可能遭到報復。里斯本發送指示給伯南布哥、巴伊亞和里約熱內盧，準備保衛他們的領土對抗可能發生的攻擊。一八〇八年一月十一日，阿爾克斯伯爵頒布法令，含有必須採取的措施，保護首府防禦入侵。[12]三天後，他所有的期望都反轉了：雙桅帆船**飛號**抵達這個城市帶來消息：法國人已入侵葡萄牙，王室在英國的援助下決定撤退到殖民地，在那兒統治帝國。才一天的工夫，不僅敵人換了，連必須採取的措施也全部變更。現在伯爵能夠轉移心思，關注更和平的事務，但是一樣急迫：安排里約熱內盧聖塞巴斯蒂昂這座樸素的城市迎接朝廷，成為葡萄牙帝國所在地。

此任務非同小可。在十九世紀初，里約熱內盧是新興的市鎮，市中心受到四座山的限制：卡斯特洛（Castelo）、聖本篤、聖安東尼奧和康塞桑（Conceição）。市中心位於卡斯特洛山腳下，自建立以來就有防禦設施，從市中心往外發展成四個都市教區：**主教管區**（Sé）[13]、**康德拉里亞**（Candelária）、**聖若澤**和**聖麗塔**（Santa Rita），有四十六條街、四個巷、六個弄和十九個公共廣場，廣場都是肥力耗盡的土，有很多壺穴、水坑、溼地和亂丟的垃圾。[14]實際上，這個地區大多是沼澤地，因為當局在都市發展的主要關注一直是防洪。

然而，在卡斯特洛山不遠處，面對海洋的**宮殿廣場**（Largo do Paço）是主要的廣場，殖民地政府所在地。這個鎮在此地呈現更宏偉的外觀。聖衣會在這個地區建造教堂和修道院時，稱之為**卡爾莫廣場**。在十八世紀四〇年代設立皇家財政部和會議廳（其內部也設置監獄），之後不久，設立皇家鑄幣廠和皇家儲藏庫。後兩者合而為一，擴大成為都督轄區政府所在地，一七六三年後成為總督轄區。在總督路易斯・德瓦斯康塞洛斯（Dom Luis de Vasconcelos）統治的期間，里斯本朝廷最重要的建築師查理・馬戴爾（Charles Mardel），依照送到里約熱內盧的設計圖，為廣場鋪路並裝設噴泉。一七八九年，巴西的雕刻師兼雕版師瓦倫汀・達豐塞卡－席爾瓦（Valentim da Fonseca e Silva），通稱瓦倫汀大師，建造新噴泉，替換原先的噴泉。

不過，作為殖民地首府，里約熱內盧不盡如人意。君主國的權勢可以從壯觀的宮殿和紀念性建築物來評估，就這方面而言，葡萄牙帝國的新首都乏善可陳。[15]不過，有一個例外：聖衣會在十八世紀建造的教堂和醫院，形成宏偉的建築物群。有幾棟美麗的樓房，雖然不能正式稱為「宮殿」（保留給皇家官邸的特權），仍然成為著名的**省長府**，遷都里約熱內盧後，改稱**總督府**。在**總督府**旁邊建造石雕碼頭，有三級石階和通往大海的斜坡道。穿越廣場的路叫做**直街**（Rua Direita，現今的**三月一日街**〔1° de Março〕），「鎮上最大、最繁華、最美的街道，不規則且彎曲，名不副實」。[16]**直街**是商業中心，和每個小鎮一樣，午餐後停止營業，午睡的時間很長。實際上里約熱內盧是寂靜的村子。朝廷的來到使此地熱鬧起來。

阿爾克斯伯爵眼下有很多事要做。一月十四日他搬出**總督府**，準備就緒讓皇族入住。會議廳和監獄也進行改建：拆掉柵欄、把門變寬，方便馬車通行。建新迴廊連接宮殿和會議廳，王室就不會在泥濘的街道弄髒鞋子。頒布「公寓分配」政令，指示周邊的屋主騰出最適合的房屋，供攝政王身邊的貴族、軍官和公僕住宿。被選中的房屋，在臨街的牆上用粉筆寫了兩個大字：P R。官方的意思是**王太子**（Principe Real），但是很快就在流行語產生新的意義：**被趕出家門**（ponha-se na rua），或是**被盜的建築**（predio roubado）。

阿爾克斯伯爵也全神貫注於提供食物給顯赫的訪客。他請求聖保羅和米納斯吉拉斯的省長協助，他們兩位送來糧食。雖然食物不足是城裡最大的難題之一，他設法提供菜單，含有歐洲人熟知的食物，增加一、兩樣新奇的：牛肉、豬肉、羊肉、家禽、木薯、地瓜、菜豆和玉米，以及葡萄、桃子、番石榴和香蕉。但是物質的營養不夠。也必須祈求神的庇佑，並且提供饗宴的空間。公告宗教和平民的慶祝活動，節目琳琅滿目，包括連續八天張燈結綵、跳舞和公眾的娛樂。為準備皇家遊行，街道經過裝飾，窗戶懸掛裝飾品，引導攝政王與隨行人員從碼頭走到大教堂，在大教堂唱〈**感恩讚**〉慶祝他的到來。會有鬥牛、賽馬、放煙火、音樂、舞蹈和戲劇的演出。[17]最新奇的是皇家歡迎會，儀式包括親吻君主的手。[18]傳統上，總督在君主的肖像前面進行這些儀式，肖像象徵皇家的勢力和合法性。眾人都很激動，現在會是攝政王本人進行儀式。

這是一種奮鬥。一月二十日早上，在完成準備之前，阿爾克斯伯爵收到手旗信號，從瓜納巴拉灣入口的**皮克山**（Morro do Pico）要塞傳來：皇家小艦隊正在靠近這個城市。街上的氣氛極為興奮。由於好奇，人們跑到港口附近的**堂曼努埃爾海灘**（Praia de Dom Manuel），或是爬上卡斯特洛和聖本篤的山頂，觀看艦隊抵達。傍晚，三艘英國船伴隨七艘葡萄牙船在海灣停泊。民眾大失所望，總督或多或少感到放心，船上只有女王的兩位妹妹瑪麗亞・貝內蒂塔和瑪麗亞・安娜，以及兩位公主，瑪麗亞・法蘭西斯卡・德阿西斯與伊莎貝爾・瑪麗亞。暴風雨使他們的船分開，他們直接朝里約熱內盧航行，不知道其他船隻的下落。雖然他們被邀請登陸，公主們不接受：在女王與攝政王抵達之前他們不願意踏上殖民地。一個月後，二月二十二日他們得到消息後才上岸，他們的親戚在巴伊亞平安無恙，不久將到里約熱內盧會合。

終於，一八〇八年三月七日，王朝**最優秀的人員**抵達瓜納巴拉灣。這座城市停止活動，萬人空巷。房屋、店鋪、政府部門，全都人去樓空。一看到皇家小艦隊出現在地平線，就開始發出致敬的信號：教堂鳴鐘，街上放煙火。港口所有的船隻與海灣附近的要塞，張掛標語旗和軍旗。步槍射擊數發後，接著發射大炮，震耳欲聾。難怪這些主賓受到驚嚇，以為戰爭已經在熱帶爆發！不過，那不是戰爭的噪音，是慶祝。艦隊方才駛入船塢，堂·若昂和他的夫人卡洛塔·若阿金娜就開始接受貢品。葡萄牙的貴族更加高興，他們的船與艦隊分離，在混亂中親友被留在里斯本碼頭，現在他們重逢。貢薩爾維斯·多斯桑托斯神父（Luis Gonçalves dos Santos，因身形羸弱且眼睛凸出，綽號**樹蛙神父**），也在觀看的人群中，以他常有的熱情評論皇族的到來。[19]

然而，當天皇族沒有上岸。市議會從一月十六日就一直在準備隆重的典禮，卻必須等到這些旅人在次日早上從長途旅行恢復過來。三月八日下午四點左右，除了瑪麗亞女王，皇族搭船到碼頭。對里約熱內盧的人民而言，這是歷史性時刻，到目前為止攝政王對他們而言僅僅是錢幣上、宣傳冊子和版畫上的傀儡元首。參議院、神職人員和當地的貴族，穿上最美好的衣服，戴上擦香粉的假髮，接待朝廷的成員。然而，若是有人想要見到王室伉儷穿貂皮襯裡的紫色斗篷，必定很失望。堂·若昂的個子矮、臉很長、前額大、眼神呆滯、嘴唇厚、雙下巴、腳粗大，一副靦腆的模樣。卡洛塔·若阿金娜也是矮個子，但是不像她的丈夫，她骨瘦如柴，走路一瘸一拐。她的臉引人注目，因為嘴唇薄、下巴突出和疣，而且開始冒出鬍的痕跡。[20]

不過，失望必須拋開，因為典禮不能等。在碼頭前方，特別為這個場合設立祭壇，為皇族灑聖水、焚香，將聖十字架呈給攝政王親吻。政府官員、平民、軍官和各種修道會的神職人員，排成一列向王室伉儷致敬，跟隨王子和公主走在肅穆的遊行隊伍，前往市區大教堂（玫瑰經教堂〔Igreja do Rosário〕）。這條路線撒滿白沙和芳香的葉子。窗戶和陽臺懸掛錦緞被和絲被，人們從窗口和陽臺將鮮花扔到遊行的隊伍。**羅薩里奧路**（Rua do Rosário）已架設大型音樂臺，唱聖歌讚美攝政王迅速成為巴西國王。同時，興奮的群眾在街上有節奏地呼喊：「王子萬歲。巴西皇帝萬歲。」

宗教儀式結束，攝政王與家人離開大教堂，前往**皇家宮殿**（Paço Real）[21]。廣場展示一系列木雕的寓言雕像，欄杆下方刻著維吉爾的詩。在這件作品的中央，里約熱內盧參議院的盾徽，鑲在展示葡萄牙皇家徽章的寶球上：祖國與美洲帝國的結合。堂・若昂的肖像用玫瑰花圈裝飾，框架的象徵性人物代表王子的美德：信仰、正義、謹慎、勇氣和寬大。在他的前面，兩個寓言雕像：一邊是非洲，另一邊是葡萄牙，因為元首不在而哭泣；中間跪著一個代表巴西的印第安人。他穿著斗篷和皮靴，羽毛束髮帶放在地上，伸手獻給元首這塊土地的財富：黃金和鑽石。

使貢品完滿的是一幅畫，描繪攝政王的船，在要塞的炮火聲中進入瓜納巴拉灣，受到這些文字的歡迎：

> 為美洲更大的榮耀，
> 慷慨的上帝賜予我們約翰六世。[22]

船的上方是寧靜的天空布滿白雲（暗喻和平的未來），以及米納斯吉拉斯的田園詩詩人席爾瓦・阿爾瓦倫加（Manuel Inacio da Silva Alvarenga）的詩：

遠處的烏雲吐出
浩劫、毒藥、痛苦和死亡，
而家鄉這裡的每一個氣息，
充滿寧靜與和平。[23]

席爾瓦．阿爾瓦倫加是「米納斯密謀」的領導者之一，因為他參與謀劃建立共和國，十年前遭到逮捕。當時他還健在，他必定怒不可遏，他的詩竟然被剽竊、用以讚揚君主。

那是漫長的一天。攝政王和他的扈從回到王宮後，群眾繼續慶祝到深夜，放煙火、奏樂、朗誦詩歌和演講，向攝政王表示敬意。攝政王從王宮的窗口觀看這一切。這不僅是熱忱接待的好藉口，也象徵性地確認新政府。整個殖民地，從累西腓到聖保羅和聖卡塔琳娜州，自發地表示支持。畢竟，就人民的了解，君主國已普遍被接受。直到一八二〇年，在巴西三月七日是國定假日，慶祝新發現。

安頓的時機

一踏上里約熱內盧的土地，攝政王必定了解：將新首府改成王朝所在地，需要大費周章。他習慣馬夫拉宮（他最喜愛的宮殿）和克盧什宮（女王的宅邸）的豪華。現今供他使用的宮殿實在簡陋。但是，如果此鎮不能適應君主，君主就必須適應此鎮。他帶著妻子搬進**卡爾莫廣場**的原總督府，合併隔壁的會議廳和皇家監獄，充當王宮僕人的住所。然而，仍然沒有房間供女王居住，聖衣會修道院被徵收充當她的住宅，修士們被轉移到拉帕（Lapa）的神學院。不久攝政王找到新宮殿居住，與他的夫人保持方便的距離，兩人的關係已緊繃一段時日。葡萄牙裔富商伊萊亞斯・洛佩斯（Elias Antônio Lopes），讓渡市郊聖克里斯托旺（São Cristóvão）[24]的別墅，供這位君主使用。雖然他堅稱「除了陛下的福祉」別無所求，幾年後他的「禮物」得到很慷慨的回報。

這時候政府繼續徵收房子，給沒有住所的貴族成員、公僕和軍官。一些本地的產權人假裝改建，或進行完全不必要的改建。沒完沒了的改建，設法防禦「貴族入侵」。[25]其他人乾脆不理會政府的要求。市民不對攝政王洩憤，而是和王室的隨行人員作對，視如殘酷無情的「**任意掠奪者**」（Toma-larguras）[26]。由於越來越多的皇家隨從登陸，越來越多當地的精英被迫讓渡房屋。

已經在里約熱內盧居住的商人，大多是葡萄牙裔，不樂意他們的同胞趁勢坐大，在王國政府的默許下，逐漸取代他們的地位。政府很快就了解到需要安撫本地人，使憤憤不平的商人和地主恢復對政府的愛戴。權宜之計是授予貴族的頭銜或某些榮譽稱號。因此建立〈恩寵總名冊〉，並且在一八一〇年設立「皇家紋章官貴族法人」，作為在葡屬美洲封爵的機構。一八二一年堂・若昂回到葡萄牙時，他已授予兩百五十四個爵位，包括十一個公爵、三十八個侯爵、九十一個子爵和三十一個男爵。[27]他也創立「寶劍勛章」和「騎士與司令大十字勛章」的稱號。堂・若昂當攝政王時，以及一八一六年當國王後，他授予兩千六百三十個「基督騎士團騎士與司令大十字勛章」[28]，一千四百二十二個「阿維斯聖本篤騎士團勛章」和五百九十個「聖地牙哥騎士團勛章」[29]。除了葡萄牙已封爵的貴族，巴西新貴族脫穎而出，渴望展示卓越的新象徵。

現在攝政王的注意力轉移到新政府所在地實際的行政。自從堂・若昂抵達里約熱內盧，他就表明會在殖民地統治帝國，這是他在離開里斯本之前已採取的決策。[30]現在他會從巴西傳達命令給葡萄牙全部的領土。羅德里戈・德索薩・科蒂尼奧被任命為「戰爭與海外事務部長」；阿納迪亞子爵擔任「海軍與海外領土祕書」（他在葡萄牙就擁有的職位）；里約熱內盧一八〇一至一八〇六年的總督費爾南多・德波圖加爾（Fernando José de Portugal）擔任「內政部長」。

此三頭政治的大臣很快就變成民眾嘲諷的對象。他們是知名的「三鐘」：總是走很快的鐘（羅德里戈），總是走很慢的鐘（費爾南多），和完全停止的鐘（阿納迪亞子爵）。三鐘的指針都是朝王子的方向移動。[31]此時公僕的數目繼續增加，妨礙政府機構的運轉，而且政府的費用上漲。新移民期待朝廷提供他們生計，授予職位只是為了照顧他們。這一大群食客，有主教、法官、議員、醫師、王室的僕人、國王的私人僕役和王室的親信，舉止像「一群寄生蟲」。他們四處遊蕩，騙吃騙喝，在殖民地首府繼續他們以前在里斯本從事的職業：以耗費公款維生，對國家的利益毫無貢獻。[32]為資助逐漸膨脹的行政機構，巴西各地的活動實行新稅法。對這種不節制的腐敗，人們用諷刺的詩文表達憤怒：

> 偷一隻烤雞
> 坐牢是報應
> 但是搶劫國庫呢？
> 他們讓你當貴族！[33]

殖民地政府根據葡萄牙機構嚴格的等級制度。市議會隸屬都督轄區政府，都督轄區隸屬殖民地總督府，總督府隸屬里斯本朝廷，在里斯本所有的權力都集中在中央。此時的計畫是建立新的帝國所在地，成為舊帝國的鏡像，將葡萄牙的機構和全部財產轉移到殖民地：「在巴西組織帝國〔……〕意味著複製里斯本的結構，用以提供工作給失業者。」[34]最富策略性的政府機構最先遷移：軍隊、法庭、警察部門和財政部。巴西是依據《菲利普律令》（自十七世紀生效的葡萄牙法規）統治，一些重要的葡萄牙機構已經在殖民地成立。因此，其他機構的遷移過程是疊加、合併和融入已存在的機構。這些機構保護元首的權力，與《菲利普律令》的綱領一致：「國王是法律在地球上的化身。他認為適合就可以制定法律和廢止法律。」[35]巴西已設立「高等法院」，[36]受里斯本的葡萄牙國「最高法院」[37]管轄。[38]現在「最高法院」本身與其他古老的葡萄牙法院被帶到殖民地，成為「皇家高等法院」[39]（當地的最高法院）與「皇家道德評議會」[40]（管轄巴西的「大主教教區」）配套的部分。[41]

然而，堂・若昂的美洲殖民地並非一致贊同元首至高無上的權力。歐洲的危險來自「法國大革命」的例子，美洲的危險來自美國的共和國理想。因此，葡萄牙王國政府抵達里約熱內盧後，立即採取緊急步驟加強中央集權化政策。一八〇八年四月五日根據敕令成立「巴西國司法警察局」（自一七六〇年就存在於葡萄牙）。司法警察的職責幾乎無所不包：保護國王、安排他的時間表、設置軍營、進行市鎮防禦工事、檢查劇院、將馬車和航海業船隻做目錄、登錄外國人名冊、發護照、管制公共慶典、拘押逃奴，追捕和監禁反政府者。這種保衛殖民地的新結構，包括設立「軍事檔案館」，製作並保存巴西與其他海外領土的海圖和地圖，以及在一八〇八年成立「陸軍學院」，教授數學、物理、化學、博物學和防禦工事。[42]

因此，雖然巴西已建立許多葡萄牙的機構，隨著王朝到來，這些機構的數目和活動範圍變得難以辨識。這種深遠的改變有種種間接影響，其中之一是殖民地的商業活動取得更大程度的自治權。其中一個重大的例子，「**巴西銀行**」（Banco do Brasil）於一八〇八年創立，官方業務是促進貿易和滿足市場的需求，但是其活動的後果很快就超越國家的控制範圍。

「文明的假象」

這是全新的過程。史上頭一遭殖民地變成帝國的首都。這種角色的反轉，需要製作巨量的文件：條約、政令、法規和政府各部門的會議紀錄。這麼龐大的資料全都需要印刷，有一個小障礙：殖民地禁止設立印刷廠。解決的辦法是在一八〇八年五月十三日，攝政王的誕辰，成立「皇家出版社」。[43]除了官方文件，「皇家出版社」也被允許印製其他作品和書籍。然而，新的出版品都要接受種種限制。社長必須檢查所有送來出版的東西，內容與政府、宗教或公德相牴觸的文件和書籍都排除。因此，一開始就有審查制度，保護葡萄牙王國政府脆弱的穩定狀態。[44]

從成立的當天開始，「皇家出版社」就進度落後。截至一八二二年巴西獨立，「皇家出版社」已出版一千四百二十七份官方文件[45]和七百二十冊書籍——時事論文、宣傳冊子、布道書、計畫書、科學作品、文學作品、法文翻譯和英文教科書，舉凡農業、政治經濟學、哲學、戲劇、歌劇、小說、詩集、兒童文學，什麼都沾點邊；唯一條件是先經過審查官的檢查。另外，每逢週年慶、葬禮或王室的誕辰，印製大量奉承的回憶錄。

「皇家出版社」發行巴西的第一份期刊：《**里約熱內盧報**》（*Gazeta do Rio de Janeiro*），於一八〇八年九月十日週六創刊。[46]從那時候起，有週日版和週三版。這份報紙充當政府的官方刊物，由「戰爭與海外事務部」職員蒂布西奧．達羅查（Tibúrcio José da Rocha）編輯，從未掩飾它的角色是「國家宣傳」。這份報紙記述君主國的活動並提升君主國的形象，內容被限定報導官方的任務、讚揚王室和複製歐洲報紙的文章。一八一四年《**里約熱內盧報**》批評歐洲的戰爭，特別關注打敗拿破崙的戰役。這類文章最初在國外發表，指法國人是「襲擊歐洲的瘟疫」，並且提及堂・若昂的離去是「最明智的措施」。[47]

這份期刊唯命是從的編輯政策，極其反對的人包括記者伊波利多・達科斯塔（Hipólito José da Costa Pereira Furtado），他尖酸刻薄地批評：「優質的紙用在這麼低劣的題材，不如用來包奶油。」伊波利多是巴西人，曾經是里斯本「皇家出版社」社長，自一八〇二至一八〇四年間被「宗教裁判所」指控是共濟會會員並且遭到囚禁後，他與葡萄牙政府為敵。然後他逃到倫敦，創辦自己的報紙《**巴西郵報**》（*Correio Braziliense*），比里約熱內盧發行第一版《**里約熱內盧報**》早三個月。《**巴西郵報**》一直發行到一八二二年，消息靈通、文筆犀利，而且不用審查。伊波利多在《**巴西郵報**》發布新聞、分析時事並批評當時的政治活動。雖然《**巴西郵報**》被禁止進入巴西，仍有幾份被偷偷帶進都督轄區祕密閱讀。

自一八〇八至一八一〇年間政府專注於行政措施。這包括將「文明」帶到殖民地，一八一一年後開始促進此方案。這類措施首先於一八〇八年建立里約熱內盧植物園，仿效里斯本**阿茹達宮**的植物園，蒐集樣本並進行植物實驗。巴西這座植物園位於**羅德里戈德弗雷塔斯湖**（Lagoa Rodrigo de Freitas）公園。[48]王國政府指定這個地區，栽培和展示服水土的「異國」品種和植物，包括黑胡椒、紅辣椒、丁香、樟腦、肉桂和肉荳蔻，以及各種水果：麵包樹、番荔枝、芒果、印度麵包樹、番櫻桃[49]和楊桃[50]。從安地列斯群島進口第一株大王椰子，由攝政王親自栽種。殖民地的第一座茶園於一八一〇年在園區裡設立，從澳門帶來幼苗，由兩百位中國人負責種植。一八〇八年六月六日成立「皇家博物館」，一八一九年**羅德里戈德弗雷塔斯湖**公園併入博物館，以「皇家植物園」的名稱向公眾開放。[51]

一八一六年「皇家科學與藝術學校」在「皇家博物館」舉行落成典禮，以「促進當地植物學和動物學研究」[52]為目標。由於博物館沒有收藏品，堂·若昂捐出一些私有物品，包括圖畫、雕版畫、寶石、原住民工藝品和動物標本，所有這些東西使博物館看起來像「古玩店」。這些措施當中最有意義的或許是創建「皇家圖書館」。花了三趟旅程，將布拉干薩王室無價的私人藏書（在王室離去的混亂中，被棄置在里斯本的街上），運送到里約熱內盧。「皇家圖書館」於一八一四年向公眾開放。[53]

為維持朝廷機構的勢力，加上政府各部門與追隨的公僕，殖民地的居民付出沉重的代價。半數在葡萄牙流通的金錢，以及放進里斯本皇家金庫裡的八千萬克魯扎多的黃金和鑽石，不過是滄海一粟。王室、法庭、薪資和退休金，全部費用幾乎都由「**巴西銀行**」提供。[54]由於稅金變得更繁重，殖民地的怨恨高漲。王室毫不掩飾地揮霍財富。皇家的食物貯藏室，變成皇家浪費的象徵。堂·若昂的孫子堂·塞巴斯提昂王子的育嬰室每日的消費是例子：三隻雞、十磅牛肉、半磅火腿、兩磅香腸、六磅豬肉、五磅麵包、半磅奶油、兩瓶酒、一磅蠟燭，以及糖、咖啡、麵團、水果、蔬菜、橄欖油和其他調味品。[55]一八一八年的紀錄顯示：王宮每天吃掉六百二十隻家禽。[56]

朝廷的存在帶給巴西不容置疑的政治利益，但是巴西必須付出極高的代價。由於政府的核心組織越來越龐大，因此也需要龐大的稅金來維持。[57]葡萄牙君主國以里約熱內盧為中心時，雖然採取的措施大多是利己的，但是經過數年政治和行政的發展，為殖民地確立方向。這個方向既無法預測也不可逆轉。葡屬美洲既不完全是歐洲的也不完全是帝國，逐漸拋棄殖民地的身分。

國王在巴西

堂・若昂來到熱帶已經六年。殖民地使他擺脫痛風，並且避開歐洲政治複雜的手腕；雖然拿破崙戰敗，歐洲仍然飽受對抗和領土糾紛的困擾。這是「神聖同盟」（Holy Alliance）的時期，在一八一四與一八一五年間，俄羅斯、奧地利和普魯士在「維也納會議」結合。拿破崙戰敗後，這些重大的外交會議協商，使革命前的君主國復辟，歐洲集體重建。縱使有平定和回歸**舊政體**的願景，堂・若昂仍然猶豫不決。然而，歸功於他在巴西維繫朝廷的決策，里約熱內盧的面貌永遠改變。這個熱帶城市不再能辨認，不再是當初迎接攝政王與隨行人員的「冒牌里斯本，粗鄙且無法無天」[58]。里約熱內盧從大約六萬居民增加到九萬[59]，現在街上盡是不同種族的人，有各種膚色和想像得到的文化。[60]

不過，對外國遊客而言，巴西的首都仍然粗鄙和破舊。約翰・盧卡克（John Luccock）[61]形容它是「世界上最骯髒的人類匯集地之一」。雖然有王朝的存在，這個寂靜的鄉鎮繼續日常的工作。王宮的生活也沒有例外：午餐後，攝政王在涼爽的客廳休息，那兒一片寧靜，偶爾王子們發出尖叫聲，戲弄籠子裡的猴子，或是騷擾狗、鸚鵡、金剛鸚鵡和葵花鸚鵡[62]。

關於堂・若昂，有一則或許誇大的故事經常被提起。他遭扁蝨咬傷，遵照醫師的囑咐，開始泡海水，但是腫得更厲害，使他寸步難行，短程的旅行他開始坐轎椅，由奴隸扛在肩上。[63]在王宮附近「優雅的」街道，**直街**和**歐維多街**（Rua do Ouvidor），這種新式的交通工具風靡一時。比較實際的，短程最常用的交通工具是掛簾子的騾車或牛車，由一個步行的奴隸帶路；長程的旅行使用雙頭或四頭馬車。[64]也可能「很體面地」僱用奴隸駕馭馬車。但是這些交通工具都很昂貴，而且品質很差。一八一九年普魯士人狄奧多・馮萊特霍爾德（Theodor von Leithold）[65]將它們比喻成「市場的貨車」[66]。

這個城市幾乎沒有娛樂設施，甚至沒有都市社會最基本的必需品。從一七七九至一七八三年間拉帕區建造**公共步道**（Passeio Público），多年來這座公園是這個城市少有的景點之一。鬥牛也是受歡迎的娛樂形式。馮萊特霍爾德曾經在**聖安娜廣場**（Campo de Santana）[67]觀看鬥牛：「葡萄牙人、巴西人、穆拉托人和黑人全程喝倒采；幾個穿戲服的人物試圖用紅色斗篷激怒一隻癩皮牛，這隻牛依然平靜。」[68]**聖若昂皇家劇院**於一八一三年落成，提供另一種娛樂，十年來一直是城裡唯一的劇院。至於音樂，堂・若昂擅長結合當地的人才與來自海外的藝術家。他的身邊簇擁著專業的藝術家，例如混血兒作曲家若澤・毛里西奧（José Mauricio）[69]，直到一八一〇年他負責宮廷所有的宗教音樂與世俗音樂，完全沒有競爭者，被暱稱「巴西的莫札特」[70]。然而，一八一一年，作曲家馬科斯・波圖加爾（Marcos Antônio Portugal）[71]抵達，他熟悉宮廷的品味，使若澤・毛里西奧相形見絀。馬科斯・波圖加爾曾經在義大利求學，在里斯本**聖卡洛斯歌劇院**擔任指揮。水漲船高：截至一八一五年，皇家禮拜堂擁有五十位國內與國際的歌手。

君主國在城外六十公里處經營「**聖克魯斯莊園**」（Fazenda Santa Cruz）[72]，不僅農產品有名，也以「製造」樂師聞名，都是非洲人的後裔。在這個莊園，除了田裡的工作，被奴役者也學唱歌和彈奏樂器。由於名聲越來越響，此莊園通稱「**聖克魯斯藝術學校**」。自從耶穌會會士被驅逐，莊園沒落，但是音樂老師[73]們繼續工作，在朝廷來到時協助這所學校順利轉型。

一八一七年這棟建築改建，禮拜堂重新裝潢，以便管弦樂隊和唱詩班表演。**聖克魯斯宮**正式成為皇家的夏季別墅，有一切莊重的儀式適合王宮的新身分。在若澤・毛里西奧本人的監督下，被奴役的樂師花時間研究樂理和練習樂器。攝政王開始這個慣例：將聖克魯斯的樂師併入軍樂隊（聖克里斯托旺宮的管弦樂隊），也併入皇家禮拜堂的唱詩班。樂器包括弦樂器（小提琴、中提琴和大提琴）、木管樂器（豎笛、雙簧管、橫笛和巴松管）、黃銅樂器（喇叭和伸縮喇叭），以及鼓、高音單簧管和烏木短笛。他們演奏愛國進行曲、**摩地納歌曲**（modinhas）、華爾滋和方塊舞曲。他們也表演歌劇。堂・若昂很喜愛音樂，到劇院觀賞特別演出，經常在王室的包廂裡睡著。他驚醒時總會問身邊的忠臣：「賤民結婚了嗎？」[74]

新首都有許多很原始的問題。昆蟲是旅人永恆的話題，他們描述那些腳很長的「小怪物」令人煩惱：「因為蚊子，住在巴西的人把這個國家叫做甩巴掌國。夜裡為了對抗蚊子，我們必須不停地左右甩自己巴掌。」他們不只抱怨蚊子。老鼠、土椿、蟑螂和跳蚤爬進腳趾間的皮膚，狗徹夜狂吠，外國人都害怕。

巴西特有的其他「問題」，起因於非洲裔巴西人的出現，以及散布在殖民地仍然為數眾多的原住民族群。例如，一八〇八年五月十三日攝政王簽署敕令，命令米納斯吉拉斯總督攻打印第安食人族博托庫多人（Botocudo）[75]。這道敕令指印第安人是野蠻人和食人族，犯下窮凶極惡的行為，「時常謀殺葡萄牙人與溫順的印第安人，傷害他們然後吸吮傷口的血，經常撕裂屍體，吃可怕的殘骸」。堂・若昂下令，以「文明」之名即刻消滅這個族群，保護「溫順和平」的社會。他們也十分畏懼可能發生奴隸起義，通稱「海地主義」（Haitisim，指海地島的奴隸革命成功）現象。這是（精英們）恐懼和（被奴役者）希望的來源。不足為奇，精英們毀謗非洲人和非洲的習俗，只是為了有正當的理由俘虜非洲人。博爾巴侯爵（Marquis of Borba）留下啟發性的陳述，表達朝廷普遍的見解：「這些黑人最可怕了〔……〕。這〔鎮〕是惡名昭彰的巴比倫……」。[76]

新移民有種族偏見，在他們眼裡黑人得到相當大的關注：黑人是當地的經濟根基，因而融入殖民地日常生活的各個層面。當時在北美和南美奴隸制仍然是權力強大的制度，仍然有可能發展成一個體系在政治上持續。奴隸制如此普遍，滲透到每一個公共空間，包括印刷品的頁面，尤其是拍賣和出租的分類廣告。幾乎每天都看得到《**里約熱內盧報**》典型的通訊如此刊載：

曼努埃爾・費南迪斯・吉馬良斯（Manoel Fernandes Guimarães），穆拉托奴隸，於一八〇四年逃走，三十歲，又名若哈金。安東尼奧・戈梅斯神父於聖靈州都督轄區購得，有下列特徵可辨認：以裁縫和理髮為業，中等身材，嘴唇厚（上唇厚兩倍），皮膚有痘瘡。任何人有他的消息想要舉報，到直街二十六號曼努埃爾・戈梅斯・費南迪斯的住宅，會得到賞金四萬雷亞爾。[77]

〔一八一〇年六月六日〕[78]

被奴役者的反應是計劃逃亡、起義和暗殺，或是用反諷還擊，如同這些詩行，矛頭指向白人的腐敗：

白人主人也偷
我們黑人偷雞
偷一袋袋菜豆
白人主人偷的
是白銀和錢幣

我們黑人偷竊
肯定關入監獄
白人主人偷竊
最後成了男爵[79]

在里約熱內盧，非洲人和奴隸從事各種活動。他們賣水果和木薯糊、做美食、扛重物和垃圾（經常裝備齊全，穿著華麗的制服）、跑腿、賣報紙、抓跳蚤、當木匠，或者當派遣工。最後這一項構成最大的群體：奴隸可以按日、按週或按月受僱。他們提供各式各樣的服務：賣商品、扛水桶、運送垃圾——所有活動都依照參議院的法典規範。[80]數字顯示這類勞工由來已久：在十九世紀二〇年代朝廷擁有大約三萬八千名奴隸，當時里約熱內盧的總人口只有九萬，不包括自由的黑人，這個城市的公共場所到處都看得到這些黑人。

自古羅馬以來，這裡是最大的奴隸集中地，不同的是，在里約熱內盧奴隸的數目相當於歐洲裔的居民數目。實際上，這種局面有利於被奴役者的發展：販運商引進一批又一批的俘虜，這個城市的外觀越來越像非洲。在王宮附近奴隸如此集中，這個地區通稱「小非洲」。毫無疑問，「里約熱內盧看起來像非洲的濱海市鎮」[81]，不同的非洲裔族群，在臉部和身體驕傲地展示獨特的傷疤和國家的記號。矛盾的是，皇族的到來和港口的開放，促進奴隸販運，並非限制。[82]精英們很擔憂非洲人的數目居高不下，因此實施「支援白種人口」政策。從亞速爾群島引進夫妻群，按月給津貼，提供住宅、工具、牛車和所有他們要求的東西。[83]

朝廷也順應這個城市例行的節慶活動，一樣是異質的。每年有七個主要的宗教遊行震撼這個城市：一月二十八日**聖塞巴斯提安節**，里約熱內盧守護神紀念日後第八天；聖灰星期三**聖安東尼節**；四旬齋第二個星期四**耶穌受難日**；棕枝主日前的星期五**基督凱旋**；**聖週五埋葬**；六月**基督聖體節**和七月二日**顯靈節**。[84]在這些場合，朝廷與領導人物穿著刺繡的制服參加遊行，有士兵的行列、宗教的旗幟和皇家禮拜堂的歌手同行。另有放煙火、公開拍賣、打鼓、方當戈舞（fandangos）、賽馬、聖週六焚燒猶大、聖靈降臨節饗宴、王室的誕辰、教會的節日，打斷這個城市日常生活表面的平靜。

對節慶活動的喜愛，並非當地首創。參與皇家和宗教的遊行，既是葡萄牙的慣例，也是非洲人在原生國家的習俗。然而，在遙遠的美洲殖民地，這種節慶活動扮演的角色，更具策略性和象徵性。無論是皇家遊行或宗教遊行，攝政王公開露面，代表葡萄牙帝國擴張到世界各地，現在從殖民地統治帝國。

現在君主國的慶典加入已經很忙碌的節慶行事曆。一八一五年十二月十六日，慶祝瑪麗亞女王八十一歲誕辰前夕，堂．若昂將巴西升格為「葡萄牙、巴西與南部領土聯合王國」，使殖民地變成葡萄牙帝國所在地。這項措施是他向居住七年的國家致意。然而，此措施也受到政治、經濟和外交因素的激發：緩和貿易關係、滿足英國的要求，而且顯然旨在遏止革命，類似英屬美洲和鄰近的西班牙殖民地的革命。換言之，這步棋的用意是防止巴西獨立（建立共和國），防止始終存在的分裂危險。

縱使有「維也納會議」的決策，歐洲正在醞釀革命運動，顯示政治秩序搖搖欲墜。波蘭正在經歷革命；俄羅斯面臨改革；普魯士和奧地利仍然在爭奪日耳曼霸權；瑞典和丹麥因為挪威而失和；比利時和荷蘭無法保持團結，那不勒斯在試驗自由主義，而西班牙是極端主義者所在地。

歐洲到處都不穩定，這個理由足以勸阻堂・若昂離開殖民地。實際上，巴西升格為王國，既保護國家的領土完整，也對一連串問題提供合理的回應。一方面，顯然某種程度的自治是必要的，因為現在所有談判都在殖民地進行。另一方面，堂・若昂的措施，使葡萄牙的盟國感到憂慮。他們要求攝政王：一旦確定太平，恢復葡萄牙和葡萄牙帝國的身分，到更大程度的「正常狀態」。

因此，統治帝國只是遠看容易。當巴西能夠在慶典之間擠出時間，這個國家就逐漸擺脫帝國往昔的種種束縛。這項成就不容小覷。由於《一八一〇年條約》，里約熱內盧變成巴西巨大的交易站，港口有巨量的產品進出：從英國運來織品、金屬、工業化食品、甚至西班牙的酒；法國運來奢侈品、小裝飾品、家具、書籍、印刷品、奶油、絲綢、蠟燭和利口酒；荷蘭運來啤酒、玻璃、亞麻布和琴酒；奧地利（包括義大利北部和德國南部）運來鐘、鋼琴、亞麻布、絲綢和絨布、工具和化學品；其他德語國家運來波西米亞玻璃、紐倫堡玩具、黃銅和鐵製廚具；來自俄羅斯和瑞典的工具、銅器、皮革和柏油；來自非洲海岸（尤其是安哥拉和莫三比克）的金粉、象牙、胡椒、黑檀木、蠟（教堂用掉許多公斤）、棕櫚油、阿拉伯膠和非洲奴隸（仍然令人不安）。不過，這不再是單方面的貿易。一方面，巴西開始取代里斯本，與葡屬非洲殖民地貿易；另一方面，印度和中國的產品也在里約熱內盧停泊，再從那兒出口到里斯本、歐洲的其他港口，和美洲的其他地區。里約熱內盧港口主要的輸出品包括糖、咖啡、棉花和菸草。[85]

再者，堂・若昂的政局很快就有重大的改變。瑪麗亞一世患精神病多年，於一八一六年三月二十日薨。她曾經每天坐轎子逛里約熱內盧，無法辨認任何事物。抬轎的奴隸習慣她的幻視——她經常堅持要下轎，因為有魔鬼擋路。[86] 她的逝世是充分展現國喪的時機。[87] 教堂都掛上紫色花圈，使用科林斯式柱頭黑絨圓頂和金銀編帶作裝飾。這個國家宣告舉哀一年，同時迫不及待擁立國王。[88]

第二年，一八一七年，發生另一次舉哀。六月，安東尼奧．德阿澤維多（巴爾卡伯爵）去世；這位政客曾經在葡萄牙政府慷慨激昂地陳述法國的利益和習俗。法國文化的影響已逐漸興起，法國時裝從一八一四年起使巴西為之傾倒。法國移民在報社充當法語教師，對任何有能力學習波旁王朝的語言者承諾奇蹟，而法國的時裝設計師，使熱帶年輕女名流的服裝宛如在寧靜的溫帶氣候。從巴黎運來大量蕾絲、金銀刺繡、羽毛、扇子、香水、珠寶、帽子、絲綢靴子和鞋子。「皇家出版社」印製法文的學術論文，與最初抵達葡屬美洲的法文小說：阿蘭—勒內．勒薩日（Alain-Rene Lesage）的著作《**跛足的魔鬼**》（*Le Diable Boiteux*，一八〇九年翻譯），與貝納丹．德聖皮耶（Bernardin de Saint Pierre）的《**保羅和維爾吉妮**》（*Paul et Virginie*，一八一一年翻譯）[89]。然而，直到一八一五年拿破崙戰敗，法國文學才開始在巴西變成主流，從極為通俗的小說，到伏爾泰的史詩《**亨利亞德**》（*La Henriade*）與拉辛的《**費德爾**》（*Phèdre*）的高雅文化。里約熱內盧書店裡的法文作品是激進派，書籍包括宗教、哲學、藝術、科學、地理和歷史，以及小說、字典和笑話集。[90]一旦兩國重建外交關係，法國產品（優雅，但是有些東西用途奇特）開始出現在**歐維多街**的商店裡：掛鐘、水晶吊燈、四帷柱紅木床、針線桌、茶桌、眼鏡、陶瓷、紙、布料和中國的雕漆屏風。

對法國文學和產品的愛好提升，部分因素是安東尼奧．德阿澤維多在宮廷的另一項創舉。一八一六年他負責熱烈歡迎並庇護一群法國藝術家。馬里亞爾瓦侯爵是葡萄牙派駐法國的新貿易祕書，一八一五年他支持這個主意：在他的圈子裡有許多聞名的藝術家應該移民巴西。因為拿破崙垮臺，這些藝術家失業，而且害怕遭到政治報復。實際上，這些藝術家主動提出移民巴西的主意，由約阿希姆．勒布雷頓（Joachim Lebreton）帶頭，他是美術學院祕書。里約熱內盧政府將這個請求看作殖民地引進藝術家的契機，以及在歐洲促進政府形象的一種手段；因此他們幫忙資助這個團體。法國人的期待很高。他們認為這是一個機會，不僅可以逃離被戰爭蹂躪的大陸，也可以在朝廷和沒有正式藝術教育的社會賺大錢。然而，這件事不是毫無風險。這個殖民地遙遠且不為人知，其統治者曾經向拿破崙宣戰，而拿破崙是他們以前最大的贊助者。[91]

他們預料不到，這個團體最大的支持者和主要的藝術保護者，安東尼奧・德阿澤維多，在他們抵達後不久就過世，導致他們依照法國模式成立美術學院的計畫陷入泥沼。沒有他的影響力，這個團體遭受冷漠的對待和敵意，巴西和葡萄牙的藝術家很憤怒這群「失業的**拿破崙支持者**」超越他們。不過，仍然有許多機會。君主國極其重要的兩件事，女王薨和準備新元首登基，使這些藝術家很快就有工作，為移入的朝廷建造宏偉的舞臺布景。

約阿希姆・勒布雷頓領導駐巴西的法國藝術代表團，此團體包括畫家尼古拉—安托萬・陶奈（Nicolas-Antoine Taunay）、其弟雕刻家奧古斯特—馬利・陶奈（Auguste-Marie Taunay）、歷史場景畫家德布雷（Jean-Baptiste Debret）、建築師格朗讓・德蒙蒂尼（Grandjean de Montigny）和雕版師西蒙・普拉迪耶（Simon Pradier）。除了廣泛的專長領域，這些成員也以高品質的藝術製作聞名。[92]

這個團體打算在巴西建立「新藝術文化」，擺脫教會的影響。雖然殖民地有許多藝術家和學徒，卻沒有藝術學校。從八世紀以來，巴西的藝術一直盛行巴洛克，里約熱內盧、累西腓、薩爾瓦多、（尤其是）黑金市和薩巴拉的教堂提供範例。米納斯吉拉斯北部的採礦鎮迪亞曼蒂納（鑽石城），可以看到巴西洛可可建築的典範。藝術作品幾乎都是政府或教會當局委託，必須遵照他們的要求。葡萄牙缺乏藝術家。雖然有學院，但是藝術活動並非當務之急，而且很少有藝術家致力於繪畫。可能是這個因素，朝廷熱烈歡迎這群藝術家。他們被看作歐洲的一種先驅，或者，最起碼，有才華且受過學院的良好訓練。另外，他們接受新古典風格的教育，在法國用以描繪「法國大革命」

流傳後世。

此時新成立的王國政府打算委託這些藝術家創作，以強化君主國的形象。這是完美的契合。由於皇族是殖民地僅有的藝術贊助者，此法國團體不得不接受王室的保護並執行王室委託的工作。女王的葬禮後，接著準備一八一七年迎接巴西未來皇后萊奧波爾迪娜（Princess Leopoldina）與一八一八年擁立堂・若昂。這群藝術家也致力於重要的建築物和紀念碑，以及紀念國家大事的短期展覽。

這個團體首位接受委託的成員是建築師蒙蒂尼，設計新的美術學院，此風險項目實際上一直在拖延。最規律的委託是與公共節慶活動有關的工程，這些藝術家承建比較成功。一方面，他們從歐洲帶來新古典風格，從古代汲取靈感，完成宏偉的作品。另一方面，儘管政府打算在帝國的新中心重建首都，對這個團體而言，殖民地港口的經濟以奴隸為基礎，在這種背景置入古典的形式，絕非容易的任務。[93]這是在一八一六年末，這群**流亡**藝術家全力以赴，但是運氣有些背，困難重重。在一八一七年初籌備兩個慶典——擁立堂・若昂和慶祝其子堂・佩德羅未來的妻子萊奧波爾迪娜公主來到，猝不及防地必須延後，因為三月六日伯南布哥發生革命。臨時的凱旋門、精巧的舞臺布景和假陽臺，必須等到葡萄牙的熱帶領土恢復和平。

人心動搖：但願加冕典禮延後

如果直到那時候堂・若昂認為待在熱帶殖民地是理想的，從一八一七年起一個新的現實將打斷他寧靜的日常生活。除了伯南布哥的革命運動造成阻礙，另有兩個衝突打斷攝政王的外交政策：西斯普拉丁省（Cisplatina，現今的烏拉圭）的問題和反覆出現廢除奴隸貿易的議題。

葡萄牙君主國的所在地轉移到巴西，為外交關係展開新的一頁。堂・若昂在殖民地的外交政策，第一個決策是向法國正式宣戰。接著，他派一支遠征軍去占領開雲（Cayenne，現今的法屬圭亞那），展現他更具攻擊性的新姿態。這種新作為是否因為王室遷移到熱帶區域，或者因為發現朱諾的軍隊調動，或者這是與英國結盟的部分，不得而知。無論如何，受到正式交戰的刺激，一八〇九年一月十二日法國的殖民地向堂・若昂的政府投降。這種局勢持續到「維也納會議」，當時此會議決定葡萄牙將合併的領土歸還法國。不過，兩年後，一八一五年，才付諸歸還。

然而外交問題不限於局部領域。在歐洲，拿破崙撤銷卡洛斯四世（Carlos IV）的西班牙王位，剝奪其繼承者費爾南多七世（Fernando VII）的權利。這導致美洲動盪，加速分離運動。在巴西，費爾南多七世的姊姊卡洛塔・若阿金娜關注西班牙在拉普拉塔河的殖民地，以該地的合法統治者自居。但是她的計畫受阻，因為她的丈夫堂・若昂沒有理由信任她。一八一一年，西斯普拉丁省開始獨立的過程，堂・若昂以支持該省和防禦潛在的侵略為藉口，下令葡萄牙軍隊進入戰鬥狀態。之後，一八一六年七月九日，「拉普拉塔河聯合省」宣布獨立，衝突變激烈。這些省以前是西班牙總督轄區，以布宜諾斯艾利斯為首府。葡萄牙政府再度干預；表面上阻止侵略，然而，未言明的意圖是將所謂的**東岸**（Banda Oriental）併入巴西。**東岸**是西班牙帝國的部分，位於烏拉圭河東岸（現今烏拉圭與巴西最南端的南大河州）。利害攸關的是河口水域的控制，此河口是最南端全部商業的集中地。堂・若昂考慮在葡萄牙控制的區域實行內政的帝國主義，而卡洛塔・若阿金娜的焦點在於西班牙王國政府的權利。

堂・若昂的外交政策，採取務實的步驟，通常依賴「靜觀其變」的手段，一旦問題涉及奴隸貿易，就難以採用這個準則。雖然一八一〇年巴西與英國簽訂《和平與友誼條約》廢除奴隸貿易，將近半世紀奴隸貿易仍是辯論和宣傳戰的主題。根據該條約第十條，攝政王聲稱他「相信奴隸貿易是不公正的壞政策」，他會致力於遵守英國的政策，禁止葡萄牙的臣民在非洲的葡萄牙領土以外販運奴隸。如果這仍然不足以讓英國滿意（英國在其帝國範圍內廢除奴隸販運，並且打算在全部的領土實施，因而促進重商主義的貿易），最起碼，現在買賣黑人是違法的。因此，如果在葡萄牙領土以外進行奴隸貿易，可依法沒收那些船隻。然而，無論英國海軍的裝備多麼精良，也不可能將販運奴隸的船隻一網打盡，尤其是涉及葡萄牙語區自由放任的政策：一切都只是在做秀，「做給英國人看」。

這個問題很複雜，顯然堂・若昂缺乏果斷。一八一五年廢除奴隸制的話題再度上到第一線。「維也納會議」通過一個條款：整個北半球廢除奴隸貿易。葡萄牙因而失去主要的奴隸來源：赤道以北的非洲國家。攝政王不僅同意廢除赤道以北的奴隸販運，而且推行新法律規定巴西處理被奴役者的方式。然而，奴隸制度盛行的社會，大多不理會這種法令。法規與現實之間存在巨大的鴻溝，不可能只憑政令就可以彌補。再者，堂・若昂的態度始終是安撫各界，彷彿在為注定失敗的運動爭取時間。甚至法國國王在一八一八年十一月二十四日的信中強烈要求「你的好弟弟和遠親」全面廢除奴隸販運。之後，「亞琛會議」（Congress of Aix-La-Chapelle）提及壓制國際的奴隸貿易，其他歐洲國家也施加類似的壓力。

這些措施不僅影響奴隸販運，也影響整個奴隸制度，經營帝國不可或缺的制度。首次公告廢止與奴隸制有關的暴力。譴責跨海旅程駭人聽聞的狀況，以及抵達里約熱內盧的奴隸在瓦隆古碼頭（Valongo dock，距離王宮不到一公里）遭受不人道的對待。一八一七年瓦隆古區至少有二十處「補給站」，同時展示一千多名俘虜，大多是六至二十四歲的男孩和男人。[94] 但是當局似乎不太願意採取嚴厲的措施阻止這種可恥的展示。同年，廢奴主義者又獲勝，英國開始在公海檢查涉嫌運送奴隸的船隻。這些措施的有效期限是十五年，葡萄牙同意停止販運奴隸的作業，立即生效。這個決策既重大，也嚴重不足。

攝政王在國內的戰線也遭受困難，幾個因素使不滿與日俱增。一八一七年伯南布哥爆發革命，迅速變成政府的肉中刺。直到那時候，堂・若昂的帝國大多是團結的。征服**東岸**後，北部反抗「重稅和過重的徵兵稅」。伊波利多・達科斯塔從倫敦的《**巴西郵報**》辦事處表達整個殖民地的不滿：「巴西的人民未參與征服**東岸**，他們判斷此役與他們的利益背道而馳」[95]。將帝國擴張到南部必定要付出很大的代價。這導致更高的稅額和更大的區域不平等。在殖民地較偏遠的地區，人民認為朝廷的來到只是將統治地位從一個遙遠的城市（里斯本）轉移到另一個城市（里約熱內盧）。尤其是伯南布哥都督轄區也受波及，糖與棉花的價格下跌，而奴隸的價格持續上漲。情勢更加惡化，總督卡埃塔諾・品脫・蒙特內哥羅（Caetano Pinto Montenegro）不受歡迎，他被指責懦弱和背叛。[96]打油詩和散文諷刺他：「卡埃塔諾的名字，缺乏勇氣的小雞，山的高度，黑的勾當。」有些人將動亂歸咎於累西腓散布「可憎的法國思想」，以雷納爾、盧梭和伏爾泰這些作家為依據，支持「讀者革命」。[97]起義者也受到美國開國元勛的思想啟發；卡布加（Cabugá，即貢薩爾維斯・達克魯茲〔Gonçalves da Cruz〕），起義的領導者之一，到美國尋求支援。[98]

不論是何種意識形態，此運動反應都督轄區遭受嚴重的危機。同一年普遍不景氣，部分原因是出口作物的價格波動，導致不滿情緒上升。局勢進一步惡化，倫敦市場的商品價格下跌（主要在糖和棉花），加上嚴重乾旱，破壞已供不應求的口糧作物。本地人把痛苦歸咎於朝廷揮霍無度和橫征暴斂。因此，動機充分，起義集結各種不同的團體，商人與地主、神職人員與軍人、法官與工匠，並且受到自由民和其他更貧窮階級廣大的支持。三月六日起義者占領累西腓市，建立伯南布哥新共和國臨時政府，宣布平等的權利和宗教的寬容，但是對於棘手的奴隸制問題隻字未提。

正當這個城市在調適，阿爾克斯伯爵（直到堂．若昂來到之前，他一直是巴西的總督）計劃政府的反動。他迅速採取措施鎮壓起義，從里約熱內盧派兵超過八千人，增援當地的軍隊，封鎖首都和鄰近的港口。面臨壓倒性失敗的可能性，起義者開始爭吵並感到氣餒。內部衝突很快就導致局勢不可持續。於此之際，攝政王被迫延後接受歡呼擁立，以他能動用的全部兵力反擊。

五月十九日葡萄牙軍隊在伯南布哥登陸，發現這個都城被廢棄，沒有領導者。與一七八九年「米納斯密謀」及一七九八年「巴伊亞密謀」之後的情況一樣，君主國殘酷地展現政治權力和象徵性權力。他們再度殘暴地執行法治，鎮壓的方式難以形容。在累西腓、薩爾瓦多和帕拉伊巴，為殺一儆百，當眾處決起義者，並且以怪誕的方式展示：他們死亡時，雙手和頭被砍下來釘在柱子上，遺體被綁在馬尾、拖到墓地。[99] 葡萄牙政府再度以誇大的鎮壓儀式，顯示其權力範圍。然而，伯南布哥的起義由來已久。早在一七一〇年就有叛亂。這種動亂正在建立一種反殖民心態，君主國戲劇性地展現暴力與之對抗，再也無法達到以前的效果。

擁立國王和宮廷的婚禮

伯南布哥革命失敗，王國政府相信動亂勢必減少，更穩定的時代即將來臨。擁立新國王的計畫，終於可以實現。堂．若昂欲確定儀式完美無缺，包括肅穆地走進王宮、禮儀性地親吻王室的手，以及所有重大的慶典標誌這個盛會。各地舉行慶祝活動，直到北邊的巴伊亞，街上張燈結綵，教堂鳴鐘，並且鳴放禮炮向攝政王的勝利致敬，以歡呼擁戴他為國王。一八一八年二月六日一道政令終止調查伯南布哥起義，衝突終於結束，再次肯定這位元首的寬宏大量。君主與臣民恢復和諧。或者大家如此期盼。讓人民慶祝吧，畢竟君主的權力來自人民。

《**里約熱內盧報**》隨時為君主國歌功頌德，為這件大事製作特刊。[100]在二月十日的紀念特刊高呼「這是光榮的行動，擁立堂・若昂六世，我們偉大的元首，全世界帝王的模範」[101]。火炬、佳餚和美酒、煙火、王室的照片，以及美洲和亞洲的標誌，添加歡慶的氣氛。為方便行事曆的操作，將「耶穌五傷」的神聖日子，安排在擁立國王的日子，[102]藉此均分聖人和國王的行事曆。法國藝術家的貢獻，進一步美化這個盛會。格朗讓・德蒙蒂尼設立三座古色古香的新古典紀念建築物：希臘智慧女神廟、埃及方尖石碑和羅馬凱旋門。[103]奧古斯特—馬利・陶奈、德布雷、馬克・費雷斯（Marc Ferrez）和傑弗林・費雷斯（Zéphryn Ferrez）[104]協助他，使用人造大理石、花崗岩和青銅創造宏偉的背景。這些裝飾品有雙重的象徵意義：寓言和古典世界的再現，提供慶典應有的傳統，而使用的材料實際上反映此政治時刻稍縱即逝的性質。

一八一八年五月十三日傍晚群眾迫不及待，歌頌葡萄牙君主國的四幕寓言劇《婚姻之神》（*Hymen*）將上演，德布雷史詩般的油畫〈歷史舞會〉（Historical Ball）將舉行揭幕式。這幅畫結合古典神話的眾神與皇族的成員。三個寓言人物代表葡萄牙、巴西和南部領土，扶著帝王打扮的堂・若昂，婚姻之神和愛神跪在底下，拿著王子和公主的肖像。巴西的藝術不曾如此華麗：德布雷和蒙蒂尼嘔心瀝血，為這個漂流的帝國添加古典時代的壯麗。

「新世界」初次見識這種慶典。**宮殿廣場**經過精心的準備，**直街**的建築物窗戶都掛上深紅色錦緞被和其他裝飾品。每一個細節都注意到，盡可能使許多民眾清楚看到國王。王子，現在是正式的堂．若昂六世，終於以國王的身分出現。群眾看到他了，穿著深紅色天鵝絨皇家斗篷，布滿金絲刺繡，展示他所有的勛章標誌。王位繼承者堂．佩德羅和弟弟堂．米格爾王子走在國王的身邊。遊行的隊伍走到皇家禮拜堂唱〈**感恩贊**〉。[105]

聖安娜廣場是**共和國廣場**（Praça da Republica）附近的大公園，已建立四個塔樓，各有二十四個房間，全都點亮，有樂師團體演奏交響樂。花園的中央是一個廣場，有十六座雕像和一個人工瀑布，小瀑布的水落入一個大貯水池，池中有許多新奇有趣的貝殼。為照亮這個場景，裝設六萬盞燈，一百零二個金屬飾物，六十四只燈籠，一個中式亭子，有四百根蠟燭的金字塔，另有四百根蠟燭照亮劇場。[106]君主的貴賓在大廳裡享用點心，大馬士革薔薇放在奢華的金盆和銀盆裡排成一列，而大批民眾聚集在大廳外，享用無限量的甜點和飲料。同時，在**聖若昂劇場**，這個城市政見發表會的主要場地，民眾揮手帕並唱聖歌，向元首致敬。

雖然有伯南布哥革命的威脅，君主國重拾計畫安排堂．佩德羅的妻子來到。[107]擁立國王之前不久，奧地利公主萊奧波爾迪娜來到殖民地，她是法國瑪麗王后的姪女，「法國大革命」瑪麗王后在斷頭臺被斬首。布拉干薩帝國繼承人的婚姻，在美洲的土地由最高外交層級協商。馬里亞爾瓦侯爵在維也納為堂．佩德羅物色妻子的任務獲得成功，[108]迅速解決所有婚姻障礙。這位王子的優點難以忽視：俊美的五官、高貴的出身，擁有葡萄牙帝國龐大的財富和領土，而且在歐洲皇家精英當中可以娶妻的寥寥無幾，他是其中一位。另一方面，據說萊奧波爾迪娜公主沒有姿色，[109]但是眾所周知她不僅有智慧、有教養、隨和，而且果斷。一旦簽訂婚姻契約，為表現她的忠誠，這位巴西未來的王妃不僅努力學習葡萄牙文，也學習她未來的王國的歷史、地理和經濟。她對礦物學和植物學特別感興趣。她的行李有新植物的標本，帶到巴西適應新水土。

在奧地利首都，葡萄牙大使館的經費，包括將珠寶和金條分配給朝廷的成員和「海外事務部」，以及在**奧加登皇園**（Augarten Imperial Gardens）舉辦奢侈的派對，由馬里亞爾瓦侯爵設立餐廳，提供晚餐給四百位來賓。在堂・若昂的誕辰舉行皇家婚禮，新郎當然不在場。六月十三日這群人抵達佛羅倫斯，等候葡萄牙小艦隊將新娘帶到巴西。但是有一連串的延誤。除了一八一七年伯南布哥革命，法蘭西斯大帝擔心女兒的安全，拒絕讓她登船。他寧可將她直接送到里斯本與皇族會合，成為皇家最新的成員。這時候奧地利外交部長梅特涅（Metternich）極力防止英國施壓，保證奧地利公主會履行婚約。

此時巴西又開始籌備工作。舉行彌撒慶祝皇家的婚訊，鳴鐘、放禮炮和感恩祈禱之聲不絕於耳。王國的商務祕書托馬斯・波圖加爾，被指派負責籌辦這件盛事，他當作政府最重要的策略來處理。參議院公布政令，下令裝飾房屋和窗戶，遊行會經過的街道全都打掃乾淨。[110]蒙蒂尼建造新的凱旋門，用花圈和圓形浮雕做裝飾，將王妃的特質刻在浮雕上。

有這些慶祝活動，國家象徵性地建立起來。精心策劃的儀式完成了，於是表象創造現實——並非現實創造表象。街上的警力加倍，架設休息亭，遊行會經過的街道都掛上裝飾品。從聖本篤山坡到皇家禮拜堂的沙地，沿路撒滿芳香的藥草和花瓣，家家戶戶都用鮮花裝飾。萊奧波爾迪娜在「海軍兵工廠」上岸，堂・佩德羅與皇族打招呼後，牽起她的手。群眾熱情洋溢地觀看皇家的隊伍，想要目睹新王妃。當時三點鐘，三十度，這對新人抵達皇家禮拜堂大門口。婚禮持續一小時。然後王室動身到王宮。[111]夜幕低垂，萬家燈火，有人對著王妃唱小夜曲，堂・佩德羅與妹妹瑪麗亞・特蕾莎公主和瑪麗亞・伊莎貝爾公主輪流唱詠嘆調，皇家室內樂團和皇家禮拜堂的樂師聯合演奏戲劇作品，直到凌晨兩點。

儘管酷熱且蚊子多，萊奧波爾迪娜很快就適應殖民地的生活。不久，她懷孕了，皆大歡喜。破天荒，王室的繼承人將在巴西的土地誕生，對遠在美洲搖搖欲墜的王國而言，這是未來安定的好預兆。

第八章
父親離去，兒子留下

潮水帶來的，潮水帶走。

——奧利韋拉·利馬（Oliveira Lima），一九四五年[1]

波爾圖起義：葡萄牙自由派，巴西保守派

一八一四年，盟軍打敗拿破崙後，歐洲的政局似乎終於塵埃落定。一切都朝向恢復「舊秩序」，在「神聖同盟」的政治號令下，君主國的權力增強，大多在歐洲的領土。不過，堂·若昂決定延長在「新世界」寄居的時間，被看作他逐漸在美洲殖民地扎根的跡象。這位國王付諸行動「蛻變成巴西人」：一八〇八年他制定開港政策；一八一五年他將殖民地升格為「聯合王國」；一八一六年他準備接受祝聖儀式，成為堂·若昂六世，「葡萄牙、巴西與阿爾加維聯合王國的國王」。這一切都發生在這個熱帶的殖民地。

然而，短期內局勢將出現戲劇性變化。在巴西，一七八九年米納斯吉拉斯起義，一七九八年巴伊亞起義，以及一八一七年伯南布哥起義，明確表示：在政治試驗與當地的烏托邦，此時解放運動

是主力。當時「英屬美洲」幾乎都獨立了，除了加勒比海島嶼、赤道圭亞那和加拿大的寒冷地區。在「西屬美洲」，除了安地列斯群島，獨立的願景越來越真實。「可憎的法國思想」和美國的共和主義傳遍各殖民地，顛覆長久認定的事實和根深蒂固的信念。

此時里斯本掀起同樣的革命風潮。一八〇七年法國開始入侵，尤其是一八〇八年五月一日堂·若昂向拿破崙宣戰後，一直有民眾示威遊行，支持布拉干薩王朝。一八〇九年和一八一〇年拿破崙兩度入侵，對法國人普遍的敵意加深。儘管起義頻仍，拿破崙的軍隊似乎不願意接受失敗，仍然企圖控制此時無王的首都。在一八一〇年末英國和葡萄牙聯軍終於驅逐法軍，徹底扭轉局面：重新確立葡萄牙的主權，不再有正當的理由讓國王留在巴西。若昂國王顯出惰性，不回到里斯本。在最後幾次的示威遊行，葡萄牙人對君主的盲目忠誠，化為普遍的憤慨。

更糟的是，此時葡萄牙政府陷入危機。作物歉收，錢幣變稀少，紙鈔貶值，歐洲其他國家不再提供融資。按照葡萄牙精英的看法，欲重新確立葡萄牙的財富和穩定，勢必嚴加控制巴西逐漸增強的自治權。這些精英不僅將日益增多的經濟災難歸咎於巴西，而且譴責「巴西的兄弟們」疏忽：「他們沒有從巴西送來軍隊、金錢、肉、麵粉、糖、米〔……〕，確實什麼都沒有給我們。」[2] 沒有海外領土的資源，沒有殖民地貿易的利潤，而且因為依賴英國而遭到羞辱，葡萄牙在自己的帝國體制內被貶到次等的地位。國王似乎未注意到人民的困境。這是經濟、政治和象徵的危機。葡萄牙的精英認為：為避免不可逆轉、激進的後果，此時一個極重要的象徵性姿態不可或缺：國王回國。

在這種背景，一八二〇年「波爾圖自由革命」爆發。此革命代表兩個不同的企望目標。一邊是立憲主義者，提議憲法勾勒國家的基本法、一般政體和公民的權利義務法規。他們的口號是「**國會與憲法**」（Cortes e Constituição）。另一邊是君主主義者，支持有主權的民族君主國；這種情況意味著堂・若昂六世立即回到葡萄牙，若是整個皇族回國則更佳。這些對立的黨派，在葡萄牙更廣泛的分裂中發展。一派支持政治「革新」的理想，葡萄牙專制政治大改革。此運動的支持者提倡自由、憲政和合乎憲法的自由主義。另一派要求「切合實際的復辟」，依照法國以及俄羅斯、奧地利和普魯士聯盟的建議，恢復並加強君主制。這些國家通稱「神聖同盟」，在一八一四與一八一五年間派代表參加「維也納會議」。

此時，從這種對立化的背景，一種擁護自由主義、民族主義、立憲主義的運動崛起。他們的目標很清楚：根據憲法，恢復「葡萄牙—巴西帝國」，確保葡萄牙繼續控制政治和經濟，不惜一切代價。巴西難以接受這些思想，不言而喻。他們指出里斯本的見解仍然無法超越傳統的殖民結構，只關注保障自身的利益。「葡萄牙—巴西帝國」的夢想幾近破滅。

難以理解，一八二〇年的「葡萄牙革命」為何只能是自相矛盾的怪事。此革命來得遲：「維也納會議」的參與者已經對整個歐洲大陸訂出保守的措施。然而，他們推行新理念和社會實踐：革命者的意圖在於建立君主立憲制，終止**舊制度**，雖然他們認為這個新社會的中心力是國王，而非國家。最後，一樣重要，他們喜歡「革新」的概念勝過「革命」的概念。[3]

隨著「理性與光明」出現在政治舞臺上，新的政治語言脫穎而出。在「**加的斯議會**」（Cortes de Cádiz，一八一〇年在加的斯流亡時，西班牙的**總議會**召開會議，提議廢除**舊制度**）之後，葡萄牙採用「自由主義者」這個詞。就這個背景而言，「自由主義者」乃所作所為都維護「祖國利益」的個人，法律與秩序的擁護者，信奉言論自由，並且對公共行政有影響力。這種政治的新議程，包含的概念有社會契約、憲法的重要性，以及國會的自治權和至高無上的權威。就葡萄牙而論，自由主義顧及承認他人的權利和立憲的政治制度，與**舊制度**的模式形成對比。

「致命的」百科全書編纂者（十八世紀法國啟蒙運動的知識分子集團，包括盧梭、孟德斯鳩和狄德羅）撰寫的作品，在這個王國流通，儘管有系統性的鎮壓：燒毀、禁止傳閱或者沒收和鎖藏在公共圖書館。在海外出版的葡萄牙文刊物，也努力改造葡萄牙的革命思想。這些刊物當中主要的是**《巴西郵報》**，伊波利多・達科斯塔自一八〇八至一八二二年在倫敦發行，從一八一一至一八一七年被葡萄牙禁止。尚有若干刊物，包括**《英格蘭的葡萄牙調查員》**（*Investigador Português em Inglaterra*），一八一一年創刊與**《巴西郵報》**對抗，但是在一八一四年改變立場；**《葡萄牙善變的政治、商業和文學》**（*O Português ou Mercúrio Político, Comercial e Literário*），最好議論，因此最常被審查；以及**《葡萄牙鬥士》**（*Campeão português*），最空談理論的期刊，於一八一九年被禁止。這些期刊都積極推廣自由主義思想。一八一四年四月三十日發行的**《葡萄牙善變的政治、商業和文學》**，可以窺見他們對修辭的喜好：

> 偉大的革命傳遍歐洲，唯獨葡萄牙政府〔……〕沉睡，在深淵的邊緣〔……〕豎立無法穿透的牆，擋住鄰居的燈光，彷彿那些燈光是違禁品。[4]

儘管有不同之處，這些期刊著手宣傳啟蒙運動，聯合起來要求葡萄牙立憲。這並非巧合，在一八二〇年六月，革命爆發前一個月，**《葡萄牙鬥士》**向國王請願：「父親，趕快醒來；如果您不趕快，可能沒有人可救了。」[5]

然而，堂・若昂對這些請願仍然無動於衷，寧可留在里約熱內盧聖克里斯托旺的王宮裡，縱使代價是葡萄牙採取憲政。[6]然而，依照歐洲的情勢，決策不再完全取決於國王的意願。一方面，支持「革新」運動，力圖建立自由主義的君主立憲制，當作葡萄牙最佳的解決方案——限制國王的角色，而「制憲議會」的責任將是真正地控制政府。[7]另一方面，較激進的團體已公開討論王朝的變更，甚至政治體制的變更。不過，在葡萄牙「自由」仍然是稀罕的詞，報紙受審查，祕密社團受迫害。

然而，正是這些祕密集會在策劃革命，尤其是與共濟會分會有關的社團。一八一八年一月二十二日在波爾圖，一群貴族和產權人，其中有許多律師，組成祕密社團「公會」（the Sanhedrin）[8]。雖然在接下來的幾年運動擴大，並未清楚定義革命的目標。這些成員的側寫足以說明他們的自我節制。另外，此社團從未質疑布拉干薩王朝的合法性。基於相同的理由，在一八二〇年與起義者聯合的軍方人士同樣謹慎。但是無法遏止此運動激進化；在一八二〇年八月二十四日早上，革命軍占領波爾圖的主廣場和軍營，**聖奧維迪奧廣場**（Campo de Santo Ovidio）。臨時政府成立後，召開自一六九八年以來首次的「制憲議會」，指派籌備新憲法的任務。布拉干薩王朝將被赦免，但是要求皇族立即回到葡萄牙，視為國家的榮譽問題。舉行戶外彌撒，士兵與市民為演說鼓掌並鳴放禮炮。就此開始一八二〇年的「自由革命」。

國會任命「制憲議會」，由貴族和中產階級組成，包括神職人員和軍官，都是從「公會」的成員招徠。此運動需要新的信仰者，而且不難找到這種人。理所當然「革命者」與「現實主義者」意見相左。不過，此運動的勢頭越來越大，里斯本於一八二〇年九月十五日加入革命。十月一日「臨時制憲議會」公告最初的措施，變更審查法並制定議員選舉法，議員將撰寫新《帝國憲法》。然後確認國會是國家的主要代表，為選舉制定規章。從一八二一至一八二二年「制憲議會」統一新憲法的條款，同時維護君主國的基本角色。

當選的議員開始確立國會的內部程序，任命委員會和成立新攝政政府。這項工作始於一八二一年一月二十六日，有完整的議程，包括出版自由、新的民法和刑法、廢除「宗教裁判所」、減少宗教修道會的數目，並大赦政治犯。自中世紀以來國會一直是諮詢機關。現在，面臨重建國家的責任，國會充當行政部門。此計畫在於為「革新」爭取整個葡萄牙帝國的政治支持。在巴西北部帕拉和巴伊亞都督轄區立即加人葡萄牙的運動。由於若昂國王繼續拖延決定，他的顧問和大臣意見分歧。有人認為他或他的兒子應該立即出發到里斯本。有人主張他應該留下來，在巴西當一個完整的君主，勝過在葡萄牙的君主立憲制當半個君主。另外還有人了解到：葡萄牙的自由革命也將帶給殖民地更大的自由。

國族辯論也發生在國王的親信之間。例如，帕爾梅拉伯爵（Count of Palmela）[10]於一八二〇年十二月回到里約熱內盧，立即建議將國王的兒子堂．佩德羅送回葡萄牙，而非國王本人。帕爾梅拉伯爵認為：若昂國王不在會造成殖民地災難性後果。國王最親近的顧問托馬斯．波圖加爾認為：君主應該趁機利用其權威、留在原地，要求葡萄牙服從和歸順。海軍部長阿爾克斯伯爵比較務實；他確信國王在殖民地的日子屈指可數。

不同政黨之間也意見分歧。里約熱內盧的「葡萄牙黨」，贊成國王回到里斯本。這些黨員是高階軍官、商人和官僚主義者，若回到舊的殖民制度，巴西臣服於里斯本，最符合他們的利益。另一方面，「巴西黨」想要國王待在巴西。這個黨的成員是里約熱內盧周遭都督轄區農村莊園的業主，以及在巴西出生的銀行家、軍官、政府和司法部人員。他們開始草擬「政府脫離葡萄牙獨立」計畫。第三派通稱「民主黨」，黨員包括大部分神職人員和文官，他們的目標是建立「獨立的省政府」。[11]

就現代字義，這些根本算不上是「黨」，而是有相似見解和利益的人集會結社，他們的立場支持或反對某些政治實踐。「黨」這個詞在當時有負面的聯想，與助長社會動亂的政治派系和團體有關連。實際上，從一八二一至一八二二年「黨」這個詞用以描述各種不同團體表達他們的不滿。報紙用「**保利斯塔黨**」、「過激黨」、「歐洲黨」、「殖民壓迫黨」以及「煽動家和無政府主義者」，稱呼他們的投訴。一般而言，這些所謂的黨派可以分成兩大類。第一類在里約熱內盧占優勢，由葡萄牙的軍官和商人組成，忠於里斯本國會；第二類採取更獨立的姿態，期待國王的兒子堂・佩德羅取得領導地位。共濟會分會的角色對第二類越來越重要，充當政治聲音和不滿的促進因素。[12]

至於若昂國王，他仍然拿不定主意。他既不準備回葡萄牙，也不打算送走他的兒子；順帶一提，除了王子，大家都知道這個替代方案。堂・佩德羅已婚而且有自己的孩子，卻完全蒙在鼓裡。在這個時期，朝廷開始傳閱一篇法文的時事論文，標題是「在現今的情勢，國王和布拉干薩王室應該回到葡萄牙或是留在巴西？」[13]。這篇論文根據托馬斯・波圖加爾的思想，前文已經提到，他反對國王與家人回到葡萄牙。此論文的論據如下：（1）葡萄牙需要巴西，遠超過巴西需要葡萄牙；（2）王室離開會促進獨立；（3）堂・若昂可以在巴西加強他的權威，在巴西建立政治影響力遍及全世界的帝國；（4）在里斯本，堂・若昂會成為叛亂者的人質；（5）在巴西他更能控制繁榮昌盛的葡萄牙帝國；（6）他可以在未來的日子實施最近被要求的改革。這份文件的作者，被認為是流亡的法國陸軍中校弗朗西斯科・德傑尼斯（Francisco Cailhé de Geines）。然而，在朝廷的圈子裡，據知那是按照托馬斯・波圖加爾的指示撰寫，經國王默許。[14]

當時，時事論文（印刷的和手抄本）是難得的手段，針對爭議性話題，傳播政治見解和訊息。[15]在一八二一和一八二二年傳閱的論文顯示：有一群積極參與的市民初露頭角，採用新的政治語彙。

撰寫時事論文，既可以支持也可以破壞王權的合法性，質疑巴西與葡萄牙的關係，或者促進「葡萄牙巴西帝國」的永久性。這些文件大多在巴伊亞和里約熱內盧完成，鼓勵市民參與辯論，不再置身事外。這兩個都督轄區的立場截然不同。巴伊亞幾乎完全與葡萄牙和非洲直接貿易，起初反對英國「干預」，[16]而且支持國會。另一方面，在堂・若昂六世的政府，里約熱內盧一直是最大的受益者，把所有的賭注押在堂・佩德羅留在殖民地。

一八二一年初似乎終於適合通知堂・佩德羅，幾乎確定他該啟程到里斯本。儘管他的夫人萊奧波爾迪娜王妃已懷孕八個月，兩人將必須分離，這個主意使王子很高興。他認為這是成功踏入政治界的機會。但是他沒有在那個時候動身。這個主意似乎是一個策略，給堂・若昂另一個拖延的藉口；不過，他趕緊安慰媳婦，唯恐她丈夫離去的想法會影響他未來的孫子誕生。局勢迅速白熱化。一八二一年二月，堂・若昂被迫宣誓效忠新憲法，這是他在巴西最後的官方行動。預期他的王權可能被削弱，這位君主遲疑不決的老毛病又發作。於是三月七日里斯本國會公布政令，決定國王回到葡萄牙，他的兒子堂・佩德羅留在巴西攝政；另外，已制定規則選舉巴西議員，他們將在里斯本代表殖民地。

已經嚴重的局勢，變得一觸即發。一八二一年四月二十一日，在里約熱內盧商業廣場（Praça do Comércio），一棟主要的市政建築裡，選民會議突然被叫喊聲打斷：「讓人民統治巴西！」和「革命！」群眾要求堂・若昂六世簽署西班牙的《一八一二年加的斯憲法》（Spanish Constitution of Cádiz of 1812）和留在這個國家。正當國王感到猶豫、想要同意時，他的兒子下令鎮壓示威。王子的私人教師瑪麗亞・格雷厄姆（Maria Graham）記述這次攻擊，哀悼三十位死者和許多傷者。[17]第二天這棟建築物的正面出現塗鴉文字「布拉干薩屠夫」。

一八二一年四月二十六日朝廷終於出發，有一個人似乎很高興離去：卡洛塔．若阿金娜王后，她從不掩飾她討厭里約熱內盧的宮廷生活。只有堂．佩德羅留下來，在巴西當君主國的臂膀。與國王一起離開的隨行人員估計約四千人，有部長、法庭官員、外交官和他們的家人。幾個月後，巴西的議員接著離去。「去或不去，留或不留？」——這位國王必須面對熱帶「莎士比亞式」的進退兩難。

堂．佩德羅現在二十二歲，對巴西的未來充滿希望和野心。他記載與父王最後的談話，顯然他們的關係不親密，因為將分離，天涯之遠才凌駕他們的疏遠。猶豫的國王堂．若昂六世與任性的攝政者堂．佩德羅面對面。當天是四月二十四日，兩天後「**國王**」終於與其餘家人登船回到葡萄牙。當時這位攝政者被叫到父親的房間，在那兒進行著名的討論，僅寥寥數語。在這個場合國王說了什麼，唯一的資料來源是次年王子寫給國王的信：「我仍然記得而且將永遠記得，陛下在啟程前兩天在您的房間對我說的話：佩德羅，如果巴西要脫離，最好是你出手，有你對我的尊重，勝過這些冒險家其中一人出手。」這個談話無休止地重複出現在官方的巴西史書，難以分辨真偽。記憶總是靠不住，而且堂．若昂是否對堂．佩德羅說了那句話，堂．佩德羅是否之後回憶這段談話，仍然沒有定論。我們確實知道的是，一八二一年四月二十二日國王堂．若昂六世在敕令裡使用「**渴望**」（saudade，這個多愁善感的字眼，在葡萄牙語有許多含意）：「為巴西王國的政務做好準備，我勢必要回到葡萄牙，帶著如此強烈的**渴望**離開巴西……」。[18]

據說，一八二一年四月二十六日，堂．若昂離開時，悲不自勝，頹然坐在**圍手椅**，這個可憐人幾乎說不出話來。他藉口要給新政府下達必須遵守的命令，提議在薩爾瓦多短暫停留。但是這一回連國王的顧問帕爾梅拉伯爵也認為要適可而止。最好是把國庫清空，小心翼翼地運送**巴西銀行**（the

Banco do Brasil）金庫的箱子和保險箱。光是國王放在身邊的金幣和金條，就超過六千萬克魯扎多，更別提存放在**巴西銀行**強化庫房裡的鑽石。在街上，人們再度追隨出國的葡萄牙朝廷，想出諷刺的詩句：「眼睛在發光／步伐很輕鬆／我們登上船／財富在眼前。」

堂．佩德羅的答覆

堂．若昂六世和扈從回到葡萄牙，里斯本新的制憲議會辯論有關君主制的條款。為表示國王回來的重要性，他們下令恢復「**軍團進入里斯本**」，這是歷史性典禮，當初為慶祝曼努埃爾一世於一五〇二年八月三十日回國而設計的。國會想要讓君主國再度籠罩在「大發現」時代的國王光環裡。典禮的部分是將里斯本市鑰交給國王堂．若昂六世。

雖然國王受到盛大隆重的接待，他明白現在誰掌握真正的權力。在七月四日登陸之前，他款待攝政政府與國會派來的代表團。後者為表現優勢，禁止國王的十一位顧問來到，認為他們「危險」。這些顧問全部被遣回巴西，包括帕爾梅拉伯爵、托馬斯．波圖加爾部長、和若澤．德阿澤維多（里奧塞科子爵）。在這場進行中的拔河，「一八二〇年人士」（vintistas，葡萄牙革命家的通稱）19獲勝。在同一天，若昂國王迫不得已任命新內閣取代攝政政府；而且他成為立憲君主，改變他的政治身分。如果有人以為君主國的象徵主義可以削弱，那就錯了。在王后和米格爾王子的陪伴下，這位元首進入里斯本，被當作勝利的事件通報；雖然這位君主是命運的人質，七月五日里斯本接納他，當作葡萄牙勝利的最大戰利品。

堂．若昂六世接受新局面，但是卡洛塔．若阿金娜不接受。她極力對抗革命並維護國王的特權。王室的成員中唯獨她在一八二二年拒絕發誓效忠新憲法。她被軟禁在辛特拉城**拉馬尼奧宮**（Palácio do Ramalhão）[20]，但是從未喪志。她在宮殿寫信給她的丈夫，譴責那些人「圍繞在他身邊欺騙他」。於此之際，堂·佩德羅在巴西保持一段距離，他不是父親的傀儡，他有自己的欲望。因此，最初他是當地精英集團容易攻擊的對象，他們憂慮葡萄牙革命的進展，正在努力保有他們的社會優勢。[21]

不過，新攝政者很快就捲起袖子認真工作，從幕後過渡到舞臺中央。這個過渡政府的首次公告，似乎是阿爾克斯伯爵撰寫，批准一系列教育、農業和商業的改革，提醒人民：政府期許「恪守法律」和「嚴密警戒」。這些措施的實用效果或許微不足道，但是達到新攝政者的目的：凸顯自己。這是謹慎的時期；沒有人知道這些事件在葡萄牙會有什麼後果。里斯本的國會現在提議：用單一王國的概念，取代一個君主統治兩個自治王國的概念，分成兩部分：歐洲的和美洲的。

國會急著將計畫付諸實施，要求巴西派一個代表團到葡萄牙。最初的反應是驚喜。不僅里約熱內盧和巴伊亞（總督轄區的兩個舊首府）熱烈支持立憲主義，甚至北方的帕拉省（與殖民地其他省分開治理）也蕭規曹隨。起初巴西歡迎「自由革命」，當作爭取自由的部分戰鬥，對抗**舊制度**的暴政。巴西人尚未意識到，此運動的優勢乃再度殖民化這個國家——唯有巴西臣服，葡萄牙的精英才會支持巴西的憲政。

但是一開始殖民地的反應是積極的，巴西開始選舉國會代表的過程。在前一年十一月二十二日公告的說明很清楚：除了國家的顧問和王朝的職員，帝國的市民都有選舉的資格。一位議員代表三萬居民。就巴西的情況，各都督轄區（從那時候起通稱省）將設置效忠革命的執政議會。[22]根據朝廷來到的那一年，一八〇八年的人口數目是兩百三十二萬三千三百八十六名居民。因此，這個國家有權利選舉七十七位議員（但是實際上只有四十六位參加會議）。葡萄牙可選舉一百位議員，馬德拉和亞速爾群島九位，非洲和亞洲的領土七位（佛得角、比索和卡謝烏；安哥拉和本格拉；聖多美和普林西比；莫三比克；果阿；澳門、帝汶和索洛島）。[23]

伯南布哥的議員於一八二一年八月二十九日最先抵達里斯本，其中有穆尼斯・塔瓦雷斯（Francisco Muniz Tavares）[24]和阿勞若・利馬（Pedro de Araújo Lima）[25]。里約熱內盧和巴伊亞的代表團，也包括巴西的重要人物，前者是未來的巴拉那瓜侯爵（Marquis of Paranaguá）[26]，後者是西普里亞諾・德阿爾梅達（Cipriano Barata de Almeida）[27]和弗朗西斯科・戈梅斯（Francisco Agostinho Gomes）[28]。然而，只有聖保羅的代表團[29]做好準備工作。他們帶來明確的指示，有若澤・博尼法西奧（José Bonifácio de Andrada e Silva）[30]的印記和他最關切的主題：廢除奴隸制和教化印第安人。聖保羅代表團包括安東尼奧・卡洛斯（Antônio Carlos Ribeiro de Andrada Machado e Silva），在若澤・博尼法西奧的兄弟當中，他或許最有才華，他們的父親是富商，在桑托斯人脈很廣。若澤・博尼法西奧是著名的知識分子和政治家。多年來他一直在葡萄牙做研究，並且在科英布拉當教授，曾經擔任重要的行政職位。聖保羅代表團帶來的文件也載明：由人數相同的議員代表兩個王國，輪替君主國的議席。但是這個代表團不受重視。從一八二一年元月起國會就一直在開會，他們最初的措施是讓當地政府隸屬於里斯本，並且廢止國王堂・若昂六世在位期間簽署的貿易協議。葡萄牙與巴西不和諧，從一開始就很明顯，國會不妥協只會擴大這兩者的裂痕。來到葡萄牙的議員，希望參與討論法律一視同仁的原則和巴西的權利，他們失望了：對許多葡萄牙的議員而言，殖民地只是「一塊土地，有猴子、香蕉和從非洲海岸獲得的小黑人」。[31]

巴西的情勢同樣不穩定。伯南布哥和巴伊亞的權力集團支持葡萄牙的政策，而里約熱內盧分成兩派：與若澤・博尼法西奧有關連的保守派，以及由貢薩爾維斯・萊多（Joaquim Gonçalves Ledo）[32]領導的激進派。現在堂・佩德羅是新攝政王，在關注地方問題與效忠他的父親之間舉棋不定。為表露孝心，他在寄給父王的信中表達親情並掩飾他的懷疑：「我的女兒每天都問起祖父，她已經會走路；我的兒子正在抬頭看，他長得更健壯。」[33]堂・佩德羅面對許多困難，尤其是設法解決他所繼承的財政困境。這是皇族匆忙離去所引起的問題，因為**巴西銀行**可怕的狀況，再度瀕臨破產，而進一步惡化。

堂・佩德羅是聲名狼藉的誘惑者，也是從這時候開始。在寫給父親的信中，他不經意地提及他在王宮搞婚外情，輕率的言行使僕人不停嚼舌根。這位王子的政治參與同樣浪漫，急於在帝國政治扮演重要的角色。或許是這個原因，他也感染到民族主義者的狂熱；在葡萄牙的巴西籍議員，大多數逐漸受到民族主義的影響，將這份狂熱傳回巴西。葡萄牙國會激起這種態度的改變：一八二一年七月十三日他們成立臨時議會，進而取消若昂國王統治時期的法令，包括任命其子堂・佩德羅為「巴西王國總政務」首長的法令。一八二一年九月底至十月，葡萄牙國會公布許多措施，顯出真正的意圖：將巴西主要的政府部門轉移到里斯本。新的軍團派駐里約熱內盧；九月二十九日，國會終於簽署一道政令，要求攝政王回到葡萄牙。起初堂・佩德羅回覆：他會尊重命令，並且「不再過問巴西的事件」[34]。不過，國會的政令使巴西的政治家感到震驚，而且堂・佩德羅不會信守諾言。

國會也決定將巴西各省變成葡萄牙的海外屬省，因此里約熱內盧不再是巴西統一後的中心。讓攝政王留在巴西的任何要求，在法律上無效。一八二一年十二月十四日，堂・佩德羅寫信給父親：「這些政令公布後，巴西人都非常震驚，以致他們走上街頭示威，表明：如果憲法會傷害我們，就讓憲法見鬼去吧。」王子趕緊補充一句：他絕對會尊重這些政令，但是他會保持「明智」，如果「民眾要求他不要完全履行這種至高無上的命令」[35]。各界都施加壓力。如果他離開，巴西會宣告獨立；如果他留下來，巴西會繼續團結，但是不再接受葡萄牙國會的命令。一八二一年堂・佩德羅給父親最後的書信，寫道：「以前〔贊成獨立的〕輿論並不普遍，現在卻根深蒂固」。

一八二二年的開始，確定的事很少，疑惑卻很多。「巴西黨」和激進派竭盡所能確保王子留在巴西，有些激進派開始出版期刊，焦點都是說服他留下來。雖然以前有衝突，現在所有黨派一致贊同王子留在巴西。不過，由於里斯本的書信要花兩個月才抵達，堂・佩德羅保持謹慎。他也有布拉干薩家族優柔寡斷的毛病。他的妻子萊奧波爾迪娜王妃決定推波助瀾；她發覺他「沒有她希望的那種積極果斷」[36]。

不久，這位王妃變成極具影響力的人物，支持巴西脫離葡萄牙獨立及堂・佩德羅違抗國會；她似乎擔憂葡萄牙的立憲主義和君權逐漸喪失。「巴西黨」必須改變堂・佩德羅的心意，用象徵的行動，任何人或團體籌備歷史性活動的正常程序。葡萄牙命令堂・佩德羅立即回到里斯本，此政令下達後，一八二一年十二月九日里約熱內盧、聖保羅和米納斯吉拉斯成立「**抗暴社**」（Clube da Resistência）。「巴西黨」領袖貢薩爾維斯・萊多，建議參議院主席若澤・克萊門特・佩雷拉（José Clemente Pereira），試探堂・佩德羅對於正式請求他留下來的反應。之後，一八二二年一月一日，若澤・博尼法西奧寄信給這位攝政者，正式請求他留下來，不要「成為少數破壞者的奴隸」[37]。若澤・博尼法西奧自一八二一年六月起擔任聖保羅「臨時政務審議會」（Provisional Junta）副主席，對這位攝政者的影響力越來越大。

一月九日，在皇宮舉行參議院招待會時，堂・佩德羅拿到一份正式的請願書，超過八千人簽名，要求他不要前往葡萄牙。目的很清楚：試圖減弱葡萄牙殖民主義者囂張的氣焰，保障巴西王位繼承人的勢力。就是在這個場合，據稱堂・佩德羅說出他的名言：「告訴人民我願意留下來。」[38]他是否確實講了這句話，並不確定。這份會議紀錄附加一份聲明。根據第一種解釋，實際上王子回答：「相信我個人在巴西是為了葡萄牙全國的利益，並且明白這是某些省的願望，我將延後啟程，直到國會和我威嚴的父王對這一點深思熟慮，充分了解已發生的狀況」。不過，這份文件在附注聲明，這不是攝政者確切的說法，應該改成下文：「由於這是為了所有人的利益和國家普遍的幸福，我準備好了。告訴人民我**願意留下來**。」[39]無論是否講了最後這些話，王子接著走到皇宮的陽臺，宣布：「現在，我所能建議的是團結與平靜。」有趣的是，正是「我願意留下來」這句話未出現在參議院次日（一月十日）的議事紀錄，此紀錄陳述：「覲見室裡眾人喜不自禁」[40]，因而激發出前一天發表的宣言，「文字大幅修改」。政治往往受制於事件不同的說法，就這個特殊的情況而言，最引起共鳴的這句話亦如是。無論如何，讓我們堅持第二份聲明，因為堂・佩德羅在二月十六日寫信給葡萄牙國會，聲明他有意留在原地，以及巴西想要「被當作弟弟，而非兒子；當葡萄牙的元首，而非臣子；獨立（……）保持巴西現狀，毫髮不爽」。

儘管這封信有不妥協的字眼，重要的是要記住：只要巴西能夠保住已獲得的自治權，巴西大多數精英仍然想與葡萄牙保持關係。這是以若澤・博尼法西奧為中心的保守派內閣的立場，尋求溫和的解決方案。激進派反對保守主義者，贊成新形式的代表權，甚至共和政體。儘管有派系之間的歧見，新方向顯而易見：舊秩序不會回來。然而，這是雙向的過程，源自巴西國內外的活動：一方面葡萄牙國會不妥協；另一方面，巴西逐漸意識到：獨立是現在唯一可行的途徑。這時候，有人甚至認為葡萄牙實際上想要擺脫巴西和巴西的挑釁。事情的真相是：從堂・佩德羅象徵性承諾留下來，到九月七日他在伊皮蘭加河（Ipiranga）河畔著名的獨立宣言，在這麼短的期間大西洋兩岸的事件突然爆發。

算是獨立

若是沒有國會的政策，巴西勢必要花更長的時間才會顯出情緒贊成獨立。巴伊亞仍然不原諒里約熱內盧取代它成為總督轄區的首府，北部各省繼續喧鬧地要求在這個區域設立首府，而南部有一派要求首府移到聖保羅。儘管如此，有一個共同的外敵，最能夠使對手聯合起來。堂・佩德羅更重視他的角色，聲稱他「厭倦這種傲慢」[41]，輿論開始吸收獨立的觀念。葡萄牙軍隊拒絕宣誓效忠堂・佩德羅，巴西的回應是成立陸軍，叫做**第一線軍隊**（Exército de ıa Linha）。也成立新內閣。新政府頒布政令，其中一項禁止馬克西米利亞諾—索薩（Francisco Maximiliano e Sousa）率領遠征軍於三月九日在里約熱內盧登陸。葡萄牙派他來，欲將堂・佩德羅帶回里斯本，由小艦隊護送，像當初與堂・若昂一起航行的小艦隊。

於此之際，針對王子的態度，國會聽取各種不同的報告。頭一回，國會寄出較為懷柔的公文：他們理當勒緊韁繩，而非切斷韁繩。無論如何，氣氛緊張。不久群情再度激昂：葡萄牙人對堂・佩德羅的態度感到憤怒，認為若澤・博尼法西奧和他的內閣同僚影響王子，稱呼他們「邪惡的賊」。事件迅速發展。一八二二年二月巴西的南部區域已經形成單一的政治集團，里約熱內盧、聖保羅、聖卡塔琳娜、甚至米納斯吉拉斯，同意獨立的計畫，以攝政王為首長。若澤・博尼法西奧認為：避免分離主義，甚或更自由的人民革命，唯一的辦法是以君主為運動的中心；他的意見逐漸被接受。獨立運動流傳開來。儘管這些省有顯著的利益衝突，理論上他們基於獨立的理念而團結。

葡萄牙國會也是緊張狀態。巴西議員提出的建議，持續受到阻撓。其中一位議員投書《**里約熱內盧郵報**》：「敵對已經變成仇恨，不只存在於葡萄牙與巴西的議員之間，也存在於人民之間。」[42]幾位巴西議員既不願意發誓也不簽署《葡萄牙憲法》。越來越明顯他們的目標已受挫，他們有些人潛逃到倫敦。[43]離去的有聖保羅籍議員：狄奧戈．安東尼奧．費若（Diogo Antônio Feijó）[44]、若澤．達科斯塔（José da Costa Aguiar de Andrada）和席爾瓦．布埃諾（Antônio Manoel da Silva Bueno）；以及巴伊亞籍議員：西普里亞諾．德阿爾梅達、弗朗西斯科．戈梅斯、和若澤．利諾．科蒂尼奧（José Lino Coutinho）。[45]

在巴西的時候，堂．佩德羅傾向於浪漫化，逐漸拉近與「共濟會」會員的關係。在他著名的「我願意留下來」事件，他們是重要幕後推手。他們甚至變得更重要，在一八二二年五月十三日堂．若昂六世誕辰慶典，正是「巴西共濟會會所總導師」若澤．博尼法西奧給堂．佩德羅「巴西永久捍衛者」的頭銜。然而，此會所其他重要會員不同意若澤．博尼法西奧的態度。雖然他反對奴隸制，但是他不掩飾對獨立運動採取保守的政治立場：他捍衛更大的自治權，但是反對徹底脫離葡萄牙。

「共濟會」內部意見對立，最保守的小組想要君主立憲制有限的代表權，比較激進的小組構想共和國人民有參政權。在討論巴西是否要選舉「制憲議會」時，分歧最明顯。若澤．博尼法西奧和他的小組反對，而貢薩爾維斯．萊多（最激進的黨員）和馬丁．弗朗西斯科（Martim Francisco 若澤．博尼法西奧的么弟）及其他人贊成。激進派提出請願書，要求召開代表大會。這份文件超過六千人簽名，於一八二二年五月提交給堂．佩德羅。[46]為回應此壓力，堂．佩德羅於六月三日召開「制憲議會」。畢竟，里斯本國會壓制巴西的發言權，巴西沒有代表權、沒有合法的行政機關，最嚴重的是，沒有保護措施對抗再度殖民化。貢薩爾維斯．萊多和庫尼亞．巴爾博薩（Januário da Cunha Barbosa）這類領導者，以煽動性的演說反擊，報紙火上加油，熱烈遊說反對國會。雖然貢薩爾維斯．萊多想要直接選舉，但是較不激進的小組想要間接選舉，急於求成促使雙方和解。[47]

這是六月三日召開「巴西制憲議會」的情況。定稿的正文由若澤．博尼法西奧撰寫，但是大多出自貢薩爾維斯．萊多的想法。核心主題是「全國聯盟約束獨立運動」，已列入堂．佩德羅前一天的文告裡。此政令也制定選舉議員的標準：米納斯吉拉斯將有二十位代表；馬托格羅索、聖卡塔琳娜、北大河州、皮奧伊和里約熱內盧各有一位；聖保羅有九位代表；巴伊亞和伯南布哥十三位。[48]一八二二年五月四日攝政王簽署另一項法案，要求所有來自葡萄牙國會的法律、命令和決議，必須由巴西的內閣批准。再次地，這個法案反擊里斯本與日俱增的敵意。每艘船都帶來不幸的消息：成立新的軍團，成立特別委員會監督巴西，撤銷堂．佩德羅「捍衛者」的頭銜，不准巴西王國統一或獨立。

授權儀式後，堂．佩德羅應邀成為「共濟會會所」的會員，得到稱號「**瓜特莫津**」（Guatimozim，印第安語**傳授奧祕**），立即擢升到「巴西共濟會會所總導師」的地位。「共濟會」的儀式迎合攝政王年輕人的想像，在神祕的氛圍裡，他與這個團體較保守的部門結盟。另一方面，由於任性，他越來越常反抗國會的指示。國會成員尚未意識到他在巴西的勢力，繼續激怒他，稱呼他「孩子」或「不幸的可憐人」。

打一場斷絕關係的官司在所難免。貢薩爾維斯．萊多擬定一八二二年八月一日的宣言，終於宣布分離，但是被認為是堂．佩德羅的文字：「巴西人！該是停止欺騙人民的時候了（……）巴西南部各省，現在團結起來，採取有尊嚴的民族立場，這個民族認清他們擁有自由和幸福的權利，現在這個民族向我求助，我是你們的朋友和國王的兒子……」[49]藉貢薩爾維斯．萊多的鵝毛筆，堂．佩德羅是表面上的敘述者，確定「葡萄牙人的惡行」已激怒巴西人，他以自己的行動取得優勢。

這時候，貢薩爾維斯．萊多領導的自由派遭受大挫敗，削弱他們的地位。六月十九日他們動議直接選舉「制憲議會」，業已失敗。因為不願意接受葡萄牙國會更多干預，巴西獨立，代表若澤．博尼法西奧與支持者（保守派、君主主義者與溫和的立憲派）的勝利。保守派已吸收貢薩爾維斯．萊多的「巴西黨」。此時，若澤．博尼法西奧的支持者、共濟會的信奉者、農村的產權人和富商，控制政府的運作方式。[50]八月六日發出另一份宣言，也出自若澤．博尼法西奧。[51]縱使聲明：「如果放棄君主制，巴西就滅亡」，這份文件大多與葡萄牙對立。同月攝政王宣布葡萄牙的軍隊都是敵人；命令巴西的省長們不准里斯本國會選派的官員就職。新政令激增，顯示殖民地已經自治。一切只缺正式的儀式。

「來自伊皮蘭加平靜的邊緣」[52]

終於在聖保羅舉行祝聖儀式。甚至安德拉達家族（若澤．博尼法西奧和弟弟們，經常被譴責偏袒家鄉），都想像不到這種結果。視察里約熱內盧和米納斯吉拉斯兩省、解決當地的衝突後，堂．佩德羅於一八二二年八月十四日前往聖保羅，有一組親近的顧問同行：路易斯．德沙丹拿（Luís de Saldanha da Gama，後來的陶巴特侯爵〔Marquis of Taubaté〕），他的重要官員、侍從兼政治祕書；弗朗西斯科．德卡斯特羅．康托－梅洛（Francisco de Castro Canto e Melo），「皇帝寢宮侍從」、未來的桑托斯侯爵的弟弟、攝政王的寵臣[53]；戈梅斯．達席爾瓦（Francisco Gomes da Silva，綽號**笑話**

〔Chalaça〕），他的同伴兼祕書，（根據流言蜚語）安排皇家臥室的活動；高級傭人若昂·卡洛塔（João Carlota）；與若昂·卡瓦略（João Carvalho），「藏衣室侍從」、掌馬官兼「皇家花園園長」。陸軍中校若阿金·德卡馬爾戈（Joaquim Aranha Barreto de Camargo），與王子的親信兼良師貝爾基奧爾·德奧利韋拉神父（Belchior Pinheiro de Oliveira），後來加入這個小組。在里約熱內盧，萊奧波爾迪娜王妃被任命為攝政者，負責監督內閣會議，並且代替她的丈夫接見民眾，由內閣首長若澤·博尼法西奧陪伴。

這個小隊不慌不忙，從里約熱內盧到聖保羅，花十天走完四百七十公里。他們在農莊過夜，在阿雷亞斯（Areias）、洛雷納（Lorena）、陶巴特（Taubaté）和阿瓜布蘭卡（Aguas Brancas）得到支持，但是也聽到安德拉達兄弟的敵對者批評。在他們抵達聖保羅之前，儀仗隊戴龍騎兵頭盔並穿靴子（á l’écuyère），[54]與一群服侍王子的軍官加入他們。一八二二年八月二十五日，他們進入聖保羅。當時這個小城市只有六千九百二十名居民，盡是狹窄、彎曲的街道。九月一日王子離開聖保羅前往桑托斯，九月七日在命中注定的早上才離開桑托斯。

堂·佩德羅在聖保羅的目的是解決起義時爆發的衝突，此起義通稱「弗朗西斯科·伊納西奧的**伯納達**」（Francisco Inácio’s bernarda）。這個詞源自聖伯納以及本篤會僧侶對聖伯納的改革據稱一無所知的反應。這個詞已經變成「愚蠢」的同義詞，托馬斯·波圖加爾用以形容波爾圖一八二〇年憲政革命。報紙熱議他使用**伯納達**這個詞，最後在口語上被當作「暴動」和「人民起義」的同義詞。術語的來龍去脈不重要；重要的是「弗朗西斯科·伊納西奧的**伯納達**」反抗安德拉達家族的勢力，攝政王認為這是對他個人的公然冒犯，他的反應是任命若澤·博尼法西奧的弟弟馬丁·弗朗西斯科當財政部長。他決定親自到聖保羅，表明他支持安德拉達兄弟。

堂・佩德羅的桑托斯之旅有政治動機，但是他在當地忍不住違反第六戒律。他是誘惑者的名聲不脛而走，據說他從來不缺迷人、溫順的女伴，來自貴族、宮廷或他的奴隸。在桑托斯發生一個著名的實例，這位王子見到一位被奴役的女孩，她如此美麗以致他堅持立即得到她。但是另有一個例子最惡名昭彰，使其他有關巴西獨立的謠言全都黯然失色。此事牽涉到陸軍上校若昂・德卡斯特羅・康托－梅洛（João de Castro Canto e Melo）的女兒多米蒂拉（Domitila de Castro Canto e Melo）。

多米蒂拉生於聖保羅，比堂・佩德羅大一歲。她是成熟的女人，麗質天生，但是婚姻不美滿，而且依她所言，「鄉下生活的種種限制」，使她受苦。雖然她或許不是孩子的好母親，她判斷孩子的父親拙劣，但是草率論斷會是一種錯誤。多米蒂拉可能永遠想像不到，那趟旅程她將扮演的角色。當時她與丈夫不和，丈夫指責她紅杏出牆，因此他要求三個孩子的監護權。她是否打算由她的哥哥（堂・佩德羅核心集團的成員）牽線、請堂・佩德羅干預，或者他們的相遇純屬偶然，不得而知。這一點也不重要。十九世紀二〇年代流傳這個故事：堂・佩德羅正要從桑托斯的偏僻地區回來，遇到兩個奴隸扛著一頂轎子，一位美女坐在轎子裡。王子殷勤地下馬，與這位陌生人打招呼，稱讚她的美貌。

簡短的交談後，他舉起轎子。據說她喃喃細語：「陛下，您好強壯！」他回答：「妳不該再讓這種小黑人服侍妳。」[55]雖然時間一久這個故事可能被添枝加葉（儘管王子口不擇言），他們的相遇似乎是偶然。不過，現今仍然不清楚多米蒂拉的哥哥（弗朗西斯科・德卡斯特羅・康托－梅洛）究竟在王子的扈從裡做什麼。這次的會面究竟是哥哥介入？或是命中注定？或是預謀的邂逅？不可能弄明白。已知的是，他們的相遇展開巴西史最著名的愛情故事。這個緋聞端賴多米蒂拉全家人的共謀：她的哥哥、父親、叔叔和堂兄弟，他們全都獲得皇帝賜予特權、榮譽和勛章。這次會面可能在一八二二年八月二十九日至三十一日之間。從那時候起，此二人的關係只會變得更親密。

無論如何，該是堂・佩德羅回到里約熱內盧的時候。回程未引起注意，主因是攝政王將特別護衛隊三十名年輕的士兵解散；他的視察變得越來越不正式。這時候已經決定脫離葡萄牙，只是尚未正式公告。八月十四日王子離開里約熱內盧，若澤・博尼法西奧立即發一份通知給這個外交使團，聲明巴西解放。

剩下的工作就是迅速將堂・佩德羅拱上舞臺中央。時機來得夠快：八月二十八日**三心號**雙桅帆船抵達里約熱內盧，帶來里斯本一貫的壞消息：國會命令王子立即回國，取消許多他們視為特權的措施，並且告發堂・佩德羅的大臣叛國罪。

若澤・博尼法西奧在里約熱內盧召開內閣會議，迅速做出決定：時候到了。情況如此緊急，若澤・博尼法西奧要求信使保羅・布雷加羅（Paulo Bregaro）盡量聚集許多馬匹。然而，信使們發覺王子的狀況根本不高貴。他穿普通軍服，騎毛茸茸的老馬，翻山越嶺到古巴東市（Cubatão），位於馬爾山（Serra do Mar，桑托斯與聖保羅的分界山）山頂的市鎮。更糟的是，九月七日早上，堂・佩德羅一副狼狽相，雖然不嚴重，但是確實難受。或許因為改變飲食，或者因為飲用水不乾淨，王子一覺醒來鬧肚子。他不時嚴重腹痛，必須離開旅行的團隊，使行程中斷。陸軍上校奧利韋拉・梅洛（Manuel Marcondes de Oliveira Melo）是這趟旅程的同伴，他婉轉地描述情況：王子經常不得不下馬，以便「照料自己」[56]。這不是浮誇的時候，卻是命運選定的時刻。

第一批信使抵達**磨坊村**（Moinhos，音譯**莫因霍斯**），弗朗西斯科・德卡斯特羅・康托—梅洛立即通知堂・佩德羅來自葡萄牙的消息。（後來，多米蒂拉的哥哥撰述九月七日的事件，他吹噓一番，強調自己和王子扮演重要的角色。）[57]堂・佩德羅急躁的個性一如既往，他立即騎馬，熱心地奔向聖保羅。但是在「伊皮蘭加河附近的山坡頂」[58]，他遇到若澤．博尼法西奧的信使。下午四點鐘左右，在這個山坡頂眺望遠處聖保羅的小鎮，堂．佩德羅收到陸軍少校安東尼奧．拉莫斯．柯代羅（António Ramos Cordeiro）的信件。

有幾封信：國會的行政處分，以及若澤．博尼法西奧、安東尼奧．卡洛斯和萊奧波爾迪娜王妃（八月二十八日和二十九日）的信札。讀了信，堂．佩德羅通知他筋疲力盡的扈從，葡萄牙國會正在計劃「屠殺」巴西。他宣讀那些要求他解散軍隊和召開新議會的文件。若澤．博尼法西奧的信最鏗鏘有力：「希望陛下盡快做決定，不果斷和只用溫和的措施（……）將一事無成，錯失良機可能導致災難。」[59]除了這些信件，謠傳堂．佩德羅的弟弟堂．米格爾已經取代他，成為葡萄牙的王位繼承人。所以堂．佩德羅採取行動：宣布獨立。

這是歷史書通常記述的故事版本，但是現在該改寫那些略微誇張的事件。下午四點半，堂．佩德羅騎在馬上，因為斷斷續續的腹瀉和旅途勞頓而虛弱，他正式宣布已經成真的事實。他扯掉帽子的藍白緞帶（葡萄牙憲政的顏色）、扔在地上，拔出他的劍，響亮且清楚地喊：「時候到了！……不獨立毋寧死！我們已經脫離葡萄牙……」然後，根據康托－梅洛的說法，現場的人全都發誓「遵守誓言，實踐崇高的自由思想」[60]。數年後多米蒂拉的哥哥編造情節，說當時聚集一大群人，儘管事實是大家都知道這件事發生在孤立、僻靜的地點。

尚有另一個說法，王子的好友貝爾基奧爾神父聲稱：他對堂．佩德羅讀這些信，堂．佩德羅氣得全身發抖，撕裂神父手中的信，用腳踩得亂七八糟。然後，在神父的忠告下，堂．佩德羅恢復平靜、扣好制服，問他：「貝爾基奧爾神父，現在怎麼辦？」神父回答：「如果陛下自己不當巴西國王，他將成為國會的階下囚，很可能喪失繼承權。除了獨立和分離，別無他法。」根據貝爾基奧爾神父的說法，當時王子說：「如果這是他們想要的，他們會如願以償。國會在迫害我、鄙視我，把我當作可憐的孩子和巴西人……好吧，他們將會明白這個可憐的孩子的能耐。」他接著說：「朋友們，國會〔……〕想要奴役和迫害我們。從今天起我們的關係結束。我們之間不再有任何關連！」據說他大喊「巴西獨立和分離萬歲」，並且做出決定：「以我的血、我的榮譽、我的上帝，我發誓讓巴西自由。」

顯然，這位敘述者有不同的說法，他似乎總是把自己當作主要的配角。流傳下來的歷史故事是，貝爾基奧爾和康托－梅洛的版本都出現堂・佩德羅的口號「不獨立毋寧死！」變成這個場合的象徵。一群人重述這個口號，在那個偏僻的地方，賦予儀式所需要的莊嚴。即使與敘述的不完全相同，只有三十八位目擊者，這些事件立即成為歷史。消息抵達聖保羅和里約熱內盧，「不獨立毋寧死！」這個口號立即被重述，歡欣鼓舞地表示支持。

堂・佩德羅在里約熱內盧接受熱情洋溢的返鄉聚會。《**鏡子**》（*O Espelho*）雜誌透露：這個消息的勢頭越來越大。九月十七日《**鏡子**》以簡單的附注通知民眾：短短五天王子就從聖保羅回到里約熱內盧。然而，九月二十日這份雜誌用豔麗的顏色宣布：「不獨立毋寧死！就是這個口號使全部的巴西人團結起來……巴西已經從麻木的狀態醒來〔……〕並且決定，帶著尊嚴擺脫權勢的壓迫〔……〕因此，『巴西永久捍衛者』回應忠實人民的吶喊，他們喜歡公開表態的敵人，勝過不可信任的朋友……」。[61]

或許受到這些發展的鼓舞，堂・佩德羅回到里約熱內盧，比平常的速度快許多。此行程信使通常花九天，他只花五天，在九月十四日黎明時抵達聖克里斯托旺宮。攝政王被雨淋得溼透，手臂卻佩戴一條綠絲帶（布拉干薩王朝的顏色），下方有一個鍍金的徽章，刻著這些字「不獨立毋寧死」。

國會原本採用藍白絲帶當作葡萄牙的新象徵，已經換成綠黃絲帶，新國家的顏色。黃色究竟代表多米蒂拉給堂·佩德羅的黃花，或是代表哈布斯堡王朝，讀者可以自行揣摩。新絲帶變時髦，《**飛輪**》（*Volantim*）雜誌的廣告，提供黃綠絲帶和其他「獨立運動的裝飾品」：「拍賣：金色絲帶有題字**不獨立毋寧死**，兩百四十雷亞爾（十二 vinténs），在**商店街**（Rua da Quitanda）四十號、八十四號，和精神病院後方十號，以及**監獄路**（Rua da Cadeia）五十八號，每一家縫紉用品店都買得到。」[62] 國旗和巴西的徽章加入這些新顏色。貴族的房屋、精英的家徽，和家家戶戶看得到的物品——茶杯、水壺、馬克杯、鐘、扇子——都展示這些顏色。[63]

十月十二日用歡呼擁立巴西的第一位皇帝，各種慶祝活動使人想起一八〇八年迎接其父堂·若昂的慶典。雖然下雨，窗戶陳列絲被，街上撒滿芬芳的樹葉。舉行儀式的地方，**聖安娜廣場**，因此改名為**歡呼廣場**（Campo da Aclamação）。慶祝活動包括遊行、皇帝在宮殿的陽臺現身、帝國禮拜堂唱〈**感恩讚**〉和吻手儀式，接著劇院的特別演出。大眾娛樂包括鬥牛、舞蹈、飲酒、宴會、賽馬和啞劇。這些活動非同小可，都是政治儀式，企圖吸引人民注意脫離葡萄牙的事實，以及堂·佩德羅成為皇帝的新角色。目的是讓儀式值得回憶，鞏固堂·佩德羅的地位。

九月七日宣告獨立後，堂·佩德羅寫給父親的第一封信充分顯示局勢已變。這位王子並未質疑堂·若昂的角色，而是挑戰國會的權威：「一八二二年九月二十二日於里約熱內盧。我的父王：我很榮幸收到陛下八月三日的信，陛下在信中責備我寫信的方式，提及葡萄牙和西班牙的黨爭……」這封信繼續趾高氣揚的措辭：

> 我們將用兩個字回答：Não queremos（我們不要）。如果葡萄牙的人民有權利進行憲政革命，

顯然巴西的人民有兩倍的權利〔……〕。有這些無法反駁的原則，對這位嗜殺成性的繼承人，我宣布〔……〕：身為巴西王國的攝政王和永久捍衛者，我宣布國會強加於巴西的所有政令和其他一切都無效，國會好黨派之爭、令人髮指、好權術之謀、混亂、腐敗且惡毒〔……〕我們不要葡萄牙的任何東西，什麼都不要〔……〕他們只是一群惡毒的反君主主義者和謀殺犯，他們以最卑鄙的方式拘留陛下。巴西獨立成功，將會勝利，否則我們將死於保衛巴西。〔……〕首先他們將更了解這個「可憐的孩子」和他的能力，縱使他未參與外國的議會。〔……〕我留下來，請勿責怪，陛下的愛兒和非常敬重您的臣子。——佩德羅64

就是在這封信，有文法錯誤和趾高氣揚的措辭，這個「孩子」宣布報復。

如此這般，完成解放，在美洲獨樹一幟；美洲的獨立運動產生共和國，而非君主國。事實是：此解放沒有引發激進式變革，而是產生豐富的政治評論（小冊子的形式），證明獨立是整個社會極關注的問題，各階層的人都參與辯論。此解放的權力中心不是總統，而是國王：來自布拉干薩王朝的葡萄牙君主。或許因為如此，「獨立運動的傳奇故事」因應而生，重述史詩，將一系列事件串連起來評述：王室的到來、開港、巴西聯合王國的身分、「我留下來」、「信守諾言」，以及最後在一八二二年的獨立宣言。這個順序似乎導向必然的結局，一連串的事變不可避免地朝向建立「巴西帝國」。

然而，應該說，這種保守的解決辦法絕非唯一的可能性。帝國的計畫凌駕其他更激進的項目，包括共和國的計畫。實際上，各省對「巴西帝國」的支持，不像歷史書經常記述的那麼容易產生。解放的過程並不限於一八二〇至一八二二年間；帝國的基礎依照建設單一國家的概念，這是表達卡

里奧卡精英觀點的相關人士對事件公開的說法。值得一提的是，獨立是若澤．博尼法西奧信念的副產品，與許因為他企圖控制受歡迎的激進派自由主義者（亦即共和黨員），或者因為他認為巴西的存在先於各省，因此「葡屬美洲」注定要成為氣勢磅礴的帝國。例如，在伯南布哥，輿論總是反對單一國家的觀念，被看作偏護里約熱內盧的利益。[65]從一八二二年底至一八二三年六月中，巴伊亞基本上都在進行內戰，那年七月二日才加入聯邦，因此仍然把這個日期當作國家解放紀念日慶祝。

儘管如此，九月七日是頗具象徵意義的日子，使長期不和的過程達到頂點，以葡萄牙朝廷的到來為開始，最後在美洲的中央建立君主國為結束。周遭是共和國，巴西卻將皇帝置於權力中心，使它的拉丁美洲鄰居感到震驚和不信任。堂．佩德羅的唐吉訶德性格，解放絕非他專有的工作。這是殖民制度與專制君主國引起一連串緊張狀態和協商的結果，極具現代結束的特點。由於**舊制度**崩潰，重商殖民主義的基礎也瓦解。

巴西解放成功，既獨特又陳腐。因為與殖民統治決裂，是自由主義，卻也是保守主義，維持君主制、奴隸制和地主階級的權勢。更重要的是，雖然解放過程始於一八〇八年王朝的到來，最後的結果卻是國外與巴西內部的壓力塑造而成，尤其是將首都從這個國家的東北部轉移到東南部，造成不小的壓力。[66]另外，即使建立新的政治秩序，公民權的觀念仍然極為有限，所有政治活動排除絕大多數的人民和同樣龐大的奴隸代表團。因此，政治制度只是極少數的代表：獨立運動建立一個國家而非一個國族。有待「第一帝國」，尤其是「第二帝國」，發展文化、振興社會、產生國族主義意識。

第九章
我們獨立了：第一帝國不穩定

地球上的帝國：神祕且混雜的象徵

巴西獨立逐漸成為現實，不可能回頭，儘管事實上許多人仍然質疑在美洲建立帝國的決定。維護君主國，似乎是自相矛盾的觀點。難以想像，這個區域的解放過程未建立共和國。成立有代議制的君主立憲國，此決定是許多抉擇之一。主要目的是避免舊殖民地分崩離析；有前車之鑑，在西班牙的美洲領地，四個總督轄區分裂成十四國。此決定也確認巴西的精英統治，他們大多在堂·若昂六世統治期間在科英布拉受教育。[1]

帝國涉及新舊元素並列。[2]堂·佩德羅已經有兩個優越但截然不同的帝王作榜樣：拿破崙一世和法蘭西斯二世。前者是法國將軍和自封的皇帝；後者是佩德羅強大的岳父，哈布斯堡帝國的元首。有另一個榜樣在美洲。一八二二年西班牙企圖再度殖民化，鎮壓墨西哥的共和民族運動，墨西哥的精英竭力制止西班牙，擁立伊圖爾維德（Iturbide）將軍當皇帝，稱號阿古斯汀一世（Augustín I）。那是曇花一現的實驗，但是這表示在充滿共和國的大陸，巴西並非唯一的君主政體實例。

歷史都是多面向的。對某些人而言，「巴西帝國」代表葡萄牙人繼續數百年的欲望擴張領土，從再度占領穆斯林的伊比利亞領土開始。「再征服運動」持續七百年，從九世紀起獲得神祕主義的光環，被視為聖戰。一四九二年，攻克最後的穆斯林王國後，這些戰爭結束。緊接著葡萄牙開始壯觀的帝國領土擴張，在鼎盛時期從亞洲延伸到美洲。

但是葡萄牙的進展也遭到挫敗。最著名的例子之一是阿維斯王朝第七位國王塞巴斯蒂昂一世（Dom Sebastião I），他意圖再創往昔的榮耀，動身到摩洛哥打聖戰。一五七八年在阿爾卡塞爾─克比爾（Alcácer-Quibir）戰役失敗後，他失蹤了，導致繼位危機，他的事蹟變成**塞巴斯蒂昂神話**（Sebastianismo）。他只統治三年，卻變成聞名的「隱藏或沉睡的國王」。後來，眾人認為葡萄牙帝國的政治、經濟和社會衰退，與塞巴斯蒂昂失蹤有關連，據臆測塞巴斯蒂昂會回來拯救國家。數年後，在十七世紀，維埃拉神父在〈未來的歷史〉宣布：葡萄牙帝國應該設置在巴西，皇宮坐落在巴西，第五帝國一年四季都可以受惠。

因此，帝國的觀念有許多意義上的細微差別，有幾分策略性，有幾分古老或神奇。無論如何，在塞巴斯蒂昂的時代，葡萄牙的勢力達到巔峰，詩歌和散文已預見新時代，在十九世紀創建帝國，表示新時代明明白白地到來，但是已經可以察覺衰微的前兆。有其他概念與帝國的理念結合。「帝國」[3]表示一個運動的擴大，有明顯的政治內涵。[4]在巴西，帝國的觀念包含在單一領土裡擴大土地的發展。若澤．博尼法西奧領會進一步的聯想：身為政治家和巴西獨立最重要的執行者之一，他聲稱：在巴西，帝國這個詞的用法源於聖靈節，甚至今日民眾仍在聖靈節選出一位皇帝——通常是一個小男孩。

對具有歐陸規模的國家而言，利用不同神話的強大結合，「帝國」是最有說服力的政治表達，而君主制興起，成為（可用的）最佳手段，防止政治與領土分崩離析。就當地的精英觀點，國內有很深的分歧，唯獨國王的形象可以使這個巨大的國家團結。但是這位新君主仍然是葡萄牙裔，君主國的象徵仍然是祖國的象徵。巴西的旗幟仍然有皇族傳統的顏色和徽章，而權杖仍然刻畫雙足飛龍，代表布拉干薩家族的勢力。一八二二年宣告獨立後，基於謹慎與國內外的不信任，巴西新朝廷的禮儀各方面都備受重視。同年十月十二日堂·佩德羅被擁立為皇帝，起初這個日子被認為比九月七日重要。葡萄牙有一句俗語：「多雨的婚禮，美滿的婚姻」，這位皇帝與巴西國的結合是很好的例子，當時傾盆大雨，幾乎破壞擁立的儀式。

暴風雨過後，一個充滿象徵的舉動，標識這個日期和王朝的延續，堂·佩德羅和萊奧波爾迪娜來到**聖安娜廣場**宏偉的屋子陽臺上（在堂·若昂六世統治期間，這是許多慶典的場景），高舉他們的女嬰瑪麗亞·達葛洛莉亞（Maria da Gloria）讓民眾觀看，象徵帝國和布拉干薩王朝的延續。人民不習慣這種儀式，對他們而言，一個英勇的王子身邊有他的王位繼承人和王妃，足以激發想像力，勝過任何政治理論。

變化接踵而至，尤其是各種徽章和象徵：新政體的一種新名片。十一月十日外交使團被告知：巴西已採用綠黃色的新國旗。綠色背景代表布拉干薩家族，而置於綠色上面的黃色菱形象徵洛林家族（Lorena House），奧地利皇族所用。這個菱形向拿破崙致敬，毫不掩飾且粗劣，雖然君主的盾形徽章在菱形的中央，從一排巴西的植物顯露出來。重建是巴西典型的文化過程：歐洲紋章學的傳統元素，加上對這個新興國家的君主們考究的標誌，代表新國家的實體。

十二月一日舉行加冕禮，當天是一六四〇年葡萄牙開始革命的週年紀念日，此革命導致「伊比利亞聯盟」結束，布拉干薩家族開始統治。此典禮再度使新獨立的君主國與被廢黜的君主國產生關連，後者在葡萄牙注意活動的發展。儀式必須值得紀念，為達到目的，此儀式的要素結合拿破崙在巴黎聖母院的加冕禮與神聖羅馬帝國皇帝在法蘭克福的加冕禮，傳統與現代獨特的結合。也納入匈牙利皇家加冕禮的元素，拿一把劍揮舞，暗示堂．佩德羅的頭銜「巴西永久捍衛者」，他的第一個公眾授權儀式，現在變成事實。為進一步吸引民眾，皇帝穿綠色絲袍、馬靴和馬刺，裹著綠絨斗篷，有黃色絲綢襯裡、星星的刺繡與金色飾邊。象徵主義的手法明顯，結合傳統的元素與新土地的象徵。顯然皇帝的斗篷也注重細部，用巨嘴鳥的羽毛做成，是原住民工藝家的作品，或許是獻給印第安酋長的貢品。

典禮完成，新皇帝接受神聖的塗油式，使他在人民的眼中，以及在歐洲元首們的眼中，成為合法的國王。一方面他渴望擺脫葡萄牙的傳統，另一方面，受到一八〇四年拿破崙加冕禮的影響，堂．佩德羅親自監督此宗教儀式的籌備，以古羅馬《主教禮書》[5]第一冊為依據。此文獻制定元首在望彌撒時用聖油舉行塗油儀式和祝聖儀式，葡萄牙已廢除此慣例良久。從那時候起，帝國文化根據這個新生國家的兩個層面形成：君主國，決定開化國家；以及廣大的領土延伸，國家要求土地所有權。[6]

帝國文化最佳的例子之一是法國藝術家德布雷承辦的項目。一八一六年他從法國來到巴西，現在簡直是官方的宮廷畫家。在堂．若昂統治時期，德布雷負責大部分官方的宮廷描繪。一八二二年他奉命為皇家劇院（**聖若昂劇院**）的舞臺布幕創作寓意畫；堂．佩德羅將在這裡發表就職演說，然後觀賞表演，慶祝他加冕為巴西第一位皇帝。德布雷是新古典主義的藝術家，曾經與親戚雅克—路易．大衛（Jacques-Louis David）在巴黎的畫室工作。大衛是「法國大革命」的藝術家，曾經擔任拿破崙的首席畫家。在巴西，德布雷可能發覺：法國革命時期的公民德行，很難轉移到巴西以奴隸為基礎的經濟和君主制度。

然而，就這個例子而言，德布雷超越他自己。他打算讓這個寓意畫成為巴西王室的第一個象徵，吸引新的臣民。他將描繪「巴西帝國」非凡的盛大場面。德布雷記錄他與劇場總監的會議，總監想要換掉現有的舞臺布幕，該布幕描繪跪拜的人物圍繞著葡萄牙王國。畢竟，對著葡萄牙帝國奴役人民的背景幕，慶祝宣布獨立，根本不合適。德布雷重新設計舞臺布幕，呈現「巴西人民效忠帝國政府，代表帝國政府的寓言人物坐在寶座上，棕櫚樹撐起華麗的掛毯遮蔽寶座」[7]。掛毯是緬懷歐洲，棕櫚樹象徵**獨特的**熱帶帝國。一個女人裹著披風代表帝國政府，披風有綠色襯裡，巴西森林的顏色，以及金色刺繡，暗喻這塊土地的財富。她的左手拿著盾，有皇帝的徽章，右手拿著《巴西憲法》。再度呈現相對比的象徵結合在一起。在近景，「這個國家的水果」從角形容器傾倒在寶座的臺階上。左邊一艘船滿載著一袋袋咖啡和一箱箱甘蔗，代表新帝國的經濟基礎。

最有趣的是，此舞臺布幕描繪這個國家混合種族的人民。一方面，德布雷塑造一個黑人家庭效忠新崛起的帝國：一個男孩帶著農具陪伴母親，其母右手拿砍樹的斧頭，左手持丈夫的槍，她的丈夫被徵召、即將離開去從軍。依德布雷所言，這個非洲女人武裝起來，準備保衛新的君主國，並非質疑奴隸制。一個「白皮膚的印第安女人」隔開布幕，她跪在寶座的腳前，抱著新生的雙胞胎，象徵和平的未來藉由「政府的協助」得到保障。在遠景，武裝的印第安人顯示他們支持新國家。在他們對面是忠誠的海軍軍官和聖保羅的一位元勛，這些人的前方則是握軍刀的**保利斯塔人**和**米內魯斯人**，「一樣的忠誠和熱忱」。最後，「**卡布克羅人**以尊敬的態度跪著」。作為最後的裝飾手法，海浪沖擊寶座的腳，提示帝國獨特的地理位置。[8]

德布雷在他的著作《**巴西圖畫與歷史之旅**》（*Voyage pittoresque et historique au Brésil*），複製這幅寓意畫和附加的文字，或許對這個新國家的抱負，提供最清晰的描述。這個國家由不同的團體構成，他們將服從和效忠帝王的權力。他們的元首為遙遠的熱帶引進「文明」，他們將是受益者。無論是民間或政治，沒有任何衝突的「跡象」，只有團結。這將是王室獨特的形式，統治多種族的臣民。寶座在布景中央，使目光朝向代表皇帝的寓言人物，她的頭上有字母P和皇冠，懷抱一本憲法，乃西方國家的象徵。整個舞臺布幕的構思，描繪在熱帶建立的新國家，其主要的特點是與眾不同。

雖然有豐富的細部，德布雷的舞臺布幕只是用形式呈現實際不存在的局面。這個君主國根本不穩定，國家的氣氛很不平靜。首先，君主國充當開化的勢力，與這片領土遍布根深蒂固的奴隸制政權，顯然自相矛盾。這是法律認可的「精神」暴力，這個制度不只是官方的，而且舉國上下認為理所當然。一八〇八年葡屬美洲總人口是二百四十二萬四千四百六十三，其中三一．一%是奴隸。[9]薩爾瓦多沒有準確的數字，據估計，一八〇七年黑人和混血兒（奴隸和自由民）在該鎮約五萬一千居民中占八〇%。這個數目在一八三五年繼續成長，在大約六萬五千五百的人口占七二%。[10]在里約熱內盧，同年總人口上升到七萬九千三百二十一，其中四五．六%是奴隸。[11]按照定義，這些人沒有權利，甚至不能被視為公民。奴隸主仍然擔心十八世紀末葉海地革命的實例。他們的處境是「一個主人有六個奴隸，因此，那些想要報復的人是六比一的多數」[12]。

十九世紀初，雜誌稀少但是謠言很多，海地經常出現在標題上，是藥房（聽最新消息的最佳地點）討論的主題。眾人談論奴隸起義破壞這個島嶼，造成普遍失控，或是反過來說，導致非洲人取得控制權；套用當時的語言，這暗示欠缺許多要素：規章、政府和理性主義。無法取得這個島嶼客觀的消息，恐懼占上風。眾人對訊息一知半解：法國最富有的殖民地——因為島嶼的那部分叫做「安地列斯群島的珍珠」，處於動盪的狀態。在十八世紀，海地是巴西糖貿易的競爭者，擁有相當的優勢。這個殖民地也因為奴隸與白人顯著的比例而出名。在一七五四年有四十六萬五千名奴隸，只有五千名白人，懸殊之大甚至比當時的巴西有過之而無不及。即使如此，海地的情勢給憂懼的巴西精英蒙上一層陰影。

一七五四年海地發生首樁奴隸起義，雖然法國人迅速鎮壓，卻無法壓制要求獨立的強烈呼聲。「法國大革命」爆發，激發海地第二次起義，一七九一年「雅各賓派」宣布廢除法屬殖民地的奴隸制後，起義蔓延整座島嶼。革命的過程持續二十三年，期間有許多挫敗。一八〇四年讓—雅克．德薩林（Jean-Jacques Dessalines，被解放的奴隸）將法國人驅離海地，自封為「皇帝」，給巴西的精英留下最深刻的印象。歐洲國家和他們的加勒比殖民地，立即對海地強制封鎖，持續超過六十年，造成的後果現今仍然很明顯。至於巴西的掌權者，他們害怕海地宛如魔鬼本尊。全國感受到一八〇四年海地革命事件引起的反響，巴西採取幾個約束性措施，包括在獨立後的巴西促進中央集權化。這個國家徹底改造自己，義無反顧地反海地：與非洲人統治的島嶼形成對比，巴西是白人、基督教和開化。

這是對巴西局勢不穩定的部分反應。獨立運動集中於里約熱內盧，並非所有省分都立即接受。米納斯吉拉斯與南部各省宣布：他們支持有關擁立堂．佩德羅的協商。一八二二年十二月伯南布哥宣誓效忠，但是已經採取預防措施，在同年九月選舉自己的議員。由於領土如此遼闊而且通訊困難，戈亞斯與馬托格羅索在一八二三年一月才宣布效忠。在東北，北大河州、塞爾希培和阿拉戈斯仿效之。然而，北方四省（帕拉、馬拉尼昂、皮奧依和塞阿拉）與最南端的西斯普拉丁省，以及巴伊亞，仍然忠於里斯本國會。[13]

國外一樣分歧。巴西的拉丁美洲鄰居，起初拒不接受這種新局面，不信任這個國家，因為它維持君主制，而非效法新的共和國；更有甚者，它讓葡萄牙皇帝登基成為新國家的元首。不過，美國已經對美洲大陸產生領導權的影響，於一八二四年承認巴西從葡萄牙獨立出來。此時，效忠里斯本的部隊在西斯普拉丁省抵抗，但是終究在一八二三年十一月被驅離這個國家。他們離去後，烏拉圭獨立戰爭接著開始，持續到一八二五年，敵人不再是葡萄牙，而是巴西。

葡萄牙（祖國）有所顧忌，終於在一八二五年接受殖民地獨立。這不足為奇，英國提供協助、居間促成談判。為了這個目的，他們派一個特別的代表，查爾斯·斯圖爾特爵士（Sir Charles Stuart），到葡萄牙商議巴西獨立的條件。里斯本安排一連串會議，討論事項包括王室繼承、以船舶和士兵相互支援、財政補償（給葡萄牙政府和普通公民），以及談判貿易協定。會議決定以互惠對待兩國公民、停止敵意、賠償葡萄牙的預付金，貿易關係依照一五%進口稅的基本原則。但是財政補償仍然有問題。葡萄牙要求賠償所有遺留在里約熱內盧的物品。總金額等於一八〇七年巴西對英國的一半公債，一百二十八億九千九百八十五萬六千兩百七十六雷亞爾的「**區區小數**」。一八二五年四月十五日里斯本第四次會議，擬定「葡萄牙有權向巴西索討的物品清單」，包括家具、銀器、戰艦、軍官的薪資，用以運送部隊、陸軍分隊、武器、大炮和惡名昭彰的「皇家圖書館」租船費，光是後者的估價就是八億雷亞爾。[14、15]

一旦達成協議而且帳單已付，英國轉移注意力，欲控制巴西在非洲大陸的勢力，阻撓安哥拉獨立計畫，以便將安哥拉併入帝國。[16]非洲的葡屬殖民地，對巴西解放各有不同的反應。幾內亞、安哥拉和莫三比克的奴隸貿易商集團，加入里約熱內盧反叛者大軍。達荷美王國率先承認巴西帝國，絕非巧合。在安哥拉，巴西製作的宣傳小冊子，邀請本格拉加入「巴西事業」[17]。

但是大不列顛決定鎮壓奴隸貿易。大英帝國在一八〇七年廢止人口販運，現在開始採取行動反對仍然在販賣人口的國家。毫無疑問，巴西是最大的市場。英國海軍的活動，將改變巴西社會階層的基本結構，以及仍然繼續以進口非洲奴隸為基礎的工作實踐。這種橫越大西洋的販運，以及在國內市場販賣奴隸，已經累積大筆的金錢。這種交易使巴西與非洲產生直接的關連，在薩爾瓦多、里約熱內盧和累西腓這類大港口，巴西和葡萄牙的商人操縱大西洋美洲這邊的貿易。[18]

不應遺忘，在十九世紀初奴隸貿易是殖民地最有利可圖的生意之一，奴隸貿易商形成這個國家的一部分精英。[19]從十六世紀中葉到十九世紀中葉，巴西進口約四百萬名奴隸，在十六到十九世紀橫越大西洋運送的總人數中占四〇%。這個總數的八〇%在十八、十九世紀進入巴西，大多數來自安哥拉、剛果、黃金海岸、貝寧灣和佛得角的偏遠村落。在巴西社會這個制度根深蒂固，鞏固社會階層、精英的財富和政權的制度。

大不列顛打算索取高昂的代價，作為一八〇八年保護皇族前往巴西的報酬，這包括在兩國的第一個條約提出販運奴隸的問題。英國的廢奴運動，出自經濟、政治和人道主義結合的利益。葡萄牙和巴西都竭盡所能規避壓力。在一八一〇年的條約，原則上堂．若昂接受逐步廢除奴隸貿易，實際上卻無所作為。五年後，「維也納會議」支持廢奴運動。直到一八一七年七月鎮壓販運才正式化，在大西洋兩岸設立司法調查委員會，評估船隻的扣押並釋放在船上遇見的非洲人。此葡萄牙—英國委員會總部設在里約熱內盧，只在一八二一年起訴一艘船：縱帆船**艾米莉亞號**（Emilia）從黃金海岸帶來奴隸。三百五十二名非洲人被宣布自由、登錄並給予解放證書，公家機關和私人機構提供他們住房。然而，這是孤立案件，或許不足為奇，當時的警司保羅．維亞納（Paulo Fernandes Viana）惡名昭彰，與富有的奴隸貿易商勾結。

在一八二五與一八二六年間簽訂新條約，作為大不列顛承認巴西獨立的談判內容。一八二三年

「制憲議會」擬定新憲法，列入若澤・博尼法西奧的建議，在中期內廢除奴隸制。然而，《一八二四年憲法》去除（第二五四號）「逐步解放非洲奴隸」條款，未提及奴隸制。但是在一八二六與一八二七年間擬定另一項條約，決定把運送奴隸的船當作海盜船。不過，這只是裝樣子：因為擔心奴隸制即將廢除，導致一八二六至一八三〇年奴隸販運大幅增加。在這十年的上半，約四萬名奴隸被運送；在一八二六至一八二九年這個數目上升到一年超過六萬名。一切照舊。有無數方法可以規避法律。駭人聽聞的非法販運商有罪不罰，繼續占上風。[20]

這種公然狡詐的態度，反對奴隸販運禁令，造成奴隸**解放**的不確定性，導致串通一氣、非法奴役非洲裔新來者，被解放的人和有色人種沒有保障，再度被迫接受奴役。欲證明他們的自由，責任落在他們身上，在這個國家自由變成越來越稀罕的「利益」，難以保持。無論如何，保護奴隸貿易政策和維持奴隸制度，是新巴西國成立的重心。因此，帝國的開國元勛忙著論述「逐步廢除奴隸制」，始終保存奴隸制的國家機構。一開始，最重要的考慮是保證與美國和歐洲繼續貿易關係，同時保持買賣奴隸。因此巴西政府仍然與這種不光彩的貿易有密切的關係，儘管英國施壓，這個問題要花許多年解決。在這個重要的發展階段，這個新國家拒絕給社會大部分階層（印第安人、奴隸和女人）市民身分，並且將廢奴的願景拖延到未來不確定的日期。

伴隨這麼多缺點，巴西帝國誕生了，努力掩飾結構問題。這種局面，在朱塞佩・迪蘭佩杜薩（Giuseppe di Lampedusa）的小說《豹》（*The Leopard*），被唐克雷第（Tancredi）這個角色一語道破：「如果我們想要一切照舊，一切都必須改變。」奴隸制仍然未受影響，甘蔗的單一栽培和精英擁有的龐大莊園原封不動。畢竟，沒有任何作為彌合國內的政治分歧，或是處理里約熱內盧的國家權威與各區域權力分配之間的基本問題。

國內的危機：帝國分裂

這個國家仍然有政治分歧。巴西獨立的最終形式，代表若澤・博尼法西奧與弟弟們領導的科英布拉保守派獲勝，但是意見分歧立即顯而易見。例如，對於新國家應該建立的基本結構，沒有共識。在最初兩年（一八二二至一八二四年間），辯論的焦點在於巴西的第一部憲法。選舉議員的程序付諸實施，於一八二三年五月首次召開「制憲議會」。

在「制憲議會」，各派針鋒相對，立場截然不同。「溫和的自由主義者」想要限制改革，賦予更大的政治自由和公民自由：鞏固獨立運動的成就，不危及現有的社會秩序和現狀。此派成員是米納斯吉拉斯農村的地主和商人，他們與朝廷有聯繫，與中產階級的政客和軍官合作。[21]他們大多企求政治和制度的改革，旨在限制皇帝的權力。他們支持君主立憲政體，接受權力劃分，下議院和獨立的司法部有更大的權威。他們對民主政體和一般選舉權都不感興趣。

「崇高的自由主義者」想要更廣泛的改革，包括社會變革和政治變革。此派的內部不和，概括地說，成員想要聯邦制、政教分離、巴西產業獎勵、普選、逐步解放奴隸，有些人欲建立民主共和國。[22]他們推動各種不同的政治替代方案，普遍主張更大的公民權和減少社會不平等。

然而，「溫和的」與「崇高的」自由主義者聯合起來反抗「葡萄牙黨」，該黨由葡萄牙人和一些巴西人組成，他們支持君主專制，想要給堂・佩德羅一世獨裁的權力。「溫和的」與「崇高的」自由主義者一起組成「巴西黨」，因為這兩派都想要君主向國會負責。還有一個團體，「博尼法西奧派」，由若澤・博尼法西奧領導，其追隨者支持君主立憲制強大的中央集權，以及逐步廢除奴隸制。

在這種意見分歧的背景，「制憲議會」的工作於一八二三年開始。這個會議產生一個法案，限制投票權或選舉代表的收入，相當於一百五十阿爾奎爾（alqueires）[23]土地生產的木薯粉價錢，因此人稱「木薯粉法案」。此措施顯示農業精英的影響力，在解放的過程他們許諾堂．佩德羅一世完全自主，現在想要剪掉他的雙翼。安東尼奧．卡洛斯擬定法案的大綱，以法國和挪威的憲法為範本。然後法案送到「制憲議會」供辯論和核准。

「巴西黨」的代表提議三種權力，依照孟德斯鳩的古典分法，行政部有皇帝和六位國務大臣。立法部包含「大會」，有議員（任期四年）和參議員（終身職）。最後，司法部由法官和法庭構成。這個方案最大膽的部分是立法部高踞於行政部之上。此措施激怒堂．佩德羅一世和「葡萄牙黨」，他們不掩飾渴望君主專制。另一個措施使葡萄牙人更為惱火，此措施禁止外國人參與巴西的政治，無論是當議員或參議員。

但是「制憲議會」的分歧甚至更深。為了不同原因，「崇高的自由主義者」與「葡萄牙黨」都反對若澤．博尼法西奧，使安德拉達兄弟變成共同的敵人。堂．佩德羅一世意識到「巴西黨」企圖把他變成傀儡元首，他開始支持「葡萄牙黨」。

氣氛令人不安，對外國人的憎惡加深。提案變得更具攻擊性。這位皇帝不打算見到他的權力縮小。一八二三年十一月十二日，他命令軍隊包圍「制憲議會」的建築。儘管效忠皇帝的軍隊在現場，議員們繼續開會到清晨時分，宣布堂．佩德羅是「亡命之徒」。於是皇帝頒布敕令，解散「制憲議會」。由於議員拒不離開這棟建築，這個事件通稱「苦悶之夜」（Night of Agony）。雖然他們聲稱只會在「皇帝的刺刀」逼迫下離開，他們大多獲准和平地回家。不過，其中六位被流放到法國，有三位是安德拉達兄弟。

有些諷刺，巴西獨立運動成立君主國而非共和國，而且這個國家的第一部憲法遭到否決，從未成為法律！實際上，在一八二四年，堂・佩德羅一世提出另一部憲法，更確切地說，將憲法強加於國家。綽號如影隨形，直到今日巴西的第一部憲法通稱《**強加的憲法**》（Outorgada）。不可否認，這個獨立國家起初的政治生活，至少可以說，錯綜複雜且動盪不安。

一八二四年憲法：傀儡切斷繩子

為避免節外生枝，這一回皇帝祕密開會，與他絕對信任的十人草擬新憲法。他們都是在巴西出生、曾經在科英布拉攻讀法律的學者，一八二三年成立「國務委員會」的委員。[25]十五日後，根據「木薯粉法案」擬定憲法的正文。抄寫員是「皇家圖書館」檔案管理員桑托斯・馬洛克斯（Luís Joaquim de Santos Marrocos），因為他不喜歡舊殖民地的原住民而臭名遠揚。當年他追隨堂・若昂王子，帶著「皇家圖書館」的書籍抵達巴西，每天都在抱怨氣候、蚊子和缺乏社交生活。儘管如此，他從未離開這個國家：他在巴西結婚以及見上帝。[26]

然後憲法的正文送到各議會，根據官方的說法，幾乎沒有異議；之後在一八二四年三月二十五日在「帝國大教堂」的典禮中迅速確認正文。這份文件的代議制遵照自由主義的法國模式，以國家主權的理論為依據。政府的型態是君主制、世襲、立憲和代議制，國家分成數省。此憲法受到瑞士裔法國籍自由主義政治哲學家班傑明・康斯坦（Benjamin Constant）的影響。[27]新奇的是不只採用三權（行政、立法和司法），而是四權，遵照班傑明・康斯坦提議的五權加以修改：君主制表示連續性，有言論再現權、司法權和對他人行使否決權。班傑明・康斯坦曾經在愛丁堡大學受教育，待過法國、瑞士、德國和大不列顛。他是有名望的知識分子，對法國的政治有很大的影響，在「法國大革命」後半期（一八一五至一八三〇年間）他是反對派領袖，此派通稱「無黨派人士」，搞左翼自由主義運動。一八一九年他出版**《古代人的自由與現代人的自由》**（*La liberté des anciens est des modernes*），在書中討論個人與國家有關的角色。他稱讚英國的君主立憲制模式，但是他也支持奴隸制，認為奴隸制度使市民得以參與公民活動。他也發表一篇短文〈**憲政發展**〉（Cours de politique constitutionnelle），包含「節制權力」（Moderating Power）的概念，之後被列入巴西憲法的正文。

「節制權力」給予皇帝完整的權力和獨有的權利，包括使用強制力，任命和解僱國務大臣（「國務委員會」的終身委員）、省長、教會的權威人士、終身參議員、治安官和法官，以及行政機關的部長們。皇帝也高踞於法律之上，不能因他的行為而起訴。在《一八二三年憲法》行政首長只有否決權，現在卻有最後決定權。根據這份正文，「節制權力」旨在確保國家的和諧與平衡。按照當時的定義，這是「中立的權力」（neutral power）。

普遍接受這部憲法的其餘部分。根據法律，所有寺廟、教堂和猶太教堂已得到許可，而憲法賦予宗教信仰自由。選舉仍然是間接選舉，分兩輪進行，而且很受限制。第一輪，按照每百戶一個代表的比例，選出投票代表。第二輪，代表們選出議員和參議員。最初選出三位參議員；但是根據皇帝最終的選擇，只有一位會上任。

教會服從國家，因為皇帝對天主教教會有任命權。「大會」由下議院和參議院組成。前文提及，當選的議員是暫時授權，各省選出來的參議員是終身職。「國務委員會」由皇帝任命終身委員來維續。

《一八二四年憲法》雖然是強加的，在當時是先進的：凡年滿二十五歲的男性、年收入十萬雷

亞爾以上都可以投票。自由民在初選時投票，窮人並未排除最低收入額的要求，因為大多數工人年收入超過十萬**雷亞爾**。文盲也可以投票。《一八二四年憲法》持續有效，直到君主國結束。值得注意日期的比較：在一八八一年以前，巴西五〇%成年男性居民投票，相當於總人口的一三%。在一八七〇年左右，英國投票率七%；義大利二%；葡萄牙九%；荷蘭二．五%；美國一八%。只有法國和瑞士全體的男性有投票權。[28]

雖然有自由主義的主張，《一八二四年憲法》使皇帝掌控絕大部分權力，利用「節制權力」的機制，維持君主專制，而且忽視奴隸制的問題。這是對一八二三年法案的反擊，該法案試圖剝奪君主的權力。這部憲法自上而下強加於巴西的國民，由這個國家任性的皇帝親自監督所有細節。兩年後，這位皇帝也繼承葡萄牙的王位，成為佩德羅四世，他對葡萄牙《一八二六年憲法》重複這種表現，這一次激起國家危機。這是個人的風格，很快就變成全國的問題。

一八二四年赤道聯邦

堂．佩德羅一世解散「制憲議會」並強加新憲法，引起軒然大波。況且，他的新核心集團不是葡萄牙裔就是與里斯本有強大關係的官僚和商人。例如，在伯南布哥，因革命意向以及共和國和聯邦主義傾向而出名的省，有新的抗議人士，包括以**馬克杯修士**（Frei Caneca）聞名的若阿金修士（Friar Joaquim do Amor Divino）。他出身卑微，曾經在奧林達神學院受教育，成為受敬重的知識分子，和強大的政治激進分子。一八二四年伯南布哥叛亂爆發，稱為「赤道聯邦」。起初的導火線是任命一位不中用的省長，但是對堂．佩德羅一世政府專制且中央集權的政治，此運動也產生首次的反動。參與者努力為共和國奮鬥，以哥倫比亞憲法為依據，當時在南美洲這部憲法與美國憲法最相似。「赤道聯邦」有很深的淵源，追溯到十八世紀，在一七一〇至一七一一年的「**小販之戰**」，以及一八一七年伯南布哥革命，都是共和國性質。伯南布哥也有內部的分野，北部是糖料作物和棉花栽培的集中地與人口稠密的村莊；而南部以單一栽培為特色，幾乎是糖料作物專用的盆地，屯墾區只不過是莊園的附屬物。

伯南布哥接受君主制，相信省自治權會得到保護。然而，《一八二四年憲法》公布，過度集權化，造成很大的挫折感。伯南布哥分成兩派，一派是君主主義者，另一派是自由共和黨。堂・佩德羅一世任命君主主義派領袖派斯・巴雷托（Pais Barreto）治理伯南布哥。在自由主義者的施壓下，派斯・巴雷托辭職；共和黨的曼努埃爾・德安德拉德（Manuel de Carvalho Pais de Andrade，起義的重要領導者之一）當選。然而，衝突不限於這兩人。堂・佩德羅一世命令派斯・巴雷托回去當省長，他發現這個要求被置之不理。為展現他的權力，堂・佩德羅於是派戰艦到伯南布哥的首府累西腓，強制執行他的統治。然而，自由主義者對曼努埃爾・德安德拉德的支持仍然堅定不移，叛亂爆發。堂・佩德羅欲協商選派另一位不同的省長，但是太遲了。一八二四年七月二日革命分子宣布伯南布哥獨立，邀請北部和東北部其他省參與建立「赤道聯邦」。他們希望新獨立的聯邦制國家會包括皮奧伊、塞阿拉、北大河州、阿拉戈斯、塞爾希培、帕拉伊巴和伯南布哥。實際上，在帕拉伊巴、北大河州，尤其是塞阿拉，只有幾個鎮加入伯南布哥的反叛者。

聯邦的革命分子提倡「美洲制度」，視之為「本世紀的啟蒙運動」，而非「歐洲老爹」的制度。他們強調聯邦主義，北美共和主義的特徵。他們的革命旗幟，不僅以這個區域的兩種產品（棉花和甘蔗）為特色，也代表共和國與聯邦制度。一八二四年七月二十五日皇帝頒布敕令譴責反叛者，下令逮捕他們。但是革命繼續。

九月十二日，派斯．巴雷托率領地面部隊攻打累西腓，擊敗反叛者。有一些領導者被殺死，其他人遭到逮捕，包括**馬克杯修士**。帕拉伊巴的反叛者遭遇相同的命運。一八二四年十月開始偵查被告的司法程序，直到次年四月。數百人參與這三省的暴動，十五人被處死，**馬克杯修士**也不例外。雖然處決結束了這項運動，卻留給伯南布哥深刻的印象，挫折感有增無減。人民希望帝國的第一部憲法是聯邦主義，使各省有行政自主權。一八二五年三月七日，皇帝赦免所有其他參與的省。然而，這個姿態對掩飾分歧毫無作用，也未減少怨恨。

帝國公私生活的種種問題

此時這位皇帝的私生活一樣騷亂。在國王們的生活中，公私領域的區分往往不明確。畢竟，皇族的誕生、婚禮和逝世，都是國家大事。堂．佩德羅一世亦然。自從他的聖保羅之旅，這位皇帝的眼裡只有多米蒂拉，使他的妻子越來越孤立。一八二五年十二月二日，萊奧波爾迪娜生了兒子，他是帝國渴望延續的繼承人，未來的君主堂．佩德羅二世。

每個人都對新王子寄予厚望。在他的父系，顯赫的祖先在葡萄牙文學永垂不朽。他是第十九位布拉干薩公爵，而布拉干薩家族與法國卡佩王朝（Capetians）關係密切。在他的母系，他與德國、奧地利、匈牙利和波希米亞的皇帝法蘭西斯一世及皇后瑪麗亞．特蕾莎有親戚關係。法蘭西斯一世的父親是德國皇帝萊奧波爾德二世（Leopold II），也是路易十六的妻子瑪麗．安托瓦內特的哥哥。堂．佩德羅二世的家譜，追溯到匈牙利國王聖斯德望（St Stephen）；菲利普二世和菲利普四世；

卡斯提爾和阿拉貢國王；到法國的國王們。身為波旁、哈布斯堡和布拉干薩王室的後裔，他的洗禮彌漫一股特別神祕的氛圍。國王、聖人和狂人、皇帝和冒險家，以及憂鬱、浪漫、卓越的王子們，這些幽靈將與這位王子的餘生糾纏不清。

王子誕生三個月後，一八二六年三月十日，他的祖父國王堂·若昂六世在克盧什宮駕崩，享年五十九歲，據說豐盛的晚餐使他消化不良而死亡。卡洛塔·若阿金娜寧可不待在臨終的丈夫身邊，她假裝生病，離開皇宮到里斯本。動身之前，她表明：她屬意次子堂·米格爾一世當繼承人。堂·若昂六世一直想要堂·佩德羅一世繼承他，儘管事實上堂·佩德羅成為巴西皇帝，正式被視為外國人。然而，堂·若昂六世優柔寡斷的個性一如既往，在辭世之前他任命女兒伊莎貝爾·瑪麗亞為攝政者，直到「合法的繼承人」登基，但是他未提到誰是合法的繼承人。堂·佩德羅接受堂·佩德羅四世的稱號，成為葡萄牙的新國王，伊莎貝爾·瑪麗亞立即派一個委員會到巴西向堂·佩德羅致意。但是僵局繼續，因為《葡萄牙憲法》不允許堂·佩德羅登上兩個王位。解決的辦法是讓堂·佩德羅的女兒瑪麗亞·達葛洛莉亞嫁給堂·米格爾一世。自從堂·米格爾一世回到里斯本，他越來越受歡迎，雖然其母卡洛塔·若阿金娜在葡萄牙不討人喜歡。另一方面，堂·佩德羅一世宣告巴西獨立後，他在葡萄牙的領土幾乎是**不受歡迎的人**。[29]

葡萄牙的繼位懸而未決，這位皇帝又遭受意外的打擊。一八二六年十二月十一日，他的妻子萊奧波爾迪娜死於難產。她的死訊伴隨謠言：因為皇帝殘酷地對待她，導致她死亡。堂·佩德羅一世的私人問題，現在變得非常公開。萊奧波爾迪娜死亡，導致人們對這位「野蠻的」君主議論紛紛，因為她在寫給姊姊瑪麗亞·露易莎（她嫁給拿破崙）和父親（奧地利強大的法蘭西斯皇帝）的信裡提到堂·佩德羅野蠻。

與普遍的看法相反，這位王妃的生活絕非童話故事。她在一八二二年的獨立運動扮演重要的角色，但是之後在宮廷完全孤立。她開始寫信抱怨她的丈夫和她所謂的「可怕的美洲」。她維護人民、強調她的犧牲，但是最後餘留的印象是一個哀傷的王妃，沒有朋友和丈夫在身邊。她最後的信於一八二六年十二月八日寫給瑪麗亞·露易莎，信中她稱丈夫是「無恥的誘惑者」，不再掩飾她的憤恨。「他不在乎我，剛才他給我最新的證據，在那個造成我全部痛苦的人面前，他虐待我。」她指的是桑托斯侯爵夫人多米蒂拉，現在占據這位年輕君主全部的時間。一八二四年五月二十三日，多米蒂拉為堂·佩德羅一世生了一個孩子伊莎貝爾·瑪麗亞（Isabel Maria），兩年後正式被確認為皇帝的女兒，授予稱號**戈亞斯女公爵**（Duquesa de Goiás）。

一八三一年新獨立運動

此時巴西恢復公共生活，在一八二四年末舉行議院選舉，並且在一八二六年召開首次議員會議。起初這些會議瞻前顧後，但是反對派很快就開始合力催促社會變革。反對派發行新報紙，皇帝的反應是親自答覆特定的文章。他也使用「節制權力」，因為微不足道的失誤，或者只是一時衝動，就開除部長。他喜怒無常的個性更加明顯，繼續讓他的私事直接干擾國事。

在外交政策，這位君主保持其父擴張主義的步驟。目標是將巴西南部的邊疆延伸到拉普拉塔河河畔。為控制西斯普拉丁省，巴西繼續與阿根廷作戰。然而，該省新崛起的獨立運動終於獲勝，於一八二五年成立新國家烏拉圭。巴西與阿根廷戰敗，造成雙方重大的經濟損失。

另一方面，皇帝繼續熾烈的私生活。萊奧波爾迪娜死後，堂·佩德羅一世對多米蒂拉不忠。一八二七年他決定再婚，從歐洲的宮廷挑選新妻子。他與多米蒂拉的風流韻事又拖延三年，但是他心意已決。然而，找一個新皇后比他想像的更加困難，因為現在全歐洲都知道他是喜怒無常的丈夫。經過三年的尋覓，他終於娶了巴伐利亞公主，洛伊希滕貝格的艾米莉亞（Amelia of Leuchtenberg）。她芳齡十七，據說她的美貌使這位皇帝的壞脾氣大大改善。

當地的政客越來越明白，這位皇帝的興趣，局限在他的私生活和葡萄牙的政局發展。他不斷試圖干預葡萄牙的事務，送公文急件到里斯本，署名「堂．佩德羅四世」。他不區分巴西與葡萄牙的財政，而且他主要的關注似乎是葡萄牙的繼位問題。一八二七年，堂．米格爾一世二十五歲，就任攝政者的法定年齡，堂．佩德羅一世建議其弟登基、當臨時君主，暫時代替他統治。堂．米格爾長期待在奧地利，一八二八年回到葡萄牙，其母卡洛塔．若阿金娜大為高興，認為他回國是一個機會，報復以前的反對者。他加冕為國王，開始鎮壓統治，期間許多政客被處以死刑，有些政客逃離這個國家。

一八三〇年巴西的局勢到了緊要關頭。一連串衝突使里約熱內盧的緊張狀態惡化。一方面，一八三〇年歐洲接連革命，導致法國國王查理十世垮臺，路易－菲利普（Louis-Philippe）加冕為王（這位「平民國王」公開聲明他支持「法國大革命」的某些思想），鼓舞巴西的自由主義者動員反抗堂．佩德羅一世的專制政府。另一方面，十一月二十日新聞記者利貝羅．巴達羅（Libero Badaró）在聖保羅遭到謀殺，導致民眾更加憤怒，尤其是出版界。利貝羅．巴達羅是義大利人，在巴西定居，發行反對派報紙《**憲政觀察報**》（*O Observador Constitucional*），認為帝國政府正在行使一種怠忽的獨裁主義。報紙的文章勸告巴西人與任何一位葡萄牙君主斷絕關係，包括堂．佩德羅。謠言很快就傳開來：高等法院的法官康迪多．亞皮亞蘇（Cândido Japiaçu）與皇帝勾結、下令暗殺。在「下議院」

自由派占大多數，他們與政府正面對抗，在十一月三十日最後的會議結束時要求憲政改革。[30]

這就是這個國家的氛圍，當時堂・佩德羅決定視察米納斯吉拉斯，企圖控制當地支持聯邦主義者爆發動亂。謠言正在流傳：他在籌備專制**政變**，打算關閉國會。一八三一年三月十一日，堂・佩德羅回到里約熱內盧，受到混合式歡迎。葡萄牙商人安排慶祝活動，包括烽火、煙火，旗子飄揚著國家的顏色。自由主義者將這些慶典看作公然侮辱國家尊嚴。暴動爆發，敵對者互相扔瓶子，通稱「瓶戰之夜」（Night of the Bottles）。街上混亂的狀態，打鬥、叫罵、破壞房地產，持續到三月十六日晚上。自由主義者成群結隊，高喊「憲法、議會、出版自由萬歲」，而他們的對手呼籲皇帝成為專制的君主。歷史文獻的描述，包括非洲人和非洲裔巴西人，他們穿夾克並戴有國家絲帶的帽子。三月十七日恢復秩序，但是維持不久。

同一天二十三位議員與一位參議員，坎波斯・韋爾蓋羅（Nicolau Pereira de Campos Vergueiro），擬定一份正式的文件，要求皇帝懲戒葡萄牙裔攻擊者。局勢如此緊張，堂・佩德羅一世任命的新內閣，只有巴西人和他欽點的新警司，幾乎沒有作用。依約翰・阿米塔吉（John Armitage）[31]所言，朝廷和各省的氣氛「極度緊張」，報紙火上澆油。溫和派之前企圖使情況平靜下來，現在也變成普遍不滿者。「溫和的」和「崇高的」自由主義者暫且放下歧見，通力合作推翻皇帝。在街上群眾喜歡使用綠黃色絲帶，與支持獨立運動者佩戴的一樣，而崇高的自由主義者和共和黨黨員一樣戴著惹人注目的草帽，襟飾孔插著**不凋花**（sempre-viva，即蠟菊）[32]。

三月二十五日，立憲週年紀念日，里約熱內盧街上爆發叛亂。堂・佩德羅一世在**歡呼廣場**看閱兵式，遭到人民高喊「立憲皇帝萬歲」。民眾抗議和街上騷亂，變成家常便飯。但是壓垮駱駝的稻草於四月五日出現，因為無法控制暴亂，堂・佩德羅開除巴西籍部長，從他的支持者核心集團任命新部長。次日超過四千人聚集在**歡呼廣場**（此處迅速變成公眾騷亂最受歡迎的地點），接著散開到市區各街道。他們抗議內閣被解散和新內閣的指派，新部長唯一的資格是與皇帝親近。他們呼喊「憲法萬歲」和「巴西獨立萬歲」，彷彿這些聲明基本上反對皇帝。謠言滿天飛。有人聲稱立憲的保證被擱置、參議員被逮捕，甚至有議員被殺。也謠傳堂·佩德羅一世正在籌劃**政變**，反而使緊張的狀態加劇，與皇帝徹底決裂的呼籲增多。

堂·佩德羅一世努力控制局勢，寄一封宣言供當眾宣讀，聲明他是「忠誠的立憲主義者」，並且給予帝王的保證：未發生任何邪惡的事情。然而，保安官尚未讀完這份聲明，抗議者就撕掉他手中的信，大喊「皇帝該死」和「聯邦與共和國萬歲」。巴西的政客進一步嘗試穩定局勢：派三個保安官到聖克里斯托旺宮，要求被罷免的部長恢復原職。這位元首拒絕，聲明他有憲法規定的權利。這些法官帶回他拒絕的消息，遭到人群大喊「該死的叛徒！」和「市民們武裝起來！」[33]

壓力如此巨大，皇帝決定使出殺手鐧：讓位給兒子。事實上這是平息叛亂唯一的辦法，同時保證巴西繼續君主政體。四月七日早上三點當眾宣讀皇帝退位。這個消息使大家狂喜，唱愛國歌曲和市民讚歌，一邊高喊「佩德羅二世，巴西立憲的皇帝！」堂·佩德羅一世最後的行動是為待在巴西的子女選派教師。似乎自打嘴巴，他選擇老友若澤·博尼法西奧，他曾經把他放逐到法國。

結果堂·佩德羅一世退位做得比統治好。目空一切，他宣布形勢不可逆轉：「我與巴西之間的一切都結束了。永遠結束。」他與妻子回到葡萄牙，採用以前的稱號，加上「巴西永久捍衛者」。現在他所有的精力放在為女兒瑪麗亞·達葛洛莉亞爭取葡萄牙的王位繼承權。

巴西沉醉在狂喜的氣氛。遜位被看作是必要的，如同就職典禮。因為沒有流血事件，許多人認為這是模範革命。其他人稱之為「巴西再生」。眾人編造關於遜位的整個歷史記憶，彷彿那代表新時代：真正獨立的時代。[34] 四月七日這個日期變得比九月七日更具象徵的重要性，將民眾拱上政治舞臺當演員，這群「崇高的自由主義者」，透過非正式手段，讓這個國家的公民發聲。

然而，未來紛爭的種子再度播下。新君主未滿六歲，而未來的歲月將會見到一系列攝政統治。其他人必須以年幼的堂·佩德羅二世的名義治理國家，直到他「成年」。將有更多公民聯盟的嘗試，和更多起義發生。但是此時噪音像回音：巴西其他省發聲的回響。

第十章
攝政時期，或沉默之聲

據說沉默之聲能夠振聾發聵。一八三一年佩德羅一世遜位，巴西開始攝政時期，恰為其例。巴西是龐大的國家，各個區域遼闊且迥然相異，朝廷對它們幾乎一無所知。從遠處看，這些區域顯得安定、和平，讓人以為它們會永遠保持現狀。一八二二年政治解放，以里約熱內盧的朝廷為中心，藉君主國的象徵和國家統一的理念加以鞏固。但是各省對自治權有強烈的渴望。與里斯本決裂後，殖民時期的強制性團結減弱。兩個不相容的運動崛起：朝廷中央集權的衝動，以及各省對自治的渴望。[1]

問題在於主權的中心在何處：在省分（這需要合乎憲法的新協議）或里約熱內盧。許多省分拒絕獨立必不可少的中央集權；接受過程不一，也不和平。例如，伯南布哥和巴伊亞對自治已作好充分準備。雖然獨立運動以皇帝的身影為中心確立國家統一，依若澤．博尼法西奧所言：「社會建築雄偉的基礎，從拉普拉塔河到亞馬遜河」，但是在攝政時期為聯邦制鬥爭，將動搖這個國家。堂．佩德羅一世退位後，動盪的局勢加劇。當時他的兒子，王子佩德羅二世，才五歲又四個月，因此局勢甚至更錯綜複雜。由於他如此年幼，朝廷決定他應該在聖克里斯托旺宮過隔離的生活，與兩個姊姊法蘭西絲卡（Francisca，暱稱 Chica）和雅努阿莉亞（Januária）在一起。新攝政王年滿十八歲方可接管政府，因此這位「國家希望與抱負的受託人」受到嚴謹的守護。因而形成政治真空，導致嚴重的後果。一方面，為解決當前實際的官僚問題，連續四個攝政政府任命巴西政治家當攝政者治理國家。兩個攝政政府由三人委員會組成，通稱「三頭攝政」；另外兩個政府只有一位攝政者，通稱「單一攝政」。但是，另一方面，沒有皇帝統治國家，繼位問題使各省怒火中燒，開始爭論攝政者的合法性，認為攝政政府給予里約熱內盧和朝廷太多優先權。這些省分抒發己見，響亮又清晰。

首先，普遍爭論里約熱內盧在政治和行政強加過多的中央集權。成立聯邦與共和國的理念被宣揚，而且這種辯論不局限於國會。各省發生一連串叛亂，儘管特點各有不同，但有一個共同點：要求自治。遠離權力中心，拒絕巴西在堂·佩德羅一世統治下所採取的方向，新領導者出現，為這個國家帶來新議程。我們將明白，帕拉的**卡巴納吉革命**（Cabanagem）、馬拉尼昂的**編籃者起義**（Balaiada）、巴伊亞的**薩比納達暴亂**（Sabinada），和南大河州的**破衫漢戰爭**（Guerra dos Farrapos），這類反叛揭露潛在的危險，起義者竟然團結起來，支持單一的事業。

這些起義幾乎都無意推翻君主制。大體上，他們表示迫不及待要新皇帝佩德羅二世加冕。然而，小王子在長大，各省對自治的需求也增長。新攝政者承受壓力，欲發展一個政治結構代表省的利益，不危及領土統一或中央集權的君主制。雖然風險這麼多，就新的政治項目、提案和治理的形式而言，帝國的攝政時期最具活力。有人懷疑：是否因為有一位兒童君主，王宮的規模似乎變小了，或者這個幅員遼闊的國家變得越來越遙遠。無論如何，若阿金·納布科（Joaquim Nabuco）[2]後來給予評論：「實際上，巴西的攝政政府是共和國。臨時的共和國。」

兒童皇帝與攝政政府

作為一種體制，攝政是憲法預料的，鑑於皇帝統治不到十年突然離去，攝政政府是保持連續性最合法的手段。因此，當參議院接到堂·佩德羅一世退位的官方消息，他們立即選舉臨時攝政團，由三位參議員組成：弗朗西斯科·德利馬—席爾瓦（Francisco de Lima e Silva，政治經歷豐富的軍官），坎波斯·韋爾蓋羅律師（曾經在科英布拉攻讀，與安德拉達家族有關連的**保利斯塔**派成員，現在是有權勢的政治家），以及若澤·德坎波斯（José Joaquim Carneiro de Campos，即卡拉維拉侯爵〔Marquis of Caravelas〕，他也曾經在科英布拉攻讀，是《一八二四年憲法》的簽署者之一，接替若澤·博尼法西奧當外貿部長）。就他們支持的派系和政治觀點而言，這些攝政者持相反意見：弗朗西斯科·德利馬—席爾瓦被視為自由主義者，支持聯邦主義；若澤·德坎波斯和坎波斯·韋爾蓋羅是保守派，後者被視為死硬的中央集權主義者。

政府需要採取強硬措施，盡快安撫各省。攝政團快速行動，將堂·佩德羅一世開除的部長復職，召開「立法議會」撰寫一套新法典，大赦所有政治犯，解僱軍中被視為「可疑和難駕馭的」外國人。為保障和平並且展現他們的善意，攝政團擬定一份宣言呼籲秩序，籌劃政治和行政的新措施。即使如此，里約熱內盧和一些省分，特別是巴伊亞和伯南布哥，舉行示威遊行，反對葡萄牙的復辟黨，當時該黨主張君主回國。

四月九日，退位後才兩天，「立法議會」就擁立小皇帝成為巴西的皇帝，以促進他的象徵力量。法國藝術家德布雷再度被召喚，使這場儀式「名垂千古」，實際上這只是政治的權宜之計。這個孩子如此小，在王宮的陽臺上介紹他時，他必須站在椅子上，以便群眾看到他揮手帕。此時政治精英利用這位兒童君主的形體，展示國家未來的穩定。

堂·佩德羅一世指派若澤·博尼法西奧，給年幼的佩德羅二世當家庭教師，他了解這位老友的政治成熟性和知識分子的特質，在一八二三年「制憲議會」期間他膽敢與堂·佩德羅一世對抗。那是戲劇性的時刻，這位前任君主明白他可能再也見不到子女。為確保他們的隱私，避免無所不在的政治騷亂，皇家的三個孩子（留在巴西最後的皇族成員）被帶到美景鎮（Boa Vista）聖克里斯托旺宮，使他們與熙熙攘攘的首府中心保持安全距離。在王宮，這些孩子的日子枯燥乏味，嚴格的時間安排只允許少數的訪客，有許多課程要學習。對未來的皇帝，教育絕對優先考慮。他必須待在安靜的環境，而城外是混亂狀態。甚至有人建議，年幼的君主應該被帶到聖保羅，但是這個建議被回絕，理由是：如果他去旅行，他會受到不必要的注意。[3]

一八三一年四月十三日，堂·佩德羅一世終於離開巴西，群眾在街上慶祝他離開：「暴君垮臺」。此時，普遍騷亂（起義和反叛遍及全國），雖然嚴重危及小王子的權威，但是他仍然被當作攝政統治的中流砥柱。「不流血革命」（這個詞指遜位）最初的公告，提及立憲君主使這個國家擺脫葡萄牙的獨裁主義：「市民們！現在我們有祖國；我們有一個君主，他象徵我們的團結、象徵帝國的完整，他幾乎從搖籃時期就接受我們的教導，學習美國自由的基礎課程，學會愛巴西，這個國家使他誕生……」。[4]

政治氛圍複雜，主流報紙完全對立。一八三三年《**堂·佩德羅一世**》雜誌創刊，支持復辟；幾個月後出現另一份雜誌《**堂·佩德羅二世**》，主張結合所有黨派，反對葡萄牙君主回來。這位小皇帝的名字已經被用來捍衛一種事業，他一無所知的事業。

巴西第二位皇帝的童年鮮為人知。我們只有一些肖像畫，以及他平庸的老師們記述這個男孩和姊姊單調的日常生活。一八三三年五月八日他寫信給姊姊瑪麗亞・達葛洛莉亞，現在她是葡萄牙的王后：

> 親愛的姊姊。我到巴黎探望老師的弟弟安東尼奧・卡洛斯，利用這個機會寄這封信和消息給妳。自從我們收到妳和母親的消息後，已經過了很久……我們在這裡努力效法妳的榜樣：寫作、算術、地理、繪畫、法文、英文、音樂和舞蹈，分割我們的時間；我們不斷努力吸收知識，分離的期間我們非常想念妳，唯有努力學習可以減輕思念……[5]

遠離家人，他只有學習；他是勤奮的繼承人，十分看重學業。

從臨時到常任

和平的氣氛並未延伸到宮牆外。臨時攝政團需要採取緊急措施；簡單的政令不再足夠。新一波仇外情緒下，在伯南布哥、巴伊亞和米納斯吉拉斯，巴西的激進分子攻擊葡萄牙裔市民。一八三一年五月三日舉行新議會選舉，目的是確立攝政制度。六月十七日常任三頭攝政當選，由兩位議員若澤・達科斯塔・卡瓦略（José da Costa Carvalho）和若昂・布勞里奧・穆尼斯（João Bráulio Muniz）與參議員弗朗西斯科・德利馬—席爾瓦組成。卡瓦略是阿雷格里山侯爵（Marquis of Monte Alegre）。他曾經在科英布拉攻讀法律，回國就當選巴伊亞省的議員。他也創辦報紙《**保利斯塔燈塔**》（*O Farol Paulistano*），在聖保羅印製並出版的第一份刊物。穆尼斯是馬拉尼昂人，與卡瓦略是科英布拉的同班同學。他們也一起在《**保利斯塔燈塔**》工作。弗朗西斯科．德利馬—席爾瓦是巴拉格蘭德男爵（Baron of Barra Grande），在一八二四與一八二五年間伯南布哥的省主席，之後是帝國的參議員，曾經在鎮壓「赤道聯邦」的軍隊打仗。

這是溫和派政治家組成的攝政團，其中兩位來自下議院。他們是為皇帝效力的政治精英集團成員；這個政府的特色是有能力組織國家的政治結構，利用談判控制騷亂。我們已經明白，攝政團的三人都受過良好的教育，有豐富的公眾服務實績。對他們而言，加強國家和民族的團結，不只完成政治目標，也實踐具體目標。[6]攝政團的構成，企圖實行中央集權並且平衡對立的黨派：三頭政治的成員代表北部（馬拉尼昂）、東北部（巴伊亞）和西南部（聖保羅）各州。

像它的前任，新攝政團必須快速行動。從較不遭物議的措施開始，改革里約熱內盧和薩爾瓦多的醫學院和外科學院，將之改成大學並授予更大的自治權。民族主義盛行的忠誠精神，使這類措施得到廣大的支持，因為知識分子的自主性凸顯國家的獨立性。接下來的措施針對類似的效果：重組司法部並建立陪審團裁決。改革立法機關，限制攝政的「節制權力」，給予參議員和議員更多權力凌駕行政部，或許是其中最有效果的改革。[7]

三頭攝政有更多出奇制勝的策略，包括成立「國民警衛隊」（National Guard）鎮壓起義和示威活動。從各省招募衛兵，歸司法部管轄。這種新制度依照法國的模式，從軍是義務。凡二十一至六十歲有投票權的公民（城市居民年收入二十萬雷亞爾以上，農村投票者年收入十萬雷亞爾以上，顯然不包括奴隸），都必須入伍。然而，「國民警衛隊」由社會上比較有特權的分子組成，並非市民的軍隊，很快就變成一種手段，維持秩序並鎮壓當地的反叛。另外，從各省的政治精英挑選上校和少校。「國民警衛隊」如此保守又如此積極，一直服役到「第一共和國」，主要是在農村地區。而且，「國民警衛隊」由精英分子組成，他們不和百姓混在一起，因為這種情況曾經發生在獨立前的叛亂，以及皇帝遜位前各省的騷亂。「國民警衛隊」（並非軍隊）被視為可靠的鎮壓部隊，大多因為成員的背景。

然而，政令和新任命都未能控制財政危機，而且起義危及國家統一。三個政黨互相對抗：溫和黨（或**長腳鷹黨**〔chimangos〕）[8]、崇高黨（或**黃鸚鵡黨**〔jurujubas〕[9]和**法羅皮利亞**〔farroupilhas〕[10]），與復辟黨（或**海鰻黨**〔caramurus〕，音譯**卡拉穆魯黨**）[11]。復辟黨由若澤．博尼法西奧率領，主張堂．佩德羅一世從葡萄牙回來。此時，狄奧戈．安東尼奧．費若神父（與攝政時期最有關連的人）開始登上政治舞臺。他是議員，被任命司法部長，是若澤．博尼法西奧和**卡拉穆魯黨**的大敵。他譴責他們企圖暗中顛覆攝政政府，以強迫堂．佩德羅一世回到巴西。在這些罵聲中，里約熱內盧於一八三二年四月三日爆發叛亂，若澤．博尼法西奧被告發是煽動者。有參議院的支持，若澤．博尼法西奧保住職位，但是他在世的日子不久了。他被告發密謀反抗攝政政府、被捕並被送到帕克塔島（Paquetá）[12]，在他的避暑別墅遭受軟禁。雖然他被赦免，卻從未恢復他的政治地位，幾年後在尼泰羅伊（Niteroi）[13]去世。

與若澤．博尼法西奧對峙後，狄奧戈．安東尼奧．費若神父變得更強大，但是問題接踵而來。最後他也失去司法部長的職位。另外，始於里約熱內盧的反叛，蔓延到各省。這個國家到處都有起義，政府又像昔日一樣惴惴不安，唯恐葡屬美洲會四分五裂。

一八三二年，有悠久叛亂史的伯南布哥省，爆發**卡巴納達**（cabanada）起義。此反叛集結印第安人、逃奴、擅自屯墾者和地主們，全都作好準備，欲打擊「雅各賓派」和支持堂．佩德羅一世回國。**卡巴諾**（cabanos，即茅屋居民）表達各不相同的利益，英勇抵抗四年：他們成立穿制服的兵團，聽短號、長笛和鼓聲進攻。當年他們已經被視為伯南布哥林地的主人。他們的努力集中在阿拉戈斯邊境。大部分是較不富裕者，堂·佩德羅一世遜位使他們感到困惑和不滿。

君主國的象徵力量再度顯露。然而，眾人渴望的並非真實的君主國，而是神話中的君主國，遠離日常的現實。鑑於局勢，皇帝回來很可能是烏托邦的夢想，但是對舉事者有具體的重大意義。**卡巴諾**來自各種各樣的廣大族群，皇帝遜位影響他們所有人的利益：軍官想要保持職位；農村的地主想要增加權勢；官僚需要保住飯碗；在王國政府的統治下，阿拉戈斯的精英有較多的自主性。然而，最重要的是，他們來自灌木地帶和極度貧困的內陸，被奴役的印第安人和非洲人覺得受到新政府的威脅。對他們全部的人而言，復辟意味著未來的希望，和回到不久前的過去。

一八三五年曼努埃爾·德安德拉德冷酷無情地鎮壓反叛，他是宣布「赤道聯邦」的同一人，現在掌管該省的事務。但是**卡巴諾**仍然抵抗。這位省主席與鄰近各省組織政治聯盟，執行焦土政策。將舉事者控制的區域劃定界限，在邊界內的任何人自動被視為敵人。那年的三月至五月，據估計一千零七十二人名**卡巴諾**被逮捕，兩千三百二十六人喪命。形勢逆轉，時鐘的指針也轉動，起義開始倒數。

一八三四年修訂法案與費若攝政

里約熱內盧、伯南布哥和馬拉尼昂同時發生起義，政府不得不改弦易轍，至少在立法方面。一八三四年通過憲法修正案，旨在限制中央政府的權力。早在一八三一年就考慮徹底變革，諸如廢除「節制權力」和建立聯邦制君主國。一八三四年確定的修正案正文，比較沒有野心，根據北美的模式，但是沒有那麼大膽。除了設立單一攝政，一八三四年的憲法修正案解散「國務委員會」，各省成立「立法議會」，使朝廷成為中立的自治區（脫離里約熱內盧省），維持參議員的終身職。

此修正案是長期協商的結果，雖然透過新議會給各省更大的自治權，卻自相矛盾地將權力集中在單一攝政者的手中，當選的攝政者有四年的委任統治權。修正案也給予省主席更大的權力，攝政者代替皇帝選派省主席，無固定任期。實際上，省主席隨時可替換。此修正案忠實反映政府的狀態，絕不支持任何一方。

這是首次選舉單一攝政者的局勢。狄奧戈．安東尼奧．費若神父當選。他來自聖保羅，溫和黨的成員。他的攝政期始於一八三五年十月十二日，直到一八三七年九月十九日。鑑於政治局勢岌岌可危，這是合理的任期。攝政者費若面臨無數挑戰。他有很多政敵，包括教會，因為他不贊成神職人員奉行獨身的誓言。據說當時沒有幾個部長能夠長期忍受他的壞脾氣，內閣經常在換人。不穩定似乎變成政府的制度，攝政者將一小群部長從一個職位換到另一個職位。但是第一個單一攝政真正的標誌，在於這個國家的末端地區爆發兩樁嚴重的衝突：帕拉的**卡巴納吉**和南大河州的**法羅皮利亞**革命。

四面八方舉事：卡巴諾在遙遠的格朗－帕拉省

欲分析攝政政府，就必須討論這個時期的標誌：一連串的叛亂。歷史學家向來將叛亂視為「本土主義」——個別事件反映當地的不滿情緒，但是叛亂已逐漸被看作國家現象，反映工會與聯邦派之間的鴻溝。對里約熱內盧中央集權制極度不快，乃「第一帝國」統治期間政治騷亂的因素，導致佩德羅一世遜位。

有許多曇花一現的小起義，但是有若干起義造成極其嚴重的衝擊，把里約熱內盧當作屏障的攝政精英集團陷入恐慌。在這些重大的叛亂當中，最早發生的是**卡巴納吉**革命，在遙遠的北部格朗—帕拉（Grão-Pará）。格朗—帕拉是最晚贊成宣布獨立的省分之一，而且是迫於壓力才在一八二三年八月十五日宣布。

格朗—帕拉的全部歷史，是與這個國家其餘地區分離的獨立史。十六世紀初，荷蘭和英國的殖民者最先占據此地尋找香料，特別是**胭脂樹紅**（urucum）[14]、**巴西香可可**（guaraná，音譯瓜拿納）[15]和胡椒粒。一六一六年葡萄牙人才抵達，在貝倫市（Belém，當時通稱 Santa Maria do Belém do Grão-Pará）建造第一棟建築**馬廄要塞**（Forte do Presépio）。一六二一年格朗—帕拉—馬拉尼昂都督轄區（首府是馬拉尼昂的聖路易斯）成立，以回應不同歐洲族群在此地殖民的對峙，以及他們與當地原住民相處的種種困難。新都督轄區的政府，脫離巴西國獨立。新都督轄區成立，以便這個區域與葡萄牙建立直接聯繫，葡萄牙的興趣在於藥用植物，以及栽培甘蔗、棉株和可可。

一七五五年，葡萄牙強大的政治家彭巴爾侯爵，創辦「**格朗—帕拉—馬拉尼昂貿易總公司**」（Companhia Geral do Comércio do Grão-Pará e Maranhão），發展並控制商業活動，包括非洲的奴隸貿易，鑑於這個區域禁止奴役原住民。該公司享有其他特權，包括壟斷奴隸貿易，以及用軍艦運送所有商品到這個區域，為期二十年。公司職員被官方視為御用，直接向里斯本負責。對政府而言另有一個好處，政府控制該公司，得以查禁走私和逃稅的普遍作法。

這家公司積蓄很多特權，也引起當地精英憎恨，彭巴爾侯爵不予理會，他要保護他在此地的財政利益。有了這家公司的全部活動，與葡萄牙的貿易（以前極少），開始蓬勃發展。「**格朗—帕拉—**

馬拉尼昂貿易總公司」的船離開貝倫，滿載著米、棉花、可可粉、薑、木材和藥用植物；這不包括販運奴隸。然而，在一七五五年，據估計這個區域有三千名非洲裔奴隸；在一七五五至一七七七年間非洲裔奴隸人口成長到一萬兩千人，全部用該公司的資金購得。他們在家鄉卡謝烏、比紹和安哥拉被抓走。[16]

葡萄牙國王堂・若澤[17]駕崩，他的得力大臣彭巴爾侯爵垮臺，開始「**銜接期**」（Viradeira）。堂・若澤的女兒瑪麗亞一世[18]反對彭巴爾侯爵所有政策。一七七八年這位女王不僅取消壟斷而且關閉這家公司。四年前，一七七四年，格朗―帕拉與馬拉尼昂早已分道揚鑣。儘管如此，除了一些危機，從一八〇〇至一八一七年這個區域與葡萄牙的貿易繼續興旺發達。在一七九六至一七九九年間，從現今構成巴西的全部區域往葡萄牙出口的產品，帕拉與馬拉尼昂合起來占一三・六%。在一八〇四至一八〇七年間這個比例上升到一九%，這兩處都督轄區在出口額占第四名。[19]與這個國家以單一作物栽培為主的地區相反，北部地區提供歐洲市場異國品種的產物，包括可可粉、咖啡、米、棉花、皮革、丁香、肉桂、**洋菝葜**（sarsaparilla）、**巴西肉荳蔻**（puxiri）[20]、木藍[21]、**胭脂樹紅**、巴西堅果，和各種想像得到的木材種類。[22]

我們已經明白，在獨立時期格朗―帕拉區的歷史與巴西其他地區截然不同，而且無意接受新政體。從商和務農的強大家族網絡，主宰這個區域。另外，大批外國移民和來自巴西其他區域的移居者集中在這裡，形成種族、語言和文化的混合。[23]最後，與葡萄牙繼續直接的貿易聯繫，沒有動機對這個政府表現忠誠，直到那時候這個政府統治一個分離的國家。格朗―帕拉有很多怨恨，中央政府的決策在政治上排除格朗―帕拉，卻對這個區域的藥用產品課以重稅。

如同一八三二年伯南布哥舉事，格朗―帕拉的**卡巴納吉**革命匯聚不同的社會團體，他們各有各的需求。兩個起義的名稱——伯南布哥的**卡巴納達**和帕拉的**卡巴納吉**——都源自**卡巴納**（cabana）這個詞，**卡巴納**是泥巴和枝條做成的茅屋，充當原住民、混血兒和非洲人的家。但是，與伯南布哥發生的情況不同，在帕拉這些團體直接與當地精英對峙。

反叛轟轟烈烈地開始。一八三五年一月七日，在安東尼奧．維納格雷（Antônio Vinagre）的率領下，反叛者（包括卡巴諾、塔普亞印第安人[24]、原住民和非洲人）攻打貝倫的軍營和省長府，刺殺省長並搶奪大批武器。然後他們任命新省長，費利克斯．馬爾歇爾（Felix Antonio Clemente Malcher），當時他是政治犯，因為他的態度反政權。但是他在這個職位待不久。反叛越來越激進化，馬爾歇爾是糖料作物種植園業主，最後卻背叛他的盟友，命令他們放下武器、回去工作和發誓效忠攝政政府。同年二月十九日他被廢黜。之後，火氣逐漸降下來，**卡巴諾**撤退，於七月離開貝倫。

但是八月又有暴動，七十歲的葡萄牙女人瑪莉亞娜．德阿爾梅達（Mariana de Almeida）被謀殺。她是葡萄牙商人的寡婦。據說她的屍體被拖拽著過街，群眾辱罵她效忠佩德羅一世。這是巴西史上最激烈的反叛之一。領導者被指控為不順從、邪惡的無政府主義者。不可否認，**卡巴諾**犯下一些極端的行為。奴隸把他們的舊主人綁在樹幹鞭打；被強徵人伍的印第安人殺死他們的指揮官、拿掉他們的軍階（都是陸軍中校），接著破壞納扎雷區（Nazaré）。

這項運動變得更激進，非洲人和原住民族取得更大的自治權，非洲裔領導者的角色提升。在**卡巴納吉**革命時期，奴隸舉足輕重。他們的參與，導致**卡巴諾**被視為「邪惡」，也被視為反覆出現的憂慮根源：巴西可能發生類似海地革命的事件。**卡巴諾**沒有「與生俱來的惡」；實際上，他們反抗貝倫的葡萄牙裔掠奪者，認為他們缺乏宗教信仰，譴責他們服從里約熱內盧的朝廷命令。**卡巴諾**也把省主席看作外國人，指控他是共濟會會員。

這個運動像野火，在現今的帕拉州和亞馬遜州蔓延。政府對這種「膽大妄為」作出反應，於一八三六年二月派遣四艘戰艦到貝倫，下令攻占貝倫市。五月十三日帝國部隊重新控制這個地區。然而，這並未終止反叛。在一八三六至一八四〇年間，反叛者深入該省內地，他們的要求變得更激進：廢除奴隸制並確認地方自治。他們也重申痛恨葡萄牙人和所有其他外國人。接下來的十個月，當地精英提心吊膽，唯恐**卡巴諾**取得控制。反叛者躲在樹林裡，繼續戰鬥到一八四〇年，直到全部滅絕。死亡的人數令人震驚，在當時的十萬居民占三〇%至四〇%。數千人成為俘虜，被裝進帝國的海軍護衛艦，尤其是**捍衛者號**（Defensora，音譯德芬索拉號），這些軍艦變成監獄船。

似乎不可思議，有些**卡巴諾**對小皇帝佩德羅二世保持神祕的忠誠，但是絕大多數要求政治替代方案，取代中央集權的巴西帝國。雖然他們自稱「愛國者」，但是這個詞不代表巴西人，也不代表政府的政治計畫和國家計畫。原住民、非洲奴隸和混血兒，全都來自截然不同的文化，產生新型的身分認同，與里約熱內盧政府的歐洲模式幾乎沒有共同點。[25]實際上，這種衝突反映相互矛盾的極端局面：結合殖民時期的價值觀念，與帝國在一八二二至一八四〇年間企圖消除該區域的巨大分歧。巴西極具影響力的思想家歐克利迪斯・達庫尼亞（Euclides da Cuhna）[26]，將亞馬遜定義為「歷史邊緣」區，將**卡巴諾**（茅屋居民）定義為「內地居民與海岸居民日益擴大的隔閡」表徵。[27]或許這是另類的歷史，與巴西帝國史相牴觸。就這個情況而言，這種關係似乎更像是分離訴訟。

從費若到阿勞若．利馬：舉事的新議程

到了一八三七年，攝政者發覺他在里約熱內盧越來越孤立。他的政治支持不穩固，以致九月十九日他被迫回到聖保羅的家，據說因病請辭。保守的反對派施壓和各省反叛，壓力越來越大造成他垮臺。攝政權交給他的政治對手阿勞若．利馬，他是奧林達侯爵，自一八三七年九月擔任帝國的部長。次年的選舉確認阿勞若．利馬為攝政者，他的性情與費若神父的火爆脾氣恰好相反。在確認他任職之前，阿勞若．利馬已經在里約熱內盧創辦「**佩德羅二世學院**」，不久就成為巴西的教育楷模。他也在一八三八年創辦「**巴西歷史與地理研究所**」，成為堂．佩德羅二世帝國的政策要素，並且在一八三九年創辦「**軍事學校**」。然而，當時這些措施得不到賞識。優先關注這類事情顯得膚淺，因為當時這個國家最北和最南的省分有脫離聯邦的危險。

阿勞若．利馬最重大的措施，乃終止以前的攝政政府開明的政策。刑事起訴法被廢除，該法令曾經賦予各省司法白主性。一八四〇年五月十二日擬定另一份憲法修正案。目的很明顯：終止各省和市鎮的自治權，維持攝政者的支配權，尤其是控制司法部。他們想要一勞永逸地制止全國的反叛，這些是阿勞若．利馬政府「開倒車」的措施。但是絕對不容易鎮壓正在爆發的叛亂，在這個國家的北部、東北部和南部起義層出不窮。

政治運動有顏色：馬萊起義和薩比納達

雖然《一八二四年憲法》宣布所有自由人平等，包括被釋放的奴隸，實際上所有社會福利都徹

底排除奴隸的子孫。絕非巧合，在這個時期有非洲血統的人開始上街示威，要求被列為這個新興國家的一部分。

騷亂始於巴伊亞（這個省傳統上追求政治自主），受到廣大民眾的支持。前文已提及，一七九八年「巴伊亞密謀」對葡萄牙王國政府的霸權提出質疑。里約熱內盧宣布獨立後將近一年，一八二三年七月二日，巴伊亞才承認巴西獨立。在一八二〇至一八三〇年間一連串的反叛爆發。在十九世紀上半葉，**逃奴社區**成立，**坎東伯雷**的宗教實踐變得普遍且盤根錯節。一八二六年，在薩爾瓦多郊外的烏魯布（Urubu）**逃奴社區**，一群避難的奴隸揭竿而起，煽動暴力爆發。目的不外乎是入侵市區、謀殺白人和釋放所有的奴隸。政府的部隊很快就反擊，圍攻**逃奴社區**。一個女人率領居民猛烈抵抗，她是澤費理娜（Zeferina），拿著弓箭與侵略者對峙。文獻登錄烏魯布**逃奴社區**毀滅，「**坎東伯雷**」這個詞首次出現，龐特伯爵（Count of Ponte）用以提述反叛奴隸的庇護所。[28] 叛亂被鎮壓，但是巴伊亞省長對一件事確信無疑：今後，在巴伊亞，宗教將是奴隸和舊奴隸居民政治組織的基本要素。

在其他省分（例如米納斯吉拉斯）只是傳聞，在巴伊亞變成現實，奴隸反叛使全省驚恐。在十九世紀上半葉騷亂持續。在一八二〇至一八四〇年間，巴伊亞經歷軍事反叛、反葡萄牙人起義、要求聯邦制的叛亂，群眾橫衝直撞，破壞公物和私有財產。在薩爾瓦多和環巴伊亞灣區的城鎮，窮人和奴隸在所有起義扮演重要的角色。在一八〇七至一八三五年間，在省會和環巴伊亞灣區的**蔗糖廠**、種植園和魚市，一連串非比尋常的大規模反叛，該省的奴隸是禍首。在巴伊亞這些反叛有奴隸鬥爭某些典型的特點：農村與城市的奴隸合作；集結大批來自相同族群的非洲人，有共同的文化和宗教認同；以及**逃奴社區**的參與。在薩爾瓦多郊外，**逃奴社區**的數目迅速增加，提供逃奴藏身處，以及充滿活力的非洲宗教信仰中心。[29]

一八〇七年五月，有強大宗教結合力的伊斯蘭教（這個特殊的族群，或許有其他團體加入），集結起義者，在巴伊亞煽動一批奴隸，引發整個系列的反叛。籌劃一八〇七年起義的奴隸是非洲人，來自現今的奈及利亞北部，大都是豪薩人占據的區域。他們做好準備，在都督轄區境外舉事。五月二十八日開始反叛，在**基督聖體節**的慶典中，奴隸放火燒納扎雷區的海關（此處接收從非洲進口的奴隸）和一座教堂。這個主意是分散部隊的注意力。然後奴隸從薩爾瓦多郊外的**逃奴社區**入侵市區。但是不僅如此。這個計畫旨在動員黑人和穆拉托人，戕害白人居民，燒毀公共廣場的聖人雕像，然後前往伯南布哥，解放豪薩族群的奴隸。此鬥爭將持續到所有白人死亡，在這個區域的內陸建立伊斯蘭王國。[30]

然而，反叛開始之前，有人向省長告發這些計畫。懲罰很嚴厲：領導者被逮捕，奴隸被判處頸手枷鞭刑，所有的非洲人集會和慶祝活動都違法，禁止被解放的奴隸在薩爾瓦多和環巴伊亞灣區自由行動。但是先例已開，豪薩人有良好的組織。他們戰敗後，大批人躲到**逃奴社區**。在這個城市周遭的林地，**逃奴社區**一直在增加中，豪薩人在那兒等待時機，直到新的機會出現。

一八一四年豪薩人再度進攻。二月至四月，他們發動一系列攻擊，越來越猛烈。在環巴伊亞灣區和薩爾瓦多周遭的村莊裡，**逃奴社區**發出襲擊的命令。五月，省長接到另一則告發：豪薩人打算進行與一八〇七年相同的計畫。但是這一回他們有更好的組織。他們儲藏的武器有火藥、製弓的竹莖和鐵箭頭，全都藏在樹林裡。另外，其他族群的非洲人也加入這個運動，人數空前的多，包括穆拉托人和**克里奧爾人**（crioulos）[31]。[32]

雖然豪薩人在一八一四年再度戰敗，政府的勝利掩飾不了巴伊亞的奴隸政權搖搖欲墜。奴隸繼續奮起反抗他們的主人，攻擊的次數增多，特別是在環巴伊亞灣區的**蔗糖廠**。一八一六年，新的舉事威懾環巴伊亞灣區的中心地帶聖阿馬魯（Santo Amaro）：市區被攻擊四天，**蔗糖廠**被燒毀，白人和任何拒不加入運動的黑人被處死。起義迅速被鎮壓，但是起義植入地主心中的恐懼，難以撫平。

首次叛亂後超過二十年，一八三五年，薩爾瓦多爆發規模最大的奴隸反叛。[33]這一次攻擊來自城內，而且驚心動魄。一月二十五日清晨時分，一批又一批奴隸和自由民拿著棍棒、刀子和工作的工具，在街上與士兵和平民戰鬥超過三小時。宗教再度是反叛密不可分的一部分。打鬥時，許多反叛者穿著**白袍**（abadás，非洲穆斯林禮拜服），護身符有《可蘭經》的詩文和保護他們的祈禱文。

在薩爾瓦多的非洲裔穆斯林，通稱**馬萊協會**（Sociedade dos Malês），領導起義。他們有宗教和政治的動機。在巴西，伊斯蘭教清一色是非洲的宗教，不限制任何族群，因此有潛力匯聚奴隸和出身不同的自由民，打擊奴隸制。伊斯蘭教是動員和整合起義者的關鍵因素，因為它能夠提供共同的語言，在非洲裔社區裡將種族和文化的分歧減至最低程度。

馬萊起義旨在建立非洲人的巴伊亞，意圖震撼薩爾瓦多市。這個計畫不是占據城市，而是製造混亂，閃電攻擊軍營、教堂和政府的建築。馬萊起義遵照伊斯蘭教對軍事行動的規定：起義者不闖入私宅，不殺奴隸主，不放火燒城市。他們只打擊被派來與他們對抗的軍隊。馬萊人對舉事寄予厚望。大多數奴隸集中在環巴伊亞灣區，他們打算襲擊此地，動員糖料作物種植園的俘虜。

馬萊起義不僅是巴伊亞規模最大的奴隸叛亂，也是巴西規模最大的。這也是最後的起義。舉事者認為一八三五年的反叛是奴隸叛亂；儘管如此，馬萊起義變成宗教與種族之間的衝突，以及被奴隸主拉攏的奴隸與舉事者之間的衝突。七十位反叛者死於對抗；他們戰敗後，約五百位被判處死刑、鞭刑和驅逐出境。[34]有幾個原因導致反叛失敗：再度有人告發，走漏風聲，被迫在確定的日期之前開始舉事。**克里奧爾人**、**帕爾多人**和非洲人不團結，也使力量減弱。但是決定性因素是他們的敵人很團結。巴伊亞全體的自由族群——白人和穆拉托人、富人和窮人，因為共同的利益或是畏懼，都反對起義。雖然叛亂被鎮壓，巴伊亞的俘虜仍然有這個想法：擺脫奴隸制的狀況，在他們的掌控之中。

巴伊亞的騷亂繼續，有中產階級、軍隊和城市貧民參與。反葡萄牙人的情緒高漲，因為葡萄牙人壟斷貿易，並且在政府與軍隊壟斷最高職位。隨著一八三四年修正案限制各省自治，以及隨著費若神父於一八三七年辭去攝政一職，局勢再度變得更加危急。

不滿情緒白熱化，只需要一件事來點燃人民的怒火。窮人要求更大的社會參與權，軍隊要求加薪，中產階級要求更大的貿易支配權。不滿情緒匯聚政府的僱員、工匠、零售商、軍官和士兵，以及被釋放的奴隸。他們都痛恨葡萄牙人，都可以進入都市空間——富人與窮人、白人與非洲人、**帕爾多人**與**克里奧爾人**共有的空間。巴伊亞省長很清楚這種局面，他投書報紙提出警告：一個「暴動黨」[35]正在形成，他們支持帕拉和南大河州反叛。但是他向民眾保證：不需要憂慮，他正在竭盡所能確保「**九頭蛇**不會抬起頭來」[36]。

但是**九頭蛇**抬頭了。一八三七年十一月六日傍晚，唯恐強制入伍被用來打擊南部（**法羅皮利亞**）的分離主義運動，炮兵隊的官員離開聖佩德羅（São Pedro）要塞，占領周遭的地區。百姓加入他們，包括弗朗西斯科·薩比諾·維埃拉（Francisco Sabino Vieira）和卡內羅·達席爾瓦·雷戈（João Carneiro da Silva Rego）。次日，他們控制這座城市，召開市議會特別會議，通過法案使這個運動合法化。這是**薩比納達**反叛的肇端，名稱取自其中一位領導者弗朗西斯科·薩比諾。一百零五人簽署一份文件，宣布該省「完完全全脫離里約熱內盧中央政府，因此是一個自由獨立的州」。他們計劃召開制憲議會，任命羅察．加爾旺（Inocêncio da Rocha Galvão）律師為省主席，弗朗西斯科．薩比諾當他的一等祕書。但是羅察．加爾旺流亡美國，弗朗西斯科．薩比諾成為**事實上的**省長。

有趣的是，數日後簽訂一份新文件，只有二十九人簽署的修正案。文中陳述巴伊亞獨立只持續到新皇帝成年（有些人將這份修正案稱之為「筆誤」）。因此，儘管宣布自治，此運動效忠君主國和未來的皇帝。此運動凸顯攝政時期兩個重要的層面：巴伊亞對自治權的渴望根深蒂固，以及即使在危機時期，仍然支持籠罩王子和君主國的神祕性。

這時候，被廢黜的省主席索薩．帕拉伊索（Francisco de Souza Paraíso）與他的武裝部隊總司令路易斯．加塞茲（Luis da França Pinto Garcez），在環巴伊亞灣區避難，他們開始在此地動員部隊，大多來自「國民警衛隊」。一八三八年三月，帝國政府命令他們圍攻省會。在圍城期間薩爾瓦多首先遭受家畜缺乏之苦，接著市區發生火災，造成損害。因為食物缺乏而士氣低落，舉事的領導者宣布休戰，以免受懲罰作為交換。他們的請願被充耳不聞。接下來的鎮壓很嚴厲，包括停止全部囚犯的權利，許多起義者被流放。三月二十二日在法國領事的宅邸，弗朗西斯科．薩比諾被逮捕。

一如既往，官方的反應是殺雞儆猴。根據官方資料，一千兩百五十八名反叛者和五百九十四名士兵死於戰鬥，兩千九百八十九名反叛者被捕，大多禁錮在帝國海軍的船艦上。總計一千五百二十人被遣送到里約熱內盧和南大河州等待審判，所有被解放的奴隸被遣返非洲。[37]但是弗朗西斯科．薩比諾有不同的命運。一八四〇年八月二十二日簽署的敕令宣布特赦，他被驅逐到戈亞斯，在當地參與政治。後來他被遣送到馬托格羅索，一八四六年他在當地逝世。[38]

這不易理解，分離主義者舉事，集結軍官、零售商、自由業者、奴隸和自由民，而且也效忠君主國。弗朗西斯科・薩比諾是**穆拉托人**，被奴役的非洲人後裔，因此他們懲罰他以儆效尤。從一七九八年「巴伊亞密謀」至一八三八年**薩比納達**暴亂，巴伊亞有四十年的反叛、奴隸起義、掠奪和洗劫。在奴隸制稱霸的省分，奴隸、黑人、**帕爾多人**和自由的穆拉托人參與，顯示反抗當局也是血統和膚色的問題。

破衫漢戰爭：南部邊疆長期頑抗

即使**薩比納達**暴亂結束，攝政者仍輾轉難眠：巴西南部的新革命變成嚴重的問題。動機相同，只是地點換了。他們譴責權力集中在朝廷，支持重新確立各省的自治權。這樁起義通稱**破衫漢**戰爭，又叫做**法羅皮利亞**革命，起初是效忠政府的巴西人與極度貧困的舉事者發生戰鬥，後者衣衫襤褸，因此被貼上**破衫漢**（farrapos）的標籤。實際上，這個運動的成員不只是在牧場工作的農民，也包括地主和養牛戶，以及來自社會各階層的人。[39]

法羅皮利亞叛亂是另一個範例，證明巴西有許多不同的歷史。最南端相當晚才併入殖民地，其邊境接壤的領土，戰略上極重要且數度易主：這個區域通往拉普拉塔河流域。起初巴拉圭的耶穌會會士於一六二六年占據這片領土，為西班牙提出土地所有權，著手為原住民建立傳道區和村莊。由於**先鋒旗隊**到來，耶穌會會士離開，留下特殊品種的牛，通稱**西馬隆**（chimarrão）。一六八〇年葡萄牙王國政府接管這片領土，建立薩克拉門托殖民地，後來變成獨立的國家烏拉圭。

西班牙人時常入侵這個地區，卻讓葡萄牙人奪回。畢竟，他們認為這是南部領土的延伸。十七世紀末耶穌會會士回來，再度接管這個地區，建立「七族傳道區」[40]。但是耶穌會會士和瓜拉尼人拒絕移轉到烏拉圭河西邊的西班牙領土，之後在一七五三至一七五六年間掀起**瓜拉尼戰爭**（Guerra Guaranitica），葡萄牙和西班牙的部隊打敗耶穌會會士和瓜拉尼印第安人。於是簽訂條約，「七族傳道區」授予葡萄牙，薩克拉門托殖民地授予西班牙。另一方面，此條約有許多條款被廢止，導致這兩國爭奪牛和土地所有權，經常發生小爭論和直接衝突。由於拉普拉塔河對巴西貿易極為重要，需要防止波托西（Potosi）走私銀礦，尤其是因為此地有軍事戰略的重要性，葡萄牙王國政府正式將這片領土併入版圖。

在十七、十八世紀米納斯吉拉斯發現黃金，需要大量役用動物和牛肉。因此，南部的局勢開始變化，騾夫和牛販子驅趕成群的牛和騾回到米納斯吉拉斯。許多騾夫在南部定居，成為養牛戶，請求王國政府授予土地所有權。讓農民在巴西的南部邊疆區域定居，符合王國政府的利益。由於經常需要阻止西班牙人侵襲薩克拉門托殖民地，政府於一七三七年正式成立「南部行政區」。王國政府也將土地賞賜軍官，把**份地**（sesmarias）[42]分配給養牛戶，提供獎勵興建大牧場，充當進一步威懾西班牙人的手段。

十八世紀末這個區域開始生產乾牛肉條（鹹肉乾），很快就成為奴隸的民族食品。前文已提及，一八二〇年，在牧場主的協助下，堂・若昂六世打敗西班牙人，將**東岸**併入葡屬美洲，把它命名為西斯普拉丁省。由於距離首都遙遠，加上軍事戰略的重要性，該省享有相當程度的自治權。

但是獨立之後情勢改變，**卡里奧卡**的精英掌控權力。南部的地主憤憤不平，牛、土地、尤其是肉乾賦稅過高。另一方面，一八二八年烏拉圭成為獨立的國家後，失去西斯普拉丁省是嚴重的打擊。本托・貢薩爾維斯（Bento Gonçalves）將軍抱怨：「他們把大河州變成帝國招待所」，他在表達一個民族普遍的怨恨，認為他們的角色已淪落到為帝國供應肉品，保衛帝國的南部邊境。

法羅皮利亞（或**破衫漢**）是反抗帝國政府的大河州族群的名稱。這個輕蔑的詞至少用了十年，指大河州自由黨的支持者，該黨反對中央政府。這個綽號迎合人心，變成驕傲的標記，於是在一八三二年成立**法羅皮利亞黨**，他們的宣言聲明：反對所有在政府和軍隊擔任高級職位的葡萄牙人。許多人認為取得自治權的唯一途徑是成立獨立的國家。此運動吸引各種各樣的人，包括牧場主、軍官、廢奴主義者，甚至奴隸，他們把獨立運動看作奴隸解放的機會。起初有些**法羅皮利亞**並非共和主義者或聯邦主義者，但是一連串事件終究使他們拋下歧見，接納那些觀點。此運動的領導者有許多共濟會會員，包括本托・貢薩爾維斯，採用罕見的代號「蘇克雷」（Sucre）[43]。

在這個國家的最南端，普遍的感受是無能和自尊心受損。動刀動槍的時機又到了，這一次是反抗帝國政府。為了在南部成立獨立的共和國，一八三五年九月二十日開始反抗中央政府的漫長戰爭，持續將近十年，直到一八四五年三月一日，其中五年是堂・佩德羅二世在位期間。這個運動如此重要，以致影響聖保羅的自由主義運動，以及巴伊亞的**薩比納達**。這是巴西帝國史不可或缺的一頁。

「中央剝削南部」變成**法羅皮利亞**的口號。在準備與巴西其他省分一起作戰時，與鄰近新成立的國家烏拉圭的關係，在友善與敵對之間游移不定。這兩個區域的居民有親密的家族關係。例如，本托・貢薩爾維斯娶了烏拉圭人。有時候擺出友善的姿態以便促進貿易；有時候對西班牙人的敵意占上風。畢竟，西班牙人一直努力不懈地改變這個區域的邊境。[44]

自相矛盾如此明顯，九月爆發反叛時，本托・貢薩爾維斯在期刊《**自由彙編者**》（*Recopilador Liberal*）[45]發表一份聲明：戰爭是保護該省的自由不受威脅。同時他重申效忠君主國，忠於「維護我們小皇帝的王位與帝國的完整」[46]。

在這十年的戰爭中，**法羅皮利亞**戰勝和戰敗無數次。一八三六年九月十一日他們宣布建立「大河共和國」（Rio-Grandense Republic）。皮拉蒂尼（Piratini）市議會[47]批准這項法案，宣布南大河省獨立，任命本托・貢薩爾維斯為省主席。皮拉蒂尼將是新首都。政府將是共和政體，與巴西所有其他州有聯邦的關係，這些州將致力於同樣的政體。這是戲劇性的大轉變，直到那時候此運動仍然聲明效忠王國政府。儘管如此，這個新成立的國家，保持帝國兩個基本的特色：受限制的選舉權和奴隸勞工。

在這場漫長的戰爭，若干參戰者獲得近乎神話般的地位。其中一位是本托・貢薩爾維斯，兩次企圖逃獄蔚為奇觀。其中一次，他與其他囚犯在牢房挖一條地道，但是他肥胖的戰友佩德羅・博蒂卡里奧（Pedro Boticario）無法通過，本托留下來以示團結。另一次，他被監禁在巴伊亞的**馬爾要塞**（Forte do Mar）時，他從海路逃亡，游泳到一艘船邊，同志在船上等他。另一位傳奇的革命家是義大利人朱塞佩・加里波的（Giuseppe Garibaldi，後來使義大利統一的英雄），在征服聖卡塔琳娜（大河北方的省分）時，經由陸路運送兩艘船，用牛拉到卡皮瓦里河（Capivari）的河口水域。他就是在那兒遇到他的愛人兼戰友，美麗且一樣傳奇的安妮塔（Anita）。

但是戰爭拖延太久，能源、資金和人力的成本非常高。戰鬥來到尾聲，奴隸從軍，在戰場上與奴隸主並肩作戰，換取他們的自由。到了一八四〇年帝國政府已成功遏制這個國家所有其他的叛亂，現在可以集中兵力與**法羅皮利亞**戰鬥，雖然和平很久才會到來。卡希亞斯男爵（Baron of Caxias）終於結束這場戰爭。堂・佩德羅二世在位時，他將是重要的人物，成為知名的「調停者」，這個稱號實至名歸卻有些諷刺。一八四五年二月二十八日簽訂《**綠斗篷**》（Poncho Verde）條約，宣布停戰。南部的革命者將該條約稱為「光榮的和平」，因為滿足許多他們的要求：在衝突期間該省累積的負債，由帝國支付；**法羅皮利亞**的軍官納入帝國的軍隊，保持他們的軍階；授予參戰的奴隸自由；保障個人的安全和財產；釋放全部戰俘；最重要的是，允許起義者自由選舉省主席。

法羅皮利亞是攝政時期最後鎮壓的反叛。這場戰爭和戰爭的領導者，變成巴西南部各省與後來的各州身分建構的要素。[48]但是攝政時期將經歷另一樁反叛，在**法羅皮利亞**革命開始之後。這一次反叛發生在這個國家的最北端，遙遠的馬拉尼昂省，曾經是格朗—帕拉州的一部分。**編籃者**起義始於一八三八年，再度鼓舞社會經濟地位較低者。

編籃者起義：北部邊緣人團結起來反抗中央政府

往昔馬拉尼昂與葡萄牙有直接的聯繫。這層特別的關係，大大影響其政治以及與帝國其他地區的關係。除了一六五二至一六五四這幾年，在整個殖民時期，馬拉尼昂以及塞阿拉、格朗—帕拉和亞馬遜都督轄區，形成馬拉尼昂—格朗—帕拉殖民州，有自己的行政機關。[49]政府所在地是馬拉尼昂的聖路易斯，所有行政、財政和政治問題，都直接向里斯本提出。雖然與巴西其他地區有很多共同點，這個遼闊的地區維持自己的身分認同。他們有官方語言，龐大的莊園（大多在沿岸）靠奴隸勞工運轉，被視為羅馬天主教（奴隸與原住民普遍信奉其他宗教），但是他們只效忠一位元首：葡萄牙國王。這個區域與非洲和歐洲的關係更密切，勝過與巴西其他都督轄區的關係。

堂・若澤一世在位期間（一七五〇—一七七七），彭巴爾侯爵實施重大的改革。《一七五〇年馬德里條約》重劃西班牙與葡萄牙殖民地接壤的疆界。南方，烏拉圭併入卡斯提爾；北方，現今的巴西亞馬遜給葡萄牙。這個州改名為格朗—帕拉—馬拉尼昂，首府從聖路易斯移到貝倫。彭巴爾侯爵的政府宣告奴役「土著」違法，之後這個區域變成大西洋奴隸販運中心。從巴西東北部以西延伸到亞馬遜盆地，在十九世紀財富達到頂點時，貝倫是這整個區域的首府。

在一七七二至一七七四年間此州分成兩州，但是繼續隸屬於里斯本的朝廷。[50]他們是最北端的格朗—帕拉—黑河（Rio Negro）[51]州與中北部的馬拉尼昂—皮奧伊州。一八一一年這兩州才併入巴西。那麼，這並非巧合，帕拉省和馬拉尼昂省最不願意接受獨立和新巴西帝國，直到一八二三年他們才接受。他們不想變成「巴西人」。

問題甚至進一步複雜化，一八二二年巴西獨立後，荼害這個國家其他省分的老毛病，也開始讓馬拉尼昂受苦：里約熱內盧的朝廷橫征暴斂，回報微乎其微。然而，這樁反叛有自己的特點：參與者大多是農民，抗議本地的莊園主人。該省正在經歷危機時期，主要產物（棉花）價格下跌，國際市場的競爭日益增長。然而，中央政府徵收的賦稅沒有減少，貧窮變得難以負荷。

最受苦的群體是工人：傭農、牧牛工和奴隸，他們最早動員，抗議不公正的行為荼害這個區域。但是他們並非唯一不滿的社會階層。自由職業者開始要求變更地方選舉的規定。為達到目的，他們創辦報紙《**我看見你**》（*Bem-te-vi*）[52]，散布共和國與聯邦制原則。彼此的不滿，使城市中產階級與農村勞動力為共同事業團結起來。[53]

始於一八三八年的反叛，既沒有大批追隨者，也沒有明確設定的目標，起義的名稱取自領導者：曼努埃爾・費雷拉（Manuel Francisco dos Anjos Ferreira），綽號「**大草籃**」（Balaio）。他是編籃者，警察暴行的受害者。當地警察強暴他的兩個女兒，未受到懲罰。他的反應是召集一小群人，開始報復，使馬拉尼昂的內地驚恐不安。

但是反叛的導火線是若澤・埃日圖（José Egito）被捕，他是當地的政治家，與帕拉的**卡巴諾**有關係。一八三八年十二月十三日，他的弟弟雷蒙多・戈梅斯（Raimundo Gomes）突擊**曼加村監獄**（Vila de Manga），將他釋放。之後雷蒙多・戈梅斯要求「**大草籃**」支援，他立即出手相助，反叛者開始破壞莊園並掠奪。一八三九年他們占領卡希亞斯市[54]。他們接著組織臨時政府，採取兩項緊急措施：遣散「國民警衛隊」，把他們看作農村地主的兵種，將葡萄牙裔居民全部逐出卡希亞斯市。從那時起這個運動變得更激進。新領導者克斯梅・本托（Cosme Bento）是當地**逃奴社區**的首腦，有三千名非洲人部下。

為對抗反叛者，攝政政府派陸軍上校路易斯・德利馬—席爾瓦（Luis Alves de Lima e Silva）[55]到馬拉尼昂。這位上校經驗豐富；他打過一八二三年巴伊亞的獨立戰爭，以及一八二五至一八二八年間西斯普拉丁省的戰爭。許多中產階級的人曾經支持反叛者，現在他們害怕起義走向極端。他們開始支持帝國的軍隊。一八四一年叛亂終於被鎮壓，死亡人數令人震驚：一萬兩千名農村農民和奴隸死於戰鬥。年輕的皇帝大赦戰俘，表揚路易斯・德利馬—席爾瓦的勝利，授予卡希亞斯男爵的稱號。

雖然全國各地發生反叛，動搖帝國的根基，但是帝國沒有淪亡。然而，更多起義和分離主義運動發生，恐懼如影隨形。十九世紀初人民起義，巴西的舊鄰居——西班牙的總督轄區：新西班牙、新格拉納達、秘魯和拉普拉塔河總督轄區，無一倖免。他們分裂成許多不同的國家，現在都無法與巴西的規模相比。

在攝政時期，王位虛設，使帝國許多城市營造不確定的氛圍。在這種百家爭鳴的背景，新的政治社團和爭取公民權的抗議遊行崛起。最著名的包括一八三一年五月十日成立的「國家自由獨立保護協會」。這個社團的發起人是反對堂・佩德羅一世的政客，所謂的「崇高的自由主義者」、溫和的自由黨軍官，以及前任君主的一些合作者，包括若澤·博尼法西奧。「捍衛自由協會」主張維持社會等級和現狀。雖然他們信誓旦旦要維護公益，但是他們最初的活動致力於控制「烏合之眾」。他們也關注在里約熱內盧成立「上流社會」，為達到目的，他們主辦派對和公民活動。另一個新興的政治運動，曇花一現的「聯邦協會」，於一八三一年十二月三十一日成立，目的是對參議院施壓，以通過憲政改革方案。保守黨也脫穎而出，「巴西憲法保護協會」擁護皇帝，由效忠君主國的軍官組成。[56]

套用人類學家吉爾貝托·費雷雷的話，攝政期是「在不同的人民團體之間，社會與文化的衝突如此頻繁（這些衝突錯綜複雜，看起來卻只是政治的衝突），以致整個時期的特徵是驚恐不安」[57]。除了本章已描述的反叛，光是一八三一年另有七次反叛（五次在里約熱內盧，一次在塞阿拉，一次在伯南布哥），其他省分也有若干小規模的衝突。這些起義反映這個國家龐大且多元，政府的中央集權政策無法令人信服。

這絕非巧合，阿勞若·利馬第二次治理國家的期間，國會的政治紛爭增多。除了針對一個重點，意見嚴重分歧。達成共識的是：解決騷亂唯一可行的辦法，就是讓年輕的佩德羅二世提前登基。他十四歲。國王的年齡不重要，即使重要，也能藉由他的就職儀式加以掩飾。在政客們的眼中，唯有將這個男孩加冕為皇帝佩德羅二世，在巴西出生的第一位君主，方可保障這個國家脆弱的統一。雖然已經鎮壓大部分叛亂，不表示不會發生新的叛亂。因此舞臺已經準備好，皇帝的年紀經過竄改，在巴西有史以來最盛大的公開儀式為他加冕。

第十一章

第二帝國：終於是熱帶國族

在一八四三年常・佩德羅二世成年（根據憲法，十八歲）之前為他加冕，這個主意現在是公開的祕密。畢竟，自一八三五年起精英們一直在催促他登基。但是從一八四〇年起這個過程增長勢頭，自由派議員反對阿勞若・利馬的攝政政府（多數黨俱樂部），與參議院對峙，要求年輕的佩德羅二世即位。說來奇怪，經歷攝政時期的叛亂後，所有舉事都支持共和制，普遍激進化的氛圍，（似乎難以置信）解決方案竟然是加強君主制，重申里約熱內盧的中央集權。

此時，年輕的王子在王宮足不出戶，不知道政府的計畫，不了解政局的緊急狀態。在一八四〇年三月的一份報告，阿勞若・利馬透露他與這位青年君主的會談。根據這位攝政者所言，堂・佩德羅被詢問宣布他成年的可能性時，他回答：「實際上我不曾考慮。」[1] 此會談的官方版本截然不同：被詢問時，據稱這位青年君主回答：「馬上宣布吧！」，顯露情緒成熟度，令人難以置信。就此開始為這位皇帝建構形象的過程，一直持續到他駕崩：始終冷靜的君主，字斟句酌，對政治問題有決斷力，據推測超然於政治，他來拯救這個民族。根據當時的報導，他代表歐洲國王的化身，或許他的體格（雙腳細長）和刺耳的聲音是例外。外貌上他像哈布斯堡的王室——突出的下巴、藍眼睛、白皮膚和直的金髮，與王國的臣民形成對比，他們大部分是黑人、穆拉托人或混血兒。

在里約熱內盧發行的報紙和小冊子，不停地稱讚年輕的佩德羅氣質非凡：他的學問、智慧、修養、講古典語和現代語，以及騎馬和擊劍的技術。因此，在誇張地宣傳他智慧超前的成熟度之際，巴西第二位君主（在位最久且最得民心）即位。他的成人服裝、會多種語言的哲學家名氣，加上他的沉著，這一切造就他的形象，成為偉大的君主：與他的父親截然相反的榜樣。於是，堂．佩德羅二世的祝聖儀式和加冕禮，一切準備就緒。

壯觀的場面配得上偉大的國王

慶典的日子定在一八四一年七月十六日，里約熱內盧再度活躍起來準備慶祝。整個朝廷**按照時尚穿禮服**，等待儀式開始。為這個場合特別印製小冊子《皇帝陛下加冕禮事宜》，列出典禮的細節，政府打算用以展現帝國的宏偉，標誌新時代的開始。小冊子有十頁，在鎮上四處發送，描述典禮的三部分：遊行、加冕禮和接待會，包括宴會的禮節規定。儀式從正午開始，有數百人，各自在既定的時刻參加遊行、各有特定的角色，各有光榮的時刻。騎兵隊、馬車隊及射箭隊的軍官縱隊前進，偶爾鳴放禮炮。所有的籌備毫無瑕疵，既誘人又令人生畏。

活動日程表的安排縝密：加冕禮進行的順序、白天接受朝貢、晚上點亮市區的燈飾、參觀**聖佩德羅德阿爾坎塔拉**（São Pedro de Alcântara）劇院，最後是盛大的舞會。公幣被搜刮以支付這一切。全鎮變成木頭、布料、玻璃、油漆和工具的巨大貯藏所，街上到處是木匠、畫家、煙火商、時裝設計師、藝術家和他們的學徒。建築師兼畫家曼努埃爾．德阿勞霍（Manuel José de Araújo Porto-Alegre）接受委託，設計特別的建築物——著名的「陽臺」（Veranda），加冕後堂．佩德羅二世會在這個陽臺向民眾揮手。依照傳統，此紀念建築物將表達政府的傑出、省長的權威，以及王子與臣民之間的互信。

馬克・費雷斯，在堂・若昂六世統治時期來自法國的藝術家，受委託為這個場合製作雕刻品。枝形吊燈、燭臺、寶球、燈、銘文、雕版、壁紙、鍍金的裝飾品、金的和銀的高腳杯、刺繡、蕾絲、天鵝絨、錦緞、絲綢和掛毯。在描述「陽臺」的文件裡，[2]這些是列入其中的一些物品。這棟建築物如此巨大，占據皇宮與帝國禮拜堂之間的全部空地。用以裝飾建築物的寓意畫，象徵新朝代的希望和期望。加冕後堂・佩德羅二世將坐在此建築物的中心區域「神殿」，以神的靈氣為這個場合添加宗教儀式的氣氛。兩側各有一個展出館，上方有刻字「亞馬遜」和「普拉塔」，[3]向這個國家標示北方和南方邊境的兩條河致意，各以巨大的雕像呈現。兩頭獅子（象徵勇氣和權力）立在階梯下，階梯從「普拉塔館」通往帝國禮拜堂。在上層樓所有的圖像取自古代：戰車、凱旋馬車、正義雕像和智慧雕像，以及寫著「上帝保佑巴西皇帝」的銘文。金鑾殿在神殿裡。在天花板中央的石膏製品，皇帝堂・佩德羅一世有星星的光環，象徵他的不朽，他將葡萄牙皇冠[4]和巴西皇冠交給他的兩個孩子。[5]

不只如此。象徵巴西的寓意畫裡，用黃金描畫國徽，在葡萄牙的腳邊放著她昔日的榮耀桂冠。在藍色的背景，星星代表帝國的屬省，太陽在王子的生日和登基日（人馬宮和巨蟹宮）通過黃道十二宮。大圓形浮雕肖像呈現查理曼大帝、法蘭西斯一世、拿破崙和彼得大帝，他們都曾經建立帝國，充當巴西新皇帝的命運符號。在這些浮雕的旁邊，葡萄牙和奧地利的徽章並列，表示巴西帝國的王朝發源地。寶座上方有佩德羅一世和若昂六世的肖像，牆上有預示風險的描繪：一邊是皇帝，在合憲的權利範圍內統治；另一邊是「少數黨時期國家的無政府狀態」，災難和罪惡使國家分裂。

從地獄冒出來的形體，恐懼地逃回地獄，讓路給新政府的智慧和美德。

意識形態的意義很清楚。攝政團代表窮凶極惡和無政府狀態，而復興帝國的統治，保證穩定和繁榮。攝政團的特點是虛榮；帝國的特點是智慧、科學和公民德行。攝政時期的共和制試驗，代表野蠻的行為，與過去一起被掩埋。歷史被操縱，展現過去和未來的連貫性和連續性。畫廊和展出館的裝飾精挑細選，向顯赫的人物和國家大事致意，包括堂·佩德羅一世願意留下來的聲明和獨立宣言。只描繪君主國得到認可和民眾支持的時刻。皇帝的形象，在這個城市和市民的想像中，同時產生反響。

此時，這個可憐的孩子難以掩飾他的不知所措：寬鬆的長袍、沉重的皇冠、長的權杖，背後的斗篷在地上拖曳著。這些圖像有名副其實的較量。出現在巴西和國外的第一張圖像，顯示禮服實在太大，男孩很不自在。然而，在官方的畫像，他看來好像波旁或哈布斯堡的國王。自從國王塞巴斯蒂昂在摩洛哥打聖戰時失蹤後，產生他將回國的神話，布拉干薩的君主們實際上不曾加冕，只接受歡呼。但是在巴西這位皇帝接受歡呼、加冕和祝聖儀式，藉恢復古代的傳統，努力彌補此時政治的脆弱。

此儀式也採用新元素。佩德羅·德阿爾坎塔拉（Pedro de Alcântara）「承蒙上帝的恩典和人民一致的歡呼，授予稱號堂·佩德羅二世、立憲皇帝及巴西永久捍衛者」。舊的和新的結合：保持祝聖儀式，但是新皇帝是立憲君主，像他同時代的君主。他既代表延續，也是新的開始。這反映在權威的標誌：劍、權杖、斗篷和皇冠。這位新帝國的創立者，披綠絲絨斗篷，有刺繡鑲邊，飾以金色的星星、龍和寶球，以黃綢布做襯裡。這意味著向新世界致敬，而且斗篷的形狀參照南美的傳統衣服。這把劍原本屬於堂·佩德羅一世，刀刃展示葡萄牙的盾形紋章。劍的旁邊，一本《帝國憲法》

放在大托盤上，包著綠絲絨書皮，以帝國的十字勛章緞帶封好。帝國的寶球，祝聖儀式重要的象徵，是銀色渾天儀，有十九顆金色的星星圍繞基督勛章的十字架。戒指戴在右手第四根手指，鑲滿鑽石，刻畫兩條龍尾部綁在一起。君主的絲手套，展示皇帝的手臂。純金的權杖，一．七六公尺長，展示布拉干薩的象徵——雙足飛龍，那是一種蛇，有翅膀和鑽石眼睛。加冕典禮後，馬克．費雷斯立即製作皇帝的右手石膏模型，名為「正義之手」，分送給朝廷的達官顯貴。皇冠的直徑十六吋，太大了不適合這位皇帝的頭。裝飾皇冠底部的鑽石和珍珠，部分取自堂．佩德羅一世的皇冠，可能是時間和資金不夠。[6]象徵巴西的新元素，有南十字星和南半球其他星座。巨嘴鳥的羽毛做成羽飾，**圭亞那動冠傘鳥**[7]的羽毛做成紅褐色墊肩，是理想化的原住民標記。

儀式為吸引群眾而籌備。光是隨從就超過五十人。有士兵和儀仗隊、樂隊、傳令官、接待員、朝廷官員、聽皇帝告解的神父，以及各種馬車，運送貴族和皇家的成員。[8]為親吻君主的手，[9]朝廷人員聚集在帝國禮拜堂。據說，因為法國髮型師人手不足，許多女士必須在前一天做頭髮，穿上適合這個場合的禮服，用枕頭支撐著度過整晚。一切就緒，使這個活動一如歐洲的加冕禮。

最顯著的差別是新皇帝黑皮膚的臣民，以及鄉下的環境，官方畫家努力加以掩飾。鐘聲噹噹響，大炮發射，群眾向君主敬禮。他戴著沉重的皇冠，斗篷下襬在地上拖著，羽毛斗篷使他有「聖靈節」兒童皇帝的異國風貌，堂．佩德羅二世走到臺階上的寶座，俯視群眾。他如此小，以致他看上去像寓言人物。但是這個場面的說服力才重要。君主的年齡、倉促籌備的典禮、壯觀的場面有許多假造的性質——這些都被遺忘。祝聖儀式似乎將攝政時期的政治紛擾全都驅除。

建構國族和雕塑皇帝

從一八四一到一八六四年，是巴西君主國統一的重要階段。當時卡希亞斯男爵簡直是當地的英雄，協助鎮壓巴伊亞、帕拉和馬拉尼昂的叛亂。「多數內閣」宣布大赦所有向當局投誠的舉事者，保守派和自由派都慶祝叛亂結束。

堂．佩德羅二世的公民教育，以極重要的事情處理：由他的總管保羅．巴博扎（Paulo Barbosa）給予協助，負責訓練他行使權力。[10]在一張推斷是一八四二年的字條，這位年輕的皇帝問他：「皇家的傳令官叫什麼名字？典禮官叫什麼名字？寢宮有幾位侍從？他們叫什麼名字？我不知道要花多少錢養這些馬……」[11]雖然這位君主尚未成為政治人物，他身邊的政客已經用他的名義在行動。他的畫像開始出現在政府部門和國內外的報紙，他的肖像在領巾和硬幣上。

由於他將近十八歲，根據皇室的傳統，為他安排婚姻大事，如此所有的人都會明白：他確實已成年。這項任務非同小可。巴西是遙遠的異鄉帝國，因為佩德羅的父親惡名昭彰，帝國的名聲仍然蒙著一層陰影。而且，佩德羅二世害羞，一想到結婚他就臉紅。阿勞若．利馬寫信給保羅．巴博扎，批評這位青年君主對婚禮的反應：

> 我問他：是否將授權我開始協商，沒有他的同意，我無法策劃，因為這件事與他本人密切相關，會影響他的家庭幸福。他好心地說：我應該做我認為最好的事情〔……〕，然後我解釋，應該盡快舉行婚禮，如此他會做好準備，開始行使權力。

這份報告透露幾個黨派的利益，以及關於婚禮的各種策略。實際上這不是佩德羅二世「家庭幸福」的問題，反而是民眾的需求問題：畢竟，婚姻會確認他成年。有皇帝的正式批准，開始進行協商，旨在同時籌備三樁婚姻：堂．佩德羅二世和他留在巴西的兩位姊姊雅努阿莉亞和法蘭西絲卡的婚禮。顯然，皇帝的婚禮在策略上最重要。找到一位新娘；一八四三年七月二十三日，結婚契約與兩西西里王國特蕾莎．克里斯蒂娜公主（Teresa Maria Cristina）的小畫像抵達。特蕾莎的祖父母有三位是波旁王室的後裔，第四位是哈布斯堡王室的後裔。然而，她的家族不富裕，嫁妝很少。而且，她比未婚夫年長將近四歲，她的家族勢力比不上他的。儘管如此，她是法國王后瑪麗亞．艾瑪莉亞（Maria Amélia，那不勒斯國王費迪南二世的妹妹）的姪女。據說她很會唱歌。年輕的佩德羅擺脫平日的羞澀，說他喜歡這張畫像——必須說明，此畫像凸顯未來皇后迷人的特質，掩飾她的缺陷。在那不勒斯委託代理人舉行婚禮後，特蕾莎立即踏上長途旅行前往巴西。這些經費不容小覷。政府花了三百五十五萬五千雷亞爾[12]製作皇帝的肖像、給未來皇后的結婚禮物以及金條，充當帝國的財富證明。

八十天後，這位公主抵達里約熱內盧：一八四三年九月三日**憲法號**護航艦停靠在瓜納巴拉灣。婚禮準備就緒。皇帝陛下穿著海軍總司令制服，登上皇家遊艇，此遊艇用布拉干薩王朝的飛龍做裝飾，有二十四位槳手，臂章展示兩西西里的國旗。向船員行禮後，他走向皇后的房間，見到未來的姊夫阿奎拉伯爵（Count of Aquila），他將娶雅努阿莉亞。十一點鐘皇帝伉儷下船，搭皇家馬車前往帝國禮拜堂，在禮拜堂唱感恩頌歌，然後舉行儀式親吻皇帝的手。接著精心安排的慶祝活動，包括公共奇觀、王宮的慶祝晚宴和各教區的大型舞會，奴隸「獲准表演他們的舞蹈，獻給皇后陛下，巴西人民之母」。

儘管有這些慶祝活動，年輕的堂・佩德羅經歷不愉快的驚訝。他收到有關公主美德的資訊，都未透露這個事實：特蕾莎・克里斯蒂娜的個子矮胖而且有些跛。據說，這位年輕的新郎努力掩飾他的失望，但是之後他在保母貝爾蒙特伯爵夫人（Countess of Belmonte）的懷裡，以及保羅・巴博扎的肩膀上哭泣，後者對他說：「記住你的地位和尊嚴。孩子，盡你的義務！」他的兩位姊姊比較幸運。她們前往歐洲的宮廷，法蘭西絲卡公主，「美麗的琪卡」，於一八四三年嫁給若因維利（Joinville）王子，法國國王路易－菲利普的兒子。同年雅努阿莉亞公主嫁給阿奎拉伯爵，特蕾莎的哥哥。國家聯姻是政治上的事情，不管怎麼樣，反正皇帝完婚了。一八四五年這對伉儷的長子堂・阿方索誕生，一歲多時於一八四七年六月十一日死亡。一八四六年特蕾莎生下長女伊莎貝爾，隔年生下次女萊奧波爾迪娜。一八五〇年一月十日在聖克魯斯莊園，這對伉儷的第四個孩子堂・佩德羅・阿方索也在一歲時死亡。根據當時的評論，這似乎是布拉干薩王朝的命運：男繼承者從未健康地成長。

儘管如此，這位皇帝的生育能力，被當作成熟的象徵，從這個階段起他對國務越來越投入。在歐洲，一八四八年標誌「第二共和國」於二月二十四日在巴黎開始革命浪潮，蔓延到德國、巴伐利亞、奧地利、匈牙利、米蘭，最後到西西里。佩德羅的兩位姊姊都直接受到影響。法蘭西絲卡嫁給路易－菲利普的兒子，現在是被廢黜的法國國王，她被迫在英國過流亡的生活。雅努阿莉亞嫁給兩西西里國王的兒子，奇蹟般地逃脫。對比起來，堂・佩德羅二世的帝國似乎朝相反的方向發展：看上去像一座寧靜島。

順風與逆風

遠離歐洲的風暴，這位青年國王開始面對一系列新挑戰和驚奇。從一八四八年起掌權巴西的內閣，意識形態是保守的：阿勞若・利馬（奧林達侯爵）、尤西比奧・德凱羅斯（Eusébio de Queirós）、保里諾・德索薩（Paulino José Soares de Sousa）和若阿金・托雷斯（Joaquim José Rodriques Torres）。眾議院的席位當中，一百一十位是保守派，只有一位是自由派。然而，這些閣員容易受慣性拖累，不得不面對許多極其重要的問題：土地所有權的問題、移民獎勵方案，和棘手的奴隸販運議題。

首先，英國掌控全局，一再要求終止「聲名狼藉的貿易」，壓力不斷增大。從一八三九到一八四二年，載運奴隸的船隻，被扣押的數目逐次增加，到了一八五〇年情勢變得難以維續。此議題令人難堪：雖然與販運勾結，巴西政府明白：如果想要維持政治自主，禁止販運是必要的。而且，巴西仍然在從事奴隸販運的「野蠻國家」之列，與國家追求文明的形象背道而馳。事情變得更複雜，內地的省分完全依賴奴工，不贊成任何改變。從一八四一到一八五〇年，所有運送到美洲的非洲人，八三%來到巴西，一二%到古巴，其餘的分給波多黎各和美國。[13]這些統計數字只觸及問題的表面；商人從奴隸貿易和相關的交易，獲得龐大的利潤。[14]

奴隸販運議題變得如此重要，以致滲透政府的其他法律。一八五〇年，大半是回應英國的施壓，巴西採用《尤西比奧德凱羅斯法案》，禁止海上奴隸貿易。這個問題如此重要，逐漸影響其他國內問題。例如一八五〇年《土地法》，最初於一八四三年提出，目的是重整巴西的農業系統，著眼於廢止奴工。[15]奴隸販運中斷數日後，土地法才通過。這是鬥爭的開始，將持續到帝國結束。土地法旨在打擊自耕自給的農民，並且阻止未來的移民擁有土地。此時採取另一項措施，「國民警衛隊」中央集權化，如果與內陸的地主發生衝突，可鞏固聯邦政府。這些地主既反對禁止奴隸販運，也反對土地所有權的法規。同一年制定新的商法典；以前投資在奴隸貿易的資金，現在資助大量新興的商業機構，需要新法律。

每一個因素產生許多影響，一八五〇年奴隸貿易終止，也不例外。由於奴隸販運大多是非法進行，官方的國家帳戶隱藏大量盈利。因此，隨著奴隸販運廢止，幾乎是一夕之間出現大量資源，彷彿變魔術。政府的回應是投資國家的基本設施，尤其是鐵路系統。從一八五四到一八五八年建造第一批鐵路，架設第一批電信線，確立航線，各城市採用煤氣燈，學校與教育機構的數目開始增加。販運的投資轉移到其他經濟部門，兩年內進口成長五七・二%；對基本上靠進口關稅維持的政府而言是驚喜。[16]

一點點運氣大有幫助，很湊巧，禁止奴隸販運與國際咖啡價格上揚，同時發生。一八四〇至一八四四年巴西的咖啡貿易一直是淨虧損，但是一八四五年後利潤變得非常可觀。在一八五〇與一八五一年銷售量上升二三%，帝國開始充滿樂觀。財政狀況確實振奮人心：佩德羅一世遜位後，一八三一到一八三二的會計年度，政府的總歲收是一千一百一十七萬一千五百二十雷亞爾。[17]在一八四〇到一八四一年，新皇帝成年後，這個數字上升到一千六百三十一萬零五百七十一雷亞爾。在一八六二到一八六三的會計年度多兩倍，四千八百三十四萬三千一百八十二雷亞爾。這個時期的經濟成長，變成著名的「毛阿時代」（Mauá Era）；毛阿是巴西企業家，[18]擁有十七家不同的公司。他的業務範圍擴展到烏拉圭和阿根廷，投資財經和工業部門，從一八五四到一八八九年是非常有利的環境，巴西建造一萬公里的鐵路。

帝國的外交政策也如願以償。巴西的部隊打敗烏拉圭領袖曼努埃爾·奧里韋（Manuel Oribe），因此（至少暫時地）終止拉普拉塔河區域複雜的政治紛爭，此紛爭加上其他因素，已導致佩德羅一世遜位。另一方面，實施新土地法和禁止奴隸販運後，政府著手吸引歐洲移民政策。與美國相比，巴西提供給移民的微不足道，美國提供更大的便利取得土地，運輸系統更發達，而且許多領土沒有奴工的競爭。儘管如此，從一八五〇年起，歐洲和東洋的移民勞工陸續到達。自從禁止奴隸販運，國內市場的奴隸價格加倍，籌劃吸引移民政策以取代奴隸。

然而，由地主提供資金，進口農業工人的政策，引起一系列問題。一種模式浮現，只不過是利用累積債務的奴役型態。這些移民必須償還地主一切費用，包括旅費、住宿、使用土地和農具。擁有自己的土地，這個承諾使許多人上當，動身到市鎮。判亂隨之而起，最著名的反叛發生在一八五六年維古耶羅參議員（Senador Vergueiro）的莊園。三年後普魯士政府全面禁止國民移居巴西。[19]

十九世紀六〇年代末葉，政府決定資助移民。目的之一是使人口「白化」，根據當時的科學理論，這對國家有利。有人擔憂「混合種族的國家未來」，[20]由於奴隸仍然是大多數，昔日對海地式革命的憂懼不曾消除。一八四九年有十一萬名奴隸和二十六萬六千名白人住在里約熱內盧。[21]皇宮周圍的區域通稱「小非洲」，這個名稱也適用於這個城市。

漫長、艱辛的十年以悲劇收場。一八五九年，里約熱內盧初次爆發黃熱病的重大疫病，數千人死亡，包括佩德羅二世的一個兒子。[22]

朝廷的生活23

縱然時機有好有壞，十九世紀五〇年代的十年，會被記住的是財政穩定，以及從那時起這個國家經歷國內的和平。奴隸販運終止，對里約熱內盧的衝擊最大。實際上，這個城市正在經歷巨大的轉變。都市化打算將這個城市變成資產階級的巴黎，雖然現實在優雅住宅區與勞動階級區之間游移不定，後者以奴隸和自由民占絕大多數。

城市奴隸制自始至終都存在，在所有的市鎮房屋裡，無論大小。不同的是，任何市鎮都有特色，居民的財富不均。大房子裡有等級制度，被奴役的侍從、送信的童僕、保母和家庭傭工，他們的衣著講究而整潔，象徵主人的身分地位。在屬於單身女子、寡婦或低層的政府員工的小房子裡，男奴和女奴與主人，尤其是主人的妻子，一起勞動並建立友誼。然而，這些情誼並未減少城市奴隸制表面下始終存在的暴力行為。有些家奴是標誌，例如奶媽，她們的相片出現在家庭相冊和**肖像名片**的照片裡，這些相片被帶到歐洲，提供異國風情、浪漫且和平的奴隸制形象，巴西急切想輸出的形象。但是緊張狀態一直存在（雖然是潛在的）。小主人有教名和姓氏可辨認，而奶媽依舊是無名氏。

街上充滿各式各樣的人物。受僱的奴隸，所謂**掙錢的奴隸**，賺日薪的，忙碌奔波，不是在找工作就是在執行工作。他們很顯眼，扛著龐大的貨物——木桶、貨箱、鋼琴，用切分音的節奏在唱歌。同樣地，女人在街上擺攤子和賣小吃，因為獨立做生意和社會接觸，她們顯得突出。許多這樣的女人，努力存足夠的錢贖身。有時她們購買年輕的奴隸，組織自己的家庭，之後這些奴隸也得到自由。在城市奴隸制的世界，警戒沒有那麼嚴厲，有許多方法開業和自由行動。奴隸和自由民與窮人聯合，藉團結和互助的關係，建立一個無形的世界，與朝廷的光輝並列，此時朝廷發出有史以來最明亮的光芒。[24]

這個所謂的現代城市世界，意圖反映白人社會的企望目標和風俗習慣，沿著傳統的歐洲路線。或許是這個原因，日復一日建造宮殿、公共花園和寬廣的林蔭大道。朝廷完成幾項重大的改進。他們承包樹木的栽種（從一八二〇年起）、鵝卵石人行道（一八五三年）、煤氣街燈（一八五四年）、汙水處理系統（一八六二年）、驢拉的礦車（一八六八年）和自來水（一八七四年）。傳統的商業街也開始變化。曾經高雅的**直街**（此地出售高級時裝、服飾用品及乾貨），似乎不再足夠。狹窄的城市街道到處是奴隸，有下水道的臭味和潮溼的海風，這一切似乎助長腐敗的氣息。

這開啟**歐維多街**的黃金時代，這裡有法國時裝店、花店、珠寶店、美髮店、菸草店，甚至冰淇淋店，天天開張。與從前顯著不同，出門到市區逛街變流行：傍晚散步，在雅致的咖啡館喝茶，行人穿著英國布料裁剪的優雅套裝，複製巴黎女裝的最新款式。這並非偶然，**歐維多街**變成這個新都市複雜世故的象徵——歐洲的林蔭大道在熱帶的中心。這種誇大的抱負，逃不過偉大的作家馬查多·德阿西斯（Machado de Assis）的筆，[25]他的短篇故事〈**某人**〉（Fulano）以富拉諾·貝爾特朗（Fulano Beltrão）為主角。[26]在這個短篇的敘述，貝爾特朗先生在社會和政治躋身高位，得以在**歐維多街**漫步。他的妻子過世，「他下令在義大利建造壯麗的陵墓」，然後帶到巴西，「在**歐維多街**展示將近一個月」。[27]**歐維多街**不僅是社會生活的中心，也是政治辯論的中心，以及新聞記者、作家、詩人和藝術家聚會的場所。

由於「上流社會」越來越被認可，里約熱內盧變成穿梭來往的中心，為這個國家其餘地方確立社會風俗和言談方式。這並非偶然，「適婚的年輕女子」夢想宮廷的生活，富有的地主想要兒子們體驗「巴比倫宮廷」的樂趣。[28]這些大地主以他們的咖啡種植園和莊園為傲，不只適合大型舞會，或許連皇帝也造訪——終極的戰利品。然而，因為是在大城市，在狂熱的音樂會、派對和舞會中，社會生活才逐漸確立。

然後有劇院，人們去看和被看。里約熱內盧最重要的舞臺，包括**歡呼廣場**的**聖若昂**劇院和**里瑞克富明尼斯**（Lírico Fluminense）劇院。卡洛斯．戈梅斯（Carlos Gomes）[29]在後者呈現他的第一部歌劇《**城堡之夜**》（*A Noite do Castelo*），他最著名的作品《**瓜拉尼**》（*Il Guarani*）於一八七〇年十二月二日在那兒首演，慶祝皇帝的誕辰。除了來自國外的演員，這些劇院以巴西藝術家為號召，例如劇作家馬丁斯．佩納（Martins Pena）[30]將喜劇引進巴西劇院而聞名。在他的戲劇《**酒吧男侍**》（*O caixeiro da taverna*），[31]弗朗西斯科這個角色抱怨：「在這個鎮，你看到的是法國裁縫師、美國牙醫、英國工程師、德國醫師、瑞士鐘錶商、法國髮型師，來自世界各地的外國人……」[32]在馬丁斯．佩納的戲劇裡，英國人被稱為「**老爺先生**」（senhor mister），但是他把大部分諷刺用在巴西人對法文的異常依戀。

然而，最受歡迎的娛樂是大型舞會和**晚會**（soirées）。在這兒演講、說笑話、跳華爾滋舞、唱抒情曲、朗讀詩文和追求女人。[33]舞會的重要性和受歡迎度，在此時達到巔峰；在政界和社會上對手爭吵，在社交聚會上裂痕癒合。科特日皮男爵（Baron of Cotegipe）[34]以前常說：「要談政治就要有可樂餅」，指的是**晚會**有董尼采第、羅西尼和威爾第的抒情曲伴奏。女人打扮得很優雅，當然有胸墊和緊身胸衣，神奇地改變她們的身材。花束給女士，雪茄給男士，娛樂場的舞會充滿絲綢、軟帽、金手鐲、羽毛、比利時蕾絲，以及用象牙、真珠貝、龜甲或檀香木做成的扇子——娛樂場的舞會展現宮廷生活的奢華，住在巴西宛如住在法國的美夢，儘管熱帶酷熱。

若是以為里約熱內盧是巴黎，或是以為累西腓是倫敦，那就錯了。這兩座城市是島嶼，周遭是種植園，奴工無所不在。在悲痛的短篇故事〈**父親對抗母親**〉（Pai contra mãe），[35]馬查多・德阿西斯批評「奴隸制創造獨特的行業和工具」：鐵面具、鐵頸環、捕捉逃奴的職業，報紙天天刊登奴隸逃走的廣告。在這篇故事，逃奴的捕捉者坎迪杜・內維斯（Cândido Neves）以他的職業為傲。他追捕一名穆拉托孕婦時，致使她流產。內維斯只有一句評語：「有些孩子無法健康地成長」。[36]

朝廷企圖維持奴工與受薪工人一起的制度，盡可能默不作聲，但是與朝廷矯揉造作的文明，反差太顯著。奴隸人口密集，觸目皆是。十九世紀里約熱內盧奴隸人口在全體居民的一半與五分之二之間波動。根據《**萊莫特年鑑**》（*Almanak Laemmert*），[37]自從羅馬帝國滅亡，一八四九年里約熱內盧的奴隸人口最多，十一萬，居民總數是二十六萬六千。這個城市的其餘地區由八個教區組成——薩克拉門托、舊恩熱紐（Engenho Velho）、聖若澤、坎德拉里亞（Candelária）、聖麗塔、聖安娜、格洛利亞（Glória）、拉戈亞（Lagoa）——奴隸的比例較低，但是他們的衝擊更大。這些教區位於市中心，是政府的活動中心，有政府辦公大樓、公共廣場和繁忙的貿易。住在那些區域的居民總數是二十萬六千人，其中的七萬五千（三八％）是奴隸。[38]王宮周圍的地區通稱「**統治者**的王國」（Kingdom of Obá），或是前文已提及的「小非洲」。居民主要是非洲人和克里奧爾人，奴隸和自由民都有。實際上，根據一八四九年人口普查，每三位居民有一位是非洲人。在巴西的其他城市，奴隸的比例甚至更大。一八三三年，尼泰羅伊的人口五分之四是奴隸，在坎波斯[39]五九％是奴隸。薩爾瓦多人口較少（一八五五年約八萬一千居民），奴隸居民的比例也大於里約熱內盧。

但是不只奴隸制使帝國的文明化抱負黯然失色。城市與農村的人口嚴重不平衡。一八二三年所有省會的人口是這個國家總人口的八・四九％；一八七二年一〇・四一％，一八九〇年九・五

1. 1505 年約翰·弗羅紹爾（Johann Froschauer）的彩色版畫，反映歐洲與巴西最初的接觸，當時的集體想像天馬行空，呈現居民是戰士和吃人肉的野蠻人。遠景是葡萄牙的船隻帶來「文明」。

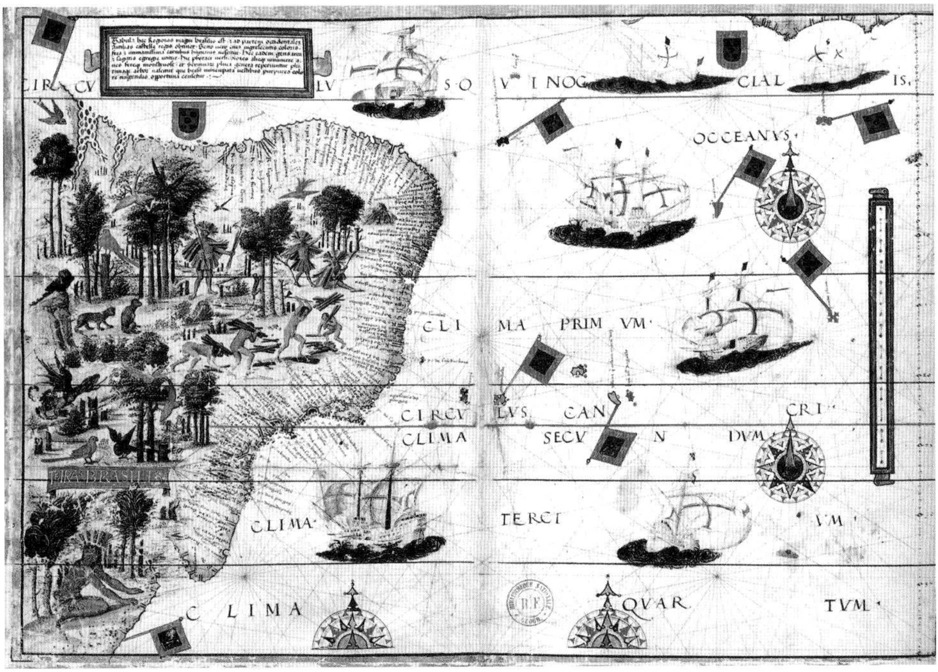

2. 葡萄牙的製圖師兼宇宙學家羅伯·歐蒙（Lopo Homem），持有皇家認證環遊世界，協助劃定《托德西利亞斯條約》的界線。在這張地圖，他畫葡萄牙的船隻、羅盤、鸚鵡，以及原住民在新近發現的領土交戰。他也列入巴西紅木的樹，原住民用在工藝品和裝飾的染料，里斯本很感興趣。

3. 1662 年約翰尼斯・布勞（Johannes Blaeu）的彩色版畫。發現「新世界」，使歐洲人的想像力氾濫，構想的情景半是伊甸園半是地獄。由於美洲土著沒有留下文字記載，我們只有歐洲人的描繪，反映出西方的傳統。美洲適合呈現刻板印象：頹廢卻又純樸的原住民族。

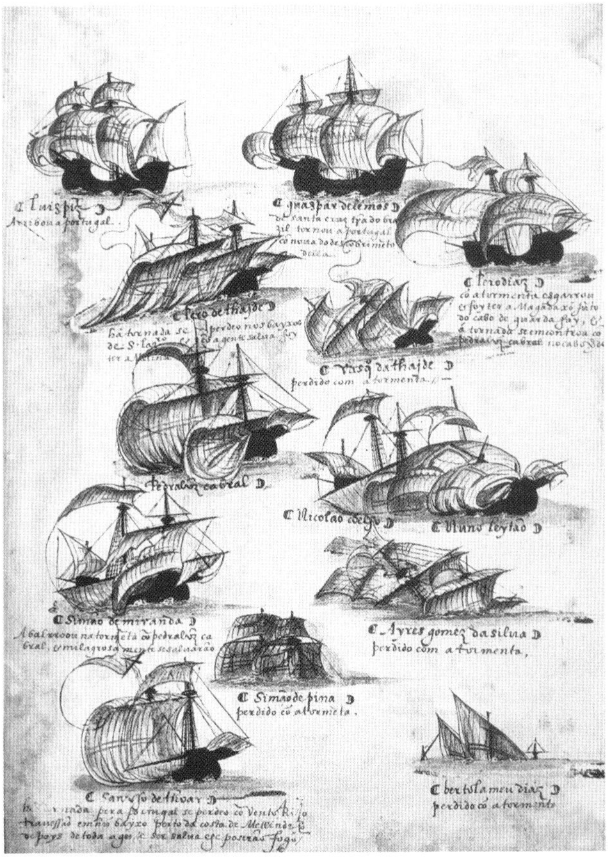

4. 儘管葡萄牙人得意洋洋地論述他們偉大的航行，但他們的成功經過長期的磨難與錯誤，包括重大損失和船難。這些畫像顯示各種災難，可能出自 16 世紀的《印度艦隊書》（*Book of the Armadas of India*）。

5.（下圖）最早的糖料作物種植園（engenhos，製糖工廠），在 1535 年左右遍布伯南布哥。起初「engenhos」這個詞只用以稱呼糖廠。不久，這個詞表示完整的製糖綜合系統：土地、建築物和作物。在這幅 17 世紀的圖畫，弗蘭斯．波斯特（Frans Post）描繪奇異的田園景致。

6–7. 在荷蘭統治時期，阿爾伯特．埃庫特（Albert Eckhout, 1618–66）住在伯南布哥都督轄區。他的插圖反映出客戶想要見到的東西：那些民族的異國風俗。這個塔普亞女人拿著死敵的手和腳，暗示吃人肉，並非埃庫特的第一手知識。這對男女是一系列的部分，其他組合包括巴西人、非洲人、穆拉托人和印葡混血兒。

8. 伯南布哥的奴隸市場，扎卡里亞斯・瓦格納（Zacharias Wagener, 1614–68）在荷蘭西印度公司當兵的畫作。荷蘭殖民地的非洲奴隸來自安哥拉和幾內亞。

9.（下圖）在 16、17 世紀，在巴西登陸的奴隸，大多數在糖廠工作。這種工作很勞累。在這幅弗蘭斯・波斯特的畫作，（右邊）一個矮小的男人，衣著完整、戴帽子並佩劍，監視生產的過程。

10. 這幅畫被認為是若阿金．若澤．德米蘭達（Joaquim José de Miranda）在 1771 至 1773 年間一組 38 幅水彩畫的部分，描繪陸軍中校阿方索．德森派奧—索薩（Afonso Botelho de Sampaio e Sousa）率領遠征軍，與坎剛（Kaingang）印第安人在巴拉那的最終對決。由於想像坎剛族有「不屈不撓的性格」，阿方索採取幾近滅族的政策。這幅畫顯示印第安人罕有的勝利。

11. 「拔牙師」是面目不明的英雄。他參加「米納斯吉拉斯密謀」而聲名大噪，但是有關他的畫像都是想像的。因此他的畫像天馬行空，鬍子、長髮和衣著變得像耶穌。在安東尼奧．帕雷拉斯（Antônio Parreiras, 1860–1937）的畫作裡，「拔牙師」是永垂不朽的共和國英雄。

12. 許多不同民族來自非洲大陸，包括巴蘭塔（Balantas）、曼雅克（Manjak）、 比姜戈（Bijango）、曼丁加（ Mandinga）和雅洛弗（Jalofo）。他們帶來多元的宗教傳統，混合天主教的信仰，產生新義。葡裔義大利籍藝術家卡洛斯・茹利昂（Carlos Julião, 1740–1811）在巴西當要塞檢查官。他描繪非洲人在巴西罕有的活動圖像。

13.（下圖）1822 年 12 月 1 日堂・佩德羅一世的加冕禮，結合傳統的歐洲元素與巴西理想化的特點，混合「舊世界」的服裝和新符號。德布雷的繪畫也如此，抄襲描繪奧地利君主的原作，將舉行儀式的教堂變更形狀和大小。

14. 在 19 世紀，非洲的奴隸貿易仍然是當地的經濟基礎。這個奴隸市場位於里約熱內盧，使外國遊客（包括德布雷）感到憤慨。德布雷描繪衣不蔽體、骨瘦如柴的奴隸，和肚子膨脹的兒童。注意相對照的人物，貿易商的大肚子和不屑的神情，以及站立者的權力象徵：傲慢的姿態、馬靴、帽子和手杖。

15. 為終止奴隸貿易，國外增大壓力，在 1839 至 1842 年間英國領導此運動，加強扣押奴隸販運船。1845 年英國信天翁號（Albatross）巡洋艦捕獲巴西船阿爾巴尼茲號（Albanez），船上有 750 名奴隸，海軍軍官弗朗西斯・梅內爾（Francis Maynell）用這幅畫描繪。

16. 佩德羅・阿梅里科（Pedro Américo）受巴西帝國之委託，在「巴拉圭戰爭」結束七年後完成此畫作〈阿瓦夷戰役〉。當時民眾對這幅畫的反應分歧：有些人欣賞豐富的細部，而有些人批評大屠殺。全景畫的觀點表示這個事件宏大，但是對暴力的描繪歷歷在目，顯然是對帝國的批判。

17. 19 世紀 70 年代末葉，原住民浪漫主義運動已成為文學主流，影響繪畫。「土著英雄」被擅用，以代表巴西的起源，激起民族主義。若澤・梅代羅斯（José M. Medeiros）的〈伊拉塞瑪〉描繪若澤・德阿倫卡爾很受歡迎的同名小說（1865 年出版）的主角。她的畫像適合這個時代：一個默從的人物，注定要為民族的生存而犧牲。

18. 1889 年 11 月 15 日早上，軍中擁護共和政體的密謀者，前往里約熱內盧聖安娜廣場。沒有英勇的行為，而且一般民眾不在意這些計畫。佩德羅二世被告知政變以及共和國創立。這幅畫描繪許多民眾為德奧多羅．達豐塞卡元帥喝采，實際上不曾有民眾在那兒。

19.（右圖）勝利的「共和國」（戴著佛里幾亞帽，穿著像羅馬人的女人），站在有翅膀的凱旋戰車上，在空中奔馳。弗雷德里科．斯特克爾（Frederico Steckel）的寓意畫，是 1898 年在米納斯吉拉斯內政部舊祕書處（現今的米納斯紀念館）完成的壁畫。

20. 1880 年，巴西簽字批准法律廢除奴隸制，四天後里約熱內盧聖安娜廣場擠滿將近兩萬名民眾，其中有白人、黑人和穆拉托人，舉行典禮頌揚此法案。皇家在左邊，伊莎貝爾公主策略性地坐在特製的帳棚中央。

21.「共和國」經歷飛快的現代化：里約熱內盧中央大道（上圖）是這個時代具代表性的標誌，街上有電燈和新建築的正面裝飾藝術。1911年聖保羅「大都會劇院」（左圖）顯示遊客的舊「土城」已經變成受歐洲啟發的咖啡都市。同時，美景市喚起共和烏托邦的印象：筆直的街道、壯觀的林蔭大道，和巨大的公園——自由廣場（下圖）有英式花園和湖水，都是幾何圖案的排列。

22. 1922年7月5日，二十八位反叛的尉官參與「科帕卡巴納堡」起義，拒絕投降。他們切碎巴西國旗，每人拿一部分、離開要塞，前往萊梅區，面對四千名墨守法規的士兵。在大西洋大道，十位尉官放棄。剩下十八位繼續往前走，包括一位平民加入此運動。接著發生互相射擊，只有兩個人活下來。這些尉官的遊行示威使軍官階級分裂，導致一連串軍事起義，終於推翻「第一共和國」。

23.（右圖）1937年，整合主義者在里約熱內盧遊行，發動推舉他們的最高領袖普利尼奧·薩爾加多成為總統候選人，參加次年排定的選舉。

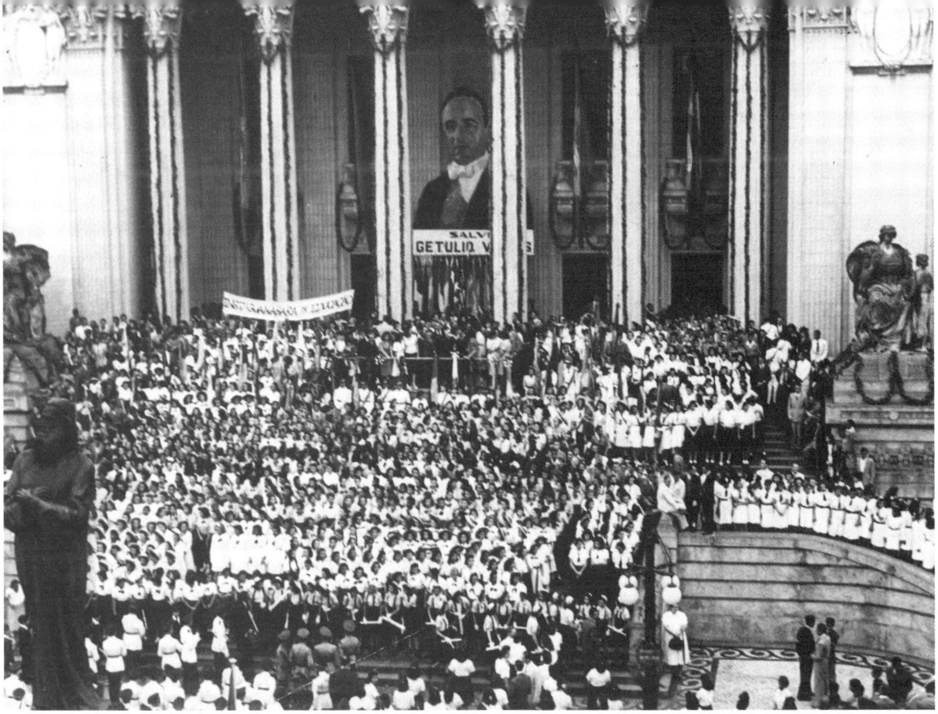

24. 長達十年，「青少年遊行」使 11 至 18 歲的年輕人聯合起來。在「新國家」期間市民的示威遊行迅速增加，本意是留下國族團結的印象，支持領袖熱圖利奧・瓦加斯。在這張照片，巨幅的瓦加斯圖像前方，巨大的柱子喚起法西斯主義的宣傳。

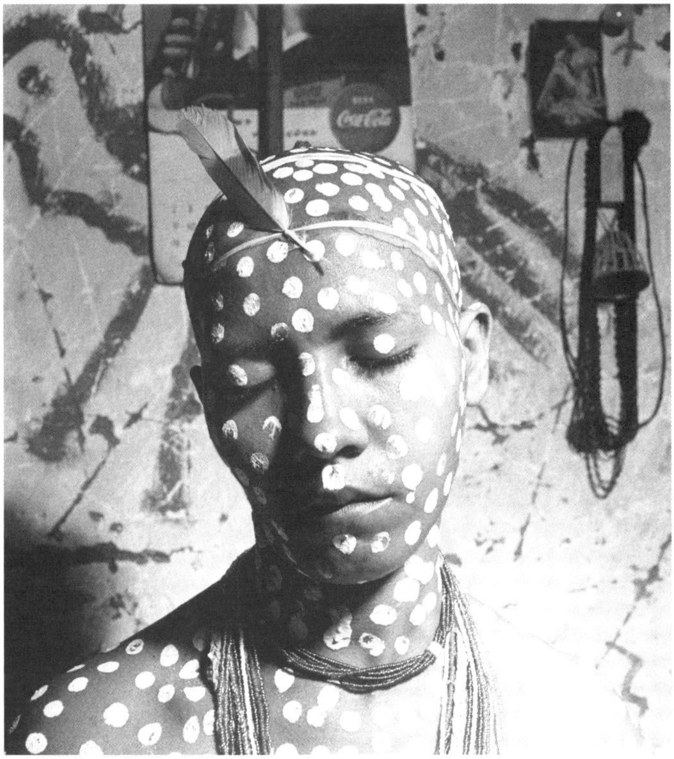

25. 1951 年，記者阿林多・席爾瓦（Arlindo Silva）在攝影師若澤・梅代羅斯的陪伴下，參觀薩爾瓦多坎東伯雷教廣場（祭祀場地）。這些照片刊登在《巡航》（*O Cruzeiro*）雜誌，備受爭議，因為他們將祕密的神聖場地透露給未信教的大眾。因為這篇文章，班圖的坎東伯雷教用地被關閉。這張圖像是見習僧（Iaô）在入教儀式的祭祀過程。

26. 一大群人伴隨瓦加斯總統的遺體到里約熱內盧聖杜蒙特機場，遺體被運送到南大河州埋葬。但是飛機起飛後，人們發覺他們正好在「空軍第三區」總部前方。空軍武裝起來，士兵和軍官射擊手無寸鐵、憤怒的平民。

27. 庫比契克總統喜歡說，他「在任何天氣飛行，在任何領域降落」。「標靶計畫」加速推行，巴西在建設中，他想要看到巴西「五年內成長五十年」。他很擅長行銷。在官方的照片，他總是被各種成就包圍著：在這個例子，某家工廠製造的汽車，50%用巴西的零件。

28. 在很多方面，建造公路是恢復「西向」的心態。那是熱圖利奧．瓦加斯宣布領土擴張的大綱。這張照片描繪巴西開始建造 BR-364 公路。這條公路挑戰亞馬遜雨林區，連接馬托格羅索州庫亞巴市、朗多尼亞州韋柳港與阿克里州白河市（Rio Branco，音譯里奧布蘭科）。

29.（下圖）這張照片的構圖，很可能是奧蘭多．布里托（Orlando Brito）專業的經驗所賜，加上很大的運氣。勝利的統治者經典的形像被倒置：曾經統治巴西的將軍們，其中最有威嚴的厄內斯托．蓋澤爾，在這面巨大的巴西國旗前方，他變成只是一個細部。然而，僥倖得到明暗的效果，使這面國旗產生哀傷的氛圍，就那麼一瞬間，捕捉住巴西的氣氛。

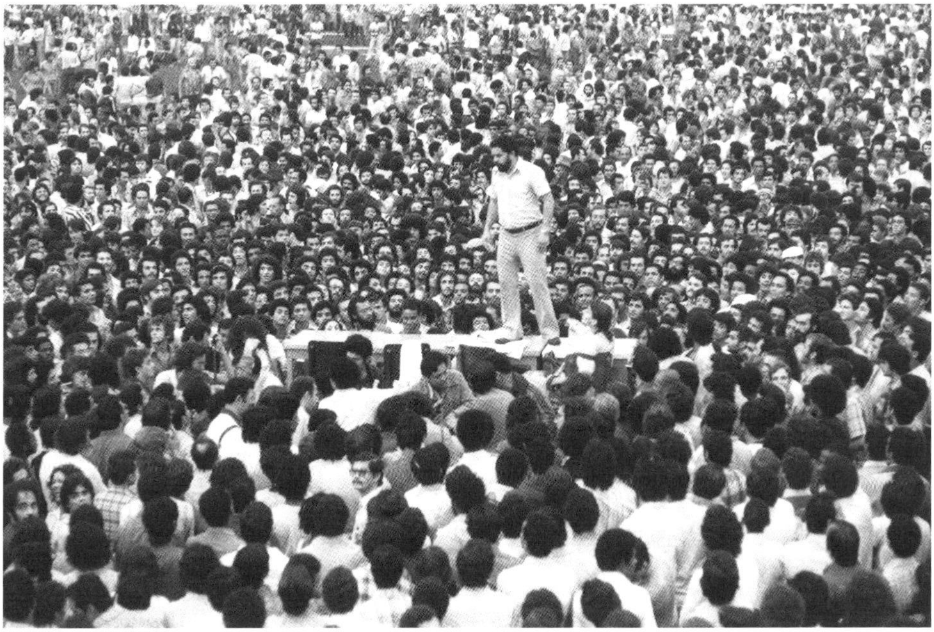

30. 在 1978、1979 及 1980 年，聖保羅 ABC 區（聖安德烈—聖貝爾納多—聖卡埃塔諾）發生大規模的金屬工人罷工，導致各種工會應運而生，不僅反對獨裁統治，而且在工廠生產區努力組織基層勞工。在盧拉·達席爾瓦（Luiz Inácio Lula da Silva）的領導下，這些工人在巨大的集會投票。

31. 20 世紀 80 年代中葉，在聖保羅市中心，街頭文化——嘻哈（hip-pop）風靡一時。成群的年輕人，大多來自市郊，在聖本篤（São Bento）捷運站聚會。之後，饒舌歌手和塗鴉藝術家加入這些團體。截至 80 年代末葉，在巴西的公共場所，這種街頭的文化語言極為引人注目。

四％。[40]情況進一步複雜化，事實上，大約五〇％的城市居民只集中在三個省會——里約熱內盧、薩爾瓦多和累西腓：一八三二年五九％，一八七二年四八％，一八九〇年五八％。[41]顯然，朝廷是社會與時尚的中心，卻也是例外。這是少數人的上流社會。奴隸制和農村工人的自暴自棄，與堂·佩德羅二世聲稱的文明統治時期：仿歐洲的帝國，有很大的矛盾，而且會持續下去。

第二帝國的政治：大同小異

政界也只適合少數人。一八三四年佩德羅一世駕崩後，他的擁護者加入君主主義黨（當時通稱保守派），在一八三六年的選舉獲勝，從一八三七至一八四〇年治理國家。一八四〇年自由派（另一個大黨）與一些保守派結盟，贏得選舉，掌權到一八四一年。這兩黨繼續輪替：一八四一至一八四四年保守黨；一八四四至一八四八年自由黨；一八四八至一八五三年保守黨；直到一八五三年「全國調解」政府掌權，有兩黨的代表。此聯盟持續五年，當時這兩黨的脆弱顯而易見，君主制干預政治的潛力也一樣明顯。巴西沒有資產階級，無法藉市場力量調節社會關係，因此端賴政府鞏固國家，制定經濟保護主義政策。[42]統治的精英集團，社會背景、意識形態和訓練過程同源，會有助益。在政府增進經濟活動的過程中，以前是治安官和軍官在經營的官僚部門，逐漸被自由職業者和律師（所謂**學士群**〔bacharéis〕）接管。

白人精英認為朝廷是特權分子的某種俱樂部，獨立於黨派之外。就某種意義而言，這是事實。保守黨叫做**薩夸雷馬**（saquaremas），自由黨叫做**盧西亞**（luzias），這兩黨的黨員來自相同的社會階級，在科英布拉受過教育，以醫師或律師為業，有頭銜和相同的活動範圍。[43]雖然政府中央集權的程度問題使他們分裂，一旦觸及奴隸制或政府結構，他們就團結一致。當時的巴西精英可以被描述為「學者的孤島，在文盲的大海中」。[44]教育使他們與這個國家其餘的人區分開來。一八七二年人口普查顯示，只有一六%的居民（二三・四三%的男人和一三・四三%的女人）識字。在奴隸人口中，九九・九%是文盲。獨立之前，這個國家的精英大多數在科英布拉攻讀法律。一八二八年後，巴西有兩所法學院：一所在聖保羅，另一所在奧林達（後來遷移到累西腓）。早期的教育都墨守成規。較富裕的家庭聘私人教師，為年輕的精英分子準備進入學府，尤其是「**佩德羅二世學院**」。這所學校於一八三七年創立，保證成為文學**學士**，以及被其中一所法學院錄取的最佳機會。接著歐洲的「空檔年」，然後進入里約內熱盧和薩爾瓦多的兩所法學院或兩所醫學院其中一所。[45]不僅法律學者和律師畢業於這兩所法學院，連未來的議員、參議員和外交官也是，換言之，全部國家公務員，也畢業於這兩所法學院。

然而，為競爭公職而求學的人太多，導致贍徇制在公務員之間和一般政府圈子成長。因此，**學士**（bacharel）這個詞有更廣的用法。理論上**學士**指法律畢業生，但是實際上有數學或文學學位的年輕人（有時根本沒有學位，只是有對的人脈），也用這個頭銜，以便獲得合意的職位當政府的官僚。著名的法律學者西爾維奧・羅梅羅（Silvio Romero）[46]在他的著作《**教義對抗教義**》（*Doutrina contra doutrina*）諷刺這些人。[47]他描述他們總是穿著大禮服外套，挨門挨戶找工作，最好是不需要親力親為的掛名差事。他們是無客戶的律師、無診所的醫師、無讀者的作家、無人可判決的治安官；他們把文憑當作取得社會身分和確保收入穩定的手段。[48]

但是這些官僚沒有權勢。國家政策由行政部和立法部的成員、國家顧問、部長、參議員和議員做重要的決定。[49]這個金字塔的頂端是「國務委員會」，「君主國的智囊團」。「國務委員會」最初於一八二三年成立，之後在一八三四年改革時廢止，於一八四一年恢復職權，成為「新國務委員會」，一直活躍到帝國結束。就是這些人與皇帝最親近，雖然是終身委任，君主可以無限期地中斷授權。部長們代表行政部，皇帝是名義上的行政部首長，因此他有權任命部長並隨意解僱他們。[50]皇帝的干預權和否決權，加上這個政府的組織**自成一格**，意味著這些內閣通常很短命。從一八四一到一八六一年有十一個內閣，從一八六一到一八八九年（帝國的最後一年）另有二十三個內閣。

參議員在權力層級居次。前文已提及，皇帝從三位當選者的名單挑選他們。參議員必須年滿四十歲，年收入八十萬雷亞爾以上。[51]參議員是終身委任，因此其權力也永久。有些人任職三十年之久。參議員下面是議員。在權力層級裡晉升，這個職位是重要的墊腳石，但是議員是「人數最多卻最沒有權力的一群」。[52]議員必須年滿二十五歲，年收入四十萬雷亞爾以上。

擁有「節制權力」，在各種不同的情況行使否決權，加上身邊的精英集團來自相同的社會階級（雖然分成兩黨），堂・佩德羅二世逐漸真正地「在位」和「治理」。在本世紀中葉，普遍評論**盧西亞**掌權與**薩夸雷馬**掌權毫無二致。用**薩夸雷馬**這個詞稱呼保守黨，因為這是其黨魁伊塔博拉伊子爵（Viscount of Itaboraí）的家鄉名稱。**盧西亞**指自由黨，這是米納斯吉拉斯州聖盧西亞市的名稱，自由黨在此地遭受最慘的失敗。政客阿方索・塞爾索（Afonso Celso）[53]評述：「自由黨與保守黨輪流掌權，沒有留下任何蛛絲馬跡區別兩黨的不同。幾乎看不出治理的形式有變化。政治鬥爭背後的動力是『現在你離開，因為輪到我』。」[54]在短篇故事〈**大紀念章的理論**〉（Teoria do medalhão），[55]馬查多・德阿西斯想像一位父親勸告兒子政治生涯的變遷：「你可以屬於任何黨，自由黨或保守黨、共和黨或教宗至威主義黨（ultramontanist，越山主義黨），[56]只要你不扯上這些名稱任何特定的思想……」。[57]

除了這些令人詬病的相似點，有一些重大的差異。從一八四一年攝政結束到鎮壓伯南布哥叛亂（從一八四五年持續到一八四八年，通稱「**海濱運動**」〔movimento praieiro〕[58]），在這段期間**盧西亞**採用的政策，旨在為各省爭取更大的自治權。但是這些政策局限在政治的討論和國會的辯論，沒有任何黨提出正式的政綱。這兩黨的名稱與特定的狀況越來越有關連——對**盧西亞**而言是軍隊戰敗，而自由黨在一八四四至一八四八年執政期間，**薩夸雷馬**施壓，要求更多的中央集權統治。或許因為與里約熱內盧的保守黨有關連，**薩夸雷馬**這個詞在帝國時期固定下來。**薩夸雷馬**也有政治保護主義的負面含意，甚至有掠奪之意，因為葡萄牙文 saquear 這個動詞有搶劫的意思。這兩黨有進一步的差別：「保守黨」由政府的官僚與這個國家主要的貿易商及農產品的輸出業者結盟而建立，而「自由黨」的成員大多是都市的自由職業者，與國內市場的農業和新殖民地區有關連。[59]

然而，在某些層面這兩黨非常相似，以致引起普遍的嘲諷：沒有政綱、沒有巴結皇帝的技巧，沒有政治的誇示。眾議院的議員擅長裝腔作勢，設法贏得報章雜誌的恭維奉承和刊印他們的演講（最好是兩小時的長度），充滿題外話、引述和其他雄辯術的巧計。但是議員們的生活也「很有趣」。他們的妻子留在鄉下，如此他們可以在首府享受「單身生活」。[60]

事實上，這兩黨暫時和解，導致帝國和皇帝本人增強。歸功於巴拉那侯爵（Marquis of Paraná）卡內羅·萊昂（Honório Carneiro Leão），[61]成立所謂的「調解內閣」（Conciliation Cabinet），有自由黨和保守黨的成員。實際上，此內閣代表獨立以來不曾見過的政治穩定期。和解使精英們的利益集團成為一體，他們控制這個國家的政治生活，維持以皇帝為中心的集權化結構。

在這個時期，堂·佩德羅二世開始對民族文化起決定性作用。在一八五六年政府特別委託執筆的史詩《**塔莫約聯盟**》（*Confederação dos Tamoios*），他在頁邊空白處加了評注，潦草寫下兩大任務：

「在道義上組織民族，成立精英集團」。為建構巴西文化和統一巴西的領土，贊助和創造浪漫民族主義極其重要。但是挑戰也巨大。大部分人民被排除在政治過程之外，而這個國家在國外的形象，呈現截然不同的現實：以歐洲模式組織國家、有君主立憲制、年輕的國王是聞名的學者，國會經過選舉，而且政黨穩定。他如何能夠將各個不同的省分和現實變成一個民族？居民分散在廣大的領土，勉強團結起來效忠他們的省，而且他們適應奴工為基礎的經濟體制，如何使他們變成有凝聚力的政治團體？他如何灌輸民族意識？除了發展現代化計畫，答案是投資「熱帶文化」，完全脫離奴隸制度。

終於是別樹一幟的國家：熱帶君主國

十九世紀通稱「民族主義的時代」。透過英雄、歷史意識和風俗習慣來想像各民族。[62]建造民族文化紀念碑、使用國歌和國旗、表揚民族料理和傳統服飾，這些都是這個時代的特點。[63]浪漫主義傾向於準確讚揚各國無與倫比的特色，而非共同點。

巴西的情況略微不同。浪漫民族主義確實從地方崛起，在相當小的區域，語言和文化同源。然而，在大陸規模的國家，有如此混雜的人口，難以創造這類民族情緒。解決之道乃忽視奴隸制，將原住民族理想化；以前原住民在森林裡被系統性殺害，如今重現在官方或半官方的小說和圖畫裡。這種本土的（且陽剛的）國家描繪，建立巴西的形象，既是君主制和葡萄牙的，也是美洲的。在歐洲國家，民族浪漫主義往往是一種手段，一個國家為了維護主權，用以對抗他國；但是在巴西浪漫主義是奢華的，由君主國資助，形成保守的性質。[64]因此，雖然巴西的民族主義未擴展到帝國的各個角落，卻具有重大歷史意義。它使這個國家形成一種身分，與里斯本不同的身分，根據當地的特色——熱帶氣候和土生土長的居民。另一方面，巴西與「舊世界」維持文化關係；畢竟，這個國家仍然有最遵循傳統的君主制，源自布拉干薩、波旁和哈布斯堡王朝的傳承。[65]

欲了解君主制在巴西浪漫主義的重要性，必須考慮皇帝周遭的知識分子和機構。在這個時期，佩德羅二世開始參加「歷史地理研究所」和「帝國藝術學院」的會議。他想要與同樣年輕的藝術家和作家組成一個團體。這是浪漫印第安主義的時代，「帝國藝術學院」創作巨幅新古典主義的圖畫，以及在佩德羅二世為名的學校考試。大自然變成既是文化景觀也是財富和進步的標誌。在建構民族身分認同，歷史學家阿道夫・德瓦因海根（Francisco Adolfo de Varnhagen）[66]比較巴西的君主立憲制與鄰邦的共和制，根據他的說法，這些鄰邦的特徵是長期不穩定、沒有自由、內戰。先於世界其他國家，巴西想被確認為美洲唯一的文明國家。但是在充滿共和政府的大陸維持布拉干薩王朝，這個國家的內部仍然存在看似無法解決的矛盾。

巴西的鄰邦以懷疑的態度察看這個美洲君主國，因此促進文化和記憶——鞏固君主國和民族意識的一種身分認同，變得更加重要。在這種背景，致力於巴西文學的研究機構於一八三八年成立：「**巴西歷史地理研究所**」（Instituto Histórico e Geográfico Brasileiro，簡稱ＩＨＧＢ），以一八三四年在巴黎成立的「法國歷史研究所」為依據。知識分子認為巴西必須有自己的文化機構，與葡萄牙分開。巴西版匯聚里約熱內盧經濟和文學的精英分子。在十九世紀四〇年代ＩＨＧＢ是浪漫主義派作家聚會的場所，皇帝對此處的活動有個人興趣，時常造訪這個機構。

從此時開始，「巴西歷史地理研究所」變成首屈一指的教育機構，推廣文學研究、激勵智能活動，充當知識分子與政府實體之間的連結。這很可能是貢獻最大的機構，打造巴西的民族身分認同。皇宮與IHGB的關連變得越來越密切：一八三八年堂・佩德羅二世受聘成為研究所的「保護者」；一八三九年他提供皇宮的一個房間給研究所開會；一八四〇年，在這個君主的誕辰，鑄造一個紀念章，刻了這些字：**保護者佩德羅二世。愛好和平的科學占有者**；一八四二年這位皇帝成為「法國研究所」的成員，而且，從一八四二到一八四四年，他為「巴西歷史地理研究所」的成員設立最佳著作獎。

此研究所大多招收宮廷精英。他們在週日聚會，與知識分子辯論預先挑選的題目。他們最重要的目的是建構國家歷史，將精選的事件和人物，變成民族的英勇事蹟和民族英雄。與政府的關係有特殊意義，此研究所收到王國政府四分之三的專項資金。因此，藉補助詩人、音樂家、畫家和科學家，開始一種過程，不僅致力於加強君主制和政府，而且藉統一文化建立國家意識。這是堂・佩德羅二世贏得名聲的過程，他成為藝術的贊助者：「熱帶的賢明皇帝」。仿效路易十四，佩德羅二世仔細挑選一群歷史學家、畫家和作家，打造民族記憶、塑造國家顯赫的形象，並創造國家的類型。

這是一群明智的溫和主義者。一八四〇年，曼努埃爾・德阿勞霍[67]（因為他在**美術學院**的活動而聞名）、作家諾柏托・德索薩—席爾瓦（Joaquim Norberto de Sousa e Silva）、[68]曼努埃爾・德馬塞多（Joaquim Manuel de Macedo）、[69]貢薩爾維斯・迪亞斯（Antônio Gonçalves Dias），和歷史學家阿道夫・德瓦因海根，開始常常在IHGB聚會。此研究所的雜誌很適合推廣他們的思想。而且，研究所與皇家合作，保證成員的作品得到認可。另一方面，他們與政府和堂・佩德羅二世的關係密切，防止較激進的藝術家站在領導地位。諷刺的是，雖然史詩推崇巴西原住民族，描述英勇的酋長和愛情悲劇，在政治上這些土生土長的巴西人卻完全被忽視。當原住民的語言辭典變成暢銷書，皇帝本人開始學習圖皮語和瓜拉尼語，此時，沒有任何官方政策保護這些族群。

這一切都促進鞏固「賢明皇帝」的形象。堂・佩德羅二世個人資助歷史研究計畫，深入查考巴西的檔案館和圖書館，在國內外發表研究成果。他也對美洲民族學和語言學感興趣。他資助著名的科學家，諸如德國植物學家兼探險家卡爾・馮馬齊烏斯（Carl Friedrich Philipp von Martius），[70]偉大的自然學家彼得・威廉・倫德（Peter Wilhelm Lund），[71]與礦物學家克羅德・昂利・戈爾西瓦（Claude-Henri Gorceix）。他支持一長排其他人——博物學家路易・柯蒂（Louis Couty）[72]和艾米爾・戈爾迪（Emil August Goeldi）、[73]地質學家奧維爾・德比（Orville Derby）[74]和查爾斯・哈特（Charles Frederick Hartt）、[75]植物學家格拉西歐（Auguste Francois Marie Glaziou）、[76]語言學家兼文獻學者謝伯爾德（Christian Friedrich Seybold）。他也資助其他領域的專業人士，有律師、農學家、建築師、中小學教師、工程師、藥劑師、醫師、軍官、音樂家和畫家。這種私人的專項資金，當時通稱「皇帝獎助金」，提升堂・佩德羅二世的形象，成為熱帶的路易十四。不管那些在場的人是否感興趣，這位皇帝喜歡聲明：「**科學，就是我。**」（La science, c'est moi.）[77]

印第安人死了，民族得以生存[78]

歷史學家為民族英雄建立新的忠烈祠，而小說家和詩人使「新民族身分認同」活靈活現，這又是國家的文學政策。展現「本土主題的民族合法性」，[79]第一部傑作是貢薩爾維斯・德馬加良斯（Gonçalves de Maga.hães）於一八五六年撰寫的史詩《**塔莫約聯盟**》。貢薩爾維斯・德馬加良斯重拾「高貴野蠻人」的主題，寫下這個國家最偉大的民族史詩，以英勇的印第安人的勇氣和犧牲為重點。這位作家企圖合併「浪漫主義的古怪行為與歷史研究」，他相信這是可能的：克服區域的差異，為新民族身分認同創造建國神話。[80]

從巴爾塔沙・達席爾瓦・利斯博阿（Baltasar da Silva Lisboa）[81]一八三四年的文章得到靈感，這首詩記述塔莫約國（Tamoyo）為爭取自由與葡萄牙戰鬥的傳奇故事，以野蠻的冒險家為特點。兩個族群都細分。白人是粗野的葡萄牙裔殖民者（奴役自由的民族）和耶穌會神父（他們的美德與未來的帝國連結）。印第安人則是野蠻的森林居民（皈依天主教的純潔者），或是不屈不撓的土著，在大自然的榮耀裡無拘無束地生活。在這種二元對立的戰役，純潔者總是變得高貴：未來帝國的葡萄牙人，是民族團結和基督教信仰的化身，而印第安人未被文明汙染。在意味深長的一段文字，皈依的瓜亞納印第安人提比里薩（Tibiriçá），努力說服他舉事的姪子賈戈安哈羅（Jagoanharo）相信歐洲世界的優勢。因此這首詩採用這個比喻：印第安人是高貴野蠻人，被崛起的新帝國打敗。賈戈安哈羅既是英雄也是受害者。他生來自由，為一種新的自由運動瀟灑死去。這首詩與這個時期的其他作品一樣，藉描述（高貴的）印第安人，編造民族團結，實際上這個印第安人正是帝國最偉大的受害者其中的一位。

貢薩爾維斯・迪亞斯[82]也吸引皇帝的目光。他被視為偉大的巴西浪漫主義詩人，在詩中採用印第安主義。根據歷史文獻和他自己的民族誌，貢薩爾維斯・迪亞斯寫詩描述早期的殖民地。他最著名的詩〈**他必須死**〉（圖皮文 I-Juca-Pirama），中心主題是戰士英雄的勇敢和吃人的習俗。詩中敘述一位圖皮族戰士被廷比拉族（Timbira）俘虜，等待死亡的時候，他擔憂在森林裡與他失散的父親老邁且瞎眼。其父也被擄獲時，這個兒子哭泣。看到他的軟弱，廷比拉族將他釋放；根據他們的信仰，吃受害者會與他們的特質結合，因此他們不吃懦弱者。這個老人對兒子的軟弱感到驚駭，他詛咒兒子。這個年輕人突然決定獨自對抗廷比拉戰士，因而贏得被犧牲的權利，並且與他的父親和解。[83]因此，即使犧牲了，這個印第安人脫穎而出，成為純潔與光榮的理想化楷模，可效法的榜樣。在這類作品，在文學與現實、虛構與非虛構之間，分界線變模糊。歷史充當文學的神話形式，而文學接著為創造民族身分認同效勞。

一八六五年若澤·德阿倫卡爾（José de Alencar）[84]出版《**伊拉塞瑪**》（*Iracema*）；這本小說激發民眾的想像力，並且突破葡萄牙傳統的文學形式，使巴西文學徹底改變。此書以驚險的天然環境為背景，是這種文類的重點，而且書名是America此字的組合字謎，以及「蜜唇」的含意。這部作品以理想化的十七世紀為背景，記述印第安人的犧牲，是巴西誕生的寓言故事。主要的一對情侶——圖皮族的印第安少女伊拉塞瑪，和葡萄牙裔殖民者馬汀（Martim）——象徵巴西最早的居民，他們的結合產生命中注定的種族。這本書的結尾，伊拉塞瑪死亡，他們的兒子莫阿西爾（Moacir，「痛苦之子」）才能夠生存。此書提出的主題，包括雜糅語言、匯合宗教和混血兒民族。再次地，這個巴西遠離十九世紀的現實，在未開發的自然環境裡，白人和印第安人的英雄混在一起，行為高尚而有尊嚴。

《**伊拉塞瑪**》並非若澤·德阿倫卡爾表達原住民主題的首部作品。以前他寫過一部更長的小說《**瓜拉尼**》（*O Guarani*），最初於一八五七年元月至四月在《**里約熱內盧日報**》（*Diário do Rio de Janeiro*）連載，然後在那年以書本的形式出版。這個故事也是以十七世紀為背景，主要角色是印第安人佩里（Peri），他愛上葡萄牙貴族的女兒，金髮白膚的塞西（Ceci）。小說的結尾，佩里努力拯救這位「金髮處女」，他們幾近柏拉圖式的愛情聲明，被奔流的河水沖走——隱喻淨化的理念。作曲家卡洛斯·戈梅斯根據若澤·德阿倫卡爾的書，為他的歌劇《**瓜拉尼**》撰寫義大利文腳本，一八七〇年在米蘭的斯卡拉大劇院首演。卡洛斯·戈梅斯的作品也得到佩德羅二世的資助，是傳統的歐洲歌劇，但是有些許原創風格取自巴西文化。以浪漫時期的音樂譜曲，但是有土著音樂的基本原理，彷彿在肯定既普遍又獨特的身分認同。

這些例子和許多其他例子，顯示巴西的浪漫主義不局限於美學。它既是文化也是政治，與民族主義、君主制和文化獨立有很深的關連。雖然受到歷史學家抨擊，例如瓦因海根罵他們是「卡布克羅愛國者」（caboclo patriots），浪漫印第安主義者功成名就，為印第安人樹立傳奇化的形象，成為國家的象徵。有趣的是，貢薩爾維斯．德馬加良斯在報界發表他的回應，為他的書辯解。「祖國是一種概念，我們的出生地代表祖國。」[85]

理想化的印第安人寫照，不僅恢復「道地且高貴的」特質，而且建構「光榮的往昔」形象。與非洲人相反，非洲人始終讓世人想到可恥的奴隸制度，而印第安人提供這個國家一種起源，有神話和美學上的可塑性。這個國家豐饒的天然資源有一種平行功能：巴西或許沒有中古世紀的城堡或文藝復興的教堂，但是巴西有最大的河川和最美的植物。君主、國家和民族的刻畫，有棕櫚樹、菠蘿及異國的鳥類圍繞著，顯示這個國家繁茂的大自然無與倫比。

「帝國美術學院」（一八二六年創立，但是在佩德羅二世統治時期才開始規律地運作）也是浪漫主義的良田沃土。這個時期發生重大的轉變，為支持新古典主義而排斥巴洛克，尤其是朝廷和一些省會。一八一六年三月二十六日，隨著法國藝術家團體的出現，產生最初的改變，不過現在這所學院的地位更加穩固，由政府和君主國資助。這位皇帝在「帝國美術學院」採取類似ＩＨＧＢ的政策，分發獎品、獎章和國外留學獎學金。他也熱心參與年度的「美術大展」，頒發「基督勳章」和「玫瑰勳章」給最傑出的藝術家。一八四五年這位皇帝成立一年一度的「旅遊獎學金」，資助獲獎者在國外三年的學費和生活費。另外，堂．佩德羅二世委託藝術家畫官方肖像，發送全國，而且他旅行時隨身攜帶，起初在巴西境內，然後到國外。其中的一些藝術家，例如辛普利西奧・德薩（Simplício Rodrigues de Sá）[86]和費利克斯―埃米爾・陶奈（Félix-Émile Taunay），[87]教導皇帝和他的姊姊繪畫的技巧，或是成為官方的宮廷畫家。推崇異國風情、自然奇觀，以及將印第安人傳奇化，全都變成「帝國美術學院」製作的圖畫特徵。

作為帝國官方形象的製造者，「帝國美術學院」強加風格和主題：高貴的母題、肖像、景觀和歷史本土化主義變**時髦**。這類圖像大多在國外製造，呈現巴西的景觀和人民理想化的畫面，如同個人在遠處觀察時的預期。畫家維克多・德利馬（Victor Meirelles de Lima）[88]最具代表性的作品《**巴西首次彌撒**》（一八六〇年）[89]和《**莫埃馬**》（一八六六年），以及若澤・梅代羅斯（José Maria Medeiros）的《**伊拉塞瑪**》（一八八一年）。[90]這類畫作是十九世紀六〇年代浪漫印第安主義運動流行的部分。這些作品以熱帶的景觀為背景，描繪理想化且消極的印第安人，彷彿他們是自然的一種元素。在這些巨幅油畫裡，殖民過程不是侵略的寫照，而是兩個民族兩情相悅、和諧的邂逅。

巴西的浪漫主義廣為流傳，主要的象徵是土生土長的巴西人。諷刺的是，雖然君主和巴西文化越來越有熱帶的特性，原住民族卻非常「白」。來自非洲的奴隸居民和早期的殖民者被忽視，因為「合法的民族代表」這個角色留給理想化的印第安人。純潔、誠實且勇敢，巴西原住民被刻畫成密林國王，與大自然和睦相處。早期的旅人、年代史編者和歷史學家——諸如加布里爾・德索薩（Gabriel Soares de Sousa）、[91]塞巴斯蒂昂・達羅沙・皮塔（Sebastião da Rocha Pita）[92]和曼努埃爾・達諾布雷加，這些名字只是圖畫所依據的敘事體注腳。歷史與神話齊頭並進，也有教誨的目的：「高貴的印第安人」屬於遙遠的過去，因此可以成為神話中的人物，朝廷製作浪漫愛情劇的靈感。巴西原住民出現在壯麗的油畫以及為歐洲民眾表演的美麗歌劇，畫面是熱帶的異國風情和高貴的帝國。「高貴的印第安人」使這個新國家能夠與過去和解，並且預見前途無量的未來。

堂・佩德羅二世對藝術的贊助更積極。他很欣賞歌劇，甚至在一八五七年委託華格納為里約熱內盧製作歌劇。雖然遭到這位作曲家婉言謝絕，一八七六年華格納的**《尼伯龍根的指環》**在德國拜羅伊特首演，這位皇帝坐在德國皇帝與其他貴族的旁邊觀賞。堂・佩德羅二世特別說明，他是「有歷史的華格納迷」，不像在座的許多觀眾初次體驗這種革命音樂。一八五七年他創建「帝國民族音樂與歌劇學院」，旨在培養巴西音樂家並推廣歌劇。

這位皇帝對醫學同樣感興趣，資助巴西的專業人員研究，將自己的資源投資在里約熱內盧的精神病院，一八五〇年這家精神病院以他的名字命名。他也贊助首屆「科學探索委員會」（一八五九年），在這個國家的北部蒐集品種，被反對者取綽號「蝴蝶委員會」。

所以巴西變成「熱帶帝國」，也是歐洲（有些扭曲）的鏡像。在政治平靜的時期，堂・佩德羅二世習慣把巴西的民族當作典型，以羅馬皇帝的姿態出現在椰子樹、棉株、咖啡樹和菸葉當中，書籍排列在他的腿上，顯示他的博學和智慧。

但是一八六五年災難性的「巴拉圭戰爭」爆發，標誌巴西君主國的極限和衰退的開始。五年後，一八七〇年，戰爭結束，死亡人數駭人聽聞，帝國在這場大屠殺扮演的角色，使帝國蒙上一層陰影。「共和黨」在同一年成立，廢奴運動的勢頭不可逆轉。熱帶是自然的、不朽的天堂樂園，人們在那兒和平共存並且和樂融融，這只不過是憑空想像。

第十二章　巴西君主國垮臺

舞會結束：巴拉圭災難性的持久戰

十九世紀七〇年代來臨，堂．佩德羅二世在位，向來平靜的例行公事發生劇變。一八六五年「巴拉圭戰爭」爆發，巴西捲入最惡名昭彰的國際戰爭。與這位君主、他的部長們和將軍們——甚至這個國家的盟友阿根廷和烏拉圭——的設想不同，這場戰爭既不容易也不短。而且政府耗費太多時間和資金打仗，沒有餘力從事國內的改革。戰爭的費用龐大：六億一千四百萬雷亞爾，是一八六四年政府預算的十一倍，造成赤字將持續到君主國垮臺。[1]

在預備打仗的階段，國際關係越來越緊張。一八六二年，這個國家正在準備參加倫敦「世界博覽會」，即將展示巴西豐富的農產品，發生外交事件，通稱「克里斯蒂事件」（Christie Affair）。自一八六〇年起，威廉．克里斯蒂（William Douglas Christie）一直是駐巴西宮廷的英國代表，以挑釁的行為出名。事態趨於白熱化，當時三名酒醉的英國軍官在里約熱內盧逛大街，因妨害治安而被逮捕。克里斯蒂立即反擊，他認為這是公然冒犯他的國家，不能忍受。他安排在里約熱內盧駐紮的英國分遣艦隊封鎖港口。在瓜納巴拉灣外頭，五艘巴西商船被英國海軍扣押，引起嚴重的國際事件，甚至可能導致宣戰。當時的政治人物普遍嘲諷克里斯蒂的對抗行為。佩內多男爵（Baron of Penedo）[2]評論：「他在蚊子之鄉學習外交手腕。」扎克里亞斯部長[3]聲明：「這是克里斯蒂先生愚蠢的行為。」但是這位英國代表最愚蠢的行為還在後頭。一八六二年十二月二日外交使團被召集參加皇帝的生日慶典，他缺席。這一次堂・佩德羅二世決定迫使克里斯蒂就範，與英國政府斷絕外交關係。比利時的利奧波德一世（Leopold I）被要求仲裁，他裁決巴西受冤屈，英國提出正式的道歉。即使如此，這兩國的外交關係中斷兩年。

但是這絕非政府最嚴重的問題。十九世紀六〇年代，廢奴運動風起雲湧。一八五〇年禁止販奴，於是奴隸制問題變成重大的政治議題。一八六五年，美國內戰結束，通過第十三條憲法修正案，廢除北美奴隸制。地方與政府的中堅分子擔心巴西很快就會仿效。除了巴西，只剩下古巴是奴隸制仍然合法的國家。國際的壓力增大。

然而，拉普拉塔河區域的危機，使廢奴的問題暫時擱置。「巴拉圭戰爭」，也通稱「三國同盟戰役」，演變成巨大的國族問題，所有政治歧見都拋下。在十九世紀六〇年代初，這個區域的和平岌岌可危。四個國家在烏拉圭河與巴拉圭河之間接壤：巴西、烏拉圭、阿根廷和巴拉圭，有利益衝突。船舶入口在拉普拉塔河流域，應該由哪一國控制這個地區，這個問題令人緊張焦慮。這個區域如此不安定，早在「巴拉圭戰爭」開始之前，業已發生一長串衝突。阿根廷的獨裁者胡安・曼努埃爾・羅薩斯（Juan Manuel Rosas），其野心導致一八四九年一樁嚴重的事件。羅薩斯想恢復以前西班牙在這個區域設置的總督轄區。他已經征服烏拉圭，現在威脅巴西位於南大河州的南方邊境。巴西政府知道羅薩斯的意圖，但是認為最好避免衝突，這個決定導致內閣垮臺，以及任命新的「國務委員會」主席：尤西比奧・德凱羅斯。[4]政府承受多方壓力：拉普拉塔河區域受到越來越多的侵略攻擊，而且即將面臨逐步終結奴隸制。在十九世紀三〇和四〇年代，由於東南部咖啡種植園擴大，奴隸高度集中，普遍令人不安。[5]在某個政治步驟，政府進行新的人口普查，採用公民登記，以評估奴隸的數目和叛亂的迫切風險。但是中堅分子反對這個主意：這是地主習慣的作法，他們寧可不知道奴隸或自由民確實的比例。[6]

但是從一八五一年起，「拉普拉塔河事務」成為巴西政界關注的焦點。第一次對抗很快就結束，巴西於一八五一年參戰，胡安．曼努埃爾．羅薩斯於一八五二年二月投降，但是這個區域不安定，引起更多的憂慮。一八六三年烏拉圭內戰爆發。一邊是溫和的「科羅拉多黨」支持者，由維南西奧．弗洛雷斯（Venancio Flores）將軍領導。另一邊是保守的「白黨」支持者，領導者是分裂國家的總統阿塔納西奧．阿吉雷（Atanasio Aguirre）。巴西和阿根廷支持弗洛雷斯將軍，因為這兩國都擔心「白黨」的擴張計畫。[7]但是這場特別的衝突很快就平息。一八六五年二月十五日，阿吉雷有條件投降，與巴西簽訂和平協議。

然而，不久這個區域又開始動盪，只是這次的敵人不同：巴拉圭。比賽的狀況在變化：在阿根廷，聯邦主義者被打敗，巴托洛梅．米特雷（Bartolomé Mitre）當上總統，貫徹中央集權的程序。在巴西，保守黨統治十四年後，自由黨執權。在巴拉圭，一八六二年卡洛斯．安東尼奧．洛佩斯（Carlos Antonio Lopéz）總統逝世，其子弗朗西斯科．索拉諾．洛佩斯（Francisco Solano Lopéz）接替，抓緊時機與巴西對抗。他試圖居中調解巴西與烏拉圭的衝突，失敗了，巴西政府不領他的情。另外，巴拉圭與巴西競爭，要求重劃疆界，欲成為拉丁美洲市場主要的馬黛茶（maté）[8]供應商，渴望接管蒙得維的亞（Montevideo）充當出口的市場。阿根廷聯邦主義者有相同的野心，原因很類似。因此形成兩個非正式的聯盟：一邊是阿根廷聯邦主義者、烏拉圭「白黨」和巴拉圭；另一邊是巴西帝國、「科羅拉多黨」和阿根廷政府。

整個區域在獨立後經歷政治重建期。除了拉普拉塔河流域的衝突，也有內部的紛爭，因為這些牽扯在內的政府野心起衝突。這些國家也因為文化差異和政治體制被區別開來。巴西喜歡把自己看作穩定的政體，周遭是不穩定的共和政體；文明的典範與侵略的擴張主義相比較，而且由皇帝領導，並非獨裁者。

戰爭一觸即發，只需要一件事當導火線。那件事於一八六四年在烏拉圭發生。烏拉圭被指控凌辱巴西裔居民，巴西政府發出最後通牒，要求採取迅速的對策。在巴西這邊的邊界，南大河州養牛業者也遭受攻擊，巴西不願意忍受。烏拉圭不理會最後通牒，於是巴西侵略該國。同時，這個區域有其他國家對峙。或許最嚴重的對峙起因於索拉諾總統決定巴拉圭應該取得航海權。戰爭於十一月十二日爆發，巴拉圭當局扣押巴西**奧林達侯爵號**輪船。然後十二月，索拉諾總統侵略馬托格羅索。四個月後，一八六五年四月，他侵略阿根廷，攻擊以前的盟友科連特斯省（Corrientes）和恩特雷里奧斯省（Entre Rios）。從那時候起，這位巴拉圭領袖在一場很危險的比賽陷於孤立。

這時候，「克里斯蒂事件」成功解決，佩德羅二世受到鼓舞，於一八六五年七月七日前往巴西南方邊境。他要成為「陸軍的首位志願兵」。邊界的終點在烏拉圭河東岸的城市烏拉圭亞納（Uruguaiana），[9]皇帝在此地會見巴西的陸軍將官和戰爭的盟友：阿根廷米特雷總統和烏拉圭弗洛雷斯總統。他很快就明白，雖然參戰相當容易，撤軍或計算後果卻難上加難。另外，有這麼多競爭者，盤根錯節的衝突，不可避免地導致同盟國內鬨。連巴西內部也爭論戰爭的緣由。一方面，有些人責備索拉諾總統侵略的擴張主義和獨裁作風。佩德羅二世特別不喜歡索拉諾的政治騙局，而且事實上他已經自稱獨裁者。另一方面，有些人將戰爭看作大不列顛帝國主義政策的結果。據說英國要兩面派的花招，使一派對抗另一派，以便在這個地區維持財經的勢力。根據這種解釋，弗朗西斯科・索拉諾・洛佩斯是反帝國主義的英雄、南美洲獨立運動的維護者和國際陰謀的受害者。根據這些牽連的國家內部情勢分析，有第三種解釋。巴西必須維護巴拉那河和巴拉圭河的近用權，這是西部馬托格羅索省通往這個國家其餘地區的重要途徑。另外，巴西想要控制拉普拉塔河流域的商業流通。至於阿根廷，擴張的雄心暫時受阻，他們仍然想要合併鄰近的領土，在這個地區增強他們的影響力。對索拉諾總統而言，一旦巴拉圭取得自治權，阿根廷擴張主義的企圖受阻，與鄰國的河流航行權糾紛和邊界談判，變成重大的問題。這些南美洲的共和國已經擺脫帝國的鎮壓，也相當懷疑地觀察幅員遼闊的巴西帝國和巴西的奴隸制度。因此，即使沒有派系斷斷續續的挑撥，這個區域充其量像一個正在沸騰的大鍋，隨時會沸溢出來。

一八六五年五月一日，在布宜諾斯艾利斯，巴西、阿根廷和烏拉圭簽訂祕密的《三國同盟協約》。此協約決定：唯有索拉諾總統被廢黜才議和。捲入糾紛的國家確立新疆界，一致同意強迫侵略者巴拉圭為戰爭支付賠款。這些條款傲慢，反映同盟國的信心和信念，因為他們有明顯的軍隊優勢，他們以為戰爭很快就會結束——結果完全判斷錯誤。此三國合起來居民總數一千一百萬（其中九百一十萬是巴西人），巴拉圭只有三十一萬八千一百四十四位士兵可部署。這三個同盟國的年出口額總計三千六百萬英鎊，而巴拉圭的年出口價值不到五十萬。[10] 因此巴拉圭參戰處於很大的劣勢，尤其是失去以前的盟友：阿根廷阿塔納西奧・阿吉雷總統被打敗，烏拉圭弗洛雷斯將軍當選。而且，索拉諾總統侵略阿根廷，與科連特斯省和恩特雷里奧斯省的省長疏遠。

應該要記住，直到戰爭爆發之前，巴西帝國只有一支缺乏訓練的小軍隊。最重要的軍事類組織是「國民警衛隊」（一八三一年成立，一八五〇年整編），基本上由大莊園的業主組成（而且依賴他們）。這是這個國家首次成立專業的陸軍，有義務役。戰後一年，從軍被視為愛國行為，很少有志願兵。[11]戰爭剛開始時，各種動機使年輕人投入戰爭的努力。馬查多．德阿西斯的小說《**亞亞．賈西亞**》（*Iaiá Garcia*）敘述赫爾黑（Jorge）的故事。「**歐維多街**一位優異的花花公子」赫爾黑報名從軍，想要給艾絲黛拉（Estela）好印象。在這個角色的眼裡，戰爭只是一個藉口，用以宣示浪漫的愛情。出發時，赫爾黑主要的關注是「制服的褲子有油漬與靴子的鞋油」。[12]在朝廷，熱烈的愛國主義盛行，每一場勝利都慶祝。馬查多．德阿西斯的另一個角色，富拉諾．貝爾特朗（在**歐維多街**展示妻子陵墓的那位），舉行豪華舞會慶祝巴西打贏「里亞舒埃盧戰役」（Battle of Riachuelo），[13]他「在榮譽殿堂，皇帝的畫像前方，展示軍艦的兵器和軍旗」。[14]

巴西軍力增強是樂觀的因素。海軍更新裝備，一八六五年四十五艘戰艦，截至一八七〇年戰爭結束時增加到九十四艘。一八六五年，阿根廷有六千名訓練有素的士兵，烏拉圭有四千名。布宜諾斯艾利斯如此熱衷，米特雷將軍聲稱盟軍可以「在二十四小時內控制軍營，三週內控制科連特斯省，三個月控制亞松森」。然而，與眾人的希望相反，烏拉圭亞納投降後，第一階段的戰爭結束，衝突卻繼續。戰爭變成五年，可怕的犧牲和生命喪失，威脅同盟國的團結，在國內越來越不受歡迎。

更糟的是，巴西的三軍內部也意見相左。海軍司令官是海軍上將塔曼達雷（Tamandaré）[15]，將近六十歲，已過壯年。另一方面，卡希亞斯將軍現在是代表保守黨的參議員，因為在攝政時期鎮壓叛亂而備受尊敬。他的參戰標誌轉捩點：第二階段的衝突開始，他著手徹底整編陸軍。一八六六年十一月他抵達巴拉圭，發現陸軍的部隊不足，而且士氣低落。這個區域有礙健康，部隊的準備不完善而且裝備不良。況且，這時候政府已開始採取義務役。輿論反對戰爭，一八六六年十一月九日

《商業郵報》（*Correio Mercantil*）指這場戰爭是「巴拉圭屠宰場」。

許多巴西奴隸主開始派遣奴隸代替他們打仗，為自己免除「戰爭的懲罰」。在一八六六年「國務委員會」的會議，意見分歧：有些人贊成奴隸徵兵制，而有些人反對被解放的奴隸成為陸軍士兵。皮門塔・布埃努（Pimenta Bueno）議員[16]贊成給奴隸自由（不賠償奴隸主），以換取他們打仗，他認為「寧可赦免比較文明、有道德的階級，而非另一個較不文明、有潛在危險的階級。我們理當兩害相權取其輕」。另一方面，納布科・德阿勞霍（Nabuco de Araújo）參議員[17]認為這種作法在未來會製造問題，他說：如果「以士兵的身分打仗後，〔非洲裔巴西人〕恢復奴隸身分」，這種作法才應該繼續。但是他也認為有一種可能性：「奴隸被解放，在成為士兵之前變成公民，他們會成為有紀律的士兵，因為他們習慣於服從命令」。[18]然而，國務委員若澤・達席爾瓦・帕拉尼奧斯（José Maria da Silva Paranhos，未來的里約布蘭科子爵〔Viscount of Rio Branco〕）[19]警告：「被解放的奴隸組成大軍〔……〕會是一種危險，他們當新兵可能導致帝國境內的奴隸反叛，不僅出於自由意志，也出自祕密團體的煽動」。[20]連卡希亞斯將軍也抱怨，「將奴隸帶入軍隊，已經產生有害的結果，因為這些人不道德的榜樣和缺乏紀律，他們不了解國家、社會和家庭的意義」。[21]在巴西，任何討論主題觸及廢除奴隸制，總引起廣泛的爭論。巴西陸軍的「膚色」改變，未逃過巴拉圭新聞界的注意，他們開始把這個國家的士兵稱作**小猴子**（los macaquitos）。與索拉諾總統有直接關連的軍事報紙《黃蜂》（*Cabichuí*），製作一系列漫畫，將巴西的部隊以及皇帝和皇后描繪成猴子。

同時，在里約熱內盧，政府竭力貶低戰爭的嚴重性，阻止詳細報導的宣傳內容。但是事與願違。一八六七年，正當這個城市在對抗霍亂疫病，這個國家在南方邊境的戰役變成名副其實的屠殺。有這麼多的錯誤，民眾開始責怪政府使戰爭延長，責怪陸軍參謀本部盲目的決定，使戰鬥持續到索拉諾總統被廢黜。一八六八年，帝國在伊托羅羅（Itororó）、[22]阿瓦夷（Avaí）、[23]洛馬斯瓦倫蒂納斯（Lomas Valentinas）[24]和烏麥塔（Humaitá）[25]贏得最大的勝利，卡希亞斯將軍甚至提議停止戰事。然而，第二年巴西的部隊才終於占領亞松森——沒有反抗。占據巴拉圭首都後，卡希亞斯認為戰爭結束了，從戰區撤軍，任憑皇帝抗議。當這位將軍從戰場回來，他並未受到他期待的慶祝會迎接。即使如此，他獲頒公爵的頭銜以及「**堂·佩德羅一世大綬帶勳章**」，是帝國建立以來第一位得到這項榮譽的。

然而，另一位歸國將軍受到歡呼，成為受歡迎的英雄：奧索里奧將軍（General Osório）。[26]卡希亞斯將軍以傑出的軍事策略家聞名，而奧索里奧將軍變成民族的勇氣標誌。他英勇的戰功使同盟國和他們的巴拉圭敵人刮目相看；在部隊裡他變成神話人物。人們常常說他有**刀槍不入的身體**（o corpo fechado），[27]並且說：打完仗，他會「抖一抖他的南美斗篷，子彈就脫落」。[28]即使沒有卡希亞斯將軍和奧索里奧將軍，對索拉諾總統的追擊繼續，這一次是厄爾伯爵（Count of Eu，伊莎貝爾公主的丈夫）下令，他於一八六九年三月二十二日統率部隊。他的妻子想看到丈夫安全地待在皇宮裡，他不理會妻子的懇求，現在發覺自己管理兩萬六千名筋疲力盡的士兵，大部分絕望得想要逃脫。但是八月十二日，七百名巴拉圭人被殺，一千一百人被俘虜。八月十六日「大坎波之戰」（Battle of Campo Grande），[29]巴拉圭士兵兩千人死亡，兩千三百人被俘虜。直到巴西的部隊在塞魯科拉（Cerro-Corá）包圍索拉諾總統，他與年少的兒子一起喪命，才結束追擊。對巴拉圭而言，這場戰爭不僅殺害國家的元首，也摧毀這個國家。關於巴拉圭人喪命的人數有爭議：估計在八十萬到一百三十萬之間。

巴西的統計數字也有類似的出入，從被派遣的人數開始，在十萬到十四萬之間。帝國政府在一八七〇年公告的官方數字是四千三百三十二人喪命，一萬八千五百九十七人受傷和九百八十八人失蹤，總計兩萬三千九百十七人。[30]死亡人數和戰爭恐怖的細節浮現，使巴西的勝利蒙上陰影。皇帝的形象受重創。他從一位對政治不感興趣、愛好和平的君主及藝術贊助者，變成恐怖戰爭的領導者。

同盟國變成公認的「三重恥辱」，在計算方面犯了嚴重的錯誤。他們以為幾個月就結束的戰爭，持續五年之久，呈現龐大的規模。戰爭結束，帝國在邊境內外的狀態徹底改變。或許最重要的是，戰爭使陸軍強化為一種體制。一八六五年陸軍只有一萬八千士兵，才經過一年，這個數字在三萬八千與七萬八千之間變動。戰爭結束時，新的陸軍形成，與「國民警衛隊」區別開來。陸軍獲勝後，軍旅生涯是出人頭地的一種手段。軍隊的體制在社會起重要的作用，這是以前想像不到的。陸軍內部產生一種精英集團，在社會和學術上與文人精英對立，對國家局勢與他們在權力階層的地位都感到不滿。陸軍與黑人士兵並肩作戰後，也開始拒絕以前追捕逃奴的角色。因此這變成帝國境內不滿的因素，行伍出身的共和主義者和廢奴主義者開始嶄露頭角。

務必了解：沒有奴隸士兵這種事。奴隸主為避免自己的兒子上戰場，決定派奴隸去從軍，奴隸立即被視為自由。這表示，戰事結束時，奴隸有強大的立場，為永遠終結奴隸制而談判。根據一八六九年六月二十三日《時報》（*The Times*），七千九百七十九位被解放的奴隸在巴西陸軍服役。[31]因此，徵兵制與廢除奴隸制的棘手問題變得密不可分，是佩德羅二世統治期間最嚴重的政治危機之一。奧索里奧和卡希亞斯兩位將軍從戰場回來當英雄，公共紀念碑和報刊的文章使他們名垂千古，而黑人士兵雖然已被解放，卻面臨仍然盛行的奴隸制度。他們當中有許多人仍然會被強迫回去當奴工，因為他們最近贏得的自由可以輕易地被取消。已表態的廢奴主義者安傑洛·阿戈斯蒂尼

（Angelo Agostini）於一八七〇年發表漫畫〈從巴拉圭回來〉。[32]此畫顯示一位黑人士兵胸前有若干榮譽勛章，他從戰場回來，發現母親被綁在頸手枷遭到鞭打。此圖的說明文字寫著：「這位志願兵灑熱血保護國家，解放被奴役的民族後，他贏得榮譽、感到自豪，回家卻發現母親被綁在頸手枷！不忍卒睹的現實……」。

這場戰爭巴西花了六億雷亞爾，使國家在財政上更加依賴英國；成千上萬士兵陣亡，巴西愛好和平的國家形象已經破壞。另一方面，開始首次傳播祖國的觀念，在開戰時最顯著，打了許多勝仗，而且有大批志願兵。定時升國旗，皇帝變成民族的領袖，負責調解兩個政黨，而且產生新的民族英雄：卡希亞斯公爵、奧索里奧將軍和巴羅索海軍上將（Admiral Barroso）。[33]

另外，藝術家佩德羅・阿梅里科（Pedro Américo）[34]和維克多・梅雷萊斯創作巨幅油畫，描繪戰爭的場景並推崇祖國。維克多・梅雷萊斯畫十七世紀四〇年代「瓜拉拉皮斯戰役」，[35]使「巴拉圭戰爭」與祖國的建立產生關連。佩德羅・阿梅里科把「阿瓦夷戰役」（Battle of Avaí）大屠殺描繪成文明（巴西人）與野蠻（巴拉圭人）的搏鬥。北美作曲家路易斯・莫羅・高夏克（Louis Moreau Gottschalk）[36]創作適合鋼琴演奏的大師作品〈巴西國歌大幻想曲〉，在里約熱內盧為熱情的聽眾演奏，而浪漫主義詩人伯納多・吉馬良斯（Bernardo Guimarães）[37]撰寫〈志願兵的告別〉。[38]但是內傷很難癒合。沒有任何機構容納歸國的退伍軍人，尤其是非洲人後裔的舊戰士，他們大多自生自滅。在巴西自由是一種戰利品，很難贏得，幾乎不可能維護。[39]

廢奴運動：自由必須漸進

「巴拉圭戰爭」結束，支持共和國和廢除奴隸制的宣傳戰，再度湧到最前線。十九世紀七〇年代初，「共和黨」、「自由協會」和「奴隸解放協會」在里約熱內盧創立。一八七一年九月二十八日《新生兒自由法》（Lei do Ventre Livre）通過。在這項法律頒布之日後出生的奴隸子女都自由，但是他們的母親未得到解放。此法律規定，子女將留在母親的身邊直到八歲，屆時奴隸主可以選擇接受賠償金六萬雷亞爾，或是繼續用他們的勞務直到他們二十一歲。儘管有種種限制和漸進的步驟，至少這是邁向廢除奴隸制的一步。但是政治氛圍如此激烈，反對者認為這只是政府安撫他們的花招。這項法律也引起奴隸主懷疑，他們開始不信任君主。

法律溫和，卻引發各種反應。對法律的反應出現矛盾，部分原因是區域的差別。東北各省比東南各省更容易接受這項法律。一八七二年人口普查的數字足以說明：東北部的人口三七%是奴隸，而東南部生產咖啡的四省（包括里約熱內盧），這個數字是五九%，而其他省（在南部和中西部）只有七．三%。[40]這些相異的立場，造成東北部地主聯盟與東南部咖啡種植園主之間的衝突，使政府的合法性受到質疑。若阿金．納布科將成為廢奴運動的象徵，當時他批評，這種情勢表達「模稜兩可的辯證法」：雖然政府是奴隸制的基石，卻也是唯一能夠消除奴隸制的統一實體。

這項法律有另一面，使東南部種植園主產生疏離感，對君主國的敵意加深：君主國正式承認奴隸家庭的存在。為解放而設立奴隸登記處，以奴隸家庭為依據，而非奴隸個人。這也意味著傳統的程序被逆轉：以前「有色人種的自由民」被要求證明他們自由，現在變成奴隸主的責任，他們必須提出奴隸證明書。如果沒有這種證據，凡是「有色人種」在法律上都視為自由。因此，（這項法律生效後出生的）**新生兒**是自由的，雖然法律條款要求他們為母親的主人工作到二十一歲。他們也是公民。這個問題備受爭議，直到《**黃金法**》通過，終於在一八八八年廢除奴隸制。一旦法律涉及「有色人種」，政府主要的關注是逐步行動，維持控制的機制。為了處理被解放的奴隸，政府的部分策略是漸進主義、監護、相依性和控制的政策。另外，大家普遍理解，政府和社會有權補償工人的損失。事實上，主流觀點是推遲私人蓄奴的禁令。況且，在所有這類事務，政府作為官方調解者的立場，使政府與農村精英有直接的利益衝突。另一方面，有了這項新法律，廢奴主義者可以在聖保羅和里約熱內盧的御前會議進行此議題。[41]

但是一八七一年法律也有冷卻情勢的作用，使廢奴運動暫時擱置。政府先發制人，持續控制奴隸制議題。不同於美國，巴西政府避免內戰，也避免像海地那樣發生奴隸革命。這是必要的，將任何措施推遲到「巴拉圭戰爭」結束，以便維持可徵召的部隊數目。保守派精英的座右銘是「什麼都不做，不會犯大錯」。

連皇帝也用循序漸進的姿態敷衍了事，不觸及帝國政策至關重要的問題。一八七〇年他放棄君主的頭銜，因為國家的主權屬於人民。一八七一年，他初訪歐洲歸來，廢除**吻手禮**（o beija-mão，吻君主的手）傳統，開始拒絕其他頭銜或紀念像。皇家的禮服現在只用於官方場合，例如國會開會式以及施政報告。在所有這些場合，堂·佩德羅二世寧可被看作「現代的君主」，身邊盡是書籍、地球儀、筆和其他博學的象徵。儘管他企圖迴避艱難的公開辯論，他卻是其中的部分。雖然他聲明他反對奴隸制，但卻從未使用他的權力加速廢除奴隸制。

共和黨：聯邦主義很好，但是別提廢除奴隸制

此時新的反對派系正在崛起，其中首次出現與君主制毫無瓜葛的政黨。《**共和國**》（*A República*）報紙於一八七〇年十二月三日發行初版。內容有〈巴西共和黨宣言〉，提供「共和黨」於一八七二年一月十七日建黨的基礎。此新黨的成員大多是聖保羅的自由職業者，在一八七三年七月籌辦第一屆會議，具影響力的新支持者加入：**保利斯塔**的地主們不滿意政府的干涉主義政策，決定加入反對黨。

另一個要考慮的重要層面：聖保羅是最大的咖啡生產者，逐漸成為最富裕的省，參議員代表卻非常少：一八五九年三位，與帕拉的數目相同，但是比伯南布哥、巴伊亞、米納斯吉拉斯和里約熱內盧少。在一八八九年，聖保羅在眾議院的代表人數甚至與塞阿拉相同，比伯南布哥、巴伊亞、米納斯吉拉斯和里約熱內盧少。這種情況在國務委員會和內閣亦然。[42]此時，十九世紀最後三十年，聖保羅的咖啡種植園遍布該省西部，在八〇年代超越里約熱內盧省的咖啡產量。

因此，雖然共和國的理念並非首次被仔細考慮，從一八七〇年起共和國變成更可行的替代方案。一八七三年「自由黨」分裂；一派變成「聖保羅共和黨」。這一派嚴厲批評王國政府和帝國的行政過度中央集權。他們提議和平過渡到聯邦共和國。前文提及在《**共和國**》報紙發表的一八七〇年宣言，共和主義者主張：中央集權相當於解體，而地方分權將邁向團結：「中央集權─解體；地方分權─團結」。他們偏愛的政府型態是「美洲式和代表美洲」。[43]此宣言公布時，進一步吸引聖保羅、米納斯吉拉斯和伯南布哥的支持者。但是有些省對這個信念的反應並不熱烈。例如，在巴伊亞，君主主義派影響力大，此宣言起不了作用。帕拉伊巴甚至沒有「共和黨」，而塞阿拉州首先提

議廢除奴隸制，直到一八八七年才建黨。但是在聖保羅「共和黨」強大，黨員包括醫師、工程師、律師、新聞記者、商人和一大群來自該省西部的咖啡種植園主。此黨代表五〇%的議員，於一八七三年四月十八日出席伊圖（Itu）大會。[44]這是在巴西舉行的第一屆共和黨大會。

雖然共和黨崛起與廢奴運動同時發生，這兩個集團並不合作。共和主義者迴避奴隸制議題，以免破壞他們與聖保羅西部的農場主結盟。保守地說，這是投機取巧的方法。「共和黨」有許多成員是奴隸主。新的共和主義者關注維護秩序，以補償奴隸主為基礎，規劃漸進的解放政策。唯恐發生內戰，他們對廢除奴隸制的問題保持緘默。

緊要關頭，君主環遊世界

在十九世紀七〇年代末，有三大派反對帝國：共和主義者、廢奴主義者和陸軍。此時佩德羅二世越來越逃避政界。這個時期開始流行用漫畫諷刺皇帝，嘲弄他處理國家大事的方式，以及他的優柔寡斷（越來越明顯）。他開始被取綽號，包括**佩德羅香蕉**、**佩德羅腰果**（指他的頭形長）及**頑固者**（Emperrador，出自動詞 emperra）。從一八五〇年起巴西的出版自由，皇帝經常是報刊嘲諷的對象。插畫雜誌很受歡迎，特別是三位歐洲漫畫家的作品：安傑洛．阿戈斯蒂尼和路易吉．博格邁內羅（Luigi Borgomainerio）是義大利人，各自為《**畫報**》（*Revista Ilustrada*）和《**費加洛報**》（*Le Figaro*）畫圖；拉斐爾．皮內羅（Rafael Bordalo Pinheiro）是偉大的葡萄牙小說家埃薩．德奎羅斯（Eça de Queirós）的朋友，最近才從葡萄牙來到，成立期刊《**蚊子**》（*O Mosquito*）。這類雜誌超過二十種，最有名的是《**畫報**》，於一八七六年創刊。皇帝好學、雙腳很細、聲音尖銳，對政治不感興趣，使這些諷刺雜誌有足夠的題材。這位皇帝是老君主、白鬍子很長的藝術贊助者，這個形象受盡揶揄。他被描繪在ＩＨＧＢ的會議、在「佩德羅二世學院」監考，或是在主持國會時睡著了。他也被描繪在施政報告時打盹，或是看起來像木偶，不專心手邊的議題。最受爭議的是，這時候他決定環遊世界，導致一連串尖刻的評論。這些無情的雜誌開始嘲笑他的「偏執狂」：這種「病」驅使這位君主去旅行。無論如何，皇帝啟程，在巴西和國外旅行，大多在歐洲。在一八七一、一八七六和一八八七年他幾乎未踏進這個國家。

一八七一年，政治激變的陣痛期，看似無聊的堂・佩德羅二世準備去遊歷他只從書中了解的世界。他的出發導致各種黨派的議論。有趣的是，儘管這些旅行是公共性質，他的個人動機總是支撐官方理由。第一次的情況，理由是他的女兒薩克森－科堡－哥達王朝的萊奧波爾迪娜公主逝世，她住在法國，留下幾位繼承人由他監護。這位皇帝宣布舉哀期，於一八七一年五月二十五日動身前往歐洲和中東。這位元首享受旅行的樂趣，直到一八七二年三月他才回國，而且這個經驗使他如此激動，他馬上計劃不同的旅遊。

第二次旅行的官方原因，又是私人性質：皇后的健康狀況虛弱。他們才抵達歐洲，特蕾莎・克里絲蒂娜就離開扈從，到奧地利加斯坦（Gastein）礦泉療養地。第一次停留後，皇帝與兩百名隨行人員繼續行程，到美國和加拿大，然後到亞洲和非洲的一些地區。之後他回到歐洲，訪問德國、丹麥、瑞典、挪威、俄國、土耳其、希臘、奧地利、荷蘭、比利時、瑞士和葡萄牙，並且在巴黎待了六週。堂・佩德羅二世把他的旅行變成馬拉松。以前這位君主不想離開熱帶，現在他似乎不急著回來。

除了訪問東洋，大多數人記得堂・佩德羅二世的第二次旅程，因為這是頭一遭一位統治的帝王踏上北美，而且訪問共和國！堂・佩德羅二世與美國總統尤利西斯・格蘭特（Ulysses Grant），在費城宣布「一八七六年一百週年紀念展覽會」（世界博覽會）開幕。當時紐約興味盎然地接待這位皇帝。至於他，他發誓：「皇帝會昂首挺胸」，又補上一句，畢竟，他是「美洲唯一的君主」。[45]這位皇帝始終穿著正式的黑外套（葡萄牙作家埃薩・德奎羅斯嘲諷地稱呼他「穿燕尾服的帝王」），拋棄「堂」的榮銜，他的例行公事很忙碌。他與知識分子會面、視察博覽會的展覽館，並且參觀各行業、建路工程、研究所和博物館。

貝爾（Alexander Graham Bell）讓他測試他最近的發明——電話，與貝爾的談話，以及參觀歷史碑石，這位皇帝恢復他的形象，一位有見識的、思想通達的君主。他精彩的旅程，包括會見法蘭西共和國傑出的政治宣傳家維克多・雨果（Victor Hugo）。堂・佩德羅二世在巴黎停留的時候，邀請這位作家到飯店見他，但是遭到拒絕。這位帝王決定放棄外交禮節，到雨果的家拜訪他。據說就是在此地進行下列的對話：雨果的女兒介紹訪客是「巴西的皇帝陛下」，這位皇帝回答：「親愛的，這裡只有一位陛下：維克多・雨果。」會面後他們交換照片。無疑地，這次拜訪對巴西的共和主義者大有裨益，但是這位君主成功的喜悅並不持久。回國後，他立即發覺氣氛與他離開時截然不同。

醜聞露出端倪

據說，統治者的勝任感，與他或她不受醜聞影響的能耐，有直接的關係。十九世紀七〇年代報界引發蓄意的宣傳戰，揭發朝廷誇張的經費。這些經費被列表，國家的財政被核實，提出的帳目被要求透明。一八七三年，**卡里奧卡**各家報紙刊載皇帝前一年待在葡萄牙波爾圖飯店，經費的細目備受爭議。輿論分成兩派，有人想要保護皇帝，有人想要質疑他作為公民的行為；換言之，想要將訊息祕而不宣者，和想要取得出版自由的合憲權利者。無論是支持或反對，已經損害這位帝王的公共形象。

這個時期最大的醜聞，通稱「皇家珠寶失竊案」。雖然事件本身無足輕重，卻產生巨大的反響，這是明顯的徵兆，此時不信任的氛圍籠罩著君主國。一八八二年三月十八日清晨時分，在聖克里斯托旺宮皇后有一些珍奇的珠寶不見了。警察局長特里戈·德羅瑞洛（Trigo de Loureiro）很快就明白這是內賊作案，對王宮瞭如指掌的人犯下罪行。皇宮長期的僕人，曼努埃爾·派瓦（Manuel Paiva）和其弟佩德羅·德派瓦（Pedro de Paiva）變成主嫌，報刊譴責皇帝掩蓋這個事實。此二人遭到逮捕並且認罪，都未起訴。即使之後在曼努埃爾·派瓦的屋裡找到據信價值「不菲」的珠寶，藏在幾個奶油罐裡，兩人被釋放，未受到懲罰。[46]民眾的反應是憤慨。《**商業雜誌**》（*Jornal do Commercio*）聲明：「或許對物主而言，歸還被偷的物品就夠了，但是這不符合社會的道德要求。」勞爾·龐培亞（Raul Pompeia）[47]甚至在《小報紙》（*A Gazetinha*）指責皇帝強姦曼努埃爾·派瓦的女兒，唯恐遭到報復才釋放他。《**晚報**》（*Gazeta da Tarde*）抨擊皇帝的「弱點」，而《**畫報**》刊載一篇諷刺的文章，要求公平的處置。這則醜聞的新聞甚至用電報發送到國外的報紙。這顯然是蓄謀，有計畫、有步驟地攻擊這位皇帝，重創他的形象。

雖然堂·佩德羅二世竭盡所能，他慣用的掩飾政策卻難以持續。他一直都有情婦，但是現在被公開批評他通姦。宮廷一向有足夠的預算，但是現在才有人想到要出示帳目。後來，吉爾貝托·費雷雷指出：「拿皇冠交換高頂大禮帽」，使君主國蒙受風險。他罵堂·佩德羅二世「蒼老的皇帝在熱帶的太陽之國」，洞悉人民的期望與皇帝採用的新形象互不相容。[48]他從歐洲回來後，似乎與地方意象保持距離，彷彿他是另一個民族的國王。在一八八三年嘉年華會，其中一輛花車展示皇帝獨自坐著的雕像，上頭題詞：「他們已偷走他的一切」。另一輛花車諷刺他對金星的運行感興趣，嘲弄他對天文學的興趣。或許最貼切的評論來自阿戈斯蒂尼的漫畫：「因為注視天空太久，這位皇帝在地球迷路了」。

國內有危機——皇帝到歐洲遊歷

截至十九世紀八〇年代初，這位皇帝飽受各種問題的困擾。「巴西反奴隸制協會」於一八八〇年成立，「廢奴主義者聯盟」於一八八三年成立。同一年，浪漫主義詩人卡斯特羅．阿爾維斯發表詩作〈**奴隸**〉（*Os escravos*），若阿金．納布科出版《**廢奴主義**》（*O abolicionismo*）論述廢除奴隸制。兩者都有極大的影響力，前者在文學領域，後者在政治學。時代在改變，需要新的代言人匡正時代的不公正行為。卡斯特羅．阿爾維斯想改變世界。他的詩集觸及「雲端積滿人類的淚水」，成為「自由先驅」。他的詩被形容是「雷電的兄弟」和「暴風雨的兒子」。他寫詩，以便在大庭廣眾之下朗誦，打動聽眾的心靈。如同他的作品所暗示，他的人生大多致力於反抗奴隸制。[49]

一八八四年塞阿拉和亞馬遜兩省正式廢除奴隸制，於一八八五年九月二十八日通過《薩賴瓦－科特日皮法》（Saraiva-Cotegipe Law），通稱《**六十歲以上老人法**》（Lei dos Sexagendrios）。這項法律賦予六十歲以上的奴隸自由，但是要求他們在法律頒布後繼續工作三年。這項措施的保守性質導致立即反應。在批准《**新生兒自由法**》與《**六十歲以上老人法**》之間奴隸的來源和分布已徹底改變。

根據《一八八六年公報》，因為死亡和解除奴隸身分，這個國家的奴隸減少四十一萬兩千四百六十八人。一八八六年估算，奴隸人口是一百十三萬三千兩百二十八，一八八七年官方登記的奴隸數目是七十二萬三千四百一十九。另外，全國的奴隸分布逐漸變化：奴隸從北部被轉移到南部；北部許多奴隸獲准自由，比南部多。

一八八五年發生另一個打擊，霍亂爆發，里約熱內盧大批居民死亡。儘管如此，這位皇帝提供貸款五萬英鎊給倫敦「諾勒佛斯特銀行」（Knowler Foster Bank），按照他回歐洲的計畫，於一八八七年六月三十日出發。這是第三次旅行，招致許多報刊的批評。有些報紙聲稱：堂・佩德羅二世去旅行，以逃避迫切的政治問題。有些報紙歸咎於他的健康每況愈下。皇帝六十二歲，確實顯得疲憊和蒼老，額頭上的皺紋很深、眼神呆滯，而且白鬍子一大把。

一小群委員與皇帝及皇后一起搭乘**吉倫特號**（Gironde）旅行。其中有皇帝的孫子佩德羅・奧古斯托（Pedro Augusto）、卡拉佩布斯伯爵（Count of Carapebus）、御醫莫塔・馬亞伯爵（Count Mota Maia）、沙伯亞子爵（Viscount of Saboia），和里約布蘭科子爵若澤・達席爾瓦・帕拉尼奧斯。皇帝於一八八七年病倒，一八八八年初又發病。據說，若是首次旅行的動機是他渴望看這個世界，第二次因為皇后的疾病，第三次則是企圖隱瞞佩德羅二世有病的事實。這趟旅程持續數月，期間伊莎貝爾公主與丈夫厄爾伯爵一起暫時代替她的父親。厄爾伯爵變成越來越不受歡迎的人物，謠言四起，聲稱他貪婪和某些不正當的交易。他擁有「政府寄宿公寓」，一八八九年八月三日《**里約熱內盧日報**》譴責他是「牟取暴利的惡房東」和「流浪的高利貸者」，大眾更加憂心：如果他的妻子繼承王位，這個法國人將得以弄權。

雖然國內各種謠言滿天飛，皇帝的旅程順暢。七月十九日王室一行人抵達葡萄牙，七月二十二日他們已經來到巴黎。但是堂・佩德羅二世變了個人。他的「浪漫主義時代」，他對雨果和華格納的興趣，已是明日黃花。即使如此，他盡量保持他作為藝術贊助者的形象鮮活。他拜訪知識分子路易・巴斯德（Louis Pasteur）和厄內斯特・勒南（Ernest Renan），翻譯文章和寫詩，將詩文寄給親友。他設法休息六個月；但是這不足以讓他準備好面對回國時的騷亂。

於此之際：廢除奴隸制

一八八七年六月十日巴拉爾女伯爵（Countess of Barral）寫信給伊莎貝爾公主：「現在妳必須行使攝政權，我無法向妳道賀，但是我相信妳有良好的判斷力和尊夫的意見，我向上帝祈禱：皇帝陛下不在的期間一切順利。」[50]這位女伯爵是公主的良師和堂・佩德羅二世的密友，她的信似乎透露一種預感，她的門生執政可能不會順利。或許這是她對法國的了解；無論如何，巴西的政局確實岌岌可危。「共和黨」得勢，陸軍不滿的情緒高漲。儘管如此，目前最急切的議題是奴隸制廢除的問題。到了十九世紀八〇年代，廢奴運動分成兩派：溫和派仰賴若阿金・納布科的指導，激進派的領導者有席爾瓦・雅爾汀（Silva Jardim）、[51]路易斯・伽馬、[52]若澤・多帕特羅西尼奧（José do Patrocínio）[53]和安東尼奧・本托（Antonio Bento）。[54]廢除奴隸制是街頭巷尾最常討論的話題，報紙、小冊子和諷刺雜誌最喜愛的主題。[55]

此時常見里約熱內盧的居民參加遊行、儀式和宮廷典禮，以及在皇家劇院看浪漫的戲劇演出。也常見民眾抗議奴隸制，但是越來越沒有作用。[56]無論政府多麼努力顯示「改革的熱忱」，制定六十歲以上老人法這類法律，這些措施似乎產生適得其反的結果。抨擊來自四面八方，更別提全國各地的奴隸起義。恐懼和不確定的氣氛瀰漫：一方面，自由民擔心他們會再度被奴役；另一方面，人民害怕始終存在的暴力。不僅有奴隸起義，由於奴隸制將終止，整個制度變得更粗暴。面臨不可避免的結果，以及投資於奴隸的比例太大，奴隸主開始要求更繁重的勞動和更長的工時。這造成持續的逃亡、謀殺和攻擊農場主與工頭。被解放的奴隸與百姓，普遍抗議懲罰越來越殘酷。意識到奴隸制將失去合法性和國家的支持，奴隸團體變得更有組織且更大膽，籌劃起義、逃亡、犯罪，並要求自治權和更好的生活環境。在奴隸高度集中的地區，叛亂的規模驚人。政府企圖控制驚慌，偏袒奴隸主，逮捕奴隸，對酷刑的抨擊置之不理，並且鎮壓廢奴主義者的活動。但是到處都有種植園的奴隸反抗，他們的罪行越來越猛烈，因此逆轉奴隸社會的基本規則之一，在奴隸社會奴隸主完全控制體罰和暴力行為。[57]在恪守法律的範圍內鎮壓，幾乎是不可能的任務，治理能力開始引起質疑。奴隸反叛、趁夜逃走，成群結隊地離棄咖啡種植園，經常是富同情心的廢奴主義者帶頭。夜晚在路上見到一夥又一夥的奴隸闖入市鎮，不足為奇。

十九世紀末葉，在廢奴主義者的援助下，里約熱內盧市郊建立若干逃奴庇護所：雅卡雷帕瓜（Jacarepaguá）農村的卡莫林（Camorim）**逃奴堡**；新恩熱紐（Engenho Novo）的雷蒙多（Raimundo）**逃奴堡**；卡通比（Catumbi）的米格爾迪亞斯（Miguel Dias）**逃奴堡**；佩尼亞（Penha）的里卡多神父（Padre Ricardo）**逃奴堡**；以及聖多明戈斯海灘的克拉普（Clapp）**逃奴堡**，距離尼泰羅伊市中心不遠。另一個受歡迎的逃亡路線，穿越聖保羅帕拉伊巴河谷，終點在聖多斯港郊區著名的雅巴夸拉（Jabaquara）**逃奴堡**綜合體。在十九世紀末葉，此綜合體有三處獨立經營的**逃奴堡**：菲利佩神父（Pai Filipe）、加拉方（Garrafão）和雅巴夸拉**逃奴堡**。[58]在雅巴夸拉綜合體，傳奇的「該亞法黨」（Caiafases）集團幫助從聖保羅種植園逃脫的奴隸。詩人路易斯・伽馬去世後，安東尼奧・本托律師成為**保利斯塔**廢奴主義者的領袖，在他的領導下，「該亞法黨」激怒奴隸主。從一八八四年起該集團盡可能將眾多奴隸轉移到塞阿拉。塞阿拉是中央政府不感興趣的省分，與亞馬遜省一起廢除奴隸制，四年後這個國家的其餘地區才仿效。[59]

萊伯倫（Leblon）**逃奴堡**，雖然比雅巴夸拉綜合體小，是巴西歷史上另一個重要的屯墾區。此庇護所設在里約熱內盧一座莊園的園區裡，為塞夏斯．馬加良斯（José de Seixas Magalhães）所擁有，他是能幹的葡萄牙商人，口袋很深且思想前衛。他在巴西和國外製造並出售皮貨，使用的設備以蒸汽為動力。「塞夏斯—西亞」（Seixas e Cia）商店位於市中心**貢薩爾維斯迪亞斯街**的大貨棧，是最重要的廢奴主義者的集會場所：詩人奧拉沃．比拉克（Olavo Bilac）、[60]新聞記者若澤．多帕特羅西尼奧、法學家魯伊．巴博扎（Rui Barbosa）、作家科埃柳．內圖（Coelho Neto），[61]與其他著名的知識分子，包括安德烈．雷博薩斯（André Pinto Rebouças）、[62]保拉．內伊（Francisco de Paula Nei）[63]和若阿金．納布科，他們幾乎都贊成立即廢除奴隸制，不用補償。[64]

塞夏斯．馬加良斯是「廢奴主義者聯盟」積極的會員。此聯盟在里約熱內盧創立，合併三十個反奴隸制社團和協會，帝國各省幾乎都設置。他們的工作是鼓勵奴隸逃走、提供逃亡者住宿、寫時事論文並籌辦會議。此聯盟在萊伯倫援助逃亡者，整頓並維護塞夏斯．馬加良斯莊園的奴隸庇護所。

萊伯倫**逃奴堡**變得有名，因為在此地避難的奴隸種花營利，尤其是白色山茶花。廢奴運動用山茶花當作象徵。當時在巴西山茶花極為稀罕，廢奴主義者將這種花的脆弱看作奴隸渴望自由的象徵。山茶花需要特殊照料才會旺盛，而且必須是自由的工人親手栽培，不使用奴工，現在奴工被視為過時且罪惡，注定要廢止。從那時候起，凡是在衣襟鈕孔別著一朵山茶花，或是在花園裡種山茶花者，即公開表明他們參與廢奴運動。此風開始盛行：在聖保羅，「該亞法黨」用火車將逃奴送到里約熱內盧，向他們保證：在中央車站的月臺，一位衣襟別一朵白色山茶花者將與他們會面。累西腓的廢奴主義者也採用此花的象徵，他們用駁船將逃奴送到塞阿拉，為駁船取名**山茶花**。公眾支持廢奴事業的合法性，如今導致這個國家有史以來第一次在體制內規劃政治策略以解放奴隸。

同時，不同奴隸團體正在加強彼此的連結，憑藉團結的行動、血親關係、婚姻和收養，或是利用迅速增多的黑人兄弟會。由於此時當局顯然失去控制權，他們選擇談判：主人與舊奴隸簽約，許諾工資和自主性。一切仍然以漸進的程序為目標，努力推遲不可避免的結果。然而，因為私人的倡議和奴隸的自動自發，廢除奴隸制確實已變成事實。廢奴運動的新英雄崛起，其中有若澤·多帕特羅西尼奧，他支持共和主義和民主主義，他的母親曾經是奴隸。大批群眾聚集起來聽他煽動性的演說。廢除奴隸制的鬥爭採取三大形式：廢奴主義者抗爭、奴隸的行動，和全國的政治鬥爭。巴西人蜂擁參加這項偉大的新事業。

這變得越來越難抗拒。或許因為如此，《**黃金法**》極其簡明：「自法律生效之日起，廢除巴西奴隸制。相反的處置一律廢止。」這項法律於一八八八年五月十三日簽訂，當時巴西的總人口估計約一千五百萬人，解放七十萬奴隸，所占的比例小。

對奴隸而言，這個遲來的自由，表示與君主國最後的強大束縛已斷絕。咖啡種植園主的希望落空，得不到某種財政的補償，導致他們對王國政府提起訴訟。五月十三日的法律，國外稱譽為堂·佩德羅二世統治的勝利，也為大多數巴西人帶來歡喜和樂觀。對他們而言，這當然是堂·佩德羅二世在位期間最受歡迎的措施。若阿金·納布科，現在通稱「廢奴王子」，於一八八八年五月二十三日寫道：「已經廢止奴隸制！沒有人預料到，如此偉業竟然這麼快就達成，未曾有任何國家大事受到這麼熱烈的慶祝。二十日了這個城市一直處於極度興奮的狀態（……）。君主國受到空前的歡迎……」[65]。這位著名的政治人物既對也錯。有些人認為皇帝故意到歐洲旅行，讓他的女兒伊莎貝爾簽訂受歡迎的法律，藉此為她創造繼承王位的條件。

當然，制定法律後，這位公主的公共形象發生戲劇性變化，她被公認為「黑人的救世主」。但是奴隸制正式廢除的方式，彷彿這是禮物，並非贏得的權利，忽視奴隸們在這場鬥爭起的作用。此策略假裝政府「重新評估」奴隸制度。這個主意是：舊奴隸收到這份自由的「禮物」，應該感激，並且當新僱主的侍從繼續工作。再次地，依照法律的詮釋，解放奴隸是漸進的程序，這顯然是長期存在的想法。政府打算重建以前的奴役關係，參與利益交換的複雜過程，並且維持服從的傳統形式。

《**黃金法**》影響深遠。廢除奴隸制，種植園業主不僅損失重大，也喪失他們的威望。這個小集團勢力強大，與王國政府曾經過從甚密，現在他們迅速放棄以前的盟友，加入共和主義者。儘管君主國企圖用頭銜和爵位補償他們，但是沒有財政的賠償，導致咖啡種植園主與政府永遠決裂。另外，伊莎貝爾公主可能當女皇執政，眾人感到憂慮，引發更多陰謀詭計對抗她的丈夫厄爾伯爵。他被描述為「法國人」和外國人，並且與「奧地利人」瑪麗．安托瓦內特相提並論，法國人從未原諒這位瑪麗皇后。[66]雖然伊莎貝爾是公認的「救世主」，而且政府竭盡所能利用這種幸福感的氛圍，發行紀念幣和獎章，但是毋庸置疑君主國的戲劇行將落幕。

十天後，皇帝在米蘭接獲奴隸制廢除的消息。皇后認為他已充分康復，為他讀五月十三日女兒伊莎貝爾公主寄來的電報。大部分的報導說他的反應「泰然自若」，只講了一句「感謝上帝」。這含有政治宣傳的某種表象，五十年來此人對廢除奴隸制毫無作為。王室一行人動身回到巴西，將近四百年這個國家頭一次不再有任何奴隸。

然而，與預測相反，皇帝的歡迎會溫馨感人。塔糖峰的山頂升起一面大旗，只有一個詞**萬歲**（Salve）。[67]現在這位皇帝需要照顧：他生病了。實際上堂·佩德羅二世失去昔日雄風，君主國也名存實亡。

君主國絆了一跤，倒了

就所有現象而言，一八八九年有好的開始。二月二十八日法國作家兼地理學家皮埃爾·勒瓦瑟（Pierre Émile Levasseur）通知政府，他完成關於巴西帝國的長篇文章，將在《**法國大百科全書**》發表。在政治家、未來的里約布蘭科男爵（Baron of Rio Branco）[68]的協助下，這篇文章從原本的十五頁擴展到五十一頁。在這本百科全書，只有一個國家（德國）所占的篇幅大於巴西。同一年，亞維農的猶太教大法師本雅明·莫塞（Benjamim Mossé），寫傳記讚美堂·佩德羅二世，普遍相信這確實也是里約布蘭科的作品。一八八九年，巴西參加巴黎「世界博覽會」，以夢幻城堡的風格建造宏偉的展覽館。這棟建築物有玻璃圓頂和四十公尺高的巨塔。有一個咖啡販賣亭，幾個大廳用黑人藝術家埃斯特旺·達席爾瓦（Estevão da Silva）的巨幅熱帶水果油畫裝飾。六座巨大的雕像代表巴西的河川，一朵**亞馬遜王蓮**在廣大的水域漂浮。[69]

在海外，一切似乎都令帝國滿意；然而，國內狀況截然不同。這個國家讚揚「法國大革命」一百週年紀念，共和運動逐漸強大，而且越來越激進。總理黑金市子爵領導自由黨執政，成立「黑人警衛隊」保護君主國，充當陸軍的一種平行勢力。

情勢複雜且矛盾。許多舊奴隸支持君主國，反對共和主義者（他們被叫做「**保利斯塔人**」），彷彿他們是奴隸迫害者。鑑於恢復奴隸制的可能性非常真實，他們寧可擁護他們認識的魔鬼：君主國廢除奴隸制，值得他們效忠。許多巴西人不信任「黑人警衛隊」。例如，魯伊・巴博扎[70]罵他們是「衣衫襤褸的一夥，反復地喊著君主國萬歲和自由黨萬歲」。他也罵他們是「合法化的**強盜**」。

氣氛已經很緊張；六月十五日皇室在**聖安娜劇院**觀賞朱莉葉・迪奧尼斯（Giulietta Dionesi）音樂會後，正要離去時，群眾當中有人高喊「共和國萬歲」。皇帝似乎無動於衷，他告訴主管官：「別打擾那些人。讓大家為所欲為。」[71]然而，幾分鐘後，這位君主進入馬車，一顆子彈對準他發射。警方逮捕肇事者：阿德里亞諾・杜瓦利（Adriano do Vale），二十歲的葡萄牙移民，最近失去商店的工作。第二天新聞界大肆渲染，許多報紙在頭版編排醒目的「弒君」圖。在一八八九年緊張的氛圍，這件事比較微不足道，卻受到不該有的重視。有些人把它看作君主國不堪一擊的象徵，有些人認為這是明顯的證據：君主國的敵人蠢蠢欲動。

反動來得迅速：警察局長米蘭達・奧索里奧（José Basson de Miranda Osório）揚言，任何人在公共場所高喊「共和國萬歲」或「君主國滅亡」，將依刑法第九十條起訴。該肇事者被關入**蛇島**的單人牢房，陪審團在斟酌判決。[72]這一年的下半年，幾乎每天都有某些暴力事件，暗示不安的氣氛。十月十五日，伊莎貝爾公主的銀婚週年紀念日，「黑人警衛隊」一千五百名成員排列在街上。各家報紙火上加油，以聳人聽聞的手法，報導無政府狀態的浪潮，以及堂・佩德羅二世計劃遜位以支持他的女兒。另一方面，陸軍開始要求更大的政治代表權。

一八八八年六月六日，若昂・阿爾弗雷多（João Alfredo）[73]率領的內閣垮臺，另一個內閣頂替，由黑金市子爵領導。共和運動正在迅速擴大，他打算先發制人。他的政綱是宗教自由、各省和各市鎮有更大的自治權、教育自由、「國務委員會」改革和減少出口權。輿論分歧：對某些人而言，此綱領太偏激，但是對某些人而言成效不大。保守黨在眾議院是多數黨，拒絕黑金市子爵的計畫，他決定解散這個組織。這件事不僅清楚顯示保守黨和自由黨之間激烈的鬥爭，也表示中央集權化的君主制議題變成枝節問題。開始公開討論更激進的主意：結束君主制，建立共和國。

最大的憂懼是情勢失控。「**保利斯塔**共和黨」成員開始與軍隊建立關係，擬定反革命計畫。同時，一八八九年十一月九日舉行「**財政島舞會**」（Baile da Ilha Fiscal），變成君主國垮臺的象徵。[74]堂・佩德羅二世從彼得羅波利斯（Petrópolis）山城和平寧靜的冬宮下來，在卡茹舉行聖塞巴斯蒂昂醫院落成典禮。主持內閣會議後，這位皇帝參加政府舉辦的舞會，歡迎智利的海軍。這項活動引起軒然大波。鑑於政治情勢，這種誇示且奢華的舞臺布置被視為挑釁；據說賓客名單故意排除三軍，而且謠傳發生淫亂的狂歡。在他的小說《**以掃和雅各**》（*Esaú e Jacó*），馬查多・德阿西斯回想：「從碼頭或海上看，裡裡外外都像是一場威尼斯的美夢；來自**卡里奧卡**社會的那些人，全都體驗幾小時的豪華，對某些人而言新鮮，對某些人而言是過去的回憶。」

在長方形大廳舉行舞會，用兩國的國旗做裝飾。皇室只有佩德羅・奧古斯托跳了華爾滋舞。皇帝和皇后、厄爾伯爵和伊莎貝爾公主，凌晨一點就提早離開。這個場合的奢華是有意的。**財政島**在皇宮對面，搭船只有一小段距離。這裡提供完美的舞臺，展示帝國的富麗堂皇。帝國政府首次主辦舞會，發出三千份邀請卡，大廳點燃數千支蠟燭。自由黨與保守黨、皇室和貴族的成員，甚至海軍中尉若澤・維尼艾什（José Augusto Vinhais），放下他們的歧見，全都參加這個晚會。幾日後若澤・維尼艾什將扮演關鍵的角色，推翻君主國。

雖然里約熱內盧的人民被排除在慶典之外，宮殿廣場提供人民娛樂，包括方當戈舞、歌唱，以及穿著聯歡晚會制服的警察樂隊。[75]永遠忠誠的莫塔・馬亞醫師扶著皇帝上岸時，皇帝絆了一跤。他神志清醒地說：「君主國絆了一跤，但是沒有倒下。」他毫不知情，君主國不久就要垮臺了。

此時密謀開始，情勢的推移極為迅速。十一月十日，陸軍元帥德奧多羅・達豐塞卡（Deodoro da Fonseca）、[76]班傑明・康斯坦、[77]梭倫・里貝羅（Sólon Ribeiro）、[78]魯伊・巴博扎，與「共和黨」的領導者金蒂諾・博卡伊烏瓦（Quintino Bocaiúva）、[79]弗朗西斯科・格利塞里烏（Francisco Glicério）[80]和阿里斯蒂德斯・洛博（Aristides Lobo），[81]在元帥的屋子開會。這位老將軍需要很大的說服力，因為他寧可等到皇帝駕崩。為了說服他，他的同伴連珠炮似地提出各種謠言，並且譴責朝廷對陸軍的意圖。推翻君主國只剩四日。

密謀像在滾雪球，君主國變得越來越孤立。一八七四年教會與政府發生嚴重的嫌隙。麻煩的肇端是兩位主教被逮捕，堂・維塔爾（Dom Vital）與堂・馬塞多・科斯塔（Dom Macedo Costa）企圖限制共濟會在巴西的角色。但是真正的原因更深切：主教對政府的領導權和自治權感到失望。政府以逮捕的方式嚴厲反擊，雖然在一八七五年九月釋放主教，對裂痕的彌合毫無助益。

但是最強烈的不滿情緒來自陸軍，其中有些軍官是實證主義和共和政府主要的支持者。自從「巴拉圭戰爭」結束，軍事領袖們一直在抗議：軍官被禁止在報刊做政治聲明。自一八八四年起，三軍的成員支持弗朗西斯科・杜納西門托（Francisco do Nascimento，綽號「海龍」）領導**木筏手**（jangadeiros）運動，[82]情勢越來越緊張。塞阿拉，弗朗西斯科・杜納西門托拒絕運送奴隸上船，這些船將奴隸帶到東南部，賣給咖啡種植園主和地主。一八八六年，陸軍進一步表明獨立，德奧多羅・達豐塞卡拒不懲罰一群違抗命令的軍官，他被革職。一八八七年元月他回到里約熱內盧，軍校學員並未與他斷絕關係，而是給他英雄式歡迎。

保利斯塔共和主義者施壓，陸軍的騷亂增多，陸軍元帥德奧多羅・達豐塞卡被迫提前行動。聽到梭倫少校被逮捕的謠言滿天飛，他立刻騎馬到陸軍總部，有些語無倫次地說：「皇帝陛下萬歲、皇家萬歲、陸軍萬歲。」然後他前往宮廷，罷黜黑金市子爵，並且說他會親自為皇帝成立新政府。至於事情的來龍去脈是否屬實，有爭論。比較可能的似乎是陸軍元帥德奧多羅・達豐塞卡與本雅明・康斯坦在陸軍總部會面，除了海軍的成員，大約一千名分遣隊士兵加入。但是局勢仍然不確定。那時候不可能有任何公開的共和國聲明。

罷黜黑金市子爵與共和國的聲明，兩者有間隔。皇帝在皇宮等待陸軍元帥德奧多羅・達豐塞卡的來到，但是這位將軍從未現身，很可能因為他覺得無法面對這位老君主。密謀者顯然遲疑不決。最後，市議會最年輕的議員，若澤・多帕特羅西尼奧，在會議中公布共和國的聲明。第二天，《**巴西聯邦共和國官報**》頭版刊載臨時政府的聲明——宣布廢止君主制。但是尚未有任何人通知皇帝。事情太尷尬，沒有派高階的軍官或資深的政治人物及外交官組成委員會，而是派副官代表團，於十一月十六日早上三點，通知堂・佩德羅二世：皇族已經被驅逐。

皇室伉儷在彼得羅波利斯山中的冬宮，下山到里約熱內盧市之前，皇后表達她的沮喪，覺得一切無可挽回，皇帝回答：「胡說！親愛的夫人，一旦我們回來，這一切就會結束。」[83]但是他的信心很快就動搖。臨時政府給皇族二十四小時離開巴西。這位熱帶的皇帝始終矯揉造作，在他的官方回應，他意譯拿破崙的話，鄭重聲明：現在他將離開「他心中如此珍愛的」國家。[84]

已經確定：十月十七日下午，在加爾默羅教堂十一點鐘彌撒後，堂・佩德羅二世將啟程。然而，擔心擁護君主國的抗議者與共和黨的學員會起衝突，臨時政府決定讓皇室立即出發。因此，天未亮，堂・佩德羅二世就與家人上船。據說，這是唯一一次這位皇帝進行緊張的交談。據說，堂・

佩德羅二世問陸軍元帥德奧多羅·達豐塞卡，他是否「跟這件事有牽連」，得到肯定的答覆，他駁斥：「我不是逃亡的奴隸。我不會在三更半夜離開。」然後，他斥責共和主義者，大喊：「你們全都瘋了！」稍後臨時政府在當天公布下列聲明：「同胞們：人民、陸軍和國家的艦隊，與我們各省同胞有完美的感情溝通，已判決廢黜帝國的王朝……」措辭在改變，預告新時代。皇帝登上**帕納伊巴號**，他的身邊圍繞著自願離開者或是被流放者。他們的離去，決定君主國垮臺的命運。但是新共和國尚未建立。

儘管起初有所猶豫，共和政綱是解決帝國垮臺的合法方案。這不僅是制度的改變，而且是回應十九世紀八〇年代公眾參與增多。政治不再局限於國會。有「皇家珠寶失竊案」這種腐敗的事件存在，君主國逐漸喪失合法性。學術的趨勢也有影響力，學者使用新語言、不怕爭議，逐漸損害帝國的三大支柱：君主制、宗教和藝術的浪漫主義。知識分子將進化論、物質主義和實證主義化為行動。進步和現代化與「共和國」這個詞產生聯想。新概念──公共空間、學識和學術思想，創造新的政治文化和新符號。新共和國上路了。

即使如此，再周密的計畫也趕不上變化──**不確定性**占優勢。馬查多·德阿西斯的小說《**以掃和雅各**》，敘述**守護者**先生（Mr. Custódio）經營「帝國麵包店」，令人捧腹的故事。很湊巧，在「共和國」公告聲明當天，**守護者**先生把麵包店的招牌送去整修。當他得知聲明的內容，他急忙去找招牌匠，要他停止工作。太遲了，招牌已經修好。絕望之餘，**守護者**先生向聰明的艾利斯律師（Counsellor Aires）請教，律師勸他把名稱改成「共和國麵包店」。但是他們兩人擔心未來的政治變化，又有新的考慮：萬一共和國垮臺，怎麼辦？艾利斯律師建議另一個名稱，「政府麵包店」。然後他們意識到：凡是政府都遭到反對，有人甚至會砸掉那塊招牌。於是艾利斯律師想到：可以保留

「帝國麵包店」這個名稱，只要加上「一八六〇年創立」，就可以避免節外生枝。他們馬上想到：在這麼現代的時代，名字聽起來古板，絕對不是好主意！他們終於意見一致：應該用店主的名字為店鋪命名，「**守護者**麵包店」，於是問題解決了。敘述者為這則趣聞下結論：「他必須花一些錢，把『帝國』這個詞改成『**守護者**』，革命總是要付出代價。」[85]

第十三章
第一共和國：人民上街示威

新時代與象徵之戰

一八八九年十一月十七日星期日，皇室於凌晨三點出發，有幾位擁護者決定陪伴他們流亡。據說，那些主事者認為：皇室最好在日出之前離開，以免輿論譁然。這位前皇帝拒絕向失敗低頭，他讓大家知道他不會帶走任何東西，「他只需要」賈梅士（Luis Vaz de Camões）的《**葡國魂**》（*The Lusiads*）第一版。藉此，他保持這個觀點，「國王從未被放逐，他們決定告別」。當然，那不是真相：堂．佩德羅二世抵達葡萄牙後，巴西政府立即正式公告他被驅逐出境。這份一八八九年十二月二十三日的公告也提供金援五百萬雷亞爾，以便他和家人在歐洲定居。但是這位前君主拒絕這筆錢。他的態度惹惱臨時政府，在內閣大臣魯伊．巴博扎謄寫的修正條款刪除捐贈，這件事就落幕。巴西史翻頁的時機到了，新的一頁打開：「共和國」的時代。

為證實「共和國」已成定局，便盡快更換地名和國徽，給新政體一種公共形象。**宮殿廣場**改名為**十一月十五日廣場**；**佩德羅二世火車站**改成**巴西中央火車站**；**佩德羅二世學院**改成**國立學院**；優雅的聯排住宅新社區**黑金村**改成**魯伊巴博扎村**。鈔票的圖像當然也換了：新「巴西聯邦共和國」的象徵，取代佩德羅二世和君主國。新生兒以北美的歷史人物命名，譬如傑佛遜、富蘭克林和華盛頓。[1]依照法令，里約熱內盧的名稱從「宮廷」改成「聯邦首都」，但是舊名稱**卡里奧卡**沿用很久。以前列在**《萊莫特年鑑》**（*Almanack Laemmert*）的國家慶典也更改：一月一日變成「博愛」日；五月十三日「巴西兄弟會」；七月十四日「共和國」日，及四月二十一日「先驅節」。最後這個節日紀念「拔牙師」，「米納斯密謀」（一七八九年）唯一被處死的參與者。因為他的外貌不詳，有關他的描繪越來越像基督的肖像：坦誠的眼神、白色的衣裳、胸前的十字架，和披肩的長髮。[2]從那時起，這位新英雄的畫像征服巴西的政治圖像學，「拔牙師」不僅被刻畫成革命的象徵，而且是為「共和國」犧牲自我的烈士。

一八九〇年一月二十日舉辦新國歌公開比賽。獲勝的作品是里奧波爾多・米格斯（Leopoldo Miguez）[3]和梅代羅斯—阿爾布科克（José Joaquim de Campos de Medeiros e Albuquerque）作曲，但是保留舊國歌，即使它不曾參賽。顯然德奧多羅・達豐塞卡元帥說他「比較喜歡舊國歌」，儘管謠傳那是佩德羅一世幫忙作曲！新國旗甚至保留代表布拉干薩和哈布斯堡王朝的綠色和黃色，那並非後來才附加的國旗概念：巴西的森林和豐富的礦產。新國旗保留菱形；唯一的不同點是實證主義的口號「秩序和進步」，取代其中的帝國徽章。[4]儘管有這些努力，君主國的形象依然深深植根於民眾的想像，持續到今日，不僅深植於政治修辭，也深植於巴西對榮譽勛章和祝聖儀式的著迷。

然而，有一些改變成為風尚。代表帝國的印第安人象徵，現在換上巾幗英雄，在報紙的廣告、甚至官方的文件代表「共和國」。此關連性追溯到古典羅馬，而且最近在法國「第三共和國」之前的時期推廣。瑪麗安娜（Marianne）的形象在法國受歡迎，她袒胸露乳、披斗篷並戴佛里幾亞帽，代表自由、幸福和母親生育能力的完美典型；但是這種寓意在巴西失靈，即使採用實證主義的形式。在巴西，女人待在家裡，衣服遮住胸部和幾乎身體的所有部位，而且她們沒有參政權。

「咖啡加牛奶」共和國[5]

《一八九一年憲法》為新政體下定義：總統制、聯邦制和兩院制。[6]確立政教分離，設立出生、婚姻和死亡的人口登記。新聯邦政府不再中央集權化，部分原因是與君主制度劃清界線。以前的屬省，現在通稱州，獲得更大的自治權和財政控制權。為全國團結起見君主制是必要的，這種觀念被畫上休止符。

行政、立法和司法三權分立的制衡制度，取代帝國時期中央集權的機制——「節制權力」。保障宗教自由，廢止參議員終身委任，擴大選舉權。投票權仍然與帝國統治時一樣受限制：唯有識字的巴西成年男子才享有選舉權。未得到選舉權的包括婦女、乞丐、士兵、士官和限制個人自由的宗教修道會的成員。

帝國長期存在的政策也固定不變。其中之一是國家的寡頭政治結構：新選舉法繼續限制投票者與公職候選人的公民資格。一八七四年只有約一〇%的人民投票。在「共和國」時期，投票者的數目沒有預期的大幅增加，反而擴大限制性投票標準。一九一〇年，總人口兩千兩百萬，有權投票者只有六萬七千人。一九二〇年這個比例在總人口的二・三與三・四%之間。

陸軍在新政體的角色至關重要。不應遺忘，一群軍官採取行動，在社會和學術上反對帝國的文人精英，「共和國」才得以誕生。他們不僅對國情不滿，而且對自己的政治地位也不滿意。[7]但是這個團體同樣有內部分裂：關於共和主義的旨趣和新政體各種制度的目標，他們的意見相左。因為個人的野心和競爭，以及他們為陸軍和國家所設想的未來，也使他們不和。另外，「共和國」授予軍隊威望，促進軍官的政治野心，使內部糾紛惡化。不僅如此，陸軍在新政體所應扮演的角色，這個課題使文人精英感到不安並且意見分歧。

共和政體始於武力護持。直到一八九四年，這個國家一直由軍隊統治：一八八九年十一月十五日**政變**的領導者德奧多羅．達豐塞卡元帥，成為「共和國」首位總統，繼任者是副總統弗洛里亞諾．佩肖托（Floriano Peixoto）元帥。德奧多羅．達豐塞卡當總統並不輕鬆。一八九一年首次「海軍起義」爆發。導火線是德奧多羅．達豐塞卡總統明目張膽地違反憲法、關閉國會，企圖二次**政變**。他的行動大半是回應他沒有能力對付在野黨。詆毀他的人感到沮喪：「共和國」最初幾年的特點是經濟混亂，猖獗的投機生意、詐騙和通貨膨脹。在海軍上將庫斯托迪奧．德梅洛（Custódio de Mello）的率領下，停泊在瓜納巴拉灣的艦隊大部分反叛。海軍揚言，若不重新召開國會，將轟炸這座城市。面臨失敗與內戰的抉擇，德奧多羅．達豐塞卡總統於一八九一年十一月二十三日辭職。

未召集憲法制定的新選舉，副總統弗洛里亞諾．佩肖托元帥簡單聲明他就任總統。在他的統治下，巴西政治採用新元素雅各賓主義（Jacobinism）的形式，通稱**弗洛里亞諾主義**（Florianismo）。從一八九三到一八九七年，人民運動在里約熱內盧達到巔峰。[8]這是「共和國」首次自發性政治運動，在總統領導下，提出人人平等的政權，鼓舞都市中產階級和一般民眾，雖然此政權只能憑藉弗洛里亞諾．佩肖托總統獨裁的軍事政體維持。

但是海軍的不滿情緒不曾緩和，一八九三年九月第二次「海軍起義」爆發，由要求新選舉的軍官們指揮。鑑於他們曾經打仗保衛帝國，海軍的官兵怨恨新政府把他們邊緣化。為恢復海軍曾經享有的威望，庫斯托迪奧．德梅洛上將推動海軍起義，反抗弗洛里亞諾．佩肖托總統。至於這位總統，他已經在南部處理聯邦派革命，現在他必須打敗海軍。他在一八九四年獲勝，但是留下百孔千瘡。[9]基本上佩肖托總統在戒嚴狀態下統治，被取綽號「鐵元帥」。另一方面，聯邦派革命變成血腥的內戰，從一八九三年持續到一八九五年。在南大河州，「**大河**共和黨」（Rio-Grandense Republican Party）的**高卓**（gaucho）[10]實證主義者支持國家獨裁，與「聯邦黨」相鬥。「聯邦黨」的成員捍衛《一八九一年憲法》、城市自治權和中央集權的聯邦政府。

一八九四年召集新選舉。獲勝的候選人是「**保利斯塔**共和黨」（Paulista Republican Party）的普魯登特·德莫賴斯（Prudente de Morais）。這是「共和國」第一個文官政府。該黨溫和且務實：目標是帶給國家和平，保障聖保羅咖啡種植園主的利益，將雅各賓共和制變成寡頭共和制。普魯登特·德莫賴斯設法使他挑選的繼任者坎波斯·薩萊斯（Campos Sales）於一八九八年當選。從這時起，聯邦政府由聖保羅州和米納斯吉拉斯州輪流控制。一八九八年，坎波斯實行「州長政策」，他稱之為「州政策」。這個制度為區域的掌權人物確立完整的自治權，方便他們操縱州議員選舉，並且打開聯邦國庫滿足他們的需求。作為交換，中央政府要求各州支持所有的聯邦決策——將政治衝突保持在地方層級。[11]

從那時起，米納斯吉拉斯和聖保羅控制聯邦政府。「共和國」的權力分配，根據各州在聯邦等級制度的地位調整。選民的多寡和隨之產生的議會代表，決定一州的政治力量。另外，「共和國」的穩定依賴三個要素：州長將政治衝突局限於他們的區域；聯邦政府承認各州完整的主權；儘管有措施控制地方爭端，維持以詐騙為特色的選舉制度。在選舉的過程，從挑選投票者到認可獲選者，每一個階段都發生騙局。某些方法惡名昭彰：「**大筆一揮**」（stroke of the pen）獲勝，追溯到帝國時期，包括在投票表格偽造簽名和更改姓名；「**砍頭**」（decapitation）術，在眾議院裡查證委員拒不認可候選人，就可以使選舉無效而除掉對手；「**韁繩票**」（voto de cabresto）變成文化置入政治實踐，忠誠的投票者為地方首長投票；最後，「**選民畜欄**」（corral electorate），將投票者關在一棟臨時的建築物監視，給他們吃豐盛的一餐，把選票放在彌封的信封裡交給他們，投了票才放人。[12]

投票被看作貨幣交換，權力關係始於市級。這種現象的根源通稱「**上校主義**」（coronelismo）。[13]在「國民警衛隊」的等級制度，上校是最高的職位。「共和國」建立後，「國民警衛隊」失去軍事地位，但是上校在市政府持有政權。從此，「**上校主義**」這個詞用以表示複雜的談判制度，地方領導者（或老闆們）與州長談判，州長接著與「共和國」總統談判。「**上校主義**」變成傳統寡頭政治結構的基石，以地方人士的權力為基礎，通常是農場和大莊園的業主。[14]

因此，「上校」是寡頭制的基本部分。他以選票的形式支持政府。作為交換，政府保證他的權力凌駕他的依賴者和對手。這種事大多是授予公職來達成，從警察局長到小學教師。因此，二十世紀初的「巴西共和國」，以交換利益和貸款、徇私、鎮壓及談判為基礎。從這個角度來看，如同當時的諷刺雜誌所言，這個國家充其量是一個龐大的**種植園**（fazenda）。

移民的巴西，語言的巴別塔[15]

廢除奴隸制，導致勞動制度激變，政府著手一系列新措施吸引移民，尤其是歐洲人。帝國時期已實施類似的政策，但是現在範圍更廣。面臨他國的競爭，例如阿根廷、古巴、墨西哥和美國，巴西政府不容易說服人們接受「人間天堂」的主張。絕大部分移民理應在田野工作；官方殖民地設在南部各州，尤其是東南部的咖啡產區。然而，大部分移民最後在繁華的市鎮定居，這些市鎮正在發展，他們會找到更多元化的職業和服務行業。

政府的宣傳吸引一批又一批的移民——波蘭人、德國人、西班牙人、義大利人和葡萄牙人（以及在二十世紀一〇年代末的日本人）——移居巴西。神話般豐饒的熱帶，吸引歐洲的窮人和被壓迫者。由於世界人口增長，交通運輸現代化，大量失業佃農尋找工作。[16]據估計，超過五千萬歐洲人離棄歐洲大陸，尋找房地產和職業帶來的「自由」。

雖然這些人大多移居北美，二二％（大約一千一百萬人）來到拉丁美洲，其中三八％是義大利人，二八％西班牙人，一一％葡萄牙人，三％是法國人和德國人。這些人當中，四六％到阿根廷，三三％到巴西，一四％到古巴；其餘的由烏拉圭、墨西哥和智利平分。[17]從一八七七到一九〇三年，大約七萬一千名移民來到巴西，其中五八．五％是義大利人。從一九〇四到一九三〇年，這個數目增加到七萬九千名，葡萄牙移民占總數的三七％。一九〇八年，第一批日本移民來到，為巴西各地的文化增添多樣性。雖然出身不同，他們都有相同的願望：「在美洲取得成功」。

移民遷入的過程從一開始就有獨特之處。在這個國家的南部有大片土地無人占用，因此提供小塊土地給移民耕種。無論是政府或民營企業經營的項目，以分期付款方式出售二十至二十五公頃的地皮，通常沿著水路規劃。但是這些殖民地極為偏僻，新移民遭受無數苦難：印第安人的攻擊、本地人的敵意，以及難以銷售他們的農產品。

然而，在咖啡種植園，尤其是聖保羅州，公有土地或私有土地業權人，直接僱用移民在農田工作。因此，在聖靈州、南大河州、聖卡塔琳娜（這些州不種咖啡樹）或巴拉那，繁榮的屯墾區很少，而咖啡種植園的移民勞工增多。十九世紀九〇年代農場主開始施壓後，基於地方經濟需求增加，中央政府開始資助大批移民湧入。截至一九〇〇年，聯邦政府已資助六三％至八〇％的移民到來。直到進入新世紀，聖保羅的葡萄牙裔和西班牙裔居民增加，民營企業才接受融資的角色。因為城市工業活動增強，所以切實可行。

移民的財政困難從旅程開始；仲介剝削他們，多收船票錢。他們擠在破舊的船裡，文化差異很快就浮現，他們抵達新家時這些差異變得更明顯。這些移民不僅來自同一國家的不同區域，也來自敵對的國家，風俗習慣迥然不同。他們住得非常靠近，不斷引發衝突：北德人與南德人打架、日本人與義大利人、波蘭人與德國人，而且他們全都與巴西人打架。他們講不同的語言和方言；全都難以適應當地的日常食物，菜豆、米飯和粗麵粉，也不適應住宅區：一排排茅草屋用泥磚砌成。新來的殖民者絕非同源的群體，他們堅守各種不同的風俗習慣。例如，來自義大利北部的人習慣住在市鎮。其他人，例如來自維內托區（Veneto）的移民，只是調整祖國的農村生活方式以適應巴西。他們吃米飯代替玉米粥（polenta），認識新水果和蔬菜，並且耐心等待，飼養他們需要的動物，做成臘腸和燻肉，掛在茅屋的橫梁風乾。

波蘭人和義大利人是虔誠的天主教徒，不太適應巴西漫不經心的宗教實踐。他們重申信仰，用聖人的圖像和愛國的象徵裝飾屋子。這些族群的個人衛生觀念也不同，義大利人一週洗一次澡，每天只擦洗雙手和身體流汗的部位。他們覺得奇怪：巴西的水很充足，本地人卻每天在河裡或浴盆裡沐浴；日本人習慣成群結隊在**公共浴池**（ofuros）洗澡，也不尋常。日本的習俗不只這一點使其他人覺得新奇有趣。日本人似乎只關注稻子是否成長，他們不在意肉乾浸泡才會軟，而且顯然不明白鱈魚乾也必須浸泡以去除鹽分。與大部分的歐洲人不同，日本人通常不重視修整房子；他們沒有裝潢屋子的習慣。為了親人或是非常渴望回到日本，他們把所有的錢都存起來。[18]

儘管困難重重，大多數移民終究適應巴西的生活。他們分享不同信仰的某些層面。草藥醫生和信仰治療師走遍各農場，彌補醫師和藥品不足的缺口。有三種「藥物」治百病：魚肝油有淨化作用；瀉鹽治療脹氣和便祕；蓖麻油是有效的瀉藥。從南大河州到聖保羅的農場，需要這些不可思議的藥物；如果都無效，解決之道是進一步探究祈禱儀式和信仰療法。在巴伊亞，這些工作由奧里莎的祭司**伊法**（ifás）執行，使用非洲的草藥。北部有相同的例子，美洲印第安人的傳統繼續存在，包括普遍使用引起幻覺的植物。所有這些傳統相結合，產生一整櫃的混血處方藥。

然而，在二十世紀三〇年代初，橫越大西洋的移民顯著減少。例如，一九二七年，移民入境歐洲比其他地方多。即使如此，許多政府開始限制移民遷入：首先是美國，不久之後輪到巴西。從一九一七到一九二四年，美國限制移民的數目；一九三〇年十二月熱圖利奧．瓦加斯（Getúlio Vargas）總統採用相同政策。這位巴西總統的動機，是控制歷史學家布阿爾克．德奧蘭達所謂的「大批缺乏組織的外國人」，他們被認為是造成巴西人失業的禍首。[19]

但是巴西的民族混合已永遠改變。現今在聖保羅，你可能在週日晚上吃披薩，週六午餐享用義大利麵，晚餐吃烤肉串和塔布勒沙拉，或是雜碎。**保利斯塔人**在街角葡萄牙人的麵包店買麵包，用西班牙橄欖油為沙拉調味。或許作家、詩人兼工程師亞歷山大．馬查多（Alexandre Marcondes Machado，筆名 Juó Bananère，他是**保利斯塔人**，沒有義大利血統），最適合表達這種不尋常的混合。他的著作使用聖保羅的義大利僑民街方言。一九一五年他發表戲謔仿作《**神聖的錯亂**》（*La divina increnca*），用方言自稱是 Gandidato à Gademia Baolista de Letras。換成標準的葡萄牙文，這個身分是 Candidato à Academia Paulista de Letras，也就是「**保利斯塔**文學院」攻讀學位者。

新景觀：城市與各行各業

從一八八〇年到二十世紀三〇年代，巴西社會產生動態轉變。這種新格局的直接因素是人口增長，以及在熱圖利奧．瓦加斯總統實施限制之前，巴西吸引外國移民的激進政策。另外，在「第一次世界大戰」巴西的進口替代政策，加上農業危機，刺激巴西的城市與工業成長。

巴西的人口平均每年增加二．五％。居民五萬以上的市鎮，人口增加三．七％；居民十萬以上的市鎮，增加三．一％。尤其是「共和國」最初的十年，農村人口減少二．二％，而都市人口增加六．八％。都市化已成定局，而且迅速改變巴西的面貌。然而，這個國家的經濟仍然以農業為主。根據一九二〇年人口普查，九百一十萬的勞動人口當中，六百三十萬人（六九．七％）從事農業工作；一百二十萬人（一三．八％）在工業；一百五十萬人（一六．五％）在其他服務業。

只有幾個大城市。[20]這些城市包括里約熱內盧（共和國的「心臟」），聖保羅（共和國的「頭」），以及幾年後，巴西第一個規劃建設的城市，美景市（Belo Horizonte），「以共和國自己的形象創造」。[21]這三大城市控制國家的資源，無可置疑地確立東南部的經濟優勢。移民遷入政策最初的目的是提供農村勞動力，但是由於農業危機和市鎮的成長，許多移民搬到都市地區。新機會和專門職業吸引他們。除了農場的勞工，移民當砌磚工人、麵包師傅、鞋匠和零售商，使市鎮提供的服務業多種多樣。

逐步廢除奴隸制度也引起大規模的內部遷徙。從一八七二到一九〇〇年東北部人口減少，因為東北部糖料作物和棉花種植園的奴隸被轉移到東南部咖啡種植園。十九世紀七〇年代發生旱災，導致另一批流動工人從東北遷移到里約熱內盧，因為聯邦和州政府的機構提供充足的就業機會，像磁石一樣有吸引力。

南部的三個州，巴拉那、聖卡塔琳娜和南大河州，也吸引許多流動工人。因為亞馬遜橡膠業突然興盛，北部幾個特定區域也吸引流動工人。新發展的運輸系統需要大量膠乳；一群又一群工人逃離東北部的貧困，踏遍亞馬遜廣大的森林區尋找橡膠樹。「橡膠時代」很短暫，在二十世紀一〇年代結束，但是在首府瑪瑙斯（Manaus）留下印記。瑪瑙斯變成北部最重要的都市，有優雅的林蔭大道、劇院和資產階級的習俗。這個州的財富似乎一蹴而就。

此時政府著手現代化並改善各城市，以呈現嶄新的「共和國」：翻修的公共建築物、新成立的窮人市郊住宅區、公共交通運輸和新政府大樓。[22]這個時期通稱「再生」（regeneration），羅德里格斯．阿爾維斯（Rodrigues Alves）總統希望城市文明化，任命技師團隊改造里約熱內盧，成為新「共和國」的現代展示品。這個團隊擁有無限的權力，他們提出三叉策略：港口現代化，委託工程師勞魯．米萊（Lauro Müller）；促進公眾健康與衛生，由奧斯瓦爾多．克魯茲（Oswaldo Cruz）醫師率領；與都市改革。工程師佩雷拉．帕索斯（Pereira Passos）負責最後這項創舉，他很熟悉奧斯曼男爵（Baron Haussmann）改造巴黎的工程。一個平行且互補的措施，將貧窮的居民驅離中央區域，消除市區的貧民窟。黑人作家利馬．巴雷托是**卡里奧卡**市郊住宅區的居民和重要的時事評論者，他指這個時期是「**拆除**」（bota-abaixo）的獨裁政權。實際上，房屋、廉價公寓和便宜旅館（「**蚤窩**」[23]或「**瓦楞紙箱窩**」[24]）全都拆毀。[25]

從十九世紀七〇年代起，聖保羅市經歷社會—經濟轉型、都市化、實體轉換和人口轉型。由於咖啡種植園繁榮和逐步廢除奴隸制，聖保羅市變成重要的商業金融中心：「咖啡大都市」。設置公共電力照明，建設公共電車系統，成立聞名的「布坦塔研究所」（Butantã Institute），用蛇毒製造血清。建造新的林蔭大道，拓寬舊的林蔭大道，翻修和開闢廣場和公園。聖保羅的「上流社會」接受新習慣：在時髦的商店購物、看賽馬，晚上在舞會或劇院消磨。然而，應記住，聖保羅都市化的過程，表示「美化」城市和驅逐貧窮。若是開闢新的行政區和優雅的街道，例如**保利斯塔大道**（Avenida Paulista），因而改變城市的基礎設施，那麼為了拓寬和擴建新街道、林蔭大道和廣場，則是摧毀簡陋的房屋和貧民窟。

米納斯吉拉斯開發新首府美景市，也具象徵性。[26]該州的經濟正在衰退，當地的共和黨政治人物建造這座城市，企圖在政治和文化上統一這個州。另外，在舊首府黑金市寡頭政治執政團裡，不同派系之間起內訌，導致該州的政治陷入泥沼。美景市的開發既專斷又猛烈。「**國王的畜欄**」（Curral del Rey）現有的村子全部被摧毀，窮苦的居民被驅逐到新市郊住宅區。新首府的設計者和建造者，是最適應現代和擁護共和政體的區域精英階層，他們夢想進步和科技。因此，這個新市鎮是奇妙的現代化，寬闊的林蔭大道使交通更流暢，許許多多公共廣場，嚴格遵守某種都市階層。在城市的一邊設立服務行業，包括鐵路、醫院和商店；另一邊設立劇院、學校和州議會。這種地面區劃的設計，為達到最大的戲劇效果。這座城市的最高處有一座長方形廣場，周遭是宏偉的政府大樓，包括州長的宮殿，中央有一尊象徵「自由」的雕像。這座廣場叫做**自由廣場**，宮殿叫做**自由宮**。畢竟，這是「共和國」和一七八九年「米納斯密謀」的英雄「**拔牙師**」的國土。

這三座城市是巴西其他市鎮發展的先驅。里約熱內盧的宮廷徹底改造，成為「共和國」的聯邦行政區。聖保羅重建為富裕的咖啡區政經樞紐，規劃並建造美景市成為米納斯吉拉斯的新首府。共和政府官員決意打造帝國的現代翻版。然而，不可能避開這個事實：巴西的經濟仍然依賴農產品出口。這不是共和制對抗君主制、進步對抗落後的簡單問題。在這個階段，過去與現在、社會包容與社會排斥、現代科技與政治和社會的鎮壓共存。況且，雖然就業機會增加，成長最多的卻是流動職業：街頭小販、小本生意、木匠、鞋匠和馬車夫。兩個截然不同的世界並立在一起，卻出乎意料地相互聯繫。

不久現代化的另一面浮現。遭到邊緣化的農村居民（被驅逐到內地最黑暗的角落），開始成為報紙的大標題。反叛的預兆最初來自城市，並非農村。

城市的風言風語

一九〇四年十一月十日至十六日，里約熱內盧人民反抗黃熱病消滅措施。奧斯瓦爾多・克魯茲[27]下令強制接種天花疫苗，貧窮階級反動，在市郊住宅區的起義最嚴重。起義發生的主因是誤傳，因為移民的出身和習俗不同而惡化。這種情況導致混亂。電車和公共建築物被破壞，衛生人員遭攻擊。政府嚴厲反擊：宣布戒嚴狀態，中止憲法上的權利，流放該運動的領導者到亞馬遜南方，現今的阿克里州（Acre）。終於控制反叛，里約熱內盧市消滅天花；但是代價是三十人死亡，一百一十人受傷。

站在政府的立場，消滅疾病的計畫既客觀又理性。公共衛生變成當務之急。從十九世紀八〇年代起，巴西的知識分子和政治人物越來越擔心這個問題。旅人、新聞記者、醫師、社會科學家和文學家全都意識到：在城市和農村，熱帶疾病與非洲奴隸和移民傳染的疾病，發病率高。[28]最重要的是，異族通婚被認為是嚴重的問題，幾乎是當地的困境。種族理論在這個國家十分流行，根據社會達爾文主義，以及十九世紀中葉切薩雷・龍勃羅梭（Cesare Lombroso）在義大利撰寫的犯罪人類學。[29]據信人類被分成自然的階層體系，各族有獨特且固定不變的潛能，白色高加索人在社會演化的金字塔頂端，黑色非洲人在底層。根據這些理論，混血兒被認為是最糟糕的，容易患形形色色「遺傳性退化症」。根據巴西的專業人員，例如巴伊亞醫學院的尼納・羅德里格斯（Raimundo Nina Rodrigues）博士，混血兒比較可能犯罪和發瘋，以及其他種族的「汙名」。基於這位博士的信念，他出版《巴西的人種和刑罰的責任》（一八九四年），在書中提出兩種不同的刑法，一種適用於白人，一種適用於黑人，根據「各族進化的階段」而改動。

雖然謬誤的理論必定有爭議，但是巴西確實有一連串流行病。一九一六年十月，米格爾・佩雷拉（Miguel Pereira）博士評論：「巴西仍然是一所巨大的醫院。」這句話變成這個國家的隱喻，簡直是墓誌銘。當時的醫學統計資料，顯示一系列令人驚恐的傳染病。有些流行病被視為「進口的」，例如霍亂，當時致死的主因之一。有些流行病被視為「國內的」，包括黃熱病、天花和黑死病。專家認為：大多數人住在臨時搭建的茅屋，只會使情況惡化。茅屋的材料是土，俗稱「接吻蟲」（kissing bug）[30]的天然棲息地，最近發現這種昆蟲傳播查格斯病（Chagas disease）。據信，這些住處也促進瘧疾和腸感染流行率。而且移民被指責傳入砂眼，一種危險的傳染性結膜炎。所有這些流行病，使這個國家業已脆弱的名聲添加一個汙點，共和政府的都市改革以消滅這些流行病為目標。他們大多成功了。

「**奧斯瓦爾多克魯茲基金會**」（Fundação Oswaldo Cruz）派遣科學家到這個國家的內地，引進沿岸正在執行的保健措施。從一九〇七到一九一三年，他們前往內地的各個區域，聖保羅、米納斯吉拉斯、巴伊亞，以及聖弗朗西科河與托坎廷斯河流域，直到亞馬遜。[31]除了上述疾病，許多人死於痲瘋病、梅毒和肺癆。雖然這些「巴西病理學」影響全體居民，包括內地的農業工人，最受苦的是以前被奴役的人、移民、貧民窟居民、工人和鄉村居民。

在巴西人當中，所有這些「危險的群體」裡，海軍的水兵占首要地位。一九一〇年十一月，在里約熱內盧的瓜納巴拉灣，水兵起義，通稱「**鞭笞譁變**」（Revolta da Chibata）。[32]這些水兵大多是非洲裔巴西人或混血兒，遭到體罰制度嚴酷的控制，尤其是鞭刑。此譁變揭露對窮人施加暴力，以及在軍中種族歧視和虐待很普遍。鞭打源自葡萄牙海軍的傳統，但是在巴西有更深的意義，因為鞭打與奴隸制有關連。雖然奴隸制於一八八八年廢除，海軍持續鞭刑，因為有一條法律允許軍官對反抗的水兵「瓦解其意志」。

一九一〇年十一月十六日譁變爆發，當時許多巴西和外國的船隻停泊在瓜納巴拉灣，因為新任總統埃梅斯・達豐塞卡（Hermes da Fonseca）元帥的授權儀式。魯伊・巴博扎向來是贏得選舉的寵兒，這是頭一遭引起民眾普遍關注的選舉。儘管事實上埃梅斯・達豐塞卡元帥受到共和「保守黨」皮涅依羅・馬查多（Pinheiro Machado）的支持，他的勝利代表軍隊重新掌權。相對的，魯伊・巴博扎支持共和制度和文官政府。

陸地慶祝總統就職，海上的情況卻截然不同。海軍最強大的**米納斯吉拉斯號**戰艦停泊在海灣，全體船員立正站著，被迫目擊鞭打水兵馬塞里諾・梅內澤斯（Marcelino Rodrigues Menezes）。鞭打兩百五十下後，直接關進牢房，沒有任何藥物治療。這些水兵計劃反抗這種殘酷懲罰已有一些時日，這件事變成導火線。十一月十六日晚間，埃梅斯・達豐塞卡參加慶功宴，水兵控制**米納斯吉拉斯號**、**聖保羅號**和**巴伊亞號**戰艦，以及**德奧多羅號**巡邏艇，進而對市區發射警告的炮擊。他們要求海軍廢除體罰，否則轟炸這座城市。「國會」接受他們的要求，赦免反叛者，水兵將戰艦歸還軍官。然而，幾日後，十二月四日，政府秋後算帳。二十二位水兵在**蛇島**被逮捕，被指控密謀。他們遭到酷刑，以致只有兩人活下來。其中一位倖存者是譁變的領導者若昂·坎迪多（João Cândido），報刊給他「黑人海軍上將」的名號，他變成受歡迎的英雄，海軍怒不可遏。

「**鞭笞譁變**」的後果嚴重。海軍幾乎被排除在政界之外，直到一九三〇年「第一共和國」結束。但是水兵起義在軍隊當中絕非孤立事件。同一時期經歷「軍校反叛」、「士官反叛」和「血腥春天」，全都顯露對「共和國」中央不滿。這些叛亂顯示軍隊與政府的互動方式有兩個重要的層面。其一，這個國家重大的政治行動，有許多發生在體制或政黨的範圍之外；其二，軍隊企圖引起政府改革。起義者把自己看作人民意志的工具，在某種程度反映「公民士兵」（citizen soldier）的概念。[33]

當時都市改革被稱作「城市再生」，然而，通常根據當時盛行的科學決定論，支持這個信念：窮人和混血兒居民或多或少是「墮落的」。以服務業和農產品出口為基礎的經濟，受到新興的工業化限制，都市生活朝不保夕。有一些時期，供應品不足，食品的價格、租金和運輸費不斷上揚。通貨膨脹使窮人的狀況甚至更慘、更加渺茫。套用作家馬里奧·德安德拉德（Mário de Andrade）[34]的諷刺文字，在新城市「棚屋與椰子樹一樣多」。[35]另一方面，有時候少就是多。畢竟，很多時候人民上街示威，抗議短缺、租金漲價和其他使生活不穩定的一切。

「異人」在異邦

騷亂並不局限於市鎮。在這個國家不同的區域，社會運動爆發，農地改革議題和爭取土地所有權的鬥爭，與強烈的宗教元素結合在一起。這些衝突——康特斯塔多（Contestado）、茹阿澤魯（Juazeiro）、卡爾代朗（Caldeirão）、勺木（Pau-de-Colher）和卡努杜斯（Canudos）——使神祕主義與反叛相結合。這是現代化將廣大居民排除在外的結果。共和制利用農村房地產支持地方寡頭統治者的權力，被遺棄的內地貧農群體開始要求土地所有權。最耐人玩味的是，他們使歷史與千禧年主義產生出人意表的神祕連結，對生活在和諧且公正的社區充滿夢想。

一八九六年東北的**乾旱地區**（sertão，邊遠地區）發生武裝衝突，在「共和國」初期備受關注。此衝突變成國家的替罪羊，根據聚集在將近兩千公里外的里約熱內盧掌權人物所言，「君主主義者的癰疽」。在巴伊亞的乾旱內地，卡努杜斯村（Canudos）貧苦的居民與新建立的共和國為敵。一八九七年《**聖保羅州報**》（*Estado de São Paulo*）派遣記者歐克利迪斯．達庫尼亞（Euclides da Cunha）報導這場衝突。他的見聞使他不寒而慄。[36]身為狂熱的共和主義者，他在巴伊亞離船上岸時帶著這個想法：政府軍隊將打敗一群衣衫襤褸的盲信者，他們被告發是「君主主義者」，在原始的村落僵持不下。他很驚訝地發現：在巴伊亞的**乾旱地區**，一場漫長的神祕戰爭，對手極為勇敢且意志堅決，一處神聖的庇護所，有組織的社區和未知的土地。歐克利迪斯．達庫尼亞的發現，使他深受影響，徹底改變他的觀點。他開始寫下他見到的一切事物，那些筆記變成一本書，使他成為巴西最偉大的作家之一。《**內地**》（*Os Sertões*）[37]不只是戰爭報導。它變成一種抨擊。這本書顯示旱災和野火對東北部乾旱的景觀產生毀滅性影響。歐克利迪斯．達庫尼亞的文采，用恐懼、孤立和遺棄刻畫自然環境。在東北的**乾旱地區**，他看見巴西人民數百年來被集體遺棄。

《**內地**》於一九〇二年出版，對戰爭的分析淋漓盡致，勝過歐克利迪斯．達庫尼亞在《**聖保羅州報**》的原文。[38]但是該書保持他的指控。他責備天主教會、「共和國」、巴伊亞的州政府，尤其是陸軍屠殺卡努杜斯村民。他痛斥：向貧苦的內地人開戰是手足相殘。他詳細描述當地的地形後，鋪陳卡努杜斯的悲劇故事，彷彿那是從當地的地勢冒出來，有戰爭的蹂躪意象、囚犯被砍頭、抵抗者的勇氣，以及飢餓、乾渴、疾病和陸軍的重型武器，導致大批人民死亡。歐克利迪斯·達庫尼亞的書乃追思卡努杜斯的紀念碑。

最重要的是，在國家的集體想像，卡努杜斯運動（一八九六—一八九七）留下不可磨滅的印象。[39]此社會—宗教戰爭由安東尼奧議士（Antônio Conselheiro）率領。因為嚴重的旱災和長期失業，這個區域擁有無數荒廢的莊園。成千上萬的男人、女人和兒童在乾旱的內地流浪。一八九三年五月，安東尼奧議士和追隨者抵達巴伊亞內地**忠告村**（Bom Conselho）。他們很快就得知稅金猛漲；他們把農產品帶到當地市場銷售，「共和國」課徵新稅。眾人聚集在市場，安東尼奧議士把釘在牆上的公告拆下來燒毀。作為回應，巴伊亞的州長羅德里格斯·利馬（Rodrigues Lima），派憲兵隊逮捕這位宣教士並驅散人群。但是內地人反擊，士兵落荒而逃。這次衝突後，安東尼奧議士決定停止在這個區域旅行。他與追隨者一起撤退到廢棄的卡努杜斯莊園。從他抵達當日到戰爭結束，他的追隨者從兩百三十人增加到兩萬四千人，卡努杜斯變成巴伊亞人口最稠密的地區之一。他們把這個村子改名為**美山**（Belo Monte）。

共和政府和這個區域的地主，把卡努杜斯看作重大的威脅。安東尼奧議士在乾旱的**邊遠地區**推動新的生活方式，不包括順從那些掌權者。另一方面，村中生活並非平等主義的實驗。都市社區的設計、社會關係和工作分配，都意味著社會階層不曾消除。然而，這是社會與政治的實驗，也是不爭的事實。村裡的活動與中央共和政府的活動迥然不同：工作所依據的原則，乃集體擁有土地並使用土地，分配生產所得。凡是來到該地的人，都獲得一塊耕種的土地和住處。村民栽種作物、養牛和驢，將獸皮做成皮革。全部生產成果由工人和社區平分。更重要的是，安東尼奧議士的宗教權威，不依賴天主教會認可。卡努杜斯既不受當地的地產權控制，也不受區域的政治領袖控制。這是在迄今為止由地主經營的社會，進行顛覆的實驗。

「共和國」四次派軍事遠征隊到卡努杜斯，規模越來越大。一八九七年三月，莫雷拉・塞薩爾（Moreira César）上校指揮一千三百名士兵，率領第三次遠征攻打村民，連續數小時用機關槍掃射。儘管如此，村民打敗政府的部隊。莫雷拉・塞薩爾上校中彈死亡。倖存的政府士兵逃跑，遭到內地人伏擊，數百人喪命。失敗的回響巨大。在「共和國」首都里約熱內盧，報紙聲稱卡努杜斯是原始的、反動的君主主義者堡壘，必須摧毀。村民頑強抵抗，即使面對第四次遠征軍猛烈的攻擊，包括四百二十一位軍官和六千一百六十名士兵，全都全副武裝。一八九七年十月，陸軍保證饒恕投降者的命。很遺憾，他們沒有信守諾言，許多投降的男人、女人和兒童被斬首。十月五日陸軍用煤油點燃村子，然後炸掉廢墟。

共和政府想要把卡努杜斯做成很大的例子：野蠻對抗文明；落後對抗現代化。安東尼奧議士的頭蓋骨是政府演出的部分。他的頭蓋骨被帶到里約熱內盧，由尼納・羅德里格斯博士解剖，意圖證實他的理論：瘋狂與種族混合之間的關係。但是卡努杜斯運動顯示這個國家不同區域之間的鴻溝，這是對知識分子和政治精英的警告，他們再也不能忽視內地。或許歐克利迪斯・達庫尼亞在《**內地**》的結論，最能清楚表達政府與人民之間的分歧：「這個故事結束了〔……〕我們將永遠記得我們這一頁的歷史，如此深切動人和悲悽；我們猶豫地結束故事，沒有驕傲。宛如站在很高的山頂上，從高處看到的景象使我們暈眩。」[40]

比起分析這個時期許多個別反叛，更重要的是考慮他們都受到相同因素激發：要求擁有土地、渴望正義和宗教狂熱。神祕主義與抗議活動的強大結合，更是火上加油。他們全都揭露兩極化的權力結構持久不變，例如神父與教徒、上校與士兵、宣教士與追隨者、聖徒與虔誠的信徒，土匪與手下武裝的匪幫。[41]絕非巧合，在這段期間武裝的匪幫惡名昭彰，在內地和更偏遠的地區四處流竄。武裝的強盜和同夥，諸如安東尼奧．西爾維諾（Antônio Silvino）、「提燈」（Lampião）及安東尼奧．多（Antônio Dó），是曖昧的角色。他們的權力形式表示替代地主的權力。然而，雖然可以用浪漫手法刻畫他們創造更公正、平等的生活方式，但是他們的一切作為來自傳統的獨裁暴力模式。忽視公民權的全部模式與人人平等的正義觀念，這些邊遠地區的英雄或惡棍，是理解「共和國」初期不可或缺的人物。

他們和我們：工人罷工

二十世紀一〇年代，在這個國家甫萌芽的工業部門，工人也開始表示不滿。無政府主義越來越受工人歡迎，在十九世紀九〇年代初從歐洲新來的移民把這項運動帶進巴西，但是他們不完全是禍首。義大利人、西班牙人、葡萄牙人和許多巴西人，加入這項政治運動，成為這個政治組織的基礎，動員工人超過三十年。

十九世紀四〇年代巴西開始工業化進程，因而需要勞工，尤其是土木建築和鋪設鐵路。[42]從六〇年代起，第一批紡織工廠開張，巴西的工業逐漸集中在中部和南部區域。八〇年代工業化迅速發展，導致勞工的需求增加。從一八八〇到一八八四年，一百五十家新工廠開張；一九〇七年增加到三千四百一十家；一九二九年有三千三百三十六家新公司，總計僱用工人二十七萬五千五百一十二名。[43]全國各地的流動工人構成勞動力，從十九世紀六〇年代起，尤其是在聖保羅州和里約熱內盧州，勞工移民大多是義大利人。在這段期間聖保羅變成這個國家主要的工業中心（尤其是紡織業）

和移民勞工中心。在一九一二年，該州六〇%的紡織工人是義大利人，大多來自那不勒斯、維內托區、西西里島和卡拉布里亞。

在聖保羅，來自義大利的移民，有助於說明巴西工人運動與無政府主義的關連。[44]畢竟，這是義大利工人組織的宗旨。根據古老的革命傳統，義大利無政府主義者移居他國時，其使命是鼓吹自由意志主義思想。西班牙裔和葡萄牙裔的移民也傳播這種思想，他們在里約熱內盧和米納斯吉拉斯的工人運動起帶頭作用。無政府主義者的目標是創立無國家社會，由自治的社區組成，基於自由、實驗、團結和友愛的原則，治理日常例行公事。在巴西，無政府主義者成立協會，目的是提高工人的生活水準，提供他們受教育的機會。他們創辦許多報紙——《**人民之友**》（*O Amigo do Povo*）、《**工人之聲**》（*A Voz do Trabalhador*）、《**自由之地**》（*A Terra Livre*）、《**民眾**》（*A Plebe*）、《**提燈**》（*A Lanterna*），[45]罷工是他們主要的動員形式。他們分成兩大派。無政府主義工會會員在聖保羅占優勢，他們的協會主要是參與政治。另一方面，無政府共產主義者，認為起義是革命行動的最佳形式。然而，他們全都同意這一點：唯有透過工人自動自發的直接行動，才可能廢除資本主義並建立無政府的制度。

絕非巧合，從一九〇六到一九〇八年，罷工的次數增加。勞工階級對惡劣的工作條件反動。他們也必須爭取較好的工資，成立工會和政黨以代表他們。童工和工作日時數都沒有限制。兒童從五歲開始在工廠工作，十八歲以下的男孩和女孩占全部勞動力的半數。一九一九年產業人口普查，也顯示僱用大批女人。女人和兒童在工廠工作，導致平均工資降低，在「第一次世界大戰」的數年情況甚至更惡劣。

工人變成巴西公眾生活的重要部分。他們開始成立工會、然後工會聯盟，以及其他類型的組織。到了一九〇六年，在無政府主義者的支持下，他們已成立工會中心，「巴西工人聯盟」（COB）。從一九〇〇到一九二〇年，大約四百次罷工，爭取更好的工作和生活條件（加薪、工人的保障、減少工時、組織的權利）。其他罷工顯然是政治性質：反對「第一次世界大戰」，以及聲援國際勞工的鬥爭。一九〇二年里約熱內盧一家鞋廠發生首次大罷工，次年該市經歷這個國家的首次總罷工，包括油漆工人、排字工人、帽子工人和其他部門，遭到警方鎮壓。一九〇四年有另一次大罷工，由「桑托斯船塢公司」（Santos Docks Company）的員工協調，聖保羅的排字工人和里約熱內盧的碼頭工人支援。一九〇六年，巴西發生規模最大的鐵路罷工，其中一次在聖保羅，因為當地工人持續遭受虐待和工資減少而激發。一九〇七年聖保羅發生首次總罷工，要求八小時的工作日。這項運動很快就蔓延到聖保羅州其他城市，包括桑托斯、黑河市（Ribeirão Preto）和坎皮納斯（Campinas）。食品業和冶金廠的工人開始罷工，鞋匠和排字工人終於加入；最後，有兩千名工人參加罷工。然而，儘管活動聲勢浩大，這個國家的制度以政治酬庸為基礎，不在乎多數派的政治代表權，罷工是警方繼續鎮壓的目標。許多移民被驅離這個國家，因為他們是「無政府主義者和惹是生非者」，同樣的藉口使許多巴西工人遭到逮捕和毆打。

無政府主義運動的力量，可以用一系列因素說明：一九一〇年和一九一三年的危機，失業和延長工時。一九一七年在里約熱內盧有五萬至七萬名工人罷工，在聖保羅幾乎是全體工人罷工，雖然當時具體成果甚少，但是這項活動促進工人動員，後來形成工會。[46]而且運動的勢頭仍在：在一九一九與一九二〇年間，光是聖保羅市就有六十四次罷工，在該州的內地另有十四次。一九一九年五月一日，在里約熱內盧五、六萬人加入抗議遊行，包括產業工人、無政府主義者和共產主義者。聖保羅出動的人數類似，包括麵包師傅、紡織工人、鞋匠、排字工人和產業勞工。

二十世紀二〇年代初，警方對工人猛烈鎮壓，使罷工的次數減少，削弱工會的勢力。一九二二年，「共產黨」成立，創立者主要是以前的無政府主義者，工人運動的領導權逐漸轉移給共產主義者。無政府主義者與共產主義者之間的內部分裂，降低他們的動員能力。二〇年代的頭兩次罷工——聖保羅的紡織工人和里約熱內盧的鐵路工人——失敗，但是工人運動已扎根下來。在後來的數十年工人運動逐漸壯大，變得越來越有組織且複雜。

實際上，此時鄉村生活與城市生活使他們結合在一起，而非分離。卡努杜斯戰爭與開始在市郊發展的**棚戶區**（favelas，音譯法維拉，即貧民窟）之間的關係，或許最適合說明此現象。里約熱內盧的第一個**棚戶區**，在港口附近的**天意山**（Morro da Providência），乃卡努杜斯戰爭後復員的士兵建造的。據說，這些前士兵的妻子為整個軍團料理三餐，與家人在「戰爭部」外面露營，要求提供住宅。這些露營區原本是臨時住所，後來變成永久住處。在城市附近的山坡上，發生類似的過程，開始建造其他**棚戶區**。Favela 是卡努杜斯戰場中央的山丘名稱——Morro da Favela（**法維拉山**），以灌木叢林地一種茂盛的植物命名。從此**法維拉**與「**棚戶區**」是同義詞。諷刺的是，精英階層與內地貧苦的居民打仗，從戰地產生的字眼，現在竟然通行全國，指這些社區是巴西社會分裂最大的象徵。[47]

食人族聯盟：現代主義和做巴西人的新方式

不滿情緒普遍存在，不局限於單一族群。二十世紀二〇年代標誌巴西的轉捩點，新的習俗和價值觀念興起，影響後代。不過，雖然對「共和國」普遍感到失望，對創造現代巴西也抱持希望。知識分子和藝術家開始質疑這個國家的文化傳統，與共和制度對峙。他們越來越常挑戰現狀。這些新的呼聲堅信：全體公民有參與社會的權利。[48]

這個過程的主軸年是一九二二年，有兩項重大且相對照的事件發生。首先是慶祝巴西獨立一百週年紀念；其次是聖保羅舉辦「**現代藝術週**」（Semana de Arte Moderna）。這項活動極其重要，可了解這一代與確立的文化徹底決裂，本質上是學術的。直到一九二二年，一直是由「**巴西文學院**」（Academia Brasileira de Letras，簡稱ＡＢＬ）決定文化標準。該學院於一八九七年創立，是一群知識分子和公眾人物的腦力產物，其中最重要的是馬查多・德阿西斯、格拉薩・阿拉尼亞（Graça Aranha）、奧利韋拉・利馬（Oliveira Lima）、魯伊・巴博扎和若阿金・納布科。該學院根據法國模式，「**法蘭西學院**」。「**巴西文學院**」有四十位成員，都是家喻戶曉的知識分子，被視為代表國家的某種「知識、道德和政治體系」。[49]但是隨著時間消逝，這個團體日益呆滯，逐漸與前衛、象徵主義者及現代主義者脫節，尤其是與里約熱內盧酒吧和書店裡聚會的波希米亞人變得生疏。

各種不同的現代主義藝術形式開始同時出現，揭示新奇的藝術表現形式和新的展望。「一九二二年**現代藝術週**」是這項運動的催化劑，挑戰現狀的新思想論壇。一九二二年二月十一日至十八日，這個具象徵意義的活動在聖保羅美麗的新古典「**大都會歌劇院**」（Teatro Municipal）舉行。由知識分子籌劃，包括作家馬里奧・德安德拉德和奧斯瓦爾德・德安德拉德；畫家塔希拉・多阿馬拉爾（Tarsila do Amaral）、迪・卡瓦爾康蒂（Di Cavalcanti）、阿妮塔・馬爾法蒂（Anita Malfatti）及維克多・布雷謝雷（Victor Brecheret）；和作曲家埃托爾・維拉－羅伯斯（Heitor Villa-Lobos）。文學院成員格拉薩・阿拉尼亞，也是活動的籌辦者之一。知識分子兼咖啡種植園主保羅・普拉多（Paulo Prado），為這項活動籌措資金。「**現代藝術週**」很重要的一面是拒絕進口的藝術運動和理論，防止他們影響巴西藝術。這些藝術家和知識分子認為：巴西應創造自己的民族藝術形式，現在正是時候。其目的是審視藝術和文化的現狀，將歐洲的先驅：義大利的未來主義、立體主義和表現主義，採用巴西化的形式。

「**現代藝術週**」立竿見影的效果很少——恰恰相反，飽受批評，但是久而久之變得很有意義且出名，尤其是與巴西前衛派和現代主義有關連。一九二四年，奧斯瓦爾德·德安德拉德出版《**巴西紅木詩集**》（*Poesia Pau-Brasil*），[50]提倡獨特的巴西詩形式。之後，在一九二八年初版的《**食人族雜誌**》（*Revista de Antropofagia*），[51]他發表《**食人族宣言**》（*Manifesto Antropófago*）。奧斯瓦爾德·德安德拉德出生在富裕家庭，是四海為家的人物。他數次到法國遊覽，對前衛派的實驗印象深刻。他精通非洲和玻里尼西亞的藝術，研究心理分析，與當地的知識分子交流。《**食人族宣言**》是巴西現代主義運動的基礎，對當代藝術家而言是重要的作品。這本書是混合物，對盧梭、蒙田、畢卡比亞（Picabia）和佛洛伊德有生動的參考章節，並且揭露當代兩種獨特的文化相互牴觸：原始的（美洲印第安和非洲的）和拉丁的（歐洲的）。與十九世紀浪漫印第安主義相反，其構想並非呈現和平的同化過程，而是衝突的過程，源自這兩者交會時固有的緊張狀態。這種對立導致一方吞噬另一方，如同具有諷刺意味的格言所示，「圖皮或不圖皮（Tupi or not tupi），才是問題所在」，以及「不是我的東西，我才感興趣」。換言之，這是帝國藝術運動的對照。

此時「食人癖」是關鍵字，旨在產生「不曾被傳授義理」（catechized）的新文學語言。奧斯瓦爾德·德安德拉德發展這個概念以顯示：在巴西，文化食人癖的實踐，會導致「吞下」其他文化傳統，使新的文化傳統脫穎而出。外國的影響會被「吞噬和吐出來」，因而創造真正的民族文化。這個過程包括恢復美洲印第安與非洲的藝術傳統。

其中一個最出色的例子，是馬里奧·德安德拉德於一九二八年撰寫的小說《**馬庫納伊瑪**》

（*Macunaíma*）。他的小說敘述一位「沒有個性」的英雄，在巴西四處旅行、尋找護身符——會帶來好運的**青蛙石**（muiraquitã）。這個主角從巴西的一個地區跳到另一個地區，使地理實境變成幻象。這本書描述這位巴西英雄不幸的遭遇，一出版就變成經典。這位頑皮的英雄，拒絕普遍認可的行為規範：他說謊、玩弄政治，對別人造成傷害；儘管如此，他還是可愛的，而且敏感到掉淚的地步。在一個重要的隱喻，這位巴西英雄從「烏黑的」人變成白人，他的兄弟一個變成印第安人，另一個變成黑人（雖然手掌和腳掌是白的）。這位作家下結論：「三兄弟在洞穴裡躲避驕陽，一個金髮白膚、一個紅、一個黑，昂首挺胸且光溜溜的，形成極美的風光。」[52]

如此，《**馬庫納伊瑪**》重現那個百家爭鳴、重新評估巴西文化的時期。[53]這本小說納入印第安人、山地人、內地人、黑人、穆拉托人和白人，他們有許多人以前被藝術忽視。馬里奧・德安德拉德住在聖保羅，從未出國，在這種「巴西化巴西」的過程中他無疑是最有意義的人物。[54]這並不表示他仇視或厭惡外國的價值觀念。更確切地說，他的目的是創造獨特的語言，描述國家的歷史和文化。在這項新運動，這位作家和他的小說是象徵性的標誌，巴西人開始省思巴西，用藝術保存巴西。這本小說不僅駁斥失敗主義者（以前盛行的種族觀點），而且將混合族裔和非洲裔巴西人的存在，變成這個國家的基本特徵和巨大財富。

雖然聖保羅毫無疑問是這項運動的中心，但是重要的是正確看待這座城市的角色。整整一代人採用現代主義，當作表現犬儒主義的手段，參議員薩爾達尼亞・馬里紐（Saldanha Marinho）提出這一代的流行語：「這不是我夢想的共和國。」他是共和黨元老、一八七〇年宣言的簽署者，以及擬定《一八九一年憲法》的小組成員。這句話表達知識分子冷嘲熱諷的觀點，尤其是在里約熱內盧。他們在酒吧和咖啡館聚會，把這個城市當作他們的舞臺，盡情發揮諷刺、引人發笑的寫作風格。這是豪放不羈的一群，衣衫襤褸，在里約熱內盧的酒吧徹夜痛飲和辯論。不同於「**巴西文學院**」的「乖寶寶們」和聖保羅外表整潔體面的知識分子，這群自由的專業人士決意要震驚大眾。不僅如此，他們也與可疑的群眾有關連，例如以前常在**希亞塔阿姨**（Tia Ciata）[55]的屋子聚會的人。

希亞塔阿姨在巴伊亞聖阿馬魯鎮（Santo Amaro da Purificação）出生，是一群巴伊亞黑人的領導者，他們住在碼頭附近薩烏德（Saúde）**卡里奧卡**區。**阿姨**（tias）是年紀較大的巴伊亞女人，在社區起帶頭的作用。其中最出名的是希拉利亞・德阿爾梅達（Hilária Batista de Almeida，即**希亞塔阿姨**）。她做巴亞諾（Baiano）料理，她的攤子在這個城市最有名。她也為嘉年華俱樂部的**巴伊亞女人**（baianas）做禮服，穿著那些輕飄飄的白色巴伊亞服裝走遍里約熱內盧的街道。週末，成群的人聚集在她屋子裡唱歌跳舞。根據這個團體活躍的成員若昂・達巴亞納（João da Baiana）所言，在客廳跳舞、在裡屋跳森巴，在屋後的院子打鼓。

這些派對使**希亞塔阿姨**接觸這個城市的名人。作曲家、知識分子、藝術家、新聞記者和政論家，以及相當多的流氓，全都參加她的聚會。在若昂・德阿拉巴（João de Alabá）經營的**坎東伯雷**中心，她是重要的人物，因為她是**水神**（Oxum）的女兒，[56]在薩爾瓦多正式加入**坎東伯雷教**。她也是草藥醫生兼信仰治療師。第一張森巴唱片在**希亞塔阿姨**的屋子錄製，叫做《**打電話**》（*Pelo telefone*）。[57]在里約熱內盧國立圖書館，一位作曲家用他的名字東加（Donga）登記這張唱片。他以此取得作品的權利，當然那幾乎是集體的創作。東加的放肆激怒這個團體，他們用各種方式在這個城市四處抗議，例如用詩：「哎呀，**厚顏無恥**／到處聲明／這是你做的曲！／那是好人希拉利奧／和老希亞塔的創作／你應該這麼寫，先生」。

這種不遜的氛圍，成為**卡里奧卡**森巴發展的沃土，領導的大師包括皮辛吉尼亞（Pixinguinha）、[58]

普拉澤瑞斯（Heitor dos Prazeres）、[59]卡尼尼亞（Caninha，本名 José Luiz de Morais）、皮辛吉尼亞的哥哥（China，本名 Otávio Viana）、若昂・達巴亞納，以及西尼奧（Sinhô，本名 José Barbosa da Silva）。這種氣氛也有利於非洲裔巴西人的文化再度興起，包括**卡里奧卡**現代主義者，他們經常出入相同的社會圈。以前是有限群體開拓的領域，現在擴大到包括窮人、穆拉托人和黑人，以及知識分子和資產階級的子女。

其中一個範例是埃梅斯・達豐塞卡總統的妻子邀請流行歌手希基尼亞・貢薩加（Chiquinha Gonzaga），在**卡特蒂宮**（Catete Palace）[60]的官方接待會唱〈**切割步**〉（Corta-Jaca）。[61]若是比較不同的現代主義群體，這個**卡里奧卡**團體或許最不正式而影響深遠。除了**希亞塔阿姨**和希基尼亞・貢薩加，該團體包括蘇珊娜（Suzana）——蒂娜・塔蒂（Tina Tati）的藝名，她擁有一家酒店，曾經是廢奴運動的激進分子——與瑪麗亞・德梅洛（Maria Bragança de Mello），她支持天體主義並研究祕學。

這個團體受到前一代藝術家很深的影響，例如保拉・內伊、帕達爾・馬雷特（Pardal Mallet）和若澤・多帕特羅西尼奧。但是這個團體也包括重要的藝術家，例如作家利馬・巴雷托、評論家貢薩加・杜克（Gonzaga Duque）、漫畫家勞爾・佩德內拉斯（Raul Pederneiras）、詩人埃米利奧・德梅內澤斯（Emílio de Menezes），以及巴斯托斯・蒂格雷（Bastos Tigre），[62]因為他的評論尖酸刻薄，被取綽號**唐吉訶德**。他們自稱是**幽默兄弟會**（confraria humorística），[63]把「**鸚鵡咖啡館**」（Café Papagaio）[64]當作總部。[65]這一群波希米亞人有許多專長，包括籌辦演出，找到論壇模仿辯論、即席演講和一般的嘲弄。在「**鸚鵡咖啡館**」，甚至連鸚鵡（綽號**博卡奇**〔Bocage〕）[66]都舉止粗魯，呱呱地說著猥褻的話，朗誦下流的詩句。[67]集體而言，他們惡名昭彰到這種地步，據說連這隻鸚鵡也和警察發生爭執。即使這群人充分利用生命，盡享**生活樂趣**，他們也有許多作品：雜誌和期刊的文章、小說和詩集。畢竟，現代主義是一種集體的概念，而且忠於該理念，各種不同的平行項目逐漸成形。

現代主義運動在不同區域採取不同形式。譬如聖保羅，因為在國家舞臺上扮演新角色，相當堅持「他們獨特的現代性」。例如，**先鋒旗隊**不再被視為僅僅是狂野的冒險家，捕捉奴隸和印第安人。他們反而被轉變成「種族英雄」，**保利斯塔人**創業精神的象徵。在米納斯吉拉斯，現代主義者確認十八世紀初與十九世紀的巴洛克教堂是「巴西文化的搖籃」。這個觀念排除帝國的過去，視之為「矯揉造作和模仿」，接納混血國家。

一九三三年出版的《**大宅邸與奴隸小屋**》，同樣是這個時期具代表性的象徵。在這部超過六百頁的巨著，社會學家兼人類學家吉爾貝托．費雷雷確立新的社會學方法研究巴西社會。身為伯南布哥的知識分子，他以「三個種族」的關係為主題，把東北部**大宅邸**的私人經驗，轉變成集體的身分認同。這部作品為巴西的多種族社會引進新模式。透過新的文化分析，這位作家反轉昔日對異族通婚和種族衝突的恐懼。這個「大熔爐」被寫成巴西三個種族和平共存的樂觀神話。套用費雷雷的話：「所有巴西人，甚至金髮的白人，往往在他們的身體和靈魂裡，帶有印第安人和非洲人的形象或特徵。」[68]如此這般，他將混血文化變成巴西社會不可或缺的部分。

在某種程度，因為這本書赫赫有名，不同社會群體之間的種族混合（經常是激烈的），變成巴西社會的鑑別特徵，社會化的一種模式。並非費雷雷的書忽視過去的種種恐怖；而是他將新文明理想化，以東北的**大宅邸**為典範。與聖保羅和里約熱內盧的都市現代主義形成對照，吉爾貝托．費雷雷想像昔日殖民時期的糖料作物種植園，基於和平共存建立民族認同。社會排斥與社會包容是互相平衡的對立勢力：父權制的主人與忠實的奴隸。費雷雷的書未觸及根據種族範疇的階層概念，反而承認奴隸制的特點是暴力和虐待狂。[69]《大宅邸與奴隸小屋》新奇的地方在於強調家的親密，淡化種植園嚴酷的勞動，使一切變成樂觀的因素，彷彿「良好形式」的奴隸制並非自相矛盾的說法。

「明日過後」：廢奴後的黑人居民

一八八八年《**黃金法**》帶來的幸福感消失後，該措施的缺點立即浮現。雖然這項法律廢止奴隸制，卻未處理被解放的奴隸與子孫的社會融入，他們幾乎沒有機會與其他群體競爭工作，尤其是與白人競爭，不論是巴西人或移民。根據外交部長里約．布蘭科不當的雙關語，這個主意是抹掉「黑色的過去」。一八九〇年共和國國歌有一行文字如下：「我們無法相信，在這麼壯麗的土地，過去有奴隸……」這個「過去」只是一年半以前，但是似乎沒有人記得。

事實上，在「共和國」早期，有一種真實的憂懼：可能推行新的奴役形式或其他種族歧視政策。種族決定論的過去，使新近被解放的奴隸必須忍受沉重的負擔。因為新範疇決定法律和社會正義的準則，使期望的事情逆轉。這些範疇包括種族、宗教、族裔和性別。根據當時的輿論，黑人和混血巴西人欠缺專業和社會成就，根深蒂固於生物學的問題，是種族固有的，並非歷史或最近的過去。國立精神病院醫師恩里克．羅克索（Henrique Roxo），在「第二屆拉丁美洲醫學會議」（一九〇四年）的演講中陳述：黑人和**帕爾多人**應該被看作「未進化的」種類，「一直處於落後狀態」。根據羅克索醫師所言，雖然各種族都有「遺傳的負擔」，就這些族群的情況而言，負擔「特別沉重」，導致怠惰、酗酒和精神病。他的論點也包括社會議題，責怪「倉促過渡」和城市的無序成長。

事實上，巴西固有的混血巨人形象，看起來需要維護。一九一一年七月，拉丁美洲國家只有巴西參加「第一屆國際種族會議」。里約熱內盧「國立博物館」館長巴蒂斯塔・德拉塞爾達（João Batista de Lacerda），被派到倫敦代表國家。他是科學家，在這個會議提出一篇文章，定名為「**巴西混血兒**」（*Sur les métis au Brésil*），他的結論引人好奇：「這是合乎邏輯的猜測，在下個世紀初混血兒勢必已經消失，此事與我們當中的黑色人種滅絕會同時平行發生。」[70]這篇文章認為未來將是白人的而且是和平的，黑人和混血兒消失，騰出空間給越來越白的結構化文明。但是巴西人對他的論文感到悲觀，並非預料中的原因。相反地，他們認為一百年太久了，巴西迫不及待想變成絕對的白。

一九二九年「第一屆巴西優生學會議」主席，人類學家羅凱特・平托（Roquette Pinto），也預料這個國家的白人會越來越多：到了二〇一二年巴西的人口將是八〇%白人和二〇%混血兒；不會有黑人或印第安人。這類論點占上風，使廢奴後的辯論，從平等與取得公民權的法律問題轉移。以生物學為根據的討論取而代之。科學遷就歷史，使社會階層變成永遠不變的論據。有兩種平行的過程在運作：強調所謂的黑人和混血兒劣等，企圖消除這個國家的奴隸制歷史和遺產。因此產生「次等公民」的階級，包括內地的居民和城市的棚戶。阿盧伊西奧・德阿澤維多（Aluísio de Azevedo）[71]一八九〇年的小說《**貧民窟**》（*O cortiço*），對這些貧民窟的生活有精彩的描寫。這位作家把這些社區刻畫成不定時炸彈，不僅因為居民混雜（葡萄牙人、西班牙人、前奴隸、自由的黑人和穆拉托人），而且因為急速都市化、倉卒將窮人驅離他們的家園，導致動亂。

新近解放的奴隸，因為他們的種族和當奴隸的歷史遭受歧視。利馬・巴雷托在日記裡寫道：「在巴西，**先驗地**討論黑人的心智能量，**後驗地**討論白人的心智能量，」他的結論充滿挫折感，「非白人，很悲慘。」[72]奴隸制廢除後，以一種沉默且執拗的偏見對待黑人，對他們的生活產生相當大的影響，因為這種偏見是根據膚色的層次建構等級制度。[73]非白色人種被認為怠惰、不道德並造成社會解組。[74]

「自由是黑的，而平等是白的。」雖然白人精英階層享有平等、公民權並獲准投票，前奴隸卻應該滿足於僅有的行動權利。一個很好的例子是他們急於獲得在禁錮期間被禁止的物品。旅人路易—阿爾伯特·加弗雷（Louis-Albert Gaffre）敘述：奴隸制廢除後，男的和女的黑人立即用他們微薄的存款去買鞋子，這是他們當奴隸時不可能擁有的附屬品。雖然這些物品的需求量大，顧客對結果感到失望。當奴隸的時候，他們赤腳走路，長老繭的雙腳直接與地面接觸。那使得他們很難適應「這種現代風俗」。目擊者透露，在城市的街道和田野裡，他們看到黑人攜帶鞋子：不是穿在腳上，而是掛在肩膀上，當作肩背包或戰利品。無論如何，自由表示能夠購買和使用需要的東西，以及擁有名字和身分。

實際上，廢奴以前建立的習俗延續而非中斷。最重要的是，農村地區解放的奴隸加入窮人的行列——這絕非新局面。新鮮的是這個階層有許多人採取遊牧的生活方式。這個龐大的群體有山地人、內地人和**卡布克羅人**，設立臨時種植園，然後繼續前進，在南部當牧牛人、騾夫、馴馬師和送報生，或是在東北部養牛。這說明他們的生活方式過度節儉的理由。他們的私人物品很少，通常不養家畜。[75]黑人勞工與佃農混在一起，採取聖保羅州山地人和**卡布克羅人**的生活方式，在米納斯吉拉斯農場和東北部糖料作物和棉花的種植園工作。他們寧可不定居，用「最低限度的必需品」生活。他們生產食物和貿易商品，汲汲於少許的盈餘。[76]他們的社會生活局限在農村和村落的聚會。

雖然一些評論者喋喋不休，認為混血兒冷漠且墮落，彷彿他們是國家的病徵，但是也有年代史編者讚美他們「單純的農村生活方式」。一九一四年，《**聖保羅州報**》一篇定名為「**烏魯佩斯**」（Urupês）的文章，作者蒙泰魯・洛巴托（Monteiro Lobato）[77]創造傑卡・塔圖（Jeca Tatu）這個角色，或許是來自帕拉伊巴山谷的鄉巴佬原型。在巴西人的想像中，傑卡・塔圖誇張地模仿窮人，變成最著名的滑稽化人物之一。雖然他遭遇許多阻礙和挫敗——小時候被收養、政治動盪、到處鬧旱災和饑荒，這個**卡布克羅**始終神采奕奕。魯伊・巴博扎在一場演講用傑卡・塔圖當例子。他問：「究竟誰是巴西人呢？那個蹲坐的**卡布克羅**？在酒吧用一杯酒或一卷菸草就可以收買他的選票。或是那位閱讀法文書、抽著菸、時常到劇院看義大利歌劇的紳士？」[78]

「第一共和國」於一九三〇年結束，最後數年的政治辯論充滿這類問題。硬幣的一面是這個政府促進巴西現代化項目，另一面則截然不同。巴西的窮人住在米納斯吉拉斯抹灰籬笆牆茅屋；**平頂鑽石山**（Chapada Diamantina）的洞穴屋；東北部奴隸建造的避難所；以及河岸用支柱撐高的棚屋。在這些地方，社會規則是「**卡布克羅**」，以敬奉的儀式為特徵，也以暴力為特徵。他們種自用的食物：木薯、玉米和菜豆。在特別的場合，他們吃雞肉或肉乾加粗麵粉、**辣魚粥**（pirão）、**玉米糊**（angu）和**花生酥糖**（paçoca）。[79]他們信奉道地的巴西宗教，配合大量天主教教義服用，結合非洲裔巴西人的習俗和移民的傳統：咒語、巫術和祈禱儀式的混合物。這些，是硬幣的另一面。

原住民和美洲印第安人：「野蠻人」（仍然）與我們同在

被「共和國」忽視的族群包括印第安人：他們被系統性排除在政府所有計畫和政策之外。帝國時期對原住民的關注，虛誇勝過務實；印第安人是浪漫小說主要的英雄角色，而非任何實際政策的主體。在「共和國」他們甚至被排除得更徹底。[80]其中一個例子，屠殺坎剛人（Kaingang），為「巴西西北鐵路」開路。當時，「保利斯塔博物館」館長赫爾曼．馮．希林（Hermann von Ihering）在報刊主張：這些族群應該被消滅。

一八八〇年在聖保羅西部開始為瓜拉尼、夏灣提（Xavante）和坎剛部落劃定印第安土地邊界。雖然前兩族「被整合」，代價是文化被摧毀殆盡，但是坎剛部落抗拒他們的地產被侵犯。一九〇五年鐵路開始建造，對峙如火如荼。印第安人長期抵抗，形成當時所謂的「坎剛牆」。直到一九一一年政府幾乎殲滅這個部落，加上「**印第安人保護局**」（Serviço de Proteção ao Índio，簡稱ＳＰＩ）的干預，才控制局面。此機構的主管坎迪杜．龍敦（Cândido Mariano Rondon）是一位軍官，在馬托格羅索與戈亞斯之間搭建電信線路並從事其他活動。聯邦政府擔憂這些遊牧民族的孤立和脆弱。坎迪杜．龍敦負責將亞馬遜區域併入這個國家，不僅利用巴西中西部到南部的電信線路，而且繪製這個區域的地圖，冒險進入未知的領土，與印第安人初次接觸。

印第安土地劃界政策因地制宜。有些區域被視為新的，例如，因為橡膠的需求，重新發現亞馬遜。其他區域很久以前就殖民。「共和國」建立時，原住民族的情況不再與勞動有關係，而是變成土地所有權的問題。在殖民時期開墾的區域，號令是固守村落的邊境，但是在最近取得主權的領地和水域，雖然利用印第安人的勞動，但目標是攻克新土地。政府的理由是擔心「殖民者的安危」。這些政策不新，但是以前執行時不曾與政府有明顯的勾結。命令很清楚：消滅「野蠻的」印第安人，或是「教化他們，將他們納入社會」。[81]儘管有共和憲法的條款，勢必要花很長的時間，保護和包容的政策方得落實。

利益之鄉有危機

第一次世界大戰期間發生一連串事件，對這個國家造成相當大的衝擊。首先，旱災不斷，咖啡的價格起伏不定，導致農產品出口減少，引起經濟危機。其次，戰後移民遷入的人數激增，城市隨之成長。這些因素結合起來，導致自由的城市專業人士形成強大的新集團。另外，在戰爭數年執行「進口替代」過程，導致小零售商、工匠和實業家經營的小商店和行業增多。

另一方面，國家的干預增加，表示有更多人受僱於政府行政部門。政府員工比比皆是。作家馬查多·德阿西斯和利馬·巴雷托（他倆是公務員），諷刺地描述政府職員。利馬·巴雷托嚴厲批評這種坐領乾薪的職位：

> 第一天在內閣上班，我領悟到，我們所有人注定要當公務員〔……〕我很快就適應，覺得自己注定要為國家工作，用我有限的文法和很差的文筆，在任務中執行國家的發展和活動……[82]

有意思的是，在「第一共和國」時期，農產品出口經濟未受到城市成長的影響。相反地，政府與「**上校主義**」的制度有關連，以及所謂的「牛票」（cattle vote，農村的居民投票，依照當地的**上校**指示），使新都市階級的政治聲音中立化，政府得以繼續控制選舉。在這塊充滿利益、互諒互讓的土地，很難自治。這種制度根本不自由，甚至對廢除奴隸制沒有集體意識。全體公民促使「共和國」誕生，這種觀念當然不存在。政治行動仍然高度依賴那些掌權者之間的關係。這種制度只能叫做任人唯親。

然而，甚至在「第一次世界大戰」之前，與農業利益毫無瓜葛的自治團體開始創立。有若干中產階級運動表達不滿情緒：**弗洛里亞諾主義**、一九〇九年**公民運動**（campanha civilista）、抗議短缺，從一個城鎮蔓延到另一個城鎮，以及二〇年代巴西各地發生尉官起義。這些反叛使已很脆弱的「第一共和國」更加不安定。一九二〇年陸軍大多是低階的軍官，六五．一%是中尉或少尉，二一．三%是上尉。[83]他們在陸軍和社會取得立足點。這些軍官通稱尉官，他們認為巴西需要強大的中央政府干預經濟，以便開發自然資源、促進工業，保護國家不受外國剝削。他們把區域主義和腐敗看作國家弊病百出的根源。他們對社會問題開明，但是在政治上獨裁。在公開場合，他們的舉止像軍人，準備保護國家和破壞區域的寡頭政權。他們也想減少社會的不平等現象和終止文盲，但是他們不知道該如何達成目標，也不知道該如何創造他們夢想的國家。

因此，他們幾乎孤軍與政府對抗。一九二二年七月五日，里約熱內盧爆發戰鬥，通稱「科帕卡巴納堡十八起義」（Copacabana fort eighteen revolt），這是首次尉官起義。[84]有一些戲劇性時刻：兵營叛亂結束時，二十八位軍官繼續反叛，想使他們的抗議名垂千古，他們沿著**大西洋大道**（Avenida Atlântica）前進，與政府部隊對峙。這條林蔭大道至今仍貫穿科帕卡巴納海灘。在這個過程中有十位軍官離棄這個團體，只剩下十八位繼續邁向炮火。反叛的尉官只有兩位倖存，錫凱拉．坎波斯（Siqueira Campos）和愛德華多．戈梅斯（Eduardo Gomes）。第二次起義，一九二四年**保利斯塔**革命，是聖保羅有史以來最大的軍事對抗。始於七月五日（「科帕卡巴納堡十八起義」第二週年紀念日），叛軍占領這座城市二十一天。

一九二四年「瑪瑙斯公社」（Manaus commune）叛變爆發，蔓延到帕拉州歐比多斯（Óbidos）區域。由於橡膠價格下跌，導致這個區域不安定，而且人民普遍指責行政機關腐敗。聯邦政府試圖解決危機，提供更多信用貸款，卻造成更廣泛的負債。在瑪瑙斯駐防的部隊，籌劃在首府起義，反對「共和國的憲政權」。和其他尉官一樣，他們把自己看作人民合法的領導者，要求反轉政經形勢。

然而，目前回響最大的尉官起義是「**普雷斯特斯／米格爾．科斯塔縱隊**」（Coluna Prestes / Miguel Costa），在一九二五至一九二七年間橫掃全國。[85]雖然起初的目標是推翻阿圖爾．貝納德斯（Artur Bernardes）總統的政府，但是這項運動有影響深遠的要求。該運動的成員要求無記名投票、改革州立學校、小學義務教育和政治教化。他們也公然抨擊剝削和窮人悲慘的生活狀況。這支縱隊是**保利斯塔**尉官集團（與米格爾．科斯塔有聯繫）與南大河州的叛軍聯盟，由路易斯．卡洛斯．普雷斯特斯（Luís Carlos Prestes）率領。普雷斯特斯中尉象徵變革的精神，激勵陸軍的尉官們。他激起都市中產階級的支持，成為知名的「希望騎士」。全國各地的志願者蜂擁而至，加入縱隊的行列。在兩年五個月的時間，此縱隊行走兩萬五千公里，橫越巴西十二州。固定核心有兩百人左右，在旅程的某些時候增加到一千五百人。在縱隊停留的城市，反應是混雜的。有些人把他們當作救世主迎接，但是有些人憎恨他們獨斷專橫的作風，例如，未經主人的同意捕捉馬和牛，並且在小鎮和村落沒收藥品、繃帶和食物。

這支縱隊行動迅速，避免與政府部隊有任何對峙。這確實是他們的目的：把這項運動當作一種武裝的抗議遊行，顯出無敵的樣子。這個策略奏效：他們橫越這個國家，從馬托格羅索到馬拉尼昂，然後走相同的路線回來，一九二七年在玻利維亞尋求庇護。陸軍的軍官和部隊，越發佩服這些反叛者。數年後杜特拉將軍（General Dutra）[86]回憶：部隊被派去與縱隊戰鬥，會對彼此說：「讓他們通過吧。」

不「舊」的共和國

在二十世紀二〇年代末，「第一共和國」搖搖欲墜，政績有好有壞。一方面，它會被記得是都市成長、工業化和移民遷入的繁榮時期。邁出建立共和制度的第一步，為爭取更好的工作條件而開始鬥爭。另一方面，這是鎮壓時期，有各種政治騙局、種族主義措施，以及將窮人驅逐到市郊。有這麼多的模稜兩可，「共和國」變成無休止的衝突現場；此時城市被視為「危險階級」的活動中心和「下層階級」的起義中心。[87]

正面與負面齊頭並進。這些是共和政府制度化的初期狀況，與改善工作條件的鬥爭狀況。而且，只重視社會排斥的過程，只反映當時統治精英的願景。他們認為任何人涉及叛亂行為是「無政府主義的烏合之眾」。事實上，有截然不同的協會類型，時常井然有序地行動，蒐集簽名並推動公共宣傳活動，以及有組織的抗議遊行。或許正因為如此，這個時期被稱作「舊共和國」，這個輕蔑的字眼在一九三〇年革命後產生，實際上有許多原因使這個綽號沿用至今。

這個名稱揮之不去，部分原因是共和政體有許多政治與社會的缺點。但是巴西的習俗和制度民主化過程已初具規模，這是不爭的事實。在「第一共和國」時期，各種不同的統治強權脫穎而出，發展新的選舉程序，討論公民充分參政的初步計畫。因此，雖然這個時期經歷許多衝突，獨裁政府靠武力維持權力、戒嚴狀態，和基於優生學的種族政策，但是也是這個時期城市開始轉變成市民可以抗議和辯論的場所。

這絕非第一次，新運動的政治人物和知識分子主張新制度所有的優點，將舊政體貶低到落後得一無可取。審視過去時，新運動容易目光短淺，選擇性地挑選觀點：他們自己的觀點。這確實是一九三〇年革命的情況，這個國家立即被指定為「新的」：「**新國家**」（Estado Novo）。根據這個觀點，真正的**共和制**（res publica）尚未到來，那是真正現代的、道德的和政治的社會。

雖然這個國家歡迎共和制，視為現代的先驅，但是截至二十世紀二〇年代末，許多人感到失望，渴望發現真正的「巴西特質」，審視這個國家的過去並打造新的未來。文學評論家羅貝托·史瓦茲（Roberto Schwarz）曾經批評：在巴西一切似乎「又從零開始」，這個國家的建構是減法的過程。[88]換言之，每一種情境產生新方法展望國家的未來，企圖消除先前存在的方法。現在時機來了，找到正確定義巴西的事物、尋找民族認同的模式，並且播下新種子。當然，這個國家對混血人口的態度，必須從生物學轉移到文化的觀點。從二十世紀初現代主義項目崛起的巴西，是充滿矛盾的地方。過去與現在共存；流行歌曲與古典音樂；民間文學與學院文學；現代的交通工具與驢拉的二輪貨車；都市化的鄉村與遼闊的內地；社會排斥與邁向社會包容的最初步驟；任人唯親與創立政治和社會制度迄今不為人知的過程。確實，「共和國」的第一代，在十九世紀末和二十世紀初誕生的人，開始重新發現內地的巴西。音樂學者馬里奧·德安德拉德和維拉—羅伯斯，印第安主義者坎迪杜·龍敦，散文家、社會學家和歷史學家，例如布阿爾克·德奧蘭達，公共衛生學家卡洛斯·查格斯（Carlos Chagas）和貝利薩里奧·佩納（Belisário Pena），以及軍人，譬如**普雷斯特斯縱隊**的尉官們，都構成一項運動的部分，該運動質疑並改變態度、概念及政治行為。這是以「合併**邊遠地區**」為中心思想而建立的運動。這表示接納內地的巴西人——經常被描繪成孤立、被遺棄、不健康、遊牧的、落後的、抗拒改變、沒有自己的土地，但是他們是巴西持續被重新發現的核心。

人類學家李維史陀，在他的著作《**野性的思維**》（*La Penseé sauvage*）斷言：人是善於分類的動物。人先將一種現象歸類，然後賦予意義並找到用途。「舊共和國」這個名稱擺脫不掉。這顯示「**新**

國家」的政治人物如何看待他們與前任的關係。他們就像自戀的納西瑟斯（Narcissus），以為除了鏡中的自己皆醜陋。他們不明白，雖然充滿爭議和矛盾，這個時期的經驗是正面的，有爭取權利的鬥爭、公私領域的新分野，與承認公民權的進展。街道在顯著的地位，繁忙熱鬧地展示時裝、社會生活、報童、罷工的工人、政治抗議，以及流行文化的表現形式。「第一共和國」的名稱比「舊共和國」更適合。「第一」，因為，不論好壞，「共和國」在新國家前面。「第一」，因為，第一次，行使公民權成為大眾關注的熱點。

第十四章

森巴、痞子風、[1]威權主義：現代巴西誕生

投票，或武裝對抗：第一共和國將結束

一九三〇年三月一日，嘉年華週末，能讀寫的巴西人出門，選舉下一任「共和國」總統與新的聯邦議員。這將是「巴西共和國」第十二屆總統選舉。選民人數不多——必須是成年男性並且有讀寫能力，總計只有全體人民的五．六%，但是這場選舉仍然緊扣人心而且難分高下，如同二十年前，一九一〇年魯伊．巴博扎與對手埃梅斯．達豐塞卡的選戰。[2]雖然巴西在過渡時期的變化很大，而且候選人是新的，但是一九三〇年的選舉在某些方面使人回想起較早的那場競爭。競選活動走上街頭、在各州展開，而且動員全國參加政治集會——當時用英文稱之為meetings。民眾參與使兩大議題變成關注熱點：總統繼任的規則和程序，以及共和政府關於社會平等和公民權的政策。

一九三〇年的選舉有一個時代結束的氛圍。「第一共和國」最後一位總統華盛頓．路易斯（Washington Luís）放棄「州長政策」，危及區域精英與聯邦政府的默契。但是沒有人料到，他竟然打斷米納斯吉拉斯州與聖保羅州的權力輪替，選擇聖保羅州長儒利奧．普雷斯特斯（Júlio Prestes）當他的繼任者。[3]華盛頓．路易斯不相信共和國確實可以靠選舉和投票來治理；他認為統治需要嚴

格控制區域政治勢力。直到一九二九年儒利奧．普雷斯特斯開始競選活動之前，一切如常：區域精英控制州的行政部門，在聯邦層級由聯邦政府和各州分配權力。

華盛頓．路易斯的總統任期一直是太平無事，尤其是與他的前任相比，前任總統阿圖爾．貝納德斯在戒嚴狀態下統治四年。在二〇年代，警方使用強制手段對抗都市勞工，減少罷工次數並削弱工會。一九二七年後**尉官派**反對的聲浪似乎也失去勢頭，當時**普雷斯特斯／米格爾．科斯塔縱隊**最後的餘黨，幾乎縱橫馳騁全國後，在玻利維亞和巴拉圭得到巴西部隊的庇護。[4]

華盛頓．路易斯盡可能延後公布官方候選人。在「第一共和國」時期，聯邦與各州的默契，意味著總統大選的勝利者已成定局：「共和國」總統提名的官方候選人，獲得全國寡頭政治集團全力支持，根本不可能落選。

總統的繼任變成權力轉移的儀式。這包括某種程度的政治不穩定，但是唯有米納斯吉拉斯與聖保羅協商必要的調整時才不穩定。這兩州之間每四年的爾虞我詐，夾雜許多陰謀和緊張。然而，正是這種協商保障了穩定。從一八九四到一九〇六年**保利斯塔人**掌管政府，從一九〇六到一九一八年**米納斯人**取得政權。從一九一九到一九二九年這兩州輪流掌權。一九二六年，由於阿圖爾．貝納德斯總統任期內不穩定，**米納斯人**及時提名華盛頓．路易斯繼任總統。雖然他在里約熱內盧出生，卻是對聖保羅有利的合法代表。而且，只是為了安全起見，他們指定自己人，**米納斯人**費爾南多．德梅洛．維亞納（Fernando de Melo Viana），擔任副總統候選人。[5]一九二九年**米納斯人**等待利益回轉，同時準備再度占有**卡特蒂宮**。[6]

現今歷史學家仍然辯論不休，華盛頓．路易斯為何決定冒失去一切的危險，對抗米納斯吉拉斯州。這位總統是典型的體制產物，而他幫助破壞這個體制。他專制、自負，厭惡談判。他認為政治應該交給受約束的精英，由他們控制選舉制度並管理這個國家。前議員吉爾伯特·阿馬多（Gilberto Amado）[7]在回憶錄寫道：「聽到了嗎？那是他絕對不做的事情」。他接著寫道：「他完全不考慮他的言行對別人的影響。他從未想到，那些被他排斥和拒絕的人，可能會受傷、憤恨或反擊。」[8]

雖然華盛頓·路易斯確實狂妄自大，但是他可能惦記著國家的最佳利益。或許他相信儒利奧·普雷斯特斯是適當人選，可實現他治理國家時制定的經濟穩定計畫。此計畫有兩大目標：穩定英鎊匯率（當時國際市場的標準參考），以及保護巴西最重要的商品——聖保羅咖啡，不再受物價波動影響。

華盛頓·路易斯的第二項考慮因素，很可能是因為聖保羅變成聯邦最富裕的州，應該統治這個國家。對於**保利斯塔**咖啡加工的動態經濟學，以及**保利斯塔**咖啡生產商控制國家政治，他滿懷信心。有第三項考慮因素：**米納斯**與**保利斯塔**的咖啡生產商，對商品增值政策有潛在衝突。[9]顧及所有這些因素，加上他在聖保羅發展他的政治家生涯，華盛頓·路易斯很可能認為他可以省掉這兩州之間的協議。畢竟，當時米納斯吉拉斯的咖啡生產規模比聖保羅小許多，而聖保羅一直有顯著的經濟成長。以四年為期，使聖保羅的利益順從一位精英的意願，而這位精英來自經濟和政治都比較脆弱的州，這似乎不再合理。

一九二八年五月，米納斯吉拉斯州長安東尼奧·卡洛斯，戴大禮帽並穿燕尾服，完美無瑕地現身，參加「里約熱內盧—聖保羅公路」通車典禮，這是華盛頓·路易斯施政最精彩的部分。安東尼奧·卡洛斯走上講臺，坐在「共和國」總統身邊。總統的開幕辭讓他目瞪口呆：完全沒有分寸感，華盛頓·路易斯把儒利奧·普雷斯特斯（當時的聖保羅州長）當作「共和國未來的總統」歡迎。安東尼奧·卡洛斯把自己看作貴族，他的家族曾經為爭取獨立與葡萄牙對抗，他是若澤·博尼法西奧的直系後裔，他的反應是典型的**米納斯**。他心中有數，一語不發。他回到美景市，開始密謀。[10]一年後，華盛頓·路易斯正式宣布儒利奧·普雷斯特斯的候選人身分，安東尼奧·卡洛斯發訊息通知他：**米納斯人**已經支持另一位候選人，反對黨的成員。

經過不斷討論，安東尼奧·卡洛斯盡本分：他同意放棄候選人身分，以便建立與咖啡行業無關、廣泛的區域勢力聯盟，包括異議團體，例如在二〇年代反叛的**尉官派**。帕拉伊巴和南大河州的精英階層，與米納斯吉拉斯合力推出一位反對黨候選人，他們不同意咖啡出口是巴西最重要的議題。反之，他們傾向於優先考慮國內市場。在二〇年代末，米納斯吉拉斯、南大河州和帕拉伊巴的區域精英，經歷相當大的轉變：他們的政治領袖更年輕且更有學識，在充滿政治、社會和文化進展的社會，渴望落實改革計畫。

一九二三年聯邦派反叛後，南大河州對立的政治勢力——自由主義者（也通稱奇曼戈鷹〔chimangos〕）與聯邦主義者（馬拉加托〔maragatos〕），在州的行政部門各有代表。二十年來這兩黨對州際權力分配不均一直懷恨在心。從聯邦政府的觀點，南大河州絕對不會有人當總統。畢竟，該州的經濟局限於國內市場，與聖保羅和米納斯吉拉斯相比，選民的數目微不足道。另一方面，在帕拉伊巴（東北一個小州），嶄露頭角的精英階層，逐漸削減龐大的種植園業主——**上校**（coroneis）的權力。他們有偉大的夢想並眺望未來：他們打算在政治上孤立鄰州伯南布哥，率領東北部諸州走上國家政治的中央舞臺。[11]

反對黨總統候選人是熱圖利奧·瓦加斯，副總統候選人是若昂·佩索阿（João Pessoa）。熱圖利奧·瓦加斯來自南大河州最西邊的聖博爾雅鎮（São Borja）養牛家庭。他的政見與高卓實證主義者一致，高卓實證主義者是南大河州共和獨裁政府的幕後操縱者。熱圖利奧·瓦加斯在公共生活迅速崛起：他曾經是州議員、聯邦議員、南大河州國會代表的領導者，在一九二六與一九二七年間擔任華盛頓・路易斯的財政部長。若昂・佩索阿是帕拉伊巴人，被視為有效率、誠實的行政官。他的家族在帕拉伊巴控制政治活動數年，他的叔父埃皮塔西奧・佩索阿（Epitácio Pessoa）從一九一九到一九二二年是「共和國」總統。[12]

安東尼奧・卡洛斯始終精明，在謀劃時密切注意**米納斯人**。反對勢力的聯盟，稱為「自由聯盟」（liberal alliance），具備掌權的所有必要元素。聯盟成員代表各種各樣背景和意見。因此他們形成有活力的交替權軸，處理政治的方式令人耳目一新，獲得社會大部分階層支持。

「自由聯盟」這個名稱變得受歡迎，家喻戶曉。它不僅暗示異議勢力，也是新的政治議程。聯盟成員使用「自由」這個詞，強調他們對巴西潛能的構想，使國家現代化的意圖。就這個背景而言，「自由主義」議程包括支持工業，支持至今被排除的社會團體的政治權利，並支持社會權利——尤其是八小時的工作日、假日、最低工資、保護職場婦女，以及限制童工。[13]

在一九二九年下半年，「自由聯盟」走上街頭，準備贏得巴西選民全力支持。新鮮感十足的「**自由旅隊**」（Caravanas Liberais），[14]由年輕的激進分子組成，在這個國家幾個最大的城市，在公共論壇打動巴西人，相當成功。他們策略性地開啟一些最受歡迎的議題：特赦一九二二年起義與一九二七年起義的尉官和士兵、勞工的權利、不記名投票、經濟多元化與東北部旱災政策。[15]

一九三〇年一月初，總統候選人熱圖利奧・瓦加斯在里約熱內盧離船上岸。他是「自由聯盟」的傑出人物，到該地的群眾大會發表聯盟政綱。[16]直到那時候，政治競選一直不太熱烈而且枯燥乏味。候選人會向滿屋子來賓發表選舉綱領，然後宴客。打破這種傳統，在公共廣場動員民眾，這種主意聞所未聞，引起輕微的反感。一月二日在里約熱內盧市中心舉行群眾大會，吸引人山人海。講臺上，除了聯盟主要領導者，尚有其他受歡迎的反對派成員，包括律師埃瓦里斯托·德莫賴斯（Evaristo de Morais）[17]和議員毛里西奧·德拉塞爾達（Maurício de Lacerda），[18]後者是思想獨立的新聞記者，俗稱「平民護民官」（People's Tribune）。雖然下毛毛雨，群眾估計超過十萬人，熱烈、著迷地聽熱圖利奧·瓦加斯大聲朗讀反對派完整的宣言：這位目光呆滯、矮個子、大腹便便的候選人，面無表情，以低沉單調的聲音持續讀了三十一頁。

然而，反對派沒有任何實際機會贏得選舉。儒利奧·普雷斯特斯受到華盛頓·路易斯與聖保羅強大的咖啡種植園主公開支持。另外，這位總統得到十七位州長支持他的候選人，這些州長自由運用他們特有的方法取得選票。一如既往，在所有的州，包括支持反對派候選人那些州，雙方都有舞弊和威逼利誘。西尼奧，當時最受歡迎的歌手之一，熱烈支持儒利奧·普雷斯特斯，兩人曾經在奧斯瓦爾德·德安德拉德與塔希拉·多阿馬拉爾舉行的派對會面。西尼奧諷刺地批評政治體制，一場封閉式比賽，選舉結果在預料之中。[19]每個人都順應習俗，如同西尼奧在三〇年代一首很受喜愛的狂歡節歌曲，「我聽說／為我們好／耶穌選擇／儒利尼奧（普雷斯特斯）當領導」。西尼奧知道他在唱什麼。計票時，宣布儒利奧·普雷斯特斯以一百零九萬一千七百零九票擊敗熱圖利奧·瓦加斯的七十四萬二千七百九十四票。在聖保羅，結果令人憤慨：三十五萬票投給政府的候選人，三萬票投給反對派。在米納斯吉拉斯，由於選民多，「自由聯盟」期待好結果，安東尼奧·卡洛斯承諾他會交出三十五萬票，但是只得到二十八萬票。帕拉伊巴選民少，反對派領先兩萬票，但是無關緊要。在伯南布哥，寡頭政治集團決定終止帕拉伊巴與東北部其他州的結盟計畫，儒利奧·普雷斯特斯得到六萬一千票，「自由聯盟」九千票。熱圖利奧·瓦加斯只有在自己的家鄉南大河州獲勝，得到二十九萬五千票，儒利奧·普雷斯特斯僅得到一千票。[20]

一旦宣布獲勝者，反對派就束手無策，只能抗議選舉舞弊，大多無法證實。儒利奧・普雷斯特斯獲勝，表示反對派的冒險結束，區域精英回歸傳統政治。連熱圖利奧・瓦加斯也承認對手勝利，他回到南大河州，與新的行政部門重建關係，認為這段插曲結束了。

但是事情將會順利進行的想法是錯覺。「自由聯盟」是廣泛的聯盟，代表各種不同政治人物的利益、意識形態，和至少兩代的區域領袖，他們當中有許多人與熱圖利奧・瓦加斯的思想不一致。這些年輕的領導者，包括來自米納斯吉拉斯的維吉利奧・德梅洛・弗朗科（Virgílio de Melo Franco）和弗朗西斯科・坎波斯（Francisco Campos），以及來自南大河州的內維斯・達豐托拉（João Neves da Fontoura）和奧斯瓦爾多・阿拉尼亞（Oswaldo Aranha），仍然熱衷於反對派的政綱。他們也急著為自己開拓政治生涯，擺脫老一輩領導者的控制。他們拒不接受選舉失敗，決定繼續戰鬥。他們喃喃地說：儒利奧・普雷斯特斯贏得選票，但是熱圖利奧・瓦加斯會打贏戰爭。

武裝衝突的替代方案，並非只是年輕文職領導人的空想，他們有**尉官派**義無反顧的支持。這群低階軍官經歷二〇年代起義而倖存，認為他們遭受虐待。自從「共和國」公告宣言，他們渴望權力卻一直被拒絕。這一次他們不打算毫無戰鬥就讓機會溜走。**尉官派**是理想主義者，受到部隊極力讚賞，並且得到都市中產階級和勞工階級的同情。他們有軍事經驗，在政治上得不到滿足。另有一小群軍官，在三個反體制的州與軍中重要人物之間穿針引線。這些軍官是茹阿雷斯・塔沃拉（Juarez Távora）、錫凱拉・坎波斯、愛德華多・戈梅斯、若昂・阿爾貝托（João Alberto）、米格爾・科斯塔、阿吉爾多・巴拉塔（Agildo Barata）與茹拉西・馬加良斯（Juracy Magalhães）。

年輕軍官與反對派文職領導人關係密切，證實對華盛頓・路易斯的政府是大災難，縱使所有**尉官**當中最有聲望的路易斯・卡洛斯・普雷斯特斯已拒絕擔任「自由聯盟」的軍事指揮。在一九三〇年，普雷斯特斯中尉已經有神話般的地位。在二〇年代他一直是游擊隊最後一支縱隊的領袖，扮演救世主般的角色，深入內地喚醒窮人的政治意識，而且他在**蠻荒林區**玩貓捉老鼠的遊戲，躲避政府部隊追捕。他在玻利維亞、阿根廷和烏拉圭流亡時，受歡迎的程度很驚人。對「自由聯盟」的領導者而言，他是他們夢想的軍事指揮官。但是在一九三〇年，普雷斯特斯中尉使眾人大吃一驚。拒絕**尉官**運動和「自由聯盟」的政綱，他成立「革命行動聯盟」反抗政府，而且他開始積極支持共產主義者。[21]這是漫長政治生涯的開端，最初將他帶到莫斯科，最終導致他於一九三四年加入「巴西共產黨」。

儘管有幾乎全部尉官的忠誠與眾多文職領導人的政治意志，加入武裝鬥爭，但是缺乏協調。然而，到處有密謀：在阿雷格里港、美景市、蒙得維的亞與布宜諾斯艾利斯，謠傳會發生**政變**阻止儒利奧．普雷斯特斯取得政權。流亡**尉官**經常越過邊境進入南大河州，與年輕的反對派領導人開會，從阿根廷走私武器和彈藥進入國內。但是「自由聯盟」主要的領導者仍然猶豫不決。熱圖利奧．瓦加斯始終是機會主義者，觀望並等待良機。另一方面，安東尼奧．卡洛斯的任期將結束，他表示不確定是否支持其他州的起義者。不久他將米納斯吉拉斯州長的職位傳給奧萊加里奧．馬西埃爾（Olegário Maciel）。因此，密謀被保留，暫緩軍事進攻。「自由聯盟」需要一些外在壓力，以恢復動機並充當叛亂的導火線。

那個事件在七月二十六日下午發生，前副總統候選人若昂．佩索阿被近距離開三槍射殺，當時他與幾位同道政治人物在累西腓高雅的「**葛洛莉亞糖果糕餅店**」。[22]這並非對手僱刺客暗殺——迄今東北部普遍的說法。凶手若昂．丹塔斯（João Dantas）是律師，他當場被逮捕，承認因個人理由犯罪。數週前，帕拉伊巴警察搜查他的辦公室、沒收文件，在若昂．佩索阿同意下，把資料交給當地報刊。州政府的機關報《**團結報**》（*A União*），在頭版刊載全部內容。這些資料包括若昂・丹塔斯與愛人阿奈德・貝里茲（Anayde Beiriz）露骨的情書。阿奈德小姐二十五歲，單身，是思想獨立的教師、詩人、女性主義者，並且抽菸。醜聞使她身心交瘁，以自殺收場。

但是若昂・佩索阿的謀殺案也是政治事件。若昂・丹塔斯是若澤・佩雷拉上校的盟友。佩雷拉上校是腹地自治市普林塞薩（Princesa，在帕拉伊巴與伯南布哥之間的邊境）強大的統帥。他曾經率領武裝起義，反抗若昂・佩索阿採取措施限制強大的**上校**（寡頭統治者）自治權。[23]「普林塞薩叛變」（Princesa Revolt）始於一九三〇年二月（若昂・佩索阿被謀殺的五個月前），吸引大批追隨者。在佩雷拉上校指揮下，起義者占據全部區域，宣布脫離帕拉伊巴獨立。州長派遣治安隊（當時的憲兵隊名稱）鎮壓叛亂，治安隊的攻擊屢屢被擊退，若澤・佩雷拉任命自己當「普林塞薩自由領土」的總督。

起義者不僅占領**內地**，也接受外界支援。來自伯南布哥、北大河州和聖保羅的金援、武器和情報，湧入普林塞薩，尤其顯著的是聖保羅，花很多心思破壞若昂・佩索阿政府的穩定。華盛頓・路易斯仔細觀察這些活動，等待理想的時機公告聯邦政府對該州的干預，派政府部隊搗毀東北部的「自由聯盟」基地。同時，美景市和阿雷格里港的集團打算代表若昂・佩索阿介入。米納斯吉拉斯和南大河州找到途徑輸送軍需品，加強帕拉伊巴的治安部隊：數以千計的子彈藏在李子和桃子罐頭、牛油桶和牛肉乾包。安東尼奧・卡洛斯甚至派米納斯吉拉斯治安隊的**頑童號**（Garoto）單引擎飛機，對普林塞薩投擲自製炸彈，以及勸告叛軍投降的傳單。

由於若昂・佩索阿被謀殺，區域危機突然具有國家重要性。「自由聯盟」抓住這個機會，指控聯邦政府煽動叛亂、當作藉口干預帕拉伊巴。他們聲稱：出於報復，華盛頓・路易斯在遠處策劃謀殺。若昂．佩索阿的謀殺案震驚全國，他的死亡導致該州幾乎無法控制；反對派立即明白，可以利用這個局勢，推動他們的事業。若昂．佩索阿的屍體佩戴州長飾帶，在帕拉伊巴展示，然後用船運到里約熱內盧，數十位「自由聯盟」的成員排隊致上最後的敬意，直接冒犯華盛頓．路易斯。在送葬的行列出發之前，毛里西奧．德拉塞爾達議員跳上棺材旁邊的牛車，抓了一個擴音器，對著激動的群眾演講：「在你們面前，你們看到躺在棺材裡的，不是一個偉大市民的屍體，而是一個國家的屍體！〔……〕**高卓人**、**米納斯人**，履行約定的時候到了。人民已經準備為自由而犧牲！」[24]

民眾與軍隊叛變始於一九三〇年十月三日。米納斯吉拉斯與南大河州同時發動軍事行動，幾小時後帕拉伊巴跟進。在軍中備受敬重的戈埃斯．蒙泰羅（Pedro Aurélio de Góes Monteiro）中校，指揮這場戰役。同袍認為他是能幹的領導者，但是一般的民眾不認識他。他的初期計畫是使聯邦政府的部隊中立化——贏得他們的支持，或是攻打他們的駐紮地。[25]他的策略很簡單：有副官普遍的支持，出其不意襲擊效忠聯邦政府的軍營，將控制部隊的士官爭取過來。這個策略奏效：從上尉以下，陸軍大多數支持「自由聯盟」。但是聯盟最大的軍事援助來自強大的州治安隊。這些是小型的自治軍隊但是裝備精良，接受州長的命令。不久大批武裝的平民志願者加入他們。

在米納斯吉拉斯，所有的駐軍抵抗起義者。從十月三日到八日，在美景市，四千名治安隊士兵，夜以繼日炮轟該州的要塞第十二步兵團。十月八日下午他們終於投降，這場對峙使整座城市惶恐不安。由於這些軍營的戰略地位，戰壕持續不斷的射擊和手榴彈爆炸，謠言開始流傳：第十二軍團有轟炸城市的大炮。聖保羅治安隊從軍機投擲兩枚炸彈，瞄準米納斯吉拉斯州政府所在地**自由宮**，增加恐慌。兩枚都沒有擊中目標。第一枚炸彈落在**自由宮**旁邊一間房子裡的洗衣盆，而第二枚落在大廣場，**自由廣場**，正好在警察局祕書室（Secretaria de Segurança）對面。兩枚炸彈都沒有爆，市民才放心。[26]

從帕拉伊巴基地，「自由聯盟」對東北部其他州發動攻擊。這個區域的軍事行動指揮官是茹阿雷斯·塔沃拉，他曾經在二〇年代參加尉官起義。一九三〇年三月他在瓜納巴拉灣「聖克魯斯要塞」進行驚人的逃脫。三更半夜，在兩名軍官的陪伴下，他臨時找了一條繩子從要塞的牆壁垂降下來，游泳到近海一艘停泊的船，在海外消失。兩個月後他又出現，率領一群叛軍，在累西腓接連成功地奇襲公共建築物。[27]三週後叛軍控制伯南布哥、阿拉戈斯、塞阿拉、皮奧伊、馬拉尼昂和北大河州。唯一仍然擁護聯邦政府的州是巴伊亞，即使薩爾瓦多被「自由聯盟」的部隊包圍。

在南大河州，只超過一週叛軍就取得軍事控制。使政府的部隊中立化後，戈埃斯·蒙泰羅將軍讓他的部隊坐火車前往聖保羅。成功的機率很高，這一次熱圖利奧·瓦加斯公開地加入「自由聯盟」，他穿卡其制服，擔任叛亂的文職指揮，與火車上的部隊會合。雙方最嚴重的對峙，預計會發生在伊塔拉雷（Itararé），位於巴拉那與聖保羅之間的邊境。伊塔拉雷市在聖保羅州內地，有重要的鐵路線通往里約熱內盧和聖保羅市。這個位置有重大的戰略意義。

報紙宣布「拉丁美洲最大的戰役」，全國屏息以待，注意力都集中在伊塔拉雷。政府誇耀擁有無敵的部隊：聖保羅的六千治安部隊，而且陸軍挖壕溝固守，下令無論如何要阻擋叛軍前進。但是這場戰役從未發生。在設立防線和互射幾槍後，雙方決定等待暴雨結束和較明朗的政局。這或許是明智的決定，但是在這個國家盛行的趨勢下，民眾覺得遭到背叛。

華盛頓·路易斯很慢才做出反應。十月十日他才將叛變告知國人。[28]他也很慢才承認：叛亂的規模和範圍比他想像的大。他同時面對三個問題：他必須牽制叛軍靠近里約熱內盧的速度，打消政府部隊的疑慮，並處理一九二九年的經濟危機，通貨膨脹、失業率和貨幣貶值。這是嚴峻的局面，雖然華盛頓．路易斯採取強硬措施，但是無濟於事。他確立戒嚴制度、報刊審查制度，並延長公休（直到十月二十一日）以免銀行擠兌。他也發起宣傳戰以制止謠言，並且徵召後備軍人。政府統率的部隊數量銳減，陸軍和海軍都在重新考慮要效忠哪一邊。軍事指揮官未採取果斷的行動，部隊或許會被叛軍打敗，或者倒戈挺「自由聯盟」的人數會導致這個階層瓦解。

華盛頓．路易斯或許一敗塗地，但是他不屈服。總統的官邸**瓜納巴拉宮**以倒刺鐵絲網圍繞，不斷受到轟炸的危險；科帕卡巴納堡、萊梅堡與聖若昂堡的大炮，經常開炮示警，要求他辭職；將軍們給他最後通牒，而且整座城市威脅要造反——但是他不動搖。他對著部長們大吼：「我不辭職！我只會粉身碎骨的離開這裡！」[29]但是沒有人要求他做這種犧牲。十月二十四日早上七點他被廢黜，差三十天他的委任就結束。他遭到逮捕，被帶到科帕卡巴納堡，一個月後他流亡歐洲。

十一月三日，奧古斯托．弗拉戈索（Augusto Tasso Fragoso）與若昂．巴雷托（João de Deus Mena Barreto）兩位將軍，以及若澤．德諾羅尼亞（José Isaías de Noronha）海軍少將，組成臨時軍政府，將政府的鑰匙交給熱圖利奧．瓦加斯。「第一共和國」結束。歷史學家將「一九三〇年革命」看作巴西史的軸心事件[30]——並非因為叛亂本身，而是因為叛亂產生的結果，在經濟、政治、文化和整個社會，徹底改變巴西。

臨時政府

熱圖利奧．瓦加斯把軍服收起來，穿上西裝、調整領帶，走上**卡特蒂宮**的臺階，就任臨時政府的首長。但是轉變很大，不只換衣服而已：熱圖利奧．瓦加斯上任，將所有權力傳給「行政部」，如今「行政部」可以徹底干預政治體制。國會、州議會和市議會解散，在「第一共和國」時期當選的政治人物失去職位，**審計官**（interventores，委任州長）取代各州的州長，反對派報紙受到審查。自《一八二四年憲法》以來，頭一遭由未經選舉的文官或軍官擔任所有政府職務。[31]聯盟在東北部獲勝後，在亢奮的狀態下，茹阿雷斯．塔沃拉抵達里約熱內盧，宣布巴西政府從此既不民主也不自由：「我支持獨裁政府，以及獨裁所有可能的結果。」他的熱忱無止境：「不受限制的獨裁政體，直到每一個人都可以驗證，用行為而非用證書，我們的政治慣例和行政慣例再生和復興。」[32]

熱圖利奧．瓦加斯無意冒險失去他征服的東西。他明白，如果他宣布舉行選舉，在各州擁有權勢的區域精英會獲勝。為了使新秩序制度化，政治體制必須轉型。那表示需要廣泛的方案，實行社會、經濟和行政的改革。這是充滿野心的項目，不可能一夜之間就實施，在一九三〇年甚至連茹阿雷斯．塔沃拉也想像不到，他接納的獨裁政體會持續整整十五年，在一九三四至一九三七年之間有短暫的中止。儘管如此，熱圖利奧．瓦加斯在就職演講提出激進的方案，幾乎囊括「自由聯盟」所支持的一切。一系列的政令帶來改變：大赦**尉官派**，重整陸軍，成立勞動部、工業與貿易部及教育與公共衛生部。也有教學專業和公共教育制度的改革。

熱圖利奧．瓦加斯最優先考慮的是新的勞動政策。[33]在這個領域他顯示兩面的政治自我。首先，他制定勞工保護法：八小時的工作日、保護女工和童工、假日、勞工登記文件、病假和退休金。然後他壓制勞工在政府控制範圍外建立組織的企圖，在處理共產主義活動時尤其盛氣凌人。他解散所有自治工會，從那時起工會必須從屬於政府。最後一點但並非最不重要，他拒絕讓農村工人得到新勞動法規的利益。

雖然政府是臨時的，但是瓦加斯總統順利避開兩個議題：召集制憲議會和選舉新總統的日期。

在新政權底下，無論是行政部或立法部的代表都未經選舉。然而，為展現政府的善意，於一九三二年引進現代且民主的新選舉法，但是繼續推遲實施。這項新法律成立「選舉法庭」，監督選舉並保證投票保密。在十七、十八世紀共和黨人喜愛要求投票者公開他們的選擇，這個主意就此終止。[34]

有這兩項措施，在「第一共和國」時期經常使用的選舉舞弊，不僅違法，而且幾乎不可能。在州選舉時，不記名投票保護投票者不受區域精英的威逼；「選舉法庭」的專業法官視察選舉過程；他們監督選票的計算並宣布當選者。這條法律也代表女人的大勝利：她們贏得投票和競選的權利。「一九三〇年革命」受到女兵營的支援，她們在軍事攻擊的後衛部隊起作用。其中一例是米納斯吉拉斯二十三歲的律師埃爾維拉．科梅爾（Elvira Komel）創辦「若昂佩索阿女兵營」，有來自五十二個城市大約八千名女子入伍。[35]

儘管有這項立法，對於熱圖利奧．瓦加斯展望的巴西民主政治，民眾幾乎沒有信心。「自由聯盟」承諾重建「共和國」，藉實行遠大的改革方案遵守約定。但是這些主要的政治行為者代表聯盟，並非民主政治的產物，民主政治也不是他們的天職。他們認為：「州長政策」導致《一八九一年憲法》鋪設的民主制度失敗，如今他們選擇強大的中央集權政府。在一九三〇年掌權的聯盟是異質的。這些成員幾乎對所有事情都意見相左，只有對敵人的看法一致。從臨時政府的初期，他們就進退維谷：「共和國」如何改革而不破壞根基？

尉官派的提議是控制州治安隊、重新裝備武裝部隊和優先發展工業，尤其是鋼鐵。他們結合中產階級和都市勞工，使「自由聯盟」的階層擴大，支持勞動市場法規和社會立法。但是他們反對擴展民主政治，公開支持受政府控制的社會。開拓政治生涯的機會，使年輕的文職領導人大多受到鼓舞。另一方面，加入聯盟的精英階層（來自米納斯吉拉斯、南大河州和帕拉伊巴），想要提升他們在聯邦政府的權力，同時保有區域的權力基礎——也就是維持巴西的土地所有制結構。這些集團全都想要在聯盟的內部成為最強大的，藉此控制政府。[36]

至於熱圖利奧．瓦加斯，他不攤牌。他打算繼續待在他的位子上掌權，為達到目的，他用經商的方法執政。他遵循自己的規則，一旦他認為管用，就出其不意地組成政治聯盟。他採取利益分配和補償金，若是支持其政府的聯盟軍隊之間發生糾紛，他會推遲最終判決，直到仲裁的時機成熟。

支持聖保羅與反抗巴西：一九三二年內戰

然而，在一九三二年，熱圖利奧．瓦加斯似乎已不再擁有政治敏銳性。他越來越多疑，打算延長臨時政府使它變成永久；「自由聯盟」，尤其是米納斯吉拉斯和南大河州，與反對派通力合作，堅持立即舉行選舉。新成立的「制憲議會聯盟」在所有大城市組織抗議活動。巴西的氣氛越來越緊張。然而，熱圖利奧．瓦加斯主要的對手是聖保羅州。[37] 一九三〇年叛軍獲勝，撤銷**保利斯塔人**的權力，使巴西最富裕之州變成強敵。熱圖利奧．瓦加斯被視為挑釁的行徑增多，他們更加憤怒。面對國際經濟危機，聯邦政府成立「全國咖啡委員會」，取代「聖保羅州咖啡協會」，使聖保羅不能控制巴西的咖啡政策，他們感到沮喪。由於指派**審計官**，聖保羅州喪失自治權，他們怒不可遏。**審計官**是委任州長，來自這個國家不同的區域，被視為入侵者和受聯邦政府控制的傀儡。更糟的是，聖保羅的**審計官**林斯．德巴羅斯（João Alberto Lins de Barros）是東北人，從**尉官派**精心挑選。

從一九三〇年十月到一九三二年最初數月，熱圖利奧．瓦加斯不得不為聖保羅接連指派四位**審計官**；**保利斯塔人**決定讓他明白，他們是難統治的。但是局勢惡化。一九三二年該州強大的政治人物同意採用新方案。在顯然與聯邦政府為敵的一個舉動，他們揮舞立憲主義的旗子，要求立即召開制憲議會。他們想要報復。憤恨與區域忠誠的情懷激昂。奧斯瓦爾德・德安德拉德誇下海口：「聖保羅是火車頭，拉著聯邦正在腐朽的舊車廂！」[38]街上的抗議者更進一步地說：「若是可能，為聖保羅支持巴西。如果必要，為聖保羅反抗巴西！」[39]

保利斯塔人並非全都贊成脫離聯邦，但是熱圖利奧・瓦加斯強大的中央集權政府剝奪該州的政經自主性，他們一致同意必須抗爭。要求召開制憲議會，意味著勢必有新的選舉。如果舉行選舉，聖保羅會再度控制「共和國」的政治。召集制憲議會和推翻政府，這兩種欲望結合，產生「一九三二年立憲革命」運動。一九三二年七月九日，大約兩萬名士兵——來自聯邦駐軍和州治安隊，拿起武器對抗瓦加斯政府。聖保羅的居民參戰，尤其是首府的人民：成千上萬的平民，包括**聖弗朗西斯科廣場**的法學院學生，報名參加志願營；工廠修改生產線以便製造武器；義大利和敘利亞的移民照料傷者，天主教的神職人員為戰士祈福。「**保利斯塔**事業」受到該州前所未見的熱烈支持。為資助戰爭費用，開辦「為聖保羅的利益捐黃金」活動，數以千計的女人、富人和窮人把珠寶獻給這項活動。從七月到九月，大約九萬只結婚戒指交給該州熔化。

只有工廠的工人不參加叛變。[40]這個國家的產業集中在該州的數目最大，工人沒有「跑去營救」。他們不相信這種起義對他們的事業有助益；這個區域的精英擔心：如果工人揭竿而起，情況會失控。在衝突的過程中，實業家密切注意他們的工廠以防止工人叛變，盡可能將工人的領導者都關起來。

聖保羅獲勝的機會只有一次：在熱圖利奧・瓦加斯來得及組織部隊之前，對里約熱內盧展開大規模的軍事攻擊。[41]但是**保利斯塔**的部隊行動緩慢：他們在等待米納斯吉拉斯和南大河州的支援，這兩州對聯邦政府的不滿情緒也達到沸點。他們也相信里約熱內盧的軍營和駐軍會反抗熱圖利奧·瓦加斯。**保利斯塔人**開戰順利：叛軍控制全州，切斷帕拉伊巴河谷的通道；他們攻擊米納斯吉拉斯的聯邦部隊，將穿越曼蒂凱拉山脈的鐵路隧道封鎖。在宛如拍電影的場景，聖保羅的政府官員在智利祕密採購十架戰鬥機。然後他們僱用北美的飛行員，神不知鬼不覺地降落在馬托革羅索，經過一連串的小事故後，將戰鬥機交給叛軍。

但是他們的好運不會持續。雖然米納斯吉拉斯和南大河州的領導者對臨時政府的中央集權政策非常氣憤，他們不打算冒險推翻自己扶植起來的政府。他們仍然效忠瓦加斯總統，後來出兵侵略聖保羅。熱圖利奧·瓦加斯把軍事策略交付戈埃斯·蒙泰羅將軍，後者開始籌備進攻。他籌劃里約熱內盧的防禦工事，壓制**政變**的企圖，從陸軍和海軍派出八萬士兵，大多從北部和東北部帶來，對抗七萬叛軍。聖保羅州被軍隊包圍，桑托斯港口被封鎖，政府的飛機射擊叛軍的戰壕。從北到南，全國都在關注「**保利斯塔**戰爭」。

一九三二年十月一日聖保羅投降。以他特有的作風，熱圖利奧·瓦加斯迅速行動。他逮捕叛亂分子，開除陸軍軍官，取消主要倡導者的公民權，將該州的政治和軍事領袖流放，將治安隊的地位從軍事組織降級為警察組織。**保利斯塔**精英已經被打敗。熱圖利奧·瓦加斯趁機鞏固他與軍隊的結盟：中期他承諾重新裝備陸軍，未來將成立國家武器工業。然後他與聖保羅州談判：他提名一位**保利斯塔**文官當**審計官**，指示「巴西銀行」接管聖保羅各家銀行發行的戰時公債，確定於一九三三年五月三日召開制憲議會。[42]

短命的民主政體

由於沒有全國性政黨，而且反對派（區域的精英階層）再也不能操縱選舉，制憲議會的選舉帶來一系列新鮮的體驗。當局變得較易周旋；有幾個新黨派擁有廣大的區域會員；看起來像政治復興。[43]制憲議會凡事都沾一點邊。一九三三年十一月十五日在國會所在地**蒂拉登特斯宮**（Palácio Tiradentes，革命英雄宮）開始制憲議會。有許多新議員，主要是新制度容許獨立候選人（無黨派）參選。也有支持政府的議員大陣營，大多是熱圖利奧・瓦加斯指派的州**審計官**努力的結果。聖保羅的政治人物合力選出相當多的議員與政府對抗。天主教會成功地選出一大群議員代表教會的利益，而且有一位唯一的女議員，卡洛塔・德凱羅斯（Carlota Pereira de Queirós）醫師。制憲議會努力八個月，於一九三四年七月十六日公布新憲法。次日他們用間接投票的方式，選舉熱圖利奧・瓦加斯當「共和國」總統。

雖然憲法授予熱圖利奧・瓦加斯新總統的任期，並且核准臨時政府所做的一切，但是憲法的某些條文使瓦加斯總統怒不可遏，他告訴最親密的圈子：那些條文「蠻橫無理」。[44]這些條文並不蠻橫，但是取消他單方面行動的權力。新條文使「行政部」服從「立法部」的監督，廢止臨時政府首長迴避國會的權利，授予「聯邦審計院」完整的自治權。而且，這些議員甚至進一步觸怒瓦加斯總統，限制總統的任期為四年，不得連任。

新當選的議員大多數贊成更現代的民主政體。為了這個目的，新憲法訂明權威合理化、聯邦主義、強大的政治機構，以及新的社會部門納入選舉過程。但是新憲法也暴露在一九三〇年後新共和國的缺陷保持不變：它不曾變更這個國家的土地所有制結構，勞動福利仍然排除農村工人。文盲仍然被剝奪選舉權，移民的權利受限制。政府可以驅逐任何被視為危及治安或國家利益的外國人。此條文也毫無保留地授予國家無限的權力，使宣布戒嚴的權利合法化，因為政府認為有必要。另外，政府可以任意審查各類出版刊物。儘管如此，《一九三四年憲法》開先例，增加公民參與的機會。然而，這維持不到兩年。在三〇年代的十年，如同世界上其他國家，巴西越往前推進，氣氛變得越陰鬱。一場徹底的變革正在進行，改變優先考慮的事務。在受喜愛的政治體制中，民主政治不再高居榜首。

一九二九年紐約股市崩盤後的危機時期，似乎證明資本主義唯有國家干預才奏效。然而，有其他狀況導致獨裁國家激增。一場更險惡的腥風血雨即將來臨。一九三三年一月三十日，德國的興登堡總統任命希特勒當總理，殘暴上臺執政，打著現代化的幌子。[45]「納粹黨」不容異己、軍國主義、專制，而且有種族大屠殺的嗜好。二月二十七日德國國會（the Reichstag）在熊熊烈火中燒毀，德國期望的民主政治也成為泡影。除了納粹，極權政府恐怖的新型態在歐洲崛起——蘇聯的史達林主義和義大利的法西斯主義。因為內戰和經濟危機的禍害，舊的獨裁帝國瓦解。

在巴西，法西斯運動被稱為**整合主義**（Integralismo），於一九三二年創立「巴西法西斯黨」，「**巴西整合行動**」（Ação Integralista Brasileira，簡稱AIB）。[46]這是巴西第一個以激起民眾支持為目標的黨派。AIB利用包容性全國政治，對該黨、對特殊利益團體之間的合作，以及對國家霸權的信任，達到目的。巴西人已普遍反猶太，該黨大力擁護反猶太主義。**整合主義**的支援來自都市中產階級，尤其是公務員、神職人員、自由職業者、商人、實業家，甚至詩人，以及來自德國人和義大利人的殖民區域。「義大利大使館」提供指導和金援。而且有一群知識分子願意且有能力製造巴西化的法西斯意識形態，例如普利尼奧．薩爾加多（Plinio Salgado）、[47]米格爾．雷亞萊（Miguel Reale）[48]

與古斯塔沃·巴羅索（Gustavo Barroso）。歸根結柢，「**整合黨**」有戰鬥精神。

一九三四年十月，在聖保羅市，ＡＩＢ統率一場示威遊行，集結大約四萬**整合主義者**，以軍隊的隊形前進，用力踏響他們的靴子。驚愕的**保利斯塔人**聚在一起觀看他們經過。這支精心編排的遊行隊伍無懈可擊，緊密團結的眾人伸直手臂，他們穿綠色襯衫，臂章上有黨徽（希臘字Σ，顯示**整合主義**代表巴西全部人民的「總和」），他們的橫幅標語在陽光下招展。一九三七年ＡＩＢ的聲望達到巔峰，在全國四千萬的總人口中有十萬至二十萬的追隨者。這是法西斯主義的公眾形象。然而，政府和軍隊的成員與法西斯主義有更密切的關係，較不易察覺。[49]例如，當時最有威望的軍事領袖戈埃斯·蒙泰羅將軍，相信義大利的法西斯模式是巴西最佳的替代方案。

就這一點，瓦加斯總統完全同意這位將軍。熱圖利奧·瓦加斯認為**整合主義**是自然的統治形式，因為**整合主義**讚揚民族主義的價值觀念、重視階級合作，並且信任重要的利益團體成立社會政治組織——這一切符合他對獨裁政權的信念。但是他對**整合主義者**的支持僅止於此。雖然戈埃斯·蒙泰羅將軍認為陸軍應該完全獨占軍備，拒絕任何形式的準軍事組織，但是瓦加斯總統無意支持這個黨，他們意圖盡快取代他統治巴西。**整合主義者**證實他的懷疑，他們創立一個等級制結構與他的政府抗衡，包括成立準軍事民兵，用現代科技（攝影、收音機和電影）做宣傳活動，以及某些州和自治都市的民粹主義福利方案。此時瓦加斯總統了解到不能忽視「**整合黨**」。以他特有的作風，他打算利用法西斯政策機構，將**整合**運動變成戰術盟友，對抗新的敵對團體，尤其是「**全國自由聯盟**」（Aliança Nacional Libertadora，簡稱ＡＮＬ）和共產主義者。

「**全國自由聯盟**」由**尉官派**其中的少數派創立，他們不與熱圖利奧·瓦加斯聯合，或者不再對他的政府抱幻想，或者兼具兩方面。[50]這個團體雖小，包括米格爾·科斯塔、[51]埃爾克里諾·卡斯卡爾多（Herculino Cascardo）、羅伯托・西森（Roberto Sisson）、若昂・卡巴納斯（João Cabanas）、卡洛斯・萊特（Carlos Leite）、安德烈・特里菲諾（Andre Trifino）和阿吉爾多・巴拉塔，全部成員都曾經參與二〇年代起義，並繼續參加政治活動，而且贊同社會改革。一九三〇年「自由聯盟」獲勝後，他們想要改變「共和國」採取的方針。

尉官派密切注意這些政治發展，並且意識到：反抗法西斯主義是唯一切實可行的選擇。他們把**整合主義者**的崛起看作歐洲法西斯主義的擴展，擔憂政府會支持該運動。他們想要建立廣泛的聯盟，在改革主義及反法西斯主義運動，與反對派團結一致。這個主意是加強並擴充「自由聯盟」的政綱：暫停支付公債、公用事業國有化、土地改革、提高工資、保障個人權利——包括宗教自由，以及消除種族歧視。

一九三五年初，「全國自由聯盟」的領導者策劃特別的成立大會。在里約熱內盧市中心**若昂卡埃塔諾劇院**（Teatro João Caetano）舉行，這是該市最古老且最大的劇院，為堂・若昂六世建造。**尉官派**選擇此劇院，因為它是一個象徵性的論壇——巴西第一部憲法於一八二四年在這裡簽署。儘管有重要的會場和謹慎擬定的計畫，該黨的領導人物仍然被驚人的到場人數嚇了一跳。他們在舞臺上就位，厚重的紅絲絨帷幕拉開，他們瞬間驚呆了。大約一萬人來聽「全國自由聯盟」的提案：有人站在數排的座位之間，有人擠進包廂、坐在臺階上和吊在欄杆上。典禮結束時，卡洛斯・拉塞爾達（Carlos Lacerda）跳上舞臺，肆無忌憚地提議路易斯・卡洛斯・普雷斯特斯當「全國自由聯盟」的榮譽主席。群眾欣喜若狂，開始歡呼並鼓掌。卡洛斯・拉塞爾達是民粹主義領袖毛里西奧・德拉塞爾達的兒子，當時是學生、共產黨的青年黨員，已經是不同凡響的雄辯家。

共產主義者策劃整件事情，完全明白這個職位有名無實。他們一樣有信心：這個提議不可能被拒絕。路易斯・卡洛斯・普雷斯特斯是這個國家最有聲望的政治領袖、受歡迎的英雄，而且有巨大的魅力。他很親切迷人，任何辯論都很令人折服；而且他的雙眼炯炯有神，似乎證明他的誠心誠意。他也專制、虛榮且氣量狹窄——但是只有一些人知道這些特點。當時他看似無敵。共產主義者正在效法莫斯科：全世界的共產黨理應支持所有的人民陣線，對抗法西斯主義、納粹的威脅和戰爭的危險。這個策略成功，智利、法國和西班牙選舉人民陣線政府。藉提名路易斯・卡洛斯・普雷斯特斯，「共產黨」得以加入「全國自由聯盟」。

「全國自由聯盟」是群眾的聯盟，依照憲法行事，有四百個辦事處分布在全國各地。該運動有永久性基地，支持有利於公民權的大型活動與集會，吸引成千上萬的人。另一方面，「共產黨」是小型的祕密組織，很少有公開的支持，卻打算將人民陣線變成叛亂的工具。[52]此時這個國家的氛圍促成政治抗議。里約熱內盧和聖保羅的工人時常罷工，軍隊內部有不滿情緒，各州暴動四起，「全國自由聯盟」與**整合主義者**在街上激烈對抗。此時瓦加斯總統擔心政治動盪，「全國自由聯盟」迅速成長使他驚訝，因此他好整以暇，等待干預的適當時機。

一九三五年七月五日是一九二二年和一九二四年**尉官**起義的週年紀念日，「全國自由聯盟」在里約熱內盧**卡里奧卡小廣場**（Largo da Carioca）的總部最後一次開會。不久之前政治集會被政府禁止，禁令的藉口是「全國自由聯盟」在最近的大會宣讀一篇煽動性宣言。此宣言由路易斯・卡洛斯・普雷斯特斯撰寫，而宣讀者正是卡洛斯・拉塞爾達：「巴西人！放手一搏，你們就會贏得巴西巨大的財富！讓巴西掙脫帝國主義的爪牙！各位，加入戰鬥，解放巴西！可惡的瓦加斯政府下臺！人民的革命政府萬歲！一切權力歸全國自由聯盟！」[53]路易斯・卡洛斯・普雷斯特斯號召人民拿起武器反抗政府，那都是瓦加斯總統需要聽到的。次日，總統的政令宣布「全國自由聯盟」違法而關閉。

米格爾．科斯塔大發雷霆，他寫了一封很嚴厲的批評信，回應路易斯．卡洛斯．普雷斯特斯的宣言：「或許因為你得到錯誤的訊息〔……〕你發出的宣言有這個口號『一切權力歸全國自由聯盟』〔……〕政府仍然有反動的力量，你根本不應該做這種聲明。」[54]他是對的。宣言的原文保證輕易獲勝，漠視實際的政治局勢。這是藐視瓦加斯總統的反應能力，連累「全國自由聯盟」，太高估軍隊按計畫起義的能力。但是這篇宣言並非普雷斯特斯對當時情勢評估不當的結果；這是莫斯科「共產國際」的指令，這個蘇聯機構指導全世界共產黨如何籌劃革命。「共產國際」的指導者對南美不甚了解，對巴西知之更少，他們認為巴西的形勢與中國完全相同：一個龐大的半殖民國家，中央政府能力不足，無法控制全部領土，因此容易遭受區域性的起義。[55]普雷斯特斯自一九三一年就住在莫斯科，因為他的軍事經歷和受歡迎的名氣，蘇聯對他有信心。他們大概在一九三三年開始發展拉丁美洲計畫，以普雷斯特斯為中心。他打算在巴西帶領起義。在一九三四年底與一九三五年最初數月，「共產國際」派人員到巴西，包括精通炸藥、妨礙治安和街頭抗議的專家。他們也派技術人員，教巴西人將訊息譯成電碼、解密並傳送無線電，以及一位代理人負責資助巴西的行動。

一九三五年三月，在阿圖爾．埃韋特（Arthur Ewert）的指示下，這個組織將拉丁美洲的辦事處從布宜諾斯艾利斯轉移到里約熱內盧。在二〇年代埃韋特曾經是德國的國會議員，為國際共產主義運動努力數年。一九三五年四月，奧爾嘉．貝納里奧（Olga Benário）陪伴路易斯．卡洛斯．普雷斯特斯祕密回到巴西，後來成為他的情婦。蘇聯的軍事情報局，「紅軍參謀長聯席會議第四局」徵召貝納里奧女士，派她陪伴普雷斯特斯以保障他的安全。一九三五年十一月巴西有三個地點爆發武裝起義。在這個國家史上頭一回，共產主義者為革命持刀動杖。

第一次起義始於十一月二十三日，在北大河州首府納塔爾（Natal）第二十一炮兵營的軍營。叛亂以驚人的速度展開。有民眾的支持，幾乎沒有抵抗，共產主義者成功占領納塔爾四天。在伯南布哥，駐紮在瓜拉拉佩斯雅博阿唐鎮（Jaboatão dos Guararapes）的第二十九炮兵營，於十一月二十四日凌晨叛變，在兩位軍官和一位傑出的共產黨領導者格雷戈里奧・貝澤拉（Gregorio Bezerra，當時是士官）的率領下，前進累西腓。整整三天的戰鬥，貝澤拉士官協調叛軍，到各個駐紮地尋找武器和支援，直到他幾乎單槍匹馬，企圖占領第七軍事區總部，被射傷後他才不得不退出戰鬥。在累西腓空襲的威脅使眾人驚恐萬狀，但是在累西腓和納塔爾起義者都獨自行動。他們不足以對抗從巴伊亞、塞阿拉和帕拉伊巴調來的政府陸軍部隊。到了十一月二十七日，起義者逃亡，東北部的起義結束。[56]

十一月二十七日凌晨，第三次起義，也是最後一次，發生在里約熱內盧，在兩個單位的軍事精英：**阿方索廣場**（Campo dos Afonsos）的軍事航空學校，與第三步兵團。[57]起義者的計畫是偷航空學校的飛機並起飛，但是他們沒有資源保護機場，被政府軍征服。第三步兵團的策略甚至更大膽：接管軍營，然後前往**瓜納巴拉宮**逮捕總統。但是這個計畫失敗。第三步兵團位於「塔糖峰」的山腳，占據山海之間一片狹長的土地，只有一個入口處。那猶如走進埋伏圈。起義者占領軍營，所花的時間比預計的長，清晨時分他們發覺被政府軍包圍。被圍困並在重炮轟擊下，經過十八小時的抵抗，他們明白大勢已去。

在十一月納塔爾起義以及累西腓起義的期間，瓦加斯總統已說服國會批准戒嚴。十二月他施壓：政府成立「抑制共產主義委員會」，戈埃斯・蒙泰羅將軍提議暫停個人權利，議員們同意公告九十天的戰爭狀態——這項措施重複更新直到一九三七年七月。如今政府的行動可以不受約束，實施殘酷的大規模搜捕計畫，導致監禁成千上萬的人——「全國自由聯盟」的成員、共產主義者、他們的支持者，以及警方認為有嫌疑的任何人，包括受歡迎的里約熱內盧市長佩德羅・埃內斯托（Pedro Ernesto）。[58]

監獄人滿為患，巴西海軍戰艦被改造成流動監獄。審判簡短，幾乎沒有辯護律師，被判決有罪者送到「大島」（Ilha Grande）和「費爾南多迪諾羅尼亞群島」的政府教養所。作家格拉西里亞諾・拉莫斯（Graciliano Ramos），[59]「共產黨」的眾多支持者之一，於一九三六年三月在馬塞約（Maceió）遭到逮捕，被帶到里約熱內盧，關在船上的貨艙。從那兒他被送到「大島」改造營，未起訴，一直拘留到一九三七年一月。他被釋放後，撰寫**《獄中回憶錄》**（*Memórias do Cárcere*），[60]揭發瓦加斯政府不可估量的暴力。此書於一九五三年作者死後出版，使他的牢友不致淪為無名氏，敘述知識分子難以適應巴西的監獄生活，並且揭發監獄制度退化。「大島」教養所的典獄長習慣對囚犯吼叫：「這裡沒有權利。注意聽，沒有權利。〔……〕你們在這裡不是為了重歸社會。沒有人會重歸社會：你們全都來這裡等死。」[61]

瓦加斯總統知道拷打的事情和警方的暴力；他很清楚他的政府狂暴的鎮壓行為。他也時常被提前告知，共產主義者計劃在這個國家的偏遠地區引發暴動。莫斯科派來的人員中，強尼・德格拉夫（Johnny de Graaf）負責教導起義者作戰技術，他是雙面間諜。他把情報交給里約熱內盧「照明電力公司」主任阿爾弗雷德・胡特（Alfred Hutt），他是英國情報局「軍情六處」的特務。阿爾弗雷德・胡特將情報傳給英國大使；情報在倫敦審查，然後寄給瓦加斯總統的外交部長奧斯瓦爾多・阿拉尼亞，後者接著告知總統。[62]一九三五年十二月至一九三六年三月間，警方利用強尼・德格拉夫的情報，成功滲透到「共產國際」，終於發現路易斯・卡洛斯・普雷斯特斯的藏身處。在那兒被發現的人悉數遭到逮捕。蘇聯特務維克托．巴倫（Victor Baron）負責祕密的無線電發報，他的屍體從里約熱內盧警察總部的窗戶被拋出，偽裝自殺。他遭受酷刑而死亡。經過長期的拷問，阿圖爾．埃韋特發瘋，於一九五九年在東柏林一家醫院逝世。路易斯．卡洛斯．普雷斯特斯被囚禁九年，大多是單獨監禁。奧爾嘉．貝納里奧是猶太人和共產黨人，被遣送到納粹德國。雖然她懷有身孕，仍被移交給蓋世太保，在貝恩堡集中營的毒氣室喪命。

既然瓦加斯總統已肅清「全國自由聯盟」並且監禁共產主義者，便著手消滅與他的政府敵對的左翼餘黨。他的計畫很簡單：終止《一九三四年憲法》成立的民主政體。一九三七年，在總統大選前夕，熱圖利奧．瓦加斯對巴西人強加八年的獨裁政權。他這麼做幾乎沒有阻力。他的頭腦冷靜，有巨大的能耐做政治預謀——退一步，然後前進兩步——促成這一切。他操縱國會議員和各州的州長，特別是南大河州州長弗洛雷斯．達庫尼亞（Flores da Cunha），以前的盟友，如今被流放。他也控制潛在的繼任者政治競選的全部細節，仔細挑選他的戰場，利用巴西民主政治的不堪一擊。[63]沒有一連串勢如破竹的勝利，瓦加斯總統逐一地建立聯盟，尤其是與陸軍結盟。他有兩位將軍的支持：參謀長聯席會議主席戈埃斯．蒙泰羅將軍，以及與**整合主義者**有密切關係的歐里科．杜特拉將軍，他在一九三六年被任命為「戰爭部」部長。這兩位將軍想要現代的陸軍和兵器工業，以換取他們支持**政變**和擁護獨裁政府。最後的重要籌備步驟是說服公眾：一九三五年起義後，災難正在逼近。十二月三十一日午夜，熱圖利奧．瓦加斯在廣播演講中警告國人：「共產主義是基督教文明最危險的敵人。」[64]

審查制度、鎮壓和宣傳結合起來，形成一股意識形態的旋風，把共產主義者妖魔化，使羅馬天主教徒、資產階級和上流階級心生恐懼，把反共產主義的意象深深印入集體想像，在接下來的五十年持續影響巴西的政治生活。一九三五年起義被正式稱為 Intentona Comunista（**共產黨的圖謀**，intentona 表示「瘋狂或毫無意義的計畫」），叛軍被指控犯下無數罪行：據推測，在第三步兵團的軍營，支持政府的同僚在睡覺時，共產黨軍官冷酷地謀殺他們，而且在納塔爾起義的期間，據說發生劫掠、洗劫和強暴。

為了使他的攻擊合法化，瓦加斯總統捏造罪名。一九三七年九月三十日，這個國家注意到報紙嚇人的標題：莫斯科正在籌劃另一次巴西共產黨起義。這篇報導根據陸軍發現的祕密奪權計畫——「柯恩計畫」（Cohen Plan），文中列出各項指示：燒毀公共建築物、劫掠和當場處決平民。[65]這份文件，包括這個猶太人的名字「柯恩」，是偽造的。執筆者墨朗．費里奧（Olímpio Mourão Filho）上校，是**整合主義**準軍事組織的民兵領袖，該組織的特務機關首長。墨朗．費里奧上校在陸軍參謀長的情報部門工作。他杜撰這份文件交給戈埃斯．蒙泰羅將軍，後者把它當作真跡，呈給瓦加斯總統公諸於世。

複本開始在各軍營傳閱，報紙再度渲染共產主義的種種危險，收音機高聲廣播反共產主義的訊息，人民極度驚恐。瓦加斯總統對這個結果感到滿意；他等了兩個月後，於一九三七年十一月十日包圍國會，將所有議員遣送回家。他宣布他正在行使非常時期的權力，在街上布置警力，強加新憲法，將他的新獨裁政府命名為「**新國家**」（Estado Novo）。連一顆子彈都沒有發射，就此開始「**新國家**」獨裁政權的漫長歲月。

我們小小的圖皮南巴族法西斯主義

「新國家」的維持和運作，完全以熱圖利奧．瓦加斯為中心。他是文官獨裁政體唯一的統帥，有軍隊支援，有民粹主義政策撐腰。這個新政體汲取保守政治思想家的概念，例如，阿爾貝托．托雷斯（Alberto Torres）[66]認為國家的任務是組織社會、設計政策和執行所有變革。也有法西斯主義的弦外之音。**「新國家」**是葡萄牙於一九三二年開始薩拉查（Salazar）獨裁政體的名稱。巴西的政體與歐洲的法西斯主義有許多共同點：強調由單一領導者代表「行政部」的權力；以統合主義（corporatism）的形式代表利益團體和社會階層，例如，由國家監督企業家與員工的政治合作。也有強大的信念：為政府的效率起見，可以利用科技，連同鎮壓以及壓制異議。[67]

儘管有這一切，瓦加斯總統的**「新國家」**既不是歐洲法西斯主義的產品，甚至也不可能被認為是真正的法西斯國家，像義大利、葡萄牙或西班牙。它是威權主義、現代化和重實效的政體，格拉西里亞諾．拉莫斯諷刺地將它定義為「我們小小的圖皮南巴族法西斯主義」。[68]受威權國家控制——不只受群眾控制，這個社會需要鎮壓機制，以防止任何形式的對立。但是**「新國家」**的可行性也取決於熱圖利奧．瓦加斯的能力，將決策局限於緊密結合的少數人，同時盡可能擴大他的支持基礎到最大限度。這需要一個政治機構，有能力吸收支持者，並且使衝突中立化。

一九三七年政變之前，**「新國家」**警察鎮壓分隊已落實到位。當時政府已開始忽視《一九三四年憲法》。[69]一九三五年通過一條新的國家安全法，勾勒違抗政治秩序與社會秩序的罪行，並且於一九三六年成立「國安法庭」，即決裁政治犯，將他們關進牢裡。甚至在此之前，一九三三年，瓦加斯總統已經在首都成立他的政治警察部隊。這些**政治與社會保安特種警察**（Desp），專屬任務是政治鎮壓。特種警察審理告發；他們也調查、逮捕並拘禁任何行跡可疑者——不需要任何舉證。熱圖利奧·瓦加斯任命民事警察[70]局長菲林托·穆勒（Filinto M ller）上尉指揮Desp。身為部隊的首長，穆勒上尉毫無顧忌地下令，處死或拷打任何與國家為敵的嫌犯，或是任由他們在Desp的牢房裡慢慢死去。他是納粹黨人，與巴西政府共謀與蓋世太保聯繫，包括交換情報和審訊的技巧。[71]穆勒上尉是現役軍官，只是暫時轉調到非正規指揮系統的職位，之後於一九四二年恢復軍職。為「**新國家**」效勞時，他的行動從未受到參謀本部任何正式的申斥。不用說，他所做的一切有熱圖利奧·瓦加斯無條件的支持。[72]

如同任何靠武力強制實現的政府，「**新國家**」依賴大多數人民的同意。以前的巴西政府，不曾用這麼多時間努力建設自己的政治機構，以證明政府的合法性並強加政治意識形態。[73]許多時間和精力浪費在審查制度，政府壓制異議的基本手段。一九三九年瓦加斯總統為這個制度構思最重要的部分，保證其效率的要素：一個龐大的機構，有權力干預任何傳播領域，即「**新聞宣傳部**」（Departmento de Imprensa e Propaganda，簡稱DIP）。這是直接受總統府管轄的機構，在全國各地有附屬機構，由新聞記者洛里瓦爾·豐特斯（Lourival Fontes）掌管，他是熱圖利奧·瓦加斯忠實的追隨者，對義大利法西斯主義讚賞有加。DIP是複雜的機構，分成六科（宣傳、無線電廣播、戲劇與電影、觀光與出版），宣傳並擁護「**新國家**」。這個機構干預巴西文化的各個層面，審查各種形式的藝術文化活動。此機構的內部有作曲家、新聞記者、作家和藝術家，精通各種操作法。其中之一是利用出版的潛能，因而創辦兩份雜誌：《**政治文化**》（*Cultura Política*）與《**政治學**》（*Ciência Política*）。另一個方法是全面控制流行音樂——在巴西流行音樂是傳播思想最有效率的方法，因為全體居民都聽得到。

在三〇年代，流行音樂（與古典音樂或歌劇截然相反）被廣泛收聽，變成日常生活重要的文化成分。音樂作品以森巴的特殊語言為優先考慮；森巴是巴西獨特的音樂表現形式。兩個重要的新慣例表達這種風格：嘉年華成為巴西最重要的民間節慶；收音機變成大眾傳播的首要工具。這是巴西都市森巴的黃金歲月，作曲家包括阿利．巴羅索（Ary Barroso）、威爾森．巴蒂斯塔（Wilson Batista）、阿道爾夫．阿爾維斯（Ataulfo Alves）、阿西斯．瓦倫特（Assis Valente）、多利瓦．卡伊米（Dorival Caymmi）、尼爾森．卡瓦基尼奧（Nelson Cavaquinho）與熱拉爾多．佩雷拉（Geraldo Pereira）。當然，還有諾埃爾．羅沙（Noel Rosa），從一九三〇到一九三七年，僅僅七年的時間，他寫了約三百首歌。[74]諾埃爾．羅沙賦予森巴我們現今熟悉的形式：以日常辭彙為基礎的獨特語言，文字與旋律的關係，詩意的創作和彈性的音樂處理——有時加速，近似嘉年華進行曲；有時慢下來，集中在旋律，有**巴西小夜曲**[75]和**抒情歌**的音調變化。他的森巴反應這個時期的現代化——電話、有聲電影、工廠哨音、攝影，以及雙座敞篷跑車**巴拉蒂尼亞**（baratinha）。

諾埃爾．羅沙於一九三七年五月逝世，他並未在獨裁政府的時期活著作曲，他也未活著目擊DIP對流行音樂的作為。他可能會毛骨悚然：光是一九四二年這個部門就查禁三百七十三首歌和一百零八個廣播節目，任何領域都受其干預。[76]DIP將一月三日定為「巴西流行音樂節」，籌辦里約熱內盧嘉年華會（森巴學校必須挑選巴西的主題，最好是歷史的），將森巴培植為國家認同的象徵。[77]

「新聞宣傳部」使用新科技（廣播和電影）提倡政府的行動和創舉，證實成效巨大。廣播已是大眾傳播的一種現象：它滿足越來越多聽眾對娛樂的需求，而且是非常成功的廣告工具。一九三九年「新聞宣傳部」開始利用全國廣播網，每天傳送政府的宣傳一小時。這個節目叫做「**巴西時間**」

（Hora do Brasil），瓦加斯總統的聲音開始傳遍全國。他發表簡短的演說，與人民直接溝通。一九四二年該機構將節目延長，總統演講後，接著音樂劇和喜劇。該機構推動非常成功的「音樂廳節目」，叫做「**全國廣播**」（Rádio Nacional），變成一種劇場，進入所有巴西家庭，包括窮人的屋子。另有歌迷俱樂部，民眾會聽到頂尖的流行歌手唱歌。

維持「**新國家**」獨裁政權的合法性，端賴各種各樣政府領導人的說服力，使民眾相信瓦加斯總統與國家是一體的。總統的形象與巴西的形象結合，達成這一切。「教育與衛生部」，政府最重要的宣傳媒介之一，是這個政策的核心，將「**新國家**」深深嵌入巴西文化的各層面。古斯塔沃・卡帕內馬（Gustavo Capanema）督導該部，他是**米納斯人**，一九三三年想得到米納斯吉拉斯州聯邦**審計官**的職位，但是未能如願，次年熱圖利奧・瓦加斯把他帶到里約熱內盧。「**新國家**」時期對政治實踐的矛盾心理，該部或許是最佳的例子。[78]

古斯塔沃・卡帕內馬充分利用他的委任。他成立「民族遺產與藝術學院」，任命巴西最偉大的古典作曲家埃托爾・維拉—羅伯斯當音樂教育所長。維拉—羅伯斯訓練大型的學生合唱團，在政府主辦的群眾活動獻唱。古斯塔沃・卡帕內馬在里約熱內盧負責「教育與衛生部」新的所在地，一幢現代派建築，在巴西沒有前例。建築師兼都市規劃者盧西奧・科斯塔（Lúcio Costa），從勒・柯布西耶（Le Corbusier）新的建築用語得到靈感。奧斯卡・尼邁耶（Oscar Niemeyer）協作這個項目，牆上貼滿坎迪多・波爾蒂納里（Candido Portinari）[79]手繪的飾面磚壁畫。雖然年久失修，這幢建築物仍然是奇妙的景象。看似自相矛盾的政策或許最吸引「**新國家**」；雖然古斯塔沃・卡帕內馬的部門提拔現代主義者和其他前衛藝術團體，對於藝術家和教師遭到任意逮捕和囚禁，卻默不作聲；對於共產主義者受迫害，該部門袖手旁觀，而且是關閉「聯邦區大學」的禍首。

文化被看作是國家大事，被獨裁政府用來與作家、新聞記者和藝術家建立更密切的聯繫。一邊是古斯塔沃·卡帕內馬的部門，另一邊是「新聞宣傳部」，兩者為知識分子開拓市場，對急於進入政府決策核心的人，提供特別有吸引力的政府職位。雖然有些人拒絕遵循黨的路線，但是在政治派系的左翼和右翼，許多巴西知識分子接受「**新國家**」的事務官施以限制：詩人，包括卡洛斯·德安德拉德、馬里奧·德安德拉德、卡西亞諾·里卡多（Cassiano Ricardo）、羅薩里奧·弗斯科（Rosário Fusco）與梅諾蒂·德爾·皮奇亞（Menotti Del Picchia）；知識分子，包括吉爾貝托·費雷雷、阿莫羅佐·利馬（Alceu Amoroso Lima）與韋內克·索德雷（Nelson Werneck Sodré）；以及小說家，例如格拉西里亞諾·拉莫斯。實際上，巴西文化正在轉型。全國美學與集體願景，已是公眾關注的熱點，不再是區域傳統產品。「**新國家**」提供統治者和方針，建構這種高奏凱歌的國家認同。一方面，對通俗文化的本色逐漸產生信心；另一方面，汲取不同區域的文化要素，產生異質混合物。這裡有巴伊亞的非洲頭巾，或**卡里奧卡貧民窟**的鈴鼓，那裡有卡波耶拉戰舞的一些動作，和穆拉托人圓潤悅耳的歌聲——全體巴西人的聲音。赤道以南沒有單純的東西，一切皆是混合物。[80]在這個國家三〇年代勝利的表徵，巴西的人民與混血兒一起誕生。混血兒的身分不再被看作是一種缺點，而是值得慶賀。許多區域傳統——烹飪、舞蹈、音樂和宗教，逐漸「消除非洲化」（de-Africanized），並且變成民族自豪的泉源。直到今日它們被視為巴西文化的重要象徵。

肉燒豆（feijoada）亦然。原本是「奴隸」食物，將黑豆與厚片豬肉一起煮，加上培根，上菜時配白飯、木薯粉、切片的柳橙和切丁的羽衣甘藍，已經成為國菜，也充當巴西的符號表徵。黑豆和白飯一旦攪拌，變成文化與種族和諧混合的隱喻；綠色羽衣甘藍變成國家森林的比喻，柳橙的黃色象徵巴西的黃金。利用有些異國風味的美學論點，一道完整的**肉燒豆**，把所有東西混在一起，變成巴西的一種寫照。這種過程吸收先前被拒絕的文化傳統，越來越普遍。直到十九世紀末，卡波耶拉戰舞被警方壓制，在一八九〇年的刑法被列為罪行。然而，在一九三七年，「**新國家**」決定推廣戰舞，不再僅限於非洲人。在二十世紀初葉，戰舞被稱為「混合的卡波耶拉」，參加者是混血兒，混合三個民族：葡萄牙人、黑人和印第安人。在熱圖利奧．瓦加斯統治的時期，卡波耶拉變成正式的國技。坎東伯雷教經歷類似的過程。

讚揚種族和文化的多樣性，使巴西得以輸出自己的文化，抵消歐洲與北美的文化輸入。巴西最成功的國際代表，歌星卡門．米蘭達（Carmen Miranda），於一九三九年前往美國。她在巴西已經是大明星，錄製唱片、在俱樂部和劇院唱歌，民眾仰慕她。一群美國的製作人邀請她到紐約，在時事諷刺劇《巴黎的街道》（*Streets of Paris*）演出。[81]據說她只花六分鐘就征服百老匯，她的第一部電影《阿根廷遊記》（*Down Argentine Way*）[82]使她聞名全世界。她迅速攀升，一樣不同凡響——可能被誇大：在很短的時間她成為好萊塢片酬最高的女明星。她出現在雜誌封面、廣告和商店櫥窗，她的唱片大批大批地賣，夜總會互相爭奪她出場的榮幸，最好由她的巴西「**月亮樂隊**」（Bando da Lua）伴奏。雖然卡門．米蘭達總是告訴新聞記者：她根本沒有嗓音——「我擁有的是**巴薩**（bossa）」，[83]但是她有真正的天賦。[84]儘管她是葡萄牙人，對「**新國家**」而言她是宣傳巴西混血社會和文化的天才。她演出的節目和無法模仿的風格，包括歌詞根本無法理解，舞蹈混合森巴的元素和熱情洋溢的手勢，以及滑稽的音樂（有節奏的加快），全部以熱帶風景為背景幕，毫不誇張地說，有曖昧的風情。

雖然似乎不可能，這種混合物**確實**有「**巴薩**」，顯示天分、條理和風格。卡門．米蘭達誇張地打扮成巴伊亞女人，五顏六色的大頭巾可以放籃子，用珍珠和彩色的寶石裝飾，裝滿用蠟做成的香蕉和其他熱帶水果。她戴特大的金耳環、無數的手鐲和項鍊，彷彿這還不夠，她穿極高的厚底涼鞋——對身高只有一．五二公尺的人是必要的。她戴珠子項圈、避邪的大手鐲和項鍊——原本用以向聖人請求恩典的護身符。每一次表演結束，卡門就重新創造巴西。有黑人、白人和印第安人的巴西，混合的、和諧的和幸福的巴西。

在四〇年代初形勢逆轉，美國開始對巴西很感興趣。從一九三三到一九四五年，法蘭克林．羅斯福總統的任期，美國採取精心謀劃的外交政策。面臨德國和其他軸心國家的發展，此政策結合施壓和警告，徹底改變北美有關拉丁美洲的策略。美國政府正在尋找潛在的出口市場，幫助國家從一九二九年災難性的大崩盤復原。另外，政策制定者急於阻擋德國和義大利的影響。羅斯福總統決定美國應該是拉丁美洲主要的夥伴，不強制徵稅，而是開始談判。用團結的修辭——泛美主義，取代對拉丁美洲實施的干涉主義，並且提供經濟、科技和軍事合作。羅斯福充滿野心的「睦鄰政策」[85]也包含更密切的文化交流項目。此項目大量投資電影業，在影片中宣傳泛美主義。有些影片沒有效用。例如，《阿根廷遊記》在阿根廷引起義憤：不僅沒有探戈，而且布宜諾斯艾利斯顯然到處是騙子。《哈瓦那的週末》（*Week-End in Havana*）甚至引起更糟的反應：古巴人很憤慨他們被刻劃成矮小的騙子，他們漂亮的首都哈瓦那被拍成賭場，周遭都是糖料作物種植園。

然後，一九四一年，「迪士尼工作室」加入電影業。同年五月，華特．迪士尼本人與一組音樂家、電影劇本作家和漫畫家搭機到墨西哥，然後繼續他的行程到巴西和阿根廷。他返回美國時，身上帶著他為未來卡通影片所做的研究和草案，使「睦鄰政策」變成巨大的成功：《問候吾友》（*Saludos Amigos*）於一九四三年首映，《三劍客》（*The Three Caballeros*）於一九四五年首映。《問候吾友》用阿利．巴羅索的〈**水漾巴西**〉（Aquarela do Brasil）[86]當主題曲。這首歌是森巴，代表巴西人的身分，已經變成另類的國歌。《三劍客》也使用阿利．巴羅索的作品，由卡門．米蘭達的妹妹奧羅拉．米蘭達（Aurora Miranda）獻唱。這部電影使用極佳的創新技術，「迪士尼工作室」一九四〇年的卡通影片《幻想曲》（*Fantasia*）已使用。演唱時，奧羅拉．米蘭達打扮成巴伊亞女人，與卡通人物一起出現在銀幕上。這兩部影片都有卡通角色喬奧．卡里奧卡（Zé Carioca），[87]一隻時髦的綠鸚鵡，代表巴西出現在北美的觀眾面前。在里約熱內盧聽了無數關於鸚鵡的故事後，迪士尼團隊得到靈感創造這個角色。他們在「科帕卡巴納皇宮酒店」臨時改裝的工作室房間構思喬奧．卡里奧卡。這隻鸚鵡的容貌，與流行歌曲作家埃利維爾托．馬丁斯（Herivelto Martins）有些相似。美國人或許不知道，這種聯想由來已久：十六世紀在計算遊客時用鸚鵡象徵巴西，當時巴西通稱「鸚鵡之鄉」。喬奧．卡里奧卡是稀有的品種，「對資本主義冷眼旁觀的鸚鵡」。[88]他立即獲得成功而且歷久不衰。他結合各種不同的文化元素，成為誘人的**卡里奧卡痞子**（Carioca malandro），但是他毫無敵意，形成一個綜合體，代表巴西的人民。喬奧．卡里奧卡是混血兒，靠打零工過活，沒錢又懶散，老是在等待某事發生；現今巴西人仍然認同**痞子**有這些國民性格。

但是他也魅力無窮：自由、快樂、健談、熱心、隨和、具備**巴薩**的氣質、會踢足球、會跳森巴舞，而且調皮搗蛋——他一下子就學會吸引觀光客的把戲。從一出場，喬奧．卡里奧卡就投射出巴西在國外的正面形象，使巴西人著迷，尤其是瓦加斯總統的家人。瓦加斯總統認為這部影片是北美向他的國家和人民表示敬意，他贊助《問候吾友》在里約熱內盧首映。而且，對巴西的一切，「**新國家**」的興趣很廣泛且多樣化，包括挑選國家的守護神。「顯靈聖母」（Lady of Apparition）像在帕拉伊巴河被漁夫捕獲，已經被河水磨損；這位聖母恰巧跟巴西人一樣是混血兒。

這種打造國家身分的過程，端賴高度否認：內地苦不堪言，都市居民大多貧窮，對任何制度化的公共福利極度缺乏投入。諾埃爾．羅沙在一九三二年寫了一首歌[89]評論：這些也是「**我們的東西**」（coisas nossas）。他繼續舉例：飲酒而不吃飯的**痞子**，鄉間的稻草棚屋，放高利貸者和騙子，電車看似貨車——這一切定義這個國家可以拿自己的貧窮開玩笑。這位作曲家接著說：這一切完全是巴西的東西，如同**穆拉托女人**、鈴鼓[90]或吉他。然而，與諾埃爾．羅沙諷刺的韻文相反，這個國家開始拒絕種族爭論，以文化特徵為優先考慮，與世界其他地方的商業往來，凸顯全體居民的混血特徵。

這是一九三三年吉爾貝托．費雷雷出版《**大房子與奴隸小屋**》的完美背景。這本書立即獲得成功。費雷雷對巴西的多種族社會有創新的詮釋，他認為葡萄牙努力使歐洲文明適應熱帶，產生這個令人驚奇且獨創的國家。這本書將巴西看作獨特的新社會，因為種族混合而獲益並豐富。[91]它歌頌非洲人對建立巴西的貢獻，並且讚美種族的混合。並非只有吉爾貝托．費雷雷對巴西提出新的詮釋。一九三六年，為回應費雷雷的書和熱圖利奧．瓦加斯的現代化方案，布阿爾克．德奧蘭達出版《**巴西的根源**》，[92]有截然不同的論點。他預料巴西有潛在的衝突，並且發出警告。他的書嚴厲批評整個巴西史有系統地採用威權主義，討論重要的歷史人物對巴西社會型態的影響，並且預測未來各種不同的狀況。這本書也批評現代化方案導致社會緊張。[93]

一九四二年具標誌性的第三本書出版：小卡約．普拉多（Caio Prado Jr）的《**當代巴西的形成**》（*Formação do Brasil contemporâneo*），對這個國家又有不同的詮釋。[94]對卡約．普拉多而言，巴西的特異特徵不是從根源產生，也不是混血社會造成的，而是因為這個國家無法與政治和經濟的過去劃清界限，未斷絕殖民時期建立的模式。卡約．普拉多認為：因為沒有徹底決裂，無法克服國家的貧窮、居下位和依賴。他強調其論點：任何經歷改革的社會，若沒有大刀闊斧的改組，將無法根除落後和貧窮的因素。這些人和其他作家，包括奧利韋拉·維亞納（Oliveira Viana）、保羅·普拉多、卡西亞諾·里卡多、阿莫羅佐·利馬與葛雷羅·拉莫斯（Guerreiro Ramos），負責傑出的詮釋性論文風格，不再把這個國家看作一個支離破碎的現實，設法了解巴西社會根深蒂固的矛盾。這是頭一回，巴西的知識分子利用不同的觀點、制度和學科分析這個國家。

若是知識分子在各方面的評論越來越尖銳，那麼瓦加斯總統也一樣繼續操控文化界和勞動力，他的目標是動員工人。國家干預勞資關係總是支持工人，確認勞動權與社會權，並且提高工人的權力與雇主相抗衡。[95]從一九三〇到一九四五年，瓦加斯總統的政府為巴西的勞動法、工會和社會福利創建基礎，現今大多仍然在執行。然而，和所有政治策略一樣，有不利的一面：所付出的代價是限制政治自由。工人必須接受參與國家控制的體制。否則，他們可能冒險成立祕密組織，或者使用最後的手段：加入不法之徒的地下組織。那是邊緣化社區——外國人、無政府主義者、共產主義者、乞丐和**痞子**——總是被媒體詆毀和被警察追捕。但是**痞子風**（malandragem）也是一種政治選擇，特點是鄙視勞動界。[96]**痞子**絕非巴西社會的新現象。在十九世紀，這個詞用來定義在合法與違法之間游移不定的個人：他盡可能不工作，靠賭博、女人和詐騙維生。

瓦加斯總統執意要打擊**痞子風**。他意識到：**痞子風**表示拒絕政治體制。那些人，比如作曲家威爾森·巴蒂斯塔，或許是這一代的**森巴音樂家**（sambistas）最富於表現的代表，採取**痞子風**作為波希米亞身分的部分，他們知道幾乎不可能逃避獨裁政府所捍衛的勞動神話。威爾森·巴蒂斯塔想盡辦法愚弄審查官，他與阿道爾夫·阿爾維斯合作，為一九四一年嘉年華會製作一首暢銷歌曲〈**聖雅努阿里奧電車**〉（O bonde de São Januário）。因為厭惡和厭倦審查制度，巴蒂斯塔很巧妙地將**勞工**（operário）這個詞改成**笨蛋**（otário），此舉大快人心。「那些勞動者沒有錯／我說的，我不怕／聖雅努阿里奧電車／多載一個勞工（笨蛋）／那是我，去做工。」這首歌曲非常成功，由西羅・蒙泰羅（Cyro Monteiro）演唱，使他立足歌壇。[97]通過「新聞宣傳部」的審查後，眾口傳唱這首歌，但是歌詞的故事不同了，因為作曲家那個輕微的改動有決定性，不需要想像力就了解誰是笨蛋。揭發權力的論述，並且顯示雙關語固有的伎倆，這是**痞子**的策略。那意味著使鷸蚌相爭，利用對立雙方——勞工和法律——使自己獲利。熱圖利奧・瓦加斯就是不能原諒這種策略。

新國家，再見

對「**新國家**」而言，「第二次世界大戰」有決定性：雖然它強化政府的現代化方案，卻也標誌威權主義結束。[98]在逐漸導向戰爭的數年當中，在外交政策，巴西政府竭盡所能保持國家中立。然而，一九四一年十二月七日，日本偷襲珍珠港，瓦加斯總統承受的壓力越來越大，必須表達立場。儘管如此，直到一九四二年一月二十八日，美洲共和國的外交部長們在里約熱內盧最後的會議，巴西才與軸心國（德國、義大利和日本）斷絕外交關係。反擊來得迅速：在巴西的領海，德國潛水艇用魚雷攻擊巴西商船。自從實施獨裁統治以來，人民首次走上街頭，組織大型抗議活動，要求巴西立即參戰，支持同盟國。

巴西保持中立時，瓦加斯總統設法盡可能利用局勢，不過度自我暴露。他與納粹德國續簽商業協議，藉此鞏固巴西的地位，成為納粹德國在美洲的主要貿易夥伴。他從墨索里尼統治的義大利獲得潛水艇，以出口肉類和原料做交換。為抵消這些措施，除了授權採購美國的驅逐艦和英國的武器以擴充巴西海軍裝備，他也仔細研究與同盟國更密切的貿易關係。在不清楚鹿死誰手的時期，納粹耀武揚威地入侵法國，熱圖利奧．瓦加斯認為：巴西的中立性使國家得以充分利用這種局勢。他與雙方做交易，使他的部長們惱火，有些人支持同盟國——例如外交部長奧斯瓦爾多．阿拉尼亞和他的女婿阿馬拉爾．佩肖托（Ernâni do Amaral Peixoto，里約熱內盧州長），而有些人坦然地支持德國人，包括戈埃斯．蒙泰羅將軍與杜特拉將軍。

「**新國家**」的意識形態傾向於支持法西斯主義：「西班牙內戰」馬德里淪陷及共和軍敗北的一個月前，熱圖利奧．瓦加斯放下戒心，正式承認佛朗哥將軍的法西斯政府。不過，他與羅斯福總統保持良好的關係，竭盡所能促進兩國的貿易。畢竟，巴西的現代化方案依賴美國的支援，以便建立工業基礎。但是瓦加斯總統也施壓：他指示「伊塔馬拉蒂」（Itamaraty，巴西外交部）通知美國人：他不打算等待他們支援他的工業化項目，暗示他可能反過來與德國合作。他甚至發電報給希特勒，文中寫道：「我祝你個人圓滿幸福，德國國運昌隆。」[99]

一九四二年，巴西加入戰局後，把納塔爾附近一處空軍與海軍基地割讓給美國，以協助保護通往北非的航線。巴西與羅斯福政府的合作有顯著的變化，瓦加斯總統的工業化方案日益成功。鋼鐵是工程的核心問題，是「自由聯盟」在一九三〇年各種計畫的關鍵元素，並且是這位總統對軍隊的部分承諾，以換取他們支持一九三七年政變。「**新國家**」於一九四二年獲得「美國進出口銀行」的長期貸款，成立「**淡水河谷公司**」（Companhia Vale do Rio Doce）開採鐵礦。在里約熱內盧附近的規劃工業城，沃爾塔雷東達（Volta Redonda），這個政府也建造龐大的煉鋼廠，成為瓦加斯總統為巴西策劃自給自足經濟的一種象徵。之後，為控制煉鋼廠，他也成立「國家鋼鐵公司」，這是合股公司，政府是多數股東。於是工程擴大到鐵礦、鹼加工和製造飛機與卡車的引擎。他也為政府擬定開採石油的政策。雖然熱圖利奧．瓦加斯並未依照計畫建造國家精煉廠，但是他為十年後的「巴西石油公司」（Petrobras，巴西國營的石油公司）奠定基礎。

到了一九四三年，瓦加斯總統已經明白：戰爭進入最後階段，軸心國會戰敗。他也了解，即使巴西在穩操勝券的這方參戰，盟軍戰勝之前「**新國家**」已不存在。那年八月熱圖利奧·瓦加斯成立「巴西遠征軍」，於一九四四年派到義大利打仗，此舉激怒杜特拉將軍和戈埃斯·蒙泰羅將軍，他們絕不接受巴西為同盟國參戰。儘管天氣嚴寒且欠缺訓練，大約兩萬五千人被派去冒險犯難。這場戰爭的結果是民主獲勝。巴西的百姓再也不能否認這種矛盾：在國外對抗法西斯主義，而在國內維持威權政府。

一九四三年十月，米納斯吉拉斯州九十二位公眾人物簽署《**米納斯宣言**》（*Manifesto Mineiro*），呼籲回歸民主政體，以便反對勢力參與政治鬥爭。瓦加斯總統或許對新的反對派沒有多慮，但是他明白形勢已改變。他決定為過渡到憲政體制鋪路。瓦加斯政府的社會與勞動法規使人民受益，大部分民眾支持這種過渡。這是良好的策略，但是很遺憾，執行起來不像策劃的那般順利。

第十五章

沒錯，我們有民主政治！

「我們要熱圖利奧！」

巴西從「**新國家**」崛起，有混合種族對信仰和習俗根深蒂固的觀念。但是這一切與掩飾不住的內化歧視，與基於友誼和血親關係僵硬的社會階層，一起被接受。這個國家也從**卡里奧卡**的森巴節拍發現一種民族的節奏，並且採用許多民族的象徵。那時候，巴西有現代的勞動立法，為迅速發展的現代化和工業化項目奠立基礎。有崇高的期望目標，瓦加斯總統越來越受歡迎。但是政治局勢變得更加動盪不安。反對派喉舌找到審查法漏洞。在如今無法逆轉的過程中，抗議活動逐漸失控：巴西人要求言論自由、以民主方式當選的總統，以及新憲法。

瓦加斯總統心裡有數：「**新國家**」的鎮壓機構不再是高效率。他意識到政治體系必然要改變。他的第一個問題是如何繼續民主轉型和改編政府的結構，以便他可以繼續執政。他的第二個問題是何時開始過渡。到了一九四五年初，他知道時間不多了。二月二十八日他簽署《一九三七年憲法》修正案，規定在三個月內確定共和國總統和國會的選舉日期。[1]幾日前，瓦加斯總統的計畫被反對勢力先發制人，他們推舉巴西空軍指揮官愛德華多．戈梅斯准將為總統候選人。

對熱圖利奧．瓦加斯而言，政治始終是算計與機遇的問題。三月他正式宣布他不會競選總統，而且，顯然熱情不高，他公布政府支持戰爭部長歐里科．杜特拉將軍當候選人。雖然政府的支持顯得不熱心，實際上杜特拉將軍的候選人身分符合政治策略。這個主意是離間軍隊，降低愛德華多．戈梅斯的支持度，使政府的行動不再受矚目，保住瓦加斯總統的權力。愛德華多．戈梅斯，簡稱「准將」，因為大家都知道他的身分，他曾經在**尉官派**起義時打仗，是「科帕卡巴納堡十八起義」的倖存者。他非常有自信，充滿英雄氣概，有純正的民主素養。一些巴西的女選民特別熱情，胡亂散布這個口號：「投票給准將。他很帥而且他單身。」[2]另一方面，杜特拉將軍個子矮、無趣又一成不變。他和熱圖利奧．瓦加斯同時在阿雷格里港戰爭學院當學員，從此他是瓦加斯核心集團的一員，並且是眾所周知的墨守法規者。他一直與**整合主義者**親近，因為仰慕納粹德國而聲名狼藉。[3]

杜特拉將軍與愛德華多．戈梅斯准將都是虔誠的天主教徒，對當選有很大的助益（現今依然如此）；兩人都自高自大、自我標榜，當候選人完全是大失敗，尤其是拉票的時候。有一回杜特拉將軍在里約熱內盧參加運輸聯盟群眾大會，他滔滔不絕地講巴西軍史的大人物，對來聽他演講的勞工們隻字未提就離開。愛德華多．戈梅斯也不高明。他想盡辦法集合里約熱內盧所有主要的工會會長聚在一起，據稱要說明他的選舉政綱，然後他只講了幾個字：「很榮幸」和「謝謝你們」。[4]

這兩位候選人舉止都不像政治人物，而是像現役軍官。民眾把焦點放在他們各自的特質、或是缺乏的特質，幾乎都未注意到一個重要的事實：首次由空軍的准將和陸軍的將軍競選總統。這個新點子對巴西的民主政治不是好預兆。軍隊，尤其是陸軍，不再扮演配角。[5]相反地，在整個獨裁時期，陸軍一直是瓦加斯總統最可靠的盟友，也是他主要的控制工具。一九四五年，軍隊，尤其是陸軍，變成國家的動態元素，當作一種行政權在運作。陸軍不再認為自己隸屬於公民強權，也不認為他們是人民意志的工具。這種看法與一八八九年「共和國」元勛的願景不同，也與二十世紀二〇年代叛變的**尉官派**不同。熱圖利奧．瓦加斯打開大門，將軍們就直接進來。在一九四五年，陸軍不僅是現代化機構，有武器、設備和部隊，而且變成性質不同的機構，就政治觀點而言，比以前更致命。陸軍變成自治的干預部隊，其成員相信：造就訓練有素的精英，陸軍是唯一能勝任的機構，有國家願景，為領導國家做好準備。在後來四十年的巴西共和國歷史，軍隊將依照這個信念行動。戈埃斯．蒙泰羅將軍是能幹的軍官，與杜特拉將軍合作把陸軍現代化，他對自己的成就很自豪，而且是積習難改的嘴不嚴。他會告訴任何想要聽的人，他「終止陸軍的爭權奪勢，[6]所以現在軍隊可以自由地執行陸軍政策」。[7]

瓦加斯總統很快就發現，准將們和將軍們打算實踐哪種權術：一九四五年十月，武裝部隊將他罷黜，陸軍、海軍和空軍，這三種軍事機構發動首次政變。這是發展的初期，後來變成更正式的「三軍參謀長聯席會議」（Emfa）。這三種機構需要通力合作以便完成政變。[8]然而，在同一年的年初，形勢截然不同。瓦加斯總統仍然相信准將們和將軍們是墨守法規者、政府的支持者。他信任他與杜特拉將軍的結盟，尤其是他相信自己有能力利用三軍的內部分裂，控制部隊以保護自己的政治利益。他只要利用一個集團的野心對抗另一個集團，藉此操縱將軍們。實際上，他自己促成制度的改變，卻低估變革的規模。他打算繼續掌權，把目標集中在政治階層和都市勞工。他忽視陸軍內部已然發生變化，這個錯誤如今來不及糾正。

下一個重要的步驟，大赦數百名在「**新國家**」時期被逮捕的政治犯。這包括共產黨領袖路易斯．卡洛斯．普雷斯特斯，此時在巴西政壇他變成近似神話般的人物，充滿半殉教者、半英雄的神祕氣息，他個人的人氣有時比共產黨的名氣大很多。民眾在街上遊行，慶祝大赦。報刊讚揚政治犯獲釋，全國各地成千上萬的人簽署宣言，呼籲被流放者歸國。民眾也喧嚷著要求組織政黨（包括「共產黨」）的權利。[9]一九四五年四月十八日，大赦令批准後，一大群人聚集在里約熱內盧**馬克杯修士街**（Rua Frei Caneca）中央管訓所的大門口前面，迎接普雷斯特斯。他與傳奇的縱隊結束漫長的行軍後，直到戰爭結束，共十八年的歲月，其中他流放八年，坐牢九年。他出現時被迅速帶進一輛汽車離去。但是群眾瞥見他蒼白清瘦的臉。他老了很多。他不清楚他的情婦奧爾嘉．貝納里奧的情況，從未見過他們的女兒安妮塔（Anita）。幸虧有強大的國際運動，安妮塔的祖母在她十四個月大時從納粹的牢房將她救出來。這個時候，安妮塔與姑姑們住在莫斯科。

但是路易斯．卡洛斯．普雷斯特斯急於重新開始政治生涯。出獄後一個月，他在里約熱內盧共產黨人籌辦的集會演講，受到令人難忘的大喝彩。大約一萬人在毛毛雨中擠進「聖雅努阿里奧球場」聽他講話。費再大的力氣都值得，看到普雷斯特斯和聽到他說話，不可思議地望著霓虹燈照亮他立在草地上的巨幅肖像，底下有六個巨大的字母拼出 Brazil 這個字，而且看到巴西和蘇聯的旗子並立在球場的正中央。[10]大家都很驚訝，普雷斯特斯宣布與共產黨完全相反的立場：他聲明無條件支持瓦加斯政府，呼籲召集制憲議會，並且支持總統大選延期。理論上他可能遵照莫斯科的指示，莫斯科建議共產黨人與他們國家的政府結盟，只要這些國家與蘇聯站在同一陣線打仗，這正是巴西的情況。但是普雷斯特斯放棄他的原則，他支持的獨裁者曾經將他的妻子引渡到納粹德國。他與熱圖利奧．瓦加斯結盟的意圖，非常重功利且投機取巧：共產黨的人數少，在「**新國家**」時期受到毫不寬容地鎮壓，政治勢力幾近零，黨員仍然祕密地行動。另一方面，支持熱圖利奧．瓦加斯帶來巨大的優勢。普雷斯特斯會接觸到工會的活動，使共產黨能夠與工人更接近，確保共產黨人的民主合法性，並且在總統大選成為候選人。

普雷斯特斯的反向政策並未說服其中一些激進分子，例如歷史學家小卡約．普拉多，他想要共產黨人維持連貫的政綱。然而，就提升黨的形象而言，這步棋相當成功。一九四五年五月，在聖雅努阿里奧集會的時候，該黨的領導人計算出巴西有大約六千八百名黨員；兩年後這個數目在十八萬與二十二萬之間。[11]也有大批支持者遵照該黨中央委員會的指令，以及一群有名氣的藝術家和知識分子，協助該黨發展巴西社會現代化的替代方案。這些藝術家當中有幾位放棄政治鬥爭，例如詩人卡洛斯．德安德拉德，但是其他人繼續涉險多年，例如作家若熱．阿馬多（Jorge Amado）。無論如何，在一九四五年一批傑出人才被吸引而投向共產主義者，有畫家，包括坎迪多．波爾蒂納里、卡洛斯．斯克里爾（Carlos Scliar）、迪．卡瓦爾康蒂和若澤．潘塞提（José Pancetti）；有音樂家，例如著名的指揮家兼作曲家弗朗西斯科．米戈農（Francisco Mignone）；有才華洋溢的建築師，例如維拉諾瓦．阿蒂加斯（Vilanova Artigas）和奧斯卡．尼邁耶；重要的作家，諸如格拉西里亞諾．拉莫斯和蒙泰魯．洛巴托；年輕的電影製作人佩雷拉．多斯桑托斯（Nelson Pereira dos Santos）；歌曲作者，包括多利瓦．卡伊米、馬里奧．拉戈（Mario Lago）和威爾森．巴蒂斯塔；以及流行歌手諾拉．內伊（Nora Ney）和若熱．古拉特（Jorge Goulart）。

對熱圖利奧．瓦加斯而言，共產黨的支持是一種勝利，尤其是路易斯．卡洛斯．普雷斯特斯的支持，他是唯一可以與他的人氣相媲美的政黨領袖，但是這絕非他手中最重要的政治撲克牌。一如既往，瓦加斯總統不公開他的想法，沒有人知道他是否的確在準備民主轉型，或者他在運籌帷幄以繼續執政。但是有一點無可置疑：熱圖利奧．瓦加斯不曾到卡特蒂總統府被出其不意地逮住。「**新國家**」正在瓦解之際，他大力投資爭取一群意想不到的人，贏得都市勞工的支持。

不出所料，聖保羅的風向開始改變。一九四五年三月初，這個國家最古老的大學學生組織「八

月十一日學術中心」（Centro Académico Onze de Agosto），其成員決定自負全責，組織勞工為民主戰鬥和推翻「**新國家**」。[12]這些學生支持愛德華多．戈梅斯競選總統，與聖保羅的「聖弗朗西斯科廣場法學院」有密切的聯繫。瓦加斯總統曾經在一九三二年打敗**保利斯塔人**，但是他們從不接受失敗；他們也不讓任何報復的機會溜走。這一回學生籌辦抗議遊行，前往市中心的**主教座堂廣場**（Praça da Sé）。[13]他們占據大教堂的臺階，在下班時間行人最多的時候，即席演出政治集會，手裡拿著麥克風，開始批評瓦加斯總統。但是沒有人準備好應付接著發生的事情。數批工人平靜地穿越廣場，突然做出反應。他們憤怒地逼近說話者，敲打鑵頭、揮舞木頭，抓起任何找得到的東西扔向臺階上的人。這群被激怒者立即使學生們逃之夭夭。他們開始大喊「熱圖利奧萬歲！」、「勞工萬歲！」以及「我們要熱圖利奧！」，同時把周遭的東西砸爛，包括法學院的窗戶。兩天後同樣的事件在累西腓上演，導致一名學生死亡，接著在美景市和里約熱內盧也發生同樣的事件。反對派感到驚訝。「**新國家**」已經被推翻，瓦加斯總統的聲望和人氣，卻比以往任何時候都高。[14]都市的窮人和勞工支持熱圖利奧．瓦加斯，而且希望他繼續執政。

在聖保羅起頭的事件，迅速變成大型的抗議運動，依照口號「**我們要熱圖利奧**」（Nós queremos Getúlio），被暱稱「**希望主義**」（queremismo）。這類參與對「共和國」而言是新奇的。直到那時候，民眾與權力機制保持安全距離。[15]這項運動近乎執拗地要求讓熱圖利奧．瓦加斯繼續當總統，顯然出於政治私利：勞工想要保障他們自三〇年代獲得的社會權與勞動權。當他們發覺「**新國家**」已然是窮途末路，熱圖利奧．瓦加斯當總統的日子屈指可數，他們上街示威遊行。他們相信：若是沒有瓦加斯，他們就會失去最近贏得的權益。

忠於他的風格，說一套、暗中進行另一套，最後做完全不同的第三套，熱圖利奧．瓦加斯強調：他不會競選當連任的總統。他聲明他會監督選舉，然後退出公共生活，他總是帶著謙遜的微笑接著說：回到和平寧靜的家。[16]直到他越來越公開支持「**希望主義**」運動，才顯出他真正的意圖。他授權全國的廣播實況轉播他們的集會和抗議活動，使他們獲得「新聞宣傳部」與「勞動部」慎重的支持，方便他們從企業家當中取得他的支持者的私人資金。在一九四五年下半年，「**希望主義**」運動在巴西各市鎮有數十個委員會，而且「**希望主義**」的激進分子捲入狂熱的政治活動：蒐集簽名、出版宣傳小冊子、聲明支持和團結，以及推動群眾大會。此運動擴大，變得越來越有組織。共產黨人終於加入此運動，路易斯．卡洛斯．普雷斯特斯始終以機會主義者的目光看風向，也加入。一旦**希望主義者**（queremistas）明白瓦加斯總統不曾離職，有資格參加競選，當自己的繼任候選人，來得及參加競選，他們改變要求，創造新口號：「制憲議會支持熱圖利奧！」「**希望主義**」是新奇的運動，不易理解。它崛起，成為民主轉型的一部分，是真正走上街頭的民眾運動——熱圖利奧．瓦加斯人氣不減的重要證明。但是光是這項運動，其意識形態範圍有限，沒有能力接管這個國家。充其量這是人民自動自發的組織，直到最近才取得政治程序。然而，一九四五年十月，讓反對派感到十分驚訝，瓦加斯總統攤牌，多透露一些他耍權術的手腕。利用吸引大批民眾注目的事件——里約熱內盧郊區火車電力網啟用典禮，他登上舞臺，召喚工人加入最近成立的「巴西勞工黨」（Partido Trabalhista Brasileiro，簡稱ＰＴＢ）。他聲明這個黨會保證勞工參與公共事務管理，防止勞工變成「受政客操縱的民眾，有史以來在所有的意識形態，工人讓這些政客當選後，他們總是忘記他們的承諾」。這種聲明或許難以證實，但是更難反駁。他下結論：「工人應該去投票，選出他們心中的代表，這些代表了解他們的期望目標。」[17]

自從所有立法議會被關閉，各種協會、團體和人民戰線被廢除，已經八年了。巴西人終於恢復他們的權利，基於各樣各樣的思想、興趣和價值觀成立協會，參與選舉的過程，提出他們自己的法律。《一九三七年憲法》修正案確定選舉的日期，也制定組織政黨的新規定。然而，其中兩項規定限制民主政治的充分行使。第一項，全國性是必要條件，防止區域性組織死灰復燃，例如那些具備「第一共和國」特徵者。這個國家的政黨總數限制在二十（從一九四五到一九六四年維持這個數字），這是相當大的改善，在一九三三與一九三四年間有數十個區域性協會參與立法選舉；第二項限制，賦予「最高選舉法庭」的法官們權力，以詮釋言論自由與任何政治協會的活動綱領，「基於政黨的多數制和保障基本人權，反對民主政體」，之間的差異。[18]

轉型正在進行中，政黨又是這個過程必不可少的。從一九四三年起，反對派勢力就一直在努力成立一個反瓦加斯聯盟。成為反對派分子有幾種不同的方法：反抗「**新國家**」，要求民主運動，或者只是擁護自由的信念。反對派政治人物企圖把與瓦加斯總統有關的人和機構撤出巴西的公共生活，使他們自己顯得格外重要。這種猛烈的「**反熱圖利奧主義**」（anti-getulismo），使政黨利益截然不同的政治人物聚在一起，例如「全國民主聯盟」（União Democrática Nacional，簡稱ＵＤＮ），當時被稱作「准將的黨」。此聯盟於一九四五年四月創立，有廣大的支持基礎，提供政治媒介給其餘的區域精英階層、富有的企業家、工業家與來自聖保羅的咖啡種植園主。其成員來自中產階級建制派，以前是「自由聯盟」和「**新國家**」的支持者，但是已經被要求退出或是幻想破滅。「全國民主聯盟」也包括民主社會主義者和來自「共產黨」的反體制派。最後這個集團最先脫離。一九四七年他們放棄反瓦加斯聯盟，集中精力發行報紙《**社會主義方向報**》（*Orientação Socialista*），提倡恢復全國制憲議會，以便終止「**新國家**」。第二年，社會主義者退出，成立自己的黨，「巴西社會黨」（Partido Socialista Brasileiro，簡稱ＰＳＢ），支持左翼的民主綱領。

這使得「全國民主聯盟」的強硬派確立黨的輪廓：保守、道德家、反民主，以謀劃政變為使命。「全國民主聯盟」聲明：他們贊成民主政體，但是他們同時在計劃**政變**。這些成員的政治願景局限在公共生活的道德，死板地聚焦在那些掌權者的行為。這個黨有許多能幹的雄辯家，他們很激進並且密切合作——這個團體被戲稱為「樂團」。他們每天必定想方設法戲弄他們的對手：盧西奧·卡多佐（Adauto Lúcio Cardoso）、迪亞斯·科雷亞（Oscar Dias Correia）、阿方索·阿里諾斯（Afonso Arinos）、比拉克·平托（Bilac Pinto）與艾里奧馬·巴萊羅（Aliomar Baleeiro）。「全國民主聯盟」的首腦是卡洛斯·拉塞爾達，[20]他是十年前那位學生，如此勇敢（和衝動），提名路易斯·卡洛斯·普雷斯特斯當「全國自由聯盟」的榮譽主席。他聲明放棄「共產黨」，成為虔誠的羅馬天主教徒和極端保守的人。儘管如此，他始終是大膽的機會主義者。他有氣魄、博學、聰穎過人，而且能力極強。卡洛斯·拉塞爾達懂得遣詞用字，精通政治的爾虞我詐，無人可匹敵。他會有系統地利用懷疑使對手吃驚，不論是否有證據都要指控他們、愚弄和嘲笑他們。同是黨員，阿方索·阿里諾斯以前常說（顯得既害怕又羨慕）：卡洛斯·拉塞爾達是危機創造者，在他自己引起的危機時期特別危險，正因為他使自己的命運與共和制度的命運交織在一起。[21]

熱圖利奧·瓦加斯是創立兩個政黨的**後臺老闆**。首先，「社會民主黨」（Partido Social Democrático，簡稱PSD）[22]於一九四五年建立，利用他指派的**審計官**控制巴西各州十五年之久。其構想是利用州的行政機關，得到每一州全體市民的選票。「社會民主黨」提名杜特拉將軍為總統候選人，維持巴西的穩定直到一九六四年**政變**。「社會民主黨」的黨員是喜愛權力的專業政治家，為繼續掌權，他們精確點票，仔細規劃政府職位和資源的分配。從讀物來看，如同坦克雷多·內維斯（Tancredo Neves，偉大的黨領袖之一）幽默地形容他們：「讓他們選擇《聖經》或《**資本論**》，社會民主黨的黨員會選擇《官方公報》（*Official Gazette*）。」[23]該黨擁有選民的支持、區域的聲望，而且他們明白：為保障州長的權力，市長舉足輕重。他們從不質疑選舉結果，而且擅長建立同盟的技巧。阿馬拉爾・佩肖托（熱圖利奧・瓦加斯的女婿，ＰＳＤ建黨元勛）以前常說：這個黨是「向左的右翼，向右的左翼」。[24]偉大的ＰＳＤ**黨員**（pessedistas）[25]是政治密謀的大師：坦克雷多・內維斯、儒塞利諾・庫比契克（Juscelino Kubitschek，簡稱ＪＫ）、阿馬拉爾・佩肖托、馬里亞・阿爾克明（José Maria Alkmin）與烏利塞斯・吉馬良斯（Ulysses Guimarães）。但是「社會民主黨」也代表舊式政治，以利益交換為基礎。精明的區域領導人，仰賴當地的「**上校**」支持，利用他們的權力控制議員：馬拉尼昂州維托里諾・弗雷勒（Vitorino Freire）；米納斯吉拉斯州貝內迪托・瓦拉達里斯（Benedito Valadares）；以及戈亞斯州佩德羅・魯多維科（Pedro Ludovico）。

然而，瓦加斯總統為這個國家所做的計畫，基本原理珍藏在第二個黨——「巴西勞工黨」，也在一九四五年建立。[26]該黨的支柱由隸屬於「**新國家**」的工會以及在「勞動部」工作的官僚組成。這是新奇的事，「巴西勞工黨」的構想並非工人**組成**的黨，而是**代表**工人的黨。

然而，最新奇的是該黨的政治工程。此勞工運動認為勞動群眾的處境是最重要的社會問題，他們了解唯有政府干預才能夠解決問題，而且他們相信三〇年代的社會立法提供足夠的改革方案，為勞工提供法律保護。[27]熱圖利奧・瓦加斯是黨綱的化身：他有能力認清勞工的命運，他的政府關注巴西人民的福利。他總是支持做工謀生的人與最貧窮的階層。「**希望主義**」的政治激進分子，當時遍布全國，為「巴西勞工黨」提供額外的支援。雖然熱圖利奧・瓦加斯在該黨的存續期間一直是神話般的人物，但是到了六〇年代初，黨領導人已擴大勞工運動，超越起初依賴他的傳承。他們灌輸民族主義、發展改革方案，接觸各種不同的社會部門，尤其是農村勞工。[28]

從一九四五到一九六四年「巴西勞工黨」擁護民主社會主義，盡可能對抗共產主義對勞工運動的影響。有這些政策，該黨在國會的議員人數增加，直到與最大黨「社會民主黨」匹敵的地步。一九四五年有二十二位聯邦議員，之後在一九五〇年增加到五十一位，一九五四年五十六位，一九五八年六十六位，一九六二年一百一十六位。[29]該黨領導人當中，有兩位尤其擅長推動社會主義事業：瓦加斯總統挑選的繼承人若昂．古拉特，與民粹主義領袖萊昂內爾．布利佐拉（Leonel Brizola），他繼承熱圖利奧．瓦加斯的衣缽且激進化。在未來數年，這兩位在巴西政壇起重大作用。

瓦加斯總統又押對寶了。「社會民主黨」與「巴西勞工黨」結盟，果然堅不可摧。在僅僅十九年的期間他們選出三位巴西總統，維持民主的施政。然而，到了一九四五年底，局勢似乎跌到谷底。人民認為熱圖利奧．瓦加斯終究喪失他聞名的政治能力。許多人把愛德華多．戈梅斯准將的勝利看作既定的事實。十月二十九日，在杜特拉將軍的同意下，瓦加斯總統被他的軍事部長們廢黜。杜特拉將軍一直擔任戰爭部長，為了競選才離職。不到四十八小時，前獨裁者被攆下臺，回到南大河州聖博爾雅的家族牧場，使他來不及組織抵抗運動。熱圖利奧．瓦加斯退出競技場，就在確定十二月二日總統大選之前，「巴西勞工黨」似乎失去方向，「社會民主黨」沒有信心讓平凡的杜特拉將軍獨力當選。另一方面，「全國民主聯盟」認為穩操勝券。然而，他們的信心是曇花一現。在十一月中，愛德華多．戈梅斯准將在里約熱內盧堂皇的歌劇院，在受邀的觀眾面前演講。他過於自信，不智地斷言：他不需要熱圖利奧．瓦加斯支持者的選票，他輕蔑地把他們稱作「遊手好閒的烏合之眾」。[30]將近一年的競選活動，這位准將似乎仍不明白：對候選人而言每一張票都重要。「**希望主義**」的領導人抓住這個機會，在全國的短波電臺不停地播放這個訊息：對愛德華多．戈梅斯而言，勞工是「烏合之眾」。

為了澄清愛德華多．戈梅斯准將認為誰的票可以放棄，**希望主義者**講得很明白：是貧窮的勞工，住在郊外，天亮就起床，長程通勤，工作一整天，收入微薄，帶一個**便當盒**（marmita）裝滿飯、菜豆和一個煎蛋。成千上萬人與這個人物有關，而且自豪地採用「**便當族**」（marmiteiros）的身分。他們熱切地想要搞垮在選舉期間還瞧不起窮人的候選人。因此他們**全體**聚集在「巴西勞工黨」最後的群眾大會，猛烈地敲打**便當盒**和鍋碗瓢盆，並且聲明他們是「上流社會」的敵人，換言之，即將投票給愛德華多．戈梅斯准將的精英階層是他們的敵人。對「全國民主聯盟」而言很不幸，攜帶**便當盒**的人很多，個個都是投票人。

勞工反抗愛德華多．戈梅斯准將，在競選活動結束時，熱圖利奧．瓦加斯呼籲勞工投票給「社會民主黨」的候選人杜特拉將軍做結束。「社會民主黨」在里約熱內盧舉行最後一次群眾大會，就在結束前半小時，一位特使帶來熱圖利奧．瓦加斯從聖博爾雅牧場寄出的一封信。「社會民主黨」內部怨恨他未支持自己的候選人杜特拉將軍，他的信消除他們的不滿。這封信強調，「全國民主聯盟」若獲勝會瓦解他的政治工程，最後他聲明正式支持杜特拉將軍：「ＰＳＤ的候選人，在無數的演講，和他最近的聲明，已清楚認同勞工運動的信念〔……〕因此他值得我們投票！」但是他沒有忘記杜特拉將軍如何背叛他，對他提出警告：「如果未遵守競選活動的承諾，我會與人民站在一起，反抗這位總統。」

剩下五天的競選活動期間，「巴西勞工黨」（ＰＴＢ）和「社會民主黨」（ＰＳＤ）的激進分子，使熱圖利奧．瓦加斯的照片雪片似地遍布全國，照片底下的訊息直截了當：「他說：投杜特拉一票！」根本不需要這張照片；大家都知道這個「他」是誰。十二月二日，六百二十萬巴西人，總人口的一三．四％，在投票站外面排隊，在八年的獨裁政權後第一次投票。「選舉法庭」必須努力控制過程並計算選票。但是勝負已定，除了塞阿拉、皮奧伊和聯邦區，杜特拉將軍每一州都贏，獲得五二．三九％的投票率，愛德華多．戈梅斯三四．七四％。在這個國家最具影響力的三州：聖保羅、米納斯吉拉斯和南大河州，杜特拉將軍也遙遙領先。[31]雖然每一次選舉ＰＳＤ和ＰＴＢ的結盟都必須重新協議，但是這個團隊已經顯示政治實力。

然而，這個國家很快就發現，雖然它能夠推翻這位獨裁者，但是撤除他的政治策略和傳承，完全是另一回事。套用當時一首流行歌的歌詞，如果這個國家依賴巴西人民的意志，那麼這位「大老闆」的肖像會回到牆上，相同的位置。

他會捲土重來！

「社會民主黨」（ＰＳＤ）和「巴西勞工黨」（ＰＴＢ）合起來，在國會形成多數黨。ＰＳＤ得到四二％的選票，ＰＴＢ得到一〇％，「全國民主聯盟」二六％，最近合法化的「共產黨」得到九％，剩下一三％分配給小黨派的候選人。新議員在一九四六年一月就任，當時國會承擔的任務等同制憲議會。八個月後，一九四六年九月十八日，這些議員發表新憲法。

新的《一九四六年憲法》保持三〇年代以來已經達成的社會進展，並且恢復民主政體和不可廢止的政治權利。[32]這個版本包括共和制度的民主程序，在聯邦的三個層級：聯邦政府、州政府和市政府，行政部門和立法機關的職位都是直接選舉。此憲法也保障出版和言論的自由，確認政黨的重要性，邁向普選，賦予四分之一以上的人民、年齡十八歲以上者投票權。在接下來的二十年，《一九四六年憲法》為巴西恢復民主政體提供依據。這部憲法使「國會」成為關鍵的政治玩家——尤其是在嚴重的制度危機時刻——鞏固政黨的角色，增強工會的獨立性，保障例行選舉，使選舉結果僅受到舞弊的輕微影響。

即使如此，《一九四六年憲法》仍然飽受爭議。縱使該憲法明確支持民主政治，卻未顧及傳統上被排斥的人民階層。例如，文盲在成年人當中比例很高，仍然沒有投票權。罷工權受限制，農村勞工得不到都市勞工享有的勞工福利。但是另一個憂慮的因素是軍隊對政務的干預增多。無論如何，即使有這些限制，這個時期對民主制度和程序的尊重最為牢靠。原因很簡單：沒有任何政體是完全民主的。[33]就巴西而論，《一九四六年憲法》確立的民主程序，在五〇年代末和六〇年代初越來越顯著，農村勞工變成更獨立的政治勢力，而且民眾對包容性更強的社會施加的壓力不斷增大。

雖然巴西變得更民主，在戰後的世界許多國家變得更不寬容和兩極化。「第二次世界大戰」之後的數年，帝國垮臺，世界地圖重畫，「冷戰」開始。[34]在「冷戰」時期，地理位置是極其重要的因素，美國認為拉丁美洲的共和國太靠近他們的疆土令人不安。從「五角大廈」的觀點，這些國家有任何一國發生政治變化，可能大幅改變兩個超級大國的權力平衡，使美國更容易受到蘇聯的攻擊。巴西是拉丁美洲的最大國，顯然引起最大的關注。美國最大的憂慮是：在巴西掌權的政府，可能促進共產主義者興起。他們不希望見到巴西變成「莫斯科的衛星」——華盛頓和里約熱內盧都使用這個措辭。

一旦在卡特蒂總統府正式就職，杜特拉總統竭盡所能安撫「白宮」：他採取對北美百依百順的政策，與蘇聯斷絕外交關係，把追擊共產主義者視為當務之急。流傳各種笑話，嘲弄這位總統對美國人阿諛諂媚。據說，他與杜魯門總統會面時，杜魯門（Truman，音譯楚門）和他打招呼：「你好嗎，杜特拉？」（How do you do, Dutra?）據稱他用諧音回答：「你真誠嗎，楚門？」（How tru you tru, Truman?）但是局勢不是鬧著玩的。「巴西共產黨」在拉丁美洲最強大；該黨在國會有十七位眾議員和一位參議員，在十五州的立法議會有四十六位議員，在聯邦區市議會是多數黨。[35]無論其意識形態如何，該黨已經是穩固的政治勢力。一九三五年**尉官派**起義後，武裝部隊流傳偏激的反共思想，「冷戰」使這些觀點走向偏鋒，杜特拉總統熱烈分享反共思想，決定盡快行動，最好在上任的時候。

一九四六年初，聖保羅開始銀行罷工潮，迅速蔓延到其他州，包括米納斯吉拉斯、里約熱內盧、聖靈州、聖卡塔琳娜、巴伊亞和帕拉。杜特拉總統拿罷工作藉口，對共產主義者和一般勞工實行鎮壓政策。「巴西工人聯合會」被宣告非法，「勞動部」下令政府干預一百四十三家工會（總數九百四十四家），而且這位總統頒布一道政令管制罷工權，旨在防止國家完全癱瘓。知名的法律專家費雷拉・塞薩里諾（Antônio Ferreira Cesarino）仔細閱讀新政令後，他抗議：「有了這道政令，只有香料銷售商可以罷工。」[36]

一九四六年三月，路易斯・卡洛斯・普雷斯特斯讓杜特拉總統有了藉口，發動他的反共運動，使共產黨回到地下活動。在里約熱內盧的一場辯論，普雷斯特斯被問到：如果巴西與蘇聯開始作戰，他會抱持什麼立場？他的回答直截了當。他以教授的語氣說明：巴西政府會犯下罪行，這將是帝國主義的戰爭，巴西的共產主義者會反對戰爭。一個幼稚的問題和一個愚蠢的回答，但是對杜特拉總統而言綽綽有餘。[37]一九四七年五月，以三票對兩票之差，「最高選舉法庭」的法官取消「共產黨」的登記。對這項判決，該法庭給了兩個理由：它指責「共產黨」並非巴西的政黨，而是「共產國際」的部門，總部設在莫斯科，而且根據《一九四六年憲法》，確定該黨反民主。這份文件指控該黨「煽動階級鬥爭和慫恿罷工，目的是製造混亂和失序的氛圍」。[38]一九四八年一月「國會」決定對所有「共產黨」選出來的眾議員撤銷授權。被剝奪民主權利，被政黨體系孤立，共產主義者再度發覺他們面臨政府迫害的風險，被迫回到地下戰鬥的嚴酷現實。

杜特拉將軍的總統任期內，政治無能且經濟慘敗。為了對抗戰爭年代的通貨膨脹，政府不僅允許無差別的進口量，而且藉高估匯率補助進口。這帖藥差點害死病人。通貨膨脹的速度慢下來，但是代價是將國家在戰爭期間籌集的英鎊和美金儲備金用光了。杜特拉總統的進口政策燒光國家的儲備金，而過多的物品和戰爭剩餘的物資——塑膠商品、凱迪拉克、溜溜球和呼拉圈，在國內市場拋售，他卻沒有採取任何措施擴大國家的工業生產能力。一九四八年政府企圖彌補損失，公布一項計畫，將投資集中在關鍵部門——衛生、食物、交通和能源；但是這項計畫進展甚微，有一些甚至未實施。[39]

杜特拉總統自持甚嚴；他寡言，作息規律，但他也是目光短淺的道德家。他就任後不久，一九四六年四月，他簽署一道政令禁止全國賭博，關閉所有的夜總會。根據推測，他的妻子施壓使他採取這項措施，她是虔誠的天主教徒，贏得「**小聖人**」的綽號。政府有正當理由：維護國風的道德規範，政府責無旁貸。[40]巴西官方登記的夜總會，超過七十家在里約熱內盧、尼泰羅伊、彼得羅波利斯，以及民眾在米納斯吉拉斯和聖保羅做水療的溫泉療養地。有些夜總會富麗堂皇，里約熱內盧的三大夜總會——**大西洋**、**科帕卡巴納宮**與**烏爾卡**（Urca）**夜總會**，都非常華麗。**大西洋夜總會**在美麗的裝飾藝術建築裡面，擁有科帕卡巴納海灘令人難忘的景色。**科帕卡巴納宮**飯店裡的夜總會最奢華：所有的家具和莊家都來自法國，烤肉館可容納六百人，每一桌都有新鮮的蘭花，玻璃舞池都打上燈光，必須穿正式的晚禮服才可以進入。**烏爾卡夜總會**有三個交響樂團，從地下室的電動步道輪流上臺表演，令人眼花繚亂的鏡子幕，以及市區最吸引人的音樂熱點，包括卡門．米蘭達。

夜總會不只是輪盤賭和百家樂。夜總會代表華麗、音樂、燈光；那是完美的場所，使人們盡情玩樂並且與不同的群體混合。夜總會是中產階級、富商、政治家和外交官流連忘返的地方。傳統的家庭與暴發戶、高級妓女、地方聞人和乘坐噴射飛機旅行的闊佬玩在一起。然而，最重要的是，夜總會是重要的工作市場，巴西樂師維生的地方。杜特拉總統的政令使全國大約四萬人失業。許多人努力說服這位總統，國家會遭受很大的損失，而且賭博會繼續暗中進行，但是他不改初衷，沒有轉圜的餘地。杜特拉政府很注重聆聽禱告，對社會需求卻充耳不聞。

重回卡特蒂總統府

一九四六年十二月熱圖利奧．瓦加斯公開與杜特拉總統絕交。遠離公眾的關注，他在聖博爾雅牧場幾近自我放逐。但是他繼續與政治為伍，視政治如生命，而且仍然受歡迎。一九四六年他以破紀錄的高票當選眾議員和參議員。事實上，他刻意與國會和制憲議會的工作保持距離，他甚至不去里約熱內盧簽署新憲法的確定版本，這完全不影響他的聲望和能力，動員勞工支持他的新總統競選活動。但是他的政治立場變化很大。熱圖利奧．瓦加斯離開總統的職位，加入反對派。他需要排解他與杜特拉總統及「全國民主聯盟」自由主義者的歧見，爭取支持他未來的政綱：增進政府干預工業化過程，保障全民就業，在不犧牲經濟成長的情況下打擊貧窮。[41]

在一九四九年，為一九五〇年總統大選正式提名候選人的時間到了，熱圖利奧．瓦加斯做好準備。他已經修改舊民族主義政綱的重點，以順應新國際情勢的需求。他的新政綱有兩個重要的目的：發展與社會福利。此目標相當於國家的經濟獨立，是巴西人民最大的期望之一，尤其是在「冷戰」時期。另外，他的焦點在於阻止通貨膨脹和生活費用提高，使他的宣傳活動與杜特拉總統的經濟政策影響最大的部門產生共鳴。而且，他的工業化政策以工業基地為優先考慮，得到商業界的支持。熱圖利奧．瓦加斯已經六十七歲，他很急切。他全心全意要回到卡特蒂總統府，以民主方式當選，「受人民擁戴」。宣傳的口號是一則凱旋的政治溝通：「他會回來！」競選活動開始，他坐在敞篷車裡沿著**海濱路**（Rua da Praia）遊行，當時這是阿雷格里港最高雅的購物街，經常是政治抗議的場景。接下來的兩個月，熱圖利奧．瓦加斯走遍這個國家的每一州和所有大城市。他也訂下最令人驚訝的協議和結盟。例如，為吸引北部和東北部的選票，他的副總統人選在南部幾乎不為人知：卡斐．費里奧（Café Filho）律師，他曾經積極參與「全國自由聯盟」，是「**新國家**」凶悍的對手。

熱圖利奧．瓦加斯關注引人注目的協議，勝過被一個黨約束。在伯南布哥，他與「全國民主聯盟」結盟。在聖保羅，他與州長阿德馬爾．德巴羅斯（Ademar de Barros）合作，此人曾經是他的政敵。阿德馬爾．德巴羅斯與民眾溝通的能力極強，有政治野心，控制「社會進步黨」（Partido Social Progressista，簡稱ＰＳＰ），該黨規模小但是很有效率，在該州的內地組織健全。熱圖利奧．瓦加斯的結盟策略在於產生短期的成效，但是有風險，以後他會付出高昂的代價。儘管如此，他的策略在短期內奏效：他的候選人身分沒有與任何黨派掛鉤；使新舊政客齊集；對工業化利益感興趣的商人給予支持；而且擁有勞動階級的選舉實力，以及在這個國家主要城市興起的新中下階級的選舉實力。

另一方面，他的對手沒有復原力。「全國民主聯盟」因為被杜特拉將軍打敗而不曾釋懷，再度提名愛德華多．戈梅斯當他們的候選人。但是這位准將不可救藥。這是第二次，他做一個聲明，使他喪失任何可能獲勝的機會。在六月的一場政治集會，他宣布他反對最低工資，贊成契約自由原則。[42]同時，「社會民主黨」提名自己的候選人，**米納斯人**克里斯蒂亞諾．馬查多（Cristiano Machado），他們很快就明白他不可能獲勝。他們的解決方法很典型：繼續讓他當官方候選人，同時努力為熱圖利奧．瓦加斯拉票，導致克里斯蒂亞諾．馬查多一籌莫展，支持者很少，選票更少。

「全國民主聯盟」的成員感到失望，但是卡洛斯．拉薩爾達被激怒。「熱圖利奧．瓦加斯先生是參議員！」他怒吼：「他不能當總統候選人。即使是候選人，他不應該當選。如果當選，他不應該上任。一旦他執政，我們將必須訴諸革命，阻止他統治。」[43]拉薩爾達是認真的：接下來的數年他繼續大肆抨擊，利用他發行的《**新聞論壇報**》（*Tribuna da Imprensa*）攻擊瓦加斯政府。但是熱圖利奧．瓦加斯的勝利無法否認。他獲得將近四百萬張票，總數的四八．七%，愛德華多．戈梅斯得到二九．七%，克里斯蒂亞諾．馬查多二一．五%。一九五一年一月三十一日，熱圖利奧．瓦加斯再度進入卡特蒂總統府，這一次的身分是以民主方式當選的巴西總統。[44]

一九五一年底，瓦加斯總統把成立「巴西石油公司」的草案交給國會。[45]就是這項立法使與他同時代的人（和後代人）相信：他的目的確實是創造獨立的經濟體制，以保障巴西的獨立。這項法律對整個政府政策極為重要。石油和石油衍生物是巴西最大的輸入品；顯而易見，這個國家的利益再也不必依賴它們。三〇年代就開始宣傳將石油和各種礦產國有化，而且得到全體巴西人熱烈的支持。

套用巴西小說家蒙泰魯．洛巴托的話，一開始一切不是瘋狂就是一場夢。有時甚至可能兩者皆是。一九三七年蒙泰魯．洛巴托撰寫兒童故事《子爵的井》（*The Viscount's Well*），當時在巴西國營的石油勘探似乎是妄想，充其量是適合故事書的好情節。蒙泰魯．洛巴托開玩笑地聲明：「本塔女士（Dona Benta）的農場發現石油，震驚全國。」[46]或許他不是講給大人聽，而是針對兒童，巴西未來的經濟獨立端賴這些兒童：

> 沒有人在那兒尋找石油，因為沒有人相信在八百五十萬平方公里那麼巨大的面積會有石油，周遭都是共和國鄰居的油井。但是石油從「卡拉明瓜一號井」噴出來時，他們全都看傻了，喃喃地說：「哦，我真該死！我們一直都有石油。」[47]

蒙泰魯．洛巴托於一九四八年逝世，他沒有活著見到那些否認有石油的人臉上的表情。他也沒有活著見到開採石油變成巴西政經活動的主要議題。然而，到了一九五一年，形勢徹底改變：支持政府壟斷石油勘探，變成巴西史上最大的公共輿論運動之一。此運動通稱「石油運動」（Petrol Campaign），採取大型的公民動員形式，保護巴西的國家資源。巴西的經濟獨立完全取決於巴西人的政治意志，以這個思想為中心，大批來自社會不同階層的民眾團結起來。

自然資源的主題，尤其是石油，深入巴西人民的集體想像，也促進國家的主權意識抬頭。在這個國家的歷史裡，很少有群眾運動使意識形態光譜上的每個人集合起來，這是其中一個。石油運動也吸引軍官、共產主義者、社會主義者、天主教徒、「巴西勞工黨」黨員，甚至「全國民主聯盟」的一些成員，他們齊聲反覆喊著「全國學生聯盟」的口號：「石油是我們的。」[48]

一九五四年一月，當時熱圖利奧．瓦加斯還是總統，「巴西石油公司」開始經營，成為壟斷石油勘探的國營公司。石油工業代表瓦加斯總統攻勢的一面，加速工業化的過程；另一面是發電廠。雖然瓦加斯總統成功地建立國營石油專賣事業，他並未順利完成建立國營電力控股公司必需的程序。一九六二年「巴西國家電力公司」（Eletrobrás）才開始運作。然而，這是瓦加斯政府提供基礎設施和財政支援，這個國家才得以在接下來的十年增加發電量。

水力發電廠需要至少五年的運作才會產生結果。因此，在瓦加斯政府時期全國耗電量並未增加：一九五〇年他取得政權時五百八十萬千瓦，在他的任期結束時上升到八百三十萬千瓦。[49]但是這並未阻止他的政府執行影響深遠的工業化方案，特別重視兩個領域。首先是擴展關鍵工業，尤其是鋼鐵；其次是生產卡車和曳引機，「國家汽車工廠」（National Motor Factory）與一群國際公司簽訂協議才行得通。此協議預料生產會逐漸國有化，對這個國家的汽車工業有強烈的正面影響，由瓦加斯總統的繼任者執行。[50]然而，此提案欲在戰略領域建立國營公司，例如石油的勘察和採井與電力的生產，意味著與根深蒂固的利益集團起衝突，大多是外國公司：「標準石油公司」、「照明電力公司」及「美國國外電力公司」。瓦加斯政府有成功和失敗的例子，凸顯兩個現代化提案之間的衝突——瓦加斯自己的民族主義提案，以及反對派贊成與國際資本合夥的提案。這是正視國家角色兩種完全不同的方法，在接下來的數十年分裂巴西社會。

使這兩種方法分歧的第一個議題：國家藉立法貫徹社會包容政策，將成千上萬新勞工帶入市場，應該到什麼程度？第二個議題：國家依賴外國資本充當經濟發展的動力，應該到什麼程度？瓦加斯政府的意識形態是民族主義發展的思想體系，[51]政府干預具有國家利益的經濟活動，以促成國內市場多元化的工業為當務之急。

巴西迫切需要在國際市場為自己創造新角色，使國家不再依賴農產品出口，這是瓦加斯方案**存在的理由**。政治成本相當高：該方案與外國公司的利益起衝突，也與地方工業和金融的利益相牴觸，他們與國際資本合作，或即將與之合作。該方案也離間重要的地主，他們在各自的區域仍然擁有政權。這些集團全都反對政府干預和經濟管制措施。他們也不希望政策導致財富集中，和導致外國資本局限在對國家發展具戰略意義的經濟領域。另外，他們認為勞動立法對公司構成過多負擔。

熱圖利奧·瓦加斯是非常老練的政治家，但是他是獨裁者。他習慣專斷的解決方法，對自己的領袖氣質有信心，對起義和**政變**有豐富的經驗，他只是不適合在民主的環境裡工作。他不與任何單一政黨掛鉤，使自己高踞於一般政黨之上，他的策略在競選活動相當成功，但是管理國家就很糟糕。「巴西勞工黨」因內部糾紛而四分五裂，「社會民主黨」因為沒完沒了的區域糾紛而時常無法尊重與瓦加斯總統的結盟。「全國民主聯盟」利用這個局面，與一群小黨——「解放黨」、「共和黨」和「基督教民主黨」——結成同盟。本質上，他們形成在野聯盟，阻撓政府的新措施。

「全國民主聯盟」的立場既偏激又固執。有害的經濟因素影響巴西人的日常生活，促進「全國民主聯盟」成功地阻撓政府：物價飛漲和工資低，使他們有可乘之機。從一九五二年起，瓦加斯總統的經濟成長方案面臨種種問題，超出他的控制範圍：艾森豪政府開始將「冷戰」策略集中在韓國、黎巴嫩和埃及，這些國家成為蘇聯衛星國，威脅已迫在眉睫。美國撤回對巴西投資計畫的支持，更糟的是，「世界銀行」堅持過期未付的債款要付清。後果很快就到來：物價上漲、生活費提高、政府支出增長，薪資萎縮。[52]瓦加斯總統已失控。

雖然經濟形勢惡化，勞工並未拔營去投奔反對派，但是他們表明並非無條件地支持。一九五三年三月十八日，六萬勞工在聖保羅遊行抗議，從歷史性的市中心大教堂廣場（**主教座堂廣場**）到州長宮殿，該州的行政中心。此遊行通稱「敲鍋遊行」（March of the Empty Pans），譴責物價高，要求提高工資，這只是開始。十天後整座城市陷於停頓狀態，瓦加斯總統終於明白勞工們是認真的。「三十萬人罷工」[53]持續將近一個月，由聖保羅五大工會協調：織品工人、鋼鐵工人、印刷工人、玻璃工匠和木匠。此罷工獲得平均工資漲幅三二%，為群眾運動提供統籌的模式，直到一九六四年軍事政變。全國各地支援罷工，包括學生的支援，促成第一個「聯合工會」創立。這個組織包括不同部門的工會，以政治活動的名義集合在一起，這是法律禁止的。該組織也成立工會中心。罷工進入尾聲時，光是聖保羅就有超過一百工會加入最近成立的「工會統一盟約」（Trade Union Unity Pact）。

熱圖利奧・瓦加斯專制，但是他不受人愚弄。三月有「三十萬人罷工」，接著六月碼頭工人罷工，使里約熱內盧癱瘓。在六月結束之前，他任命若昂・古拉特為勞動部長。[54]若昂・古拉特是「巴西勞工黨」主席、傑出的演說家、有耐性的談判官，而且他的黨與工會運動保持很密切的聯繫。瓦加斯總統想要讓勞工們明白，這次的任命對他的意義：他選擇**姜戈**（Jango，古拉特從小時候就有的綽號）當政治繼承人。碼頭工人的罷工結束後，這位新部長在總統府就職，瓦加斯總統對工會會長委員會宣布：「我就是**姜戈！**」他接著說：「他說的話都將代表我。你們可以信任他，彷彿他就是我。」[55]

瓦加斯總統指派若昂・古拉特與三〇年代就開始支持他的社會部門合作。他正在為國家的經濟和社會發展奮鬥，他最不願意失去勞工對他的政治支持。這次的任命是成功的。若昂・古拉特設法使工會運動與政府再度聯合起來，降低雇主對工會的壓力，為瓦加斯總統的政策建立強大的後援。然而，隨著經濟形勢惡化，新部長的角色局限在談判，不可能防止更多罷工爆發。反對派把若昂・古拉特當作箭靶。他促進工會與政府邁向和解的每一步，都遭受雪崩般的批評和報刊的抨擊。

「全國民主聯盟」擁有很多媒體支持。[56]報紙和廣播電臺，尤其是里約熱內盧和聖保羅，曾經在一九四五年和一九五〇年支持愛德華多・戈梅斯准將的候選資格，強烈反對瓦加斯總統的提案。

在此之前，若昂．古拉特一直被看作鄉巴佬政客──年輕、有錢、沒經驗。但是他就任部長，顯示他有政治能力。直到那時候「全國民主聯盟」才明白，瓦加斯總統選擇這位更年輕的人當繼任者的意義。自此報刊經常抨擊他，譴責他籌劃罷工和企圖建立「工會共和國」：以工會控制獨裁政權，有新憲法撐腰，藉工會運動的群眾動員免受對手攻擊，以勞工控制國會而合法化。

當然，「工會共和國」的設想使「全國民主聯盟」感到驚駭。然而，實際上這類方案不存在。儘管如此，古拉特從未洗刷這個惡名：他是這個計畫最大的支持者和獲益者。在一九六四年軍事政變前夕，這個重複多次的罪名被用來對付他，變得有威脅性，因為這個國家兩極化和廣泛的動員群眾。至於卡洛斯．拉塞爾達，他從不錯過任何機會在《**新聞論壇報**》的版面惡意嘲弄若昂．古拉特。畢竟，若昂．古拉特不僅是熱圖利奧．瓦加斯的**門徒**（protégé），他也是三十四歲、單身、英俊的交際草，而且放蕩不羈！「圓滑的小若昂應該離開勞動部，回到歌廳，那是他的大學、軍營和保護區〔……〕當部長和跳探戈不一樣。」[57]

若昂．古拉特努力保住職位八個月。一九五四年一月，為回應工會的要求，經過瓦加斯總統批准，他採用最低工資加一倍的提案，如果通過，會增加到兩千四百克魯塞羅（cruzeiros）。[58]「全國民主聯盟」的成員在國會引起軒然大波，反對派報紙大做文章，但是並非這些群體威脅民主政體的穩定，威脅來自軍隊。在二月中，陸軍的四十二位上校和三十九位中校，把一份苛責政府的宣言遞交他們的指揮官，指揮官接著公開發表這些文件，「全國民主聯盟」和反對派報紙接手處理。

「上校的宣言」（Colonels' Manifesto）透露陸軍的不滿情緒，意圖顯然是煽動性的。[59]文中譴責瓦加斯政府接受「非法交易、詐欺的協議和公共基金管理不善的氛圍」，陳述領導危機正在影響三軍，提出街頭暴動的警告，並且譴責若昂．古拉特最低工資加一倍的提案，他們說：那會使「財政部」負擔過重，使現今平民與軍隊的地位顛倒。事後見真章，此宣言顯示軍隊已經對巴西的民主制度構成危險。當時由戈爾貝里．杜科托—席爾瓦（Golbery do Couto e Silva）上校起草宣言，十年後他是**政變**的幕後策劃者之一。簽署宣言的也有其他強硬派的軍官，他們參與策劃政變和管理軍政府：西爾維奧．弗羅塔（Sylvio Frota）、阿維拉．梅洛（Ednardo d'Avila Melo）、卡洛斯．穆里西（Antônio Carlos Muricy）、佩雷拉．多斯桑托斯（Adalberto Pereira dos Santos）、西塞諾．薩門托（Sizeno Sarmento）與阿毛里．克魯埃爾（Amauri Kruel）。

在一九五四年，瓦加斯總統不可能預知十年後會發生的事情，但是他確定：軍隊想要的不只是薪資和設備。「上校的宣言」表達不滿和憤恨，最糟糕的是，這是明目張膽的無紀律行為——宣言的作者們離密謀僅一步之遙。鑑於事態嚴重，瓦加斯總統採取行動。他解僱戰爭部長桑托．卡多佐（Espírito Santo Cardoso）將軍，與古拉特達成離職協議。熱圖利奧．瓦加斯把若昂．古拉特趕下臺，以為就此消弭上校們的對立，現在他可以為所欲為。五月一日勞動節，瓦加斯總統總會做一些公開的聲明，這一天他進一步示範自己搞政治的方法：經過盤算的行動，隱藏他的底牌，總是遙遙領先。他宣布若昂．古拉特所提議的最低工資加一倍。在對勞工的演講中，他稱讚前任勞動部長的努力，接著他反擊：「身為公民，你們對投票有影響力。身為一個階層，你們的票有決定性，因為數字有力量。今天你們支持政府，明天你們就是政府。」[60]

熱圖利奧死了。熱圖利奧萬歲！

對瓦加斯總統而言可能已經太遲了，無法重獲優勢；比起勞工保護政府的能耐，反對派有強大的本事推翻他的政府。對這位總統而言，情勢甚至會更棘手。在八月五日清晨時分，法務部長坦克雷多・內維斯被電話吵醒。在電話線的另一端，是警察總局的米爾頓・貢薩爾維斯（Milton Gonçalves）上校，通知他新聞記者卡洛斯・拉塞爾達遇襲，腳受到輕傷。坦克雷多・內維斯的反應是：「就這樣嗎？情況可能會更糟。」但是停頓片刻後，上校告訴他：空軍少校魯本斯・瓦茲（Rubens Florentino Vaz）陪伴卡洛斯・拉塞爾達，被殺死了。聽到這個消息，坦克雷多・內維斯的反應不一樣了：「這是最糟糕的了。」[61]

沒有人知道他是否確實這麼說，但是坦克雷多・內維斯當然不是在誇大。刺殺卡洛斯・拉塞爾達對政府而言是災難：這可能引起巴西史無前例的軍事危機，進一步孤立總統和削弱他的權威。而且媒體會大肆報導，一旦政府有危機，媒體總是大做文章。[62]拉塞爾達在新聞界是呼風喚雨的人物，即使他的《**新聞論壇報**》每天限量發行約一萬份，而且根本不嘗試做公正的報導，他仍然享有威望，他放出一句話，連續數日都會成為報紙的大標題。

卡洛斯・拉塞爾達對熱圖利奧・瓦加斯的攻擊越來越猛烈。因為無法導致**政變**，他就利用報紙，傾注全部精力動搖政府。他抨擊一連串的醜聞，有些真實，有些虛構，損害瓦加斯政府的信譽——任人唯親、利益交換、非法貸款、政府貪腐與反美主義。報紙和電臺廣播不斷地報導，這些譴責引起公眾憤怒長達數週，使政府承受相當大的壓力，逐步損害其公信力，而且日益導致其政治孤立和社會孤立。雖然有一些譴責是捏造的，但是有一些譴責嚴重危害政府的信譽。一九五三年後，有一則醜聞涉及報紙《**即時日報**》（*Última Hora*），瓦加斯總統輸掉他與新聞界這場仗。即使如此，卡洛斯・拉塞爾達非常沮喪，無論他付出多大努力要搞垮瓦加斯政府，他就是無法撼動總統本人。

報刊發揮決定性作用，削弱熱圖利奧·瓦加斯的支持基礎，尤其是都市中產階級。但是在醜聞涉及《**即時日報**》後，巴西的主要報紙——《**晨郵報**》（*Correio da Manhã*）、《**新聞日報**》（*Diário de Notícias*）、《**卡里奧卡日報**》（*Diário Carioca*）、《**新聞報**》（*O Globo*）、《**雜誌報**》（*O Jornal*）、《**聖保羅州報**》與《**小晨報**》（*Folha da Manhã*），公開介入這場政治危機，使熱圖利奧·瓦加斯的第二個政府垮臺。《**即時日報**》是按照瓦加斯總統與新聞記者塞繆爾·韋納（Samuel Wainer）的協議而創辦，在這個國家最強大的傳播集團《**聯合日報**》（*Diários Associados*），[63] 塞繆爾·韋納是其中的傑出人物。熱圖利奧·瓦加斯宣布當總統候選人時，是《**即時日報**》設法在聖博爾雅牧場採訪他。[64] 在競選活動期間，兩人對報紙的刊載方式達成共識。身為《**即時日報**》的偉大支持者，瓦加斯總統完全了解直接管道的重要，為政府做宣傳以及與人民溝通。另一方面，韋納不斷利用其報紙業主的地位，實際上當總統的代言人。

雖然塞繆爾·韋納偏袒政府優先事項，而且報紙與政府之間的關係曖昧，但是《**即時日報**》在當時也是最創新的報紙。它有現代感、有創意、彩色印刷，刊登精闢的文章和大城市日常的生活照片，它也給高薪。它立即獲得成功，發行量巨大。一小群企業家控制這個國家的主流傳播媒體，他們感覺受到威脅：他們譴責瓦加斯總統直接干預傳播市場，為他的利益改變遊戲規則。因此他們聯合起來對抗政府。由於大半新聞界反對他，塞繆爾·韋納受到嚴重的抨擊，而且他們成立「議會調查委員會」（Comissão Parlamentar de Inquérito，簡稱CPI）調查他。這是依照「全國民主聯盟」的要求成立的，目的是證明非法使用政府基金。卡洛斯·拉塞爾達也指控塞繆爾·韋納偽造國籍，他是猶太人，出生地在當時屬於蘇俄帝國的比薩拉比亞（Bessarabia）。根據《一九四六年憲法》，外國人經營報紙是違法的。「議會調查委員會」認為韋納有罪，判決報社收到的貸款是權勢交易的結果。非法貸款追查到「巴西銀行」總裁里卡多．賈費（Ricardo Jafet），僅止於此。「全國民主聯盟」非常仔細地調查，卡洛斯．拉塞爾達下決心要揪出總統，都枉費心機：報刊和「議會調查委員會」的總結報告，都無法證實總統有任何直接的關連。

然而，上述危機於八月五日開始，是更為嚴重的事件。卡洛斯．拉塞爾遇襲的地點，在科帕卡巴納區**托內萊羅路**（Rua Tonelero），他的公寓外頭。[65]在這樁殺人企圖，魯本斯．瓦茲少校傷重不治，他是**全國民主聯盟派**（udenista）[66]一群年輕空軍軍官其中一位，他們輪流當拉塞爾達的保鏢。瓦茲少校被謀殺，使軍隊處於危機的中心。空軍反對瓦加斯總統，而且這些軍官崇敬愛德華多．戈梅斯准將。對他們而言機不可失。不在乎憲法和軍隊等級制度，他們自己成立調查委員會，調查瓦茲少校的死因。

雖然坦克雷多．內維斯是法務部長，而且調查犯罪是民事警察的責任，但是他本人和下屬都無法對罪行進行自主偵查。反之，空軍設置一組軍官，研究加利昂（Galeão）空軍基地的事變。這些軍官被授予全權，而且空軍也籌劃軍事行動以逮捕刺殺者。這個集團被**熱圖利奧派**（getulistas）[67]稱為「加利昂共和國」（起初是諷刺，後來是害怕），政府裡的政府。空軍的調查發現：業餘人士謀劃刺殺卡洛斯．拉塞爾達，僱用槍手執行。逃離的車子是一輛計程車，來自卡特蒂總統府外頭的停車處，在附近的拐角處等待乘客。案發前，這輛計程車已經跑遍整個市區跟蹤卡洛斯．拉塞爾達，直到槍手終於決定伏擊的地點。空軍輕而易舉就找到司機的落腳處，了解是誰下令犯案。槍手承認總統府的護衛隊長格雷戈里奧．福爾圖納托（Gregório Fortunato）僱用他們，於是熱圖利奧．瓦加斯的政府開始倒臺。空軍軍官們進入總統府，拿走格雷戈里奧．福爾圖納托全部的文件檔案，並且將內容寄給報刊，這是**致命的一擊**。這些檔案顯示瓦加斯總統腐敗的程度。有大規模的非法交易紀錄，涉及眾多顧問和政府主要人物，以及熱圖利奧．瓦加斯的親人——他的兒子曼努埃爾．瓦加斯（Manuel Vargas）。

卡洛斯．拉塞爾達執拗地認為：熱圖利奧．瓦加斯直接或間接涉及企圖殺害他，在警方開始調查之前，他大聲喧嚷、公開他的看法。遇襲翌日，他在《**新聞論壇報**》厲聲譴責：「我對神發誓，我只控訴一個人犯下此罪，強盜的保護者熱圖利奧．瓦加斯。」[68]格雷戈里奧．福爾圖納托，一個虛榮、沒受過多少教育的人，很可能盲目地盡忠於熱圖利奧．瓦加斯，縱容自己瀆職。這不足為奇，因為他與總統如此親近。他能夠在總統府內建立某種平行的權力結構，並且親自出馬解決問題。甚至連反對派和卡洛斯．拉塞爾達都可能承認，總統是誠實的人，他不曾涉及任何不端行為。但是無庸置疑，政府充斥著腐敗，即使瓦加斯總統不知道護衛的罪惡勾當，他責無旁貸。

瓦加斯總統把自己關在總統府，度過人生的最後幾日。輿論反對他，要求他辭職的聲浪越來越高，他向來的支持者開始拋棄他。八月二十四日清晨，這位總統召開部長會議。如果他仍然抱持任何抗拒的希望，此時都破滅了。除了坦克雷多．內維斯，所有部長建議他辭職或暫時引退。[69]其他的替代方案更糟。這位總統再也不能像一九三七年那樣依賴陸軍的支援，也不能像一九四五年那樣動員勞工協助他。如果他談判辭職一事，他會意志消沉；如果他抵抗，他會被廢黜。會議結束，他回到私人寓所，其弟本傑明進來通知他，有一張傳票要他出席加利昂「調查委員會」。直到那時候他才知道大勢已去。他把門關上，躺在床上。一九五四年八月二十四日早上，在八點三十至四十分之間，熱圖利奧．瓦加斯拿起手槍朝左胸開槍。

約一小時後，巴西最重要的廣播節目《記者埃索》（*Repórter Esso*），搶先報導獨家新聞，在空中告知巴西人民，熱圖利奧．瓦加斯自殺。全國為之瘋狂，人民驚愕萬分。他們走出家門，流著淚相互擁抱。情勢逐漸失控。在阿雷格里港、美景市、薩爾瓦多和聖保羅，悲憤的群眾穿過街道，以石頭、棍棒和他們的憤怒當武器。[70]成千上萬抗議者占據里約熱內盧市中心，在**西尼蘭地亞**[71]會合，沿途破壞任何與反對派對抗熱圖利奧．瓦加斯有關連的東西。

群眾將燈柱上面「全國民主聯盟」的宣傳單撕下來，將「標準石油」的建築物窗戶打破，朝美國大使館的正面以及《**新聞報**》和《**新聞論壇報**》的報社扔石頭。他們也攻擊運送報紙的卡車，第二天只有《**即時日報**》買得到。群眾沒有忘記卡洛斯．拉塞爾達；他們追著他跑，他尋求美國大使館的庇護。他夠幸運，群眾威脅要入侵這幢建築物時，空軍派來一架直升機，在屋頂搭救成功，讓他安全登上海軍停泊在瓜納巴拉灣的**巴羅索號**巡洋艦。

大約一百萬人聚集在卡特蒂總統府前面，試圖去見遺體。許多人在哭泣，有些人真的昏厥。有些人進入守靈的房間後，緊抱著棺木。在八月二十五日早上八點三十分，群眾陪伴熱圖利奧．瓦加斯的遺體到**桑托斯杜蒙特**（Santos Dumont）機場，從**弗拉門戈**（Flamengo）海灘到市中心，形成龐大的送葬隊伍，擠滿街道。飛機起飛，運送總統的遺體回到聖博爾雅牧場，群眾突然意識到他們正好在「空軍第三區」總司令部前方集合。這是難以避免的：悲傷變成憤怒。群眾前進時，空軍的士兵和軍官極度驚恐，對著手無寸鐵的民眾開槍。射擊持續十五分鐘。在驚慌中，女人和小孩被踩在腳下，一人喪命，許多人遭到手榴彈碎片、軍刀和炮火的傷害。群眾逃離，但是在市中心重新集合，又有數千名抗議者加入，衝突持續一整夜。

熱圖利奧．瓦加斯自盡，使反對派感到沮喪。他們失去方向；他們想要使政治危機惡化、使總統失去鬥志並強迫他辭職，藉此為軍事政變開路，他們的企圖不能實現了。這是瓦加斯總統最後的政治勝利。他的書信遺囑顯示他意圖人們如何解讀他的自殺：國際集團與巴西的夥伴結盟，正在進行地下運動，阻撓他的發展計畫。他聲明：「如果這些猛禽想要某人的血，如果他們想要繼續吸巴西人民的血，我以自己的生命獻祭。」[72]奧塔維奧・曼加貝拉（Otávio Mangabeira），「全國民主聯盟」的領軍人物之一，仍然驚魂未定，他承認反對派此時已喪失他們的政治利益。他說：「他再次擊敗我們。」[73]在自殺之前，熱圖利奧・瓦加斯寫道：「我選擇這條路，表示我將永遠與你們同在。〔……〕我無所畏懼。我安詳地踏上永恆之路的第一步，離開人生、進入歷史。」他的自戕是一種強大的姿態，使反對派動彈不得。然而，在街上的人繼續為民主戰鬥，設法阻止一場**政變**。[74]

第十六章

一九五〇與六〇年代：巴薩諾瓦、民主政治與發展不足

政變與反政變

一九五六年嘉年華會週六清晨，兩名空軍軍官，阿羅多·維羅索（Haroldo Veloso）少校和查維茲·拉梅朗（José Chaves Lameirão）上尉，抵達里約熱內盧**阿方索空軍基地**（Afonsos Airbase），經過守衛，將值班軍官打倒，闖入彈藥庫。他們強行進入飛機庫，偷走一架戰鬥機，滿載武器和炸藥起飛，在帕拉與馬托格羅索邊界，大西洋森林中間一小塊空軍駐防地「**雅卡雷阿坎加**」（Jacareacanga）的簡易機場降落。這兩位軍官是「全國民主聯盟」狂熱的支持者，崇拜卡洛斯·拉塞爾達，他們感到憤慨：熱圖利奧·瓦加斯與他的支持者（**熱圖利奧派**）在一九五五年十月大選獲勝。他們的意圖不外乎是在巴西中部引發叛亂，並發動內戰。[1]

「**雅卡雷阿坎加**」起義持續不到二十天，在二月底被鎮壓。然而，這個事件是重大的跡象：這個國家政治不穩定。這批空軍軍官執意要推翻的總統，就任不到一個月：儒塞利諾·庫比契克。他被暱稱「JK」，是聲望極高的政治家，從米納斯吉拉斯「社會民主黨」的底層晉升。他曾經擔任聯邦議員、美景市市長和州長。然而，儘管有豐富的閱歷和當選的事實，在他確實就任之前，面臨

很大的鬥爭。熱圖利奧・瓦加斯自殺、引起騷動後，接著群情激憤。總統大選確定在一九五五年十月三日舉行，「全國民主聯盟」獲勝的機會渺茫，他們決定停止總統選舉。[2]然而，「社會民主黨」與「巴西勞工黨」技高一籌，他們快速結盟，維護熱圖利奧・瓦加斯的政治遺產，提出兩位傑出的候選人：儒塞利諾・庫比契克競選總統，若昂・古拉特當他的副總統。

「全國民主聯盟」的成員極為憎惡若昂・古拉特的候選人身分。儘管如此，他們找不到任何關於他的醜聞，他們唯一可取的辦法是推舉一位競選對手。再次地，該黨依賴道德論述，從三軍挑選一位候選人，這一回是陸軍的茹阿雷斯・塔沃拉將軍。這位將軍是一九三〇年革命的領導人之一，在「**新國家**」之前與熱圖利奧・瓦加斯決裂。一如既往，該黨挑選的口號糟透了，令人難以置信：「投票給茹阿雷斯・塔沃拉將軍，受寵愛的（white-haired）中尉」。即使如此，這是勢均力敵的選舉。儒塞利諾・庫比契克以三六％的選票獲勝，茹阿雷斯・塔沃拉得票率三〇％，阿德馬爾・德巴羅斯二六％，以及**整合主義者**的前任領袖普利尼奧・薩爾加多八％。副總統分開選舉，若昂・古拉特輕易獲勝，他得到的票數比儒塞利諾・庫比契克多：三百五十九萬一千四百零九與三百零七萬七千四百一十一之比。

在開始點票之前，卡洛斯・拉薩爾達明白他的黨已輸掉這場選舉，他無意旁觀熱圖利奧・瓦加斯的政治繼承人再度獲勝。反之，他發起一項活動，欲阻止獲勝的候選人上任，而且軍隊予以支持，試圖強迫這個國家接受臨時政府，最好是議會制政體。[3]他想要的政府，能夠「改革民主政治，使巴西擺脫政治土匪」。[4]「全國民主聯盟」質疑選舉結果的理由，是明目張膽地投機取巧。他們聲稱儒塞利諾・庫比契克的勝利無效，因為他未獲得壓倒性多數票，雖然《一九四六年憲法》和當時的選舉法規都未要求絕對多數。比賽已經開始了，「全國民主聯盟」卻想改變規則。儘管如此，他們的論點受到新聞界很大的關注，而且得到陸軍支持。不久政治熱度接近沸點。究竟是「全國民主聯盟」或是軍隊開始密謀，仍然不得而知，但是有一點是確定的：一場**政變**正在醞釀中。這得到現任副總統卡斐．費里奧（熱圖利奧．瓦加斯自殺後，他接任總統）和一群強大的部長慎重支持，包括法務部長普拉多．凱利（Prado Kelly）、海軍部長阿莫林．杜維爾（Amorim do Vale）與空軍部長愛德華多．戈梅斯。但是他們有一個強敵，戰爭部長恩里克．洛特（Henrique Batista Duffles Teixeira Lott）將軍。[5]他們的肉中刺是一位無懈可擊的守法主義者，對紀律很執著，對軍隊有始終不渝的忠誠。只要洛特將軍坐鎮，從陸軍內部謀劃**政變**不可能成功。

十一月初政局突然改變。卡斐．費里奧聲稱他病倒了，醫生們囑咐他徹底休養。雖然這種局勢對密謀者有利，「社會民主黨」的領導人，包括坦克雷多．內維斯和馬里亞．阿爾克明，不相信副總統真的生病，但是憲法必須遵守，於是眾議院主席卡洛斯．盧斯（Carlos Luz）成為臨時總統。[6]

卡洛斯．盧斯不掩飾他支持密謀者。他確信：他能夠將洛特將軍革職，不會引起陸軍反彈。卡洛斯．盧斯一上任，立即召喚戰爭部長到總統府。他讓洛特將軍等了將近兩小時。卡洛斯．盧斯終於接見洛特將軍，宣布他已經推翻這位將軍最近的一項決定，藉此強迫這位將軍遞出辭呈。十一月十一日凌晨，三十位將軍與來自里約熱內盧駐防部隊的一群士官，抵達洛特將軍的住宅，看到他還穿著睡衣褲。他們來提供支援，洛特將軍必定想：我們就以牙還牙吧。他直接到辦公室，用無線電確認：聖靈州、米納斯吉拉斯、巴拉那、馬托格羅索和聖保羅全都支持他，他召來參議院主席和眾議院多數黨領袖，告訴他們他的計畫，然後下令坦克車占據街道。洛特將軍的還擊是毀滅性的，文職領導人一片譁然，甚至有議員對這位將軍耳語：他應該自己掌權。但是洛特將軍是模範的守法主義者，他提供國會一條出路，召開臨時會議，卡洛斯．盧斯被廢黜。才當了三天總統，他就使國家瀕臨內戰。議員們任命參議院主席內雷烏·拉莫斯（Nereu Ramos）為新的臨時總統。沒有人遭到逮捕，密謀者未承擔任何後果。

政局正常化，卡斐·費里奧立即出院，聲明他隨時可以再擔任總統。事情又得從頭來過，「全國民主聯盟」開始密謀，陸軍派坦克車回到里約熱內盧街上，國會召開特別緊急會議。這一次議員們明白：他們再也不能與密謀者勾結。他們拒絕重新任命卡斐·費里奧，重申內雷烏·拉莫斯是臨時總統，確認當選的總統將於一九五六年一月三十一日上任，他們延長戒嚴狀態直到那個日期，儒塞利諾·庫比契克和若昂·古拉特都如釋重負地鬆一口氣。至於洛特將軍，他從未接受他是反政變領袖的看法。更確切地說，他是這項運動的領導者，「恢復確立的憲政秩序」，他的論點絕對有道理。然而，不可否認，他反抗合法任命的當權者，縱使這位當權者充滿惡意。而且這不僅是打破指揮鏈的問題。一九五五年十一月的軍事干預——「**十一月運動**」（Novembrada），使這個國家明白：在武裝部隊裡有各種各樣政治信念，包括民族主義和民主政治。[7]

這批士官率先與勞工運動建立關係，海軍和陸戰隊接著加入。就是在此時，「巴西勞工黨」犯了最大的錯誤。未堅持全然非政治、專業的軍事機構、臣服於文官政府，勞工運動步上「全國民主聯盟」的後塵。他們理想的陸軍是干涉主義者、改革主義者，能夠代表人民的利益，如同「第一共和國」時期的**尉官**運動。這時期的政黨，左派和右派都犯了相同錯誤：他們助長武裝部隊參與政治，容忍他們干預民主政體，讓他們站上公共舞臺。直到一九六四年三月，他們才意識到錯誤的嚴重性，來不及矯正了。

充滿夢想的馴鷹者

儒塞利諾．庫比契克依照憲法規定就任，他第一個行動是確認洛特將軍擔任戰爭部長。雖然這位將軍未能完全防止營房裡的政治辯論，但是起碼能夠控制武裝部隊。他把軍中的激進分子併入軍隊的等級制度，對確保政治穩定有決定性的作用。畢竟，在充滿危機的氣氛中建立他的政府，其合法性從一開始就受到質疑。然而，儒塞利諾．庫比契克鞏固他的地位。他心慈手軟地對待武裝部隊。[8]他大赦所有參與叛亂的軍官，包括「**雅卡雷阿坎加**」起義，因此他得到政治回報，或許沒有反思有罪不罰的文化有種種危險。他說服軍隊，向參謀本部說明他的經濟發展計畫對軍隊有利。此計畫將允許軍隊繼續建立武器工業，將滿足他們對現代化、重整組織和改良軍備的要求。庫比契克總統能言善道，甚至更善於籠絡人心。他購買現代的「維客斯子爵」（Vickers Viscount）航空器，供空軍專用，有舒適的座椅，更別提氣壓艙和每小時六百英里的巡航速度。為了與海軍將官和睦相處，他向英國海軍購買航空母艦，他們將這艘軍艦重新命名為**米納斯吉拉斯**，向這位總統致敬。但是，或許最顯著的是，聯邦的行政部門與規劃部門有越來越多戰略性職位，尤其是石油業和公共安全部門，庫比契克總統指派軍官擔任。

毫無疑問，這位總統懂得充分利用每一種形勢，讓形勢變得對他有利。但是他也暗自準備一張無敵牌：「標靶計畫」（Targets Plan）。[9]幸虧有這項計畫，在上任第一年，庫比契克總統使利益截然不同的社會群體成功結盟，他們都渴望參與他的重大經濟計畫。他上任的第二天，一九五六年二月一日，在內閣會議揭露「標靶計畫」，次日在《官方公報》公布。這是在巴西採用的最有野心的現代化方案。此計畫使儒塞利諾．庫比契克的競選口號——若是他當選，巴西會「五年內成長五十年」——變成事實，並且改變這個國家的生產能力結構。「標靶計畫」使庫比契克總統的政府成功，有了這項計畫，各州負責實施快速的經濟成長方案。以耐用消費品為重點，拓寬工業化進程，改變巴西民眾的習慣和日常例行事務，最新的家電用品——洗衣機、電烤爐、手提收音機、電扇、電鍋、地板拋光機、立體音響和電視機，使民眾感到異常興奮。這些家電也附帶同樣令人驚奇的家用品，例如肥皂片、殺蟲劑和電池，與各式各樣器皿，以及批量生產的衣服，使用便宜的、色彩鮮豔的合成材料，有迷人的名稱：納帕革（Nappa）、聚合物、尼龍、螺縈、壓克力、麗光板、黑膠和油布。[10]

「標靶計畫」確定三十一項目標，分配在四種特別的優先項目。第一種是投資交通系統，尤其是公路，以及推動汽車工業；其他三種是將資源傾注於能源、重工業和食品。一九五八年巴西街上出現兩件新奇的東西：「**蒸汽動力車威瑪格**」（DKW-Vemag），雖然很吵，這是第一輛脫離裝配線的汽車，其中五〇％零件是巴西製造；及「**農村威利斯**」（Rural Willys），在巴西製造的第一輛四輪驅動車。擴大路網或許是這項計畫最偉大的成就。從一九五六到一九六〇年，庫比契克政府鋪設六千公里的新公路，直到那時候這個國家只有四千公里的路網。這改善農村地區與工業化城市之間的商品流通，創造新市場。[11]一九五八年一月，由於國際油價相當低，而且巴西新的汽車工業穩定，庫比契克總統決定：在中部高原紅土開拓新公路，值得挑戰。他召來農學家貝爾納多・賽昂（Bernardo Sayão，農業部工程師，有電影明星的外貌和冒險的精神），建議他們「砍掉樹林，使這個國家從北到南聯合起來」。[12]在建造巴西利亞通往貝倫的公路時，一棵巨大的樹倒下來，壓死了賽昂。不過，他設計的道路連接戈亞斯州、馬拉尼昂州和帕拉州，使亞馬遜併入巴西市場。如今有新的替代方案彌補區域不平等。[13]

與儒塞利諾．庫比契克合作眾人認為瘋狂的項目，不只賽昂一人。這是這位總統的風格：天才談判官、精明的政治家、企業家的眼光，賞識別人的能力，而且有令人無法抗拒的笑容。[14]這位總統用自己的時間和理由，勸誘、堅持、說服。連他的主要對手，卡洛斯．拉塞爾達，也掩飾不住對他的欣賞，他承認：儒塞利諾．庫比契克是「極為精明的政治家，世上最好的人」。[15]

儒塞利諾．庫比契克舉世無雙的風格，在處理問題和協調不同的社會群體時效果很大，但是這只是他成功的部分原因。他成功的另一個重要層面，最有可能的是「標靶計畫」本身，此計畫變成巴西發揮全部潛能的象徵。政府的方案象徵新的樂觀主義，熱衷於當巴西人。這個方案可消除以往種種不公正的情況（巴西的歷史遺產充滿貧窮和社會不平等的現象），迎接現代化。建設這個新國家的關鍵叫做「發展主義」，這暗示一種理解，巴西的社會（落後，依賴比較先進的國家），分裂成兩部分：這個國家一部分仍然落後而傳統，而另一部分快速發展並且變得現代。這兩部分，中央與邊陲，都屬於同一國。這種二元性只能藉工業化和都市化解決。[16]庫比契克總統對巴西工程的信心有感染力，原因不難理解。ＪＫ工程基於這個信念：新社會建設取決於國家意志與人民的集體意志，藉貫徹建設，人民終於能與命運交鋒。

徵求：巴西人

這種規模的工程，有很大的潛能使人民團結起來，而且吸引許多知識分子。庫比契克政府與各種各樣知識分子保持密切聯繫，他們有不同的出身和專長，全都相信現代巴西，不依照北美模式的國家。其中一個群體是「**巴西高等研究所**」（Instituto Superior de Estudos Brasileiros，簡稱ＩＳＥＢ），總部在里約熱內盧，隸屬於總統幕僚長辦公室。[17]該研究所是政治家、知識分子、學生和藝術家社交的場地。成員包括許多當代主要思想家：阿爾瓦羅・維埃拉（Álvaro Vieira）、葛雷羅・拉莫斯、韋內克・索德雷，與埃利奧・雅瓜里貝（Hélio Jaguaribe）。這個團體為高階政府工程提供理論基礎，為巴西與工業化進程提出更具全球性的方法。該團體也主張非正統形式的民族主義，不是反美國，而是對巴西的國家利益提出客觀定義。

不只「**巴西高等研究所**」隸屬於庫比契克政府的智囊團。一九五四年，經濟學家塞爾索・富爾塔多（Celso Furtado）年方三十，已出版他的第一本著作《巴西經濟》。這本書是他的研究成果，探討「拉丁美洲與加勒比海經濟委員會」（簡稱ＥＣＬＡＣ）擬定的方案。這個聯合國機構於一九四九年在智利成立，富爾塔多擔任委員直到一九五七年。ＥＣＬＡＣ的分析成為「標靶計畫」的助力，而富爾塔多的著作更進一步。它引用新方法思考這個國家，提供政府技術人員一個關鍵詞：「發展不足」（underdevelopment），描寫巴西社會進退兩難的窘境。[18]發展不足是像巴西這種社會的特徵，在過去其經濟充當更廣泛的殖民體制的支柱，因此不曾發展一種經濟體制足夠供養自己的人民。儘管有工業化程序的進展，基本問題仍然存在：落伍的農業結構，單一作物輸出受制於國際資本主義，巴西生產結構的二元性，以及生產資料所有制極度不平等。根據富爾塔多所言，欲擺脫這種困境，唯有在農業、財政、金融、都市化、稅制、行政與大學教育，由國家實施一系列「**核心的改革**」（reformas de base）。巴西左翼民族主義政黨支持這些核心的改革。到了一九六二年，在若昂・古拉特執政時期，這些改革變成政綱的要素。因此「發展不足」入列流行語。更重要的是，它繼續在塞爾索・富爾塔多擬定的語境中使用：必須先確認發展不足，才能夠正視它。

力求發展的改革主義（發展不足的主要概念），以及巴西人民必須自己成為轉變的原動力，這些概念開始影響政府技術官僚和知識分子。對動力和改革的重視，恰巧與日益火紅的藝術一致，這些概念也迅速影響藝術。例如，聖保羅的「**阿利那劇團**」（Teatro de Arena，**圓形劇場**）於一九五三年開幕，長期擁有年輕的演員和布景師，為創造「真正巴西式戲劇構作」，[19]他們致力於現代主義和戲劇寫實主義。一九五八年二月該劇團在市中心臨時搭建的小空間，大概有一百個座位，演出吉安弗朗西斯科・瓜涅里（Gianfrancesco Guarnieri）的戲劇《**他們不穿禮服**》（*Eles não usam black tie*）。[20]以工廠工人的日常工作為背景，該劇探討資本的力量和爭取更高工資的罷工權。演出非常成功，被視為真正的新型態巴西戲劇。

其他前衛劇團脫穎而出，例如「**工作室**」（Oficina）和「**輿論**」（Opinião），但是對現代主義和戲劇寫實主義的投入，不局限於劇場，也推廣到電影，呈現各種不同型態。聖保羅「**維拉克魯茲電影製片公司**」（Companhia Cinematográfica Vera Cruz）著手製作影片，有歐洲與北美的水準，仿效好萊塢美學，但是基本上是巴西的特色。[21]很遺憾，這是失敗的經驗。雖然這家公司處理本地題材，電影導演利馬・巴雷托（Lima Barreto）[22]的《**強盜**》（*O cangaçeiro*）[23]獲得巨大的成功，但是生產系統太昂貴，而且角色往往變得死板老套。該公司財政投資的贏利來得太慢，一九五四年「**維拉克魯茲電影製片公司**」破產。

然而，里約熱內盧有類似的實驗相當成功。「**亞特蘭堤達工作室**」（Atlântida Studios）連續製作許多影片，低預算、不裝腔作勢、迅速完成。批評家嗤之以鼻，但是民眾喜愛這些影片，新類型的通俗喜劇——巴西式**歌舞鬧劇**（chanchada），成為「**亞特蘭堤達工作室**」的金字招牌，吸引大批群眾到電影院。[24]原因不難了解。這種**歌舞鬧劇**模仿好萊塢極為成功的影片，使用通俗的語言，使人想起馬戲團、時事諷刺劇與單人表演的喜劇。很多演員以前在馬戲團或廣播電臺工作過，諸如戈蘭德・奧特洛（Grande Otelo）、奧斯卡里托（Oscarito）、德西・貢薩爾維斯（Dercy Gonçalves）、澤・特林達德（Zé Trindade）與安基托（Ankito）。這些角色直接對著觀眾講話，總會穿插一些森巴、一些笑話，和漂亮的女孩。電影情節似乎很天真，但是靈感來自巴西平常人的生活，他們在這些影片裡看見自己的寫照。電影的結局總是幸福美滿，這種**歌舞鬧劇**非常受歡迎：人們可以在銀幕上看到、聽到自己在說話。

一九五五年，年輕的電影工作者佩雷拉・多斯桑托斯，是第一位在銀幕上刻劃巴西貧窮現實的人。他把塞爾索・富爾塔多的觀點變成電影語言：必須確認發展不足，才能夠正視它。《**里約四十度**》（*Rio, 40 graus*）這部影片捨棄好萊塢美學，製作過程快速且便宜，外景拍攝地遍布里約熱內盧——動物園、馬拉卡納運動場（Maracanã Stadium）、塔糖峰、科帕卡巴納、耶穌的雕像。演員都是業餘的。[25]導演很清楚他想描述的：**貧民窟**的生活狀況。他處理這個題材的手法細膩，毫無偏見且史無前例地寫實，但是也有奧妙之處，留下想像的空間。這部影片呈現里約熱內盧悶熱的週日美景，但是觀眾印象最深刻的，是這個城市飽受貧窮和暴力之苦的現實。開場鏡頭令人難忘：里約熱內盧寬闊的全景攝影，以**卡布蘇貧民窟小山**（morro do Cabuçu favela）結束。下一個鏡頭，五個男孩出現，穿越**貧民窟**（**棚屋區**）的山坡走下來，彷彿下方的城市屬於他們——充滿抒情風格的場景。里約熱內盧從未如此強烈地被描繪。許多觀眾不了解或是不同意導演的眼界，其中一位是聯邦公共安全部主任梅內塞斯・科爾特斯（Geraldo de Meneses Cortes）上校，他禁止這部影片在巴西全國上映。為他的決定辯解，他說：這座城市的官方溫度從未達到攝氏四十度，最高紀錄是攝氏三十・七度，這位導演不僅說謊而且是共產主義者，他的影片對聯邦首都是不可原諒的嘲弄。

卡斐・費里奧退出執政時，科爾特斯上校丟官，這部電影獲准重映。從那時起，佩雷拉・多斯桑托斯被公認為巴西突破性的電影工作者，《**里約四十度**》成為前衛運動「**新電影**」（Cinema Novo）啟發靈感的源泉。「**新電影**」最具代表性的影片，在儒塞利諾・庫比契克政府結束之後放映，包括佩雷拉・多斯桑托斯執導的《艱辛歲月》（*Vidas secas*，一九六三年），魯伊・蓋拉（Ruy Guerra）[26]的《**步槍**》（*Os fuzis*，一九六四年），由格勞貝・羅恰（Glauber Rocha）[27]編劇並執導。《**里約四十度**》是所有這些電影的先驅，格勞貝・羅恰曾經提到這部電影是「在古巴革命之前，在第三世界引爆的第一部革命電影」。[28]

格勞貝・羅恰既是「**新電影**」偉大的領袖，也是這項運動的藝術家當中天賦最高者。《**黑上帝白魔鬼**》（*Deus e o diabo na terra do sol*，一九六四年），與首次放映的《**黑上帝白魔鬼**》並非他的首部作品，但是毫無疑問這部電影最有說服力：它是巴西的里程碑，二十世紀六〇年代前衛電影的國際典範。這部影片利用歷史、文學和音樂元素混合通俗文化，投入巴西內陸深處崛起的暴力和神祕主義。這一切從美學效果極佳的敘事體慢慢流露出來。《**黑上帝白魔鬼**》有標誌性時刻：冷酷的攝影機鏡頭跟隨主角曼努埃爾和羅莎，找到維拉—羅博斯的《**第五號巴西風巴哈組曲**》（*Bachianas Brasileiras no. 5*）獨唱曲的聲音，這是巴西電影中偉大的場景之一。[29]

「**新電影**」有三大目標，可摘要如下：改變巴西電影史、改變巴西，如果時間允許的話，也改變這個世界。[30]這項運動產生一代的電影工作者：卡卡・狄耶戈斯（Cacá Diegues）、若阿金・德安德拉德（Joaquim Pedro de Andrade）、佩雷拉・多斯桑托斯、魯伊・蓋拉、古斯塔沃・達爾（Gustavo Dahl）、保羅・薩拉森尼（Paulo Cesar Sarraceni）、萊昂・赫茲曼（Leon Hirszman）、小華爾特・利馬（Walter Lima Jr.）、阿納爾多・賈波（Arnaldo Jabor），當然，還有格勞貝・羅恰。藝術、暴力與歷史之間的連結，作為闡明巴西的一種手法，是這一代製作電影的區別標記。他們試圖確認巴西平常人的問題，把自己看作國家良知的化身。但是這些影片採用的語言，只有少數民眾可以理解。「**新電影**」的美學和政治內涵，凌駕商業的考量：電影本身就是目的。但是從創造電影語言的觀點而言，此運動的作品，在巴西電影界仍然無與倫比。

雖然《**里約四十度**》與其他這類影片刻劃都市居民極度貧困的現實，「**巴薩諾瓦**」（Bossa Nova，新樂風）則顯示截然不同的巴西：年輕、快樂和光明。對這個國家的文化生活與政治氣氛而言，這是一股清流。剛開始聽的時候，許多人無法理解其節奏的奧妙以及「**巴薩諾瓦**」與巴西的關係。有些人以為這種不和諧音象徵不議論政治的作曲家的疏離感；有些人詮釋這是**卡里奧卡**中產階級企圖把森巴美國化。無論贊成或反對，沒有人置身其外。「**巴薩諾瓦**」是曇花一現的音樂運動，從一九五八年開始，持續到一九六三年左右。[31]在那麼短的時間裡，一種新的音樂風格產生，節奏模式使森巴為之傾倒，不和諧的和聲法開創簡潔的新詮釋風格。一群音樂家欣賞美國爵士樂的不受限制，成為這項運動的先驅：迪克．法尼（Dick Farney）、盧西奧．阿爾維斯（Lúcio Alves）、約翰尼．阿爾夫（Johnny Alf），以及「**里約人樂團**」（Os Cariocas）；而一群年輕作曲家，從森巴無所不在的響亮和傳統音樂的感性，欲創造不同凡響的洪亮，因此獲致成果。這些人包括湯姆．裘賓、若昂．吉爾貝托（João Gilberto）、維尼西奧斯．德莫雷斯（Vinicius de Moraes）、卡洛斯．萊拉（Carlos Lyra）、羅伯托．曼尼斯可（Roberto Menescal）、羅納爾多．博斯科利（Ronaldo Bôscoli）、紐頓．門東薩（Newton Mendonça）、塞爾吉奧．門德斯（Sérgio Mendes）和猶米勒．德奧達托（Eumir Deodato）。「**巴薩諾瓦**」的繆思女神是娜拉．萊昂（Nara Leão），她是「**巴薩諾瓦**」最可靠的詮釋者、女主人，最後成為對手。「**巴薩諾瓦**」兩位最偉大的作曲家：湯姆．裘賓創造特有的和聲法，為不和諧的人聲旋律伴奏，而若昂．吉爾貝托創造獨特的節奏。[32]吉爾貝托先生以吉他的毫米精確度，襯托演唱的節奏。

一九五八年這兩人錄製若昂・吉爾貝托的第一張密紋唱片時，民眾反應大多不佳。然而，大家了解：一種新的、不同型態的音樂正在興起，以簡化的節奏容納更複雜的和聲。此運動開始走紅，既是民眾想唱的一種音樂語言，也是一種社會運動，而且成為種子，產生六〇年代的音樂型態：巴登・鮑歐（Baden Powell）的非洲森巴，反對獨裁政權的抗議歌曲，〈**熱帶主義**〉（Tropicalismo）與〈**街角俱樂部**〉（Clube da Esquina）。在巴西和美國，「**巴薩諾瓦**」也掀起一股商業熱潮。它變成品牌名稱，與商品結合——褲子、眼鏡、奶粉，甚至是一種特殊的梳頭方式，含有青春、現代和大膽的思想。[33]

「**巴薩諾瓦**」征服世界：始於歐洲和美國，在無數國家被流行音樂同化，由首屈一指的國際藝術家錄製，包括法蘭克・辛納屈（Frank Sinatra），他在一九六七年錄一整張「**巴薩諾瓦**」歌曲的密紋唱片，《法蘭克辛納屈與安東尼卡洛裘賓》（*Francis Albert Sinatra & Antonio Carlos Jobim*）。[34]「**巴薩諾瓦**」表達巴西的最佳狀態，確認巴西的生存能力：現代、世界主義、久經世故、美麗且自由。對巴西人而言這是大躍進，「五年內成長五十年」，最起碼在文化領域，使巴西擺脫發展不足。

同時，在經濟方面，樂觀的理由較少。「標靶計畫」未能跨越阻礙發展的絆腳石。[35]失敗的第一個證據，這項計畫對經濟成長造成負面衝擊。雖然庫比契克總統和他的前任瓦加斯總統一樣，大量投資基礎設施，但是他與前任不同，他不是民族主義者，而是非常精明的實用主義者。經濟學家羅伯托・坎波斯（Roberto Campos）是庫比契克技術官僚團隊的一員，對國際資本堅信不移，他在回憶錄寫道：這位總統重視「工廠的地點」，勝過「股東的居住地」。[36]

對巴西經濟國際化的利益，羅伯托・坎波斯充滿信心，可是有人不以為然。工會、學生、知識分子，尤其是共產黨的激進分子，尖銳地批評：經濟發展的過程，可能導致本地產業依賴跨國公司中介。例如，歷史學家小卡約・普拉多得理不饒人，他寫道：「巴西不曾有一個政府像儒塞利諾・庫比契克先生的政府這般屈服於國際利益。」[37]對長期依賴原料出口的國家而言，國際化的後果很可能躲不掉，但是毫無疑問這些批評者說對了一點：造成的損失相當大。

「標靶計畫」使巴西的工業能力顯著提升。然而，此計畫無法使工業化持續下去。僅僅五年倉促加速國家的發展，儒塞利諾・庫比契克權宜之計。他投資加速成長，未評估這個程序的融資。他走捷徑，例如，利用財政與經濟的特許權，方便外國資本進入這個國家，依賴國際的專項資金以加速工業化。這些捷徑在三方面損害這個國家的利益：首先，外國公司比較容易掌控巴西正在發展的經濟部門；其次，這個國家的貿易逆差持續升高，因而增加外債；第三，為了創造成長，這個決策忽視通貨膨脹。

儒塞利諾・庫比契克心知肚明：打擊通貨膨脹，任何方案都有政治成本——對工資、信貸及政府開支施加限制。短期內，對提高工資的要求，政府施加一些控制，主要是由於若昂・古拉特的談判技巧，他極受都市勞工和工會的喜愛。實際上，庫比契克／古拉特雙人組，不僅把「社會民主黨」與「巴西勞工黨」的結盟擬人化，保留瓦加斯的政治遺產，也是政府與工會維持良好關係的關鍵。結盟至關重要，保持對立政治勢力之間的不穩定平衡，[38]是庫比契克政府的特徵。

當然，撙節政府開支以便控制通貨膨脹，意味著對「標靶計畫」施加限制。使成長速度放緩，或者依賴專項資金使通貨膨脹惡化，庫比契克總統毫不猶豫地選擇後者。他認為某種程度的通貨膨脹在所難免，經濟會漸漸穩定。他讓繼任者處理驚人的通貨膨脹率：一九五七年是七%；一九五八年二四・四%；一九五九年三九・四%。[39]

發展的另一個主要絆腳石是政治性的。儒塞利諾．庫比契克推行他的「標靶計畫」，這個國家有史以來規模最宏大的現代化方案，執行如此重大的項目，卻未包括任何減少社會與政治不平等的措施。這種策略也取決於某種程度的「權宜之計」。庫比契克總統在國家的官僚體制內創造「平行政府」。[40]其意圖乃迴避政治恩寵制（這種慣例把利益和職位分配給那些在國會幫助政府得到所需票數者），不必公開與之抗爭。「平行政府」由許多中間派人物組成，規劃並貫徹政府的政策。這些中間派人物很老練，接收慷慨的經費支援，這是一石二鳥。一方面，透過中間派，政府能夠招募精悍的行政官，有能力迅速執行「標靶計畫」；另一方面，可以藉此貫徹落實這些策略，迴避巴西無效率的公共行政——政治恩寵以及用政府職位換取政治利益。

至於土地改革問題，「標靶計畫」僅止於紙上談兵。龐大的莊園是發展不足的最大象徵；但是土地所有權是權力的來源，意味著國會代表權，以及區域對「社會民主黨」的持續支持。莊園業主從未受到質疑，連熱圖利奧．瓦加斯也不曾提出異議，儒塞利諾．庫比契克則是小心翼翼地不干擾現狀。[41]在一九五〇年代，七〇%的巴西人仍然住在農村地區。在六〇年代末都市人口才追上農村人口。貧窮和社會不平等，城鄉差別巨大。在內地窮人的處境依舊未變：學校、基本的公共衛生設施和衛生保健供應不足，而且農村勞工仍然未納入熱圖利奧．瓦加斯所採用的勞工福利。庫比契克政府在這個部門的干預目標，局限在治標措施：擴大農業信貸、糧食配給、一九五八年旱災的災民救助和建造水井。

雖然儒塞利諾．庫比契克專注於城市世界，特別關注他認為會產生新現代社會的城市。但是到了六〇年代初，農村勞工自行組織起來，成為一股重要的政治勢力。在四〇年代，在庫比契克政府之前，農村的勞工運動已開始要求土地和權利。起初，這項運動的起因是越來越多農村勞工被逐出他們的土地，因為不動產的投機買賣和**地霸**（grilagem）的制度——這是由來已久的慣例，偽造文件以便要求地權。此慣例導致社會動亂：大規模遷移到城市，市郊快速且混亂地成長，以及**貧民窟**的指數型成長。這種移居模式持續到八〇年代。同時，農村地區對土地和權利的要求激增。武裝起義於一九四六年開始，在巴拉那州的屯墾區波雷卡圖（Porecatu）叛變，數百名武裝農民要求歸還被以欺詐手法侵占的土地。八年後，一九五四年，戈亞斯州爆發特龍巴斯（Trombas）與福爾摩索（Formoso）叛變。這些動亂持續到一九六一年，在這段時間農民成立「特龍巴斯與福爾摩索共和國」，以他們自己構思的制度治理。特龍巴斯與福爾摩索區為一萬名小農和他們的家人取得合法的土地登記。一九五六年，巴拉那州西南部各市鎮農民上街遊行示威、驅趕地方當局，侵入與土地投機買賣有關的殖民化不動產公司辦公室。這些農村勞工破壞借據、本票和權利證書，其中有很多是這些公司偽造的。[42]

截至五〇年代末，土地改革問題使農村勞工的鬥爭聯合起來，成立許多工人組織，例如「**巴西農民與農業工人工會**」（Ultab）。一九五五年第一個「**農民聯盟**」（Ligas Camponesas）在東北部重起爐灶。[43]從一九四五到一九四七年，「共產黨」為解決農村勞工的需求，成立農村勞工協會，企圖使農村勞工協會與都市勞工協會團結起來。一九四七年杜特拉政府加強鎮壓，使這項試驗中斷。如前文所述，當時「共產黨」被禁止，共產黨的聯邦議員被取消參政的權利。然而，一九五五年「伯南布哥種植園主與養牛業者協會」（SAPPP）成立，使這項運動有新的誘因。此協會在伯南布哥的製糖區域中心**維多利亞迪聖安唐**（Vitoria de Santo Antão）的「加利萊亞（Galileia）種植園與糖廠」成立，該組織的目標在於保護佃農，以免被驅離種植園土地，但是該組織迅速成長並擴大，變成影響深遠的社會運動「**農民聯盟**」，從一九五〇至一九六〇年使土地改革的議題變成全國政治辯論的焦點。

到了六〇年代初，「**農民聯盟**」爭取公民權和社會權。他們的主要策略是利用法律訴訟：在法庭代表農村勞工，聯盟的律師團把社會衝突變成法律衝突，把他們的客戶變成市民。這個策略在一九五五年開始，由當時的州議員弗朗西斯科．茹利昂（Francisco Julião）指導，他相當成功，成為聯盟最重要的領袖。[44] 一九五九年，「**農民聯盟**」徵用「伯南布哥種植園主與養牛業者協會」的創立地點「加利萊亞種植園」，開始往東北各州發展，然後擴展到全國其餘地區。一九六一年，根據美景市「第一屆農業工人全國大會」大約六百位代表的聲明，他們採納偏激的土地改革建議：「用法律或武力，用鮮花或熱血」。此運動的成員開始侵占農場。此運動內部的反體制團體成立游擊隊訓練營。位於戈亞斯**迪亞諾波利斯**（Dianópolis）的訓練營最著名，一九六二年遭到陸軍關閉。[45] 但是大多數參與者比較不偏激。他們試圖找到政治手段，讓聯盟代表農村勞工，與工會代表城市勞工有相同效能。

巴西農村捲入不可阻擋的政治紛爭，涉及「共產黨」和「天主教會」。共產黨人有系統地派激進分子前往內地，協助成立農村聯盟。天主教會對這個議題意見分歧：有些神職人員想要推廣基督教義，使內地左翼團體的影響中立；其他神職人員關注加強教會與勞工的關係。後者在天主教會有史無前例的創舉，利用教育廣播節目「**基礎教育運動**」（Movimento de Educação de Base），發起農村組織工會的程序。這個節目教農村勞工讀書寫字，如此他們可以對自己的事務取得更大的控制權。這是「無線電語音教學」系統的一部分，從保羅．弗雷勒（Paulo Neves Freire）[46] 研發的識字方法得到啟示，使用一系列教科書。這個節目很成功。截至一九六三年，「**基礎教育運動**」在巴西十四個州播放。[47]

農村勞工運動的成員要求土地和權利，可是庫比契克政府仍然認為巴西內地保守而落後，行政機關未制定方案解決土地改革問題。政府只考慮一個替代方案，將人民從農村地區轉移到城市。不平等的事例浩繁，難以解決。早在一九五六年，庫比契克總統決定：為巴西建造新首都，好讓「標靶計畫」錦上添花。巴西利亞（Brasília）是一座規劃城市，代表巴西的民族主義，從傳統過渡到現代。新首都打算使這個國家的內地與各都市中心一體化，並且使巴西與國際社區一體化。人民會認同巴西利亞是庫比契克政府與「標靶計畫」的象徵。[48]基於建築與都市的新概念，在巴西的「中央高原」，在這個國家一望無際的空曠區域（人口密度每平方公里不及一人）建造未來的城市，這個主意令巴西人著迷。遷都內地絕非新主意：在十九世紀首次被討論，在一九三四年憲法與一九四六年憲法被預期。然而，在儒塞利諾．庫比契克之前，不曾有人打算認真對待：除了天文數字的費用，遷都並非政治的優先事項；在競選活動遷都甚至不是議題。

「全國民主聯盟」的成員發現，庫比契克總統打算在半乾旱地區建造巴西利亞，搭飛機才容易到達，他們立即行動。畢竟，這個區域只有矮小的植被、紅土和幾隻美洲豹，因此他們投票贊成遷都法案，高興地袖手旁觀，等待災禍降臨。但是「全國民主聯盟」又失算了，儒塞利諾．庫比契克三年就蓋好巴西利亞，他聘請奧斯卡．尼邁耶當建築師，盧西奧．科斯塔做都市規劃。建造的時間破紀錄，因為這位總統大砍繁文縟節，設立NOVACAP——「巴西新首都城市化公司」，他的「平行政府」最強大的核心部門之一。另外，他指派他絕對信任的人，米納斯吉拉斯的工程師伊斯瑞爾．皮涅伊羅（Israel Pinheiro），擔任城市化公司董事長。庫比契克總統利用國會迅速制定一條法律，使得沒有法律能夠挑戰他建造新首都。而且他不願意聽有關費用的事情。在野黨扮演他們平常的角色，拿起他們的武器並瞄準，希望擊中一些東西。「全國民主聯盟」不假辭色：他們每天都在表達他們憎惡浪費公款，這個國家有很多其他優先事項，這項工程浩大，極為可疑的迫切和不可避免的結果——庫比契克總統在任期內無法完成這項工程。建造的速度加快，巴西利亞成為現實，在野黨開始抗議：巴西利亞太遙遠、這個區域有敵意、土地會滲水、人工湖填不滿，而且電話絕對接不通。

庫比契克總統始終堅稱：建造巴西利亞的決定是憑空產生的，是他將一個願景列入政綱的結果。但是這個主意不可能像他聲稱的憑空發展出來：巴西利亞滿足太多有益的目的。它是跨越新舊巴西的橋梁，它使人民理解「標靶計畫」，使這位總統獲得空前權限，與想要分一杯羹的敵對團體談判，而且使社會不再注意通貨膨脹和土地改革的難題。巴西利亞不但成為國家紀念碑，也是國家象徵，更別提它使儒塞利諾·庫比契克變成巴西史上最傑出的領袖之一。另外，在擔任美景市市長時，儒塞利諾·庫比契克就顯露他的建設使命，願意投資大膽的未來派都市計畫。他在潘普利亞（Pampulha）建造湖畔住宅區時，一切就從那兒開始。[49]巴西利亞成為政府的絕對優先事項，庫比契克總統明白，他必須完成這項工作，因為別的政府不會將國家的資源投入巴西利亞。這項建設工程似乎瘋狂透頂。無論如何，這是新聞記者奧托·拉拉·雷森德（Otto Lara Resende）[50]的看法，他寫道：「巴西利亞是罕見的產品，結合四種瘋狂：儒塞利諾、伊斯瑞爾、尼邁耶與盧西奧·科斯塔的瘋狂。」[51]

這四人的結晶如此不同凡響，奧托·拉拉·雷森德似乎說對了。這座城市憑空出現，有一種奇異的美，巴西人以前不曾見過。「先導計畫」的略圖援用兩張疊加圖像：建立新巴西的十字架，和降落在「中央高原」的飛機，引領這個國家邁入未來。套用盧西奧·科斯塔的名言：「彷彿在前往不可能的烏托邦途中」。[52]這座城市分成兩個直角交叉的軸線，「紀念碑軸」與「高速公路軸」，將住宅區及其設施與政府大樓占據的區域分開。政府部門的建築物都刻意相同，毗鄰「紀念碑軸」，凸顯「**三權廣場**」（Praça dos Três Poderes）的宏偉，[53]這些宮殿用鋼筋水泥建造，看起來卻像漂浮在地上。第一批居民開玩笑地說：巴西利亞的人體由三個部分組成——頭、軀幹和輪子！這個新首都沒有街道、廣場、人行道，也沒有行人。該建設也象徵對「標靶計畫」的矛盾心理。建造巴西利亞的費用，從來不為人所知。也不清楚在倉促建造時究竟死了多少工人？用挖土機將工人的屍體埋在這些建築物旁邊，是否屬實？這些工人是否實際上遭到體罰，是否確實為爭取較好的工作條件及生活條件而抗議？所有已知的是，成千上萬名工人，大多來自東北部、戈亞斯和米納斯吉拉斯北部；在巴西利亞是建築工地的時候，這些**堪丹戈**（candangos，指建築工人）才住在那兒。一旦新首都準備好了，政府已成立，他們有兩個選擇：被送回原來居住的州，或是到郊外住在隔離的露營區，類似**貧民窟**。這些露營區是「衛星城」的起源，從此穩定成長。巴西利亞建造十年後，已經有十萬名流動工人住在這座城市周圍的**貧民窟**。[54]

巴西利亞把窮人驅逐到郊區，把公務員、官僚和國會議員隔離在簡直一模一樣的住宅單位——**超級街區**（superquadras）。這座城市根據社會組織的階層原理和劃分原理，強調國家是雇主、壓倒性的存在。儒塞利諾・庫比契克通曉政治界的**一切**，必定意識到：遷都將導致嚴重的弊端，其一是權力中心孤立，使政府與加劇的社會動亂隔絕，而且與人民疏遠、避免直接接觸。五十多年後，巴西利亞是現代城市，使巴西的內地與這個國家其餘地區一體化，正如同儒塞利諾・庫比契克的承諾。巴西利亞保持矛盾氛圍——豪華的宮殿仍然保存得毫無瑕疵，與當初庫比契克總統和奧斯卡・尼邁耶規劃的一樣，「在**高原**無止盡的夜晚，懸浮著、無重力狀態且純白」；而且巴西利亞仍然是權力的中心，更超然和孤傲。

搧風點火者

新聯邦首都於一九六〇年四月二十一日啟用。九個月後，庫比契克總統把總統職位移交給當選的繼任者雅尼奧．夸德羅斯。他不可能知道：下一次由人民投票選出來的平民總統，把總統飾帶遞給另一位當選的平民，會是二〇〇三年。儒塞利諾．庫比契克到歐洲度假，他有把握在一九六五年再度當選總統（《一九四六年憲法》不允許再度競選連任）。他辭行時，在當地開始他的競選活動。這個城市掛滿橫幅標語和海報，以「JK—六五」為口號，在機場一大群人等著與他暫別。在最後一年的授權，庫比契克總統一方面關注巴西利亞完工時間緊迫，另一方面為他的重新執政創造有利條件。他甚至構建一個策略，以確保他的政黨**輸掉**選舉。[55]這個國家局勢嚴峻，政府無法控制其開支，他的繼任者勢必採取嚴厲的緊縮政策。庫比契克總統關注的問題，在於如何把燙手山芋拋給在野黨。他要確保「全國民主聯盟」贏得選舉，在接下來四年實施不受歡迎的措施打擊通貨膨脹。於是一切就緒，在一九六五年他會帶著經濟成長的新方案回來。

庫比契克總統只顧自己的利益運籌帷幄，但是天理昭彰。「全國民主聯盟」不可能支持他指定的候選人。儘管如此，他的計謀可能會奏效。畢竟，這位總統是陰謀大師，善於在幕後操縱政治，並且在人氣鼎盛時結束他的授權；他的策略將產生廣泛的中右翼聯盟，抵消左翼政黨日漸壯大的勢力，尤其是「巴西勞工黨」。「社會民主黨」沒有人適合繼承他，進一步促成局勢。庫比契克總統唯一未盤算到的是**保利斯塔人**的干擾。聖保羅是他的政府最大的受益者：工業發展集中在此州，放寬信貸使企業家取得資金，飛快的擴展速度，顯示聖保羅市即將成為這個國家最重要的州首府。但是在全國的政治舞臺上，聖保羅結不成聯盟：在聖保羅州「社會民主黨」、「全國民主聯盟」和「巴西勞工黨」都不夠強大，該州的小政黨臣服於區域領袖，仍然互相爭奪政治權力，例如阿德馬爾．德巴羅斯的「社會進步黨」（Partido Social Progressista，簡稱 P S P）。

一九五九年五月，這些小黨與「全國民主聯盟」結盟，支持雅尼奧．夸德羅斯的總統候選人身分。庫比契克總統無法控制這位候選人，導致他的策略中立化。[56]自從在一九四八年首次獲委任當市議員後，雅尼奧．夸德羅斯以驚人速度從底層晉升，連續當選州議員、市長，然後是州長，五年內當選三次，都是在聖保羅。他以誠實能幹的行政官而著稱，雖然他與熱圖利奧．瓦加斯的政治遺產無關，但是他未被視為**反熱圖利奧派**。他的競選基調對「全國民主聯盟」而言很中聽。他抨擊貪汙舞弊、通貨膨脹、高生活費，以及巴西利亞雄偉的建築物浪費公帑，期間他承諾經濟成長並緊縮政府開支。雅尼奧．夸德羅斯從未提供令人信服的說明，他的政府如何達到比庫比契克總統更佳的成果，也未說明他如何處理巴西發展的基本問題。他的口號是反政治。他描述自己是超越政黨的候選人，顯示他完全鄙視傳統政治家和他們從政的方式。他只堅持一點：人民信任他，相信**他這個人**。他一再強調他是唯一的獨立候選人，唯一因為公民的使命和熱愛公共服務而致力於政治活動的候選人，因此他是唯一能為這個國家指引新方向的候選人。

不論「全國民主聯盟」是否支持，雅尼奧．夸德羅斯的候選人身分令人無法抗拒，這個黨必須擁護他，卡洛斯．拉塞爾達是最先意識到的其中一位。雅尼奧．夸德羅斯激起希望，受到社會各階層的支持，尤其是中產階級投票人，通貨膨脹的影響使他們痛苦，他們認為這位候選人是精力充沛的行政官，有能力處理動盪的經濟擴張。雅尼奧．夸德羅斯是不同凡響的候選人，他的人氣水漲船高，早該拉響警報。簡而言之，一扇門開著，一個聰明人潛入。他躍升的人氣是一種徵兆，顯示社會對高生活費和薪資下降的不滿情緒，而且顯示選民表達憂慮的能力逐漸提升。這也揭露對主要政黨的幻想破滅，這些政黨似乎無法順應並承受民眾的新需求。

這位候選人的吸引力，不限於他的言詞。雅尼奧．夸德羅斯有巨大的天賦營造戲劇效果。[57]在造勢大會，他會假裝餓昏了，打點滴以恢復體力，而且穿一件舊西裝，策略性地在西裝肩部灑粉，據說是頭皮屑。他的領帶總是歪的，而且他總是坐在人行道吃義式香腸三明治和一根香蕉——他想要被看作是同一種人，這種人了解窮人做工的苦楚。他走上舞臺，使勁地打著手勢——骨瘦如柴、憤憤不平、衣著邋遢——他揮舞一根掃帚（他的競選象徵），採取嚴肅的語氣，承諾他將掃除政府無所不在的貪汙舞弊。他使用矯飾的語言，充滿老式的措辭，強調單字的每一個音節，群眾很驚奇他的豪言壯語像教授的口氣，即使有時候他們根本聽不懂。但是雅尼奧．夸德羅斯掌握完美時機，知道什麼時候說出他們想聽的內容。他到處參加造勢大會——在街頭、工廠、**貧民窟**和市郊，吸引成千上萬支持者，他們手裡拿著長柄掃帚，被競選活動的雄辯滔滔催眠。

很難知道，是否在某個時候，儒塞利諾．庫比契克對雅尼奧．夸德羅斯的競選活動產生共鳴。這不是輕而易舉的事，懂得如何回應這麼一位救世主似的、表演型的、急躁的候選人。「社會民主黨」終於決定支持民族主義團體在國會提出的總統候選人恩里克．洛特，當時已經被擢升為陸軍元帥。或許這是一種策略，鞏固武裝部隊的支持。[58]然後該黨重新與「巴西勞工黨」結盟，選擇若昂．古拉特為副總統候選人，完成提名候選人的名單。洛特元帥的政治聲望很高，在部隊裡備受尊重，因為他是守法主義者兼民主主義者而普遍受讚賞。但是當候選人，他激不起火花。一旦「社會民主黨」明白他們的候選人注定要失敗，他們就讓他自生自滅，並且與「巴西勞工黨」一起、也與雅尼奧．夸德羅斯一起，宣傳支持「強強」（Jan-Jan，雅姜）團隊：雅尼奧．夸德羅斯當總統，姜戈（若昂．古拉特）當副總統。

選舉結果對「社會民主黨」無關痛癢，使「巴西勞工黨」變強大，證實「雅姜」雙人組的人氣。雅尼奧．夸德羅斯得到破紀錄的五百六十三萬六千六百二十三票，洛特元帥三百八十四萬六千八百二十五票。[59]若昂．古拉特以四百五十四萬七千零一十票再度當選——實際上，比洛特元帥得到的票數多。這個結果也產生一些新奇的事。首先，副總統來自在野黨。其次，雅尼奧．夸德羅斯的候選人身分為「全國民主聯盟」撐腰打氣，他們的州長候選人在十一州的州長競選贏得六州。其中包括馬加良斯．平托（Magalhães Pinto）當選米納斯吉拉斯州長，卡洛斯．拉塞爾達成為新成立的瓜納巴拉州（以里約熱內盧為首府）的首位州長。因為遷都巴西利亞，庫比契克總統建立瓜納巴拉州取代聯邦區，試圖補償**卡里奧卡人**。

然而，那些投票給雅尼奧．夸德羅斯的人很快就發現：他獲得選票的能力勝過治理國家。他重新談判國際債務，結果圓滿，這是事實。他也貫徹落實自瓦加斯總統以來最廣泛的抗通膨計畫。他與來自米納斯吉拉斯「全國民主聯盟黨」的外交部長阿方索．德梅洛．佛朗哥（Afonso Arinos de Melo Franco）合作，奉行獨立自主的外交政策獲致成果。巴西調整與北美的利益團體聯合，與社會主義國家建立外交與商業關係，與歐洲、美國及蘇維埃陣營重新談判巴西的債務，與「第三世界」國家建立更緊密的聯繫。[60]

但是雅尼奧．夸德羅斯是心胸狹隘的政治家。他與全國的政黨很少有聯繫，而且不屑於利用機會建立自己的國會根基，即使這個政府在國會是少數黨。[61]他同樣漠視與在野黨協商；相反地，他是造成衝突加劇的大師。他使自己與國會、新聞界、全體公務員和這個國家的副總統，沿著衝突的軌跡發展。最後他與「全國民主聯盟」決裂，他們對他的外交政策感到憤慨：在「冷戰」高峰期，他們認為該政策危險地傾向極左派。幾個月內，雅尼奧．夸德羅斯引起普遍的混亂感，低估他的盟友，在總統的職位孤立自我。沒有長期計畫，對國家的願景和理解有限，對公共生活抱持狹隘的道德家見解，獨裁者的形象和官僚的靈魂，他管理巴西彷彿那是政府的一個小部門。他把決策中央集權化，控制所有細枝末節，無休止地寫潦草的短箋給各部長和顧問，無法區分無足輕重的議題與至關重要的大事。他上任後，立即對貪汙受賄的官員進行政治迫害，成立調查委員會，下令仔細搜查公共機構的財務。然後，毫無證據，他將所謂的結果發布給新聞界，變成報刊刺眼的頭條新聞。他塗鴉的短箋隱沒到這部行政機器的浩瀚無際，政府的政策混亂地搖擺。儘管如此，雅尼奧．夸德羅斯繼續干涉所有事務。他廢除在總統府打領帶的要求，為公務員製作卡其制服，根據英國人在帝國穿著的「輕便獵裝」式全套服裝，他認為更適合熱帶國家。為消除任何疑慮，他在《官方公報》公布新制服製作的細節，「布料：巴西亞麻布。顏色：灰褐色。」[62]執政不到七個月，夸德羅斯總統簽署許多驚人政令：工作日禁止賽馬，禁止鬥雞，狂歡節舞會禁用大麻，海灘禁止穿比基尼泳裝，並且規定電視上選美比賽使用的泳裝長度。最後，他從東北帶來兩隻猴子，在**黎明宮**（Palácio da Alvorada）[63]巨大花園裡吃草，為這兩隻動物戴草帽，以免被「中央高原」灼熱的太陽晒傷，花園用柵欄圍起來以防止猴子走失。[64]

雅尼奧．夸德羅斯是政治入侵者，在沒有清楚定義的政府當首腦，但是他仍然企圖按照自己的主張執政。在他看來，《一九四六年憲法》使他受到牽制，而且國會猜忌多疑又不願配合。這並非事實；至少不完全屬實。他不受民主制度的約束，覺得憲法對他施加種種限制使他束手無策。他造成假的局面，導致權力機構之間的僵局，增加國會的敵意，他甚至進一步孤立自我。反政府的聲浪漸大，尤其是來自勞工運動。這個反對黨與共產主義者建立更緊密的聯繫，而且得到工會支持。他們拒絕履行夸德羅斯總統的經濟政策，此政策導致貨幣貶值、麵包價格翻倍漲、公共運輸漲價，限制信貸並凍結工資。儘管如此，顯然沒有過不了的關卡，凡事都可以用談判來解決。

一九六一年七月底，雅尼奧・夸德羅斯聘請副總統若昂・古拉特率領巴西第一個貿易使節團到中國大陸。這兩人的關係瀕臨決裂，若昂・古拉特是雅尼奧・夸德羅斯的調查委員會第一批目標對象之一，他對這份職務感到懷疑。由於這位副總統無法拒絕，最後他同意率領使節團到中國。他在北京談判貿易協定時，雅尼奧・夸德羅斯在巴西利亞將巴西最高的榮譽標誌「南十字星大十字勛章」，頒給古巴的經濟部長厄內斯托・切・格瓦拉（Ernesto Che Guevara）。這引起廣泛的憤怒。有關「古巴革命」的輿論分歧。這位總統的象徵性行動使美國更加憂慮：巴西的外交政策開始變得親古巴。「全國民主聯盟」義憤填膺，曾經被授勛的軍官威脅要退還他們的勛章。[65]夸德羅斯總統有很好的理由與古巴建立更密切的關係；巴西與蘇維埃陣營之間的商品與機械貿易，這個島國可以充當中介者。但是依照卡洛斯・拉塞爾達的看法，這一次政府太過分了，因此他搭飛機到巴西利亞，與總統當面對質。實際的會談內容，有很多種版本。但是沒有和解：卡洛斯・拉塞爾達回到里約熱內盧，在廣播和電視上抨擊政府，罵總統不負責任，譴責法務部長奧斯卡・奧爾塔（Oscar Pedroso Horta）策劃**政變**並且邀請他參與。政治溫度達到白熱化的程度。

一九六一年八月二十五日，軍人節週五早上，雅尼奧・夸德羅斯在**內閣大道**（Esplanade of Ministries）出席閱兵大典，檢閱部隊、聽議事日程的宣讀、向國旗敬禮，一切照章辦事。然後他回到總統府，召集軍事部長，正式傳達他將辭去總統的職位。這些部長大為驚訝、問他原因，他回答：「我沒辦法跟這個國會一起執政，你們組織**軍政府**治理國家吧。」[66]他在辭職信簽名，對法務部下指令：下午三點把辭職信送到國會。上午十一點，他搭總統專機前往聖保羅**坤比卡空軍基地**（Cumbica Airbase）。他離開巴西利亞時，指示同行的副官把總統飾帶帶來。

在皮拉蒂尼宮的地下室

雅尼奧・夸德羅斯從未清楚說明他辭職的原因。但是歷史學家的看法一致。他的動作是企圖引起全國騷動，使他凱旋復職，擁有更大的總統職權，最好是沒有國會妨礙他。辭職是不丟臉地退出舞臺。過去他曾經以宣告放棄為要脅，總是成功。現在可能再度奏效：若昂・古拉特不受軍隊歡迎，反正他遠在中國，無法商議就職事宜。過了週末，國會才會審查夸德羅斯總統的辭職，在那之前人民會上街示威遊行，捍衛他的授權，或許（誰料得到呢？）形成一種新型的**希望主義**，該運動早先鼓噪著要瓦加斯永遠當總統。據報導，雅尼奧・夸德羅斯在**坤比卡空軍基地**說：「在我之後，沒有人留下。」他接著說：「我不會做任何復職的動作，但是我認為復職在所難免。」[67]

如果那是他的計畫，全都失算了。人民沒有揭竿而起，各州長默不作聲，國會在收到辭職函兩小時後，認為這是單方面的行為，接受他辭職。議員譴責這個政府竭力摧挫立法機關的銳氣，他們受夠了。眾議院沒有人支持他。眾議院主席拉涅里・馬濟利（Ranieri Mazzilli）被任命為臨時總統，直到若昂・古拉特從中國回來為止。八月二十八日，雅尼奧・夸德羅斯下令歸還總統飾帶，並且從聖保羅州桑托斯港搭船前往歐洲。但是仍然有一個絆腳石，阻礙順利過渡：三軍部長們。[68]辭職是一回事，他們不用討論就批准；但是繼任又是另一回事。在那個節骨眼，軍事部長們估量形勢，決定干涉。八月二十八日，夸德羅斯總統辭職後三天，馬濟利通知國會：軍事部長們不打算接受若昂・古拉特回來當總統。而且他們進一步地說：如果若昂・古拉特在巴西下船，他將會被逮捕。這些部長並非依照軍官角色在行動。反之，他們在打政治牌。他們把寶押在某種合憲的政變成功，武裝部隊不用付出代價。[69]這項計畫是脅迫國會聲明若昂・古拉特不適任。但是連「全國民主聯盟」

也不同意。這是一種政治危機，後果難以逆料，這個國家瀕臨內戰的危險。

但是命運不這麼安排。在里約熱內盧，洛特元帥回想軍隊內部的分裂，發表一份宣言給國人，他在宣言裡維護憲政秩序。於是南大河州州長萊昂內爾・布利佐拉決定是時候行動。他的主意是把若昂・古拉特帶到阿雷格里港，不惜任何代價確保他上任。[70]布利佐拉是比「巴西勞工黨」更傾向左派的軍隊政治領袖，他也是若昂・古拉特的妹夫。萊昂內爾・布利佐拉於一九五八年當選州長，名聲開始遠播，尤其是在一項大膽的立法徵用「國際電話與電報公司」（I T & T）的子公司「**國家電話公司**」的商品和服務後。他的執政將結束時，萊昂內爾・布利佐拉正在計劃貫徹落實兩項甚至更大膽的措施：徵用農場，以便將土地分配給**無地農民**（Agricultores sem Terra），以及由州政府接管「**大河電力公司**」，這是「美國國外電力公司」的子公司，附屬於「電力債券與股份集團」。[71]

使洛特元帥閉嘴相對容易——戰爭部長下令逮捕他，將他囚禁在里約熱內盧與尼特羅伊之間的瓜納巴拉灣島上。但是想要讓布利佐拉州長閉嘴，那又是另一回事。他召集南大河州強大的軍旅，下令將「**瓜伊巴廣播電臺**」（Rádio Guaíba）的播音室轉移到**皮拉蒂尼宮**（Palácio Piratini，州長官邸）的地下室。然後，他在阿雷格里港十二英里外的**平塔達島**（Ilha da Pintada）布置特種警衛隊士兵，用三把重機關槍保護發射塔。他指示廣播員播放開場白：「這是**合法廣播電臺**（Rede da Legalidade），從南大河州首府**皮拉蒂尼宮**地下室播放。」手裡拿著麥克風，萊昂內爾・布利佐拉煽動該州叛變，動員這個國家的其他州採取行動維護憲法。「**合法廣播電臺**」一天二十四小時用短波播放，與其他一百五十家廣播電臺的播放節目連接，巴西各地和一些鄰近的共和國都聽得到。[72]

布利佐拉州長很清楚他正在承擔風險。他讓居民武裝起來以便抵抗，命令人民占據官邸前方的**馬特里茲廣場**（Praça da Matriz），模擬封鎖**大河**（Rio Grande）港口。他在官邸屋頂以及還在建造的

「大都會大教堂」的塔樓安裝機關槍。他爬上用沙包做成的街壘，從**馬特里茲廣場**拉來的長椅，還有汽車和卡車，堆疊在官邸周圍。他把槍分配給公務員，到任何地方他的肩上都掛著一把機關槍。他的準備是正確的：軍事部長們派遣海軍機動部隊到南大河州，從**卡諾阿斯空軍基地**（Canoas Airbase）派飛機，下令轟炸該官邸。但是空軍基地的士官叛變，他們拿下輪胎、拆掉武器，並且阻止機長起飛。八月二十八日形勢開始轉變。「第三軍區」的司令馬查多・洛佩斯（José Machado Lopes）將軍，與他的三軍參謀長委員會一同進入**皮拉蒂尼宮**，令大家驚訝，他告訴布利佐拉州長，他支持若昂・古拉特上任。「第三軍區」總部設在南大河州，是陸軍最強大的師。從那時起，萊昂內爾・布利佐拉可以依靠四萬名士兵的支持，軍旅的一萬三千人與大約三萬人的志願軍。他是第一位公開抵抗軍事**政變**的文職領導人，他再也不能被低估。

軍事部長們逐漸了解：阻止若昂・古拉特上任，沒有他們想像的那麼簡單。在戈亞斯，州長毛羅・博爾赫斯（Mauro Borges）決定加入萊昂內爾・布利佐拉的抵抗運動。[73]他宣布首府已經叛變，下令憲兵隊占據該市所有戰略重地，並且設立「合法軍隊」（Army of Legality），由志願者組成。他發出警告：如果若昂・古拉特想在這個州登陸，從戈亞尼亞（Goiânia）到巴西利亞，他會擁有必需的全程保護措施。全國各地提供進一步支援。「巴西律師協會」（O A B）和「全國學生聯盟」（總部遷移到阿雷格里港）要求尊重憲政秩序。許多州組織抗議活動，支持合法性。只有《**聖保羅州報**》和瓜納巴拉州州長卡洛斯・拉塞爾達公開宣布，他們支持軍方的否決權，反對若昂・古拉特的授權儀式。

如今軍事部長們明白，他們的選擇有限。他們必須協商解決的對策，或者準備打一場內戰。然而，國會提出一個解決方案防止他們丟臉：立即採用議會制政體。這是武斷的解決方法，絕對不會化解難題，但是確實解除短期危機。若昂．古拉特將被允許就任，但不具有全權，一切就只需要他的同意。帶給他這項提議的任務，落在坦克雷多．內維斯的身上，他曾經是熱圖利奧．瓦加斯的內閣部長。古拉特在新加坡獲知雅尼奧．夸德羅斯辭職的消息，他長途旅行回到蒙得維的亞，等待巴西的消息。然後坦克雷多．內維斯接下這個棘手的工作，說服他接受提議，終於完成任務。九月一日晚上，若昂．古拉特在阿雷格里港下船。翌日凌晨，國會對設置議會制的修正案投票。萊昂內爾．布利佐拉憤憤不平，拒不接受此協議。在他看來，若昂．古拉特應該經由陸路前往巴西利亞，在「第三軍區」當首腦並取得政權，他的總統職權不受任何限制。

難以知道基於什麼原因，古拉特接受議會制政體的方案。內戰確實有可能；毫無疑問，他想要避免內戰，也不想錯過成為總統的機會。可能是他打算取得政權，短期內消除對手的敵意，爭取「社會民主黨」，藉此擴大他的政治支持。然後他可以推翻議會制，重獲完整的總統職權——這是一九六三年實際上發生的事情。他知道他不可能在巴西利亞遊行示威。南大河州已經開始民變，蔓延到巴西各地，對他有利，但並非他在發號施令。即使打了這場仗而且獲勝，崛起的贏家會是萊昂內爾．布利佐拉。[74]無論有什麼理由，那天傍晚，若昂．古拉特走到**皮拉蒂尼宮**的陽臺上，他向群眾揮手，一言不發。三天後，他動身前往巴西利亞。

他不知道將會發生什麼事。

第十七章

剃刀邊緣：獨裁、反對派與抵抗運動

走鋼索的總統

一九六一年九月七日，巴西獨立紀念日，若昂．古拉特抵達國會，宣誓就任巴西總統。他四十三歲，無可挑剔地穿著深藍色夏季西裝，用滿面笑容掩飾焦慮。這是那年第三次總統上任。[1]歡慶的氣氛，人民普遍感到幸福和安心。這個國家的局勢極為艱難，通貨膨脹率高且有上漲趨勢，公共支出失控，一九六二年最初數月應付的外債償付額高得驚人。繼任的古拉特總統已經準備實施緊急計畫，他擬定核心改革草案，但是沒有時間規劃完整的策略。而且這是議會制，倉促成立的體制當作權宜之計，賦予立法機關權力，使得行政當局沒有行動的餘地。國會自行化解政治危機：欲治理國家，新總統必須在聯邦議院獲得絕對多數票。[2]

在國會結盟使政府得以立法，關鍵在於「社會民主黨」。該黨在全國最具代表性，有高效領導者與堅固的選民根基。該黨也是國會日常活動的主要勢力，支持既保守又溫和的提案，加上談判能力，使政黨保持平衡。古拉特總統打算讓「社會民主黨」與「巴西勞工黨」重建聯盟，在庫比契克執政時期，該聯盟促進政治穩定。他的目標是在政治光譜的中心，創造行政當局的支持根基。然而，這一樣重要：在得到其他左翼政黨支持的同時，他不應失去對「巴西勞工黨」的控制。時間短促，這位總統很匆忙：他說服「社會民主黨」的坦克雷多．內維斯擔任總理，鼓勵他組織內閣，併入三大黨——「社會民主黨」、「巴西勞工黨」與「全國民主聯盟」，他很恰當地取名為「國家調解內閣」。在議會制政體的十六個月，另有兩個內閣成立，古拉特總統一直處於守勢，尋找方法貫徹落實他的核心改革方案。

在外交政策方面，主要難題在於與美國談判，特別是關於外債以及在巴西的經濟體制節制外資。一九六二年四月，古拉特總統前往華盛頓，與甘迺迪總統討論此議題。接待會很熱情，美國新聞界很熱烈，但是巴西的債權者很慎重，在進行談判之前，他們寧可先觀望古拉特政府發展的方向。華盛頓這邊依然猜忌多疑。新外交部長桑．蒂亞戈．丹塔斯（San Tiago Dantas）一直堅持雅尼奧．夸德羅斯的獨立外交政策，在「冷戰」高峰期美國人難以接受。巴西不同意與兩個超級大國（美國和蘇聯）的一方結盟，堅持貿易夥伴多元化。至於拉丁美洲，巴西反對美國在「美洲國家組織」提議對古巴實施制裁。[3]

古拉特總統回到巴西，廣受稱讚卻一無所獲，面臨一大堆難題。有些難題是從上屆政府接手而來，例如通貨膨脹及「標靶計畫」的投資週期結束。然而，有些問題，例如土地改革，根源更深遠——巴西社會極端不平等。在六〇年代初，巴西東北部儼然成為國家的心臟地帶，土地改革是政治議程的主要議題。對於應該採取哪一種改革，地主、農村勞工和政府激烈爭吵。一九六一年，弗朗西斯科．茹利昂已經從律師變成「**農民聯盟**」的主要領導人，他闡明：農村勞工運動了解土地改革是徵用五百公頃以上不利生產的農場，發行政府公債債券支付補償金，以新地主的名字登記土地所有權狀，以及政府支持合作社。「社會民主黨」準備討論土地改革，這是非常積極的信號，考慮到該黨的區域支持根基是當地地主在維續。但是他們有一個規定：土地改革必須遵照憲法條款執行：徵用的補償金立即付現，或使用公債債券，根據通膨率調整。然而，地主完全反對改革，對成立農業工會的主意感到驚恐。一九六三年他們退出談判，準備戰鬥。[4]

左派政黨不同意用現金或根據通膨率調整債券，支付補償金當作改革的要素。他們認為那是一種商業交易。與「社會民主黨」的談判最後變成僵局。同時，「**農民聯盟**」占據伯南布哥、馬拉尼昂、帕拉伊巴、戈亞斯、南大河州、里約熱內盧、米納斯吉拉斯和巴伊亞的農場。在伯南布哥內地，飢餓的群眾搶劫倉庫，聯盟領導人被暗殺。其中最著名的是帕拉伊巴州沙佩「**農民聯盟**」的首腦佩德羅·特謝拉（João Pedro Teixeira），該聯盟的成員約一萬人。就任總統一個月後，若昂·古拉特成立「**土地改革監管局**」（Superintendência da Reforma Agrária）執行土地改革及徵用土地。為控制該聯盟，同時激勵農村地區的政府支持，古拉特政府組織農業工會，使工會和勞動法的利益適用於小農場主人、租地人、合法占用無主土地者及獨立生產者。

在大城市，工會活動越來越有組織，因而成立「**工人總司令部**」（Comando Geral dos Trabalhadores，簡稱CGT），政治動盪開始滲透日常生活。高通貨膨漲、購買力損失、生活費用上漲（從一九六二年五一·六%，上升到一九六四年七九·九%），導致巴西各地罷工。[5]除了引起企業主驚慌，罷工急速擴大，賦予工會內外的左翼活動家權力，如今這些工會擺脫熱圖利奧·瓦加斯政府強制實行的國家管制。

左派的活動鋪天蓋地並且包羅萬象。該團體包括共產主義者、社會主義者、民族主義者、天主教徒、工人及眾多聯盟。這些聯盟包括黨派、士官、水兵及海軍陸戰隊隊員協會，學生聯盟、工會、城市及農村勞工聯盟，以及革命團體。[6]儘管這些群體相差懸殊，而且顯然難以達成共識，以前認為不可能的事情確實發生了：一九六一年底左翼政黨成立史無前例的聯盟，以便立即實施核心改革方案。他們想要從土地改革開始。此聯盟內部的群體逐漸激進，他們拒絕談判，決定用任何可行方法實施改革，導致局勢進一步複雜。他們把群眾帶到街上示威，對議員們施壓，與那些猶豫不決的國會議員直接對質。然而，對條款沒有共識，立法機關不會核准這種方案：對政府的權力根基有不利影響、提倡財富重新分配，以及鼓吹社會融合。土地改革措施會影響大莊園和內地農業生產總額。都市改革將協助控制城市混亂的發展，有公共運輸通往郊區；房地產投機買賣也會受到牽制。金融系統改革，預期由國家控制新的財政結構。選舉制度改革提案，賦予文盲（占成年人口六〇%）和軍人投票權，威脅到政治現狀。選舉制度改革也包括「共產黨」合法化。外國資本條例改革計畫，限制將利潤轉移海外，把戰略性工業部門國有化。最後，大學改革計畫將削減全職教授的自由裁量權，重組教學與研究方案，以符合巴西政府的職能需要。[7]

一九六二年十月選舉，產生新的國會議員，有十一位新州長上任。政府已收到警告：逐步採用溫和的改革方案，這種機會如今幾乎不存在。這些新州長沒有一位是「社會民主黨」與「巴西勞工黨」結盟的結果；只有一位左翼州長當選，米格爾．阿賴斯（Miguel Arraes），[8]在伯南布哥。[9]雖然萊昂內爾．布利佐拉獲勝（他以二十六萬九千票當選眾議院議員，是所有候選人當中的最高票），國會的權力平衡實質上仍然未改變。

一九六二年選舉也顯示一件非比尋常的事：可能**政變**。選舉活動接受許多非政黨組織的資金，其中最危險的組織，是美國「中央情報局」於一九五九年在里約熱內盧成立的「**巴西民主行動研究所**」（Instituto Brasileiro de Ação Democrática，簡稱ＩＢＡＤ）。ＩＢＡＤ為兩百五十位聯邦議員、六百位州議員，以及八位州長候選人的競選活動傾注大量金錢——根據選舉法，這種慣例完全違法。這些資金來自跨國公司，或是與外資有關的公司，以及來自美國政府當局，他們樂於投資「一、兩塊美金」搞陰謀反古拉特總統，幾年後美國大使確認這件事。[10]其目標是戰略性的：在國會形成強大的反對黨，阻礙政府舉措，為**政變**鋪路。國會的調查業已證實：選舉腐敗現象蔓延，「**巴西民主行動研究所**」的活動違法；若昂．古拉特於一九六三年關閉該研究所。但是ＩＢＡＤ不是獨自行動。一個曖昧、動機不明、手法老練的機構予以協助：「**社會研究與調查研究所**」（Instituto de Pesquisas e Estudos Sociais，簡稱ＩＰＥＳ），於一九六一年由一群里約熱內盧和聖保羅的商人及幾位與「**高等戰爭學院**」（Escola Superior de Guerra）有關連的軍官創立。

一九四九年三軍參謀首長聯席會議，仿效北美同名的學院，成立「**高等戰爭學院**」。其任務是聯合軍官與商人，通力合作支持巴西的工業發展。[11]在五〇年代「**高等戰爭學院**」針對「冷戰」的背景，制定經濟成長與國家安全計畫。此計畫不局限於國防，它協調國內衝突，重新定義陸軍的角色；為繼續控制人民，如今陸軍被視為絕對必要。蒐集情報與資訊，被視為國家效率不可或缺的一環。

另一方面，「**社會研究與調查研究所**」嚴格控制會員資格，有雙重目的。[12]名義上它是保守的政治機構，任務是研究巴西的政經局勢。它的總部位於里約熱內盧**中央大樓**（Edifício Central）二十七樓一套十三房的公寓，在聖保羅、南大河州、米納斯吉拉斯和伯南布哥有辦事處，它們被視為最具戰略性的州。會員包括這個國家最富有的實業家、在這個國家運作的跨國公司董事長、最重要的商業協會代表、軍官、新聞記者、知識分子和一群年輕的技術官僚，他們都十分活躍：出版書籍、製作影片或舉辦講座。[13]但是該研究所的活動沒那麼簡單，它真正的任務是用兩種戰略逐漸削弱古拉特總統。第一種戰略是進行精心策劃的動搖計畫，包括資助反共產主義的宣傳活動，資助反政府的抗議活動，在政界和商界提升反對派和極右派。第二種戰略是擬定新政府的計畫，威權的性質，以發展和國際資本自由流通為基礎。與一般信念相反，「**社會研究與調查研究所**」不只是反共產主義活動的宣傳機構，也不只是一群儲存武器的右翼極端分子。它是**政變**密謀的核心，成員有自己的議程。他們見多識廣，被安插在密謀人士當中，將會推翻古拉特總統，在一九六四年三月以後占領這個國家。

不過，光是「**社會研究與調查研究所**」的活動不足以引發**政變**。商人和軍官可能密謀，但是沒有群眾真正的支持，就沒有運動、宣傳或意識形態的堅定信念，無以動搖古拉特政府。**政變**已露出端倪，雖然短期內這是不切實際的選擇。然而，到了一九六二年底，形勢開始變化，議會制似乎越來越容易遭人詬病，總統本人沒少出力。一九六三年一月六日針對政體舉行全民投票，結果是總統制得到壓倒性勝利，從總數一千一百五十萬票獲得九百五十萬票。[14]對古拉特總統而言，全民投票獲勝等於在新的選舉當選。他的想法有些道理，可是他忽視一個重要的細節：這不是他**本人**的勝利，而是支持總統制的投票，有許多政黨和他們的領袖為贏得一九六五年總統大選而支持總統制。即使如此，這位總統的人氣高，他的政府即將得到機會重新開始。然而，令人意外，在一年的開始擁有這麼多希望，若昂．古拉特卻不可挽回地摔跤了。

三月十五日

一九六三年巴西有兩項政治議程，一項在左派，一項在右派，為國家轉型而競爭。然而，以民主方式化解決政治歧異，轉圜的空間有限，政治意願甚至更少。政府沒有說服的能力，在國會內部與外部有太多激進主義運動。那年四月，在古拉特總統指示下，「巴西勞工黨」為土地改革提出憲法修正案。國會拖延六個月，然後否決這項提案。由於修正案失敗，古拉特總統失去第二次機會貫徹落實他的政綱。儘管如此，他依然低估這些反抗他的聯盟勢力。

左翼政黨普遍躊躇滿志，一致認為事情推展得不夠迅速。聯盟領袖萊昂內爾．布利佐拉，絕對不會讓古拉特總統稱心如意。布利佐拉希望政府正視外資問題並召開新的制憲議會，與會者將包括工會會員、農村勞工和軍隊的副官。他聲明必須繞過國會，以便實施核心改革。無庸置疑，萊昂內爾．布利佐拉固執，但是在他的領導下左翼政黨齊心協力，而且他贏得前所未有的人氣，軍隊的士官和憲兵，以及海軍和海軍陸戰隊特別喜歡他。一九六三年陸軍有四萬名士官，其中兩萬兩千人聲明支持萊昂內爾．布利佐拉。[15]布利佐拉先生本就狂妄的煽動性言詞，變得偏激而危險。而且他不是唯一主張修正主義者。到了一九六三年底，左翼政黨成員認為他們的地位很強大，於是他們抨擊國會過度保守，確定《一九四六年憲法》已過時，指巴西所有政治活動是膚淺的宣傳。

在光譜另一端，卡洛斯．拉塞爾達繼續煽風點火，企圖動搖這位總統。十月，他接受一位北美記者很長的訪談，在《**新聞論壇報**》轉載，導致政局更進一步惡化。他聲稱：巴西的局勢如此嚴峻，以致軍方在辯論是否「庇護他〔若昂．古拉特〕、控制他，直到他的任期結束，或者乾脆將他廢黜」。[16]對已經從熱圖利奧．瓦加斯那兒學到政治藝術的人而言，古拉特總統對這些聲明反應過度：他召集部長們，寄一封電文給國會，要求宣布進入戒嚴狀態，使他能夠干預瓜納巴拉州。[17]各地的反應充滿敵意，州長們通知古拉特總統：他們都不會接受聯邦干預他們的州。左翼領導人憂慮同樣的手段會用來對付他們。三大黨——「巴西勞工黨」、「全國民主聯盟」與「社會民主黨」——聯手，告知行政當局，戒嚴不會被核准。

若昂・古拉特不得不承認失敗，承認他的權威已經被削弱，而且這不是第一次。一個月前，政府處理軍事危機「士官叛亂」，他也丟臉。[18]這場危機始於「聯邦最高法院」的判決：一九六二年參加公職競選的士官，沒有資格擔任公職。這項判決接著發生令人意外的軍隊違令。在巴西利亞，空軍和海軍的士官，以及海軍陸戰隊士兵，入侵空軍基地和海軍部，封鎖道路和機場，入侵國會，占據最高法院大樓，並且綁架最高法院院長維克托・萊亞爾（Victor Nunes Leal），他們將他拘留數小時。

這個行動擴大之前，軍事指揮官們派部隊進入巴西利亞的街道鎮壓叛亂。但是其政治後果對政府而言是災難性的。這個事件使陸軍司令部大為震驚，不僅因為它違反軍紀，而且因為士官們實際上很輕易就使首都孤立。但是他們對古拉特總統的反應更加驚訝：他保持中立，既不防禦也不攻擊叛軍。他也不回應支持士官的左翼政黨。他的沉默使密謀者得以扮演合法的保證人角色，進而使「**社會研究與調查研究所**」贊助反古拉特運動的可信度增加。從十月起，古拉特政府的政治和行政不穩定，越來越明顯。因為不斷更換部長，行政當局幾乎是停頓狀態，國會多數黨缺席，政治光譜兩邊的政治勢力激進化增強。年度通膨率達到七九・九％，經濟成長率是一年一・五％，普遍感覺政府已經失控。巴西的國際債權人停止所有進一步貸款，而美國政府把錢倒進米納斯吉拉斯州、聖保羅州和瓜納巴拉州州長的口袋裡，他們正在籌劃**政變**。[19]

一九六四年**三月十五日**（Ides of March，凱撒大帝遇刺的日子）即將來到，古拉特總統把情勢推向風口浪尖。他的政府與國會水火不相容，在十三日週五發出第一個明確的信號。「**中央群眾大會**」（O Comício da Central）——在里約熱內盧中央火車站外頭舉辦的政治集會，經過精心策劃，甚至包括象徵手法。舞臺位置與「**新國家**」時期熱圖利奧・瓦加斯舉行典禮的位置相同，當時展現所有左翼勢力、勞工運動與政府團結一致。這場集會吸引大量人潮，估計十五萬至二十萬人，全都停留超過四小時。總共十三場演講。若昂・古拉特是最後一位講話，他年輕美麗的妻子瑪麗亞・特蕾莎（Maria Thereza）顯得緊張。這位總統情緒激動地發表臨時演說，他聲明改革的時機到了，妥協的時期結束。[20]

兩天後，古拉特總統將年度演說送到國會，其中有他的改革議程，提議交由公民投票核准改革，要求將立法權委派給行政當局，建議修改《一九四六年憲法》的原文。[21]總統的咨文使國會震驚，對許多人而言，這證實「**社會研究與調查研究所**」與「全國民主聯盟」最害怕的事情：這位總統遲早會強制實行他的政策，解散國會、賦予行政當局特權、為一己之利更改選舉規則，並且允許萊昂內爾・布利佐拉競選公職。（依照《一九四六年憲法》，身為若昂・古拉特的妹夫，布利佐拉不得當候選人。）實際上，萊昂內爾・布利佐拉毫不隱瞞他有統治國家的野心，而且若昂・古拉特確實很可能覬覦再度參選。這也是事實，他們兩人計劃將憲法做重大修改。直到那時候，只有煽動性言詞，一場政治遊戲。然而，隨著年度演說送到國會，一切都變了。人們開始聚焦在萊昂內爾・布利佐拉與古拉特總統的活動，意識到沒有任何事可阻止他們兩人進行這位總統的計畫。古拉特總統可能隨時廢止維續其總統職權的法規。對於政府的企圖，新聞界和輿論普遍感到懷疑。

三月十九日，在聖保羅，一大群人離開**共和國廣場**，帶著橫幅標語、旗子和大量念珠，前往**主教座堂廣場**，他們齊聲大喊：拯救巴西脫離若昂・古拉特、萊昂內爾・布利佐拉與共產主義。「**社會研究與調查研究所**」在巴西各地成立許多婦女團體以增加政治壓力，透過「婦女公民聯盟」（Women's Civic Union）籌劃「上帝之家為自由遊行」。此遊行吸引五十萬人，有兩大目標，既回應巴西中央火車站的群眾大會，也是社會強大的呼籲，要求武裝部隊干預。[22]五十萬人在巴西最重要的城市上街抗議，古拉特總統和左翼政黨聯盟仍然處變不驚，因為他們過於自信。他們輕蔑地說：「這些不是『人民』。」[23]但是他們錯了。聖保羅的遊行示威，證實強大的在野黨聯盟已成立，他們願意而且有能力動員各階層人民。工會和農村勞工與日俱增的政治活動，使他們同仇敵愾，是他們團結一致的主力之一。另外，財政的壓力和對未來的不確定，使城市的中產階級開始行動。他們很清楚：在那種極度不公平的社會，收入和權力分配的激進過程，會影響他們的傳統地位。將這一切都加以考慮，增進了解反對派運動的激烈和龐大。從一九六四年三月十九日到六月八日，在這個國家至少五十個城市，從各州首府到小鎮，群眾與上帝**一起**遊行，**反對**若昂．古拉特——在三月三十一日以後慶祝**政變**將他廢黜。[24]

廢黜古拉特總統必須聯合各軍營，畢竟，若昂．古拉特在一九六一年上任時，武裝部隊允諾要維護憲政。三月二十五日，這位總統在聖博爾雅農場度過復活節週末，海軍部長引發危機，不可挽回地影響政府對軍方的支配。實際上，它提供政變的正當理由。這位部長下令逮捕四十名水兵和下士，他們正在籌辦「**巴西海軍陸戰隊與水兵協會**」（Associação dos Marinheiros e Fuzileiros Navais do Brasil，簡稱AMFNB）[25]第二週年慶。基本上該協會是工會，旨在為海軍人員取得更好的工作條件，他們在船上的薪資很低且伙食很差。另外，他們必須服從荒謬的規定：沒有許可證不得結婚，不得在街上穿平民的衣服。他們邀請若昂．坎迪多當活動的貴賓，此人曾經在一九一〇年率領「**鞭笞譁變**」抗議海軍的鞭刑慣例。從「第一共和國」時代以來，水兵的情況在很多方面依然未變。逮捕令下達後，超過三千六百名水兵起義。他們在里約熱內盧市中心「金屬工人工會」（Palácio do Aço）辦公室避難，持續三天拒絕出來。他們要求海軍認可這個協會，取消所有懲罰。在海灣艦上的水兵加入運動，從事破壞活動，阻止其他船隻出港。[26]這位部長派五百名海軍陸戰隊士兵和十三部坦克車侵襲這棟建築，欲除掉叛軍，他的銳氣進一步受挫。二十六名士兵放下武器、進入這棟建築，加入叛軍。

三月二十七日清晨時分，古拉特總統趕回里約熱內盧，任命新的海軍部長，親自負責談判，甘冒失去一切的風險。第二天早上，他安排叛軍離開這棟建築物，將他們帶到陸軍營房。當日，他下令將他們釋放，宣布大赦。看到這些高興的水兵穿過里約熱內盧街道、朝著「戰爭部」走去，武裝部隊大感震驚。參謀本部很憤慨，他們的反應一致：海軍發生的事件不亞於紀律崩壞、違反等級制度，使司令部洩氣。此插曲使軍營一陣譁然，「**社會研究與調查研究所**」的成員承認軍事政變迫在眉睫。政變將會在聖保羅開始，可能是四月十日晚上，一切只待主要的軍事指揮官們達成協議，就可以敲定計畫。同時，在美國維吉尼亞州諾福克軍事基地，一支海軍機動部隊等待授權前往巴西。此機動部隊是「山姆兄弟行動」的部分，一直在華盛頓準備與巴西軍方共謀和支援政變。此計畫是艦隊於四月一日啟航，進入巴西水域時分成三組。第一組前往桑托斯港，第二組到里約熱內盧，第三組到聖靈州維托利亞附近的卡拉佩布斯。他們的命令是提供後勤支援，尤其是長期抵抗的情況。[27]

三月三十日晚上，古拉特總統離開里約熱內盧總統官邸（**橘樹宮**〔Palácio de Laranjeiras〕），遵照一句流行語的忠告：「**破釜沉舟！**」（manda brasa!）。左派人士把這句成語變成口號：「**總統，破釜沉舟！**」這位總統就這麼做。他到西尼蘭地亞「**汽車俱樂部**」禮堂，在「士官協會」慶祝新董事會就職的派對裡演講。[28]若昂·古拉特進入禮堂，成為注目焦點，裡面都是士官、水兵和海軍陸戰隊士兵。他身邊是能幹的水兵若澤·安塞爾莫（José Anselmo dos Santos）下士，他是AMFNB會長，曾經率領水兵起義，後來變成惡名昭彰的雙面間諜，傳遞訊息給海軍和美國「中央情報局」。[29]

安塞爾莫下士究竟在何時變成雙面間諜：是否在他還是ＡＭＦＮＢ會長的時候，或是在一九六四年政變以後，不得而知。已知的是：他的行動造成許多對抗軍事獨裁的激進分子死亡，包括他的妻子索萊達・維德瑪（Soledad Viedma）。然而，在三月三十日他的人氣旺盛、勢不可當，而且他的照片不斷出現在報紙上。安塞爾莫下士二十五歲，俊俏的容貌帶點稚氣，他不知道那天晚上他目擊若昂・古拉特以總統的身分最後一次出現在公共場所。翌日黎明，「第四軍區」（基地在米納斯吉拉斯州茹伊斯迪福拉〔Juiz de Fora〕）司令官墨朗・費里奧將軍，在等待ＡＭＦＮＢ的指示時失去耐心，帶領部隊前往里約熱內盧。他打算占領「戰爭部」，把古拉特政府趕下臺。

從三月三十一日到四月四日，若昂・古拉特在烏拉圭流亡，他仍然有幾種可行方法處理政變。首先，阻止墨朗將軍進攻，成功機會很大，不需要付出代價和冒險。沿著**聯盟與工業公路**（Estrada União e Indústria），這些部隊行動緩慢，清晰可見。他們的裝備很差，許多人最近才入伍。其次，待在里約熱內盧按兵不動，向國人發表正式聲明，親自率領抵抗運動，仍然效忠政府的駐軍予以支援。可是，他突然離開里約熱內盧到巴西利亞，使他的支持者困惑，將他的行為理解為逃亡。第三個機會是待在巴西利亞，動員國會支持。他可以提議民主的選舉方式，除了「巴西勞工黨」和左翼聯盟的支持，得到「社會民主黨」支持的機率很大。最後的可能性，當然最不顧後果，由萊昂內爾・布利佐拉提議，當時古拉特總統已經在阿雷格里港。這項計畫根據一九六一年的合法運動，當時布利佐拉動員平民，由「第三軍區」司令官拉達利奧・泰利斯（Ladário Telles）將軍率領軍事行動。[30]

歷史學家仍然在爭論，密謀者何以如此輕易獲勝。顯然，原因之一是若昂・古拉特不帶頭抵抗。左派其他人也沒有鼓吹抵抗政變——「共產黨」、「**工人總司令部**」、「**農民聯盟**」和萊昂內爾・

布利佐拉都沒有。很可能他們所有人，包括古拉特總統，以為政變會遵照以前軍事干預的模式，諸如一九四五、一九五四、一九五五和一九六一年的軍事干預。[31]在所有這些事件，武裝部隊既是主角也是調節的力量，在冷卻期之後召開選舉，將權力還給平民。也有可能，若昂．古拉特把他的處境看作與一九四五年熱圖利奧．瓦加斯的處境類似。他撤退到聖博爾雅農場，在那兒關注事件的發展，準備在一九六五年再度參選。

畢竟，墨朗將軍的不服從行為是相當典型的。他即將退休，以為若是他派部隊出征，軍事指揮部或許會受到震驚而採取行動。接著，米納斯吉拉斯州長馬加良斯．平托想要在一九六五年競選總統，他自知沒有機會成為黨的候選人——「全國民主聯盟」十之八九會選擇卡洛斯．拉薩爾達，因此支持墨朗將軍的計畫，圖謀增強他自己的政治權力。他打算提供米納斯吉拉斯給密謀者當活動基地。[32]馬加良斯．平托、卡洛斯．拉薩爾達、阿德馬爾．德巴羅斯，他們都以為這只是一場短暫的軍事干預而已，甚至儒塞利諾．庫比契克也同意他們的看法。儒塞利諾．庫比契克從一九六二年開始擔任戈亞斯州參議員，這是他典型的政治風格，他聲明：不支持**政變**，但是也不會支持古拉特總統，不會公然對抗自己的州——米納斯吉拉斯州。[33]參議院主席歐魯．德莫拉．安德拉德（Auro de Moura Andrade）也意料不到軍事獨裁會持續很久，面臨政府的分崩離析，他決定搶先一步廢黜古拉特總統。四月二日清晨時分，他召開兩議院祕密會議，宣布總統職位成為空缺。坦克雷多．內維斯強烈抗議：若昂．古拉特還在巴西，因此他仍然被授予總統全部職權。但是莫拉．安德拉德把電話掛斷，關掉電燈，**政變**圓滿完成。[34]儘管如此，眾人都以為一九六五年會有選舉。他們全都錯了，密謀者當中有一個派系有自己的議程，軍政府將持續二十一年，巴西的軍事獨裁即將開始。

政變成為政府

一九六四年四月十一日下午，國會開會選舉巴西新總統。左翼聯盟的議員不再出席。前一天，公布首批議員被取消授權的名單。取消的葡萄牙文實際上是「cassado」（宣告無效或作廢），對那些政權被廢止十年的人而言，這是貶抑的字眼。還有其他名單。截至一九六七年三月，四百個授權被取消。剩餘的國會議員參與間接選舉，只有一位候選人，卡斯特洛・布蘭科將軍（Humberto de Alencar Castello Branco）。這些議員被要求一個接一個公布他們的選票，只有七十二位有勇氣棄權，包括坦克雷多・內維斯和桑・蒂亞戈・丹塔斯。到傍晚，這位將軍以三百六十一票當選——包括儒塞利諾・庫比契克的票，完成若昂・古拉特的任期。數日後，卡斯特洛・布蘭科將軍在國會就職。他宣誓維護《一九四六年憲法》，承諾在一九六五年將總統職權交給繼任者，保證不會有更多政權和授權被取消。[35]

這位將軍在演講時說大家想要聽的，但是他未履行任何諾言。政變導致卡斯特洛・布蘭科將軍掌權，與墨朗將軍和馬加良斯・平托率領的軍事起義沒有共同點，但是兩者都是例外，專斷和凶猛。從三月三十日到四月十一日，「**社會研究與調查研究所**」的軍官和企業領袖互相較勁，把獨立行動廢黜古拉特總統的各方勢力中立化。記者們回顧當時的里約熱內盧，他們諷刺地提到：人們甚至可以用電話安全地進行這些討論！

政界正在思考下一任總統選舉，批准科斯塔—席爾瓦將軍（Artur da Costa e Silva）執政到那時候，而「**社會研究與調查研究所**」的成員全神貫注在如何把軍事起義轉變為**政變**，把**政變**轉變為政府。該研究所的同事與共同研究者運籌帷幄，在內閣和政府的其他行政部門擔任重要職務。[36]主要目標是擬定新政府的政綱，定義其政治經濟學，立即設立「規劃與經濟協調部」。其他絕對優先事項，包括**高原**的決策機構[37]與各種不同的內閣——從民事內閣和軍事內閣開始。控制並蒐集有關國內安全問題的情報，也一樣受重視，因而在六月成立「**國家情報局**」（Serviço Nacional de Informações，簡稱ＳＮＩ）。

在巴西史武裝部隊的干預如此頻繁，但是這一切與傳統的干預形式不同。卡斯特洛·布蘭科將軍的授權儀式，乃巴西政治體制完全改變的前兆。軍方與平民社會的各部門合作，產生這種轉變，他們想要以工業化和經濟成長為基礎，貫徹落實現代化工程，以公開的獨裁政體維繫。這暗示對國家結構進行廣泛的變革。這需要建立新的法律體系，實現經濟發展新模式，並且成立特務組織，執行政治鎮壓和蒐集情報，當然包括審查制度，以壓制異議。

新的政治體制最敏感的區域，是武裝部隊對總統職權的控制。軍方以違憲方式接管政府，他們賦予自己緊急權力，連續「選舉」五位陸軍將軍擔任行政當局的首長：卡斯特洛·布蘭科（一九六四—一九六七）、科斯塔—席爾瓦（一九六七—一九六九）、加拉斯塔蘇·梅迪西（Émilio Garrastazu Médici，一九六九—一九七四）、厄內斯托·蓋澤爾（Ernesto Beckmann Geisel，一九七四—一九七九）與若昂·菲格雷多（João Figueiredo，一九七九—一九八五）。這個國家也曾經由三軍的部長組成「軍政府」短期統治（一九六九年八月到十月）。然而，整個獨裁時期，對於該由誰控制行政當局，三軍內部的派系爭執不下。武裝部隊有干涉政府的悠久傳統，存在各種各樣政治意識形態。三軍之間、世代之間和階層內部也意見分歧。另外，雖然武裝部隊有意願也有能力掌權，他們卻從未長久行使這份權力。一九六四年形勢截然不同。將軍們認為他們隨時可以接管政府，各種不同軍官團體旗鼓相當，他們各有堅定的信念和戰略，在獨裁時期意圖干預，畢竟他們曾經協助建立獨裁政府，他們覺得該為此負責。[38]

儘管他們有歧見，這些團體全都同意：武裝部隊的使命應該以國內安全為優先。他們也堅持：新政治體制的主權來源是軍方，而且起源於武裝部隊，並非只是源自將軍們的統治權威。

武裝部隊內部的敵對派系之間意見不和，不是針對權力本身，而是關於該如何利用權力。在挑選新總統時，這些傾軋變得激烈。[39]卡斯特洛・布蘭科將軍也沒有例外，每一位軍人總統都是在嚴重的危機中繼任總統和卸任。話雖如此，卡斯特洛・布蘭科總統的政府絕不溫和，該政府對立法和司法機關施加限制、將這些限制制度化，為政治鎮壓建構基礎，使獨裁政府長久生存。即使如此，陸軍有若干分隊感到不滿。戰爭部長科斯塔─席爾瓦將軍變成這個派系的領袖，支持更威權的政府和更嚴厲的社會控制。就是這些反體制者，成功地協助科斯塔─席爾瓦將軍提升他的候選人身分。

卡斯特洛・布蘭科總統卸任後不久，於一九六七年七月十八日去世。在塞阿拉旅行的回程中，因為奇異的巧合遭遇撞機。他搭乘的雙引擎小飛機，進入空軍噴射機中隊的碰撞航線。[40]他的繼任者科斯塔─席爾瓦將軍建立的政府，似乎為符合軍官們的願望而專門訂製，他們對決定巴西的未來感興趣。他的十九位部長當中，十位來自武裝部隊，而且其中一位，內政部長阿爾布開克・利馬將軍（Albuquerque Lima），帶領陸軍最激進的派系。然而，科斯塔─席爾瓦總統的授權，在更嚴重的軍事危機中結束。[41]一九六九年八月他腦中風，因為生病正式免除總統職務。武裝部隊面臨僵局，他們可以讓副總統宣誓就職，米納斯吉拉斯「全國民主聯盟」的議員佩德羅・阿萊紹（Pedro Aleixo），但是他們拒絕，理由是他是一個文官，而且是有民主傾向的溫和派。謠言滿天飛，各種不同派系競相影響下一個步驟。佩德羅・阿萊紹被軟禁在家中，終於找到解決辦法，行政當局的控制權交給三位軍事部長成立的執政團。這個解決方案只持續三個月，此時危機已經加深，海軍和空軍拒不接受陸軍指派下一任總統；另一方面，更激進的派系支持阿爾布開克・利馬將軍的候選資格。

在局勢演變成無政府狀態之前，陸軍推薦「國家情報局」（卡斯特洛・布蘭科總統成立的機構）局長加拉斯塔蘇・梅迪西將軍。他是沉默寡言的軍事官僚，幾乎沒沒無聞，而且在部隊裡沒有人氣。直到一九六九年十月六日，他的名字被武裝部隊最高指揮部[42]確認為巴西總統，巴西人才知道他的存在。

一九七四年三月梅迪西總統完成他的任期，不著痕跡地選擇他的繼任者：厄內斯托・蓋澤爾將軍。一九七九年，蓋澤爾總統授權結束時，獨裁政府發生最後一個重大危機。他的戰爭部長西爾維奧・弗羅塔打算繼承他。[43]弗羅塔將軍的舉止，彷彿他是陸軍立場的官方代表。他不同意蓋澤爾總統的政策，他任命自己為軍官代言人，這些軍官被調離原本職位，被要求在國家機器工作，鎮壓異議分子。蓋澤爾總統的家族是德國移民，同事都畏懼他的爆發型人格。他把弗羅塔將軍革職，禁止將軍們參與繼任，他自己決定誰當下一任總統。候選人再度是「國家情報局」局長，若昂・菲格雷多將軍。軍營沒有發出任何怨言，武裝部隊內部反覆出現危機，無疑地影響軍人總統的選擇，但是不會改變獨裁政府的動態。這個時期的特徵是緊急權力、鎮壓、受控的公開訊息、保守的發展和現代化經濟計畫。

獨裁政府的數年是巴西的黯淡歲月。

獨裁政權

雖然獨裁政權是將軍們陸續以皇權行使總統職權，但是從一九六四年到一九八五年，「規劃部」

與「財政部」共有那份權力。所有部長都來自「**社會研究與調查研究所**」的文官，控制整個經濟體制：羅伯托．坎波斯、戈維亞．德布良斯（Octávio Gouvêa de Bulhões）、德爾芬．內托（Antônio Delfim Netto）、埃利奧．貝爾特朗（Hélio Beltrão）與恩里克．西蒙森（Mário Henrique Simonsen）。[44]「政府與商業部門之間的管道完全開放」，[45]五十年後德爾芬．內托加以證實；他從一九六七到一九七四年擔任財政部長，一九七九到一九八五年擔任規劃部長。這位財政部長完全掌控預算，通常由國會核准預算。前部長梅爾森．達諾布雷加（Maílson da Nóbrega）回想：「財政部長有權力批准任何他認為適合的經費」，他接著說德爾芬．內圖擁有「種種權力，會讓中古世紀的國王嫉妒而死」。[46]獨裁政府的經濟發展項目促進外國投資，降低國家的積極作用，提高成長率。前部長埃爾納尼．加爾維亞斯（Ernane Galvêas）後來證實：「都是我們做的。沒有任何勢力能反對我們的經濟政策，立法機關或司法機關都不能。」[47]卡斯特洛．布蘭科總統的政府建立財經基礎，維持發展模式。以外資和出口的獎勵方案為優先，透過巴西貨幣**克魯塞羅**對美元貶值而達成。此方案根據嚴格的穩定政策：控制工資、降低最低工作年齡、廢止「就業保障」，[48]鎮壓工會和禁止罷工。[49]

一九六七年科斯塔—席爾瓦將軍接管政府，經濟開始成長。然而，勞動階級的工資與中產階級的薪資，感受到經濟緊縮的衝擊。由於生活費用持續上升而工資凍結，一九六八年四月「**比利時礦業鋼鐵公司**」（Companhia Siderúrgica Belgo-Mineira）大約一千兩百名工人占據工廠，要求加薪，高於政府確立的工資。[50]「**比利時礦業鋼鐵公司**」是煉鋼廠，位於米納斯吉拉斯州美景市十七公里外的工業城「**康塔根**」（Contagem），這些工人占據這間綜合設施最大的廠房。三天後整個「**康塔根**」的工業城處於停頓狀態，罷工者達到一萬六千人。勞動部長雅爾巴斯．帕薩里尼奧（Jarbas Passarinho）不得不前往工業城，親自與勞工談判，他離開工廠時被喝倒彩。憲兵占領工業城，工人被逮捕，工會關閉，從那時起該公司提供交通車，從工人的家直達工廠；任何人拒絕搭交通車就被解僱。罷工者使軍方大吃一驚，政府必須談判，罷工的籌劃方式，在後勤方面更難立即鎮壓，罷工者沒有罷工糾察隊、沒有召開會議，沒有引人注目的領導者，僅有的知名參與者是該市鋼鐵工會的埃尼奧・塞阿布拉（Ênio Seabra）與伊馬庫拉達・德奧利韋拉（Imaculada Conceição de Oliveira）。以半隱祕的方式，在工廠裡面動員工人，以五人至十人的委員會，透過內部網絡互相連結。「**康塔根**」罷工十五天後結束，工資增加一〇%，有些人希望未來能夠對抗政府的工資政策。

三個月後，在聖保羅工業帶奧薩斯庫（Osasco），「**科布拉斯馬**」（Cobrasma，主要活動是鋼鐵與機械製造）工人罷工。[51]罷工的籌畫者企圖在全國的勞工運動和工會引起連鎖反應，抗議獨裁政府的經濟政策。如同「**康塔根**」的例子，透過工廠內部的委員會，動員「**科布拉斯馬**」工人，得到巨大支持。首日一萬名工人罷工，不過這一次軍方不打算顏面盡失，罷工翌日，士兵帶著機關槍與兩部坦克車攻擊「**科布拉斯馬**」。入侵後，憲兵占領奧薩斯庫市區，約四百名工人被逮捕。逃獄成功的領導者躲起來，包括奧薩斯庫「金屬工人工會」會長若澤・伊布拉欣（José Ibrahim）。暴行奏效，充當威迫和勸阻的手段，接下來的十年巴西不再有任何罷工。

在工廠裡面和整個社會，軍方改進鎮壓的方法，經濟體制已擴大，通膨率沒有上升，而是開始下降。經濟成長循環開始，高峰期超越以前任何經驗。政府開始稱之為「巴西的經濟奇蹟」。[52]不可否認，奇蹟發生了；但是有一個比較世俗的解釋。此「奇蹟」是結合各種因素的結果，包括鎮壓反對派，以及媒體審查制度遏止任何有關經濟模式的批評；政府補助出口，出口隨之多元化；經濟體制私有化，進入市場的外國公司逐漸增多；中央集權政府控制物價和工資。

汽車工業的產量增加兩倍，土木建設的水泥供應耗盡，人們從股市交易賺了小筆財富，里約熱內盧一九七〇年一個月的貿易量超越一九六八整年的貿易量。然而，「經濟奇蹟」要付出代價。由於嚴格控制工資，阻止勞工分享生產率增益額，這個過程導致收益越來越集中在少數人手裡。另一個結果是外債劇增，使這個國家越容易受到國際市場震盪的影響。巴西以較長期限和較低利率借貸強勢貨幣，工業部門以浮動利率向私營的國際銀行得到信用貸款。一九七三年巴西人才了解這個國家的經濟不堪一擊的程度，當時「石油輸出國組織」減少石油供應量，價格增加三倍，別無選擇，只能繼續買石油，「奇蹟」終止。與大多數巴西人不同，行政當局的將軍們和「規劃部」的技術官僚明白：無法維持經濟成長，這類後果難以避免。但是沒有人採取行動。實際上，獨裁政府從這些結果獲得龐大利益。梅迪西將軍在成長循環的高峰當總統，他的觀點有些諷刺：這個國家很好；人民不好。

獨裁政府結合專斷式領導、頑強的反對與需要生存的人民——由於恐懼或認命，有些人保持沉默。「經濟奇蹟」持續的時候，所得集中的代價是潛在的。放寬信貸、新的就業機會與消費新產品的優惠，包括彩色電視機、卡匣錄影帶、超級八釐米攝影機和汽車——科塞爾、奧帕拉、銀河與雪佛蘭，使許多人獲利，尤其是城市中產階級。為了滿足巴西人幸福的願望，工資勞動者終於可以計劃買房子，從最近成立的「國家住屋銀行」（BNH）得到貸款。從一九七〇到一九七二年，「經濟奇蹟」達到巔峰。這種經濟上的成功，說明梅迪西總統的人氣，儘管他在巴西史上政治暴力最嚴重的時期領導國家。他受到的批評很少，掌聲很多。他執政時，鎮壓型國家機器大幅增加，但是光是那一點不足以讓他留任。每一個政府都需要支持才能生存，在巴西的例子，「經濟奇蹟」使市民懷抱著滿足感和讚賞。一九六九年，梅迪西總統上任三天後，重組前任創立的傳播部「**公共關係特別顧問處**」（Assessoria Especial de Relações Públicas，簡稱AERP），將它變成強大的政治宣傳機器。該機構的宣傳充滿創意，沒有政治行銷的明示信號，其作品強調樂觀、驕傲和國家的偉大。他們歌頌巴西的種族多樣性、一體化及社會和諧。這些訊息全都包含在短片裡，有巧妙的精選意象和朗朗上口的流行歌曲，直接傳達給民眾。[53]該機構的電視宣傳一樣成功。

軍方有大規模的發展工程，決定使全國一體化。巴西變成龐大的建築工地，全部由「**公共關係特別顧問處**」給予適當的記錄和表揚。這些建築工程當中最著名的是**跨亞馬遜公路**（Transamazônica），[54]是「**社會研究與調查研究所**」構思經濟發展工程的部分，與「**高等戰爭學院**」的國內安全方案。這條巨大的公路規劃四千九百九十七公里長，已建造四千兩百二十三公里（雖然工程的品質很差）。**跨亞馬遜公路**打算從東到西橫切亞馬遜盆地，使巴西東北部與秘魯和厄瓜多爾連接。這條公路是遠大的計畫，在這個地區殖民的基礎，包括遷移將近一百萬人民，目標是使這個國家沒有無人居住的地區，並首次對邊疆進行控制。這條公路於一九七二年九月二十七日由梅迪西總統舉行通車典禮，[55]藉以促進國家勝利的形象，為現代化全力以赴，使人民有強烈認同感。但是事實截然不同。為建造**跨亞馬遜公路**，破壞森林，花費數十億美元，直到今日這條公路仍然有很多部分不能通行，因為雨季、山崩和河水氾濫。

一九八〇年巴西人才發現，這個燒錢的工程沒有資金，「奇蹟」結束，通膨率達到三位數，一一〇%。一九八五年，軍政府終於結束，留下巨額國債，以及年度通膨率二三五%。一九七八年，經濟學家埃德馬爾·巴查（Edmar Bacha）小心翼翼地躲過審查官，在〈經濟學家與比利印度國王：技術官僚的寓言〉[56]這篇文章裡，把這個國家命名為**比利印度**（Belíndia，比利時和印度合起來）。在**比利印度**，國家的財富如此計算，以便隱瞞財富集中在已開發地區（比利時）的程度，以及掩飾未開發地區（印度）的落後，普遍飢餓、赤貧、平均壽命低，而且嬰兒死亡率高。

令人窒息的溫度

一九六八年十二月十四日，最重要的日報之一《**巴西日報**》（*Jornal do Brasil*），打算讓讀者大吃一驚。除了一些奇人異事，這份報紙在頭版刊載一則標題：「昨天是盲人節」。天氣預報也出現在頭版：「狂風暴雨的天氣。令人窒息的溫度。無法呼吸的空氣。強風正在橫掃本國。」當天確實炎熱，陽光普照，晴朗的藍天。天氣預報是這份報紙警告讀者的方式：審查官到過他們的辦公室。那天晚上軍政府開始行動，使巴西的新聞界窒息。

這份報紙也警告讀者：形勢在惡化。前一天，一九六八年十二月十三日晚上十點，法務部長路易斯．達伽馬—席爾瓦（Luís Antônio da Gama e Silva）在國家廣播電視臺對國人演講。在簡短的介紹後，他把麥克風遞給阿爾貝托．庫里（Alberto Curi），[57]後者接著嚴肅、單調地誦讀《**五號制度法**》（Ato Institucional Número Cinco）全部內容。此法案有十二條，附帶《三十八號補充法案》，無限期關閉國會。《**五號制度法**》中止人身保護令、言論自由和集會自由；允許強制解僱、取消授權和公民權；而且確定由軍事法庭進行政治審判，沒有上訴權。在政治動盪不安、反對派活動越來越有敵意的時期，強制實施《**五號制度法**》。持續有學潮運動、罷工、一九六四年以前的政治領袖發表宣言，革命左派開始武裝抵抗。這些行動的藉口乃國會拒絕對莫雷拉．阿爾維斯（Márcio Moreira Alves）議員提起訴訟。一九六八年九月三日莫雷拉．阿爾維斯在眾議院演講，因冒犯三軍而被告發。他是勇敢的人，基於證據，他在眾議院抨擊卡斯特洛．布蘭科總統執政時期，軍營發生數十起刑求事件。[58]他質問：「何時陸軍才會停止成為刑訊者的庇護所？」當時對莫雷拉．阿爾維斯議員沒有影響，因為他對著空蕩蕩的眾議院講話。但是這成為軍方極佳的藉口，法務部要求允許採取法律行動控告這位議員，國會拒絕，《**五號制度法**》公布後，危機解除。[59]《**五號制度法**》是一種手段，意圖脅迫人民，沒有條款載明它會實施多久，它允許獨裁政府壓制所有反對和異議。然而，這並非武裝部隊創造的第一項緊急措施，也不代表激進派軍官進行「政變中的政變」，以擴大他們政治鎮壓的權力。《**五號制度法**》是一整套緊急措施的部分，實際上合法。軍方花費許多時間和精力，為他們的專斷性措施建立合法架構——「緊急狀態的法律義務」。[60]這些措施對其他職權的行動自由施加嚴格限制，使異議者的懲罰合法化，阻止反對派成立工會，並且限制任何種類的政治參與。《第一制度法》已祕密制定，**政變**八天後頒布。科斯塔—席爾瓦將軍、奧古斯托·拉德馬克（Augusto Hamann Rademaker）海軍上將和科雷亞·德梅洛（Correia de Mello）旅長，組成自封的「革命最高指揮部」，簽署這項法案，有十一條。該法案將立法機關的部分權力轉移給行政當局，限制司法機關的權力，中止個人擔保，而且允許總統取消授權（否決那些授權被取消十年者的政權）和解僱文官及武裝部隊的成員。使這項措施有某種法律依據，軍方賦予自己憲法權力，將司法機關的操作列入《第一制度法·導論》：「勝利的**革命**〔……〕是**制憲權**最激進的表現形式。」[61]

直到今日，武裝部隊用「革命」這個詞表示**政變**。這是由於《第一制度法》保證這個體系的合法性，將鎮壓制度化。因為接著有其他號碼的制度法，《第一制度法》變成通稱的《一號制度法》，使卡斯特洛·布蘭科將軍有合法手段囚禁成千上萬人，在足球場建立拘留中心，例如尼泰羅伊的凱奧馬丁球場（Estádio Caio Martins），並且將商船和戰艦改造成牢房。[62]《一號制度法》也允許憲兵逮捕人民、封閉街道，進行個人和挨家挨戶的搜查，這一切都在一九六四年發生——在米納斯吉拉斯、南大河州、聖保羅和伯南布哥，在警方名為「肅清行動」的部署，約五萬人被拘留。

《一號制度法》也提供政府合法的手段肅清文官。有兩大步驟，首先，軍方在各級政府的行政部門，包括內閣各部、政府機關和國有公司，成立「特別調查委員會」。其次，他們成立「**憲兵調查局**」（Inquéritos Policial-Militares），調查公共行政部門公務員的活動。[63]「**憲兵調查局**」通常挑選意識形態激進的陸軍上校指導。被任命這個職位，是威望的象徵，上校們被賦予新型的警察權力：他們不必提交證據，最重要的是，他們被鼓勵宣判任意的懲罰。**政變**後最初幾週，確立七百六十三件調查。一年內有一萬名被告和四萬名證人提交調查，完全蔑視正義的規則。

從一九六四到一九七三年，成千上萬巴西人成為肅清的受害者。據估計，在獨裁統治下，四千八百四十一人失去政權、被取消授權、被迫退休或失業，其中光是《一號制度法》就影響兩千九百九十人。在陸、海、空三軍，一千三百一十三名軍人被轉移到後備軍隊，包括四十三位將軍、五百三十二位各級軍官、七百零八位副官和士官，以及三十名士兵和水兵。[64]這些人遭到特別殘酷的對待：他們被宣告「死亡」，因此他們失去漫長生涯所獲得的一切：晉升、退休、保健和福利，他們的妻子得到寡婦撫卹金。《一號制度法》適用的時間有限，直到一九六四年四月一日，若昂・古拉特總統授權的最後一天。然而，獨裁政府是否暫時的，卡斯特洛・布蘭科總統於一九六五年十月平息所有疑問。他延長他的授權，以政令強加《二號制度法》。除了用以加強行政當局的措施，《二號制度法》改變選舉規則，廢除人民投票直接選舉總統的方式，所有政黨都被禁止。

在《二號制度法》之後，卡洛斯・拉塞爾達以很大的排場回歸反對派。一九六六年十月，他發起一個似乎不合情理的反對派團體「廣泛陣線」，除了拉塞爾達，還有儒塞利諾・庫比契克和若昂・古拉特，[65]這是拉塞爾達的主意，讓三個政敵互相了解。「廣泛陣線」使一九六四年以前活躍的政治勢力幾乎都聯合起來，包括共產主義者。然而，有兩個例外。萊昂內爾・布利佐拉在烏拉圭流亡，拒絕與卡洛斯．拉塞爾達會合，以及東北部左派主要領導人米格爾．阿賴斯，他不願意與「廣泛陣線」有任何瓜葛。阿賴斯是被獨裁政府逮捕的兩位州長之一（另一位是塞爾希培州長塞克斯．多利亞〔Seixas Dória〕）。

如果「廣泛陣線」背後的想法是挑選一位總統候選人，那麼主要受益人是卡洛斯．拉塞爾達自己：若昂．古拉特流亡在外；縱使儒塞利諾．庫比契克對軍方沒有敵意，他涉嫌挪用公款，一直是國會調查的對象。儘管事實上沒有證據，他被取消授權，中止政權十年。但是「廣泛陣線」意味著可取代軍方的真正替代品，使三位最重要的國家領袖聯合起來，藉籌辦群眾大會、公開說明會和街頭抗議，提供政治參與的機會。另外，他們詳細計劃，欲藉投票打敗獨裁政府。他們的目標是恢復公民力量、大赦、成立各種政黨、罷工權、制憲議會和直接選舉。好景不常，一九六八年四月，科斯塔—席爾瓦總統宣布「廣泛陣線」違法，禁止他們的行動。軍方從未原諒卡洛斯．拉塞爾達，把他視為叛徒。一九六八年十二月，根據《**五號制度法**》被取消授權的政治家，他名列榜首而且遭到逮捕，從此未再重返政治生活。

一九六六年二月卡斯特洛．布蘭科將軍簽署《三號制度法》，直接取消州長選舉。一項補充法案的兩黨制，改變國會與州議會政治勢力的相互關係：一個黨支持政府，「**國家革新聯盟**」（Aliança Renovadora Nacional，簡稱ＡＲＥＮＡ），另一個代表反對黨，「**巴西民主運動**」（Movimento Democrático Brasileiro，簡稱ＭＤＢ）。因此，一九四六年開始的多黨制時期結束。同時，巴西人民失去民主權利。接下來的十七年沒有州長選舉，總統選舉必須再等二十三年。那些想要待在政壇、不曾被逮捕或是授權不曾被取消者，必須選擇一個黨。創立「**巴西民主運動**」並不容易；保持活力的政治人物大多投靠「**國家革新聯盟**」。這個政府黨使保守的精英團結起來。「全國民主聯盟」的議員幾乎全部加入，還有許多「社會民主黨」的成員，甚至有幾位「巴西勞工黨」的成員。[66]「**國家革新聯盟**」沒有能力像真正的政黨那般起作用，也無法產生替代的政策。其成員無可救藥地對軍方卑躬屈膝，凡是行政當局送到國會的項目幾乎都核准。該黨在巴西各地有辦事處，迅速立足成為根基廣泛的政黨，倚仗政治人物、支持者、激進分子和投票人的廣泛網絡。它保證平民支持政府，是產生共識的源泉。

「**國家革新聯盟**」編入歷史，成為「唯命是從」黨，軍方也期待「**巴西民主運動**」順從，至少假裝同意。畢竟，他們不曾贊同扮演反對黨的角色，不是嗎？實際上，從一九六六到一九七〇年，真正反對獨裁政府的黨派開始團結，那些激進分子認為沒有理由信任「**巴西民主運動**」，[67]許多人懷疑一個軟弱的黨派玩獨裁遊戲的誠意。國會選舉的時候到了，革命左派率領不投票運動，或是讓選票空白，非常成功。[68]一九六六年，無效票和空白票合起來占總票數二一%；一九七〇年合計達到三〇%，這是明顯的徵兆：選民拒絕軍方強制實行的傀儡兩黨制。

「**巴西民主運動**」的成員如今意識到：他們已經被逼到牆角。儘管如此，解散或繼續運作，該黨的領導階層選擇後者，縱使會被取消授權並中止政權。此領導階層由「巴西勞工黨」和「社會民主黨」的政治家組成，他們以回歸民主政治的單一議題號召這個黨。終於，他們承擔風險成為真正的反對黨。在一九六七、一九六八年間，「**巴西民主運動**」的眾議員和參議員參加抗議遊行和罷工，開始在國會抨擊政府的專斷性措施、剝奪政權和外資優勢。他們付出高昂的代價：《五號制度法》蹂躪這個黨，一百三十九位代表當中，六十位被取消授權。截至一九七〇年，該黨剩下八十九位眾議員。

殺人的機器

一九六四年六月初，戈爾貝里．杜科托—席爾瓦將軍離開「**社會研究與調查研究所**」辦公室，走幾個街區到新的辦公室，在里約熱內盧市中心「財政部」十二樓。這位將軍有一筆相當於二十六萬美元的預算，這些資金有一半是機密，而且新的任命使他擁有政府部長的地位。他可以取得四十萬巴西人的資料，由「**社會研究與調查研究所**」的機密部門「形勢分析組」[69]編纂，他是所長。然後，科托—席爾瓦將軍利用這種資料充當「國家情報局」的基礎，又是另一個機構。這位將軍的主意是蒐集情報的機構任由行政當局支配，更重要的是，利用情報局得到各級公共行政部門與整個社會的資訊。[70]科托—席爾瓦將軍真正的使命是政治密謀。[71]他極為拘謹寡言，反而增添他周遭的神話。他從不在公共場所講話，從不接受訪談，總是在幕後行動，是獨裁政府的**後臺老闆**。大家在背後稱呼他「魔鬼戈博士」（The Satanic Dr. Go），暗指〇〇七電影《諾博士》（*The Satanic Dr. No*）裡的壞蛋。[72]科托—席爾瓦將軍惡名昭彰是罪有應得。「國家情報局」成立十年，成為蒐集和分析資訊的中心，將資訊提供給軍方成立的鎮壓機器。

一九六六年，在「國家情報局」支持下，獨裁政府成立情報局最機密的部門，與「外交部」連結，稱為「**外部情報中心**」（Centro de Informações do Exterior，簡稱CIEx）。[73]此中心的情報員在外國工作。他們在巴西大使館當職員，其任務是盡可能蒐集巴西流亡者的活動情報。為確認並清除對立者，這所軍方設立的機構相當複雜，「國家情報局」掌管整個系統，CIEx只是畫面的一部分。

直到一九六七年五月，獨裁政府只是使用巴西各州已存在的鎮壓機構，包括隸屬於州「公共安全祕書處」的「政治與社會秩序部」（Dops），以及民事警察。後者在調查贓物的警察局工作，因為貪汙和使用暴力而臭名遠揚。一九六七年有一個新機構「**陸軍情報中心**」（Centro de Informações do Exército，簡稱CIE），既蒐集情報也直接鎮壓。實際上，這或許是鎮壓機制當中最致命的。一九五七年就成立的「**海軍情報中心**」（Cenimar），與後來在一九七〇年創立的「**空軍情報中心**」（Cisa），兩者一樣恐怖。[74]

從一九六九年開始，軍政府的鎮壓機制變得更加複雜，在聖保羅成立「**行動先鋒隊**」（Operação Bandeirante，簡稱Oban），由三軍的軍官、民事警察和憲兵組成。他們的任務是蒐集情報、審問嫌犯，和規劃軍事部署打擊武裝的反對勢力。「**行動先鋒隊**」的財力來自聖保羅的商人與跨國公司（歐凱斯〔Ultragaz〕、福特〔Ford〕、福斯〔Volkswagen〕、食品出口商〔Supergel〕和糖出口商〔Copersucar〕）的行政部門。當時由「**商業銀行**」的業主加斯唐・維迪加爾（Gastão Vidigal）與部長德爾芬・內托安排會議，商定給該組織固定供款額的制度。[75]此制度的細節是獨裁政府最滴水不漏的祕密。以「**行動先鋒隊**」為模型，在一九七〇年成立「**內防作戰中心**」（Centro de Operações de Defesa Interna，簡稱Codi）與「**資訊作戰支隊**」（Destacamento de Operções e Informações，簡稱DOI）。這兩種組織由陸軍部長奧蘭多・蓋澤爾（Orlando Geisel，蓋澤爾總統的胞兄）直接指揮。他們在各城市負責大部分鎮壓行動，而且總是一起行動，充當籌劃與協調的單位。「**資訊作戰支隊**」是「**內防作戰中心**」的行動大隊。[76]但是在這些不同部門成立之前，獨裁政府就經常從事違法的緊急措施和鎮壓行動。至少有三種情況發生，第一種情況是「失蹤」，從一九六九年開始。這些所謂的失蹤大多涉及掩蓋手段，隱瞞囚犯被謀殺或當事人的命運，使反對派更難預料。第二種情況從一九七〇年開始，在陸軍的祕密中心拷問個人，破壞能夠辨識屍體的證據。消除指紋並拔掉牙齒，然後切碎屍體，堆在一起焚燒。第三種情況於一九六四年開始，有系統地使用嚴刑逼供當作審問的技術。[77]

自從卡斯特洛・布蘭科將軍開始執政，陸軍就使用嚴刑逼供。由於那些掌權者（文官與軍人）串通一氣的沉默，這種慣例像病毒般蔓延。從一九六四到一九七八年，刑訊是國家的政策。刑訊者變得「不可批評」，此慣例越過軍營的圍牆。有系統的刑訊政策欲奏效，必須有法官忽視明顯的欺騙性起訴，接受強迫自白或不可靠的自白，與偽造的技術調查結果。醫院職員必須願意共謀，偽造死亡證明和死亡狀況的紀錄。他們也必須治療遭受人身暴力的囚犯。政府依賴刑訊，也必須能夠依賴企業人士準備非正式的獻金，以便政治的鎮壓機器能夠有效率地運作。在巴西，政治的刑訊慣例並非少數虐待狂個人行動的結果，這正是局勢變得如此令人憤慨和痛苦的原因。這是根據戰鬥邏輯構思設計的殺戮機器：在敵人取得戰鬥力之前清除敵人。以有條不紊的方法和協調的方式，進行拷問和人身鎮壓，在不同的環境和場所，有各種不同的強度。在獨裁政府最初數年，首要目標是左翼激進分子，他們在古拉特執政期間為社會改革而戰鬥。但是從一九六六年起，學生回到街頭，在一九六七年和一九六八年帶領大型抗議遊行，他們也變成軍政府的目標。[78]

在巴西當學生不曾這麼危險。一九六八年，在里約熱內盧一所中學食堂（**地牢**〔Calabouço〕）的抗議活動，中學生艾德生・德利馬・索圖（Edson Luis de Lima Souto）遭到警方近距離射殺，這則新聞影響全國人民，他的死亡使學潮運動開始變成群眾的社會運動。在里約熱內盧由主教轄區的代理主教若澤・德卡斯特羅・平托（Dom José de Castro Pinto）舉行第七日彌撒，超過六百人參加。數百位海軍陸戰隊士兵和騎警包圍**坎德拉里亞教堂**（Igreja da Candelária），神父們手牽著手形成一條走廊，讓信徒們安全離去。文學批評家奧圖・馬利亞・卡波（Otto Maria Carpeaux）[79]在離開時激動地喃喃自語：「神父們，沒齒難忘。」[80]

這絕非僅有的一次，在保安部隊暴力和蠻橫的行動中，一群勇敢的神父保護人民。[81]這是不可否認的證據，軍方對人民例行地拷問，導致一群天主教的主教加入反對黨，利用教會的傳播管道向國際揭露巴西現況。一九七〇年，巴黎**聖日耳曼德佩教堂**在祭壇上展示加上手銬的耶穌，口中有一條管子，十字架頂端有一臺磁電機。[82]十字架上方刻著這些字：「**秩序和進步**」。[83]一九六九年五月，佩雷拉・內托（Antonio Henrique Pereira Neto）神父在累西腓被綁架、嚴刑逼供並殺害。他是奧林達和累西腓的大主教埃爾德・卡馬拉（Dom Helder Câmara）[84]的私人助理，國際上推崇他在人權上的努力。佩雷拉・內托神父之死，乃巴西首次因為政治因素導致神父遭到謀殺。

左翼勢力確實準備好戰鬥，已昭然若揭，獨裁政府的猙獰面目就表露無遺。一九六九年一月，聖保羅「第四步兵團」軍官卡洛斯・拉馬爾卡（Carlos Lamarca）搶劫陸軍軍械庫，坐大貨車逃走，車裡滿載著步槍、衝鋒槍和彈藥。拉馬爾卡離開陸軍，加入「**人民革命先鋒隊**」（Vanguarda Popular Revolucionária，簡稱ＶＰＲ）的游擊隊，這是政變後若干左翼革命運動其中一種。這些組織有一些是小型的，沒有這種力量或結構與軍方對抗，大部分成員來自「共產黨」，該黨在一九六四年毫無抵抗就被消除。這些運動絕大多數選擇武裝抵抗。[85]

拉馬爾卡意圖在內地組織游擊隊基地。一九七一年在巴伊亞邊遠地區，布里提克里斯塔利諾（Buriti Cristalino，有四條街、泥巴茅草屋、一個市場和大約兩百位居民的小村子）附近，他遭到陸軍殺害。另一位重要的革命左派領導人卡洛斯・馬里蓋拉（Carlos Marighella），利用城市游擊戰，打算讓全國各地的游擊縱隊在帕拉州南部會合，與獨裁政府對峙。卡洛斯・馬里蓋拉曾經與「**新國家**」對抗，在一九四六年制憲議會擔任議員，成立「**國民解放軍**」（Ação Libertadora Nacional，簡稱

ALN），與軍方對立的最大組織。[86]他也熱愛足球、喜歡森巴，是業餘詩人。一九六九年，他在聖保羅被軍隊伏擊射殺。

卡洛斯・馬里蓋拉死亡，標識軍方攻擊革命左派的開始。卡洛斯・拉馬爾卡死亡，標識左派開始衰亡。到了一九七六年，反對派團體被摧毀殆盡。在獨裁政府時期有一系列武裝攻擊，軍方的反應是加強鎮壓和採取殲滅政策。反對派的行動包括搶劫銀行、攻擊裝甲車、公司、武器車間，和設置游擊隊基地。革命左派最壯觀的事蹟，是一九六九年在里約熱內盧綁架美國大使查爾斯・埃爾布里克（Charles Burke Elbrick）。綁架的籌劃者是兩名年輕的激進分子法蘭克林・馬汀斯（Franklin Martins）和席德・班雅明（Cid Benjamin），他們來自一個微不足道但是大膽的組織，瓜納巴拉大學的「反體制運動」。以釋放大使為交換條件，他們獲得十五位政治犯的自由。[87]這類行動引起廣大回響。武裝鬥爭、刑訊的慣例和政治犯的存在，雖然軍方一概否認，卻全都編入國際新聞，削弱獨裁政府。

農村地區也有激烈的運動。「**阿拉瓜亞河游擊隊**」（Guerrilha do Araguaia）由大約一百名游擊隊員組成，包括一些農村勞工，結果他們遭到大屠殺。[88]從一九七二到一九七四年，軍方派遣四千名士兵進入帕拉州西南方**鸚鵡嘴**（Parrot's Beak）區域。一九七三年十月，政府下令格殺勿論。派遣軍隊和警力進入被認為有游擊隊訓練營的地區，是鎮壓的源頭；帕拉州南部的地主也以殘暴出名。帕拉是用暴力對抗農村勞工的中心點，在整個獨裁時期貫徹始終，除此之外，農村鎮壓主要發生在兩個關鍵期。首先是一九六四年政變前後數年間，然後是一九七五年到八〇年代中，暴力達到高峰，大約有一千一百件謀殺案。[89]這些死亡事件大多發生在土地糾紛，當地地主僱用惡霸和準軍事民兵部隊，雖然他們倚仗州的勾結（或無作為）。許多這種案件沒有調查，甚至未確認犯人。那些有調查的案件，犯罪情節從未充分澄清。

但是沒有任何事比得上獨裁政府對巴西原住民犯下的罪行。一九六七年，政府製作抨擊這些罪行最重要的文件：《菲格雷多報告》（Figueiredo Report）。之後這份報告消失四十六年，據稱毀於火災。二〇一三年這份報告被發現，幾乎原封不動。二十九卷五千頁被找到，原本有三十卷七千頁。為撰寫這份報告，檢察長菲格雷多・科雷亞（Jader de Figueiredo Correia）和他的團隊行走一萬六千公里以上，訪視這個國家一百三十處印第安人保護區。

這份報告觸目驚心：印第安人遭受慘不忍睹的嚴刑逼供，整個部落被地主和州的官員謀殺。菲格雷多的調查工作值得重視，這份報告包括數十位證人的描述，提出數百份文件，並且確認每一樁被發現的罪行：謀殺、印第安女人和女孩被迫賣淫、虐待、奴工，以及侵占印第安族土地和資金。它報導用機關槍和從飛機扔下炸藥獵殺印第安人，將天花病毒注入孤立的群體，捐贈的糖攙有馬錢子鹼。[90]根據「**社會研究與調查研究所**」與「**高等戰爭學院**」構思的計畫，軍方判定印第安人居住的地區有占領巴西全部領土的戰略優勢，印第安人確實付出很高的代價。

閉嘴！

一九七三年，作曲家兼音樂家奇科・布阿爾克（Chico Buarque，本名 Francisco Buarque de Hollanda）與電影導演魯伊・蓋拉（本名 Ruy Alexandre Coelho Pereira）撰寫劇本《卡拉巴爾：讚美背叛》（*Calabar: In Praise of Treason*）。[91]此劇本對巴西獨立的官方說法表示懷疑，上演時間與獨裁政府籌辦獨立一百五十週年慶祝活動同一天。這部劇本在首演前一天被禁止。作家被告知：審查官不允許提到「卡拉巴爾」這個名字，因此整部劇本被查禁，[92]製作人全都破產。

這絕非個案。在政府全部活動中，審查制度發展最迅速，控制資訊、輿論和文化產製的流通，以及操縱事件報導和詮釋國家的真相。自《一九四六年憲法》就存在「道德內容」的審查，由「**公共娛樂及審查部**」（Divisão de Censura e Divertimento Público，簡稱 DCDP）執行。軍政府只是擴大該部門的角色，將它變成鎮壓工具，查禁任何反政府的思想和文化表現。[93]影片被刪除幾個場景，否則整部電影禁映；流行歌被刪改或禁唱；有時在首演前夕劇本被當局否決，如同《卡拉巴爾》事件。

一九七〇年通過一條法律促進審查制度，要求所有編輯在出版之前將原文和書籍送到巴西利亞。但是這條法律實際上不可能執行，因為勢必需要大批審查官：光是一九七一年就有九千九百五十冊新書出版。但是新聞界被箝制言論，記者被追捕並囚禁。美術展的作品被移除，例如一九六七年「**第四屆聯邦區美術展**」和「**第一屆黑金市美術展**」，及一九六八年巴伊亞雙年展。這個國家首屈一指的流行歌手全都流亡國外，包括卡耶塔諾・費洛索（Caetano Veloso）、吉貝托・吉爾（Gilberto Gil）、娜拉・萊昂、熱拉爾多・旺德雷（Geraldo Vandré）、歐戴爾・若澤（Odair José）與奇科・布阿爾克。政府密切注意知識分子和大學教授，許多人被迫提早退休。「**奧斯瓦爾多克魯茲基金會**」（Instituto Oswaldo Cruz）[94]十位研究者被禁止在巴西工作，而且這個國家最重要的歷史學家之一小卡約・普拉多遭到逮捕。

為了躲避審查制度，文化界人士必須創造抵抗的策略，充分利用任何微小機會抗議。這些是「弱者的謀略」，[95]小小的背叛行動會出乎意料地當場爆發。或許這些行動的第一次，一九六五年十一月十八日在里約熱內盧「葛洛莉亞飯店」前方的抗議活動，出自祕密行動的需要。當時「美洲國家組織」在這家飯店舉行「第二屆美洲國家特別會議」。雖然這場抗議通稱「葛洛莉亞八」（Gloria Eight），實際上有九名抗議者在現場。這些人包括新聞工作者和作家，安東尼奧．卡拉多（Antonio Callado）、莫雷拉．阿爾維斯與卡洛斯．康倪（Carlos Heitor Cony）；電影導演格勞貝．羅恰、馬里奧．卡尼羅與若阿金．德安德拉德；最近被免職的大使阿澤維多．羅德里格斯（Jayme de Azevedo Rodrigues）；布景設計師弗拉維奧．蘭傑爾（Flávio Rangel）與詩人蒂亞格．德梅洛（Thiago de Mello）。科斯特洛．布蘭科總統從汽車出來，進入飯店主持開幕典禮，抗議者揮舞橫幅標語，寫著巨大的字：「**獨裁政府下臺**」、「**歡迎來到我們的獨裁政府**」，及「**自由萬歲**」。他們全都遭到逮捕。政府收到數百件知識分子和藝術家對逮捕的抗議，包括路易斯．布紐爾（Luis Buñuel）、尚盧．高達（Jean-Luc Godard）、亞倫．雷奈（Alain Resnais）、米開朗基羅．安東尼奧尼（Michelangelo Antonioni）、皮耶．保羅．帕索里尼（Pier Paolo Pasolini）與阿爾貝托．莫拉維亞（Alberto Moravia）。[96]

軍方很快就明白，逮捕知識分子或堵住藝術家的嘴，始終不簡單。一九六八年二月，田納西．威廉斯的《欲望街車》正在演出時，劇院被關閉，女主角瑪麗亞．迪亞斯（Maria Fernanda Meirelles Correia Dias）被禁演三十日。反動的聲浪排山倒海。為抗議審查制度將里約熱內盧和聖保羅所有的劇院關閉七十二小時，有一場罷工，在「里約熱內盧歌劇院」的臺階上，舉行令人難忘的守夜祈禱。參與者有詩人卡洛斯．德安德拉德，作曲家奇科．布阿爾克與維尼西奧斯．德莫雷斯，受歡迎的電視節目主持人戈亞尼亞（Chacrinha），劇作家納爾遜．羅德里格斯（Nelson Rodrigues），演員保羅．奧特朗（Paulo Autran）、卡西爾達．貝克（Cacilda Becker）與托妮亞．卡雷洛（Tônia Carrero），電影導演格勞貝．羅恰，建築師奧斯卡．尼邁耶，文學批評家奧圖．馬利亞．卡波，以及畫家迪・卡瓦爾康蒂（本名 Emiliano Augusto Cavalcanti de Albuerquerque Melo）與傑尼拉・達莫塔—席爾瓦（Djanira da Motta e Silva）。[97]

藝術是獨裁政府的眼中釘。一九七〇年「**全國現代美術展**」在里約熱內盧現代美術館開展首日，藝術家安東尼奧・曼努埃爾（Antonio Manuel）裸露自己的身體。這座大型藝術作品題名為〈**身體就是作品**〉，有挑逗性，被評委會拒絕。數年後這位藝術家聲明：「當時身體在前線，承受街頭抗議活動的暴力，並且承受軍政府對政治犯的酷刑。」[98]同一年切爾多・梅雷萊斯（Cildo Meireles）創造作品〈**嵌入思想線路**〉，邀請觀眾參與藝術游擊戰，在可口可樂瓶的標籤和鈔票寫下訊息和評論，從一人的手遞給另一人的手。同一年〈**從身體到土地**〉在美景市**藝術宮**（Palácio das Artes）開展，切爾多・梅雷萊斯把幾隻雞活活燒死，將作品題名為〈**拔牙師：政治犯的圖騰紀念碑**〉，申討那些反軍政府者遭到拷問和謀殺。阿圖爾・巴里奧（Artur Barrio）將一捆捆血淋淋的動物骨頭和肉，扔進米納斯吉拉斯首府境內的阿魯達斯河（Arrudas），暗示獨裁政府的罪行——這些捆包使人想起人的屍體被切塊，沒名沒姓被拋棄在荒郊野外。該活動吸引五千人，最後憲兵和消防隊趕到，強迫現場的人跟隨他們到警察局。[99]埃德加・巴斯克斯（Edgar Vasques）在漫畫《**蘭戈**》（*Rango*，又譯《**飄風雷哥**》）創造挨餓的角色，變成批判軍方的象徵。不過，恩里克・德索薩・費里奧（Henrique de Souza Filho，以 Henfil 聞名）最能展現漫畫的傳播力量對政治鬥爭至關重要，因為漫畫迅速又清晰地傳達思想和輿論。一針見血的文本、尖酸刻薄的評論和搞笑的臺詞，使他著名的三人組——船長澤菲利諾（Capitão Zeferino）、格勞納（Graúna）和山羊弗朗西斯科・奧雷亞納（Francisco Orelana）——活靈活現。他們來自巴伊亞灌木林地，形成憤世嫉俗、啼笑皆非、無厘頭的三人組合，反映巴西人的貧困和英勇的抵抗運動。[100]

〈抗議之歌〉（canção de protesto）是人氣作曲家們初次嘗試有系統地批判獨裁政府。摒棄「**巴薩諾瓦**」四海為家的世故，**〈抗議之歌〉**將政治抨擊和抵抗運動根植於巴西人日常的文化生活。在一九六〇年代，藝術與社會情境確立直接的關係，並且相信歌唱的革命力量，使音樂包含廣泛的政治題材。這些流行歌曲的創作，包含各種美學與音樂的成分，例如熱拉爾多．旺德雷與西奧．德巴羅斯（Théo de Barros）的〈**驚逃**〉（Disparada）；瓦列（Valle）兄弟的〈**無人區**〉（Terra de ninguém）；帕戴里尼奧（Padeirinho）與若日尼奧（Jorginho）的〈**貧民窟**〉（Favela）；吉貝托．吉爾的〈**遊行**〉（Procissão）；卡洛斯．萊拉與納爾遜．德巴羅斯（Nélson Lins de Barros）的〈**馬拉尼昂的瑪莉亞**〉（Maria do Maranhão）；卡洛斯．萊拉與維尼西奧斯．德莫雷斯合寫〈**吃刀片者**〉（O comedor de gilete）；及西德尼．米勒（Sidney Miller）的〈**道路與吉他手**〉（A estrada e o violeiro）。[101]一九六八年「**熱帶主義運動**」（Tropicália）興起，此音樂運動使流行歌手兼作曲家齊聚一堂，包括卡耶塔諾．費洛索、吉貝托．吉爾、湯姆．澤（Tom Zé）、托爾夸托．內托（Torquato Neto）、卡皮南（Capinam）、羅傑里奧．杜普拉特（Rogerio Duprat）與革命搖滾樂團「**突變體**」（Mutantes）。「**熱帶主義運動**」打進戲劇、視覺藝術和電影。就風格而言，它結合傳統流行歌曲、國際通俗音樂與前衛的實驗，喚起巴西被定型的形象。這個熱帶的天堂樂園，遭受政治鎮壓、社會不平等和貧窮的侵害，清楚展現「**熱帶主義運動**」。

一些「**熱帶主義運動**」歌手兼作曲家把搖滾元素，尤其是披頭四的音樂，納入他們的歌曲。該運動影響一群類似的音樂家，〈**街角俱樂部**〉，主要與米爾頓．納西門托（Milton Nascimento）有聯繫，他的新歌相當深奧微妙，喚起失蹤、友人死亡、與自由受壓制的意象。浪漫的歌曲——被某些人視為媚俗的形式——銷售量破紀錄。這些歌曲經常在廣播電臺播放，揭露的主題包括種族歧視和社會隔離，窮人的現實。[102]

無論採取什麼形式，這個時期的許多流行歌曲，目標是反抗獨裁政府、躲避審查官、惹惱掌權者，對抗官方對事件的陳述。畢竟，凡事都有跡可循，沒有任何事物可以完全被消滅，沒有人完全消失，必定有人記得他們的名字。如同奇科·布阿爾克所預期的：

O que hoje é banal
Um dia vai dar no jornal.
今日的平淡無奇，
總有一天會上報。[103]

第十八章

通往民主之路：過渡到公民強權以及軍事獨裁之含混與政績

「航行乃必要」[1]

一九八五年三月十五日，治理巴西的最後一位將軍，若昂・菲格雷多總統，不肯把總統飾帶交給繼任者，拒不按照禮節隆重地走總統府坡道。[2]反之，他從後門離開總統府。不到兩個月前，一月，在電視訪談中，他表達了似乎是自己對總統任內的評價。他對著巴西人民說：「我要你們忘了我。」[3]菲格雷多總統脾氣壞、暴躁，而且特別粗俗。[4]直到他離職時，他幾乎與所有人疏遠，包括六年前支持他就任的一群將軍。他的聲望低，在最不得人心的行政機關掌舵二十年，使他惡名昭彰。最重要的是，從一九六四年以來軍方一直在貫徹落實發展專案，不危及這項專案，他的政府無法擺脫軍方對行政當局的控制，這是對他總統任內的期盼。

一九七五年，厄內斯托・蓋澤爾總統與戈爾貝里・杜科托－席爾瓦將軍，開始逐步卸除獨裁政體。兩人都相信：若無過度動盪，可以廢除緊急權力。[5]這兩位將軍，以及武裝部隊其他各種指揮官，認為該是軍方放棄總統職權的時候了。政治生活的折騰，以及保障巴西國內安全的需求，使陸軍傷亡慘重，逐漸危及機構的利益。另外，數年獨裁政權已嚴重損害武裝部隊的結構。無數軍官被調離指揮階層、取消例行訓練，離開他們的專業環境，以警察和審問官的身分工作。更糟的是：留在軍營的人都很嫉妒。畢竟，刑訊者被授予「和平使者勳章」（因為英勇事蹟或是對陸軍有特殊貢獻而頒發），而且定期升等和加薪。為執行暴力而設立的官僚制，接管武裝部隊，變成軍事階層的權力源泉。

蓋澤爾將軍執政時期，於一九七五年開始受控的**序幕**（abertura）政策，[6]也可視為阻止反對黨取得總統職權的策略，確保此政體的文官盟友會掌權。一九七七年，蓋澤爾總統被問起創造控制工具以維持威權政治體制時，他反駁：「除了上帝，世界上的一切是相關的。」他接著說：「相對而言，巴西的體制是民主的。」

一九七七年四月，他的政府公布專斷性措施，通稱「**四月一攬子方案**」（Pacote de Abril），將州長的間接選舉推遲到一九八二年，改變選舉人團的結構，以支持「**國家革新聯盟**」。蓋澤爾總統為廣播和電視的宣傳活動創立規則，被「**巴西民主運動**」稱為「聾啞」規則。在電視上候選人只能顯示一張護照大小的照片，附上姓名和簡短的履歷表，不得有任何類型的訊息。「**四月一攬子方案**」也改變眾議院的結構，增加小州的代表人數，在這些小州「**國家革新聯盟**」的支持更強大。蓋澤爾總統也任命俗稱的「無敵金剛參議員」（bionic senator），由挑選州長的選舉人團同樣間接選舉一位參議員。這個綽號指涉電視影集《無敵金剛》（*The Six Million Dollar Man*），男主角是半機械人（cyborg），用先進科技創造技能。

回到一九七三年，蓋澤爾總統等待選舉人團任命他為巴西總統，為了那個目的，二十位國會議員組成一團，通稱「**巴西民主運動**真正的團體」，他們決定成立真正的反對黨，利用獨裁政府特有的規則，提名該黨領導人烏利塞斯・吉馬良斯，與蓋澤爾將軍競選。[7]這是精明之舉，充分掌握時機，即使選舉人團唯一目的是批准政府候選人。「**巴西民主運動**」提名候選人似乎是浪費時間。更糟的是，萬一提名被視為妥協，無意間使獨裁政府的緊急權力合法化，該黨有陷入混亂的危險。然而，國會議員的提名是正確的。顯然「**巴西民主運動**」的策略不在於真正贏得選舉，而是重申其反對黨的地位，在競選活動規則找漏洞，在政治集會動員民眾。烏利塞斯．吉馬良斯採用葡萄牙詩人費爾南多．佩索阿（Fernando Pessoa）的詩句：**航行乃必要，生活不重要**（Navegar é preciso, viver não é preciso），當作他的口號「反提名候選」，他在黨大會一場重大的演講如此解釋。然後他與他的副總統候選人利馬．索布里尼奧（Barbosa Lima Sobrinho，思想開放的政治家及報人，曾經擔任聯邦議員和伯南布哥州長）環遊巴西，呼籲恢復民主價值。他們巡視十四州，促成組織全國的「**巴西民主運動**」，黨辦事處從七百八十六增至三千個，並且在報章雜誌增加反對黨的活動報導。面對「**國家革新聯盟**」州長們尖刻的批評時，反提名候選需要信念和個人的勇氣。例如，在巴伊亞州薩爾瓦多，武裝憲兵帶著狗包圍機場。但是這種威嚇沒有起作用。烏利塞斯．吉馬良斯的反提名候選，終止以前反對黨投空白票的抗議策略，為「**巴西民主運動**」創造機會，在一九七四年國會選舉獲勝。該黨在參議院獲得的票數比「**國家革新聯盟**」多四百萬票，在國會贏得一百六十一席，「**國家革新聯盟**」得到兩百零三席。在重要的州立法議會，包括聖保羅、里約熱內盧和南大河州，「**巴西民主運動**」取得多數席位。「**巴西民主運動**」的角色不再令人懷疑，選舉人團公布蓋澤爾將軍獲勝時，烏利塞斯．吉馬良斯轉身對旁邊的議員苦笑地說：「好戲才剛開始。」

「**巴西民主運動**」（MDB）與獨裁政府對抗，有幾位勇敢的議員、一位傑出的主席——烏利塞斯．吉馬良斯，和一個很巧妙的口號：「投票給MDB——你知道原因。」一九七九年，政黨制度改革是蓋澤爾—戈爾貝里團隊分階段廢除公民投票的最後機會，這是政府與在野黨極端極化的結果。他們的目標是使在野黨分裂成許多不同黨派，藉此削弱在野黨，提供機會給一個新黨，不會與軍政府如此密切聯繫的黨。五個新黨參加一九八二年選舉：PMDB（**巴西民主運動黨**，是MDB的新名稱）；**社會民主黨**（基本上是**國家革新聯盟**改組的形式）；**巴西勞工黨**（PTB），重新組織成為政府的跟班；以及兩個新的反對黨，**勞工黨**（Partido dos Trabalhadores，簡稱PT）和**民主勞工黨**（Partido Democrático Trabalhista，簡稱PDT），由萊昂內爾·布利佐拉創立，結合六〇年代社會民主主義的社會主義運動基本原理。[8]在一九八二年選舉，軍方終於自食惡果：自一九六四年政變以來，他們頭一遭喪失國會多數黨地位。

蓋澤爾總統的風格或許跋扈專制，但是他確實明白要如何處理**序幕**——轉型。為此他倚仗兩名很能幹的政治操作者，戈爾貝里·杜科托—席爾瓦將軍與佩特羅尼奧·波特拉（Petrônio Portella），當時他是皮奧伊州參議員和參議院主席。前者在內部工作，制定策略控制**序幕**，而後者（喋喋不休但是詭詐而謹慎）很清楚國會的內幕活動，是談判高手。他成為政府與反對派溫和階層之間的仲裁者。從一九七八年起，波特拉與科托—席爾瓦將軍，與「**巴西民主運動**」的領導人以及民間機構的代表，例如「巴西主教全國代表大會」（CNBB）、「巴西律師協會」（OAB）與「巴西出版協會」，舉行一系列會議。他們想要針對反對派最急切的要求公開談判，評估逐步再民主化進程、分階段進行的可行性。

一九六四年武裝部隊干預公共生活，並且持續掌權二十一年之久，因為他們以為這是基於機構的利益，而且（這仍然是事實）相信他們的行動對巴西最有利。這種信念使武裝部隊有自主的權威感。他們評估放棄直接控制行政當局的方式，同時也關注保護自己的利益。他們的要求包括維持蒐集情報的機構。他們也講明：凡是曾經參與政治鎮壓者仍然不可觸碰，不會有任何報復。他們要求：維持自一九六四年實施的武器工業獎勵措施，以及那些被認為對國家安全有關鍵重要性的獎勵，例如電信和資訊科技。[9]

軍方交出權力時，沒有人動他們一根汗毛，之後也沒有任何人這麼做。但是在民眾心裡，武裝部隊失去威望和合法性。更重要的是，他們的策略失敗了。他們對再民主化進程未保持控制，也未依照他們的想法以文官政府取代軍政府。參與**序幕**過程的將軍們，沒有一位打算全面恢復民主政治。例如，利用巴西不曾有真正民主的政府這個論點，戈爾貝里・杜科托－席爾瓦將軍拒絕討論民主化提案，不願意聽到恢復《一九四六年憲法》的觀點。菲格雷多將軍與他意見一致，但是他的方式側重說教，一九七八年他向《**聖保羅頁報**》（*Folha de S. Paulo*）的記者們說明：「有甜橙、血橙和臍橙，各有不同的風味，但是不表示它們不是柳橙〔……〕，也有不同的民主政治。」他下結論：「你們告訴我，人民準備好投票了嗎？〔……〕巴西人沒有衛生觀念，他們會好好地投票嗎？」[10]

許多原因使軍方無法用另一個威權政體取代獨裁政府。最明顯的是他們失去王牌——成功的經濟體制。蓋澤爾政府結束時，巴西的工業經濟，在開發中國家是最大且最一體化者之一，但是這個國家遭受油價上升的衝擊與一切後果：出口量下降和國際利率上升，加上外債。通貨膨脹是天文數字：一九八三年達到全年二一一%，一九八四年菲格雷多政府即將結束時達到二二三%。這一切嚴重影響工資勞動者和中產階級的日常生活：物價正在暴漲、政府支出失控、經濟衰退，失業率狂飆。[11]

爭取民主自由

經濟形勢導致社會兩極化更加嚴重，但是反對派也改變與獨裁政府政治對峙的節奏、形式和語言。一九七三年三月，聖保羅大學的學生亞歷山卓·萊梅（Alexandre Vannucchi Leme）在校園裡被綁架，在「**資訊作戰支隊**」（DOI）與「**內防作戰中心**」（Codi）的大樓裡遭受酷刑並殺害。[12]他是聖保羅市大學生的領袖，積極參加革命組織「**民族解放行動**」。他的死亡引起普遍的強烈抗議，學生運動再度走上街頭。在聖保羅**主教座堂**（Catedral da Sé）三千名學生參加彌撒，追悼這位被謀殺的同志，由巴西最重要的人權活動家之一、備受敬重的阿恩斯樞機主教（Dom Paulo Evaristo Arns）主持。[13]警方包圍聖保羅大學，在聖保羅市的戰略地點架設柵欄，並且在大教堂前方裝置戰爭的器械。然而，那些設法通過封鎖進入大教堂的人，有令人難忘的經驗。二十四位神父與阿恩斯樞機主教舉行彌撒，感動全國。就在信徒的面前，歌手兼作曲家若昂·盧特菲（João Lutfi，別名塞吉奧·里卡多〔Sérgio Ricardo〕）走上祭壇，以吉他伴奏，首次獻唱〈**地牢**〉（Calabouço），使亞歷山卓·萊梅的謀殺案與五年前在里約熱內盧學生食堂「**地牢**」被槍殺的艾德生·德利馬·索圖產生聯想。

雖然一九七三年的事件標誌反對派開始更有系統地組織，但是真正的轉捩點出現在一九七五年十一月初，報人弗拉基米爾·赫佐格（Vladimir Herzog）死後一週，又是在聖保羅 DOI-Codi 大樓裡。赫佐格是受敬重的專業人士，指揮聖保羅的「電視文化」新聞部。十月二十四日警方來逮捕他時，他說：明早他會前往「**資訊作戰支隊**」，因為他必須完成下一則新聞的剪輯。翌日早上八點，赫佐格抵達 DOI-Codi 大樓。同日下午，他被發現死在牢房裡。[14]弗拉基米爾·赫佐格死於酷刑，這一回軍方無法擺脫屍體，「電視文化」的職員全都知道：他是主動前往「**資訊作戰支隊**」大樓。軍官別無選擇，只能編造自殺。「第二陸軍」指揮官發布官方備忘錄，告知全國：弗拉基米爾．赫佐格在牢房裡用布條（並非他的物品）自盡，膝蓋彎曲且雙腳著地。

截至一九七五年，軍方公布捏造的自殺事故已是例行公事。在赫佐格死亡的五個月前，費雷拉．德阿爾梅達（José Ferreira de Almeida）上校在同一間牢房裡自殺，也使用非他所有的布條，屍體的姿勢相同。弗拉基米爾．赫佐格被謀害約兩個月後，警方以相同說法，說明工廠工人曼努埃爾．費里奧（Manoel Fiel Filho）死在 DOI-Codi 大樓裡。曼努埃爾．費里奧是獨裁政府時期第三十九例政治犯自殺，第十九位上吊——其中兩例，被拘留的人顯然坐著上吊。[15]這是「**陸軍情報中心**」以「**共產黨**」中立化為目標，發動大規模鎮壓攻勢，弗拉基米爾．赫佐格、費雷拉．德阿爾梅達上校與曼努埃爾．費里奧是其中的受害者。[16]活動期間，在聖保羅超過兩百人被逮捕，十六位黨魁被殺害。這種攻勢乃蓋澤爾總統控制**序幕**過程的一部分策略，揭露「**共產黨**」與「**巴西民主運動**」的議員有關連。但是赫佐格死亡引起大規模反動，由聖保羅州「**新聞從業人員職業工會**」率領，抨擊所謂的自殺鬧劇，發起抗議運動，反對非法囚禁、拷問和謀殺。拒絕依照陸軍的指示，赫佐格的遺孀克拉麗絲（Clarice）和兩個兒子伊瓦（Ivo）及安德烈（André），不肯立即埋葬屍體和保持沉默。猶太教法師亨利．索貝爾（Henry Sobel）將遺體葬在聖保羅以色列人公墓中央，而非依照自殺的慣例葬在牆邊，以重申譴責：弗拉基米爾．赫佐格實際上被暗殺。赫佐格來自猶太家族，從南斯拉夫移民到巴西，逃離希特勒部隊的進攻。

炮口倒轉，約三萬名學生使聖保羅重要的大學陷入癱瘓狀態。「**巴西民主運動**」、「**巴西記者協會**」（Associação Brasileira de Imprensa，簡稱 ABI）、學生運動、「巴西律師協會」與「巴西主教全國代表大會」形成廣泛陣線，開始動員反抗獨裁政府。幾乎沒有籌劃，持續數日動員，終於在大教堂舉行合一崇拜。由四位宗教領袖舉行儀式，猶太教法師亨利・索貝爾與馬塞洛・里特納（Marcelo Rittner）、阿恩斯樞機主教以及長老派牧師傑米・萊特（Jaime Wright），加上一位特別來賓，奧林達與累西腓的總主教埃爾德・卡馬拉在祭壇主持儀式。約八千人參加這個禮拜式，公然反抗獨裁政府。一群沉默、憤慨的民眾擠滿教堂的中殿、臺階和廣場。同時，在里約熱內盧，七百位新聞工作者擠進「**巴西記者協會**」禮堂，為弗拉基米爾・赫佐格之靈默哀。宗教儀式結束後，卡馬拉總主教告訴一位記者：「有些時候無聲勝有聲。」方才發生的事情，他用一句話總結其力量：「今天獨裁政府底下的土地開始震動了。這是預示結局的先兆。」[17]卡馬拉總主教沒有說錯。悼念弗拉基米爾・赫佐格的合一禮拜是轉捩點。巴西社會重獲公共空間使用權，反對派勢力逐漸形成聯盟網絡，對抗獨裁政府。使反對派勢力團結起來，關鍵的需求是回歸合法組成的政府與恢復公民權。從那時起，反對派運動持續朝民主政治前進，並非朝將軍們所提議的受控的**序幕**。

一個口號使反對派團結起來：「爭取民主自由」。從六〇年代對武裝鬥爭的重視，變成恢復合法的形式進行政治活動。[18]從這時起，反對派開始勾勒再民主化將採取的方向，逐漸採用不同的民主觀點。民主不再被視為達到目的的手段——例如社會主義，而是民主本身就是目的。人民開始鼓吹民主政治是最適合巴西的政府形式。

又花了十年，獨裁政府最後幾位將軍才離開聯邦政府所在地**高原宮**（Palácio do Planalto）。再民主化進程緩慢，時作時輟，但是反對派正在改變轉型的路線。首先，除了左派的祕密組織和團體，他們合併社會各界許多不同意見。其次，反對派運動核心變得較不僵硬，更能適應不同形式的行動主義。

一種最積極的公民權運動在聖保羅市郊崛起，出自政府幾乎見不到的社團，卻是被當局完全捨棄的典型社區。這些社團包括媽媽社團、居民團體與衛生委員會。他們通常在當地教會的教區禮堂聚會，受到「**基本教會社區**」（Comunidades Eclesiais de Base，簡稱 CEBs）結構的支援和保護。[19]這些社區最初於一九七〇年籌辦，不久變成「解放神學」（Liberation Theology）的推廣中心，由神父率領基督徒小組構成。有聖經閱讀班，旨在喚起社群意識，鼓勵團體參與建設性改革行動。截至七〇年代中，成千上萬的「**基本教會社區**」活躍於巴西全國城市和內地。他們經常在社區裡扮演領導的角色。整整十年這些組織出現大量新的社會運動（生活費用運動、區友社團、**貧民窟**協會），籌劃參與大規模的宣傳活動，對獨裁政府施壓。

受公民權運動的激勵，幾個政治激進團體在七〇年代崛起，包括「**黑人反種族歧視聯合運動**」（MMUCDR）、「**巴西婦女中心**」（CMB），與同志權利團體「**我們是**」（Somos）。這類組織增添新層面爭取民主。其中許多人出版刊物，確認多樣性需求和推行新範疇，例如性別與性取向：《**婦女**》（*Nós Mulheres*）、《**街燈**》（*O Lampião da Esquina*）與《**辛巴**》（*Sinba*）。[20]這些刊物只是更廣泛的新聞與政治運動的一小部分，共同特徵是與軍事獨裁勢不兩立。從一九六四到一九八〇年，巴西約有一百五十種小型報紙出版。其中許多報紙有創新的版面和挑釁的文章，雖然並非全都定期出版。因為有限的發行量和極小型的規模，它們被叫作「侏儒報刊」；因為表達批判的立場，與這個國家主流報紙的社論形成對比，它們被叫作「另類」（alternative）。[21]但是在困難的局面選擇政治對抗，就這層意義而言，這些刊物也是「另類」。

七〇年代的十年實際上是另類新聞的高峰，仿效「攝政」時期諷刺且不敬的宣傳小冊子與「第一共和國」無政府主義刊物的傳統。作家、藝術家和出版商對他們的觀點很狂熱，尋求政治程序的新方向，提議社會、文化和行為的轉變。這類刊物有一些與左派政治組織或祕密團體合作，例如《**輿論**》（*Opinião*）、《**運動**》（*Movimento*）、《**人民時報**》（*Hora do Povo*）以及《**時代**》（*Em Tempo*）。有一些源於新聞業者成立的合作社，例如《**合作報**》（*Coojornal*）、《**真實**》（*De Fato*）與《**號外**》（*Ex*）。也有結合幽默、行為和社會評論的小型報刊，其中最著名的是《**諷刺**》（*O Pasquim*）。[22]另外，有些刊物以新漫畫為特色，有巴西新聞業者悠久的幽默傳統，諸如《**動物**》（*O Bicho*）和《**咬人幽默**》（*Humordaz*）。有些雜誌反對崇拜偶像，例如《**吻**》（*Beijo*）與無政府主義之友《**國王的敵人**》（*O Inimigo do Rei*）。[23]許多讀者是大學生，使「革命」的概念——行為、風俗習慣和文化大變革的可能性——產生激進的轉變。學生運動開始經歷重大的變化。如今有新一代學生加入七〇年代的反對派，這些年輕人不曾體驗一九六四年與一九六八年的失敗，反之，他們見證一九七四年「**巴西民主運動**」的勝利。他們拒絕老一輩左派團體所信仰的武裝鬥爭觀念。

這一代的典範是一個**托洛斯基**（Trotskyite）組織，全國只有一千名學生成員，卻在七〇年代引發文化、美學、行為與政治的全部試驗。它被叫作「**自由與鬥爭**」（Liberdade e Luta），略稱Libelu。該組織的成員完全排斥任何暗示「史達林主義共產黨」所採用的僵硬且威權的文句。他們主要是聖保羅、米納斯吉拉斯、南大河州、帕拉伊巴和巴伊亞的大學生，人數不多卻發出很多聲音。他們聽「滾石」、平克．佛洛伊德（Pink Floyd）、盧．里德（Lou Reed）與卡耶塔諾．費洛索的音樂，閱讀瓦爾特．本雅明（Walter Benjamin）的著作，尊敬達達主義者。不畏懼獨裁政府（他們相信是獨裁政府畏懼他們），利用各種可能機會重述他們的口號，由他們的同情者之一，詩人保羅．雷明斯基（Paulo Leminski）創造的口號：「**我們不假思索就戰勝**」（Distraídos venceremos）。[24]

但是不必當Libelu的成員就可以了解：在七〇年代，學生運動和另類報刊正在發起新型的反文化顛覆活動。[25]一九六六年舊金山發生「權力歸花兒」（Flower Power）事件，四年後巴西開始出現這種反文化運動的衍生物，對毒品（尤其是迷幻藥）、反戰論、東方神祕主義和公社很感興趣。他們的衣著也違反規範。原本是以美洲印第安人和吉普賽人的衣服為基礎，在巴西，他們採用非洲裔巴西人和非洲人的風格。反文化運動想要此時此地的天堂樂園，他們帶來小社區的夢想，因為休戚相關而結合在一起的神祕空間，民眾一起工作和生活，並且創造與人生觀一致的藝術。在電影院、酒吧、博物館和戲劇院外面，一整代詩人挨家挨戶銷售韻文，這些短詩表達真相和對日常生活的感受，以困惑和幽默為特色。例如，在里約熱內盧，「**吉普賽雲**」（Nuvem Cigana）集體企業經常舉行場面壯觀的新書發表會，這是一種新「事件」、**詭計**（Artimanhas），[26]有時持續數日，包括戲劇化的詩歌朗誦，幾乎總是以派對結束，或是在警察局。[27]

這些文化活動重新定義大學裡的政治運動，從一九七七年起，此運動火力十足地回到街頭，學生活動家明確提出「爭取民主自由」這個口號。這些學生總是想站在第一線，但是有其他人同樣渴望加入反對派。一九七七年八月，聖保羅大學法學院舉行一百五十週年慶公開活動，在擠滿學生的內院裡，戈弗雷多・泰利斯（Goffredo da Silva Telles）教授朗讀他〈致巴西人的信〉。這是以演講形式表達抗議，捍衛合法組成的政府。[28]學生們把他舉高，狂喜到忘形。之後「巴西律師協會」使用這位教授的演講稿當作宣言。在巴西利亞的一場會議，蓋澤爾總統問起希望他的政府做什麼，「巴西律師協會」會長雷蒙多・法歐羅（不參與政治交戰的律師，撰有經典之作《**權力的所有者**》）[29]回答：「總統先生，我要的非常少：只要恢復人身保護令，廢止《制度法》，終止 DOI-Codi 地牢的酷刑。」然後他下結論：「如此閣下不會以血腥獨裁者的身分載入史冊。」[30]

法歐羅的意見連烏利塞斯・吉馬良斯也感到驚訝，後者在一九七五年把蓋澤爾將軍比作烏干達獨裁者伊迪・阿敏（Idi Amin Dada），因此幾乎喪失他的授權。[31]軍方在一九七八年也感受到類似的驚訝，新聞界散布〈八人團宣言〉，顯示反對派聯盟的範圍和社會能見度。此宣言贊成再民主化，使這個國家一群最強大的企業家聯合起來：安東尼奥・德莫雷斯（Antônio Ermírio de Moraes，**沃托蘭廷集團**〔Grupo Votorantim〕）、賈吉・蓋爾道（Jorge Gerdau，**蓋爾道集團**〔Grupo Gerdau〕）、保羅・維拉雷斯（Paulo Villares，**維拉雷斯工業有限公司**〔Indústrias Villares S. A.〕）、[32]塞維羅・戈梅斯（Severo Gomes，**帕拉希巴寢具**〔Cobertores Parahyba〕）、雷爾提・費里奧（Laerte Setúbal Filho，**伊塔烏有限公司**〔Itaú S. A.〕）、若澤・明德林（José Mindlin，**輕金屬製造公司**〔Metal Leve〕）、克勞迪奥・巴爾德拉（Claudio Bardella，**巴爾德拉工業機械有限公司**〔Bardella Indústrias Mecânicas S. A.〕）與保羅・維利尼奧（Paulo Vellinho，**施普林格—阿德米拉爾集團**〔Grupo Springer-Admiral〕）。[33]

一九七八年令人意外。五月十二日，奧薩斯庫罷工被鎮壓十年後，在看似平常的工作日，約三千名工人進入聖保羅附近的聖貝爾納多—杜坎普「紳寶—斯堪尼亞」（Saab-Scania）卡車工廠。[34]他們打卡上班，雙臂交叉坐在機器前方。兩週後，在這個國家的工業中心，聖安德烈、聖貝爾納多、聖卡耶塔諾和迪亞德馬（Diadema）——在「經濟奇蹟」定位的期間，耐久消費品和資本貨物的新行業在這些地方合併，七萬七千九百五十名工人罷工。[35]罷工似乎是出於經濟因素，確實如此，但是罷工有更多含意。聖貝爾納多引發一系列罷工，一九七九年和一九八〇年金屬工匠罷工，在**保利斯塔**ＡＢＣ工業區[36]和全國其他各地亦然。在接下來的兩年中，在二十三州其中的十五州，超過四百萬名工人受罷工影響。直到一九八〇年罷工幾乎不曾中斷，進而助長其他地區集體化，包括美景市的建築工人、伯南布哥的糖料作物種植者，以及在聖保羅內地所謂的**吃冷食物的人**

（boias-frias），臨時的甘蔗收割者。[37]

雖然罷工和工人組織大多因為金屬工人工會的行動主義，但是其他行業加入他們，通稱巴西的「新工會主義」。[38]此措辭用以描述工會運動，不僅反對獨裁政府，而且自治，擺脫瓦加斯執政時期建立的國家控制；工會可直接與雇主談判集體合同，行動不受「勞動法庭」支配。這些工會從廠區開始，他們在大型的集會做決策，證實不只足球賽可以使巴西的體育場客滿。在一九七九年與一九八〇年的罷工，超過十萬名工人參加聖貝爾納多「維拉悠克利德斯體育場」（Vila Euclides Stadium）著名的集會。一九七八年金屬工人開始週期性罷工，在前後兩個十年交接之際導致兩大勞工運動崛起及合併。第一種，一九八三年創立「**勞工統一中心**」（Central Unica de Trabalhadores，簡稱CUT），幾乎是「新工會主義」的部署。這個組織代表各種派別的工人，包括農村勞工，而且提倡農業改革。它的管理方式民主，支持有組織的工會自治，在工廠自由成立工會。[39]「**勞工黨**」（PT）代表第二大勞工運動，[40]該黨於一九八〇年創立，由下而上，得到工會及其他群眾運動的支持。「**勞工黨**」的成員計劃在市郊和內地贏得窮人的選票，[41]該黨由工人創立，在民主的環境裡，使社會鬥爭與平等主義社會的原理具體化。套用該黨的元老盧拉（Lula，全名 Luiz Inacio Lula da Silva）的話，該黨的發展快速，「像**香附子**（tiririca）[42]蔓生，四處湧現」。[43]「**勞工黨**」由各種各樣政治勢力形成。它結合工會主義者與勞工運動、天主教會漸進派（利用**基本教會社區**）、殘餘的革命武裝抵抗團體、托洛斯基派，以及形形色色的藝術家和知識分子。

「**勞工黨**」發揮盧拉的人氣和統御力。盧拉是工廠工人，聖貝爾納多杜坎普和迪亞德馬「金屬工人工會」兩屆會長，在一九七八、一九七九和一九八〇年成為聞名全國的罷工領袖。一九八〇年，盧拉三十五歲，有非凡的領袖氣質，只在乎政治活動。然而，他可能想像不到：他會在二〇〇二年當選巴西總統。一九七八年開始週期性罷工，揭露政府控制**序幕**的政策捉襟見肘，忽視勞工的政治參與。一九七九年，罷工開始，「勞動部」立即決定干預聖貝爾納多「金屬工人工會」。因此，公司老闆們封鎖工廠，聖保羅州長保羅・馬盧夫（Paulo Maluf）命令憲兵鎮壓罷工糾察隊、集會（包括教堂裡的聚會）、群眾大會與街頭抗議活動。警察暴力與逐步再民主化的官方論述大相逕庭。一九七九年十月三十日，金屬工人抗議遊行時，工會領袖兼「**牧民工人協會**」（Pastoral Operária）[44]會員迪亞斯・達席爾瓦（Santo Dias da Silva），遭到**保利斯塔**憲兵槍殺。[45]

一九八〇年罷工之際，菲格雷多政府放棄冠冕堂皇的言詞，繼續攻擊。兩架軍用直升機敞開著門，各有八名武裝士兵，他們的機關槍瞄準「維拉悠克利德斯體育場」的群眾，全世界報紙都刊登這些照片。在聖貝爾納多，部隊占領工會總部、**馬特里茲廣場**（Praça da Matriz）[46]和體育場。公司被禁止與罷工者談判，十五位工會領導人被拘押，包括盧拉。

穿黃衫示威遊行

逐步再民主化進程導致政治鎮壓減少，進行緩慢且時作時輟。不過蓋澤爾總統信守諾言：在一九七八年十二月三十一日午夜廢止《五號制度法》。同一年年底，政府修改《國家安全法》，將定義為叛國罪行的數目減少，並且縮短刑期。但是政府同時頒布一系列威權措施，即所謂的「國家保護措施」，允許行政當局中止法律保障、宣布戒嚴狀態、任命州長和使用審查制度，不需要國會授權。

也是在一九七八年十二月，蓋澤爾總統採取政治和解的第一個步驟，解除驅逐出境的政令，此政令影響一百二十位被流放的政治人物。之後在一九七九年六月，他的接班人若昂・菲格雷多將軍，把政府提議的大赦草案送到國會，繼續作輟無常的進展。巴西約有七千名流放者與八百名政治犯，而且需要更多時間才會發現：政府當局的活動導致多少人被害或行蹤不明。最近針對一九六四到一九八五年這段時期的一項估算，這個數字是四百三十四人。[47]

一九七五年民眾開始要求大赦，在聖保羅成立「**婦女大赦運動**」（MFPA）。勇敢的律師特蕾津娜・澤比尼（Therezinha Zerbini）率領此運動，她的丈夫歐律阿勒・澤比尼（Euryale Zerbini）將軍是守法主義者，因為拒絕支持一九六四年政變，被迫轉入後備隊。[48]不久後，該運動在巴西各地都有中心，受到「**巴西民主運動黨**」與天主教會的支持，鼓勵那些流亡國外者以單一事業為中心團結起來。一九七九年約有三十個特赦委員會在巴西境外運作，其中最積極的在葡萄牙、法國和瑞士。反對派勢力遲早會了解：要求大赦是重建巴西民主政治過程的根本。第一個「**巴西大赦委員會**」（CBA）於一九七八年二月在里約熱內盧創立，以前被看作是恢復正義，根據同年五月創立的「**保利斯塔**CBA」《原則章程》，變成確認基本權利——「民主自由重要的一部分」。

「**巴西大赦委員會**」是火花，引發令人難忘的運動——支持廣泛、普遍且無限制的大赦宣傳活動。這項運動使反對派內部所有的人齊聚一堂，得到藝術家、知識分子以及大眾的支持。大赦事業引起大規模街頭抗議和政治集會，但是一九七九年二月十一日在聖保羅「莫倫比體育場」（Morumbi Stadium）確立聲望。桑托斯（Santos）與哥林多人（Corinthians）在比賽時，「**忠誠之鷹**」（Gaviões da Fiel）[49]展開巨大的橫幅標語：「廣泛、普遍且無限制的大赦」。這個場景在全國的電視放映，並且印在各家報紙的頭版。巴西人民的要求，已毋庸置疑。[50]

菲格雷多總統送到國會的立法草案，或許企圖改變政治環境，但這也是務實的妥協措施。[51]此法案允許流亡國外者歸來（包括萊昂內爾・布利佐拉與路易斯・卡洛斯・普雷斯特斯）、釋放政治犯，並且允許那些轉入地下者重新取得他們的身分。然而，菲格雷多總統的法案提出有限制的大赦，特定的與互惠的，這不包括一百九十五位被判決武裝攻擊（官方稱為「血案」）的政治犯，也不保證在獨裁政府時期被迫退休或被開除公職者會復職。在這兩種事例，法律終究被改變。然而，互惠條款從未被改變，軍方也犯下政治罪或是幫凶，被授予豁免權。三十多年後，現今這條法律阻止追究在獨裁政府時期犯下國家發起的罪行者，這些罪行包括酷刑、謀殺和強制失蹤。《大赦法》授予武裝部隊司法豁免權，使他們無須負責。即使如此，這不足以安撫陸軍內部某些不接受**序幕**的部門——尤其是那些負責暴力和鎮壓機制者。這個威權的反動派軍官核心，在蓋澤爾總統和戈爾貝里・杜科托—席爾瓦將軍、與之後的菲格雷多總統試圖執行受控制的轉型時，阻礙他們的進展。除了阻止巴西社會政治化，以及使反對派中立化，他們必須正視武裝部隊內部的怨恨。

那些曾經涉及暴力的政治鎮壓者，企圖為自己的行動找正當理由，猛烈抗議**序幕**的進程。[52]他們的政治認同危如累卵；他們就是不忍失去機構的角色。不滿的徵兆最初顯示在宣傳的小冊子，從一九七五到一九八五年，這些小冊子在軍營裡傳閱十年，攻擊再民主化策略，對戈爾貝里・杜科托—席爾瓦將軍有許多指控。在軍隊裡公然造反，為武裝部隊製造難題，對政府而言是災難。畢竟，這位總統需要軍營無限制的支持，以便順利控制再民主化進程。使局勢惡化的是，這些部門與**序幕**對抗時，他們掌握強大的武器：鎮壓的機制。蓋澤爾總統認為弗拉基米爾・赫佐格謀殺案是對政府的一種挑釁和侮辱。幾個月後曼努埃爾・費里奧死亡，對這位總統而言，代表政治宣言和展示實力。蓋澤爾總統或許有能力使拷問正當化，如同他在「**巴西當代歷史研究與文獻中心**」（Centro de Pesquisa e Documentação de História Contemporânea do Brasil，簡稱ＣＰＤＯＣ）[53]的歷史性訪談中表明：「我認為在某些案例拷問是必要的，以取得供詞」——但是他不會容忍無紀律，也不會讓他的總統權威受挑戰。曼努埃爾．費里奧慘死，兩方面都冒犯，這位總統的回應是把「陸軍情報中心」的首長撤職，宣布「第二陸軍」指揮官無罪，讓全國瞥見武裝部隊的內部分裂，讓他很不高興。[54]

雖然蓋澤爾總統對聖保羅 DOI-Codi 地牢發生死亡事故作反應，但是他無意限制這部鎮壓機器。畢竟，這是形成國家權力的重要部分，他認為是必要的，有時是權宜之計。他授予那些犯罪的人豁免權，對酷刑的抨擊視若無睹，政治暴力繼續存在。又有二十四件謀殺案、五十一件失蹤案和一千零二十二件對酷刑的告發。[55]在很短時間內，這個國家最重要的三位文人政治領袖都死了，他們在政變之前很活躍：儒塞利諾．庫比契克、若昂．古拉特和卡洛斯．拉塞爾達。一九七六年八月，在聖保羅通往里約熱內盧的**杜特拉路**，儒塞利諾．庫比契克死於車禍。一九七六年十二月，若昂．古拉特死於他在阿根廷的農場，據稱是心臟病發。一九七七年五月，卡洛斯．拉塞爾達患流行性感冒，到里約熱內盧聖維森特診所接受治療，一天後過世。雖然「**國家真相委員會**」在二〇一四年下結論：儒塞利諾．庫比契克確實死於車禍，但是直到今日大眾普遍採信：若昂．古拉特和卡洛斯．拉塞爾達遭到鎮壓分子毒殺。[56]

豁免政策增加蓋澤爾總統和菲格雷多總統的難題。從一九七六到一九八一年，軍官參與政治鎮壓，執行恐怖攻擊，轟炸報社、書店、大學以及認同反對派的機構。[57]反對派成員被綁架和嚴刑逼供。一九七六年八月至九月，炸彈在「巴西主教全國代表大會」、「巴西律師協會」和「巴西記者協會」的辦公室爆炸，有一些炸彈被警方發現並拆除，另有一顆炸彈在羅伯托．馬里尼奧（Roberto Marinho）的住宅引爆。馬里尼奧是媒體鉅子，擁有《**環球**》（*Globo*）報紙和電視頻道，一直是蓋澤爾總統最強大的盟友之一。在里約熱內盧大都會區，居住型市鎮新伊瓜蘇（Nova Iguaçu），教區主教阿德里亞諾．希波利托（Dom Adriano Hipólito）遭到綁架，然後赤裸裸被捆綁著，丟棄在雅卡雷帕瓜（Jacarepaguá）的**卡里奧卡**郊區馬路中央。在一九八〇年頭八個月內，菲格雷多將軍執政時期，有四十六次恐怖攻擊。數個販售另類出版品的報攤三更半夜被炸毀，法律專家達爾摩．達拉利（Dalmo Dallari）在聖保羅被綁架，萊昂內爾．布利佐拉住宿的旅館房間發現炸彈，農村勞工的領袖曼努埃爾．達康塞尚（Manuel da Conceição）的房子遭到襲擊和破壞。一九八〇年八月二十七日，《大赦法》第一週年前夕，在里約熱內盧市中心三顆炸彈在十二小時內爆炸。第一顆炸彈摧毀支持勞工的《**工人鬥爭論壇報**》（*Tribuna da Luta Operária*）辦公室；第二顆炸彈使市議會裡的六人受傷；第三顆在「巴西律師協會」總部引爆，傭人若澤．里巴馬爾（José Ribamar）斷肢，協會祕書利達．蒙泰羅．達席爾瓦（Lyda Monteiro da Silva）喪命。

然後，一九八一年四月三十日晚上出了可怕的差錯。傘兵旅士官吉爾赫姆．羅薩里奧（Guilherme Rosário）坐在鐵灰色彪馬汽車裡，一顆炸彈突然在他的大腿爆炸，身邊的步兵隊上尉威爾森．馬查多（Wilson Machado）坐在駕駛座上。這輛車停在「**里約中心**」（Riocentro，里約熱內盧最大的活動與會議場所）的停車場。士官死亡，上尉受重傷，幸運地活下來。兩人都在「第一陸軍」的「**資訊作戰支隊**」工作。車內還有三顆炸彈和兩顆手榴彈。兩人都是「**資訊作戰支隊**」與「**陸軍情報中心**」十五位軍人的小組成員，分配在六輛車子裡，他們在那兒執行大規模恐怖攻擊。如果攻擊成功，禍害將難以形容。當晚這個會場正在辦音樂活動慶祝勞動節，吸引兩萬人觀賞三十位巴西最受歡迎的歌手演唱。活動的主辦者「**民主的巴西中心**」（Centro Brasil Democrático，簡稱 Cebrade）是與反對派有關係的機構，該計畫是將發電機裡的炸彈引爆，使周遭變黑暗，然後引爆靠近舞臺的兩顆炸彈。爆炸之前，恐怖分子已經用掛鎖把三十個緊急出口的其中二十八個鎖上。他們企圖把攻擊歸咎於十年前被陸軍摧毀殆盡的武裝集團「**人民革命先鋒隊**」。

菲格雷多將軍一個月前已得知這項計畫，未設法阻止。[58]新聞界抵達時，陸軍來不及消除證據，因此不得不透露汽車裡的人的身分，但是未進一步說明所謂國家安全的理由。沒有人相信軍方發表的官方聲明：兩位軍官上車時未注意到炸彈，一個二．五升的錫罐裝滿ＴＮＴ炸藥，據稱被左翼武裝好戰分子放在座位下。菲格雷多總統堅持官方說法，密切監視各種調查和憲兵的詢問，沒有人遭到逮捕。吉爾赫姆．羅薩里奧士官與威爾森．馬查多上尉被描述為遭遇左翼叛亂分子的受害者，案件被擱置。

就政治而言，這是菲格雷多政府的結束。調查「**里約中心**」炸彈襲擊事件時，政府的兩面派手法被揭穿，總統沒有能力進行受控的**序幕**，如今反對派決定動員群眾，[59]他們必須團結。一九八三年，「**巴西民主運動黨**」與「**勞工黨**」的領導人聯合起來，要求變更規則選舉菲格雷多將軍的繼任者，他們想要憲法修正案，重新確立直接選舉巴西總統。一九八三年三月，「**巴西民主運動**」一位當時沒沒無聞的成員，馬托格羅索的議員但丁．德奧利韋拉（Dante de Oliveira），準備修正案的立法草案。那只是十五行的修正案提議，極有可能不會通過，但是被該黨的「全國行政委員會」採納。這項法律通稱《但丁德奧利韋拉修正案》，導致成立根基廣泛的政黨聯盟，有**巴西民主運動**、**勞工黨**、**民主勞工黨**，甚至**巴西勞工黨**，以及工會和勞工運動。這是頭一遭，政府黨內部有反體制者支持反對黨創制權。全國各地舉行公眾示威遊行支持這項法律，巴西見識到有史以來規模最大的民意展示。[60]

儘管民眾施加壓力支持直接選舉，政府不可能會同意。政府在選舉人團是多數黨，由六百六十位眾議員組成，而且在國會占多數。憲法修正案要通過，需要三分之二的多數票，三百二十票。欲阻止菲格雷多總統的接班人利用間接選舉當選，反對黨只能做一件事：讓群眾上街示威。這正是他們的作為。一九八三年六月，在戈亞斯州首府戈亞尼亞的政治集會，開始「**現在就直接選舉**」（Diretas Já）的宣傳活動。約五千人參加，足以顯示宣傳活動讓《但丁德奧利韋拉修正案》在國會通過的可行性。

反對黨有幾個優勢。通膨率非常高，在一九八三年達到二一一%，購買力隨之崩跌，進一步破壞這位總統的信譽。當時一連串財政醜聞使政府的立場尷尬，影響菲格雷多總統和他最親近的智囊團。巴西最大的建房協會「**海豚集團**」（Grupo Delfin）已證實詐欺。金融集團 Coroa-Brastel 侵占公共基金，這個醜聞涉及政府最有勢力的兩位部長，德爾芬．內托和埃爾納尼．蓋爾維斯，以及中央銀行總裁卡洛斯．蘭戈尼（Carlos Langoni）。在償還貸款給波蘭時有不法的行為：「規劃祕書處」員工有收錢的嫌疑，[61]這件事以「波蘭的醜聞」載入史冊。

反對黨也藉由一九八二年選舉變強大，這是從一九六五年以來首次直接選舉州長。「**巴西民主運動**」提名的州長在九個州當選，包括最富裕的四州：聖保羅、米納斯吉拉斯、南大河州和巴拉那。政府很懊惱，雖然他們試圖為政府候選人、代表「**社會民主黨**」參選的莫雷拉．佛朗哥（Moreira Franco）[62]偷取勝利，但是萊昂內爾．布利左拉當選「**自由勞工黨**」（Partido Liberal Trabalhista，簡稱ＰＬＴ）黨魁和里約熱內盧州長。此詐騙未遂通稱「宏博顧問公司（Proconsult）醜聞」，[63]這是由「國家情報局」與「聯邦警察」策劃，《**環球**》報紙和電視頻道給予協助，率先透露造假的選舉結果。按照計畫，之後由「選舉法院」確認那些已報導的結果。[64]

布利佐拉懷疑選票的計算，到處傳言他沒有信心。結果他當選兩次，他喜歡說：一次用投票，另一次用武力。既然反對黨掌握關鍵的十州，而且有人民支持，他們既擁有資源也有行動能力。一九八四年二月出現確實要開始進行宣傳活動的第一個徵兆，烏利塞斯・吉馬良斯、盧拉與「**民主勞工黨**」主席杜特爾・德安德拉德（Doutel de Andrade），率領「直選車隊」離開巴西利亞，旅行兩萬兩千公里，跨越北部、東北部和中西部十五州，吸引將近一百萬人參加他們的造勢大會。「**現在就直接選舉**」的宣傳活動乃市民歌頌共和價值。編輯卡約・格拉科・普拉多（Caio Graco Prado，歷史學家小卡約・普拉多的兒子），構想用黃色當宣傳活動的顏色。這個主意迎合人心。民眾穿著黃色圓領汗衫上街示威。「**環球電視臺**」的記者們繫著惹人注目的鮮黃色領帶去上班，抗議電視臺的官方政策忽視群眾大會。藝術家艾力克斯・查孔（Alex Chacon）用竹子、印花棉和混凝紙漿創造〈直選龍〉，由九人操作，以Z字型沿街舞龍。在「**直接選舉**」宣傳活動開始之前，「**環球**」電視網的董事們以為：他們不在新聞裡播放，事情就不存在。宣傳活動使他們注意到現實，他們就開始報導現實。不過，「**環球電視臺**」和反對派政黨，甚至烏利塞斯・加馬良斯（他贏得暱稱「**直選先生**」）都沒有料到：他們已引發雪崩。首次造勢大會在美景市**里約布蘭科廣場**（Praça Rio Branco），有三十萬名抗議者參加。第二次造勢大會在里約熱內盧，一百萬人突然造訪**坎德拉里亞教堂**（Candelária）。[65]最後一次造勢大會在聖保羅，估計群眾有一百五十萬人。

大批反對派領導人出現在這些造勢大會的舞臺上：烏利塞斯・吉馬良斯、萊昂內爾・布利佐拉、盧拉、坦克雷多・內維斯、費爾南多・恩里克・卡多佐（Fernando Henrique Cardoso）[66]與佛朗哥・蒙托羅（Franco Montoro）。[67]群眾處於陶醉的狀態。許多巴西首屈一指的知識分子和藝術家公開表示支持，包括安東尼奧・坎迪多（Antonio Candido）、莉吉雅・泰利斯（Lygia Fagundes Telles）、塞爾索・富爾塔多、奇科・布阿爾克、瑪莉亞・貝坦妮亞（Maria Bethânia）、保利尼奧・

達維奧拉（Paulinho da Viola）、茹卡．德奧利韋拉（Juca de Oliveira）、法法．德貝倫（Fafá de Belém）與費爾南達．蒙特內格羅（Fernanda Montenegro）。足球運動員，例如蘇格拉底（Sócrates）和雷納爾多（Reinaldo），向群眾表示他們也支持直接選舉。對於傳播民主工程的理想，這些公眾人物的支持是決定性的。宣傳活動成功，引起普遍的樂觀情緒，民眾開始相信民主可能獲勝。

然而，無論這個政府喪失多少信譽，武裝部隊仍然決定不允許規則有任何改變。一九八四年四月二十六日清晨《但丁德奧利韋拉修正案》交付表決，國會的氣氛忐忑不安。菲格雷多總統在戈亞斯州的十個城市宣布緊急狀態，部隊包圍巴西利亞，六千名陸軍士兵占領「紀念軸」，[68]「**高原軍事指揮部**」的部隊包圍國會。雖然此修正案得到的贊成票多於反對票，卻未達到必要的三分之二多數票。有兩百九十八票贊成，六十三票反對，三票棄權，總計一百一十三位議員缺席，此修正案只需要多二十二票就可以通過。政府黨的議員已經否決他們再也無法控制的政治轉型。

開始玩民主的遊戲（但是有些障礙）

計票時，巨大的選舉板顯示修正案支持和反對的票數。修正案未通過，失望和挫折感很大。如果修正案通過，烏利塞斯．吉馬良斯就會是反對黨的總統候選人，簡直無法擊敗。他扎根於人民，有強硬的立場重塑國家的政權結構。若是間接選舉，他就沒有機會獲勝。「**巴西民主運動**」決定參與選舉，縱使事實上由選舉人團挑選下一任總統。米納斯吉拉斯州長坦克雷多．內維斯被選為總統候選人。

起初烏利塞斯．吉馬良斯拒不接受「但丁德奧利韋拉修正案」失敗，想要民眾繼續對政府施壓，強迫國會二次投票表決。然而，無論選舉採取何種形式，坦克雷多．內維斯決定要當候選人，他有不同的想法，不只一次阻撓直接投票運動。一九八四年四月，在修正案交付表決的前一天，所有黨派都同意：如果修正案未通過，他們會通力合作找到替代的解決方案。坦克雷多．內維斯召開記者會，他宣布：若是將軍們同意接見「**巴西民主運動**」代表團，他樂意帶頭與軍政府談判。[69]

烏利塞斯．吉馬良斯從未錯過揶揄政府的機會，相較之下，對菲格雷多總統和他的支持者而言，內維斯似乎是比較合適的候選人。無論如何，說一句公道話，他是穩健的政治家，從一九六四年起他始終如一地反對獨裁政府。他不曾被取消授權，也不曾被剝奪政權。他證實自己是反對黨精明幹練的領袖，在六〇年代和七〇年代當選米納斯吉拉斯州聯邦議員、一九七八年參議員和一九八二年州長。他從事政治活動五十一年之久，首次當選的職位是聖若昂德爾雷伊鎮民代表。更重要的是，他的履歷表毫無瑕疵：在瓦加斯政府擔任法務部長，在若昂．古拉特議會制政府時期擔任總理。對那些曾經在他政治生涯拉他一把的人，他始終忠誠。[70]而且他精通米納斯吉拉斯政治藝術的風格。他擅長談判，懂得何時鋒芒畢露和抓住機會。

很難知道坦克雷多．內維斯是否預期修正案不會通過，或是他在玩平衡的把戲：隱藏他的議程、被提名為反對黨候選人，同時積極參加造勢大會和籌劃他的下一步。但是有一點是確定的：他明白，如果他成為妥協候選人，他會成功。他必定盤算過：贊成修正案的兩百九十八票是明顯的指標，反對黨可成為多數黨；更重要的是，投票結果顯示政府黨不再團結，分歧可能惡化。因此，他把精力集中在贏得選舉人團的選舉，為達到目的，他爭取「**民主社會黨**」的議員支持，企圖顛覆政府的議會制根基，建立自己的管道與軍方談判。[71]情勢對他有利，首先，菲格雷多將軍正在設法延長他的任期，「**民主社會黨**」推薦有潛力的候選人，全都被他拒絕。其次，沒有任何候選人能夠使政府的支持者團結起來。內部的仇恨使「**民主社會黨**」分裂。第三，他們最後選擇的候選人保羅・馬盧夫是大失敗。馬盧夫是獨裁政府的產品：在擔任聖保羅市長和州長時，他是貪婪的反動派政客，營私舞弊；儘管如此，一九八三年他以破紀錄的票數當選聯邦議員。他有自己的方法結交朋友，並且說服「**民主社會黨**」傳統的政治家：他應該是「共和國」的下一任總統。他積極拉攏，一對一，得到每一位議員的票。這很簡單：他分配禮物、允諾政府的職位，對未來許下慷慨的承諾。

事情的發展不完全符合坦克雷多・內維斯的期望，但是他的計算正確，他獲勝的機率大於輸的機率。以前似乎不可能的事情，他做到了，與支持政府的一派達成協議。他說服足夠的議員投票反對他們的黨，確保他在選舉人團獲勝。因此，一九八五年，一群「**民主社會黨**」的議員分裂，成立「**自由陣線黨**」（Partido da Frente Liberal，簡稱ＰＦＬ）。「**自由陣線黨**」是保守派，對投機主義貪得無厭。[72]另一方面，坦克雷多・內維斯與軍方重要成員建立關係網。他直接與蓋澤爾將軍說話，蓋澤爾將軍如今在後備隊，在武裝部隊裡仍然極受尊重。坦克雷多公開聲明：他的政府不會質疑武裝部隊，也不會調查獨裁政府時期犯下的罪行。他接受「**民主社會黨**」反體制派的支持，同時在反對派之間建立根基廣泛的政治聯盟，稱為「**民主聯盟**」。這個強大的聯盟包括**巴西民主運動黨**、**民主勞工黨**、**巴西勞工黨**，甚至**巴西共產黨**的成員。[73]他慎重介紹他的政綱是政府改革，而非與政治制度決裂。他的政綱包括再民主化進程在野黨必要的三個戰略性特點：在聯邦、州和自治都市的層級直接選舉；召開制憲議會；頒布新憲法。至於副總統，內維斯選擇馬拉尼昂的參議員若澤・薩爾內（José Sarney），後者召開記者會，聲明他辭掉「**民主社會黨**」主席的身分，加入「**民主聯盟**」。然後坦克雷多・內維斯採用口號「改變巴西」，開始在這個國家旅行，提升他的候選人身分，對任何地區的任何支援都來者不拒。

烏利塞斯．吉馬良斯順應局勢，聲明坦克雷多．內維斯支持間接選舉，正因為他一旦掌權就可以推翻那個制度。[74]在某種程度上他說對了，但是「**勞工黨**」認為這是保守的轉型，他無法說服該黨合作或參與選舉人團。然而坦克雷多．內維斯順利終止軍政府的循環，一九八五年一月十五日他當選巴西總統，薩爾內參議員也當選他的副總統。競選的結果是大勝利：坦克雷多．內維斯四百八十票，保羅．馬盧夫一百八十票。在就任之前，當選的總統有三個月時間鞏固他的勝利、成立新政府，將雄辯變成事實。「新共和國」（當時的名稱）的轉型方案含糊不清，在政治上保守，以妥協為基礎，無論如何這卻是不同凡響的變革。如今障礙已排除，可以重建民主政治和確立經濟與制度的穩定性。

在授權儀式前夕，坦克雷多．內維斯被火速送到醫院做緊急手術。他七十五歲，早就知道自己生病了。這個事實他連最親近的顧問都隱瞞，自信可以在就任之後尋求醫療協助。他擔心將軍們會以健康理由阻止他上任。對重要的公眾人物而言，疾病是一種忌諱，軍方可以主張：無論花多久時間，醫療會使他喪失治理國家的能力。一切都出紕漏。在巴西利亞「**基地醫院**」進行手術，設備很差，無法防止敗血症。醫生們粗心大意，感染蔓延，病人的狀況越來越嚴重。坦克雷多．內維斯從未上任。他被轉移到聖保羅「**心臟研究所**」，動了七次手術。他的死訊於一九八五年四月二十一日公布。[75]

內維斯進行第一次手術時，舉國震驚。此時「**巴西民主運動**」迅速行動，以保障總統的職權轉移。憲法規定：如果總統不能就任，由副總統取代。繼任的下一個順位是眾議院主席烏利塞斯．吉馬良斯。這是唯一一次菲格雷多將軍與「**巴西民主運動**真正的團體」達成協議：如果坦克雷多．內維斯未就任，合法的繼任者將是烏利塞斯．吉馬良斯。但是吉馬良斯拒絕。他說：醫生預斷坦克雷多・內維斯在四十八小時後可以就任，他的私人祕書阿埃西奧・內維斯（Aécio Neves）[76]在電視上如此聲明。他堅持若澤・薩爾內應該上任，暫時管理政府。[77]大家都被說服。

不可能知道坦克雷多・內維斯領導的政府會是什麼樣子。因為他逝世，「新共和國」的開始是巨大的失望，沒有什麼新點子。若澤・薩爾內在一九六四年支持獨裁政府。一九六五年直接投票，他當選馬拉尼昂州長，一九七〇年他成功當選「**國家革新聯盟**」的參議員。他在緊要關頭改弦易轍。只要能夠保住他的職位，也就是掌權，薩爾內有特別的能力適應此時政府的意識形態。在馬拉尼昂他是全能的，這種情況持續到二〇一四年。就像巴西許多其他政治人物，他是新型**上校主義**的化身，持續許多「第一共和國」特有的慣例。這些慣例包括忽視民主政治的規則，凌駕於法律之上的強烈意識，沒有能力區分公私財產，利用權力為親友取得工作、合同、補助金和其他利益。[78]

在薩爾內總統執政時期，反對黨的生存不容易。部長被任命，然後當場革職，因為他用計策調遣任何準備為政府提供支援者，以維持政治支持度。坦克雷多・內維斯為轉型所做的計畫，未進入這個政治公式。一旦制憲議會開始運作，**高原宮**（行政當局的辦公室）與國會的衝突變頻繁。[79]「**巴西民主運動**」致力於再民主化進程、「**勞工黨**」的社會主義政綱，而保守派團體運籌帷幄保護他們自己的利益，雖然議會的主席烏利塞斯・吉馬良斯努力居間調解，薩爾內總統卻全神貫注在達成一項政治協議，以便延長他的任期到五年。不僅如此，為「新共和國」設計的政綱尚未完成的部分，他全部放棄。

制憲議會於一九八七年二月一日開始，於一九八八年十月五日頒布憲法。新憲法最重要的目的是保證獨裁政府結束和確立民主政治。其中反映兩大關注：創立足夠穩固的民主制度以度過政治危機，確保巴西人民的權利和自由受到尊重。它被命名為《公民憲法》。這是巴西所有憲法中最長的，有兩百五十項條款，另有九十八項緊急應變的條款，現今仍然有效。[80]原文是一群傑出的國會議員的協作：恩里克・卡多佐、弗洛雷斯坦・費爾南德斯（Florestan Fernandes）、若澤・塞拉（José Serra）、盧拉、馬里奧・科瓦斯（Mario Covas）與阿魯達・桑帕伊奧（Plínio de Arruda Sampaio），而且這是巴西歷史上最民主的憲法辯論的結果。

國會成為公共生活中心一年又八個月。藉由協會、人民委員會、活動家集會與工會團體，許多巴西人參與憲法辯論。有幾種表現形式崛起。「民眾修正案」最富有革新精神，容納各種各樣主題，是直接參與民主政治的一種工具。歸根結柢，人民總共寄了一百二十二項民眾修正案給制憲議會，超過一千兩百萬人簽名。

如同巴西，如同民主政治，《一九八八年憲法》不完美。它的構成包含矛盾對立的運動，以及不平等的政治勢力難以克服的衝突。另外，好幾次沒有抓住要領。土地結構原封不動，武裝部隊也依舊自由決定所有內部事務。每週四十小時工作制被否決。雖然文盲可以投票，但是他們不得競選公職。因為關切選舉制度與一般社會生活最細微的細節調整，不出所料考慮歷史背景，在憲法生效時部分內容已過時。然而，《一九八八年憲法》是國家利用歷史建造未來的範例，基於對民主的堅定承諾。所有政黨都簽署，包括「**勞工黨**」。此憲法以現代手法詮釋權利，關注政治的少數黨，改進環境問題，致力於建立合法的憲政制度使民眾直接參與，決定限制國家對市民的控制力，要求公共政策以解決人民面臨的最嚴重問題為方針。烏利塞斯・吉馬良斯提出憲法最終文本，告訴《**巴西日報**》：國會應該批准此憲法，「對獨裁政府憎惡。憎恨和嫌惡。」[81]《一九八八年憲法》為這個時期一貫、持久的自由權和穩固的民主制度提供基礎。從那時起，巴西所有總統都經過投票選舉，他們的授權不曾中斷，選舉的結果都不曾被質疑。

凡事都有代價。制憲議會馬拉松式撰寫憲法，最後造成「**巴西民主運動**」分裂。該黨分為兩大團體，「**進步黨**」與「**民主中心**」。後者俗稱「**大中心**」（Centrão，又譯**中間派**），是保守派的集大成，實際上不限於該黨成員。這個「**巴西民主運動黨**」（PMDB）的前身，一直與獨裁政府對抗，如今四分五裂。一半黨員加入「**大中心**」，變成討價還價的籌碼，薩爾內總統懂得如何善加利用。「**巴西民主運動**」的保守派逐漸成形，不再是真正的反對黨。它轉變成一個陣線，在國會支持政府，無論那個政府屬於哪一黨。[82]「**巴西民主運動**」的分裂不可避免。終於，一九八八年六月，在巴西利亞一群左翼的PMDB異議分子成立新黨：「**巴西社會民主黨**」（PSDB）。

「**巴西社會民主黨**」由專職政治人物創立，巴西所有政黨幾乎都是如此。該黨最初有十七州的八位參議員和四十位聯邦議員當國會代表。[83]他們的象徵是巴西巨嘴鳥（toucan），有黃色的胸部，暗指支持直接選舉的運動顏色。該黨吸引**社會民主黨**和**進步自由黨**人士，他們的黨綱是鞏固巴西的民主政治；支持議會制；為效率、透明度和無障礙而改革國家；將一些國營公司私有化；對外資、以及發展重要經濟部門的產業科學投資，尤其是微電子學，逐漸放寬限制。除了名稱，依照歐洲人的了解，它並非**社會民主黨**，因為該黨與工會和勞工運動沒有密切的關係。「**巴西社會民主黨**」最強大的票倉在聖保羅，是該黨最重要的領導人佛朗哥．蒙托羅、若澤．塞拉、恩里克．卡多佐與馬里奧．科瓦斯的故鄉。有這些強大的元老，該黨立即受到都市中產階級的歡迎，吸引的票數迅速增加。

即使如此，沒有人想像得到：六年後該黨最傑出的政治家之一，社會學家恩里克．卡多佐，當了兩任巴西總統。恩里克．卡多佐在里約熱內盧出生，但是在聖保羅居住和工作。他是聖保羅大學的教授，直到他受《五號制度法》的影響，被迫退休，在智利流亡。他轉而在歐洲和美國教書，一九六九年回到巴西，與二十七位知識分子成立一個團體，他們一起創立聲望極高的研究機構「**巴西分析與規劃中心**」（Cebrap），研究這個國家的政治、社會和經濟議題。[84]恩里克．卡多佐終生參與政治，但是一九八三年才考慮競選公職，不聽太太的勸告。他的太太露絲．卡多佐（Ruth Cardoso）是人類學家，有獨到且強烈的見解，她認為丈夫當獨立的知識分子影響力更大。或許她錯了。恩里克．卡多佐代表「**巴西社會民主黨**」當選參議員，很快就得到足夠的支持被提名為總統候選人；有了他，這一代對抗獨裁政府，終於取得行政當局的控制權。

此時，烏利塞斯．吉馬良斯準備頒布憲法，「**巴西社會民主黨**」正在成形，薩爾內政府每況愈下。通膨率高，政府聲望下降，對貪汙的抨擊越來越多。穩定經濟的第一項計畫《**克魯扎多計畫**》（Plano Cruzado）失敗後，政府逐漸失去信譽。一九八六年，薩爾內總統面臨下列情況：沒有人選他，這一年以通膨率一六％開始，他的政府經濟政策失敗，他遭受恩里克．卡多佐參議員的攻擊增多。簡而言之，這位總統迫切需要一個簡單的計畫，能夠產生快速的效果控制通貨膨脹。

《**克魯扎多計畫**》是他的魔法棒。[85]在這項計畫之下，新貨幣**克魯扎多**取代舊貨幣**克魯塞羅**，去掉三個零，如此一個**克魯扎多**值一千舊**克魯塞羅**。為解決失業率，這項計畫將最低工資提高一五％，給所有政府員工加薪八％，形成一種「觸發點」，每一次通膨率達到二〇％，工資就跟著調整，並且提供失業保險。但是這項計畫的王牌是將所有商品、關稅和勞務的價格凍結。通膨率暴跌，民眾的購買力提升，薩爾內總統陶醉於他的成功。凍結物價表全國都適用，巴西人拿著計算機，計劃他們的開支、改建他們的房子、增加消費和到國外旅遊——前景看起來美好。而且民眾熱烈參與維護這項計畫。他們會檢查超市的物價，確定沒有漲價；若是漲價，他們會抨擊有問題的市場。他們是「薩爾內的督察員」。

但是各種問題即將接踵而至。物價凍結只能維持到物價需要調整之前，若允許物價上漲、削減成本和降低消費，會失去人心。薩爾內總統卻很滿意此計畫帶給他聲望和政治利益，拒絕做任何改變，維持物價凍結到一九八六年十一月州長選舉。結果很奇特，一方面，「**巴西社會民主黨**」贏得壓倒性勝利，除了塞爾希培州，所有州長都當選，在國會以絕對多數勝出。另一方面，《**克魯扎多計畫**》開始粉碎。產品從貨架上消失，「聯邦警察」變得荒謬可笑，他們執行「**肥牛行動**」（Operação Boi Gordo），沒收農場飼養的牛，拿走牛肉和牛奶，以便保障供應量。更糟的是，發展一種策略，叫作**貼水**（agio），巴西人民屈服於日常物品非法的定價過高。

十一月二十一日，「**巴西社會民主黨**」選舉獲勝後不到一週，薩爾內總統不得不承認經濟體制陷入困境，發起《**克魯扎多計畫二**》。新計畫做各項調整，在實施第一版計畫時就應該採用。提高公共事業的收費率，批准物價上漲，結果通膨率暴漲。薩爾內總統召集一群實業家在「財政部」開會，以便聲明終止物價凍結，人民認為他顯然將第二項計畫拖延到選舉後公布。他被譴責選舉舞弊，毀掉政府的信譽。

一九八九年總統大選，自一九六一年以來首次直接選舉總統，選民顯示他們的挫折感。他們已經感到幻滅，最初是《但丁德奧利韋拉修正案》失敗，然後是坦克雷多·內維斯意外死亡。這一次的幻滅甚至更大。惡性通貨膨脹已迫在眉睫，許多人不再相信傳統措施可以解決問題。這個國家需要救世主。那位救世主以候選人費爾南多·科洛爾（Fernando Collor）的形態出現。他是阿拉戈斯州長，四十歲，目光傲慢、機敏且專注。他決意打贏選戰，對薩爾內總統採取積極攻勢，帶領道德改革運動，對抗政界的任人唯親與所謂的**王公**（maharajas）在立法和司法機關的常規，他們利用官僚手段為自己加薪。[86] 科洛爾堅持改變巴西勢在必行。有一些選民喜歡他攻擊薩爾內總統的計畫，科洛爾總是說他的計畫是使巴西現代化、終止貪汙，確定政府員工做一整天的工作。距離選舉還有五個月，費爾南多．科洛爾的人氣足以保證他進入決勝選舉。

總統候選人超過二十位。烏利塞斯．吉馬良斯因為支持若澤．薩爾內而付出沉重的代價：他的抵制標準最高，就在保羅．馬盧夫後面。「**巴西社會民主黨**」取消對吉馬良斯的支持，聲明他太老不宜競選總統。既然烏利塞斯．吉馬良斯不可能成為反科洛爾的候選人，那個角色落在萊昂內爾．布利佐拉和盧拉的身上。盧拉比布利佐拉多五十萬票，這位高卓人苦吞敗果。盧拉找他支持第二輪投票，萊昂內爾．布利佐拉表示：既然結果是平手，他們兩人應該棄權，支持第四名馬里奧．科瓦斯，「**巴西社會民主黨**」的候選人。盧拉憤怒地反駁：「布利佐拉，那不是平手！我得到的票比你多五十萬。」[87]

直到萊昂內爾．布利佐拉於二〇〇四年辭世，他與盧拉發生許多次衝突，他們互相猜忌、競爭和偶爾互毆，或許因為各自看到對方的特質而打鬥。但是最後布利佐拉接受失敗。決勝選舉他支持盧拉，確保他的票會轉移到「**勞工黨**」的候選人，在政界這並不容易做到。決勝選舉開始，科洛爾占優勢，但是競選活動結束時，這兩位候選人不相上下。民意調查顯示：盧拉有四六%的選票，科洛爾四七%。最後一週才決定選舉，當時這個國家已經兩極化。費爾南多．科洛爾有錢和媒體的支援。只有《**聖保羅頁報**》批評：費爾南多．科洛爾當阿拉戈斯州長時從未以身作則。其餘報紙一律支持科洛爾，尤其是羅伯托．馬里尼奧所控制的媒體，他是「**環球**」媒體帝國的業主。對馬里尼奧而言，萊昂內爾．布利佐拉或盧拉擔任總統是一種詛咒。有「**環球**」媒體的支持，薩爾內總統不再是眾矢之的，焦點在於攻擊「**勞工黨**」。中產階級每天都感覺被惡性通貨膨脹搶劫，費爾南多．科洛爾利用他們對共產主義的畏懼，暗示盧拉會徵用他們的房屋並且將他們的儲蓄帳戶充公，使他們極度驚恐。

那是骯髒的競選活動。「**聖保羅州工業聯盟**」（Fiesp）主席馬里奧．阿馬托（Mario Amato）聲明：如果盧拉獲勝，八十萬名商人會離開巴西。科洛爾發現盧拉與前女友米麗安．科迪羅（Miriam Cordeiro）育有一個女兒，她準備上電視說盧拉曾經給她錢墮胎。那是謊言，但是對投票者的影響是毀滅性的。選前三天，這個國家收視率最高的新聞節目，**環球電視網**的《**全國新聞**》（*Jornal Nacional*）播出費爾南多．科洛爾與盧拉的最後一場辯論，這是經過特別剪輯的縮短版，顯示前者果斷和自信，而後者沒有安全感且吞吞吐吐。有六千萬人收看。

在投票前夕，週六，發生最後一件事影響選舉結果，聖保羅的警察拯救被綁架的大企業家阿比利奧．迪尼斯（Abilio Diniz），犯罪集團裡只有一位巴西人，其他是智利人和阿根廷人，但是警方公布他們與「**勞工黨**」有關連。雖然該黨的好戰分子未涉案，但是《**聖保羅州報**》的週日版刊登一則訪談，阿比利奧．迪尼斯的弟弟說：「**勞工黨**」確實參與綁架。

費爾南多．科洛爾以五〇％的票數當選，盧拉得到四四％。一九九〇年三月十五日他就任，次日他召集經濟顧問開會，指示新任的經濟部長澤莉婭．德梅洛博士（Dr. Zélia Cardoso de Mello，經濟學家），向新聞界宣布他對抗通貨膨脹的詳細計畫——《**新巴西計畫**》（Plano Brasil Novo），通稱《**科洛爾計畫**》。[88]該計畫證實不堪一擊。它有強烈的志願成分，而且政府公布的改革配套方案（財政、金融、財產所有制）無法藉政令實施。這位部長的報告，把更壞的消息留到最後。在銀行方面，支票帳戶、投資帳戶和儲蓄帳戶，部分的錢被凍結。帳戶持有人可以提領的最大金額是五萬**克魯塞羅**（該計畫恢復舊貨幣），相當於一千兩百五十美元。十八個月後退還扣留的金額，分十二期付款，大幅降低實質價值。二十年後，八十九萬件個別的法院案件與一千零三十件集體訴訟，仍然在等待法庭的判決。另外，工資凍結，公共事業收費率提高，「中央銀行」下令放三天銀行假。報界估算：巴西的存款和目前的帳戶存款約一千兩百億美元，政府徵用全部金融系統的錢財八〇%左右，大約九百五十億美元。

這是劇變。沒有人買得起任何東西，消費停頓了，成千上萬勞工失業。公司破產，沒有人有存款，民眾唯一的依靠是相信他們的運氣。他們取消計畫，協商分期支付醫生和醫院的費用，而且明白他們無力還債。雖然看似很奇特，但是巴西人接受徵用。考慮到整個形勢，惡性通貨膨脹的後果使民眾筋疲力盡，才剛經過民眾投票當選的總統，斬釘截鐵地聲明：沒有替代方案。當他說終止通貨膨脹唯一可行的方法是徵用，大多數人暫且相信他。這位總統宣布：「無論如何，我們會贏。」

民主沒有盡頭

但是科洛爾總統輸了。十個月後通貨膨脹回復原狀，經濟危機變成流行的弊病，全國勞工要求提高工資。政府採用第二項經濟計畫《**科洛爾計畫二**》。同時，行政當局準備國營公司私有化，關閉政府贊助的機關和基金會，開放國際市場。經濟政策繼續反覆無常，每當物價上漲，政府就採用新措施：凍結工資、增加稅金、提高關稅，因為咄咄逼人，全都不奏效。就職才一年，經濟部長澤莉婭・德梅洛博士辭職。政府失去信譽，巴西人民受夠這些抗通膨計畫。

雖然巴西人不做這種比較，但是費爾南多・科洛爾很像雅尼奧・夸德羅斯，只是比較年輕。他們兩人都愛演戲、輕視政治人物、藐視國會、打造國家的道德願景與威權專制的風格。在科洛爾的總統任內，劇場奇觀包括從**高原宮**的斜坡走下來，在運動員、喜劇演員和電視名角的陪伴下，他穿著圓領汗衫印有仿哲學的名言，提升他的運動員形象。為重申他代表青春和現代，這位總統拍照時都在做特別的事情：騎摩托車、水上摩托車，甚至坐在噴射戰鬥機裡（彷彿他是副駕駛員），穿著迷彩制服。身為總統，他裝腔作勢，態度跋扈。他忽視團體利益，對政治漠不關心，未察覺他的政府岌岌可危，擺出一副不可一世的架勢。雅尼奧．夸德羅斯也做過一模一樣的事情，辭職的時候已失勢，唬人的伎倆被識破。費爾南多．科洛爾垮臺的因素是貪汙。

謠言沸沸揚揚地傳開，據說徵用國家的存款有例外：某些集團和個人可以保留他們的錢。新聞界調查科洛爾總統競選活動的財務主管保羅．法里亞斯（Paulo César Farias），發現政府內部系統性腐敗的詭計，他是中心人物，總統本人是同夥，民眾才明白濫用的程度。[89]一九九二年五月，《**觀察週刊**》（*Veja*）拋出爆炸性新聞，在長達十七頁的訪談錄中，總統的弟弟佩德羅．科洛爾（Pedro Collor）譴責保羅．法里亞斯：身為總統的出面人物，他不僅在選舉活動期間募集並管理非法基金約六千萬美元，而且充當非法交易的中間人，以政治利益和政府的職位換取賄賂。六月，「國會調查委員會」成立，雖然一開始沒有可信度，不久醜聞就曝光。調查發現法里亞斯干預聯邦各級行政機關，總統個人的開支都由他支付，包括總統用車的租金。仍然不知道保羅．法里亞斯把侵吞的基金存在哪裡，估計在三億至十億美元之間。[90]直到最後一刻，科洛爾總統不相信醜聞可以毀掉他。然而，一九九二年八月十三日週四，兩千位計程車司機前來感謝政府的協助，在**高原宮**，就在政府官員面前，他發表非正式演說時失去冷靜。他極力否認所有抨擊，聲明那些都是假的。他呼籲人民第二天上街示威，穿上國家的顏色——綠色和黃色，以顯示大力支持他的政府。這位總統發怒，但是巴西人感到厭煩和疲倦。結果星期日是遊行示威的日子，有一個細節：人民穿喪服。沒有事先的籌劃，全國各地人們自動走上街頭，但是全都穿喪服、手臂別黑紗，他們的汽車天線綁著黑布條。

費爾南多・科洛爾低估了巴西人。

人民決定揭穿這位總統。街頭抗議活動火力全開，但是這一回以幽默和嘉年華會的精神為特色。人民拿著巨大玩偶，有總統穿囚衣的模型，以及保羅・法里亞斯扮成戴眼鏡、有鬍鬚的老鼠模型。他們扛著棺木，上頭寫著科洛爾總統和澤莉婭・德梅洛博士的名字。學生們已經焦躁不安，臉上塗黑色、或綠色與黃色（**花臉運動**，caras-pintadas），以口號「科洛爾下臺！現在彈劾！」呼籲全國抗議。

烏利塞斯・吉馬良斯對巴西政壇最後一項偉大貢獻，是在國會領導彈劾程序。但是一九九二年十月十二日他死於直升機意外事故，屍體沉入大海——巴西再度服喪。[91] 十二月二十九日參議院開會，投票表決彈劾總統。這是《一九八八年憲法》第一個大考驗：自一九六一年以來民選的第一位總統被免職。最熱衷於再民主化的兩個全國性機構，「巴西律師協會」會長馬塞洛・拉維那雷（Marcelo Lavenère），與「巴西記者協會」會長利馬・索布里尼奧，將彈劾的請求呈給眾議院，已經受理。九月，科洛爾總統被暫時卸除職權。在參議院表決的早上，他嘗試最後的策略，以避免被判決禁止政治活動八年：他辭職。參議院的會議中止，副總統伊塔馬爾・佛朗哥（Itamar Franco）宣誓就任巴西新總統。第二天，參議院再度開會，以七十六票比三票通過彈劾案。費爾南多・科洛爾的政權被中止，他被褫奪公權直到二〇〇〇年年末。

難以置信：因為伊塔馬爾・佛朗哥相信費爾南多・科洛爾的道德論述和現代化使命，他就同意參選，擔任他的副總統。科洛爾選擇佛朗哥當他的競選伙伴，因為他需要這個國家的第二大選舉人團米納斯吉拉斯的選票。不僅如此，米納斯吉拉斯的選舉結果可推測其餘地區的結果。此州處於中心位置，反映巴西不同的面貌。佛朗哥接受參選，很可能因為他的參議員任期即將結束，而且他競選連任失敗。從開始競選的宣傳活動到這個政府結束，這兩人對所有事情都意見不合。這位副總統來自邊遠地區，是傳統的政治人物，有民族主義傾向，科洛爾毫不掩飾對他的輕視。伊塔馬爾·佛朗哥動輒與人爭吵且情緒不穩定。雖然他當過米納斯吉拉斯州長，巴西人民幾乎不認識他，而且他在普遍的危機中接任總統。他明白巴西人對他的疑慮，大多數人接受這個局面，只因為他們想要維持民主的秩序。他使所有人感到意外。

伊塔馬爾·佛朗哥當總統時，國家多災多難。[92]國內生產總值（GDP）下降，光是聖保羅的都市和郊區，經濟活動人口一五%失業。儘管費爾南多·科洛爾許下承諾，通貨膨脹回到一個月二〇%以上，前兩年通膨率一直未變。通貨膨脹影響所有社會階層，對窮人的影響特別嚴峻。因為他們通常沒有銀行存款，他們的錢得不到貨幣每日調整的利益。通貨膨脹不僅妨礙他們的未來，而且有致命的附帶性影響，包括食物短缺、失業和難以置信的暴力。這並非巧合，一九九三年這個國家發生兩件歷史上最惡劣的城市野蠻行為。七月二十三日，在里約熱內盧市中心的**坎德拉里亞教堂**前方，從兩輛汽車跳出六位憲兵隊軍官，朝教堂臺階上正在睡覺的四十名青少年和流浪兒童開槍射擊。八月二十九日，在里約熱內盧北區**代牧區**（Vigário Geral）**貧民窟**，三十六位武裝人員戴著蒙面罩，向二十一位少年開槍射擊。[93]

巴西正在經歷這種矛盾：一國的民主政治與社會不公同時存在。**貧民窟**發出呼聲，最能表達這種自相矛盾的殘酷。[94]饒舌音樂成為工具，表達**貧民窟**與郊區日常生活的特色：混亂、貧窮和暴力。饒舌音樂揭露警察暴力、司法制度的差別待遇、被政府拋棄，和缺乏機會——都是社會不平等造成的傷害。這是拜伊塔馬爾·佛朗哥政府的成員所賜，他們試圖了解民主制度如何成為社會不公的人質，通貨膨脹如何成為社會不公的盟友。更換財政部長三次後，這位總統指派恩里克·卡多佐出任，要求他發展新計畫打擊通貨膨脹。這個要求使政府的領導人物背脊發涼——從一九八〇到一九九三年，巴西有四種不同貨幣，物價凍結五次，實施九項抗通膨計畫。總共有十一種指數衡量通貨膨脹。

這一回以透明的方式處理所有事情。《雷亞爾計畫》（Plano Real）交付公共討論，這個國家了解計畫的運作方式，國會投票贊成實施計畫。[95]在新貨幣發展初期，雷亞爾是通貨膨脹指標：實價值單位（URV）。雖然人民逐漸恢復信心，但是完全轉換成新貨幣時他們懷有疑慮。許多人認為：政府可能在籌劃再度凍結物價，或者該計畫是贏得下屆選舉（一九九四年）的另一個計謀。但是巴西人民最想要的是穩定的貨幣——最好是與美元等值，允許他們計劃未來。雷亞爾提供這一切。這一回這項計畫出自世界主義社會學家恩里克．卡多佐與邊遠地區的工程師伊塔馬爾．佛朗哥合作的結果。恩里克．卡多佐成為官方候選人，繼承伊塔馬爾．佛朗哥的總統職位，在一九九四年第一輪選舉打敗盧拉。《雷亞爾計畫》是他得到總統職位的資格證明書。

這就是民主的本質，征服緩慢、難以達成，而且容易失去。然而，與獨裁政府鬥爭，使巴西人學會民主本身是一種價值，需要爭取。《一九八八年憲法》鞏固這個國家的民主制度，《雷亞爾計畫》賜予國家穩定的貨幣，這是民主發展的必要元素。在接下來的二十年，巴西開始面臨社會不平等的問題，成效中等。這項任務並不容易。接連三位總統當選連任：恩里克．卡多佐、盧拉與迪爾瑪．羅塞夫（Dilma Rousseff）。進入二十一世紀，巴西已經累積五百年的歷史，在過程中有某種程度的自知之明。歷史是巴西唯一能夠依靠的資源，使未來合乎這個國家過去的目的，因此，我們的歷史在此處落幕，雖然身為作者，我們覺得它不完整。這部歷史也以另一種直觀做結束：我們相信巴西民主之光永不熄滅。誰都說不準，未來可能光明燦爛。

結論
歷史不是算術

傾盆大雨
葡萄牙人來了
他給印第安人穿上衣服
真可惜！
若是豔陽高照
這個印第安人
會給葡萄牙人脫掉衣服。

——奧斯瓦爾德．德安德拉德，《葡萄牙人的錯》

圖皮或不圖皮，才是問題所在。

——奧斯瓦爾德．德安德拉德，《食人族宣言》

什麼原因使巴西紅木（brasil）變成巴西國名（Brasil），或者使巴西（Brazil）變成巴西聯邦共和國（Brasil）？自從葡萄牙人到來，每一代人都曾經問自己這個問題。有些人得出比較正面的結論。這不是一個簡單的問題，歷史並非唯一解答。巴西的歷史短，僅五百年（如果我們遵照官方說法，從葡萄牙人的來到展開巴西歷史），而且紛亂不斷。一旦起了頭，歷史便滔滔不絕，並且喜愛加入論戰。歷史改寫概念和神話，質疑許多關於巴西的臆說，揭露趨勢和一再重演的事件，確實值得新的闡釋。歷史玩弄時間，千絲萬縷，理出頭緒又打掉重練。歷史用一隻眼觀察過去，另一隻眼密切注意現在，甚至關注未來。

自從巴西是巴西聯邦共和國，自從這個國家初次建立民族認同感，有一長段歷史充滿國內衝突、暴力、試圖自治並要求平等，伴隨人權與公民權的逐步發展。巴西的故事普通，卻與眾不同。巴西史沒有演變可言，不出所料地依照事實和資料進展。一方面，這個過程看起來與所有現代國家很類似，在十七、十八和十九世紀為爭取個人自由而鬥爭，在二十世紀為爭取集體自由而鬥爭。另外，對一種新型權利有漸進的知覺，既非個人的也非集體的——環境永續的權利與民族文化遺產的權利。但是巴西的故事有另一面。在巴西，爭取政治權利的鬥爭比爭取社會權的鬥爭落後許多。直到二十世紀七〇年代，這個國家才積極主動維護公民權，支持非洲裔巴西人、婦女和彩虹族群（LGBTs，同志族群）運動，以及環境運動，即便當時那些運動起初是嘗試性的。行使某些權利未必會導致行使其他權利。然而，公民權的準則是個人自由，若不保障公民權，若不理解守法的人（無論他們有什麼差別）必須有平等權利，就沒有公民身分。[1]

所有社會群體絕非同時取得權利。對那些權利的體認不斷在變化，對公民權勝利的反應亦然。巴西史與不斷鬥爭贏得權利並獲得公民身分，有著千絲萬縷的聯繫。[2]作為殖民地，這個國家經歷基本的對偶性，一邊是龐大的土地占有，另一邊是奴隸制度。一八二二年，作為獨立國家，巴西在盡是共和國的大陸變成唯一的君主國。儘管有聲稱的自由主義，一八二四年皇帝強加的第一部憲法，實際上只允許小部分自由民有直接投票權，導致權力集中在皇帝手中，使得以奴隸為基礎的社會結構原封不動。

如果歷史記憶是我們的使命，根深蒂固且悠久的奴隸制經驗不能被忽視。奴隸制的傷痕殘存到今日，甚至留存在我們的建築裡。住宅公寓大樓有僕人使用的後門，仍然建造女僕的小房間。社會歧視與種族歧視反映在我們的辭彙——在現代巴西，窮人，尤其是非洲裔窮人，一直是歧視和不公平的攻擊目標。奴隸制確切的定義，表示否定自由與平等的基本權利。在法律用語，奴隸是沒有權利的人，**奴隸不具人格**（servus non habet personam）[3]——根據羅馬人古典的定義，沒有名字和過去。[4]無論走到哪裡，沒有來歷的人是外國人。當然，在巴西奴隸憑藉叛亂、行動主義和談判，改寫那句格言。然而，在我們的社區核心，這種觀念繼續存在，而且頑固地堅持：男人與女人天生不同，因為歷史、生物學和身體狀況使他們區分開來。巴西貧困的混血下層階級占人口絕大多數，他們的命運大多遵循相同模式，陷入統治結構的羅網，強者對抗弱者，**上校主義**。這種體制使個人持續仰仗權威者，而非促進逐步取得公民權和社會權。「庇護」簡直是巴西的國幣，實際上否定個人的權利。[5]將言過其實的權力賜與少數個人，使合法政府蒙受巨大損害。

在「第二帝國」，民族認同的建構[6]變成當務之急——以「浪漫印第安主義」的形式，但是在「共和國」統治下，「純正巴西人」（Brazilianness）的意念才開始扎根，生命共同體的歸屬感，這個社會認清：身為巴西人的集體經驗使社會團結。[7]巴西人不再是臣民，一條法律和集體生存，使一群人團結起來，如今他們是「共和國」的公民。這個過程在「第一共和國」時期已開始，當時首次採用次等公民（sub-citizenship）的形式。[8]一八八八年奴隸制度廢除後，前奴隸不被承認是地位相等的人，被稱為自由民或「五月十三日人」，以貶抑《**黃金法**》的日期。[9]這條法律公告的是自由而非平等，[10]當時以科學名義提出種族理論，使臆說合理化。另一方面，在那種背景開始共和經驗，最初為爭取平等、勞動權和完整的公民身分而鬥爭。若是這個政治時機導致巴西人和移民率領罷工及公眾示威遊行，社會排斥政策也顯示政體的新局面才剛開始。

熱圖利奧．瓦加斯在三〇年代上任，採用廣泛的社會立法，保證勞工的法律保護。但是有一種矛盾：這種保護以個人的自由為代價。熱圖利奧．瓦加斯的獨裁政府促進社會權，卻鎮壓政治權利。《一九四六年憲法》標識巴西史上第一個民主時期的起頭。這個時期維持瓦加斯時代的社會進展，再納入個人權利和政治權利，作為行使公民權的依據。

然後，又有獨裁政府，這一回是一九六四年**政變**產生的軍政府，再次阻礙民權與政治權利的道路。從那時起，巴西人傾向於認為獨裁國家清一色是軍政府，但是瓦加斯總統的**新國家**鎮壓所有政治權利，州長們用武力維持專橫統治，顯然反駁這種意念。《一九八八年憲法》（被適切地稱為「公民憲法」）頒布後，堅實的民主制度與完整的公民自由，得以進行一段連貫且持久的時期。在一九八七年制憲議會的開幕典禮，烏利塞斯．吉馬良斯率直地宣布：「這個國家想要改變；這個國家必須改變；這個國家將會改變。」他說對了，巴西不一樣了。三十年前，沒有人想像得到：這個國家竟然選舉文雅的學者費爾南多．恩里克．卡多佐、勞工領袖盧拉及前游擊隊員迪爾瑪．羅塞夫女士，擔任巴西的總統。

軍事統治二十一年後，一九八五年，在第一位平民總統的授權儀式，沒有人預料得到這個國家會採取再民主化的方向。建立現代巴西是煞費苦心的重建。政治制度已經鞏固，三權分立，各種選舉自由且規律，人民可以自由地表達政治意見。民主不再被看作是達到目的的手段，而是目的本身。現今平等權利是公共辯論的重點，在社會不平等的框架中確認全體公民的權利，同時列入新的個別化權利，平等對待弱勢團體——年長者、LGBT（同志）社區和兒童。

然而，極端的社會不公仍然與巴西的民主政治共存。雖然這個國家現今是世界第七大經濟體，但是從教育、工資和平均壽命的角度評估，在拉丁美洲巴西的社會不平等最嚴峻。[11]這種體制絕非真正的共和。在這個國家的政治體制與公共機構裡，權術大多仍然基於任人唯親。雖然投票的人數按幾何級數增加，不道德的程序是選舉制度與政黨運轉的特徵，不曾因此改變。由於不斷挪用公款及政府的政策失控，腐敗冒險成為風土病。

巴西以一種確信進入二十一世紀：鞏固民主政治是我們留給後代最偉大的遺產。沒有任何政體是全然民主的；民主政治是持續在變化的概念，在進行過程中被修改和擴大。如果巴西想要與全世界其他現代民主國家並駕齊驅，主要的挑戰是現在。今後的議程是什麼？巴西會選哪條路走？

費爾南多．恩里克．卡多佐當了兩任總統，從一九九五到二〇〇二年治理巴西，成功遏止通膨，而且成功調整政府資金結構，促使經濟成長。他也是「巴西社會民主黨」的元老之一，促進該黨的團結和茁壯。他的政府出類拔萃，原因之一是投資戰略性公共部門事業，與瓦加斯總統的項目劃清界線。卡多佐政府落實財富再分配的第一個方案，給貧困家庭救濟金，以便他們的子女就學。卡多佐總統的政府也活躍於社會舞臺，有食品補助金方案與消除童工。第一夫人，人類學家露絲．卡多佐博士，與丈夫一起推動許多社會公益項目照顧貧窮人口，例如**互助社區組織**（Communidade Solidária）、**技能培訓**（Capacitação Solidária）與**掃盲計畫**（Alfabetização Solidária）。

二〇〇二年盧拉當選，巴西的勞動階級首次成為必須認真對付的一股勢力。權力轉移順利，一個勞動階級的男人（童年時偕同文盲母親和七個兄弟姊妹，離開旱災肆虐的伯南布哥內地，來到聖保羅），成為巴西總統。盧拉是左翼領袖，有工會背景，在七〇年代鎮壓的數年，他協助創立「勞工黨」，以「勞工黨」黨魁身分贏得選戰。

盧拉當選總統後，巴西的民主政治惠及以前被排除在外的許多階層人民。盧拉總統的政府降低貧窮、不平等和社會排斥。勞動狀況改善，包括就業登記、增加信用貸款和提高最低工資，從二〇〇〇到二〇一三年最低工資增加將近六〇%。「家庭救濟金」方案於二〇〇四年成立，使得財富直接重新分配給窮人和極其貧寒者。二〇一三年，五千萬人（人口的二六%）收到救濟金。民主的程序持續不變，並且執行大規模政策，將社會保護措施的網絡擴大到廣大的巴西民眾。[12]

雖然民主政治已向前邁進，「共和國」一直停留在籌畫階段。共和國不只是一種政體，它是**共和制**（res publica）：屬於公眾，在公共領域，有共同的利害關係，與私黨的利益相對比。共和政體的主要優點是肯定政治自由的價值、所有公民一律平等，和公民參與公共生活的權利。共和國最大的敵人是腐敗。

貪汙絕非巴西獨有；大多數國家當然都有貪贓舞弊，但是貪汙始終以不同的形式成為巴西史的一部分。[13]或許是這個原因，在巴西，貪汙通常被看作國家固有特徵，彷彿風土病，不可避免的命運。常規重申這個觀念：盡你所能脫身，為侵占公款而從政——據稱這成為巴西的一部分特性，和國家的「貪汙文化」。這個觀點過度簡化，更何況是有害的。這是僵化的觀點，實際上阻止對抗一種極其複雜的現象。最重要的是，這個觀點低估大多數巴西人對這些常規的憤恨。

針對貪汙，巴西一直在改變公共行為和私人行為。就這方面而言，這個國家取得進展，起訴政府的員工和民間企業的個人，並且貫徹落實多元控制實務。現今有獨立的「聯邦檢察官辦公室」，行政與職務自主性得到保障；「審計官法庭」監督公共基金的募集和分配；「國會調查委員會」使立法權制度化，監督「共和國」的其他權力機構和社會本身。另外，「**聯盟總審計長**」（Controladoria-Geral da União）調查不法行為，監督政府員工活動以維持合法性。該機構也使「**隔離**」（Quarentena）標準化，那是一套準則，限制正式公務員參與管理他們可能獲利的情況。

然而，有不可否認的證據，在巴西的公共生活貪汙已經根深蒂固。最近的告發牽連政府高官，顯示貪汙繼續存在，歷屆政府打擊這種慣例沒有成效。近代史有許多實例。在恩里克・卡多佐的兩個任期內，被告發竄改數字並挪用基金，尤其是國營公司（**國家開發銀行**、**巴西電信公司**和**淡水河谷公司**）私有化的時期，被告發賄賂國會議員，以通過法律允許總統（及未來所有總統）連選連任。盧拉總統的第一個任期內，爆發「月費」醜聞：有系統地支付各政黨的議員，使他們在國會支持政府。這個醜聞牽扯到「勞工黨」高層，導致這個國家政治與經濟的精英分子入獄。

經過四個月辯論（實況轉播），最高法院判決醜聞期間的那些被告有罪。巴西人民顯出前所未有的關注，同意法院宣布有罪的判決。然後，迪爾瑪・羅塞夫總統第一個任期結束時，爆發「**巴西石油公司**」醜聞。巴西最有價值的國營公司，以前經濟獨立的自豪感象徵，涉及密謀、貪汙、洗錢和管理不善。現今尚在調查中，導致這個國家的六大營造公司——卡馬戈・科雷亞公司（Camargo Corrêa）、聯合技術公司（UTC Engineering）、奧亞斯建築公司（OAS）、曼德斯・朱尼奧工程公司（Mendes Júnior）、恩格維克斯建築公司（Engevix）、加爾旺工程公司（Galvão Engenharia）——首屆一指的經營者入獄。這些經營者被判決有罪，非法交易涉及數百萬元，而且分配賄款給所有政黨的政治人物。行賄者和受賄者，雙方都初次被「聯邦檢察官辦公室」和「聯邦警察」調查，後見之明，這可以看作「共和國」歷史的一個轉捩點。

民眾感到義憤：這種規模的貪汙變成例行公事。由於這些行為仍然是國家政治舞臺的部分，憤怒逐漸高漲。然而，貪汙變成投入政治的**原因**（raison d'être）令人憤憤不平，有一種風險。人民可能拒絕政治職業，不參與公共生活，導致民主制度的信譽受損。唯有憑藉嚴厲的公共控制、施政透明和教育的過程，才能夠打擊貪汙。一般巴西人需要吸收共和價值。我們需要清楚體認公共權利的定義。這表示尊重他人、任何人和所有人。

在二〇一三年中，公共權利發揮得淋漓盡致。六月一個早上，許多巴西人一覺醒來感到驚愕：聖保羅市公車票漲價，導致全國各地民眾怒不可遏。成千上萬人，大多是年輕人，在大城市的街上抗議遊行，議程遠遠超過公共運輸費用的問題範圍。他們強烈表達普遍的不滿情緒並渴望改變，雖然目標不明確。他們通稱「**六月抗議遊行**」（Manifestações de Junho），沒有領導人和政治演講。各種各樣獨立運動在社群網路籌劃遊行，與政黨沒有關連。他們導致一連串抗議浪潮，維持不久但是影響深遠。他們顯示政府和政治體制脫離民族情緒。那些遊行的人要求改善教育、衛生與基本服務，並且喧鬧地抨擊政府腐敗。這些抗議遊行再度證實公共空間的重要性，充當活動場所供市民要求直接參與。

然而，最重要的是，「**六月抗議遊行**」顯示再民主化時期已結束。現今的問題在於採取步驟加強巴西的公共事業，以及擴大巴西的民主政治，新主張包括性別平等、性平等、民族平等、區域平等與世代平等。這是取得完整公民身分唯一的途徑。最近最偉大的發展之一是要求公民權利，要求「與眾不同的權利」，受到女性主義者、黑人、**逃奴**與ＬＧＢＴ社區成員的運動擁護。對許多巴西人而言，公民身分的定義不只是平等權，而是那種平等原則包括與眾不同的權利。

通往民主之路，重要的一步是二〇一一年十一月「**國家真相委員會**」成立，調查政府的官員從一九四六年九月十八日到一九八八年十月五日侵犯人權的罪行。[14]二〇一四年十二月十日「**國家真**

相委員會」將最終報告呈給迪爾瑪．羅塞夫總統，這是深具象徵意義的舉動。現今這份報告是巴西集體記憶的部分，確認巴西公民的權利，處理軍事獨裁期間侵犯人權的重大罪行。「**國家真相委員會**」質疑《大赦法》的互惠條款，建議懲戒刑訊者，因為酷刑罪不符合大赦的條件。然而，這份報告未處理中心點，未揭露事實與事件的真相，在軍事獨裁統治下政治活動的真相。這些檔案，尤其是自一九七二年轉換為微縮膠片，一直由軍方保存。這個項目由三軍的情報與鎮壓機構進行。實際上這種資料仍然不可能取得，因此錯失良機。自一九八五年起，那些在政府任職者面臨的局勢已充滿挑戰，這種錯失導致局勢惡化，挫折感很大。這些領導人當中有迪爾瑪．羅塞夫總統，她是以前遭到逮捕和拷問的**游擊隊員**。欠缺透明度，在民主政府裡，巴西的領導人難以維持文官統治的卓越地位。

歷史不是根據所見所聞做推論，歷史學家也不是千里眼。歷史與累積資料沒有什麼關連，歷史也不是線性過程，當然不可預測。過去的特徵仍然與今日的社會結構交織在一起，不可能因為善意或政令就消除。大部分人民仍然過著赤貧的生活，雖然巴西已進步，但是社會不平等仍然位居世界前列。在這個國家許多地區，女人與男人做同樣的工作，女人的工錢卻比較少；男人對女人施暴的頻率非常高，經常被婉轉地稱為「激情犯罪」。單身母親或同性伴侶成立新型家庭，與廣泛的性別歧視和同性戀恐懼症共存，婦女和同性戀族群屢遭暴力襲擊。儘管有新的平權行動政策，非洲裔人民，無論膚色深或淺，仍然遭受種族歧視，在勞動與教育統計表、死亡率和犯罪化都顯而易見。競爭環境仍然不公平，在公共場所，例如餐廳、俱樂部、電影院和足球運動場，種族偏見無所不在，更別提私人會所。雖然原住民優惠性差別待遇的權利與土地所有權逐漸被確認，一旦涉及經濟利益，這些憑血汗掙得的權利都半途而廢。

最後，從一九八〇年以來，刑訊不再是政府的官方政策，但是警方仍然廣泛地進行拷問（並且加以掩飾），尤其是在**貧民窟**和最貧窮的住宅區，那裡的居民（尤其是年輕黑人）蒙受暴力和羞辱最為嚴重。這些情況顯示某些社會群體的公民身分岌岌可危，他們仍然受制於種族隔離。在這種情況下沒有民主。巴西的奴隸制歷史與二十世紀的獨裁政府，似乎留下難以磨滅的印記。個人依舊僱用黨羽，或利用當局的協助，清算宿怨。這類慣例不局限於任一社會階級或團體。

本書留下許多問題懸而未決。巴西是否會鞏固「共和國」以及《一九八八年憲法》維護的價值觀？這個國家是否會努力維持永續發展，不破壞自然資源？巴西會在國際舞臺扮演何種角色？歷史沒有定論，而且樂於接受許多詮釋。本書已經完結，但是沒有結論。這不是最具權威的教科書，但是我們在此處竭力描述巴西公民權漫長的成功之路。這個國家不完美的共和政體轉型有很多挑戰，機構仍然薄弱，貪汙根深蒂固，公共基金被用來謀取私利。這個偉大的烏托邦或許將採納真正的共和價值，使國家利益由全體巴西人共享。在巴西歷史，這可能是新時期的開始。畢竟，既然巴西已實現民主政治，「共和國」指日可待。

後記

和人一樣，各國偶爾經歷劇變——昨日看似風平浪靜，今日風起雲湧。《巴西》（*Brazil: A Biography*）的葡萄牙文原稿，於二〇一五年一月付梓。我們完成這本書，未斷然預測巴西的未來；然而，我們的展望充滿期待和希望。在巴西史最長的民主時期（自一九八八年現行憲法成為法律以來），政治利益逐漸增加，似乎不可逆轉。在本書的〈結論〉，我們提及若干積極指標：公共政策越來越貼近巴西人民的現實；社會差距與經濟差距縮小；國內最貧苦者的生活水準改善，以及公民權的進展。巴西的民主政治堅實，從軍事獨裁到民主政治漫長的轉型期，出自巴西人民的選擇與《一九八八年憲法》的影響。依我們之見，政府的三大權力機關（立法、行政和司法）完善且平衡。強大的機構是民主政治健康的表徵，這是我們完成本書時對巴西國情的了解。

實際上，截至二〇一五年初，巴西取得相當大的進展，但是並非毫無瑕疵。我們注意到：民主已站穩腳跟，「共和國」享有憲政體制，但是市民仍未充分參與有關國家整體利益的議題。適宜的公共行政機制尚未準備就緒，因此，欲充分支持新方案滿足公共服務的需求，難度很大。從當時迄今，巴西政府一直未能保障權利，尤其是公民權，種族歧視主義、同性戀恐懼症和殺害女性的行為屢見不鮮。巴西的原住民族群和他們的土地權利，以及**逃奴社區**的居民，也遭受侵略性攻擊。另外，適合各種殘障人士的政策和基礎建設仍然不足。

我們可以肯定地說，三年前我們的評估正確：「共和國」是進行中的作品。當時我們有些亢奮地相信：巴西義無反顧地邁向民主之路，但是我們弄錯了。

至少直到二〇一四年，根據民主品質與力量平常的短期指標——程序的、比較的和歷史的，巴西似乎步入正軌。這個國家以精力充沛的新民主邁入二十一世紀。畢竟，最強大的兩個政黨，**巴西社會民主黨與勞工黨**，輪流執政。他們普遍理解並接受：普選是取得政治領導地位唯一的合法途徑。制度完善、定期舉行選舉，以及無縫的權力轉移。事實上，從一九八五到二〇一五年有更多權力轉移，勝過巴西任何其他共和主義時期。另外，管理機構採用公共政策，包括經濟不平等法規，必須交付公民投票。權利清單加長許多，大多是公民權。就經濟的角度而言，巴西的民主政治促進安定、控制極度通貨膨脹，使貨幣更強勢。[1]在三十年期間發生這一切，使巴西人民感到樂觀。

但是從二〇一五到二〇一七年出了差錯。在二〇一四年中，新聞界不斷報導政府貪腐，相同的問題使司法機關飽受困擾，儘管如此，仍然有掌控感。處理貪腐問題的能力，似乎凌駕貪腐變成普遍問題的傾向。遺憾的是，那是錯誤的評估。令人眼花撩亂的變革即將來到。巴西的民主力量接受考驗。民主程序處於危機之中，真相變得更加撲朔迷離。這一切發生的時候，就在我們眼前，巴西的經濟陷入螺旋式下降。

歷史學家傾向於謹慎，經常逆來順受地提出警告：唯有後見之明才能預測歷史。他們已了解：時間不是直線向前進，也未必有演變。同時期的情勢逐漸展開，使現今的觀點變模糊，除了大家熟悉的迂迴曲折，看不出端倪。當然，目前的事件影響本書的撰寫，但是在接下來的幾頁，我們想要指出現今進行中的若干訴訟程序，此時我們無法預測。

現在回頭看，我們可以說：事實是這個國家有些事情早就出差錯。從二〇一二年起，跡象益發明顯，尤其是經濟。[2]直到那時候，充分就業和健康的勞動市場已落實。然而，跡象顯示公共財務陷入困難，因為財政赤字高。儘管如此，政府有自己的經濟議程，決定堅持到底。在二〇一二年四月的一場電視廣播，迪爾瑪·羅塞夫總統宣布：透過公營銀行，降低實質利率，增加消費者信貸限額。五月，消費性用電減價；八月，宣布公共工程配套方案，包括鐵路、公路和機場。這些計畫旨在擴大投資、創造就業機會，以及改善國家的基礎設施與後勤能力。

迪爾瑪・羅塞夫總統在第一個任期採用的經濟方案，端賴政府參與獎勵巴西的工業部門。「**國家經濟社會發展銀行**」（BNDES）被要求投資政府決定的公司。這項策略是減輕他們的稅務負擔，控制國外資本流入，以保護巴西產業。這項計畫叫做「**新經濟框架**」（Nova Matriz Econômica）。

然而該計畫產生嚴重的結果。雖然這是事實：歐洲是第二階段國際金融危機的震央，而且中國的經濟開始放緩，巴西受到嚴重的衝擊，但是負面影響的主因可歸咎於政府的經濟政策。羅塞夫總統強制利率下降，使她自己與金融業針鋒相對；金融業普遍面臨信貸風險增加和預期利潤減少。同時，為激勵商業活動而給予免稅，耗費公共資源卻沒有獲得重新增長的利益。

羅塞夫總統上任之前，各種問題一直在累積，滾雪球般地擴大成雪崩。例如，「**財政部國庫局**」（Tesouro Nacional）必須提出基金，以支援政府承諾的電費減價。因為羅塞夫總統確立政府實施人為的油價管制，「**巴西石油公司**」面臨慘重的損失——在二〇一四年底將近五百億美元。這個國家的財政狀況惡化，使國際投資者對巴西經濟的未來失去信心；而且通貨膨脹率上升。二〇一五年，經濟像自由落體般下降：這個國家陷入經濟衰退；通貨膨脹持續；高利率循環再度開始，達到一年一四・二五％；投資環境崩壞；經濟萎縮開始威脅勞動市場。國外也傳來警告信號，國際的信用評比機構和國際的多邊機構，例如「國際貨幣基金組織」和「世界銀行」敲響警鐘。

經濟問題是一種議題。然而，與經濟困境對話，另有一種緊迫的複雜情況：市民不安，在巴西各地舉辦一連串示威遊行，發洩心中壓抑的巨大挫折感。二〇一三年六月七日，由左派各種不同政黨激進分子組成「**免費搭車運動**」（Movimento do Pass Livre），在聖保羅示威遊行，要求取消最近的大眾運輸費漲價。令人驚訝的是，起初以為是當地的示威運動，卻聲勢浩大席捲全國，帶來人潮、計畫和希望。二〇一三年六月，有更多集合地點舉行抗議遊行，聯合成千上萬人，他們似乎突然從四面八方出現。四百七十次抗議遊行橫掃巴西十二個首府和所有大城市，表露極端不滿的情緒和挫折感，提倡有些雜亂無章的變革議程。後者質疑一切，從足球隊員的高薪到教師的低薪；政客與貪腐不再有罪不罰；因為沒有投資巴西的基礎設施，政府開支政策被詬病；以及要求教育改革。唯一不可侵犯的，重要政黨不列入改革的源頭。[3]這些計畫包括擾亂接下來數年排定的國際大型運動賽會：二〇一三年國際足聯聯合會杯；二〇一四年國際足聯世界杯；與二〇一六年奧林匹克運動會。根據二〇一三年六月十八日《**聖保羅頁報**》驚人的宣布：「數千人會上街示威遊行，抗議一切。」

處在風口浪尖上，大家有這種感覺：瓶子砰地裂開了，瓶蓋不可能蓋回去。忍無可忍的最後一擊，聖保羅州長傑拉爾多·阿爾克明（Geraldo Alckmin）[4]的警察暴力鎮壓，六月十三日在該市的**保利斯塔大道**，導致抗議群眾有一百二十八人受傷。警察殘暴地鎮壓，改變輿論，引起全國反動。示威遊行變得越來越浩大，六月十三日大約六千五百人出現在**保利斯塔大道**的抗議遊行；六月十七日，有六萬五千人。

警報響起，但是難以理解。隨筆作家兼文學評論家羅貝托·史瓦茲問：「原本人人舉出巴西當作成功的故事：這個國家抑制通貨膨脹，使邊緣化族群融入社會，而且正在消除赤貧；簡言之，這個國家變成國際榜樣。在兩週內，被另一個國家取而代之，大眾運輸、教育和醫療保健徹底失敗，政治人物令人尷尬，甚至對猖獗的貪腐置若罔聞。這兩個國家，哪一個是真的？」[5]不只他一人感到困惑。政府推遲回應將近一個月。直到六月底，羅塞夫總統的人氣來到史上新低，她上電視，針對抗議發表一系列相當抽象的政策（複雜的措施）。她提到財政責任、控制通貨膨脹、公民投票以成立新議會進行政治改革，重新投資運輸系統、醫療保健和教育；但是幾乎都沒有付諸行動。

注意到這些抗議運動有新的裂痕，也令人沮喪。實際上，他們與往昔任何類型的騷動大相逕庭。他們超越以前針對行政頹廢不振和政府惰性的示威運動。廣義上，最初這些抗議始於自由主義狂潮，某種只顧私利的行動主義。該運動充滿個人強烈的好戰意識，與倒退的政治假想。那是新鮮事。對立的理念滲透這種氛圍，形成議案和動員的類型，不僅區隔人民也團結人民。

在某種程度上，始於二〇一五年的示威運動，差別在於形式。他們主要是藉由各種運動、團體和個人的籌劃，自主的行動，彰顯各種不同的戰術。他們不依靠結構化集會已確立的指揮鏈。反之，他們主要是在社群媒體創立。但是很快就浮現這一切的另一面：所謂的「**黑群**」（black blocs）。這些抗議者戴著面具、穿深色衣服，看似軍國主義者。他們聲稱是自由主義者，但是他們的態度標準化、充滿暴力和攻擊性，企圖模仿西雅圖和柏林的自衛示威者。他們登場，將商店、銀行和政府大樓的窗玻璃砸碎，拿石頭和棍棒攻擊鎮暴警察。[6]這場戲還有另一個部分，在當時較不顯著而且更難想像：有明確目標的同質團體聯合起來，參加示威遊行。

到了二〇一三年，抗議運動的極端分子已經有個人化行動主義的跡象。其特徵是勢不兩立、充滿仇恨，越來越厭惡對話。[7]各種不同的利益團體的結合（集團組織、女性主義運動、LGBT團體、反種族歧視組織、學生團體，諸如此類），似乎已經被頂替，喪失權力地位。以前這些團體是示威運動不可或缺的部分，增添創新的光環。出乎意料，抗議者的政治活動崛起，截然不同且意見分歧，而且參與的類型改變。示威運動以前的動態消失了；「**免費搭車運動**」無法控制示威者和他們的要求。

這是不尋常的逆轉。巴西已經有分裂的跡象，但是在二〇一五年與二〇一六年的示威運動過程中，那些分界線變得無法彌補。[8]當時羅塞夫政府是主要的標靶，腐敗是不滿的主要源頭。以前保持緘默的某些團體，說出他們的意見。他們的特點是保守主義和倒退的輿論，例如恢復軍事獨裁的意念，以及公民權和社會權倒退的政治理念。另外，這些團體站在抗議第一線，開始控制許多事情。後果令人吃驚：左派無法控制抗議運動；溫和的中間派撤退，或是與右派結盟；普遍憎恨政治人物，同仇敵愾，一發不可收拾。

示威遊行繼續，吸引成千上萬人，但是如今變化已昭然若揭。示威者意見分歧，政治理念互相矛盾。人民為支持政府**或**反對政府而加入抗議。國外經常見到這類兩極化，現今以獨特的方式扎根——熱帶的巴西式。支持政府的示威遊行，總是在工作日舉辦，通常晚上六點以後開始。抗議者的衣服、飾帶和旗幟使街頭一片紅海，他們準備不惜任何代價捍衛**勞工黨**。反對政府的抗議遊行通常在早上舉辦，最好是週日，參與者主要是穿綠色和黃色，像巴西國家足球隊的球衣。他們要求彈劾羅塞夫總統，並且譴責盧拉和**勞工黨**腐敗。他們扛著盧拉與羅塞夫總統穿囚衣的充氣娃娃。[9]

根據所有的跡象，巴西自找麻煩。即使徵兆無所不在，至少在當時，政府置身事外不碰觸這些問題。二〇一四年三月，「**聯邦警察**」發現巴西利亞一處加油站掩護非法金融活動。意識到該加油站洗車**兼**洗錢，令人難以抗拒：「**聯邦警察**」與「**聯邦公共事務部**」（Ministério Público Federal）聯手調查，很快就成為知名的「**洗車行動**」（Operação Lava Jato）。[10]資金流向止於巴西利亞，但是始於巴拉那州隆德里納（Londrina）市區的一家公司。這個行動在巴拉那州庫里奇巴（Curitiba）「第二下級聯邦法院」[11]法官塞爾吉奧・莫羅（Sérgio Moro）的管轄範圍。二〇〇三年「聯邦司法部」在巴西各地成立若干聯邦法院，調查洗錢的案子，庫里奇巴聯邦法院是其中一個。這並非小事故，不久巴西人就明白事態的嚴重性，以及牽扯的金額。該調查揭露「**巴西石油公司**」十億美元的腐化計謀，涉及這家公司的幾個高層主管、這個國家最大的十六家建設公司組成的企業聯盟（cartel，音譯卡特爾），和巴西的五大政黨——**巴西民主運動黨**、**進步黨**、**社會民主黨**、**勞工黨**、**巴西社會民主黨**。[12]所有事情都互相聯繫：營建項目、合同以及給政治人物、政黨和公務員的賄款。這些建設公司經常定期開會，針對「**巴西石油公司**」的項目，協商競標的勾結計畫。他們會確定價格、分配合同和決定賄賂的金額，撥給政黨和參與計謀的政治人物。

這項調查揭露各種各樣的人捲入龐大的腐化計謀——公務員、美金的買賣雙方、商人、女人和政客，並且顯示：前三十年，在巴西各級的公共生活，聯邦、州與自治都市，貪汙成為可行的治理形式。[13]以前不曾有這麼多高級主管和大企業主入獄。這份名單包括下列建設公司的總裁：安德拉德．古鐵雷斯（Andrade Gutierrez）、卡馬戈．科雷亞、奧亞斯、凱羅斯．加爾旺（Queiroz Galvão）與聯合技術公司，以及恩格維克斯工程公司副總裁與曼德斯．朱尼奧工程公司副總裁。彷彿這還不夠，二〇一五年六月「**聯邦警察**」使馬塞洛．奧德布雷希特（Marcelo Odebrecht）下獄。奧德布雷希特是工程師，巴西最大的建設公司及第二大私營企業的總裁。

除了這些建設公司和工程公司，庫里奇巴的調查揭露巴西企業界與政治體制之間關係的廣度和深度。一屆政府人員走了，另一屆進來，各家公司或企業聯盟付款，以便從國營公司和強大的政府部門獲利。為交換默許和門路，他們資助政黨並付款給個別政治人物。巴拉那「**聯邦警察**」逮捕美金交易商，露出冰山的一角，阿爾貝托．尤塞夫（Alberto Youssef）、哈比卜．查特（Carlos Habib Chater）、內爾馬．科達馬（Nelma Kodama），以及「**巴西石油公司**」前董事羅貝托．達科斯塔（Paulo Roberto Da Costa）都入獄。根據他們其中幾位的說法，「**巴西石油公司**」資深的經理們共謀搜刮這家公司，他們各自代表一個政黨。其他人負責洗錢和分配收益。

總統競選活動於二〇一四年六月開始。這是一場硬仗，結果相差無幾，毫無疑問這個國家已經嚴重對立。第二輪只剩兩位候選人，**勞工黨**的迪爾瑪．羅塞夫與**巴西社會民主黨**的阿埃西奧．內維斯。在算出投票總數之前，這兩黨都宣稱獲勝。但是二〇一四年十月二十六日迪爾瑪．羅塞夫再度當選，以五千四百五十萬一千一百一十八票（五一．六四％）打敗阿埃西奧．內維斯的五千一百零四萬一千一百五十五票（四八．三六％）。[14]巴西確實是分裂的。

競選結果公布四天後，阿埃西奧．內維斯與**巴西社會民主黨**正式要求「最高選舉法院」重新計票。他們想從落敗的政黨聯盟挑選幾位專家，稽查並確認選舉的過程。他們聲稱選舉的結果是偽造的，企圖使人們懷疑迪爾瑪．羅塞夫授權的合法性，使她的勝利無效。自軍事獨裁以來這是第一次：落敗的候選人對選舉結果提出異議，企圖否決多數票。這個國家變得越來越激進。幾個派系大肆渲染這種二分法，使對話變得不可能（以前是很困難）。在公共領域，甚至在最為私密的空間，政治討論變得非常有爭議，而且醜惡。

羅塞夫總統慢慢意識到危機的嚴重，以及危機展開的速度。在整個競選活動，她承諾：一旦當選連任，她會使經濟政策步入正軌。她保證她的政府不會採取限制的或倒退的措施，與對手的承諾正好相反。羅塞夫總統低估她視為不可侵犯的經濟政策。她聲明：她會維持政府對教育、醫療保健、住房和社會工作的投資，也會維護社會事業，包括放假權利與社會安全（包括每年多一個月，「十三薪」）。然而，宣誓就任三週後，羅塞夫總統在巴西利亞**高原宮**蟄伏；然後，在二〇一五年一月，她終於做出與承諾完全相反的事。行政部開始新的委任授權，一百八十度大轉彎：原本發展主義議程是她當選的因素，被拋棄了。他們瞄準失業保險、遺屬撫恤金和薪資津貼及其他政策。行政部採用一項計畫，既是反干預也是正統的，實際上與反對黨的提議很類似。在羅塞夫總統的競選活動期間，她指這種計畫是「衰退、失業、減薪和促進社會經濟不平等」的捷徑。[15]

這位總統的災難性失策，導致經濟政策與她承諾的完全相反。她似乎認為：鑑於財政問題與經濟危機，別無他法，只能依靠傳統的解決方案。政府為這個大轉彎付出高昂的代價。羅塞夫總統已動搖她的根基，提供把柄給反對黨，反對黨仍然在努力使她的授權喪失合法性。

很可能在這個節骨眼出現機會窗口。從二〇一五年一月羅塞夫總統開始第二個任期，到二〇一六年八月參議院對彈劾案投票，期間有更多人堅持這種想法：民主的總統選舉可以被否決，他們的意志可以強加於社會。政府管理不善導致公債飆漲，批評和質疑是一回事。憑藉非常可疑的法律策略，試圖制度變革，明確界定的目標是把總統革職，那完全是另一回事。

反對黨聚集各種各樣對聯邦政府有敵意的利害關係人，包括商人、實業家、銀行家、國會議員、報人、法官和一些中產階級的行業。他們贊同的法規滿足他們的立即利益，組織反對派聯盟、提出統一目標，同時獨立經營。[16]除此之外，他們有一個共同的目標：讓政府垮臺。這個聯盟能夠煽動抗議遊行，結合一些議長在國會內外違反政府的權益，其中有當時的「眾議院」議長愛德華多．庫尼亞（Eduardo Cunha）、巴西副總統兼**巴西民主運動黨**主席米歇爾．特梅爾（Michel Temer），與**巴西社會民主黨**主席阿埃西奧．內維斯參議員。在一年半的時間，一連串令人難以置信的危機降臨到羅塞夫政府。那是極長的清單：失業率上升與經濟情勢惡化；從庫里奇巴不斷傳來貪汙的指控，起初聚焦在**勞工黨**，特別是前總統盧拉；抗議示威和不容異己更為普遍；國會有系統地杯葛行政機關的舉措；此時，副總統公然共謀接任主角。事態進一步惡化，豐當（Fundão）水壩潰堤，導致米納斯吉拉斯州馬里亞納數人死亡，這是巴西史上最慘的環境災難。緊接著那場災難，茲卡病毒感染和登革熱爆發，處理的方式證實政府臨機應變的能力差，更別提缺乏政策。[17]即使巴西在二〇一四年世界杯比賽輸給德國，也不會使這個國家更加狼狽。直到那時候，重大的危機似乎大多是發生在足球場上，現在是日常生活的一部分。

反對派聯盟以實用主義武裝自己。他們的計畫是讓政府垮臺、決定誰暫時接任，以及短期內應該實施哪些變革。他們提出腳本化政策，基本上，巴西的危機與政府整體有千絲萬縷的關係，尤其是與羅塞夫總統。然而，這次的抨擊有些不同，一直嚴格地保持在民主儀式的界線內。使用民主政治的工具和不折不扣地遵守法律，以便反對以民主方式建立的價值和制度，這種策略在巴西史完全聞所未聞。

這種策略的基礎是所謂的「**財政踩踏板**」（fiscal pedaling），經濟學家用這個詞描述政府將約定的付款方式從一個月延到下個月，或是從一年延到次年。追索權使「財政部」的貨幣頭寸上漲，人為地改善基本盈餘，使政府得以呈現虛構的財政業績改善。以前的行政機關曾經使用這個制度；事實上，這個隱喻恰如其分；畢竟，若是單車騎士停止踩踏板，自行車就倒下。[18]

二〇一五年十二月，「眾議院」議長愛德華多．庫尼亞[19]提出彈劾的要求。庫尼亞證實是很強大的領導者，他將國會的腐敗帶到全新的等級，為「眾議院」將近一百位候選人取得非法的競選活動基金。他的政治勢力源自他領導一個有凝聚力的陣營，由八個不同政黨約兩百五十位議員組成，在某些情況他們的關係是任人唯親，這個團體通稱「**大集團**」（blocão）。自二〇一四年起，庫尼亞與行政機關對抗，經常勒索和威脅他的對手。羅塞夫總統的彈劾案，眾議院於二〇一六年四月十七日批准，參議院於二〇一六年八月三十一日確認。後來庫尼亞被逮捕下獄，因為貪汙、非法離岸匯款和洗錢，被庫里奇巴聯邦法官塞爾吉奧．莫羅判處十五年有期徒刑。[20]

我們勢必要花一些時間，才能夠充分理解從二〇一五到二〇一七年巴西的局勢。常規程序遵守法治，用以滿足利益，與我們在公共機構保存的民主價值相反。一部分巴西人承擔並接受這種策略，沒有適當的批判性判斷，對巴西民主的代價毫無認知。[21]

現今，幾乎人人都知道：羅塞夫總統觸犯嚴重的行政違法。另外，她未履行政府的財政義務，在選舉年度，她核准相當沒責任感的政府開支。然而，這也是事實，國會使彈劾案正當化，而國會的成員大部分被指控貪汙。政府的違法行為嚴重，但是反對黨有明確的議程：他們要繼續執政，使用的方法正是他們譴責羅塞夫總統使用的那些方法。這留給我們一個無法避免的問題：以公益的名義，用這些方法把當選的官員革職，合理嗎？反對黨議員使用的法律機制，基於相同的原因被利用，甚至比指控羅塞夫總統治理不力的原因更虛假。

就在彈劾案投票的前幾日，米歇爾．特梅爾臨時政府的領導者，蘿絲．德弗雷塔斯（Rose de Freitas）參議員，[22]在訪談時開門見山地說：所謂的「**財政踩踏板**」技術，只是法定程序，一種藉口。羅塞夫總統下臺，不光是根據那些指控；那是完整的行動方案。「政府為何垮臺？依我的看法，與『**踩踏板**』這種業務沒有關係，〔那〕無關緊要。簡而言之，這個政府處於癱瘓狀態，沒有方向，沒有任何治理的基礎。人民失望透頂，國會不會給她必需的票數批准立法。」[23]這位參議員是誠實的，但是將「**踩踏板**」的控訴正當化，根本站不住腳。輿論不像前總統費爾南多．科洛爾的彈劾案訴訟程序那般有共識，之後他在一九九二年辭職。巴西的市民仍然意見分歧：三月十三日大約五十萬抗議者在聖保羅**保利斯塔大道**示威遊行，大喊：「迪爾瑪下臺！」並且在公寓的窗口敲打鍋碗瓢盆。五天後，人數銳減，大約十萬人在相同的大道示威遊行，海報寫著：「不會有政變」。

這個時代顯著的象徵是兩公尺高的鐵絲網，就在彈劾案投票當天，「聯邦公共安全祕書處」下令，在**部會廣場**（Esplanada dos Ministério，巴西利亞許多重要的聯邦政府大樓所在地）周遭架設鐵絲網。這個行動背後有明確的準教訓意味：把贊成彈劾案和反對彈劾案的遊行示威者隔開。就在首都的市中心，這堵圍牆使巴西的對立從象徵領域轉移到真實領域。就反對派而論，解決國家危機的方法是攻擊**勞工黨**政府，把混亂的事態歸咎於**勞工黨**政府。他們認為副總統米歇爾·特梅爾能夠創造奇蹟，他能夠組成一個團隊在短期內結束這場危機。另一方面，政府的支持者抨擊他們所謂的**政變**，他們視為阻礙民主進程的企圖。也有人質疑整個過程的廉正。在彈劾案投票的前一天，新聞記者埃利奧·加斯帕里（Elio Gaspari）在《**聖保羅頁報**》的專欄特別提到：「陷入癱瘓、沒有方向、沒有能力管理國家，或許是想要推翻政府的動機——成千上萬人上街示威遊行，正是如此要求，但是這些不是彈劾的正當理由。」他說教似地解釋：這不符合憲法。[24]

迪爾瑪·羅塞夫總統的彈劾案，揭露巴西的危機多麼嚴峻。對政壇和政治人物普遍失去信任，形勢變得更惡劣。事實上，治理不善的例子接二連三曝光，只是助長犬儒主義。許多開始掌權的政治家食古不化，而非光明磊落，與煞費苦心納入體制的民主價值不一致。他們不保留前幾個政府的社會效益；反之，其中許多人舊習難改（或是從未放棄）——世襲主義、政治恩庇和任人唯親，益發膽大妄為。

巴西的民主政治有風險嗎？這個問題還不能回答。有一點是確定的：一旦社會忽視權利的保護，民主制度就始終脆弱不堪。像巴西這種嚴重不平等的社會，失真的焦點必定立即集中在人權，利用政府的財政支援給予保障。[25]

機構無法自保；利用民主規則削弱它們，從內到外徹底破壞它們。這不會言過其實，畢竟，特梅爾政府最初採取的措施，包括廢除各種處理公民權和人權的部長級祕書處，這些祕書處主要的目標是減少巴西的不平等和促進社會融入。這些機構的前身是保護婦女、原住民、非洲裔人民和**逃奴社區**居民的部門。特梅爾總統組織的內閣，顯示他完全不重視多元社會。給媒體拍宣傳照，他的新內閣清一色是白種男人，大部分是他那一代的社會經濟群體的成員。

某種不平衡造成巴西現今行使權力的方式，這種動力徹底改變掌管權力平衡的機關。尤其顯著的是，（在這麼短的時間裡）行政與立法部門的威信急遽下降，因為他們無法遏止侍從主義和貪汙的慣例。現今，在巴西的行政當局和國會，他們的行政能力、合法性和聲望蒙受巨大的損失。另一方面，司法機關的情況完全相反，其勢力範圍顯著擴大。這種不平衡有風險，這些權力機構的成員開始把自己看作社會唯一的美德典範。貪腐如此根深蒂固，簡直是一種自然現象，如果對抗腐敗確實重要，那麼重新確立政府各部門的權力平衡也至關重要，否則會有風險，這些部門履行職責時，他們之間會產生執拗的侵擾。防止濫用權力只有一個方法，那就是《憲法》。

過去這三十年來，打擊貪腐的訴訟程序、實務和情境變化很大，同時道德法則卻變得越來越僵化，而且有歸咎於個人的傾向，就事件本身而言沒有錯。但是更廣泛的政治文化同樣需要認真面對，個人歸責不應損害這種認知。將政治領域簡化為道德主義的個人領域，以任人唯親為特徵，可看作喧鬧的行動主義誇示。巴西市民的日常生活彷彿已習慣依賴某種雲霄飛車式的跌宕起伏，消費新聞宛如在看迷你影集或連續劇。無論如何，巴西市民的義憤顯然已平息，這個事實最令人震驚。在二〇一五年與二〇一六年間憤怒的市民上街示威遊行，主張唯有憑藉刑法訴訟才能解決巴西的腐敗，這團怒火似乎已熄滅。或者，在二〇一六年八月把怒氣耗盡了。再也沒有人上街抗議。

雖然才發生不久，卻難以理解，反貪腐的大規模抗議遊行為何消失了？我們也不明白，這一切發生的時候，為何正巧有這麼多任人唯親與挪用公款的指控？一方面，巴西建立民主政治的主要參與者**勞工黨**節節敗退，未能重建不受賄賂的政黨聲望。幾位黨魁被指控貪汙，黨員也無法提供回應。另一方面，政府根本未洗清罪嫌。投票彈劾羅塞夫總統後不到一年，最高法院院長埃德森・法欽（Edson Fachin）開始調查八位現任的內閣部長。被調查者的名單，也包括眾議院和參議院的議長、二十四位參議員、四十位聯邦議員、三位州長，以及所有自一九八八年起當選的巴西前總統，坦克雷多・內維斯和伊塔馬爾・佛朗哥除外。前總統羅塞夫的對手阿埃西奧・內維斯也在名單中。此調查包括貪汙罪、意識形態謬誤、洗錢、詐騙和企業聯盟的組織。挪用公款和違法的競選活動經費，這些指控也牽扯到巴西主要的政黨，包括**民主黨**、**民主勞工黨**、**巴西民主運動黨**、**進步黨**與**巴西社會民主黨**。特梅爾總統竭盡所能替自己開脫，阻擋總檢察官調查他可能被動參與賄賂。為達到目的，他換掉「憲法與司法委員會」的議員，同意聯邦預算修正案，協商政府第二級和第三級的職位，對所有政黨議員作出讓步，包括那些影響環境的議員。[26]

寫本書的時候，危機嚴峻。然而，這可能導致提出很嚴肅的問題，尚未被問起的。這個危機甚至可能促進變革，在公共領域和政壇，引起有意義的談話和行動。

我們已經提及：巴西的歷史不是天命——它是由各種選擇、規劃及後果構成的。我們都知道，這個國家並非首次面臨規模龐大的重大危機。凡是近距離觀看的事物似乎都巨大，沒有未來而且不可能逃脫。可是，如果歷史幫助我們回憶過去，歷史必定也揭示：這些年來巴西曾經多次仰仗自省的時期。而且，順便提一句，這個國家總是自己找到出路。

二〇一七年八月於聖保羅美景市

注釋

編按：內文中以粗黑體標示處，係依據原著中斜體所標記。

原著的巴西版本可以找到本書完整的葡萄牙文參考書目。

序文

1. 原著於二〇一四年寫成。在那之後發生種種變化，我們在〈後記〉處理。

第一章

1. 塞爾吉奧．波爾圖（Sérgio Porto，一九二三－一九六八）的筆名，他是巴西散文家、報人和作曲家。
2. 奉西班牙天主教雙王斐迪南與伊莎貝拉的命令，哥倫布率領第一批探險隊於一四九二年十月十二日抵達美洲。
3. 本章稍後會說明食人癖（anthropophagy）與同類相食（cannibalism）之間的語意區分。
4. 〈創世紀〉的描述（9:20-9:27）令人不解。諾亞詛咒**含**的兒子迦南而非**含**本人。對於引起咒罵的行為，有許多詮釋上的爭議，許多學者認為應該有更嚴重的過錯。
5. 諾亞詛咒**含**，據稱包括**含**的後裔非洲黑人。〈創世紀〉的詩句列出**含**的後裔（10:6-10:20），未說明這一點。《米德拉什》（*Midrash*）記述**含**的兒子古實（Cush）是撒哈拉以南的非洲人，詛咒是透過他傳遞。
6. 羅倫佐．德梅迪西（一四六三－一五〇三）在堂兄「輝煌的羅倫佐」（Lorenzo il Magnifico）門下受教育。他的老師之一是阿美利哥．維斯普奇的叔父喬治．維斯普奇（Giorgio Antonio Vespucci）。阿美利哥與羅倫佐是同學，成為他的朋友和職員。在十六世紀初葉，阿美利哥．維斯普奇最著名的信函，大多是從「新世界」寄給羅倫佐。
7. Francisco Bethencourt, *Racisms: From the Crusades to the Twentieth Century*. Princeton: Princeton University Press, 2013, pp. 102–4.
8. 勃艮第王朝的堂．阿豐索三世（King Alphonse III），從一二四八到一二七九年葡萄牙的國王。
9. 特別援引Júnia Ferreira Furtado, *O mapa que inventou o Brasil*. Rio de Janeiro: Versal, 2013.
10. 阿維斯王朝的堂．阿豐索五世（King Alphonse V），從一四三八到一四八一年葡萄牙的國王。
11. 阿維斯王朝的堂．若昂二世（King John II），從一四八一到一四九五年葡萄牙的國王。
12. 關於大發現時期海上生活的評論，援引Paulo Miceli, *O ponto onde estamos: Viagens e viajantes na história da expansão e da conquista*. Campinas: Editora da Unicamp, 2008.
13. 意思是這些箱子不可以超重。
14. 歷史上的質量單位，一英擔（quintal）等於一百磅（四十五．三五公斤）。
15. Miceli, *O ponto onde estamos*, p. 77.
16. Padre Fernando Oliveira, *A arte da guerra do mar*. Lisbon: Naval Ministry, 1969, p. 77.
17. 聖科斯馬神奇治癒的病。孿生兄弟聖科斯馬與聖達米安是醫生，有各種神奇治療。在「戴克里先迫害」（Diocletian's persecution）時期，公元三百年他們在西里西亞（Cilicia）遭到逮捕並斬首。
18. Joaquim Romero de Magalhães, 'Quem descobriu o Brasil', in Luciano Figueiredo (Org.), *História do Brasil para ocupados*. Rio de Janeiro: Casa da Palavra, 2013.
19. Miceli, *O ponto onde estamos*, p. 171.
20. 佩羅．瓦茲．德卡米尼亞（大約一四五〇－一五〇〇）是葡萄牙爵士，一五〇〇年伴隨卡布拉爾到印度。一五〇〇年四月他在卡布拉爾的艦隊上寫關於發現巴西的官方報告（*Carta de Pêro Vaz de Caminha*）。他在那年死於加爾各答的一場暴亂。
21. 英文譯名Land of the True Cross（源自拉丁文Vera Crux）。
22. 葡萄牙文Bahia代表「海灣」，巴伊亞州根據「萬聖灣」（Bahia de Todos os Santos，首府薩爾瓦多所在地）命名。
23. 阿維斯王朝的堂．曼努埃爾一世（King Emmanuel I），從一四九五到一五二一年葡萄牙的國王。
24. 帕拉塞爾蘇斯（一四九三－一五四一）是瑞士裔德國籍，文藝復興時期的醫師、術士、煉金術士及占星家。他堅持使用大自然的觀察資料，而非查閱古代文獻，徹底背離當時的醫療實踐。
25. 吉羅拉莫．卡爾達諾（一五〇一－一五七六）是義大利數學家、物理學家、哲學家及占星家。他賭博成癮，制定機率論最初的規則，撰寫兩百本以上關於醫學、數學、哲學和音樂的書籍。
26. Pêro Vaz de Caminha, *Carta de Pêro Vaz de Caminha*, April 1500.
27. 瓦盧瓦王朝昂古萊姆支系的弗朗西斯一世（François I），從一五一五到一五四七年法國的國王。
28. 阿維斯王朝的堂．若昂三世（King John III），從一五二一到一五五七年葡萄牙的國王。

29. 現今sertão這個詞用以代表巴西東北部內地半乾旱的灌木叢林地，在殖民地早期有更廣的用法，sertão指這片領土的內地幅員遼闊、無法無天。
30. 在薩爾瓦多南方（直線距離）兩百一十一公里的海濱市鎮。
31. 關於巴西（Brazil）的名稱，參照Laura de Mello e Souza, 'O nome Brasil' (*Revista de História*, n. 145, pp. 61–86, 2. sem. 2001), and *Inferno Atlântico* (São Paulo: Companhia das Letras, 1993, pp. 29–32)。
32. 巴西木原文Pau-Brasil。
33. 費爾南多・迪諾羅尼亞（大約一四七〇—一五四〇）聲稱，他是第一位歐洲人發現這個根據他的名字命名的天堂島嶼，在大西洋群島中最大，在累西腓東北方五百四十五公里處。誰最先抵達這座島，沒有定論，最初是根據施洗約翰命名為聖若昂（São João）。
34. S. D'Agostini et al., 'Ciclo econômico do pau-brasil'. Available at: <http://www.biologico.sp.gov.br/docs/pag/v9_1/dagostini.pdf>. Accessed on 15/12/2014.
35. João de Barros with Laura de Mello e Souza, *Inferno Atlântico*, p. 24.
36. 馬加良斯・甘達沃（大約一五四〇—一五八〇）是葡萄牙學者和歷史學家。他的著作《**通稱巴西的聖克魯斯省發展史**》於一五七六年出版。書中描述發現巴西與巴西殖民化最初數年，以及歐洲人一無所知的異國動植物。甚至描寫海怪，據說出現聖維森特都督轄區（現今的聖保羅州）的近岸，被當地的居民殺死。
37. 「**檔案塔**」（Torre do Tombo）的「國家檔案館」是葡萄牙最古老的機構之一。原先於一三七八年設立在里斯本城堡的一座塔樓裡（tombo是「章程註冊簿」；torre是「塔」），是葡萄牙政府主要的檔案館之一。
38. Sérgio Buarque de Holanda, *Visão do Paraíso: Os motivos edênicos no descobrimento e colonização do Brasil*. 6. ed., 2. reimp. São Paulo: Brasiliense, 2002.
39. De Mello e Souza, *Inferno Atlântico*.
40. 下文關於十五世紀旅人的遊記，根據作者莉莉亞・蘇瓦茲（Lilia Moritz Schwarcz）在*O sol do Brasil: Nicolas-Antoine Taunay e as desventuras dos artistas franceses na corte de d. João* (São Paulo: Companhia das Letras, 2008) 書中的研究。
41. 《**大修道院院長聖布倫丹航海記**》是九世紀的故事，描述聖布倫丹（St Brendan，大約四八四—五七七）到「幸運島」的傳奇之旅。
42. 這本七、八世紀的《**宇宙誌**》，由神職人員耶羅尼穆斯長老（Hieronymus Presbyter，假裝是聖熱羅尼莫〔St Jerome〕）撰寫，表明是希臘文原著翻譯成拉丁文，主角是伊希克斯・伊斯特（Aethicus Ister或Aethicus of Istria）。書中描述伊希克斯從愛爾蘭旅行到印度，與奇異的外國民族打交道的經歷。
43. 皮耶・戴伊（一三五一—一四二〇），法國神學家，占星家和紅衣主教，有一百七十本著作。他在《**世界寶鑑**》討論地球的形狀，哥倫布受到該書的影響。
44. 《約翰・曼德維爾遊記》非常受歡迎，記述假想的環球之旅，約翰・曼德維爾可能是虛構的編纂者。
45. 援引José Roberto Teixeira Leite, 'Viajantes do imaginário: A América vista da Europa, século xvii' (São Paulo, Revista Usp, no. 30, pp. 32–45, June/August 1996). See also Guilhermo Giucci, *Viajantes do maravilhoso: O Novo Mundo* (São Paulo: Companhia das Letras, 1992); Howard Rollin Patch, *El otro mundo en la literature medieval* (Mexico: Fondo de Cultura Económica, 1956); Joaquín Gil Aléxis Chassang, *Historia de la novela y de sus relaciones com la antigüedad griega y latina* (Buenos Aires: Poseidon, 1948).
46. Teixeira Leite, 'Viajantes do imaginário'.
47. Laura de Mello e Souza, *O diabo e a terra de Santa Cruz*. São Paulo: Companhia das Letras, 1986.
48. 皮加費塔（一四九一—一五三四）是義大利學者和「威尼斯共和國」的旅行家，與葡萄牙探險家麥哲倫（Ferdinand Magellan或Fernão de Magalhães）到西印度群島初次探險。一五一九年他們進入瓜納巴拉灣（里約熱內盧市尚未存在）。他是麥哲倫的助理，撰寫正確的航行日誌，記錄的資料包羅萬象，關於探險隊所到之處的地理、氣候、動植物和當地居民。
49. 阿維斯王朝的堂・塞巴斯蒂昂一世（King Sebastian I），從一五五七到一五七八年葡萄牙的國王。
50. 英文譯名*Treatise on the Land of Brazil and History of the Province of Santa Cruz*.
51. 本章稍後會論述，法國人試圖在瓜納巴拉灣岸邊建立「法屬南極洲」殖民地。第二章會論述他們在馬拉尼昂都督轄區北部建立聖路易市。
52. 同上。
53. 原文是F, L, R——Fé信仰，Lei法律，Rei國王。
54. Pero de Magalhães Gândavo, *Tratado da terra & história do Brasil*. Org. de Leonardo Dantas Silva. Recife: Fundação Joaquim Nabuco, Massangana, 1995, pp. 19 and 24.
55. Gândavo, op. cit., pp. 24, 27 and 29.
56. 英文譯名*History of Santa Cruz Province, Commonly Known as Brazil*。這本書不曾以英文出版。
57. Serge Gruzinski, *La colonisation de l'imaginaire: Sociétés indigènes et occidentalisation dans le Mexique espagnol, XVIe–XVIIIe siècle*. Paris: Gallimard, 1988.
58. 皮埃爾・德龍薩（一五二四—一五八五）是法國文藝復興時期的詩人，在他那一代以「詩人王子」聞名。在閱讀安德烈・特韋的《**法屬南極洲的奇人怪事**》（André Thevet's *Singularitez de la France antarctique*）之後，他寫下《**命運悲歌**》。他把印第安人稱作「幸福的人」，他們應該不受干擾，「沒有悲痛並且無憂無慮」（*sans peine et sans souci*）。（*Encyclopaedia Universalis*）
59. Ronsard with Manuela Carneiro da Cunha, 'Imagens de índios do Brasil', op. cit., p. 4.
60. 瓦盧瓦王朝的亨利二世（Henri II），從一五四七到一五五九年法國的國王。一五三三年他與凱瑟琳・德梅迪西（Catherine de' Medici）結婚，雙方都是十四歲。
61. Ferdinand Denis, *Une fête brésilienne célébrée à Rouen en 1550*. Paris: Techener Librarie, 1850.

62. Carneiro da Cunha, 'Imagens de índios do Brasil', op. cit, p. 5.
63. 狄德羅（Denis Diderot，一七一三—一七八四）是**《百科全書》**（*Encyclopédie, ou dictionnaire raisonné des sciences, des arts et des metiers*）的編輯（與讓・勒朗・達朗貝爾〔Jean de Rond d'Alembert〕合作，直到一七五九年），該書在一七五一至一七七二年間在法國出版。
64. 托勒密（Claudius Ptolemy，大約公元九〇—一六八）是亞歷山卓的希臘—埃及裔作家，其**《地理學指南》**匯集二世紀羅馬帝國的地理知識。在文藝復興時期一系列新的版本出版，地圖更新。
65. 塞巴斯丁・明斯特（一四八八—一五五二）是德國地圖家及宇宙學家，一五四四年出版**《宇宙誌》**，是德國人對世界最早的描寫。
66. 「在哥倫布與維斯普奇的航行以前，始終存在的傳說，導致〔……〕食人族與非洲神話的狗頭居民產生聯想，如同拉伯雷的**《巨人傳》**（*Gargantua and Pantagruel*）為圖畫添加的說明。」引用戈登・柯利爾（Gordon Collier）編輯的《非洲文化與文學》（*African Cultures and Literatures*）。
67. 援引Carneiro da Cunha, 'Imagens de índios do Brasil', p. 5。
68. 文學的浪漫印第安主義擁護者，小說家若澤・德阿倫卡爾（José de Alencar，一八二九—一八七七）與詩人貢薩爾維斯・迪亞斯（Gonçalves Dias，一八二三—一八六四）。這項運動藉由殖民地早期巴西原住民浪漫傳奇的寫照，力圖創造國族認同。
69. Montaigne, 'The Cannibals', *Essays*. 由塞爾吉奧・米列特（Sérgio Milliet）翻譯成葡萄牙文。São Paulo: Abril Cultural, 1972, pp. 101–6. (*Coleção Os Pensadores*)
70. 書名的英文*The Singularities of Antarctic France*。
71. André Thevet, *As singularidades da França Antártica*. Lisbon: [n.p.], 1878, pp. 146–80.
72. 尚・德萊里（一五三六—一六一三）是喀爾文教徒，一五五六年加入「法屬南極洲」殖民地。法國海軍上將維萊加格農（Nicolas Durand de Villegaignon）建立這個殖民地，原本接納這些新教徒，然而，八個月後他譴責他們是異端，將他們驅逐。萊里及其他新教徒與圖皮南巴族一起避難。後來其中三人回到殖民地，被維萊加格農處決。萊里與其他傳教士搭上一艘不適航的老船回到法國。之後萊里撰寫《殉道者歷史》（*History of the Martyrs* 1564），其中一章題名為〈在美洲之地被迫害的信友〉，獻給三位被謀殺的同事。
73. Carneiro da Cunha, 'Imagens de índios no Brasil'.
74. 英文譯名*History of a Voyage to the Land of Brazil*。
75. Jean de Léry, 'Preface', in *Histoire d'un voyage fait en la terre du Brésil, autrement dite Amerique*. Genebra: A. Chuppin, 1580, pp. 2–9.
76. Ibid., p. 227.
77. 萊里在他的著作《桑賽爾鎮值得記憶的歷史》（*Memorable History of the Town of Sancerre*）講述這些殺戮史，他控訴法國人比他在巴西遇到自相殘殺的印第安人更為殘暴。
78. Frank Lestringant, 'De Jean de Léry a Claude Lévi-Strauss: Por uma arqueologia de Tristes Trópicos', *Revista de Antropologia*, São Paulo, vol. 43, no. 2 (2000).
79. 位於現今聖保羅州的海岸線，在聖維森特島東北方。
80. Hans Staden, *Duas viagens ao Brasil*. São Paulo: Hans Staden Society Publications, 1942 [1557], ch. 42, part 1.
81. Ibid., pp. 161 and 185.
82. Ibid., pp. 196–8.
83. Carneiro da Cunha, op. cit., p. 14.
84. 整段內容關於原住民法規，參照這篇精彩的文章：'Índios livres e índios escravos' by Beatriz Perrone Moisés, in Manuela Carneiro da Cunha's (Org.) *História dos índios no Brasil* (São Paulo: Companhia das Letras, 1992, pp. 115–32)。
85. 聖若澤・德安奇塔（一五三四—一五九七；二〇一四年教宗方濟各〔Pope Francis〕封他為聖徒）是西班牙耶穌會傳教士，在巴西最早介紹基督教的神父之一，聖保羅的創建者之一（一五五四年）。他被視為殖民地最具影響力的人物之一。
86. 奧斯瓦爾德・德安德拉德（一八九〇—一九五四）是**保利斯塔**巴西現代主義創始人之一。引文出自他的著作**《食人族宣言》**（*Manifesto Antropófago*），書中他攻擊葡萄牙人與傳教士的傳統。
87. 接下來的評論大部分根據卡洛斯・福斯托（Carlos Fausto）的著作*Os índios antes do Brasil* (Rio de Janeiro: Zahar, 2000)，以及引用卡內羅・達庫尼亞（Manuela Carneiro da Cunha）彙編的*História dos índios no Brasil*。
88. 巴西中央高原的特徵，乾旱的草原穿插矮小的植物群落，現今是首都巴西利亞所在地。
89. 巴西東北部的考古遺址，發現**阿拉圖**製陶藝術的例子——梨形骨灰甕。**阿拉圖**製陶藝術是卡拉哈族（Carajá）的**烏魯**傳統。參照Gabriela Martin, *Pré-história do nordeste do Brasil*。
90. **奧卡**是原住民使用的名稱之一，通常是木造或竹造的，用茅草或棕櫚葉蓋屋頂。
91. **奧卡拉**（Ocara）。
92. Eduardo Viveiros de Castro, *A inconstância da alma selvagem*. São Paulo: Cosac Naify, 2002.
93. **鴨子潟湖**（Lagoa dos Patos，音譯帕圖斯潟湖）是巴西最大的湖。位於殖民時期可航行的聖貢薩洛（São Gonçalo）運河的河口，沿著雅庫伊河（Jacuí river）。

94. 鐵特河貫穿聖保羅市，現今嚴重汙染。發源地在馬爾山脈，終點在內地巴拉那河的茹皮亞（Jupiá）水壩。
95. 巴拉那帕內馬河形成聖保羅州與南部緊鄰的巴拉那州之間的邊界。
96. 族群的區分也根據Fausto, *Os indios antes do Brasil*, pp. 68–70。
97. 皮拉蒂寧加高原（圖皮—瓜拉尼語，「做魚乾的魚」），第一個屯墾區所在地，聖保羅市的發源地。一五五四年十二位耶穌會會士，包括曼努埃爾．達諾布雷加（Manuel de Nóbrega）與若澤．德安奇塔（José de Anchieta），在安加保河（Anhangabaú）與塔曼杜泰河（Tamanduateí）之間陡峭的山頂，用夯土建造**耶穌會學院**（the *Colégio de São Paulo de Piratininga*），在學院周遭建立屯墾區。見第三章。
98. 關於聖保羅印第安人被剝削的反思，參照John Monteiro, *Negros da terra: Índios e bandeirantes nas origens de São Paulo* (São Paulo: Companhia das Letras, 1994)。
99. Fausto, *Os índios antes do Brasil*, pp. 78–9.
100. Pierre Clastres, op. cit.
101. 安東尼奧．維埃拉神父（一六〇八年生於里斯本，一六九七年卒於巴伊亞），天主教偉大的祭壇演說家，描述殖民地早期的狀況，是罕有的資料來源之一。
102. Viveiros de Castro, *A inconstância da alma selvagem*.

第二章

1. 甜菜糖甚至更晚才出現，直到十九世紀以後才成為西方餐飲的一部分。
2. 介紹蔗糖史的部分，大多根據西德尼．敏司（Sidney Mintz）的開創性著作《甜與權力：糖在現代史的地位》（*Sweetness and Power: The Place of Sugar in Modern History*，New York: Penguin, 1985）。
3. 阿維斯王朝的亨利王子（恩里克皇子，Infante Henrique），後來成為亨利一世（堂．恩里克一世，Dom Henrique I），從一五七八到一五八〇年葡萄牙的國王。
4. 葡萄牙與西班牙歷史上使用的重量單位，原本是一公擔的四分之一（二十五磅，十一．三三公斤）。
5. 粗糖muscovado或mascavado是動詞提純mascavar的過去分詞，這個詞用以區隔低級的糖——用來比喻「摻雜」。（*Dicionário Aurélio*）
6. Stuart Schwartz, *Sugar Plantations in the Formation of Brazilian Society: Bahia, 1550–1835*. Cambridge: Cambridge University Press, 1986.
7. 西班牙與葡萄牙王國政府的政治聯盟時期，通稱「伊比利亞聯盟」或「腓力王朝」，最初的兩位國王。哈布斯堡王朝的腓力二世，從一五五六到一五九八年西班牙的國王，一五八一年繼承葡萄牙王位，成為費力佩一世（Felipe I）。他也是尼德蘭帝國十七省的君主，與英國瑪麗一世結婚後（一五五四—一八），成為英國與愛爾蘭的國王。他的兒子繼承他成為西班牙的國王腓力三世兼葡萄牙的國王費力佩二世（一五九八—一六二一）。
8. Marshall Sahlins, 'Cosmologias do capitalismo: O setor transpacífico do "sistema mundial"', in *Cultura na prática*. Rio de Janeiro: Editora da Ufrj, 2004, chapter 13.
9. 阿維斯王朝的堂．曼努埃爾一世（Dom Manuel I或King Emmanuel I），從一四九五到一五二一年葡萄牙的國王。
10. Vera Lúcia Amaral Ferlini, *A civilização do açúcar: Séculos XVI a XVIII*. São Paulo: Brasiliense, 1984.
11. 堂．若昂三世（或國王約翰三世），堂．曼努埃爾的兒子，從一五二一到一五五七年葡萄牙的國王。
12. 英文譯名Holy War，因宗教信仰而引發的戰爭。
13. 巴伊亞都督轄區（現今的巴伊亞州）的區域，包含**萬聖灣**（Baia de Todos os Santos，殖民地最初的首府薩爾瓦多所在地）沿海肥沃的土地。
14. **雅瓜里皮**（Jaguaripe，源自圖皮—瓜拉尼語，意為「美洲豹的河」）將是**環巴伊亞灣區**最先建立的鎮。
15. 直到十七世紀二〇年代，這個教派依然活躍，雖然立即被葡萄牙人鎮壓。參照Ronaldo Vainfas, *A heresia dos Índios: Catolicismo e rebeldia no Brasil colonial*. São Paulo: Companhia das Letras, 1995。
16. 塞古羅港，在巴伊亞南部，聖克魯斯．卡布拉利亞（Santa Cruz Cabrália，卡布拉爾於一五〇〇年抵達此地）正南方的自治市。
17. 在聖維森特都督轄區（現今的聖保羅州）桑托斯港周遭的低窪地。現今，桑托斯港供該州首府聖保羅使用。聖保羅在皮拉蒂寧加高原海拔七百九十公尺以上，大約七十公里的內陸位置。
18. 吉爾貝托．費雷雷（一九〇〇—一九八七）是著名的巴西社會學家與人類學家，他流傳最久的著作《**大宅邸與奴隸小屋**》〈*Casa-Grande & Senzala*，英文譯名*The Masters and the Slaves*），仍然被視為巴西的經典之作，儘管書中一些人種的前提引起許多論戰。
19. 援引Manuel Diegues Junior in *O engenho de açúcar no Nordeste*. Rio de Janeiro: Ministério da Agricultura; Serviço de Informação Agrícola, 1952.
20. 葡萄牙舊制一阿羅瓦等於三十二磅，或十四．五公斤。
21. Engel Sluiter, 'Os holandeses antes de 1621', *Revista do Instituto de Arqueológico, Histórico e Geográfico de Pernambuco*, Recife, vol. 46 (1967), pp. 188–207.
22. Boris Fausto, *História do Brasil*, 4th edn. São Paulo: Edusp, 1996.
23. Schwartz, *Sugar Plantations in the Formation of Brazilian Society*, p. 159. 海盜的部分，參照Jean Marcel Carvalho França and Sheila Hue, *Piratas no Brasil: As incríveis histórias dos ladrões dos mares que pilharam nosso litoral*. São Paulo: Globo, 2014。
24. Andréia Daher, 'A conversão dos Tupinambá entre a oralidade e a escrita nos relatos franceses dos séculos xvi e xvii', *Horizontes antropológicos*, Porto Alegre, vol. 10, no. 22 (July/December 2004).

25. 即巴西北岸聖馬科斯灣（Baía de São Marcus）的聖路易斯島（Ile de Saint-Louis或Ilha de São Luís），一六一二年法國人在此地建立屯墾區。一六一五年葡萄牙人征服此地，改名為聖路易斯，馬拉尼昂都督轄區（現今的州）首府。
26. Paul Louis Jacques Gaffarel, *Histoire du Brésil français au seizième siècle*. Paris: Maison Neuve, 1878.
27. 荷屬巴西最偉大的專家是外交官兼歷史學家埃瓦爾多・德梅洛（Evaldo Cabral de Mello）。本文接下來的內容參考他的著作：*O negócio do Brasil: Portugal, os países baixos e o Nordeste, 1641–1669* (Rio de Janeiro: Topbooks, 2003), *Rubro veio: O imaginário da restauração pernambucana* (Rio de Janeiro: Topbooks, 2005), and *Nassau: Governador do Brasil holandês* (São Paulo: Companhia das Letras, 2006)。
28. 薩爾瓦多是巴西首位總督托梅・德索薩（Tomé de Souza，一五〇三－一五七九）於一五四九年建立。一七六三年首府遷移到里約熱內盧，一九六〇年遷都巴西利亞。
29. 巴西的海岸線七千四百九十一公里，毗連大西洋。
30. 義大利耶穌會會士喬凡尼・安東尼奧（Giovanni Antonio）採用的名稱；他一六四九年生於義大利，一七一六年卒於巴伊亞。一七一一年他在里斯本出版的文章〈巴西文化與豐饒的藥物和礦物〉（'Culture and Opulence of Brazil through its Drugs and Mines'），被視為十八世紀初巴西社會與經濟狀況最重要的資料來源之一。
31. Wolfgang Lenk, 'Guerra e pacto colonial: Exército, fiscalidade e administração colonial da Bahia (1624–1654)'. Campinas: Unicamp, 2009. Thesis (PhD in Economic Development).
32. Hugo Coelho Vieira, Nara Neves Pires Galvão and Leonardo Dantas Silva, *Brasil holandês: História, memória, patrimônio compartilhado*. São Paulo: Alameda, 2012.
33. Rômulo Luiz Xavier Nascimento, '"Entre os rios e o mar aberto": Pernambuco, os portos e o Atlântico no Brasil holandês'. Also in Vieira, *Galvão and Silva, Brasil holandês*, p. 193.
34. 除了一些例外，「新基督徒」是被迫改信羅馬天主教的賽法迪猶太人（Sephardim），伊比利半島的猶太人。
35. José Antonio Golsalves de Mello, *Tempo dos flamengos: Influência da ocupação holandesa na vida e na cultura do Norte do Brasil*. São Paulo: José Olympio, 1947, p. 61.
36. 原文bagaço，甘蔗壓碎取汁後的殘留物。
37. 烏黑亮澤，像雉雞的鳥，原先在巴西東北部森林被發現，但是現在野生的已滅種。
38. Sérgio Buarque de Holanda (ed.), *A* época *colonial*. São Paulo: Bertrand Brasil, 2003, p. 271. vol. 1: *Do descobrimento à expansão territorial* (Coleção História Geral da Civilização Brasileira).
39. 堂・若昂四世（國王約翰四世），從一六四〇到一六五六年葡萄牙的國王。
40. 葡萄牙文Cortes（英文Courts，源自拉丁文cohors），追溯到中世紀。這是國王召開的政治集會，供諮詢和審議，在十四、十五世紀他們的權力達到高峰。
41. Cabral de Mello, *Rubro veio*, 2005.
42. Evaldo Cabral de Mello, *O Brasil holandês* (São Paulo: Companhia das Letras, 2010), *Rubro veio* and *Nassau*; and Pedro Puntoni, *Guerras do Brasil (1504–1604)* (São Paulo: Brasiliense, 1992). (Coleção Tudo é História)
43. 根據阿爾貝托・達科斯塔一席爾瓦（Alberto da Costa e Silva）的標準，**被奴役者**（escravizados）是第一代非洲人。這個詞強調奴役的強制性，因此比較符合這個觀念：他們的處境並非自願的。
44. **保利斯塔人**是聖保羅省的居民。（聖保羅市的居民叫做**保利斯塔諾**〔paulistanos〕）。
45. 約翰・蒙泰羅（John Monteiro）、佩德羅・龐托尼（Pedro Puntoni）與哈爾・朗弗（Hal Langfur）表示：在十八、十九世紀米納斯吉拉斯持續印第安人的奴隸制，因此這並非從一個制度過渡到另一個制度。
46. Alberto da Costa e Silva. *A enxada e a lança: A* África *antes dos Portugueses*. Rio de Janeiro: Nova Fronteira, 2010.
47. 蒸餾甘蔗做成的**甘蔗酒**（cachaça，音譯**卡夏莎**），現今是巴西的國酒。
48. Schwartz, *Sugar Plantations in the Formation of Brazilian Society*, p. 73.
49. 字面上的翻譯，casa-grande是「大房子」，而engenho（**製糖工廠**）包括大房子、**奴隸小屋**（senzala，奴隸宿舍），糖廠和周遭的種植園，兩者都是蓄奴的製糖業大亨的權力象徵。同樣地，senzala這個詞象徵奴隸被迫歸順。
50. 一種高莖草，巴西鄉村的房屋仍然有茅草屋頂。由於茅草容易著火，圖皮語把它叫做ssa'pé，「點燃的東西」。
51. 兩句引文都出自Schwartz, *Sugar Plantations in the Formation of Brazilian Society*, p. 209。
52. 富有的家庭收養外來者，對待他們宛如家人，這種習慣持續到二十世紀。這些人被稱作**隨從**（agregados或agregadas）。
53. 格尼帕樹的果實是紅棕色，產生深藍色染料，印第安人身體彩繪的顏料。曼加巴樹生長於巴西東北部的灌木叢林地。
54. Gilberto Freyre, *Açúcar: Uma sociologia do doce, com receitas de bolos e doces do Nordeste do Brasil*. São Paulo: Companhia das Letras, 1987.
55. Junior, *O engenho de açúcar no Nordeste*; Leila Mezan Algranti, 'Os livros de devoção e a religiosa perfeita (normatização e práticas religiosas nos recolhimentos femininos do Brasil colonial)', in Maria Beatriz Nizza da Silva (ed.), *Cultura portuguesa na Terra de Santa Cruz* (Lisboa: Estampa, 1995, pp. 109–24), and Leila Mezan Algranti, 'Mulheres

enclausuradas no Brasil colonial', in Heloisa Buarque de Holanda and Maria Helena Rolim Capelato (eds.), *Relações de gênero e diversidades culturais na América Latina* (Rio de Janeiro and São Paulo: Expressão Cultural / Edusp, 1999, pp. 147–62. Coleção América 500 Anos, 9).
56. 依照北歐人的標準，巴西人「喜愛甜食」，用大量的糖做甜品，這個傳統起源於甘蔗生產週期。
57. 關於措辭的分析，參照Ricardo Benzaquen, *Guerra e paz: Casa-grande & Senzala e a obra de Gilberto Freyre nos anos 30* (São Paulo: Ed. 34, 1994)。
58. 金邦杜語是安哥拉西北部安本杜人（Ambundu）的班圖語（Bantu）。
59. Schwartz, *Sugar Plantations in the Formation of Brazilian Society*, p. 125.
60. 新來者叫做boçais（被視為「無知的人」），而第二代或後來者叫做ladinos（被視為「聰明的人」）。
61. Francisco Bethencourt, *Racisms: From the Crusades to the Twentieth Century*. Princeton: Princeton University Press, 2013.
62. Ibid., p. 173.
63. 關於巴西的依賴性和恩惠政策的基本分析，參照Roberto Schwarz, *Ao vencedor as batatas: Forma literária e processo social nos inícios do romance brasileiro* (São Paulo: Duas Cidades, 1977 [5th edn. rev. São Paulo: Duas Cidades; Ed. 34, 2000])。
64. 用動物牽引力推動的糖廠：前者用牛，後者用馬。
65. André João Antonil, *Cultura e opulência do Brasil*, 3rd edn. Belo Horizonte and São Paulo: Itatiaia/ Edusp, 1982.
66. 原文aguardente是「辣水」或「燃燒的水」。
67. Schwartz, *Sugar Plantations in the Formation of Brazilian Society*, p. 146.
68. 原文依序為：branco melado, branco sujo, quase branco, puxado para branco, mestiçado；英文翻譯依序為'Molasses white', 'dirty white', 'almost white', 'whitish', 'slightly mestizo'。
69. 關於巴西「一九七六年全國住戶抽樣調查」（1976 PNAD）資料，參照Lilia Moritz Schwarcz, *Nem preto nem branco, muito pelo contrário: Cor, raça e sociabilidade brasileira* (São Paulo: Claro Enigma, 2013)。
70. Fausto, *História do Brasil*, p. 48.

第三章

1. Herbert S. Klein, *O tráfico de escravos no Atlântico: Novas abordagens para as Américas*. Ribeirão Preto: FUNPEC-Editora, 2006, pp. 6–7.
2. Luiz Felipe de Alencastro, 'As populações africanas no Brasil'. Available at: <http://www.casadasafricas.org.br/wp/wp-content/uploads/2011/08/As-Populacoes-Africanas-no-Brasil.pdf>. Accessed on 2/06/2014.
3. Ciro Flamarion Cardoso, *A afro-América: A escravidão no novo mundo*, 2nd edn. São Paulo: Brasiliense, 1984. (Coleção Tudo é História)
4. 一六六五年十月二十九日「安布伊拉戰役」，或「姆布維拉之戰」（Battle of Ambuila or Mbwila），葡萄牙軍隊打敗剛果王國的軍隊，將國王安東尼奧一世（Nvita a Nkanga）斬首。這兩國以前是貿易夥伴，自從一五七五年葡屬安哥拉殖民地建立，兩國之間的敵意與日俱增。
5. Klein, *O tráfico de escravos no Atlântico*, p. 18.
6. Tumbeiro是「**抬棺者**」，把棺材扛到墳地的人。
7. Herbert S. Klein, 'Novas interpretações do tráfico de escravos do Atlântico', *Revista de História*, São Paulo, vol. 120 (January/July 1989), pp. 3–25. Available at: <http://www.revistas.usp.br/revhistoria/article/view/18589>. Accessed on 02/06/2014.
8. Ibid., p. 16.
9. Ibid., p. 12.
10. Wlamyra R. de Albuquerque and Walter Fraga Filho, *Uma história do negro no Brasil*. Salvador: Centro de Estudos Afro-Orientais; Brasília: Fundação Cultural Palmares, 2006.
11. Sidney Mintz and Richard Price, *O nascimento da cultura afro-americana: Uma perspectiva antropológica*. Rio de Janeiro: Pallas; Centro de Estudos Afro-Brasileiros, 2003.
12. Klein, 'Novas interpretações do tráfico de escravos do Atlântico', pp. 16–17.
13. **聖人崇拜教**（Santeria，音譯**薩泰里阿教**）是融合的宗教信仰，大多在西班牙的殖民地發展。現今拉丁美洲和加勒比地區，尤其是古巴，信奉該教。
14. Clarival do Prado Valladares and his article 'A iconologia africana no Brasil', in *Revista Brasileira de Cultura* (Rio de Janeiro, MEC, year 1, July/September 1999, pp. 37–48), and Reginaldo Prandi, *Mitologia de orixás* (São Paulo: Companhia das Letras, 2004).
15. Charles R. Boxer, *O império marítimo português: 1415–1825*. São Paulo: Companhia das Letras, 2002, pp. 117–18.
16. 一六八〇年葡萄牙建立「薩克拉門托殖民地」。西班牙人爭奪葡萄牙占領的屬地，在布宜諾斯艾利斯的拉普拉塔河對岸殖民。直到一八二八年烏拉圭獨立，西班牙與葡萄牙輪流掌控該殖民地不少於六次。
17. 他根據堂．若昂二世（一四七七至一四九五年的葡萄牙國王約翰二世）命名。
18. 「**金礦海岸**」（Costa da Mina），構成現今加納、貝寧、多哥共和國與奈及利亞的海岸線。

19. David Eltis and David Richardson, *Atlas of the Transatlantic Slave Trade*. New Haven and London: Yale University Press, 2010.
20. Schwartz, *Sugar Plantations in the Formation of Brazilian Society*, pp. 280–1.
21. Albuquerque and Fraga Filho, *Uma história do negro no Brasil*.
22. Ambrósio Fernandes Brandão, *Diálogo das grandezas do Brasil* (1618).
23. Schwartz, *Sugar Plantations in the Formation of Brazilian Society*, p. 288.
24. Manolo Florentino and José Roberto Góes, *A paz das senzalas: Famílias escravas e trafico atlântico*, Rio de Janeiro, c.1790–c.1850 (Rio de Janeiro: Civilização Brasileira, 1997), and Robert Slenes, *Na senzala, uma flor: Esperanças e recordações na formação da família escrava* (Rio de Janeiro: Nova Fronteira, 1999).
25. Jorge Benci, *Economia cristã dos senhores no governo dos escravos*. Rome: Antonio de Rossi, 1705.
26. Amaral Ferlini, *A civilização do açúcar*.
27. 巴西各地都有**逃奴社區**（Quilombos，又譯**逃奴堡**，本章稍後說明），逃脫的被奴役者建立的屯墾區，居民叫做「**逃奴堡人**」（Quilombolas）。
28. Didier Fassin, *La Force de l'ordre: Une anthropologie de la police des quartiers*. Paris: Seuil, 2012. (Coleção La Couleur des Idées)
29. Schwartz, *Sugar Plantations in the Formation of Brazilian Society*.
30. Lilia Moritz Schwarcz and Maria Helena P. T. Machado, 'Um pouquinho de Brasil: Por que deveríamos nos reconhecer nas cenas de *12 anos de escravidão*', *Folha de S. Paulo*, São Paulo (February 2014). Caderno Ilustrada, Ilustríssima, p. C-2.
31. 這個題材有大量的參考書目，我們推薦Stuart Schwartz, *Reis and Slenes*。
32. Letícia Vidor de Sousa Reis, *O mundo de pernas para o ar: A capoeira no Brasil*, 3rd edn. (Curitiba: CRV, 2010), and Carlos Eugênio Líbano Soares, *A capoeira escrava e outras tradições rebeldes no Rio de Janeiro, 1808–1850*, 2nd edn. (Campinas: Editora da Unicamp, 2004).
33. Pedro Paulo de Abreu Funari, 'A arqueologia de Palmares; sua contribuição para o conhecimento da história da cultura afro-americana', in João José Reis and Flávio dos Santos Gomes (eds.), *Liberdade por um fio: História dos quilombos no Brasil*. São Paulo: Companhia das Letras, 1996.
34. Kátia de Queirós Mattoso, *Ser escravo no Brasil*. São Paulo: Brasiliense, 1982.
35. 把**逃奴社區**當作奴隸制度的「第三邊緣」（third margin），參照João José Reis and Eduardo Silva, *Negociação e conflito: A resistência negra no Brasil escravista*. São Paulo: Companhia das Letras, 1989。
36. 關於**逃奴社區**取得土地和耕作，參照Flávio dos Santos Gomes and João José Reis, 'Roceiros, camponeses e garimpeiros quilombolas na escravidão e na pós-emancipação', and Heloisa Maria Murgel Starling, Henrique Estrada Rodrigues and Marcela Telles (eds.), *Utopias agrárias*. Belo Horizonte: UFMG, 2008。
37. 英文譯名The Armadillo's Burrow。
38. 伊塔普阿現今是巴伊亞州首府薩爾瓦多市的一個區。
39. 關於**犰狳洞**，參照Reis and Silva, *Negociação e conflito*。
40. 弗拉維奧．戈梅斯（Flávio Gomes）創造「**黑人區**」這個詞，用以分析**逃奴社區**周遭複雜的社會關係網絡。參照Flávio dos Santos Gomes, *Histórias de quilombolas: Mocambos e comunidades de senzalas no Rio de Janeiro, século XIX*. São Paulo: Companhia das Letras, 2006。
41. 原著提供**逃奴社區**的名稱：「**奇蹟**」（Maravilha）、「**地獄**」（Inferno）、「**菟絲子**」（Cipoteua，熱帶的蔓生植物，圖皮語），以及「**卡桑格**」（Caxangue，非洲的一個區域，在**金礦海岸**）。
42. 關於下亞馬遜流域的**逃奴社區**，參照Eurípedes Funes, 'Nasci nas matas, nunca tive senhor; história e memória dos mocambos do baixo Amazonas', in Reis and Dos Santos Gomes (eds.), *Liberdade por um fio*。
43. 巴巴蘇（Babaçu），高大的棕櫚樹，有羽狀葉。
44. **穗菝葜**，開花的蔓生植物，紅色漿果有醫療功效。
45. 殖民地重要的城市大多在沿海地區。樹林覆蓋的山脈——**沿海林區**（Zona da Mata）隔開海岸平原與內地。
46. 關於**棕櫚城**，參照Flávio Gomes (ed.), *Mocambos de Palmares: História e fontes (séculos XVI–XIX)* (Rio de Janeiro: 7Letras, 2010); Edison Carneiro, *O quilombo de Palmares* (São Paulo: Nacional, 1988); Décio Freitas, *Palmares: A guerra dos escravos*, 5th edn. rewritten, revised and expanded (l. Porto Alegre: Mercado Aberto, 1984)。
47. 英文譯名The Royal Circle of the Monkey。
48. 關於「共和國」這個詞的用法，參照'Relação das guerras feitas aos Palmares de Pernambuco no tempo do governador dom Pedro de Almeida (1675–1678)', quoted in Gomes (ed.), *Mocambos de Palmares*, pp. 220 ff. See also Sebastião da Rocha Pita, *História da América portuguesa* (São Paulo and Belo Horizonte: Edusp/Itatiaia, 1976, vol. 8, p. 215)。在葡萄牙的政治文化使用「共和國」這個詞，參照Heloisa Maria Murgel Starling, 'A liberdade era amável ou como ser republicano na América portuguesa (séculos xvii e xviii)'. Belo Horizonte: UFMG, 2013. PhD (Brazilian history)。
49. 關於人口的資料，參照Ronaldo Vainfas, *Antônio Vieira: Jesuíta do rei*. São Paulo: Companhia das Letras, 2011, p. 270。
50. 廢奴主義詩人卡斯特羅．阿爾維斯（全名Antônio Frederico de Castro Alves，一八四七—一八七一），二十四歲時罹患肺結核去世。他以「奴隸詩人」聞名，因為他在〈**奴隸們**〉（*Os Escravos*）和〈**奴隸船**〉（*O Navio Negreiro*）這類詩作中激烈地譴責奴隸制。

51. Castro Alves, 'Saudação a Palmares', in *Obra completa*. Rio de Janeiro: Nova Aguilar, 1960.
52. 一八八八年五月十三日巴西廢除奴隸制。
53. 在巴西民眾的想像，**棕櫚城**有各種不同的版本，文選的彙編參照Jean Marcel Carvalho França and Ricardo Alexandre Ferreira, *Três vezes Zumbi: A construção de um herói brasileiro*. São Paulo: Três Estrelas, 2012。
54. Capit*ão*的意思是「隊長」，mato（**叢林**）指「城市」的相反詞「鄉村」。
55. 關於**叢林隊長**，參照Silvia Hunold Lara, 'Do singular ao plural: Palmares, capitães do mato e o governo dos escravos', in Reis and Dos Santos Gomes (eds.), *Liberdade por um fio*。
56. 利用聖安東尼鎮壓逃脫的奴隸，參照Luiz Mott, 'Santo Antônio, o divino capitão do mato', in Reis and Dos Santos Gomes (eds.), *Liberdade por um fio*。
57. 關於「契約條款」，參照Carlos Magno Guimarães, *Uma negação da ordem escravista: Quilombos em Minas Gerais no século XVIII*. São Paulo: Ícone, 1988。
58. 在製糖業搞破壞的行為，參照Schwartz, *Sugar Plantations in the Formation of Brazilian Society*。
59. Terreiro（源自拉丁文terrarium）是泥土被壓實的區域。這個名稱仍然代表非洲裔巴西人執行宗教膜拜儀式的廣場。
60. Zeca Ligiéro, *Corpo a corpo: Estudo das performances brasileiras*. Rio de Janeiro: Garamond, 2011, especially chapter 3.
61. 關於**坎東伯雷**，參照Reginaldo Prandi, *Segredos guardados: Orixás na alma brasileira*. São Paulo: Companhia das Letras, 2005。
62. 格雷戈里奧・德馬托斯（一六三六－一六九六）是殖民地最著名的巴洛克詩人，他攻擊天主教教會的諷刺詩流傳最久。
63. *Não há mulher desprezada / galã desfavorecido / que deixe de ir ao quilombo / dançar o seu bocadinho.*
64. Gregório de Mattos, 'Preceito 1', in *Obra poética completa*. Rio de Janeiro: Record, 1984.
65. 關於**卡倫度**的宗教習俗，參照José Ramos Tinhorão, *Os sons dos negros no Brasil: Cantos, danças, folguedos — Origens*. São Paulo: Ed. 34, 2008。

第四章

1. 關於「卡塔瓜族」，參照Ricardo Ferreira Ribeiro, *Florestas anãs do sertão: O cerrado na história de Minas Gerais* (Belo Horizonte: Autêntica, 2005, vol. 1, p. 113。在葡屬美洲發現黃金的來龍去脈，參照Sérgio Buarque de Holanda, 'A mineração: Antecedentes luso-brasileiros' (*História geral da civilização brasileira*. São Paulo: Difusão Europeia do Livro, 1960, i: A época colonial, vol. 2); Charles R. Boxer, *A idade de ouro do Brasil: Dores de crescimento de uma sociedade colonial*, 3rd edn. (Rio de Janeiro: Nova Fronteira, 2000), especially chapter 2 (Original title: *The Golden Age of Brazil 1695–1750: Growing Pains of a Colonial Society*. Berkeley: University of California Press, 1962); Lucas Figueiredo, *Boa ventura! A corrida do ouro no Brasil (1697–1810) — A cobiça que forjou um país, sustentou Portugal e inflamou o mundo*, 5th edn. (Rio de Janeiro: Record, 2011)。
2. Sérgio Buarque de Holanda, *Visão do Paraíso: Os motivos edênicos no descobrimento e colonização do Brasil*. São Paulo: Companhia das Letras, 2010.
3. 這句話引自Sérgio Buarque de Holanda，參照*Visão do Paraíso*, p. 99。
4. 馬爾山脈（海岸山脈）在巴西東南部，是一千五百公里長的山系，有很多懸崖陡坡。
5. 關於最初發現的黃金與路馬的重要性，參照Buarque de Holanda, *Visão do Paraíso*, p. 237。
6. André João Antonil, *Cultura e opulência do Brasil por suas drogas e mina*s, 3rd edn. Belo Horizonte: Itatiaia; São Paulo: Edusp, 1982.
7. Diogo de Vasconcelos, *História antiga das Minas Gerais*, 4th edn. Belo Horizonte: Itatiaia, 1999, p. 123.
8. 歐魯普雷圖（Ouro Preto）——「黑金」，當時米納斯吉拉斯的首會名稱，以前，在巴西獨立後一年，一八二三年，被皇帝堂・佩德一世稱作富裕鎮。
9. 關於「**黑金**」的措辭，參照一七〇九年一月十六日**探路遠征者**阿馬拉爾・庫蒂尼奧（the *sertanista* Bento do Amaral Coutinho）寫給里約熱內盧總督阿圖爾・德薩—梅內澤斯（Artur de Sá e Menezes）的信，引自José Soares de Mello in *Emboabas: Crônica de uma revolução nativista – Documentos inéditos* (São Paulo: São Paulo Editora, 1929, pp. 239 ff)。
10. 布拉干薩王朝的堂・佩德二世（國王彼得二世），從一六八三到一七〇六年擔任葡萄牙國王。
11. 'Carta de d. João de Lencastro ao rei. Bahia, 7 de janeiro de 1701', in Orville A. Derby, 'Os primeiros descobrimentos de ouro nos distritos de Sabará e Caeté', *Revista do Instituto Histórico e Geográfico de São Paulo*, vol. 5 (1889–1900). See also 'Copia do papel que o Sr Dom Joam de Lancastro fez sobre a recadaçam dos quintos do ouro das minas que se descobrirão neste Brazil na era de 1701. Bahia, 12 janeiro 1701', in André João Antonil, *Cultura e opulência do Brasil por suas drogas e minas: Texte de l'édition de 1711, traduction française et commentaire critique par Andrée Mansuy* (Paris: Institut des Hautes Études de l'Amérique Latine, 1965).
12. Antônio Vieira, *Sermões: Obras completas do padre Antônio Vieira*. Porto: Lello e Irmão, 1959, vol. 5, p. 271.
13. 援引Sérgio Buarque de Holanda, *Caminhos e fronteiras*, 3rd edn. São Paulo: Companhia das Letras, 2001。
14. 聖保羅的起源，參照Mário Neme, *Notas de revisão da história de São Paulo* (São Paulo: Anhambi, 1959); Jaime Cortesão, *A fundação de São Paulo, capital geográfica do Brasil* (Rio de Janeiro: Livros de Portugal, 1955); see also Roberto Pompeu de Toledo, *A capital da solidão: Uma história de São Paulo das origens a 1900* (Rio de Janeiro: Objetiva,

2003）。

15. 關於俘虜和囚禁印第安人，參照John Manuel Monteiro, *Negros da terra: Índios e bandeirantes nas origens de São Paulo* (São Paulo: Companhia das Letras, 1994)。關於教導原住民基督教義和他們的抵抗，參照Vainfas, *Antônio Vieira*。

16. 關於「皇家軍械團」（Royal Ordnance Regiment）探險之旅的妙計，參照Jaime Cortesão, *Introdução à história das bandeiras* (Lisbon: Portugália, 1964, vol. 1, pp. 55 ff). See also Pedro Puntoni, *A guerra dos bárbaros: Povos indígenas e a colonização do sertão nordeste do Brasil, 1650–1720* (São Paulo: Fapesp; Hucitec; Edusp, 2012, pp. 196 ff)。

17. 米納斯發現黃金是王國政府與**保利斯塔旗隊**協議的結果，這種論點參照Francisco Eduardo de Andrade, *A invenção das Minas Gerais: Empresas, descobrimentos e entradas nos sertões do ouro da América portuguesa* (Belo Horizonte: Autêntica; Editora PUC Minas, 2008)。

18. 英文譯名Rocky plateaus。

19. 例如，參照Domingos Vandelli, 'Memória III: Sobre as Minas de ouro do Brasil', *Anais da Biblioteca Nacional do Rio de Janeiro*, Rio de Janeiro, vol. xx (1898), pp. 265–6。

20. Waldemar de Almeida Barbosa, *Dicionário histórico-geográfico de Minas Gerais*. Belo Horizonte: Itatiaia, 1995. (Série Reconquista do Brasil, 181)

21. 燕子瀑布的英文譯名Swallows' Waterfall。

22. 英文譯名Our Lady of Mount Carmel。

23. 英文譯名Our Lady of the Immaculate Conception。

24. 關於文官政府的設置與最初建立的市鎮，參照Cláudia Damasceno Fonseca, *Arraiais e vilas d'el Rei: espaço e poder nas Minas setecentistas* (Belo Horizonte: Editora UFMG, 2011)。關於米納斯吉拉斯發現黃金，參照Sérgio Buarque de Holanda, 'Metais e pedras preciosas', *História geral da civilização brasileira*; Antonil, *Cultura e opulência do Brasil por suas drogas e minas*; Vasconcelos, *História antiga das Minas Gerais*。

25. Mineiro（音譯**米內魯**或**米內羅**）是米納斯吉拉斯州的居民。

26. 關於新移民（**恩博阿巴**）的衝突，參照Adriana Romeiro, *Paulistas e emboabas no coração das Minas: Ideias, práticas e imaginário político no século XVIII*. Belo Horizonte: Editora UFMG, 2009。

27. 費爾南·迪亞斯·派斯的傳記，參照Afonso de E. Taunay, *A grande vida de Fernão Dias Pais*. Rio de Janeiro: José Olympio, 1955。

28. 關於「薩巴拉布蘇山脈」的神話，參照Buarque de Holanda, *Visão do Paraíso*。

29. Ibid., p. 84.

30. 'ao findar das chuvas, quase à entrada / do outono, quando a terra em sede requeimada / bebera longamente as águas da estação'.

31. 奧拉沃·比拉克（一八六五－一九一八）是巴西報人，被尊崇為該國最重要的高踏派詩人。

32. Olavo Bilac, 'O caçador de esmeraldas', *Obra reunida*. Rio de Janeiro: Nova Aguilar, 1996.

33. 關於「瓦帕布蘇湖」的神話，參照Buarque de Holanda, Visão do Paraíso。

34. 原文'E as esmeraldas / Minas que matavam / de esperança e de febre / e nunca se achavam / e quando as achavam / eram verde engano?'，援引Carlos Drummond de Andrade, 'Canto mineral', *Poesia completa e prosa*. Rio de Janeiro: Nova Aguilar, 1988。

35. 德魯蒙德·德安德拉德（一九〇二－一九八七）是偉大的現代主義詩人。

36. 費爾南·迪亞斯的任務重要性與發現，參照Andrade, *A invenção das Minas Gerais*, above all chapter 2。關於食物分配策略，參照Buarque de Holanda, *Caminhos e fronteiras*。

37. 「曼蒂凱拉山脈」橫越東南部三州——聖保羅、里約熱內盧和米納斯吉拉斯，從南帕拉伊巴河岸開始，往東北延伸三百二十公里。

38. 英文譯名分別為the General Route to the Interior, the Old Route, the São Paulo Route。

39. 在十七、十八世紀通往米納斯吉拉斯的道路，參照Heloisa Maria Murgel Starling, 'Caminhos e descaminhos das Minas', in Heloisa Maria Murgel Starling, Gringo Cardia, Sandra Regina Goulart Almeida and Bruno Viveiros Martins (eds.), *Minas Gerais* (Belo Horizonte: Editora UFMG, 2011)。

40. Facão是長刀或大砍刀。

41. Garganta是深谷或深淵的地質學名詞。這個詞一般指「咽喉」。

42. 關於佩德羅·哈尼金的冒險，參照C. Adriana Romeiro, *Um visionário na corte de d. João V: Revolta e milenarismo nas Minas Gerais*. Belo Horizonte: Editora UFMG, 2001。

43. 'Copia do papel que o Sr Dom Joam de Lancastro fez sobre a recadaçam dos quintos do ouro das minas que se descobrirão neste Brazil na era de 1701. Bahia, 12 janeiro 1701', in Antonil, *Cultura e opulência do Brasil por suas drogas e minas*, p. 587.

44. Antonil, *Cultura e opulência no Brasil por suas drogas e minas*.

45. **竹蟲**是吃掉竹子的蛀木蟲（bicho是蟲，taquara是巴西竹子）。

46. 這句話的原文'*O sertão era outro mar ignoto*'（**內地是另一個未知的海洋**）引自Raimundo Faoro, *Os donos do poder: Formação do patronato político brasileiro*. São Paulo: Globo, 1991, vol. 2. p. 154。

47. 'Representação de Pedro Barbosa Leal questionando as ordens de erigir duas casas de fundição, uma em Jacobina e outra em Rio das Contas, explicando que isso não evita o

descaminho do ouro, e sugerindo que sejam construídas em Pernambuco, Bahia e Rio de Janeiro'. Rio de Janeiro: Fundação Biblioteca Nacional, Divisão de Manuscritos, II–31, 25, 009, pp. 36–40.

48. 這些道路的描寫，參照Antonil, *Cultura e opulência no Brasil por suas drogas e minas*; Teodoro Sampaio, *O rio São Francisco e a Chapada Diamantina* (Salvador: Livraria Progresso, 1955)。關於走私的路線，參照'Representação de Pedro Barbosa Leal questionando as ordens de erigir duas casas de fundição, uma em Jacobina e outra em Rio das Contas, explicando que isso não evita o descaminho do ouro, e sugerindo que sejam construídas em Pernambuco, Bahia e Rio de Janeiro', op. cit。

49. 原本這個詞是穀物可以裝進袋子裡由驢或騾承載的數量，據認為在殖民時期，一**阿爾奎爾**相當於二十五公斤。

50. 在十八世紀末葉，一**雷亞爾**的幣值相當於現今的雷亞爾幣五十分。

51. Eduardo Frieiro, *Feijão, angu e couve*. Belo Horizonte: Imprensa da Universidade Federal de Minas Gerais, 1966, pp. 56–7.

52. 雷筒是一種短火槍，有大口徑喇叭形槍口，近距離散射鉛彈。

53. José Vieira Couto, *Memória sobre a capitania das Minas Gerais: Seu território, clima e produções metálicas*, ed. Júnia Ferreira Furtado. Belo Horizonte: Fundação João Pinheiro, 1994.

54. Fluminense源自拉丁文，代表「河流」，指里約熱內盧州的人民和土地。**弗魯米嫩塞低地**是海岸與山脈之間的低窪地名稱。

55. 這段文字援引理查．柏頓爵士（Sir Richard Burton）一八六九年的著作《巴西高地探險記》（*Exploration of the Highlands of Brazil*）。

56. Minhocas是「蚯蚓」；macaúba是一種棕櫚樹的圖皮—瓜拉尼語；jaguara是美洲豹的圖皮—瓜拉尼語。（引用Dicionário Houaiss）

57. 進入米納斯吉拉斯的商品項目，參照Angelo Alves Carrara, *Minas e currais: Produção rural e mercado interno de Minas Gerais, 1674–1807*. Juiz de Fora: Editora da ufjf, 2007。

58. 關於聖巴托洛梅烏的**逃奴社區**，參照Waldemar de Almeida Barbosa, *Negros e quilombos em Minas Gerais* (Belo Horizonte: n.p., 1972); see also Carlos Magno Guimarães, *Uma negação da ordem escravista: Quilombos em Minas Gerais no século XVIII* (São Paulo: Ícone, 1988)。

59. 引自Almeida Barbosa, *Negros e quilombos em Minas Gerais*, p.121。關於米納斯吉拉斯街頭販賣食物和蔬菜的黑人婦女，參照Laura de Mello e Souza, *Desclassificados do ouro: A pobreza mineira no século XVIII* (Rio de Janeiro: Graal, 1982)。

60. 引自Donald Ramos, 'O quilombo e o sistema escravista em Minas Gerais do século xviii', in João José Reis e Flávio dos Santos Gomes (eds.), op. cit., p. 186。關於一般的食品店，也參照Mello e Souza, *Desclassificados do ouro*。

61. 'Carta de dom Pedro Miguel de Almeida ao rei de Portugal, 13 de junho de 1718', *Revista do Arquivo Público Mineiro*, Belo Horizonte (1898), vol. III, pp. 251–66.

62. 'Bando sobre quilombolas, 20 de dezembro de 1717', *Arquivo Público Mineiro*, Belo Horizonte, Seção Colonial, códice SC 11, p. 269. See also Boxer, *A idade de ouro do Brasil*, pp. 196–7.

63. Magno Guimarães, *Uma negação da ordem escravista*; Queirós Mattoso, *Ser escravo no Brasil*.

64. 關於盜賊的幫派，參照Carla Maria Junho Anastasia, *A geografia do crime: Violência nas Minas setecentistas*. Belo Horizonte: Editora UFMG, 2005。

65. 米納斯吉拉斯的窮人和無業遊民，參照Mello e Souza, *Desclassificados do ouro*。

66. **拔牙師**現今被視為民族英雄，以及一七八九年密謀、通稱「**米納斯不忠**」（Inconfidência mineira）的主要宣傳家。

67. 關於採礦技術，參照Sérgio Buarque de Holanda, 'A mineração: antecedentes luso-brasileiros', op. cit.; Buarque de Holanda, 'Metais e pedras preciosas'; Antonil, *Cultura e opulência do Brasil por suas drogas e minas*; Boxer, *A idade de ouro do Brasil*, especially chapters 2 and 7。

68. 關於奴隸勞動力資料，參照Douglas Cole Libby, 'As populações escravas das Minas setecentistas: Um balanço preliminar', in Maria Efigênia Lage de Resende e Luiz Carlos Villalta (eds.), *História de Minas Gerais: As Minas setecentistas*. Belo Horizonte: Autêntica; Companhia do Tempo, 2007, vol. 1。

69. Antonil, *Cultura e opulência do Brasil por suas drogas e minas*, p. 167.

70. 米納斯吉拉斯的稅收制度，參照João Pandiá Calógeras, *As minas do Brasil e sua legislação* (Rio de Janeiro: Imprensa Nacional, 1905, 3 vols.); Virgílio Noya Pinto, *O ouro brasileiro e o comércio anglo-português* (São Paulo: Companhia Editora Nacional, 1979); Diogo Pereira de Vasconcelos, 'Minas e quintos do ouro', *Revista do Arquivo Público Mineiro*, Belo Horizonte, vol. 6, nos. 3/4 (July/December 1901), pp. 855–965。

71. 關於黃金產量的統計，參照Noya Pinto, *O ouro brasileiro e o comércio anglo-português*, p. 114，也參見Figueiredo, *Boa ventura!*。

72. 出自弗里茲．德薩利斯（Fritz Teixeira de Sales）的措辭，援引Mauro Werkema, *História, arte e sonho na formação de Minas*. Belo Horizonte: DUO Editorial, 2010.

73. José Joaquim da Rocha, *Geografia histórica da capitania de Minas Gerais*. Belo Horizonte: Fundação João Pinheiro; Centro de Estudos Históricos e Culturais, 1995.

74. 關於富裕鎮，參照Cláudia Damasceno Fonseca, *Arraiais e vilas d'El Rei: espaço e poder nas Minas setecentistas* (Belo Horizonte: Editora UFMG, 2011); Laura de Mello e Souza, *Cláudio Manuel da Costa: O letrado dividido* (São Paulo: Companhia das Letras, 2011); Figueiredo, *Boa ventura!*; Manuel Bandeira, *Guia de Ouro Preto* (Rio de Janeiro: Ediouro, 2000); Lúcia Machado de Almeida, *Passeio a Ouro Preto* (Belo Horizonte: Editora UFMG, 2011)。

75. 英文譯名The Counting House。

76. 然而，這位詩人給這首詩下結論，認為富裕鎮教堂的美和永久性勝過羅馬寺廟：Presentes tem talvez os Santuários / Em que se hão de esgotar tantos erários / Onde

Roma há de ver com glória rara / Que debalde aos seus templos disputara / A grandeza, o valor e a preeminência。參照Cláudio Manuel da Costa, 'Vila Rica', in Domício Proença Filho (ed.), *A poesia dos inconfidentes: Poesia completa de Cláudio Manuel da Costa, Tomás Antônio Gonzaga e Alvarenga Peixoto* (Rio de Janeiro: Nova Aguilar, 1996), 'Canto X', p. 443。關於克勞迪奧・曼努埃爾・達科斯塔的詩集，參照Sérgio Alcides, *Estes penhascos: Cláudio Manuel da Costa e a paisagem das Minas* (São Paulo: Hucitec, 2003)。在十七世紀米納斯吉拉斯詩人的作品中，城市空間的重要性，參照Reinaldo Martiniano Marques, *Poeta e poesia inconfidentes: Um estudo de arqueologia poética* (Belo Horizonte: Universidade Federal de Minas Gerais, 1993). (PhD thesis)。

77. **《智利的來信》**是諷刺的無韻詩，批判米納斯吉拉斯總督和行政機關。以手稿的形式發行這些詩。敘述者是智利聖地牙哥的居民，聖地牙哥在詩中是富裕鎮的隱喻。

78. Tomás Antônio Gonzaga, 'Cartas chilenas', in Proença Filho (ed.), *A poesia dos inconfidentes*, letters 3, 5, 6, 12. See also Sérgio Buarque de Holanda, 'As Cartas chilenas', in Sérgio Buarque de Holanda, *Tentativas de mitologia* (São Paulo: Perspectiva, 1979), and Tomás Antônio Gonzaga, 'Cartas chilenas', in Proença Filho (ed.), *A poesia dos inconfidentes*, letter 3, pp. 815, 818–19.

79. 米納斯吉拉斯認可奴隸的自由和種族混合，參照Eduardo França Paiva, *Escravos e libertos nas Minas Gerais do século XVIII* (São Paulo: Annablume, 1995); Laura de Mello e Souza, 'Coartação; problemática e episódios referentes a Minas Gerais no século XVIII', and Laura de Mello e Souza, *Norma e conflito: Aspectos da história de Minas no século XVIII* (Belo Horizonte: Editora UFMG, 1999)。

80. 關於米納斯吉拉斯的社會結構，參照Mello e Souza, *Desclassificados do ouro*。

81. 關於米納斯吉拉斯的巴洛克風格，參照Rodrigo Almeida Bastos, 'O barroco, sagrado e profano; o regime retórico das artes em Minas Gerais no século XVIII', in Starling, Cardia, Almeida and Viveiros Martins (eds.), *Minas Gerais; Brasil barroco: Entre céu e terra* (Paris: União Latina; Petit Palais, 1999); Benedito Lima de Toledo, *Esplendor do Barroco luso-brasileiro* (São Paulo: Ateliê Editorial, 2012); Afonso Ávila, *Resíduos setecentistas em Minas: Textos do século do ouro e as projeções do mundo barroco*, 2 vols. (Belo Horizonte: Arquivo Público Mineiro, 2006)。

82. 原文Nossa Senhora do Rosário，英文譯名The Fraternity of Our Lady of the Rosary。

83. 關於教團與世俗教士組織，參照Caio Boschi, *Os leigos e o poder*. São Paulo: Ática, 1986。

84. Rodrigo José Ferreira Bretas, *Traços biográficos relativos ao finado Antônio Francisco Lisboa, distinto escultor Mineiro, mais conhecido pelo apelido de Aleijadinho* (Belo Horizonte: Editora UFMG, 2013); André Guilherme Dornelles Dangelo and Vanessa Brasileiro, *O Aleijadinho arquiteto e outros ensaios sobre o tema* (Belo Horizonte: Escola de Arquitetura da UFMG, 2008).

85. 出自蘿拉・德梅洛－索薩（Laura de Mello e Souza）的措辭。參照Mello e Souza, *Desclassificados do ouro*, p. 38。

第五章

1. Banda是一片土地或一塊土地；além是在另一邊、在更遠處、在那邊。遠離城市的一個地區，越過海灣，在河的對岸。

2. **十一月十五日廣場**簡稱**十五廣場**（Praça XV），在里約熱內盧市中心。

3. 十七世紀的里約熱內盧，參照Vivaldo Coaracy, *O Rio de Janeiro no século XVII* (Rio de Janeiro: José Olympio, 1965); Maurício de Almeida Abreu, *Geografia histórica do Rio de Janeiro (1502–1700)* (Rio de Janeiro: Andrea Jakobsson Estúdio, 2010, 2 vols.)。關於瓜納巴拉灣，參照Bia Hetzel, *Baía de Guanabara* (Rio de Janeiro: Manati, 2000)。

4. 原文*Nossa Senhora da Conceição*，英文譯名Our Lady of the Immaculate Conception。

5. 里約熱內盧一六六〇年叛變，參照Luciano Raposo de Almeida Figueiredo, 'Revoltas, fiscalidade e identidade colonial na América portuguesa; Rio de Janeiro, Bahia e Minas Gerais, 1640–1761' (PhD in history. São Paulo: FFLCH-USP, 1995, vol. 1); Miguel Arcanjo de Souza, 'Política e economia no Rio de Janeiro seiscentista: Salvador de Sá e a Bernarda de 1660–1661' (MA in history. Rio de Janeiro: CFCH-UFRJ, 1994); Antônio Felipe Pereira Caetano, 'Entre a sombra e o sol: A Revolta da Cachaça, a freguesia de São Gonçalo do Amarante e a crise política fluminense' (MA in history. Niterói: UFF, 2003)。

6. 「聖克魯斯堡」位於尼特羅伊朱魯朱巴區（Jurujuba），在「塔糖峰」對面，保護海灣的入口。一五八四年葡萄牙人占領此地，使它成為里約熱內盧州最古老的要塞。

7. 薩爾瓦多維森特修士的評估。參照Frei Vicente do Salvador, *Historia do Brazil 1560–1627* (Rio de Janeiro and São Paulo: Versal/ Odebrecht, 2008)。關於糖料作物栽培，參照Roberto Simonsen, *História econômica do Brasil (1500–1820)* (São Paulo: Companhia Editora Nacional, 1962); Tamás Szmrecányi (ed.), *História econômica do período colonial* (São Paulo: Hucitec, 1996); Celso Furtado, *Economia colonial no Brasil nos séculos XVI e XVII* (São Paulo: Hucitec, 2001); Luiz Felipe de Alencastro, *O trato dos viventes: Formação do Brasil no Atlântico sul séculos XVI e XVII* (São Paulo: Companhia das Letras, 2000)。

8. 關於奴隸貿易和走私，參照Manolo Florentino (ed.), *Tráfico, cativeiro e liberdade: Rio de Janeiro, séculos XVII–XIX* (Rio de Janeiro: Civilização Brasileira, 2005)。

9. Carioca這個詞代表里約熱內盧市的居民。

10. 父母是黑人和印第安人的混血兒。

11. Luís da Câmara Cascudo, *Prelúdio da cachaça: Etnologia, história e sociologia da aguardente no Brasil* (Belo Horizonte: Itatiaia, 1986).

12. 關於薩一貝內維德斯，參照Charles R. Boxer, *Salvador de Sá e a luta pelo Brasil e Angola 1602–1686* (São Paulo: Edusp, 1973); Francisco Adolfo de Varnhagen, 'Biografia de Salvador Correia de Sá' (Rio de Janeiro, *Revista do IHGB*, vol. 3, 1841)。
13. Alencastro, *O trato dos viventes*, p. 197.
14. 「**總督之島**」原文Ilha do Governador，「**大帆船岬角**」原文Ponta do Galeão。後者是現今里約熱內盧加利昂（Galeão）國際機場的位置。
15. 'Carta dos oficiais da Câmara do Rio de Janeiro dirigida ao rei, em 31 de dezembro de 1660', in José Vieira Fazenda, 'Antiqualha e memórias do Rio de Janeiro', Rio de Janeiro, *Revista do IHGB*, vol. 89 (1921), pp. 9–33.
16. Carl E. H. Vieira de Mello, *O Rio de Janeiro no Brasil quinhentista*. São Paulo: Giordano, 1996.
17. 「聖塞巴斯蒂昂堡」（Fortaleza de São Sebastão）矗立在「城堡山」（Morro de Castelo）。埃斯塔西奧．德薩在海灣入口處「塔糖峰」山腳下的「狗臉丘」（Morro Cara de Cão）建城，兩年後，一五六七年遷城到這座要塞。
18. 傑羅尼莫．貝澤拉生於一六一六年，卒於一六六一年。
19. 關於這些叛變，參照Almeida Figueiredo, 'Revoltas, fiscalidade e identidade colonial na América portuguesa'。
20. Silvia Hunold Lara (ed.), *Ordenações Filipinas: Livro V*. São Paulo: Companhia das Letras, 1999.
21. Almeida Figueiredo, 'Revoltas, fiscalidade e identidade colonial na América portuguesa', pp. 277 ff. 大多數殖民者叛變背後有共同動機，參照idem, 'Além de súditos: notas sobre revoltas e identidade colonial na América portuguesa', Niterói, *Tempo*, vol. 5, n. 10 (2000), pp. 81–95。
22. 聖本篤街（Rua São Bento），英文譯名St Benedict Street。
23. 關於伯南布哥一六六六年叛變，參照Evaldo Cabral de Mello, *A fronda dos mazombos: Nobres contra mascates, Pernambuco, 1666– 1715*. São Paulo: Ed. 34, 2003。
24. Antônio Vieira, *Sermões*, vol. 1. São Paulo: Hedra, 2003.
25. '*Esta é a causa original das doenças do Brasil: tomar o alheio, cobiças, interesses, ganhos e conveniências particulares por onde a Justiça se não guarda e o Estado se perde. Perde-se o Brasil (digamo-lo em uma palavra) porque alguns ministros de Sua Majestade não vêm cá buscar nosso bem, vêm cá buscar nossos bens.*'
26. 現今的塞爾希培州。
27. 在十七、十八世紀美洲殖民地叛變和武裝起義的年表，參照Luciano Figueiredo, *Rebeliões no Brasil Colônia* (Rio de Janeiro: Jorge Zahar, 2005)。有關這些運動的概觀，參照Laura de Mello e Souza, 'Motines, revueltas y revoluciones em la America portuguesa de los siglos XVII y XVIII', in J. H. Lehuedé (ed.), *História general de America Latina* (Madrid: Trotta, 2000, vol. 4)。
28. 關於貝克曼叛變，參照Milson Coutinho, *A revolta de Bequimão* (São Luís: Geia, 2004); João Francisco Lisboa, *Crônica do Brasil colonial: Apontamentos para a história do Maranhão* (Petrópolis and Brasília: Vozes/Instituto Nacional do Livro, 1976)。
29. 原文'Companhia do Comercio do Maranhão e Grão-Pará'。**格朗帕拉**是現今的亞馬遜河帕拉州，北部與馬拉尼昂接壤。
30. **拜苦路**原文Nosso Senhor dos Passos，指**十字架苦路**（Passos da Via Sacra）。
31. 耶穌會的舊名The Company of Jesus.
32. 這個大廣場是聖路易斯議會廳與海關的所在地。
33. 原文baiano，指巴伊亞都督轄區（後來的省及今日的州）的市民。
34. 「**獨臂人起義**」（Motins do Maneta）和起因，參照Sebastião da Rocha Pitta, *História da América portuguesa* (Belo Horizonte and São Paulo: Itatiaia/ Edusp, 1976); Braz do Amaral e Ignácio Accioli, *Memória histórica e política da província da Bahia* (Salvador: Imprensa Oficial do Estado, 1931, vol. 3)。「騷亂」（motins）的意義，參照Jean Delumeau, *História do medo no ocidente 1300–1800* (São Paulo: Companhia das Letras, 1989)。
35. 在薩爾瓦多港口後方一條陡峭、幾近直角的山坡。在海灣前方的地區叫做**下城**（Cidade Baixa），山頂的老鎮叫做**上城**（Cidade Alta）。它們之間有陡峻的街道相連，下坡有許多U形急彎。
36. 原文Dízimo，對農產品徵收十分之一的稅。
37. George Rudé, *Ideology and Popular Protest* (New York: Pantheon, 1980). See also Delumeau, *História do medo no ocidente 1300–1800*, especially chapter 4.
38. *Discurso histórico e político sobre a sublevação que nas Minas houve no ano de 1720*. Belo Horizonte: Fundação João Pinheiro/Centro de Estudos Históricos e Culturais, 1994, p. 59. 作者不詳，據認為是Laura de Mello e Souza 與 Don Pedro Miguel de Almeida Portugal，以及在米納斯吉拉斯陪伴他們的兩位耶穌會會士José Mascarenhas與Antônio Correia。參照Laura de Mello e Souza, 'Estudo crítico', in *Discurso histórico e político sobre a sublevação que nas Minas houve no ano de 1720*, op. cit。
39. 在十八世紀上半葉米納斯吉拉斯的叛亂，參照Carla Maria Junho Anastasia, *Vassalos rebeldes: Violência coletiva nas Minas na primeira metade do século XVIII* (Belo Horizonte: Editora C/Arte, 1998)。關於卡塔斯阿塔斯鎮與皮坦吉彼達迪聖母鎮，參照Vagner da Silva Cunha, *A 'rochela' das minas de ouro? Paulistas na vila de Pitangui (1709–1721)*. MA theses in history (Belo Horizonte: UFMG, 2009)。
40. 「富裕鎮煽動暴亂」的起因，參照'Termo que se fez sobre a proposta do povo de Vila Rica na ocasião em que veio amotinado a Vila do Carmo, 2 de julho de 1720', *Arquivo Público Mineiro*, Belo Horizonte, seção colonial, códice SC 06, pp. 95–7。關於「煽動暴亂」的沿革，參照Feu de Carvalho, *Ementário da história mineira: Felipe dos Santos*

Freire na sedição de Villa Rica em 1720 (Belo Horizonte: Edições Históricas, 1933); Diogo de Vasconcelos, *História antiga das Minas Gerais* (Belo Horizonte: Itatiaia, 1999)。

41. 在殖民時期的巴西，ouvidor（源自動詞ouvir聽到，ouvidor聽者）是資深法官，掌管都督轄區的法律體系。
42. 原文Morro do Arraial do Ouro Podre（**劣金村後面的山丘**）。
43. 關於「腹地起義」，參照Diogo de Vasconcelos, *História média de Minas Gerais* (Belo Horizonte: Itatiaia, 1974); Junho Anastasia, *Vassalos rebeldes*, especially chapter 3。
44. 'Carta do governador Martinho de Mendonça para Gomes Freire de Andrade, 23 de julho de 1736', *Arquivo Público Mineiro*, Belo Horizonte, seção colonial, códice SG 55, fl. 91–2.
45. 'Carta do governador Martinho de Mendonça para o secretário de Estado Antônio Guedes Pereira, 17 de outubro de 1737', Belo Horizonte, *Revista do Arquivo Público Mineiro*, vol. 1 (1896), p. 662.
46. Almeida Figueiredo, 'Revoltas, fiscalidade e identidade colonial na América portuguesa'.
47. 卡布拉爾·德梅洛（Evaldo Cabral de Mello）比較一七一〇年與一七一一年恩博阿巴起義和伯南布哥起義的相似性，其分析提出這個奇異點。Cabral de Mello, *A fronda dos mazombos*, pp. 358–9.
48. Mascates指「街頭小商小販」或「流動攤販」，奧林達「文雅的」巴西居民用這個貶抑的詞代表累西腓「粗野的」葡萄牙居民。
49. 「**小販之戰**」的人物和事件，充滿錯綜複雜的故事，參照Cabral de Mello, *A fronda dos mazombos*。
50. Joaquim Dias Martins, 'Os mártires pernambucanos, vítimas da liberdade nas duas revoluções ensaiadas em 1710 e 1817, Recife, 1853', pp. 272–3, and Maximiano Lopes Machado, 'História da província da Paraíba' (Paraíba: Imprensa Oficial, 1912, p. 366), quoted in Cabral de Mello, *A fronda dos mazombos*, pp. 308–9 and 311–12.
51. 指當時的「學者們」，原文letrados。
52. 有關密謀者的描寫，參照Márcio Jardim, *A Inconfidência mineira: Uma síntese factual* (Rio de Janeiro: Biblioteca do Exército Editora, 1989)。托馬斯·安東尼奧·貢薩加的傳記，參照Adelto Gonçalves, *Gonzaga, um poeta do Iluminismo* (Rio de Janeiro: Nova Fronteira, 1999)。克勞迪奧·曼努埃爾的部分，參照Sérgio Alcides, *Estes penhascos: Cláudio Manuel da Costa e a paisagem das Minas* (São Paulo: Hucitec, 2003); Laura de Mello e Souza, *Cláudio Manuel da Costa* (São Paulo: Companhia das Letras, 2011)。
53. 席爾瓦—奧利韋拉·洛里姆，生於一七四七年，卒於一八三五年。
54. 這些**掮客**（capangueiros）直接向礦工購買黃金和寶石。
55. 有關洛里姆神父的傳記，參照Roberto Wagner de Almeida, *Entre a cruz e a espada: A saga do valente e devasso padre Rolim* (São Paulo: Paz e Terra, 2002)。關於米納斯精英階層的利益，被王國政府視為非法的活動，參照Kenneth Maxwell, *A devassa da devassa: A Inconfidência mineira Brasil-Portugal (1750–1808)* (São Paulo: Paz e Terra, 2009)。
56. Francisco de Paula Freire de Andrade, '2a Inquirição — Rio, Fortaleza da Ilha das Cobras — 25 de janeiro de 1790', in *Autos da Devassa da Inconfidência Mineira*, vol. 5. Brasília and Belo Horizonte: Câmara dos Deputados/Imprensa Oficial de Minas Gerais, 1982, p. 180.
57. 關於這項運動的起因，參照Maxwell, *A devassa da devassa*; Roberta Giannubilo Stumpf, *Filhos das Minas, americanos e portugueses: Identidades coletivas na capitania de Minas Gerais (1763–1792)*. São Paulo: Hucitec, 2010。
58. 'Inquirição de Testemunhas (1). Testemunha 4a', in *Autos da Devassa da Inconfidência Mineira*, op. cit., p. 156, vol. 1.
59. Kenneth Maxwell (ed.), *O livro de Tiradentes: Transmissão atlântica de ideias políticas no século XVIII*. São Paulo: Penguin Classics Companhia das Letras, 2013.
60. 關於**拔牙師**的治療技術，參照Júnia Ferreira Furtado, 'Dos dentes e seus tratamentos: A história da odontologia no período colonial', in Heloisa Maria Murgel Starling, Betânia Gonçalves Figueiredo, Júnia Ferreira Furtado and Lígia Beatriz de Paula Germano (eds.), *Odontologia: História restaurada* (Belo Horizonte: Editora UFMG, 2007, pp. 49 ff)。關於**拔牙師**當**新路**指揮官的活動，參照Carla Maria Junho Anastasia, *A geografia do crime: Violência nas Minas Setecentistas* (Belo Horizonte: Editora UFMG, 2005), especially chapter 3。**拔牙師**進一步的傳記資料，參照Lúcio José dos Santos, *A Inconfidência mineira: Papel de Tiradentes na Inconfidência mineira* (Belo Horizonte: Imprensa Oficial, 1972)。
61. 馬亞一巴爾巴略，生於一七五七年，卒於一七八八年。
62. 「米納斯密謀」沒有國際支援，參照Kenneth Maxwell, 'A Inconfidência mineira: Dimensões internacionais', in Kenneth Maxwell, *Chocolate, piratas e outros malandros: Ensaios tropicais*. São Paulo: Paz e Terra, 1999。
63. 關於**蒙面人**，參照'Ofício do Visconde de Barbacena a Luís de Vasconcelos e Souza, vice-rei, sobre o início da repressão em Minas', in *Autos da Devassa da Inconfidência Mineira*, op. cit., vol. 8, pp. 170–1. See also 'Inquirição das testemunhas, Casa do Ouvidor, 11-01-1790', in *Autos da Devassa da Inconfidência Mineira*, op. cit., vol. 2, pp. 237 ff。
64. 關於密謀的告發，參照*Autos da Devassa da Inconfidência Mineira*, op. cit., vol. 1。
65. 一七七七年瑪麗亞一世成為葡萄牙女王。
66. 葡萄牙高等法院的原文是Tribunais da Relação（**仲裁法庭**）。高等法院有里約熱內盧**區**（comarca）管轄權，囚犯被拘禁在高等法院的監獄。

67. **蛇島**（Snake Island）是瓜納巴拉灣的島嶼，距離市中心不遠。最初在十七世紀初構築防禦工事，保護這座城市抵抗侵略，一七八九年島上有三座要塞。
68. 關於克勞迪奧．曼努埃爾．達科斯塔的死因，參照Jardim, *A Inconfidência mineira*; Mello e Souza, *Cláudio Manuel da Costa*。
69. 英文譯名Counting House。
70. 原文Cadeia Nova，英文譯名New Prison。
71. 西爾維亞諾．聖地亞哥的著作於一九九四年出版，當時對於政治犯在軍政府時期（一九六四－八五）遭到酷刑的「自殺」事件，國民的記憶猶新。
72. **莫吉尼亞**是押韻的短詩，在街頭或家庭聚會時以吉他伴奏歌唱。
73. 「共和國」成立一年後，一八九〇年，市中心最古老的廣場**蘭帕多薩廣場**，改名為**拔牙師廣場**。四月二十一日被宣布為國定假日。
74. 巴西殖民時期重要的編年史家維列納（Vilhena）的摘錄，參照*A Bahia no século XVIII*, vol. 2 (Salvador: Editora Itapuã, 1969, p. 425)。葡萄牙用「小冊子」（pasquim）這個詞表示某類文宣刊物。
75. 老鎮的中央廣場設置頸手枷（或鞭撻柱）。小冊子被放置的日期和場所，參照Luís Henrique Dias Tavares, *História da sedição intentada na Bahia em 1798* (‘*A conspiração dos alfaiates*’) (São Paulo and Brasília: Pioneira/ Instituto Nacional do Livro, 1975)。
76. 有十一本小冊子。「巴伊州公共檔案館」（Arquivo Público do Estado da Bahia）可以找到原文（Seção Histórica, maços 578 and 581）。「國家圖書館」也有原稿的複本（1–28; 23/nos. 1–12, Coleção Martins）。關於這些小冊子的全部內容，參照Dias Tavares, *História da sedição intentada na Bahia em 1798*, pp. 22–40; Kátia de Queirós Mattoso, *Presença francesa no movimento democrático baiano de 1798* (Salvador: Editora Itapuã, 1969, pp. 144–59)。
77. 「巴伊亞密謀」的沿革，參照István Jancsó, *Na Bahia contra o Império: História do ensaio da sedição de 1798*. São Paulo and Salvador: Hucitec; EDUFba, 1996。
78. 在一五八七至一五九一年間，葡屬美洲的「宗教裁判所」（Tribunal do Santo Ofício）將誹謗的小冊子記錄在案。參照Emanuel Araújo, *O teatro dos vícios: Transgressão e transigência na sociedade urbana colonial* (Rio de Janeiro: José Olympio, 2008), esp. pp. 330 ff。
79. 這些小冊子的攻擊目標，參照Kátia de Queirós Mattoso, ‘Bahia 1789: Os panfletos revolucionários – Proposta de uma nova leitura), in Osvaldo Coggiola, *A Revolução Francesa e seu impacto na América Latina* (São Paulo: Nova Stella Editorial/Edusp, 1990, pp. 346 ff)。
80. ‘Panfleto 5o Prelo’, in Queirós Mattoso, *Presença francesa no movimento democrático baiano de 1798*, p. 151.
81. 這樁起義經常被稱作「**裁縫師叛變**」（A revolta dos Alfaiates）。
82. ‘Perguntas a Antônio Ignacio Ramos: A Inconfidência da Bahia em 1798 – Devassas e Sequestros’, Rio de Janeiro, *Anais da Biblioteca Nacional*, vols. 43–4 (1920–1), pp. 130–4. See also Dias Tavares, *História da sedição intentada na Bahia em 1798*, p. 100.
83. 一種貝殼。非洲宗教用**瑪瑙貝**（Búzios）占卜。
84. ‘Continuação das perguntas a José de Freitas Sacoto, pardo, livre e preso nas cadeias desta Relação: Autos da Devassa do Levantamento e Sedição Intentados na Bahia em 1798’, *Anais do Arquivo Público da Bahia*, Salvador: Imprensa Oficial da Bahia, vol. XXXV (1961), p. 129.
85. 密謀者旗幟與刻印文字，參照Bráz Hermenegildo do Amaral, ‘A conspiração republicana da Bahia de 1798’, in Bráz Hermenegildo do Amaral, *Fatos da vida do Brasil*. Salvador: Tipografia Naval, 1941, p. 14。
86. ‘Assentada: Autos da Devassa do Levantamento e Sedição Intentados na Bahia em 1798’, op. cit., vol. XXXVI, p. 406.
87. ‘Perguntas a Joaquim José de Santa Anna: A Inconfidência da Bahia em 1798 – Devassas e Sequestros’, *Anais da Biblioteca Nacional*, Rio de Janeiro, vol. 45 (1920–1), p. 119.
88. 關於密謀的鎮壓，參照Patrícia Valim, ‘Da contestação à conversão: a punição exemplar dos réus da Conjuração Baiana de 1798’. *Topoi*, Niterói, vol. 10, n. 18, pp. 14–23, January/June 2009; István Jancsó, ‘Teoria e prática da contestação na colônia’, in Jancsó, *Na Bahia contra o Império; história do ensaio da sedição de 1798*。

第六章

1. 本章的內容根據Angela Marques da Costa, Paulo Cesar de Azevedo and Lilia Moritz Schwarcz, *A longa viagem da biblioteca dos reis: Do terremoto de Lisboa à Independência do Brasil* (São Paulo: Companhia das Letras, 2002)。
2. 在一八一八年瑪麗亞一世的兒子加冕為國王之前，我們稱呼他堂．若昂，在他的母親被宣告失能後，稱為攝政王堂．若昂。他的全名是João Maria José Francisco Xavier de Paula Luís Antônio Domingos Rafael de Bragança。
3. Fernando Novais, *Portugal e Brasil na crise do antigo sistema colonial* (1777–1808). São Paulo: Hucitec, 1989, p. 18.
4. 費爾南多波島（現今的比奧科島〔Bioko〕）和阿諾邦島（安諾本〔Annobón〕），以及聖多美和普林西比，是幾內亞灣的島嶼。
5. Ana Cristina Bartolomeu de Araújo, ‘As invasões francesas e a afirmação das ideias liberais’, in José Mattoso, *História de Portugal*. Lisboa: Estampa, (1989), p. 17, vol. 5: O liberalismo, 1807–90.
6. 私下哀悼的原文是luto cerrado，字面上的意義是「閉門哀悼」，即使在室內也要穿黑衣，禁止各種形式的娛樂。公開哀悼的原文是luto aliviado，字面上的意義是「緩和哀悼」，放寬服裝規範和其他限制。
7. Luiz Carlos Villalta, *1789–1808: O império luso-brasileiro e os Brasis* (São Paulo: Companhia das Letras, 2000), p. 126. 關於葡萄牙的中立政策和「法國大革命」引起恐懼，

參照Lúcia Maria Bastos Pereira das Neves, *Napoleão Bonaparte: Imaginário e política em Portugal — c. 1808–1810* (São Paulo: Alameda, 2008)。
8. Pedro Penner da Cunha, *Sob fogo: Portugal e Espanha entre 1800 e 1820* (Lisbon: Horizonte, 1988), p. 138. (Coleção Horizonte Histórico, 14)
9. Bartolomeu de Araújo, 'As invasões francesas e a afirmação das ideias liberais', p. 19.
10. J. B. F. Carrère, *Panorama de Lisboa no ano de 1796*. Lisboa: Biblioteca Nacional/Secretaria do Estado da Cultura, 1989, p. 60.
11. Carl Israel Ruders, *Viagem a Portugal: 1798–1802*. Lisbon: Biblioteca Nacional/Secretaria de Estado da Cultura, 1981, p. 36.
12. Bartolomeu de Araújo, 'As invasões francesas e a afirmação das ideias liberais', p. 21.
13. Carrère, *Panorama de Lisboa no ano de 1796*, p. 56.
14. 奧利文薩（Olivenza，西班牙文）在西班牙與葡萄牙爭議的邊境上，在一八〇一年的《巴達霍斯條約》割讓給西班牙。雖然奧利文薩從此受西班牙管轄，但是葡萄牙聲稱應撤銷該條約和歸還奧利文薩及周遭的領土。
15. Bartolomeu de Araújo, 'As invasões francesas e a afirmação das ideias liberais', p. 22.
16. Oliveira Lima, *Dom João VI no Brasil*, 3rd edn. (Rio de Janeiro: Topbooks, 1996), pp. 177–89. See also Francisca L. Nogueira de Azevedo, *Carlota Joaquina na corte do Brasil* (Rio de Janeiro: Civilização Brasileira, 2003).
17. José Hermano Saraiva, *História de Portugal*. Mem Martins: Publicações Europa-América, 1998, p. 300.
18. Lima, *Dom João VI no Brasil*, p. 43.
19. Alexandre José de Mello Moraes, *História da transladação da Corte portuguesa para o Brasil em 1807–1808*, vol. 1. Rio de Janeiro: E. Dupont, 1982, p. 112.
20. 堂・若昂五世（國王約翰五世），一七〇六到一七五〇年的葡萄牙國王。
21. 路易斯・達庫尼亞（一六六二年生於里斯本，一七四九年卒於巴黎），在堂・若昂五世統治時期擔任葡萄牙外交官。由於他受到外國思想的影響，他被視為「**離間者**」（Estrangeirado，源自estrangeiro〔**外國人**〕）。
22. Kátia de Carvalho, *Travessia das letras*. Rio de Janeiro: Casa da Palavra, 1999, p. 156.
23. 'Relato de d. Rodrigo de Sousa Coutinho, conde de Linhares'. Rio de Janeiro: Biblioteca Nacional, ms. II 30, 35, 60.
24. 阿羅納侯爵，本名Pedro Miguel de Almeida Portugal e Vasconcelos（一六八八－一七五六），一七一八年繼承第三任阿蘇馬爾伯爵（Count of Assumar）的封號，一年後被任命為米納斯吉拉斯都督轄區總督，一七二〇年鎮壓該區的「富裕鎮暴亂」（也通稱「費利佩・杜斯・桑托斯叛變」，見第四章），因而出名。
25. 'Carta de 30 de maio de 1801, Arquivo Público do Rio de Janeiro', in Lima, *Dom João VI no Brasil*, p. 45. 接下來的引文出自阿羅納侯爵，相同的文件。
26. Joel Serrão, *Cronologia de Portugal*. Lisboa: Iniciativas Editoriais, 1971, p. 376.
27. Lima, *Dom João VI no Brasil*, p. 46; see also Maria Graham, *Journal or a Voyage to Brazil and residence there, London, 1824* (London: Longman, 1824).
28. 馬夫拉宮是巨大的皇宮修道院，在一七一七至一七五五年間建造。
29. Anônimo, 'Jornada do sr. d. João vi ao Brasil em 1807', in Ângelo Pereira, *Os filhos d'el Rei d. João VI*. Lisbon: Empresa Nacional de Publicidade, 1946, p. 101.
30. Lima, *Dom João VI no Brasil*, p. 49.
31. Anônimo, 'Jornada do sr. d. João vi ao Brasil em 1807', p. 101.
32. 攝政王與卡洛塔，若阿金娜有八個女兒：瑪麗亞・特蕾莎、貝拉王妃、公主瑪麗亞・伊莎貝爾、瑪麗亞・達亞松森、瑪麗亞・德阿西斯與安娜，以及兩個兒子——八歲的佩德羅（未來的巴西皇帝，幾週後葡萄牙的國王），和六歲的堂・米格爾。
33. Lima, *Dom João VI no Brasil*, p. 47.
34. Alan K. Manchester, 'A transferência da corte portuguesa para o Rio de Janeiro', in H. Keith and Edward S. F. (eds.), *Conflito e continuidade na sociedade brasileira*, trs. José Laurênio de Melo. Rio de Janeiro: Civilização Brasileira, 1970, p. 67.
35. *Carta do Visconde de Anadia ao Príncipe Regente, de 29 de setembro de 1807*. Rio de Janeiro: Arquivo Nacional/Fundo Negócios de Portugal, 1807, caixa 714.
36. 《**集禱文**》（*Collecta pro quacumque Tribulatione*，英文譯名*The Collect*），源自拉丁文collecta（人民集合起來），是一種聖母德敘禱文，用於教會禮拜儀式和遊行。
37. Camilo Luís Rossi, *Diário dos acontecimentos de Lisboa, por ocasião da entrada das tropas, escrito por uma testemunha*. Lisbon: Oficinas Gráficas da Casa Portuguesa, 1944, p. 6.
38. Manchester, 'A transferência da corte portuguesa para o Rio de Janeiro', p. 68.
39. 'Carta do frei Matias de São Bruno sobre notícias militares contra a Inglaterra. Cartuxa, 2 de novembro de 1807', in Enéas Martins Filho, p. 51.
40. Martins Filho, p. 16.
41. 'Parecer do Marques de Pombal, 2 de novembro de 1807', in ibid., p. 59.
42. 阿納迪亞子爵，後來受封阿納迪亞伯爵，本名João Rodrigues de Sá e Melo（一七五五年生於阿威羅Aveiro，一八〇九年卒於里約熱內盧）。
43. Ibid., p. 62.
44. Manchester, 'A transferência da corte portuguesa para o Rio de Janeiro', p. 181.

45. Lima, *Dom João VI no Brasil*, p. 37.
46. Mello Moraes, *História da transladação da Corte portuguesa para o Brasil em 1807–1808*, p. 53.
47. Rossi, *Diário dos acontecimentos de Lisboa*, p. 9.
48. Domingos de Sousa Coutinho, *Cartas a Sua Alteza Real*. Rio de Janeiro: Biblioteca Nacional, 1807, ms., 10, 3, 29. 之後的引文都引用這份文件。
49. 馬里亞爾瓦侯爵，本名Pedro José Joaquim Vito de Meneses Coutinho（大約一七七五年生於里斯本，一八二三年卒於巴黎）。
50. 'Assento tomado em Conselho de Estado no Real Palácio da Ajuda em 8 de Novembro de 1807 na presença de S. A.R. O Príncipe Regente Nosso Senhor', in Martins Filho, op. cit., p. 68.
51. Manchester, 'A transferência da corte portuguesa para o Rio de Janeiro', p. 181.
52. Penner da Cunha, *Sob fogo*, p. 76.
53. Manchester, 'A transferência da corte portuguesa para o Rio de Janeiro', p. 71.
54. 整段文字摘引Francisco Adolfo de Varnhagen, 'História da independência do Brasil', *Revista do IHGB*, Rio de Janeiro, vol. 173 (1962), pp. 58–9。
55. 若澤·德阿澤維多（一七六一—一八三五）是葡萄牙貴族，葡萄牙與巴西的宮廷官員。
56. João Manuel Pereira da Silva, *História da fundação do Império brasileiro*, vol. 1. Rio de Janeiro: L. Garnier, 1865, pp. 114–15.
57. 一七五五年里斯本大地震毀掉大部分建築，一七六一年堂．若澤建造**阿茹達聖母宮**（Palácio de Nossa Senhora da Ajuda），當作臨時結構。一八〇二年開始建造，皇室動身到巴西時，部分工程尚未完成。
58. *Exposição analítica e justificativa de conduta* ... Rio de Janeiro: Biblioteca Nacional, 1821, Rare words section, 37, 17, 1, p. 5.
59. Rossi, *Diário dos acontecimentos de Lisboa*, p. 11.
60. Mello Moraes, *História da transladação da Corte portuguesa para o Brasil em 1807–1808*, p. 61.
61. 愛爾蘭籍海軍上尉托馬斯．奧尼爾，登上其中一艘巴西船，追隨葡萄牙艦隊到里約熱內盧，一八一〇年出版他的摘錄。雖然被廣泛參考，許多人認為書中的事實和風格被誇大。
62. Rio de Janeiro: Biblioteca Nacional, Seção de Obras Raras, 32, 1, 11.
63. Marques da Costa, Azevedo and Schwarcz, *A longa viagem da biblioteca dos reis*.
64. Emílio Joaquim da Silva Maia, Rio de Janeiro, Instituto Histórico e Geográfico Brasileiro, lata 245, doc. 7, [n.d.], and Pereira da Silva, *História da fundação do império brasileiro*, p. 118.
65. 第七任阿維拉斯伯爵（Count of Aveiras），本名Dom Nuno da Silva Telo de Meneses Corte Real（一七四六—一八一三），瓦戈斯侯爵是他的世襲頭銜。
66. Mello Moraes, *História da transladação da Corte portuguesa para o Brasil em 1807–1808*, p. 6.
67. Emílio Joaquim da Silva Maia, 'Embarque, séquito e viagem da família real portuguesa. Arribada à Bahia. Estado do Brasil no tempo de colônia. Desembarque no Rio de Janeiro. Primeiro Ministério Português que funcionou no Brasil', Rio de Janeiro, Instituto Histórico e Geográfico Brasileiro, lata 345, doc. 7 [n.d.].
68. Pereira da Silva, *História da fundação do império brasileiro*, p. 121.
69. *Exposição analítica e justificativa da conducta e vida pública do visconde do Rio Seco* ... Rio de Janeiro: Imprensa Nacional, 1821, pp. 3–4.
70. Pereira da Silva, *História da fundação do império brasileiro*, p. 119.
71. Tobias do Rego Monteiro, *História do Império: A elaboração da independência*, vol. 1. Belo Horizonte and São Paulo: Itatiaia/Edusp (1981), p.66. See also Oliveira Martins, *Don João VI no Brasil* (Brasília: Fundação Projeto Rondon, 1987), p. 8.
72. Pereira da Silva, *História da fundação do império brasileiro*, p. 287. 葛拉罕．摩爾（Graham Moore）指揮的船有**馬爾波羅號**（Marlborough）、**倫敦號**、**貝德福德號**（Bedford）與**君主號**（Monarch）。
73. Ibid., p. 289.
74. Kenneth Light, p. 110.
75. Manchester, 'A transferência da corte portuguesa para o Rio de Janeiro', p.188. 運送皇室的船：噸位最大的**王太子號**八十四支槍，**阿方索德阿爾布克爾克號**六十四支槍，**葡萄牙女王號**七十四支槍。分遣艦隊也包括**巴西王太子號**七十四支槍，**水母號**七十四支槍，**恩里克伯爵號**七十四支槍，**馬蒂姆德弗雷塔斯號**六十四支槍，**堂若昂德卡斯特洛號**六十四支槍。也有護衛艦：**智慧女神號**四十四支槍，**海豚號**三十六支槍，**天王星號**三十二支槍。雙桅帆船：**復仇號**二十支槍，**飛號**二十二支槍，**野兔號**二十二支槍；與補給品貨船**海洋女神號**。（Rio de Janeiro: Biblioteca Nacional, mss. 1, 31, 30, 63.）
76. Pereira da Silva, *História da fundação do império brasileiro*.
77. *Relação das pessoas que saíram desta cidade para o Brasil, em Companhia de S. A.R, no dia 29 de novembro de 1807. Lisboa, 29 de novembro de 1807*. Rio de Janeiro: Instituto Histórico e Geográfico Brasileiro, lata 490, pasta 29. 15 fls.
78. *Papéis particulares do conde de Linhares*. Rio de Janeiro: Instituto Histórico e Geográfico Brasileiro, mss. 1, 29, 20, 1, doc. 7.

79. Allan K. Light, pp. 110 and 112.
80. Nireu Oliveira Cavalcanti, *A cidade de São Sebastião do Rio de Janeiro: As muralhas, sua gente, os construtores, 1710–1810* (Rio de Janeiro: UFRJ, PhD thesis in history, p. 160). 全部船隻的全體船員，詳細的數據參照Antonio Marques Esparteiro, 'Transmigração da família real para o Brasil', in *História Naval Brasileira*. Rio de Janeiro: Ministério da Marinha 1979, pp. 325–51, book 2, vol. 2。
81. Pereira da Silva, *História da fundação do império brasileiro*, p. 121. 梅洛・莫賴斯（Mello Morais）給的數目是三萬（Rio de Janeiro: Biblioteca Nacional, mss. 2, 30, 23, 6, n. 5）；奧尼爾說一萬六千至一萬八千臣民登船，包括四千士兵。若澤・法曾達（José Vieira Fazenda, 'Antiqualha e memórias do Rio de Janeiro', *Revista do IHGB*, Rio de Janeiro, vol. 142, book 88 [1920]）推算：三個月後里約的人口增加兩萬人。卡瓦爾康蒂推斷五千人（一九九七）。馬萊爾巴（Jurandir Malerba, *A corte no exílio: Civilização e poder no Brasil* às *vésperas da independência, 1808–1821*. São Paulo: Companhia das Letras, 2000）推算平均一萬五千人，在注腳援引其他作者和數據：根據羅查・馬汀斯（Rocha Martins）一萬三千八百人，根據索里亞諾（Soriano）一萬五千人。艾倫・曼徹斯特（Alan K. Manchester, 'A transferência da corte portuguesa para o Rio de Janeiro'）了解這些差異，選擇一萬人。路易茲・埃德蒙多（Luiz Edmundo）推算的數目是一萬五千人。
82. 'Rodrigo José Ferreira Lobo, Capitão de Mar e Guerra Comandante – Bordo da fragata Minerva, 31 de janeiro de 1808', *Papéis relativos à vinda ...*, (1808), pp. 19 and 21.
83. Mello Moraes, *História da transladação da Corte portuguesa para o Brasil em 1807–1808*, p. 72, and Kenneth Light, p. 112. 行事曆的細節和旅程的情況，參照肯尼斯・萊特（Kenneth Light）。
84. 當時傳統的紙牌遊戲有faraó（法老或法拉銀行，一個莊家和幾個玩家）、espenifre（梅花三最大）、pacau（四根手指），與chincalhão（花雞）。
85. 朱諾將軍抵達里斯本時，他似乎確實能夠看到遠方的艦隊。
86. Varnhagen, 'História da independência do Brasil', p. 59.
87. 從中世紀以來，羅西奧一直是里斯本主要的廣場之一，民眾起義、慶典、鬥牛和處決的現場。地震後以龐巴爾式（Pombaline）建築風格重建。
88. Domingos Alves Branco Barreto, *Memória dos sucessos acontecidos na cidade de Lisboa, desde vinte e nove de novembro de 1808*. BN/Mss/I 13-4-no. 7
89. Rossi, *Diário dos acontecimentos de Lisboa*, p. 15.
90. Varnhagen, 'História da independência do Brasil', pp. 58–9.
91. Rossi, *Diário dos acontecimentos de Lisboa*, p. 29.
92. Pereira, *Os filhos d'el Rei d. João VI*, p. 120.
93. **克盧什宮**，在葡萄牙通稱「葡萄牙的凡爾賽宮」，位於里斯本與辛特拉之間的克盧什鎮。堂・若昂六世的父親堂・佩德羅・德布拉干薩的避暑山莊。後來**克盧什宮**充當女王瑪麗亞一世的獨立宅邸。
94. Arquivo Nacional Torre do Tombo, Ministério do Reino, maço 279.
95. Rio de Janeiro, Biblioteca Nacional, mss. 10, 3, 29.
96. Lúcia Maria Bastos Pereira das Neves, *Napoleão Bonaparte: Imaginário e política em Portugal – c. 1808–1810*. Rio de Janeiro: Alameda, 2008.
97. 塞巴斯蒂昂一世（一五五四－一五七八）是一五五七到一五七八年的國王。在摩洛哥與摩爾人戰鬥時失蹤（據信在行動中被殺害）。他亡故後，王位繼承危機導致「伊比利亞聯盟」時期葡萄牙的國勢衰微，他變成「被渴望者」（O Desejado）。

第七章

1. 本章部分內容參照Angela Marques da Costa, Paulo Cesar de Azevedo and Lilia Moritz Schwarcz, *A longa viagem da biblioteca dos reis*。
2. 此處的資料根據Maria Graham, *Diário de uma viagem*. Belo Horizonte and São Paulo: Itatiaia/Edusp, 1990, p. 164. (Coleção Reconquista do Brasil, 157)。
3. 此度量衡等於伸直的手臂。
4. Luís dos Santos Vilhena, *Recopilação de notícias soteropolitanas e brasílicas*. Bahia: Imprensa Oficial do Estado, 1922 [1802].
5. Arquivo Nacional (981.42 v 711). *Cartas de Vilhena: Notícias soteropolitanas e brasílicas por Luís dos Santos Vilhena*. Bahia: Imprensa Oficial do Estado, 1922, p. 36.
6. Graham, *Diário de uma viagem*, pp. 167–8.
7. 棕櫚油（Óleo de Dendê）從油棕（Dendezeiro）提取，巴伊亞典型的非洲裔巴西料理不可或缺的原料。
8. Pierre Verger, *Fluxo e refluxo do tráfico de escravos entre o Golfo do Benin e a Bahia de Todos os Santos: Dos séculos XVII a XIX*. São Paulo and Brasília: Corrupio/Ministério da Cultura, 1987, p. 8.
9. Sergio Buarque Holanda, 1976, pp. 71–2.
10. Ibid., p. 76.
11. 一八一五年「維也納會議」將《和平與友誼條約》廢止。
12. *Relação das festas que se fizeram no Rio de Janeiro quando o Príncipe Regente N. S. e toda a sua Real Família chegaram pela primeira vez àquela capital*. Lisbon: Impressão Régia, 1810, p. 4.

13. Sé是Sedes Episcopalis（**主教座**）的縮寫，在巴西各城市充當主教座堂的教堂。
14. Gastão Cruls, *Aparência do Rio de Janeiro: Notícia histórica e descritiva da cidade*, vol. 1. Rio de Janeiro: José Olympio, 1952, p. 238.
15. Norbert Elias, *A sociedade da corte: Investigação sobre a sociologia da realeza e da aristocracia de corte*. Rio de Janeiro: Zahar, 2001.
16. Luís Edmundo, *O Rio de Janeiro no tempo dos vice-reis*. Brasília: Senado Federal, 2000, p. 34. (Coleção Brasil 500 Anos)
17. Ibid., pp. 123–30. (Coleção Brasil 500 Anos)
18. **吻手禮**（Beija-mão）是「平民」向葡萄牙皇帝鞠躬的傳統，源於中世紀。這是一種公開的儀式，臣民直接與君主接觸，在親手後，他們可以向君主請求一個恩惠。這對國王擔任父親和保護者的角色，具有重大的象徵意義。
19. 貢薩爾維斯·多斯桑托斯（一七六四—一八四四）是教師和神職人員，他的著作為十九世紀上半葉的巴西生活提供重要的資料。參照Luís Gonçalves dos Santos, *Memórias para servir à história do Brasil*. Belo Horizonte and São Paulo: Itatiaia/Edusp, 1981, p. 175。
20. Luiz Edmundo, *A corte de d. João no Rio de Janeiro (1808–1821)*, vol. 1. Rio de Janeiro: Conquista, 1939, pp. 84, 113, 164, 226 and 228.
21. 英文譯名Royal Palace。
22. Para a Glória esmaltar do novo Mundo / Manda o sexto João o Céu amigo.
23. Negras nuvens longe exalem, / Morte, estrago, horror, veneno, / E entre nós sempre sereno, / Seja o Céu, a Terra, o Mar.
24. 聖克里斯托旺的農村地區，與市中心隔著沼澤地，後來在堂·若昂統治時期填土，與市區合併，成為**新市鎮**（Cidade Nova）。
25. Cruls, *Aparência do Rio de Janeiro*, pp. 241–2.
26. *Toma-larguras*是當時葡萄牙的黑話。根據歷史學家卡瓦爾康蒂（Nireu Oliveira Cavalcanti）所言，實際上被徵用當寄宿處的房子，頂多一百四十戶。皇家圖書館的職員路易斯·馬洛克斯（Luís Marrocos），在寫給父親的信中評論：「我們在等待戰艦**聖塞巴斯蒂昂號**載滿人〔……〕，我為他們所有人感到抱歉，因為他們在此地連一間房子也找不到〔……〕」。參照Luís Joaquim dos Santos Marrocos, 'Carta n. 14, Rio de Janeiro, 27 de fevereiro de 1812', *Anais da Biblioteca Nacional do Rio de Janeiro*, vol. LVI. Rio de Janeiro: Ministério da Educação, 1934, p. 61。
27. Lilia Moritz Schwarcz, *As barbas do Imperador: D. Pedro II, um monarca nos trópicos*. São Paulo: Companhia das Letras, 1998, p. 159.
28. 這些封號的原文Ordem da Espada及Grã-cruz, Comendador和Cavaleiro。
29. Faoro, *Os donos do poder*。
30. Lima, *Dom João VI no Brasil*, p. 54.
31. Luiz Norton, *A corte de Portugal no Brasil* (São Paulo: Companhia Editora Nacional, 1938), p. 40. 這應該是伊波利多·達科斯塔（Hipólito da Costa）在《**巴西郵報**》（*Correio Braziliense*）發表的比喻，反映報刊的影響，下文見分曉。
32. Faoro, *Os donos do poder*, vol. 1, p. 251. 援引伊波利多·達科斯塔。
33. Quem furta pouco é ladrão / Quem furta muito é barão / Quem mais furta e esconde / Passa de barão a visconde.
34. Faoro, *Os donos do poder*, vol. 1, p. 251.
35. *Ordenações filipinas*, Book III, título 75, paragraph 1, with Silvia Hunold Lara (ed.), *Ordenações filipinas: Livro V*. São Paulo: Companhia das Letras, 1999, p. 30.
36. 原文Tribunal da Relação，參照第五章注釋44。
37. 原文Casa da Suplicação。
38. Ibid., p. 33.
39. 原文Desembargo do Paço。
40. 原文Mesa da Consciência e Ordens。
41. Manuel Luís Salgado Guimarães, 'Cronograma avulso, 1750–1808', in *Nação e civilização nos trópicos*. Rio de Janeiro: Vértice, 1985.
42. Lima, *Dom João VI no Brasil*, p. 162.
43. 一七〇六年累西腓曾經嘗試設立印刷廠，里約熱內盧則是在一七四六年。詳情參照Carlos Rizzini, *O livro, o jornal e a tipografia no Brasil: 1500–1822*. São Paulo: Imprensa Oficial, 1988, p. 310。
44. Leila Mezan Algranti, *D. João VI: Bastidores da Independência* (Rio de Janeiro: Ática, 1987); idem, 'Os bastidores da censura na corte de d. João', Seminário Internacional d. João VI, um Rei Aclamado na América, *Anais da Biblioteca Nacional* (Rio de Janeiro: Museu Histórico Nacional, 2000), p. 83.
45. Ana Maria Camargo and Rubens Borba de Moraes, *Bibliografia da Impressão Régia do Rio de Janeiro*, vol. 2. São Paulo: Edusp/Kosmos, 1993, p. 229.
46. Tereza Maria R. Fachada L Cardoso, 'A Gazeta do Rio de Janeiro: Subsídios para a história da cidade', *Revista do IHGB*, Rio de Janeiro, vol. 371 (April/June 1991).
47. Rizzini, *O livro, o jornal e a tipografia no Brasil*, p. 332.
48. 這個潟湖的名稱，取自葡萄牙騎兵軍官羅德里戈·德弗雷塔斯（Rodrigo de Freitas de Carvalho，一六八四—一七四八），他妻子繼承房地產，包括里約熱內盧的許多地區。

49. 原文Jambo。
50. 原文Carambola。
51. Rizzini, *O livro, o jornal e a tipografia no Brasil*, p. 257.
52. Lilia Moritz Schwarcz, *O espetáculo das raças: Cientistas, instituições e questão racial no Brasil do século XIX*. São Paulo: Companhia das Letras, 1993, p. 70.
53. Schwarcz, Marques da Costa and Cesar de Azevedo, *A longa viagem da biblioteca dos reis*.
54. Faoro, *Os donos do poder*, vol. 1, p. 252; Varnhagen, 'História da independência do Brasil', pp. 102–3.
55. Varnhagen, 'História da independência do Brasil', pp. 102–3.
56. Lima, *Dom João VI no Brasil*, pp. 478–9.
57. 'Almanac histórico da cidade de S. Sebastião do Rio de Janeiro' (*Revista do IHGB*, Rio de Janeiro, book XXI, 1. trim. 1858, pp. 5–7)，此文提及至少有二十家機構。參照Graça Salgado (ed.), *Fiscais e meirinhos: A administração no Brasil Colonial* (Rio de Janeiro and Brasília: Nova Fronteira/Instituto Nacional do Livro, 1985)。
58. 引自Lima, *Dom João VI no Brasil*, p. 71。
59. 居民的人數，沒有準確的數據。鮑里斯・福斯托（Boris Fausto）提及十萬人。其他的遊人說八萬。即使如此，在一八一七年徐畢克斯（Spix）與馬齊烏斯（Martius）推算該市的人口有十萬人。根據皮薩羅（Pizarro）的推算，一七八九年該市的居民是四萬三千七百八十人。波爾（Pohl，從一八一七到一八二一年住在巴西）提及八萬兩千居民。雷諾（Renault）推算一八〇八年八萬人，一八二一年十一萬兩千六百九十五人。官方一七九九年人口普查的數目是四萬三千三百七十六位居民。
60. Johann Baptist von Spix and Carl Friedrich Phillip von Martius, *Reise in Brasilien*. São Paulo: Companhia Editora Nacional, 1938, p. 91, part I, vol. II.
61. 約翰・盧卡克是約克夏商人，一八〇八年六月抵達巴西，晚皇室三個月。他在巴西待了十年，做生意和做一些尖酸的評論，一八二〇年出版他的著作《里約熱內盧與巴西南部摘記》（*Notes on Rio de Janeiro and the Southern Parts of Brazil*）。
62. Seção de Obras Gerais da Biblioteca Nacional, 294, 5, 17. Francisco José da Rocha Martins, *A Independência do Brasil: No rumor duma epopeia o levedar duma nação forte* (Lisbon: Lvmen, 1922).
63. Delso Renault, *O Rio antigo nos anúncios de jornais* (1808–1850). Rio de Janeiro: José Olympio, 1969, p. 26.
64. Maria Beatriz Nizza da Silva, *Vida privada e quotidiano no Brasil: Na época de d. Maria I e d. João VI*, 2nd edn. Lisbon: Estampa, 1993, p. 243.
65. 狄奧多・馮萊特霍爾德（一七七一－一八二六）是攝政王一位貴士的親戚。他與侄子路德維希・馮蘭戈（Ludwig Von Rango）來到巴西，意圖獲得咖啡種植園區。他們很快就打消念頭，回到歐洲，出版《一八一九年兩個普魯士人的里約熱內盧見聞》（*Rio de Janeiro seen by two Prussians in 1819*）。
66. Nizza da Silva, *Vida privada e quotidiano no Brasil*, p. 244.
67. 名稱取自一八五四年為建造里約第一座火車站而拆除的教堂，**聖安娜廣場**在當時是該市最大的休閒區域，宗教祭典與國家慶典的主要場所。
68. T. von Leithold and L. von Rango, *O Rio de Janeiro visto por dois prussianos em 1819*. São Paulo: Companhia Editora Nacional, 1966, p. 97.
69. 若澤・毛里西奧神父（全名José Maurício Nunes Garcia，一七六七－一八三〇），祖父母是被奴役者，他是巴洛克聖樂作曲家，風琴與大鍵琴演奏家。一八一九年他在殖民地指揮莫札特《安魂曲》的首次演出，以及一八二一年海頓的《創世紀》。
70. Benedicto Freitas, *Santa Cruz, fazenda jesuítica, real e imperial*, 3 vols. Rio de Janeiro: 1985–7, p. 131.
71. 馬科斯・波圖加爾（一七六二－一八三〇）是葡萄牙的古典作曲家，創作歌劇和宗教音樂。他接受堂・若昂的特邀來到里約熱內盧。
72. 「聖克魯斯莊園」原本是修道院和農場，覆蓋的土地遼闊，一五七〇年耶穌會會士創立此莊園，開始悠久的傳統，訓練被奴役者成為樂師。一七五九年耶穌會會士被驅逐，彭巴爾侯爵（Marquis of Pombal）為皇室索取產權。
73. *O Paiz*, Rio de Janeiro, 10 October 1908, quoted by Freitas, *Santa Cruz, fazenda jesuítica, real e imperial*, vol. 1, p. 140.
74. Barreto Filho and Hermeto Lima, *História da polícia do Rio de Janeiro: Aspectos da cidade e da vida carioca*, 3 vols. Rio de Janeiro: A Noite, 1939–43, vol. 2, 1831–1870, p. 199.
75. 敕令的日期是一八〇八年五月十三日，堂・若昂授權米納斯總督與博托庫多人戰鬥。（'Carta régia ao governador e capitão general da capitania de Minas Gerais sobre a guerra aos índios botocudos', Rio de Janeiro: Biblioteca Nacional, mss. II, 36, 05, 47, 6 pp.）
76. Viterbo Sousa, *Dicionário histórico e documental dos arquitectos, engenheiros e construtores portugueses*. Lisbon: Casa da Moeda/Imprensa Nacional, 1988, p. 65.
77. 原文40$000。$000是mil-réis（一千雷亞爾）的符號。此處的金額是40 mil-réis。
78. Gilberto Freyre, *O escravo nos anúncios de jornais brasileiros do século XIX: Tentativa de interpretação antropológica, através de anúncios de jornais brasileiros do século XIX, de característicos de personalidade e de formas de corpo de negros ou mestiços, fugidos ou expostos à venda, como escravos, no Brasil do século passado*, 2nd edn (São Paulo and Recife: Companhia Editora Nacional/Fundaj, 1979). 同樣的題材但是出現在聖保羅的報紙，參照Lilia Moritz Schwarcz, *Retrato em branco e negro: Jornais, escravos e cidadãos em São Paulo no final do século XIX* (São Paulo: Companhia das Letras, 1987)。
79. Sinhô branco também furta / Nosso preto furta galinha / furta saco de feijão / Sinhô branco quando furta / Furta prata e patação / Nosso preto quando furta / Vai parar na [Casa de] Correção / Sinhô branco quando furta / Logo sai sinhô baron.

80. Nizza da Silva, *Vida privada e quotidiano no Brasil*, p. 267.
81. J. F. Almeida Prado, *D. João VI e o início da classe dirigente do Brasil: 1815–1889*. São Paulo: Companhia Editora Nacional, 1968, p. 240. (Brasiliana, 345)
82. 馬諾洛·弗洛倫蒂諾（Manolo Florentino）推算在一七九〇至一八三〇年間在里約熱內盧港口上岸的非洲人，總計七十萬零六千八百七十人。另一方面，瑪莉·卡拉許（Mary C. Karasch）確認這個數目至少有六十萬兩千七百四十七人，劃分如下：在一八〇〇年至一八一六年間二十二萬五千零四十七人，在一八一七年至一八四三年間三十七萬七千七百人。
83. Filho and Lima, *História da polícia do Rio de Janeiro*, vol. 2, 1831–1870, p. 186.
84. Jean-Baptiste Debret, *Voyage pittoresque et historique au Brésil*. Paris: F. Didot Frères, 1835.
85. Lima, *Dom João VI no Brasil*, p. 241.
86. Filho and Lima, *História da polícia do Rio de Janeiro*, vol. 2, 1831–1870, p. 211.
87. 根據一八一六年三月三十日路易斯·馬洛克斯寄給父親的信摘要。
88. 瑪麗亞一世葬禮的描寫，大多援引Lima, *Dom João VI no Brasil*, pp. 583–90。
89. **《保羅和維爾吉妮》**是受歡迎的童書，法國作家聖皮埃爾（Jacques-Henri Bernardin de Saint-Pierre，一七三七—一八一四）於一七八七年撰寫。
90. Lúcia M. Bastos Neves, 'O privado e o público nas relações culturais do Brasil com França e Espanha no governo Joanino', Seminário Internacional d. João vi, um Rei Aclamado na América, *Anais da Biblioteca Nacional*. Rio de Janeiro: Museu Histórico Nacional, 2000, pp. 100–1.
91. Lilia Moritz Schwarcz, *O sol do Brasil: Nicolas-Antoine Taunay e as desventuras dos artistas franceses na corte de d. João*. São Paulo: Companhia das Letras, 2008.
92. 一八二一年尼古拉—安托萬·陶奈回到法國，西蒙·普拉迪耶則是一八一八年。約阿希姆·勒布雷頓離去，住在薩爾瓦多**佛朗明哥海灘**別墅，於一八一九年在該地去世。
93. Maria Odila Dias Leite, 'A interiorização da metrópole (1808–1853)', in Carlos Guilherme Mota, *1822: Dimensões*, 2nd edn. São Paulo: Perspectiva, 1985.
94. Mary C. Karasch, *A vida dos escravos no Rio de Janeiro (1808–1850)*. São Paulo: Companhia das Letras, 2000, p. 75.
95. *Correio Brasiliense*, London, vol. XVIII, no. 108 (May 1817).
96. 卡埃塔諾·品脫·蒙特內哥羅（一七四八年生於葡萄牙，一八二七年卒於里約熱內盧）從一八〇四到一八〇七年伯南布哥都督轄區上將和總督。
97. Carlos Guilherme Mota, *Nordeste 1817*. São Paulo: Perspectiva, 1972.
98. Evaldo Cabral de Mello, *A outra independência: O federalismo republicano de 1817 a 1824*. São Paulo: Ed. 34, 2004.
99. Carlos Guilherme Mota, 'O processo de independência no Nordeste', in idem, *1822: Dimensões*, p. 227.
100. *Gazeta do Rio de Janeiro*, Rio de Janeiro, vol. 11, no. 1 (7 February 1818).
101. Ibid., vol. 12, no. 2 (10 February 1818).
102. Iara Lis Carvalho e Souza, 'D. João vi no Rio de Janeiro: Entre festas e representações', Seminário Internacional d. João VI, um Rei Aclamado na América, *Anais da Biblioteca Nacional*. Rio de Janeiro: Museu Histórico Nacional, 2000, pp. 58–60.
103. Adolfo Morales de los Rios, *Grandjean de Montigny e a evolução da arte brasileira*. Rio de Janeiro: A Noite, 1941.
104. 馬克·費雷斯（一七八八年生於法國，一八五〇年卒於里約熱內盧）和其弟傑弗林·費雷斯（一七九七年生於法國，一八五一年卒於里約熱內盧）是雕塑家和雕刻家。
105. 參照巴西「國家檔案館」文件'Sobre a aclamação do sr. d. João Sexto no Rio de Janeiro, 1818'。
106. Filho and Lima, *História da polícia do Rio de Janeiro*, vol. 2, 1831– 1870, p. 212.
107. 她動身到巴西之前，在維也納舉行婚禮，王子不在場。見下文。
108. Lima, *Dom João VI no Brasil*, p. 539.
109. Almeida Prado, *D. João VI e o início da classe dirigente do Brasil*, p. 9.
110. 引自Malerba, *A corte no exílio*, p. 63.
111. Filho and Lima, *História da polícia do Rio de Janeiro*, vol. 2, 1831– 1870, pp. 213–14.

第八章

1. 本章的部分研究根據Angela Marques da Costa, Paulo Cesar de Azevedo and Lilia Moritz Schwarcz, *A longa viagem da biblioteca dos reis*。
2. José Antonio de Miranda, *Memória constitucional e política: Sobre o Estado presente de Portugal e do Brasil*, 1821. Rio de Janeiro: Biblioteca Nacional, Seção de Obras Raras, 37, 18, 11, pp. 37–8.
3. 關於「葡萄牙革命」對巴西影響，參照Pereira das Neves, *Napoleão Bonaparte*。
4. *O Português*, vol. I (30 April 1814), pp. 11–12, 援引Mattoso, *História de Portugal*, vol. V, p. 48。

5. *O Campeão*, vol. II (16 June 1820), p. 412, quoted by ibid., vol. IV, p. 50.
6. Lima, *Dom João VI no Brasil*, p. 21.
7. As Cortes Constitucionais.
8. 猶太公會，古代以色列的議會，充當司法和立法機關。
9. 關於這個公會，參照Mattoso, *História de Portugal*, vol. V, pp. 54–5。
10. 本名Dom Pedro de Sousa Holstein（佩德羅·德索薩·荷斯坦，一七八一年生於薩丁尼亞王國首都杜林，一八五〇年卒於里斯本），一直待在葡萄牙，對抗拿破崙的侵略。一八一二年到倫敦，一八一五年他代表葡萄牙參加「維也納會議」。一八一七年他被任命為海外貿易部長，來到里約熱內盧。
11. José Murilo de Carvalhoand Lúcia Bastos, known as Francisco de Sierra y Mariscal, 'Ideas geraes sobre a revolução do Brazil e suas consequencias', *Anais da Biblioteca Nacional*, Rio de Janeiro, 1926, vols. 43–4.
12. Boris Fausto, *História do Brasil* (São Paulo: Edusp, 2001, p. 130). 這個社團追溯到中世紀，現代的「共濟會」已經變成反專制的祕密社團，與民族解放運動有關連。
13. Rio de Janeiro: Impressão Régia, 1820, 17 pp. Rio de Janeiro: Biblioteca Nacional, Seção de Obras Raras, 37, 15, 5.
14. Otávio Tarquínio de Sousa, 1988, p. 139.
15. José Murilo de Carvalho, Lúcia Bastos and Marcelo Basile, *Às armas, cidadãos! Panfletos manuscritos da independência do Brasil (1820–1823)*. São Paulo and Belo Horizonte: Companhia das Letras/Editora UFMG, 2012.
16. 從一八〇八到一八二一年，在威廉·貝雷斯福德（William Beresford，一七六八—一八五六）越來越暴虐的統治下，葡萄牙形同英國的保護國。
17. Maria Graham, *Journal of a Voyage to Brazil and Residence there*. London: [n.p.], 1824.
18. 引自José Alexandre de Mello Moraes, *História do Brasil-Reino e do Brasil-Império*. Belo Horizonte and São Paulo: Itatiaia/Edusp, 1982, p. 124.
19. 葡萄牙文vinte代表「二十」。
20. *Gazeta Universal* (1823)，引自Pereira, *Os filhos d'el Rei d. João VI*。
21. Lima, *Dom João VI no Brasil*, p. 30.
22. Fausto, *História do Brasil*, p. 130.
23. Lima, *Dom João VI no Brasil*, pp. 149–50. 與其他海外領地有關的資料，援引António Henrique Rodrigo de Oliveira Marques, *História de Portugal*, vol. III. Lisbon: Palas, 1986, pp. 58–9。
24. 穆尼斯·塔瓦雷斯（一七九三年生於累西腓，一八七六年卒於累西腓）是神父，一八一七年伯南布哥革命的領導人之一。
25. 阿勞若·利馬是奧林達侯爵（一七九三年生於錫里尼亞恩〔Sirinhaém〕，一八七〇年卒於里約熱內盧）。
26. 首位巴拉那瓜侯爵弗朗西斯科·巴博扎（Francisco Vilela Barbosa，一七六九—一八四六），在堂·佩德羅一世統治時期與攝政時期擔任海軍部長，以及帝國的參議員。
27. 全名Cipriano José Barata de Almeid（一七六二年生於薩爾瓦多，一八三八年卒於納塔爾）。巴西第一個共濟會會所「**光明騎士店**」（Loja Cavaleiros da Luz，一七九八年在薩爾瓦多成立）的會員，他參與一七九八年「巴伊亞密謀」和一八一七年伯南布哥革命。
28. 弗朗西斯科·戈梅斯是神父，後來創立期刊《巴西自由之盾》（*Escudo da Liberdade do Brasil*）支持獨立。
29. 里約熱內盧五位議員、聖保羅六位、聖卡塔琳娜一位、巴伊亞九位、伯南布哥八位、帕拉伊巴三位、北大河州三位、塞阿拉四位、皮奧伊兩位、馬拉尼昂兩位、戈亞斯兩位、南大河州兩位、米納斯十一位及聖靈州一位。阿拉戈斯也有兩位，黑河兩位，以及西斯普拉汀一位。
30. 若澤·博尼法西奧（一七六三—一八三八）將在巴西獨立運動起重要的作用。
31. Fausto, *História do Brasil*, p. 132.
32. 貢薩爾維斯·萊多（一七八一—一八四七）是巴西報人，政治家和共濟會成員，在巴西獨立時期自由民主派的領導人。
33. 一八二一年六月八日堂·佩德羅的信，引自Tarquínio, vol. II, p. 236。
34. 一八二一年十二月十日的信，引自Lima, *Dom João VI no Brasil*, pp. 149–50。
35. Oliveira Martins, p. 185.
36. 「**巴西歷史地理研究所**」出版萊奧波爾迪娜的信件，參照:Cartas inéditas da 1a Imperatriz D. Maria Leopoldina (1821–1826)', Revista do IHGB, vol. 75 (1912), book 126, part II, pp. 109–27。
37. 破壞組織者Desorganizadores。
38. 此聲明通稱「**留下**」（the Fico），原文Diga ao povo que fico動詞是現在式。
39. 根據官方的巴西史，這些是堂·佩羅的話，從此各校教授，孩童背誦。
40. 引自Lima, *Dom João VI no Brasil*, p. 197. See also in IHGB (dl.480.18), 'Centenário do 'Fico' (9 January 1822). 'Prefeitura do Distrito Federal' (January 1922), p. 30. 'Fac-símile

dos documentos do Senado da Câmara do Rio de Janeiro existentes no Arquivo Municipal' (January/ August 1822), 1922。

41. Lima, *Dom João VI no Brasil*, p. 218.
42. *Correio do Rio de Janeiro*, no. 56 (19 June 1822), p. 2.
43. 其中包括安東尼奧・卡洛斯・里貝羅（Antônio Carlos Ribeiro de Andrada Machado e Silva，一七七三年生於桑托斯，一八四五年卒於里約熱內盧），政治家和報人，若澤・博尼法西奧的姪子，因為批評專制主義而聞名。
44. 狄奧戈・安東尼奧・費若，一七八四年生於聖保羅，一八四三年卒於聖保羅。見下文。
45. 若澤・利諾・科蒂尼奧（全名José Lino dos Santos Coutinho），一七八四年生於薩爾瓦多，一八三六年卒於薩爾瓦多。
46. 關於這個局勢的概述和更激進的團體活動，參照Renato Lopes Leite, *Republicanos e libertários: pensadores radicais no Brasil da Independência*. Rio de Janeiro: Civilização Brasileira, 2000。
47. Isabel Lustosa, *Insultos impressos: A guerra dos jornalistas na Independência*. São Paulo: Companhia das Letras, 2000, p. 134.
48. 進一步的資料和選舉程序，參照Oliveira Martins, pp. 309–11。
49. 'D. Pedro I, Príncipe Regente. Manifesto de independência. Rio de Janeiro, 1 de agosto de 1822', Rio de Janeiro: Biblioteca Nacional, ms. I, 36, 28, 009, p. 1.
50. Fernando Novais e Carlos Guilherme Mota, *A independência do Brasil*. São Paulo: Hucitec, 1996, p. 54.
51. 'Manifesto do Príncipe Regente do Brasil aos governos e nações amigas. 6 de agosto de 1822', *Código Brasiliense ou Coleção das Leis, alvarás, decretos, cartas régias etc. promulgadas no Brasil desde a feliz chegada do príncipe Regente Nosso Senhor a estes estados com um* índice *cronológico (1808–1837)*. Rio de Janeiro: Biblioteca Nacional, Seção de Obras Raras, 4, 1, Impressão Régia, Tipografia Nacional e Imperial, 1811–38.
52. 原文Ourviram do Ipiranga *às* margens plácidas是巴西國歌的第一行。
53. 桑托斯侯爵夫人後來成為王子寵愛的情婦。見下文。
54. 馬靴。
55. Tarquínio, vol. II, p. 33.
56. 引自Tarquínio, vol. II, p. 36.
57. 'Memória sobre a Independência do Brasil pelo Major Francisco de Castro Canto e Mello, gentil homem da Imperial Câmara'. Rio de Janeiro: Instituto Histórico e Geográfico Brasileiro, box 400, doc. 8, 1864.
58. 'Memória... Castro Canto e Mello', in ibid.; see also 'Fragmento de uma memória sobre a independência do Brasil, onde se encontram alguns trechos sobre os serviços do Conselheiro José Joaquim da Rocha', Rio de Janeiro, Arquivo Nacional, codex 807, vol. 3, 1864.
59. 引自Tarquínio, vol. II, p. 37。
60. 'Memória... Castro Canto e Mello', op. cit.
61. BN/PR SOR 92 (1) *O Espelho*.
62. 引自Lustosa, *Insultos impressos*, p. 242。
63. Iara Lis Carvalho Souza, *A independência do Brasil*. Rio de Janeiro: Zahar, 1999, p. 257.
64. Antônio Augusto de Lima Júnior, *Cartas de D. Pedro I a D. João VI relativas à independência do Brasil*. Rio de Janeiro: Gráfica do Jornal do Comércio, 1941, p. 74.
65. Cabral de Mello, *A outra independência*.
66. Maria Odila Leite da Silva Dias, 'Historicidade da condição feminina no Brasil Colonial para o curso de pós-graduação Problemas Brasileiros', lecture given on 22 August 1986, p. 165.

第九章

1. José Murilo de Carvalho, *A construção da ordem: A elite política imperial*, 2nd edn. Rio de Janeiro: UFRJ/Relume Dumará, 1996.
2. Luiz Felipe de Alencastro and Fernando A. Novais (eds.), *História da vida privada*. São Paulo: Companhia das Letras, 1997, vol. 2: *Império – A corte e a modernidade nacional*.
3. 「巴西帝國」覆蓋的區域遼闊，但是顯然沒有任何海外的轄地，雖然帝國的英語empire如此暗示。
4. Ilmar Rohloff de Mattos, 'O gigante e o espelho', in Keila Grinberg and Ricardo Salles (eds.), *O Brasil imperial*. Rio de Janeiro: Civilização Brasileira, 2009, vol. II: 1831–1870.
5. 古羅馬《主教禮書》，拉丁語Pontificale Romanum，是拉丁文天主教禮儀總本，涵蓋主教執行的各種儀式，最初的版本追溯到九世紀。教宗克勉八世（Clement VIII，一五九二年就任至一六〇五年）發行標準版，供完整的「羅馬禮」使用。這正是本文提及的版本。
6. Ricardo Salles, *Nostalgia Imperial*. Rio de Janeiro: mimeo [n.d.], p. 74.
7. Debret, *Voyage pittoresque et historique au Brésil*, p. 326.
8. Ibid., pp. 327–9.

9. ‘Memória estatística do Império do Brasil’, *Revista do IHGB*, Rio de Janeiro, 1987, in Grinberg and Salles (eds.), *O Brasil imperial*, p. 210.
10. Mariza de Carvalho Soares and Ricardo Salles, *Episódios da história afro-brasileira*. Rio de Janeiro: DP&A, 2005.
11. Mary C. Karash, *Slave Life in Rio de Janeiro: 1808–1850*. Princeton: Princeton University Press, 1987, p. 335.
12. ‘Portugal e o Brazil’, *O Campeão Portuguez em Lisboa*, vol. I, no. VI (11 May 1822), p. 83.
13. Lúcia Bastos Neves, ‘Estado e política na independência’, in Grinberg and Salles (eds.), *O Brasil imperial*, p. 130.
14. 巴西貨幣800,000 mil réis（以一千雷亞爾為單位）。
15. Marques da Costa, Azevedo and Schwarcz, *A longa viagem da biblioteca dos reis*.
16. Ilmar Rohloff de Mattos, *O tempo Saquarema*. São Paulo: Hucitec/MinC/ Pró-Memória/Instituto Nacional do Livro, 1987, p. 88. (Coleção Estudos Históricos, 10)
17. Luiz Felipe de Alencastro, ‘L’Empire du Brésil’, in Maurice Duverger (ed.), *Le Concept d’empire*. Paris: Presses Universitaires de France, 1980.
18. Luiz Felipe de Alencastro, ‘Le Commerce des vivants: Traites d’esclaves et “pax lusitana” dans l’Atlantique Sud’. Paris Nanterre: Université Paris X, 1986. PhD.
19. Manolo Florentino, *Em costas negras: Uma história do tráfico de escravos entre a África e o Rio de Janeiro*. São Paulo: Companhia das Letras, 1997.
20. Beatriz Gallotti Mamigonian, ‘A proibição do tráfico atlântico e a manutenção da escravidão’, in Grinberg and Salles (eds.), *O Brasil imperial*, pp. 207–33.
21. Alcir Lenharo, *As tropas da moderação: O abastecimento da Corte na formação política do Brasil*, 2nd edn. Rio de Janeiro: Secretaria Municipal de Cultura, 1992.
22. Marcello Otávio Neri de Campos Basile, *Anarquistas, rusguentos e demagogos: Os liberais exaltados e a formação da esfera pública imperial (1829–1834)*. Rio de Janeiro: IH-UFRJ, 2000. (Master’s dissertation in Social History)
23. 在里約熱內盧和北部各州，一個阿爾奎爾等於兩萬七千兩百二十五平方米（1 alqueire = 27,225 m²）。雖然米納斯吉拉斯的度量衡更大（四萬八千四百平方米），但是很有可能該制憲議會採用的是前者。
24. Sérgio Buarque de Holanda, *O Brasil monárquico*, 4th edn. São Paulo: Difel, 1986, vol. 3: O processo de emancipação. (Coleção História Geral da Civilização Brasileira)
25. Ronaldo Vainfas (ed.), *Dicionário do Brasil imperial: 1822–1889*. Rio de Janeiro: Objetiva, 2008.
26. Marques da Costa, Azevedo and Schwarcz, *A longa viagem da biblioteca dos reis*. 桑托斯・馬洛克斯的信函（國家圖書館）。
27. 班傑明・康斯坦（全名Henri-Benjamin Constant de Rebecque，一七六七—一八三〇）是瑞士裔法國籍，政治活動家和作家。
28. Richard Graham, *Clientelismo e política no Brasil do século XIX*. Rio de Janeiro: Editora da UFRJ, 1997.
29. Lustosa, *Insultos impressos*, pp. 231–3.
30. João Armitage, *História do Brasil*. Belo Horizonte and São Paulo: Itatiaia/Edusp, 1981, pp. 205–8.
31. 約翰・阿米塔吉（一八〇七—一八五六）是英國籍遊客，撰寫《巴西史》（*History of Brazil*），以外國人的觀點敘述獨立過程的故事。
32. 蠟菊（sempre-viva）是一種特殊的花。天冷的時候花瓣合起來，氣溫上升時綻放，使人產生它永遠活著的印象。所以名字叫不凋花。
33. Basile, *Anarquistas, rusguentos e demagogos*.
34. 34. Ibid., pp. 20–3.

第十章

1. 這種議論，以及在獨立的進程中聯邦主義的重要性，參照Cabral de Mello, *A outra independência*。
2. 【譯者補注】若阿金・納布科（Joaquim Aurélio Barreto Nabuco de Araújo，一八四九—一九一〇）是巴西作家、政治家，廢奴運動的主要發言人。
3. Marco Morel, ‘O pequeno monarca’, *Nossa História*, Rio de Janeiro: Vera Cruz, 3, no. 26 (December 2005), pp. 14–17.
4. *Aurora Fluminense*, Rio de Janeiro, no. 470 (11 April 1831), p. 2.
5. 關於堂・佩德羅的童年，參照Schwarcz, *As barbas do Imperador*.
6. Murilo de Carvalho, *A construção da ordem*。
7. Miriam Dolhnikoff, *O pacto imperial: Origens do federalismo no Brasi*l. São Paulo: Globo, 2005, pp. 89–93.
8. 黃頭的卡拉卡拉鷹（caracara），屬隼科。
9. 黃鸚鵡jurujubas源自圖皮語aîuruîuba（aîuru鸚鵡，加上îuba黃色）。
10. 破衫漢黨。「破衫漢戰爭」的支持者。參照注釋4。
11. 源自圖皮語karamu’ru，代表Moray Eel（熱帶海鰻）。
12. 瓜納巴拉灣的島嶼。
13. 尼泰羅伊是里約熱內盧的雙子城，在瓜納巴拉灣另一邊。
14. **胭脂樹紅**（urucum，圖皮語「紅色」）是熱帶灌木，可提煉橘紅色染料。
15. **巴西香可可**，槭樹科的攀緣植物，生長於亞馬遜雨林。

16. Maria Januária Vilela Santos, *A balaiada e a insurreição de escravos no Maranhão*. São Paulo: Ática, 1983. (Coleção Ensaios, 101)
17. 堂・若澤是布拉干薩王朝第五位國王，在一七五〇至一七七七年間統治葡萄牙。
18. 瑪麗亞一世，從一七七七至一八一六年的葡萄牙女王。她被宣告精神失能後，她的兒子成為攝政王。見第六章和第七章。
19. Manuel Valentim Alexandre, *Os sentidos do império: Questão nacional e questão colonial na crise do Antigo Regime português*. Porto: Afrontamento, 1993.
20. 圖皮語的名稱，亞馬遜雨林的樹木，種子含油，有醫療功效。
21. 從這種植物的根提煉染料。
22. Arthur César Ferreira Reis, 'O Grão-Pará e o Maranhão', in Sérgio Buarque de Holanda (ed.), *História Geral da Civilização Brasileira*, 4th edn. São Paulo: Difel, 1978, vol. II: O Brasil monárquico.
23. Magda Ricci, 'Cabanos, patriotismo e identidades: Outras histórias de uma revolução', in Grinberg and Salles (eds.), *O Brasil imperial*.
24. **塔普亞印第安人**，這個詞用以稱呼不說圖皮語的印第安族群。
25. Ricci, 'Cabanos, patriotismo e identidades', pp. 189–90.
26. 歐克利迪斯・達庫尼亞（一八六六－一九〇九）是**保利斯塔**工程師、地質學家及報人，他的著作《**內地**》（*Os Sertões*）記錄「卡努杜斯戰爭」（一八九六－一八九七，見第十三章）。
27. Euclides da Cunha, 'Da independência à República', in ibid., À *margem da história*. Porto: Lello e Irmão, 1926, p. 63.
28. 烏魯布**逃奴社區**起義，參照João José Reis, *Rebelião escrava no Brasil: A história do levante dos Malês em 1835* (São Paulo: Companhia das Letras, 2003, pp. 100 ff)。關於「**坎東伯雷**」這個詞，參照Reis and Silva, *Negociação e conflito*, p. 41。
29. 在十八世紀末葉與十九世紀前半葉，巴伊亞的政治背景，參照Reis, *Rebelião escrava no Brasil*, especially part I。
30. 關於一八〇七年密謀，參照ibid., pp. 71 ff。
31. **克里奧爾人**是在巴西出生的奴隸，因此是巴西人，不同於從非洲輸入的第一代奴隸。
32. 關於一八一四年密謀，參照Stuart B. Schwartz, 'Cantos e quilombos numa conspiração de escravos Haussá; Bahia, 1814', in Reis and Santos Gomes (eds.), *Liberdade por um fio*。
33. 關於一八三五年起義，參照Reis, *Rebelião escrava no Brasil*。
34. 驅逐出境大多遣返非洲，尤其是安哥拉。
35. 「暴動黨」的葡萄牙文'um partido desorganizador'。
36. Paulo César Souza, *A Sabinada: A revolta separatista da Bahia* (São Paulo: Companhia das Letras, 2009). 關於叛變的描述，我們使用此書，以及Luiz Vianna Filho, *A Sabinada: A república baiana de 1837* (Rio de Janeiro: José Olympio, 1938)。
37. Keila Grinberg, 'A sabinada e a politização da cor na década de 1830', in ibid., *O Brasil imperial*, p. 275.
38. Hendrik Kraay, 'As Terrifying as Unexpected: The Bahian Sabinada, 1837–1838', *The Hispanic American Historical Review*, Durham, NC, vol. 72, no. 4 (November 1992), p. 521.
39. 這片區域以前的歷史，我們大多採用下列文本：Sandra Jatahy Pesavento, 'Uma certa revolução farroupilha', in Grinberg and Salles (eds.), *O Brasil imperial*, pp. 235–40。
40. 耶穌會會士回來，立即建立七個傳道區。
41. Sesmaria（源自葡萄牙文sesma，拉丁字sexima，六分之一部分）是葡萄牙的法律制度，分配土地用以生產。
42. Spencer Leitman, *Raízes socioeconômicas da Guerra dos Farrapos*. Rio de Janeiro: Graal, 1979.
43. Maria Medianeira Padoin, *Federalismo gaúcho: Fronteira platina, direito e revolução*. São Paulo: Companhia Editora Nacional, 2002.
44. 對於這個區域的概觀，參照César Augusto Barcellos Guazzelli, *O horizonte da província: A república rio-grandense e os caudilhos do rio da Prata, 1835–45*. Rio de Janeiro: IH-UFRJ, 1998. PhD thesis in History。
45. 英文譯名*The Liberal Summarizer*。
46. Sandra Jatahy Pesavento, *A revolução farroupilha*. São Paulo: Brasiliense, 1985, p. 12. (Coleção Tudo é História, 101)
47. 皮拉蒂尼，距離南大河省首府二百四十四公里的小鎮。
48. 巴拉那州、聖卡塔琳娜州與南大河州。
49. 我們感謝馬修斯・蓋托（Matheus Gato de Jesus）提供研究資料。參照這個背景的報導'Intelectuais negros maranhenses na formação do Brasil moderno (1870–1939)'. São Paulo: FFLCH-USP, July 2013. Relatório de qualificação。
50. Fabiano Vilaça dos Santos, *O governo das conquistas do norte: Trajetórias administrativas no Estado do Grão-Pará e Maranhão (1751–1780)*. Available at: <http://www.teses.usp.br/teses/disponiveis/8/8138/ tde-06072008-140850/pt-br.php>. São Paulo: FFLCH-USP, 2008, p. 37. PhD thesis in Social History. In book form: Fabiano Vilaça dos Santos, *O governo das conquistas do norte: Trajetórias administrativas do Grão-Pará e Maranhão* (São Paulo: Annablume, 2011).

51. **黑河**是亞馬遜河左岸最大的支流。
52. Bem-te-vi（大食蠅霸鶲）是一種鳴禽，在巴西到處都看得到，包括城鎮。英文譯名是Great Kiskadee。這兩個名稱都模仿牠的叫聲。Bem-te-vi的意思是「我看見你！」
53. Claudete Maria Miranda Dias, *Balaios e bem-te-vis: A guerrilha sertaneja*, 2nd edn. Teresina: Instituto Dom Barreto, 2002.
54. Maria Janotti de Lourdes Mônaco, *A Balaiada* (São Paulo: Brasiliense, 1987) (Coleção Tudo é História, 117); Maria Villela Santos, *A Balaiada e a insurreição de escravos no Maranhão* (São Paulo: Ática, 1983).
55. 路易斯・德利馬—席爾瓦乃上文提及的卡希亞斯男爵，他將成為巴西史上最著名的軍事人物。
56. Lúcia Maria Paschoal Guimarães, 'Sociedades políticas', in Vainfas (ed.), *Dicionário do Brasil imperial*.
57. Gilberto Freyre, *Sobrados e mucambos: Decadência do patriarcado rural no Brasil*, 8th edn. Rio de Janeiro: Record, 1990, pp. 389–90.

第十一章

1. 托比亞斯・巴雷托（Tobias Barreto）系列，里約熱內盧：國家圖書館檔案館。
2. 與堂・佩德羅二世祝聖儀式和加冕禮有關的文件，參照國家檔案館。
3. 即拉普拉塔河（Rio da Prata）。
4. 在「專制黨」的協助下，堂・米格爾奪取王位，堂・佩德羅回到葡萄牙，與他打仗。一八三四年堂・米格爾與他的支持者終於被擊敗。堂・佩德羅的女兒瑪麗亞，以瑪麗亞二世的身分統治，直到一八五三年她去世。
5. 參照文件'Descripção do Edificio construido para a solemnidade da coroação e sagração de S. M. O Imperador O Senhor D. Pero II', Publicações do Arquivo Nacional, 1925。
6. 參照《**商業日報**》（*Jornal do Commercio*）一八四一年七月十五日版。
7. 葡萄牙文galo-da-serra，指圭亞那**安地斯動冠傘鳥**（Rupicola rupicola），南美洲的燕雀品種。
8. *Manual de acompanhamento do Imperador no dia de seu aniversário e aclamação*. Typografia Nacional, 1841.
9. 親吻國王的手，這個習俗來自葡萄牙，向君主鞠躬的姿勢代表宮廷卑躬的特色。堂・若昂把吻手禮納入巴西的儀式——除了週日和假日，每晚八點鐘他在**聖克里斯托旺宮**接見民眾。
10. 保羅・巴博扎擔任皇帝的總管，直到一八六八年去世。
11. 堂・佩德羅二世寫給保羅・巴博扎的信函（Biblioteca Nacional, 26 February 1863）。
12. 巴西貨幣3,555 contos de réis。
13. Alencastro, 'L'Empire du Brésil', p. 502.
14. Manolo Fiorentino, *Em costas negras*. São Paulo: Companhia das Letras, 2008.
15. Luiz Felipe de Alencastro, *Le Commerce des vivants: traites d'esclaves et 'pax lusitana' dans L'Atlantique Sud*. Paris: Universite de Paris X, 1986. 'PhD thesis, Murilo de Carvalho, *A construção da ordem*.
16. Jorge Caldeira, *Mauá: Empresário do Império*. São Paulo: Companhia das Letras, 1995, p. 241.
17. 巴西貨幣11,171.52 contos de réis。
18. 毛阿子爵本名伊里努・德索薩（Irineu Evangelista de Sousa，一八一三—一八八九），巴西的企業家、工業家、銀行家和政治家。一八七一年《紐約時報》把他稱作南美洲的「羅斯柴爾德」（Rothschild）。一八五四年他受封為男爵，一八七四年受封為毛阿**偉大的子爵**（visconde com grandeza）。
19. 從十九世紀七〇年代，政府開始資助移民，撤銷農場主的排外倡議。參照Sérgio Buarque de Holanda's *Memórias de um colono no Brasil (1850)* (Belo Horizonte and São Paulo: Itatiaia/Edusp, 1980)，托馬斯・達瓦茲（Thomas Davatz）的序文，以及Murilo de Carvalho, *A construção da ordem*, p. 316。
20. 在《**種族奇觀**》（*O espetáculo das raças*，同前文所引），書中分析種族理論的衝擊，被挑選的移民群體絕大多數是白種的。進一步的細節，參照*Raça, ciência e sociedade*, eds. Marcos Chor Maio and Ricardo Ventura Santos (Rio de Janeiro: Fiocruz/Centro Cultural Banco do Brasil, 1996)。
21. Alencastro, *Le Commerce des vivants*, p. 515.
22. 欲了解這個主題的更多細節，我們推薦Sidney Chalhoub, *Cidade febril: Cortiços e epidemias na corte imperial*. São Paulo: Companhia das Letras, 1996。
23. 如同大多數其他的例子，本文的「朝廷」指里約熱內盧市，而非宮廷。
24. 本文的都市奴隸制，根據二〇一三年十月莫雷拉薩勒斯學院（Instituto Moreira Salles）合辦的國際會議*Emancipação, Inclusão e Exclusão: Desafios do Passado e do Presente*，瑪麗亞・馬查多（Maria Helena Machado）與莉莉亞・蘇瓦茲（Lilia Moritz Schwarcz）提出的文本。
25. 馬查多・德阿西斯（全名Joaquim Maria Machado de Assis，一八三九—一九〇八）是詩人兼小說家，「巴西文學院」創辦人，被視為巴西最偉大的作家之一。
26. Fulano（音譯富拉諾）是通用名稱，類似美國人用John Doe表示無名氏。Fulano, Betrano, Sicrano的英文同義字是Tom, Dick, Harry。
27. Machado de Assis, *Papéis avulsos*. Rio de Janeiro and Belo Horizonte: Garnier, 1989, pp. 118 and 120.

28. José de Alencar, *O tronco do ipê*. São Paulo: Ática, 1995, p. 14.
29. 卡洛斯・戈梅斯（一八三六－一八九六）是帝國時期重要的古典作曲家。他在義大利研究，以威爾第的風格作曲，他在世的時候變得大受歡迎。他最著名的歌劇是《**瓜拉尼**》（*O Guarani*）。
30. 馬丁斯・佩納（一八一五－一八四八）是巴西最有趣的劇作家之一。他的「風尚喜劇」為他贏得綽號「巴西的莫里哀」。
31. 英文譯名*The Barman*。
32. Darcy Damasceno (ed.), *Martins Pena: Comédias*. São Paulo: Ediouro, 1968, p. 78.
33. Wanderley Pinho, *Salões e damas do Segundo Reinado*. São Paulo: Martins, 1942, p. 5.
34. 科特日皮男爵（本名João Maurício Wanderley，一八一五－一八八九），「第二帝國」重要的政治家、參議員和部長。
35. 英文譯名Father against Mother。
36. Machado de Assis, *Relíquias da Casa Velha*. Rio de Janeiro and Belo Horizonte: Garnier, 1990, pp. 17 and 27.
37. 從一八四四至一八八九年間，帝國宮廷每年發行《**萊莫特年鑑**》，由德國兄弟愛德華多・萊莫特與海因里希・萊莫特製作。內容包含朝廷官員、部長和各省官員的任命，統計數據、法規資訊與商品和勞務的廣告。
38. Ibid.
39. 坎普斯杜斯戈伊塔卡濟斯（Campos dos Goytacazes）位於現今里約熱內盧北岸。
40. 當時這些首府的人口分別為三十五萬四千三百九十六、一百零八萬三千零三十九和一百三十九萬八千零九十七（Murilo de Carvalho, *A construção da ordem*, p. 104）。
41. José Murilo de Carvalho, *Teatro de sombras: A política imperial*. Rio de Janeiro: Vértice/Iuperj, 1988; Murilo de Carvalho, *A construção da ordem*, p. 84.
42. Murilo de Carvalho, *A construção da ordem*, p. 210. See also José Murilo de Carvalho, *Dom Pedro II* (São Paulo: Companhia das Letras, 2007).
43. Ilmar Rohloff de Mattos, *O tempo de Saquarema*, p. 51.
44. Murilo de Carvalho, *A construção da ordem*, p. 56.
45. Ibid.
46. 西爾維奧・羅梅羅（全名Silvio Vasconcelos da Silveira Ramos Romero，一八五一－一九一四）是文學評論家、詩人、哲學家和政治家，在累西腓法學院就讀。
47. 英文譯名*Doctrine against Doctrine*。
48. Sílvio Romero, *Doutrina contra doutrina: O evolucionismo e o positivismo na República do Brasil*. Rio de Janeiro: Lucta, 1895, p. 38.
49. 參照 Murilo de Carvalho, *A construção da ordem*。
50. 一八四七年採用「國務委員會」主席制，堂・佩德羅二世只選派主席，主席再選派其他委員（Murilo de Carvalho, *A construção da ordem*, p. 49）。
51. 巴西貨幣800 contos de réis。
52. Murilo de Carvalho, *A construção da ordem*, p. 84.
53. 阿方索・塞爾索（全名Afonso Celso de Assis Figueiredo，一八六〇－一九三八），巴西政治家、歷史學家、詩人和報人。
54. Afonso Celso de Assis Figueiredo, *Oito annos de parlamento: Poder pessoal de d. Pedro II*. São Paulo: Melhoramentos, 1928, p. 21.
55. 英文譯名Medallion Theory。
56. 這個政黨相信：在所有的心靈事務和信仰的問題，教宗有至高無上的權力。「越山主義」的名稱源自法國。
57. Machado de Assis, *Papéis avulsos*, p. 74.
58. 又稱為Revolta Praieira（**海灘叛亂**）。
59. Murilo de Carvalho, *Teatro de sombras*, p. 374.
60. Afonso Arinos de Melo Franco, *A câmara dos deputados: Síntese histórica*. Brasília: Centro de Documentação e Informação, 1978, p. 114.
61. 巴拉那侯爵卡內羅・萊昂（一八〇一－一八五六）是「保守黨」的建黨元老，一八五三年「部長會議」主席。
62. Benedict Anderson, *Comunidades imaginadas: Reflexões sobre a origem e a difusão do nacionalismo*. São Paulo: Companhia das Letras, 2008.
63. Anne-Marie Thiesse, *La Création des identités nationales*. Paris: Seuil, 1999.
64. José Augusto Pádua, 'Natureza e sociedade no Brasil monárquico', in Grinberg and Salles (eds.), *O Brasil imperial*, and Schwarcz, *As barbas do Imperador*.
65. Antonio Candido, *O romantismo no Brasil*, 2nd edn. São Paulo: Humanitas, 2004, p. 81.
66. 阿道夫・德瓦因海根（一八一六－一八七八）是巴西軍人、外交官和歷史學家。在一八五四至一八五七年間，他撰寫兩冊《巴西通史》，因而被公認為歷史學家。
67. 曼努埃爾・德阿勞霍（Manuel José de Araújo Porto Alegre，一八〇六－一八七九）是作家、畫家和藝術評論家，也是「帝國美術學院」院長。
68. 與皇帝親近的知識分子及藝術家圈子，諾柏托・德索薩－席爾瓦（一八二〇－一八九一）是其中一位。

69. 曼努埃爾・德馬塞多（一八二〇－一八八二）是巴西的醫生和政治家，浪漫主義運動的著名作家，以及「**巴西歷史地理研究所**」祕書。世人記得，一八四四年他的長篇小說《**莫雷尼亞**》（*A Moreninha*）出版，風靡一時。
70. 一八一七年，巴伐利亞的國王馬克西米利安一世約瑟夫，派遣卡爾・馮馬齊烏斯（一七九四－一八六八）與徐畢克斯（Johann Baptist von Spix）到巴西。他們從里約熱內盧行過巴西南部和東北部各省，也到過亞馬遜。
71. 一八三三年，彼得・威廉・倫德（一八〇一－一八八〇）從他的出生地丹麥來到巴西，在米納斯吉拉斯**達斯維爾哈斯河**（Rio das Velhas，**姥姥河**）河谷，他花了十年的時間，挖掘石灰岩。
72. 路易・柯蒂（一八五四年生於法國，一八八四年卒於里約熱內盧）是法國內科醫師和生理學家。他抵達巴西後不久，一八七六年，在「國家博物館」的實驗室，他開始研究馬錢子的毒性。
73. 艾米爾・戈爾迪（一八五九－一九一七）是瑞士裔巴西籍博物學家和動物學家。一八八四年他受聘擔任帕拉州貝倫新博物館的館長。
74. 奧維爾・德比（Orville Adalbert Derby，一八五一－一九一五）是美國地質學家，在巴西帝國首屆「地質學委員會」與查爾斯・哈特合作。一八七七年，該委員會結束，德比決定留在巴西，接受里約熱內盧「國家博物館」的職位。
75. 查爾斯・哈特（一八四〇－一八七八）是加拿大裔美國籍地質學家、古生物學家和博物學家，他的專長是巴西地質學。
76. 格拉西歐（一八二八－一九〇六）是法國景觀設計師及植物學家。一八五八年，應堂・佩德羅二世的要求，他搬到里約熱內盧，擔任公園與花園的管理者，並且負責**聖克里斯托旺宮**的花園景觀設計。
77. Simon Schwartzman, 'A ciência no Império', in Um espaço para a ciência: A formação da comunidade científica no Brasil, 2001. Available at: <http://www.schwartzman.org.br/simon/spacept/pdf/capit3.pdf>. Accessed on 30 January 2015.
78. 以下關於「浪漫印第安主義」的文章，根據莉莉亞・蘇瓦茲的著作《**皇帝的鬍子**》（*As barbas do Imperador*）。
79. Candido, *O romantismo no Brasil*, p. 27.
80. Pedro Puntoni, 'Gonçalves de Magalhães e a historiografia do Império', *Novos Estudos Cebrap*, São Paulo, no. 45 (1996).
81. 巴爾塔沙・達席爾瓦・利斯博阿（一七六一－一八四〇）是巴伊亞的治安官和歷史學家。
82. 貢薩爾維斯・迪亞斯（全名Antônio Gonçalves Dias，一八二三－一八六四）不僅是浪漫主義的詩人，而且是著名的劇作家。
83. Gonçalves Dias, *Poesias completas*, 2nd edn. São Paulo: Saraiva, 1957, p. 525.
84. 若澤・德阿倫卡爾（一八二九－一八七七）是巴西政治家及多產作家。
85. Gonçalves de Magalhães, *A confederação dos Tamoios*, 3rd edn. Rio de Janeiro: Garnier, 1864, pp. 353–4.
86. 辛普利西奧・德薩（一七八五年生於佛得角，一八三九年卒於里約熱內盧），葡萄牙的畫家和藝術教授，一八〇九年移民巴西。他被指定為宮廷畫家，擔任瑪麗亞・達葛洛莉亞公主（未來的葡萄牙女王）的藝術家教。
87. 陶奈男爵費利克斯－埃米爾・陶奈（一七九五－一八八一）是尼古拉斯－安托萬・陶奈（Nicolas-Antoine Taunay）的兒子，一八一六年他與父親旅居巴西。三年後尼古拉斯－安托萬回到法國，把他在「帝國美術學院」的職位留給費利克斯。一八三五年費利克斯被任命為年輕皇帝的教師，教授希臘文、繪畫和文學。
88. 維克多・德利馬（一八三二－一九〇三），受皇帝保護的畫家之一，因為他的歷史場景壯麗，而大受賞識。
89. 英文譯名*The First Mass in Brazil*。
90. 若澤・梅代羅斯（一八四九－一九二五），葡萄牙畫家變成巴西公民。一八六八年他進入「帝國美術學院」，與維克多・德利馬一起研究。一八八四年皇帝頒給他「玫瑰帝國勛章」，表揚他的畫作《**伊拉塞瑪**》。
91. 加布里爾・德索薩（一五四〇－一五九一），葡萄牙探險家和博物學家。
92. 塞巴斯蒂昂・達羅沙・皮塔（一六六〇－一七三八），巴西詩人及歷史學家。一七三〇年他出版《葡屬美洲歷史，從一五〇〇年被發現到一七二四年》。

第十二章

1. Francisco Fernando Monteoliva Doratioto, *O conflito com o Paraguai: A grande guerra do Brasil*. São Paulo: Ática, 1996, p. 7.
2. 佩內多男爵（Francisco Inácio de Carvalho Moreira，一八一五－一九〇六）是「第二帝國」重要的政治家和外交官。一八五二年他被任命為駐美大使，之後為駐英國全權公使。
3. 扎克里亞斯（Zacarias de Góis e Vasconcelos，一八一五－一八七七）是皮奧伊省與塞爾希培省的省主席，巴拉那州首位州主席；巴伊亞省議員，之後擔任巴伊亞眾議員和參議員（一八六四－一八七七）；海軍部長、司法部長、財政部長，以及擔任部長會議主席三次。
4. 尤西比奧・德凱羅斯（Eusébio de Queirós Coutinho Matoso da Câmara，一八一二年生於盧安達，一八六八年卒於里約熱內盧）從一八四八到一八五二年擔任司法部長，一八五〇年撰寫廢除奴隸販運法規，通稱「尤西比奧・德凱羅斯法」。
5. Robert W. Slenes, '"Malungu, Ngoma vem!": África coberta e descoberta no Brasil', *Cadernos do Museu de Escravatura*, Luanda, vol. 1 (1995); Chalhoub, *Visões da liberdade*.
6. Hebe Mattos, 'Raça e cidadania no crepúsculo da modernidade escravista no Brasil', in Grinberg and Salles (eds.), *O Brasil imperial*, vol. 3: 1870– 1889, pp. 20–2.

7. 此處無法說明這些事件的錯綜複雜。進一步的資料，參照Doratioto, O conflito com o Paraguai; Ricardo Salles, *Guerra do Paraguai: Escravidão e cidadania na formação do Exército* (Rio de Janeiro: Paz e Terra, 1990); André Toral, *Adeus, Chamigo brasileiro: Uma história da guerra do Paraguai* (São Paulo: Companhia das Letras, 1997); Evangelista de Castro Dionísio Cerqueira, *Reminiscências da campanha do Paraguai, 1865–1870* (Rio de Janeiro: Biblioteca do Exército, 1979); Milda Rivarola, *Vagos pobre y soldados* (Assunção: Centro Paraguaio de Estudos Sociológicos, 1994); John Schulz, *O Exército na política: Origens da intervenção militar: 1850–1894* (São Paulo: Edusp, 1994); and Luiz Alberto Moniz Bandeira, *O expansionismo brasileiro e a formação dos estados na Bacia do Prata* (Brasília: UnB; São Paulo: Ensaio, 1995)。

8. 馬黛茶（mate或maté）富含咖啡因，是南美洲傳統的浸泡飲料，尤其是在阿根廷、南智利、烏拉圭、巴拉圭、玻利維亞大廈谷與巴西南部。

9. 烏拉圭亞納在南大河州東部邊陲，與阿根廷和烏拉圭共享邊界。

10. Doratioto, *O conflito com o Paraguai*, p. 22.

11. 關於巴西陸軍的發展，參照Schulz, *O Exército na política*, *Nelson Werneck Sodré, História militar do Brasil* (Rio de Janeiro: Civilização Brasileira, 1965), among others。

12. Machado de Assis, *Iaiá Garcia. Rio de Janeiro and Belo Horizonte: Garnier. 1988*, p. 72.

13. 一八六五年六月十一日海軍的「里亞舒埃盧戰役」，巴羅索海軍上將率領巴西艦隊，摧毀巴拉圭海軍。

14. Machado de Assis, *Histórias sem data*. Rio de Janeiro and Belo Horizonte: Garnier, 1989, p. 117.

15. 塔曼達雷侯爵（Marquis of Tamandaré，一八〇七—一八九七），本名若阿金·利斯博阿（Joaquim Marques Lisboa），是巴西第一位本土的海軍上將。

16. 皮門塔·布埃努（全名José Antônio Pimenta Bueno，一八〇三—一八七八）是聖維生特侯爵（Marquis of São Vicente），警察局長，馬拉尼昂與里約熱內盧高等法院法官、外貿部長、司法部長，以及部長會議主席。一八四九年，他離開自由黨，與保守派通力合作。

17. 納布科·德阿勞霍（全名José Tomás Nabuco de Araújo Filho，一八一三—一八七八）是眾議員、聖保羅省主席、司法部長和帝國的參議員。

18. 納布科·德阿勞霍議員的報告書（IHGB, tin 322 – file 317），參照Lilia Moritz Schwarcz, Lúcia Klück Stumpf and Carlos Lima Junior, *A Batalha do Avaí: A beleza da barbárie – A Guerra do Paraguai pintada por Pedro Américo* (Rio de Janeiro: Sextante, 2013)。

19. 在帝國時期（一八二二—一八八九），若澤·達席爾瓦·帕拉尼奧斯（里約布蘭科子爵，一八一九—一八八〇），是重要的君主主義者、政治家、外交官和報人。

20. *Atas do Conselho de Estado Pleno*, Terceiro Conselho de Estado, 1865–7, 2 April 1867. 於二〇一五年一月三十日取得該網路資料，網址如下：http://www.senado.gov.br/publicacoes/anais/ pdf/ACE/ATAS6-Terceiro_Conselho_de_Estado_1865-1867.pdf。也參照Ricardo Salles, 'La Guerra de Paraguay, la cuestión servil y la cuestión nacional en Brasil (1866–1871)', in Ana María Stuven and Marco A. Pamplona (eds.), *Estado y nación en Chile y Brasil en el siglo XIX* (Santiago: Ediciones Universidad Católica de Chile, 2009), p. 123。

21. Grinberg and Salles (eds.), *O Brasil imperial*, p. 133.

22. 一八六八年十二月六日早上，卡希亞斯將軍帶領一萬六千九百九十九名步兵、九百二十六名騎兵和七百四十二名炮兵，拿下巴拉圭的城市比耶塔。該計畫是襲擊巴拉圭陸軍後方。但是索拉諾總統發現盟國在他的陸軍後方登陸，他派遣五千名士兵，在伊托羅羅河的隘路阻擋敵軍。

23. 一八六八年「阿瓦夷戰役」，在巴拉圭領土的阿瓦夷河邊，許多人認為這是南美洲史上最血腥的戰鬥。

24. 一八六八年十二月二十一日凌晨兩點，卡希亞斯將軍離開比耶塔，到了中午已準備強攻巴拉圭河小支流岸邊的洛馬斯瓦倫蒂納斯防禦工事。十二月二十七日巴拉圭的防禦工事終於被占領。索拉諾總統與他的騎兵逃脫。

25. 「烏麥塔堡」是巴拉圭河口附近的防禦系統。

26. 奧索里奧（Manuel Luís Osório，一八〇八—一八七九）是埃爾瓦爾侯爵（Marquis of Herva），在拉普拉塔河區域最有聲望的軍官，從「破衫漢戰爭」（起初他支持這支叛軍），他打過每一場戰役。再度攻克烏拉圭亞納，他起重要的作用。在「阿瓦夷戰役」，成功占領敵人的炮兵陣地後，他的臉受傷，之後用斗篷遮住傷痕。

27. 字面上的意義是「他的身體是封閉的」。這個信念在非洲裔巴西人的教派很普遍，他們相信：向奧里沙神靈祈求，就可以保護身體完全不受到外部的傷害。

28. Ibid., p. 177.

29. 在這場巴拉圭人稱為「**阿科斯塔平原**」（Acosta-Ñu）的戰役，索拉諾總統喪失許多士兵，以致他採用男童，他們戴假鬍鬚，攜帶舊武器打仗。

30. Doratioto, *O conflito com o Paraguai*, p. 94.

31. 參照Schulz, *O Exército na política*, p. 60。

32. *A Vida Fluminense*, Rio de Janeiro, no. 128 (1870).

33. 巴羅索是亞馬遜男爵（Baron of Amazonas），全名Francisco Manuel Barroso da Silva（一八〇四年生於里斯本，一八八二年卒於蒙得維的亞），他是海軍「里亞舒埃盧戰役」（Battle of Riachuelo）的指揮官，率領巴西人獲勝。

34. 佩德羅·阿梅里科（Pedro Américo de Figueiredo e Melo，一八四三—一九〇五）於一八五四年搬到里約熱內盧，他獲得獎學金，在「帝國美術學院」（Academia Imperial de Belas Artes）就讀。

35. 一六四〇年「復國戰爭」對抗荷蘭人，終止「伊比利亞聯盟」，葡萄牙恢復獨立，接著發生「瓜拉拉皮斯戰役」，一六五四年荷蘭人終於有條件投降。維克多·

梅雷萊斯試圖把這場「光榮的」戰役與「巴拉圭戰爭」相比。

36. 路易斯・莫羅・高夏克（一八二九－一八六九）是美國作曲家和鋼琴家。終其一生四處遊歷，他到過古巴、波多黎各、和中南美洲。

37. 伯納多・吉馬良斯（Bernardo Joaquim da Silva Guimarães，一八二五－一八八四）是詩人兼小說家。他的作品包括《**女奴**》（*A Escrava Isaura*，**奴隸伊佐拉**）與《**傳教士**》（*O Seminarista*）。

38. 原文O adeus do voluntário。

39. 參照Sidney Chalhoub, *A força da escravidão*. São Paulo: Companhia das Letras, 2012。

40. 參照Carvalho, *Teatro de sombras and A construção da ordem*, p. 290。

41. 關於漸進主義的主題，參照Maria Helena P. T. Machado, 'Teremos grandes desastres se não houver providências enérgicas e imediatas: a rebeldia dos escravos e a abolição da escravidão', in Grinberg and Salles (eds.), *O Brasil imperial*, vol. 3: 1870–1889, pp. 371–3。

42. Renato Lemos, 'A alternativa republicana e o fim da monarquia', in Grinberg and Salles (eds.), *O Brasil imperial*, vol. 3: 1870–1889, p. 411.

43. José Murilo de Carvalho, 'República, democracia federalismo: Brasil 1870–1891', *Varia História*, Belo Horizonte, vol. 27, no. 45 (January/June 2011), pp. 146–7.

44. 參照Lemos, 'A alternativa republicana e o fim da monarquia', p. 414。

45. *Harper's Weekly*, New York (1876), p. 16.

46. 參照Sergio Goes de Paula, *Um monarca da fuzarca: três versões para um escândalo na corte*. Rio de Janeiro: Relume Dumará, 1993。

47. 勞爾・龐培亞（一八六三－一八九五）是巴西報人兼作家，他的小說《**雅典娜神廟**》（*O Ateneu*）使他聲名大噪。

48. Gilberto Freyre, *O perfil de Euclides da Cunha e outros perfis*, 2 edn. Rio de Janeiro: Record, 1987, p. 123.

49. 關於卡斯特羅・阿爾維斯，參照Alberto da Costa e Silva, *Castro Alves: Um poeta sempre jovem*. São Paulo: Companhia das Letras, 2006. (Coleção Perfis Brasileiros)。

50. Pedro Calmon, *História de dom Pedro II*. Rio de Janeiro: José Olympio, 1975, p. 1,398.

51. 席爾瓦・雅爾汀（全名Antônio da Silva Jardim，一八六〇－一八九一）是廢奴主義者和共和黨人，他的演講吸引大批的群眾。

52. 路易斯・伽馬（全名Luís Gonzaga Pinto da Gama，一八三〇－一八八二）的母親是黑人，父親是白人。他十歲時被奴役，直到十七歲一直是文盲。他透過法院獲得自身的自由，並且成為律師，為奴隸辯護。

53. 若澤・多帕特羅西尼奧（全名José Carlos do Patrocínio，一八五四－一九〇五）是作家、報人、行動主義者和雄辯家。

54. 安東尼奧・本托（全名Antônio Bento de Sousa e Castro，一八四三－一八九八）是法官和廢奴主義者。他發行廢奴主義報紙《**救贖**》（*A Redenção*）。

55. *Jornal do Commercio*, *A Onda*, *A Abolição*, *Oitenta e Nove*, *A Redenção*, *A Vida Semanária*, *Vila da Redenção*, *A Liberdade*, *O Alliot*, *A Gazeta da Tarde*, *A Terra da Redenção*, *O Amigo do Escravo*, *A Luta*, *O Federalista*.

56. 參照Angela Alonso, *Joaquim Nabuco: Os salões e as ruas*. São Paulo: Companhia das Letras, 2012. (Coleção Perfis Brasileiros)。

57. Machado, 'Teremos grandes desastres se não houver providências enérgicas e imediatas', p. 380.

58. 關於廢奴主義者逃奴堡以及他們與廢奴運動的關係，參照Eduardo Silva, *As camélias do Leblon e a abolição da escravatura: Uma investigação de história cultural* (São Paulo: Companhia das Letras, 2003). See also Chalhoub, *Visões de liberdade*。

59. 關於雅巴夸拉**逃奴堡**，參照Maria Helena P. T. Machado, *O plano e o pânico*, especially chapter 4。

60. 奧拉沃・比拉克（全名Olavo Brás Martins dos Guimarães Bilac，一八六五－一九一八）是高踏派（Parnassian）詩人，一八八八年出版他的《詩》而聞名。

61. 科埃柳・內圖（一八六四－一九三四）是政治家和多產作家。

62. 安德烈・雷博薩斯（一八三八－一八九八）是軍事工程師及作家。在「第二帝國」時期，用管道輸送城外的水源，解決里約熱內盧市區供水的危機，因而出名。在「巴拉圭戰爭」期間他擔任軍事工程師。在一八八〇年代他開始積極地從事廢奴事業，成立「巴西反奴隸制協會」。

63. 保拉・內伊（一八五八－一八九七）是詩人及報人，在里約熱內盧的**美好年代**（belle époque）是波希米亞社團的成員。

64. 關於萊伯倫**逃奴堡**以及它的理想化者，參照Silva, *As camélias do Leblon e a abolição da escravatura*。

65. Coleção Tobias Monteiro, Rio de Janeiro: Acervo Biblioteca Nacional.

66. Besouchet, *Pedro II e o século XIX*, p. 495.

67. 英文Hail!。

68. 里約布蘭科男爵（本名José Maria da Silva Paranhos Júnior，一八四五－一九一二）是里約布蘭科子爵的兒子。

69. Oliveira Lima, *O Império brasileiro*. São Paulo: Melhoramentos, 1927.

70. 在當時，魯伊・巴博扎（一八四九－一九二三）是呼風喚雨的政治人物。

71. Heitor Lyra, *História de dom Pedro II*, 3 vols. (Belo Horizonte and São Paulo: Edusp/Itatiaia, 1977), 1st edn. (São Paulo: Companhia Editora Nacional, 1938–40), p. 387.

72. 在「共和國」的第一個月，阿德里亞諾・杜瓦利未經審判就被釋放。

73. 若昂・阿爾弗雷多（全名João Alfredo Correia de Oliveira，一八三五－一九一九）是保守的政治人物。

74. **財政島**（Ilha Fiscal）是瓜納巴拉灣的一座小島。事實上這是港務機關的基地，名稱裡的fiscal代表海關稽查。
75. 這場舞會極佳的分析，參照Carvalho, *A construção da ordem*, pp. 388–91。
76. 陸軍元帥德奧多羅．達豐塞卡（一八二七－一八九二），將會成為「共和國」首位總統的軍人。
77. 班傑明．康斯坦（一八三六－一八九一），一八八九年共和黨起義的代言人之一，負責草擬一八九一年臨時憲法。
78. 梭倫．里貝羅（全名Frederico Sólon de Sampaio Ribeiro，約一八三九－一九〇〇）是巴西的政治人物，曾經參與「巴拉圭戰爭」。據說，在「共和國」成立前夕他散播謠言：帝國警察已經逮捕德奧多羅．達豐塞卡與本雅明．康斯坦。
79. 金蒂諾．博卡伊烏瓦（全名Quintino Antônio Ferreira de Sousa Bocaiúva，一八三六－一九一二）是報人及政治人物，在「共和國公告」的過程中，他是主導的人物。
80. 弗朗西斯科．格利塞里烏（全名Francisco Glicério de Cerqueira Leite，一八四六－一九一六）是政治人物，在「共和國」成立的過程起重要的作用。
81. 阿里斯蒂德斯．洛博（全名Aristides da Silveira Lobo，一八三八－一八九六）是廢奴主義者、共和黨政客及報人。
82. 現今仍然有漁民使用jangada（**木筏**），有一張三角帆的原始木造漁船，這些漁民叫做jangadeiros（**木筏手**）。
83. Pedro Calmon, *O rei filósofo: a vida de dom Pedro II*. São Paulo: Companhia Editora Nacional, 1938, p. 203.
84. Besouchet, *Pedro II e o século XIX*, p. 542.
85. Machado de Assis, *Esaú e Jacó*. Rio de Janeiro: Garnier, 1988, p. 142.

第十三章

1. Alencastro and Novais (eds.), *História da vida privada*, vol. 2: *Império – A corte e a modernidade nacional*.
2. 參照Carvalho, *A formação das almas*。
3. 全名Leopoldo Américo Miguez（一八五〇－一九〇二），是巴西的指揮家和作曲家。
4. Antonio Candido, 'A literatura durante o Império', in Sérgio Buarque de Holanda (ed.), *História Geral da Civilização Brasileira*. São Paulo: Difel, 1976, book II: O Brasil monárquico, vol. 3: Reações e transições.
5. 這個標題指「共和國」的總統職位由聖保羅（咖啡生產州）與米納斯吉拉斯（乳畜業）的候選人輪替。
6. 關於這部憲法，參照Jairo Nicolau, *Eleições no Brasil: Do Império aos dias atuais* (Rio de Janeiro: Zahar, 2012); Américo Freire e Celso Castro, 'As bases republicanas dos Estados Unidos do Brasil', in Ângela de Castro Gomes, Dulce Pandolfi and Verena Alberti (eds.), *A República no Brasil* (Rio de Janeiro: Nova Fronteira; CPDOC-FGV, 2002)。
7. 關於武裝部隊，尤其是陸軍，參照Frank D. McCann, *Soldados da pátria: História do exército brasileiro 1889–1937* (São Paulo: Companhia das Letras, 2007); Schulz, *O Exército na política*。
8. 關於弗洛里亞諾．佩肖托與**弗洛里亞諾主義**，參照Lincoln de Abreu Penna, *O progresso da ordem: O florianismo e a construção da República* (Rio de Janeiro: 7Letras, 1997); Suely Robles Reis de Queiros, *Osradicaisda República: Jacobinismo, ideologia e ação – 1893–1897* (São Paulo: Brasiliense, 1986).
9. Steven Topik, *A presença do Estado na economia política do Brasil de 1889 a 1930*. Rio de Janeiro: Record, 1987.
10. **高卓**是南大河州的居民名稱。
11. 關於「州長政策」與「第一共和國」的制度操縱，參照Renato Lessa, *A invenção republicana: Campos Sales, as bases e a decadência da Primeira República brasileira*. Rio de Janeiro: Vértice/Iuperj, 1988。
12. 關於詐騙的體系，參照Nicolau, *Eleições no Brasil*; Carvalho, *Cidadania no Brasil*。
13. coronelismo源自coronel（上校）這個詞，字面上coronelism是上校主義。
14. 關於「**上校主義**」，參照Victor Nunes Leal, *Coronelismo, enxada e voto: O município e o regime representativo no Brasil* (São Paulo: Companhia das Letras, 2012), José Murilo de Carvalho, 'Mandonismo, coronelismo, clientelismo: Uma discussão conceitual', in José Murilo de Carvalho, *Pontos e bordados: Escritos de história e política* (Belo Horizonte: Editora UFMG, 1998), and Maria Isaura Pereira de Queiroz, *O mandonismo local na vida política brasileira e outros ensaios* (São Paulo: Alfa-Ômega, 1976)。
15. 這篇文章關於移民，大多根據莉莉亞．蘇瓦茲在*História do Brasil Nação: 1808–2010* (Rio de Janeiro: Objetiva/ Mapfre, 2012)這個系列第三冊的研究，她是該書的統籌者。
16. Zuleika Alvim, 'Imigrantes: A vida privada dos pobres do campo', in Nicolau Sevcenko (ed.), *História da vida privada* (São Paulo: Companhia das Letras, 2001), vol. 3: República: Da belle époque à era do rádio, p. 220.
17. 同上，p. 221。
18. 同上，pp. 283–4。
19. Maria Thereza Schorer Petrone, 'Imigração', in Boris Fausto (ed.), *História geral da civilização brasileira* (Rio de Janeiro: Difel, 1977), vol. III: O Brasil republicano, p. 97.
20. Fernando Henrique Cardoso, 'Dos governos militares a Prudente-Campos Sales', in Fausto (ed.), *História geral da civilização brasileira*, vol. 1: Estrutura de poder e economia

(1889–1930), p. 20.
21. 美景市是米納斯吉拉斯州首府。
22. 聖保羅、美景市和里約熱內盧三個首府的描述，根據莉莉亞．蘇瓦茲與安吉拉．馬克斯（Angela Marques da Costa）的研究，載於*1890–1914: No tempo das certezas*. São Paulo: Companhia das Letras, 2000。
23. 原文zungas，英語相對詞近似flea pits。
24. 原文caixotim，用瓦楞紙箱做成隔間。
25. Lima Barreto, *Marginália*. São Paulo: Brasiliense, 1961, p. 33.
26. 關於美景市，參照Beatriz de Almeida Magalhães and Rodrigo Ferreira Andrade, *Belo Horizonte: Um espaço para a República*. Belo Horizonte: UFMG, 1989。
27. 關於「疫苗叛亂」，參照José Murilo de Carvalho, *Os bestializados: O Rio de Janeiro e a República que não foi*. São Paulo: Companhia das Letras, 1987.
28. Gilberto Hochman, 'Saúde pública ou os males do Brasil', in André Botelho and Lilia Moritz Schwarcz (eds.), *Agenda brasileira: Temas de uma sociedade em mudança*. São Paulo: Companhia das Letras, 2011。
29. 參照Schwarcz, *O espetáculo das raças*。
30. 葡萄牙文Barbeiro，學名錐獵椿亞科（Triatominae）。
31. Hochman, 'Saúde pública ou os males do Brasil'.
32. 關於「**鞭笞譁變**」，參照Edmar Morel, *A Revolta da Chibata: subsídios para a história da sublevação na Esquadra pelo marinheiro João Candido em 1910*, 5th ed. (Rio de Janeiro: Paz e Terra, 2009); Carvalho, 'Os bordados de João Cândido', in *Pontos e bordado*。
33. 關於軍隊，參照McCann, *Soldados da pátria*; Carvalho, *Forças Armadas e política no Brasil*。
34. 見下文——現代主義者與巴西「一九二二年現代藝術週」。
35. Mário de Andrade, *O turista aprendiz*. São Paulo: Livraria Duas Cidades, 1976, p. 20.
36. 關於歐克利迪斯．達庫尼亞，參照Roberto Ventura, *Euclides da Cunha: Esboço biográfico – Retrato interrompido da vida de Euclides da Cunha*. São Paulo: Companhia das Letras, 2003.
37. *Os Sertões*字面上的意義是「乾旱地區」或「邊遠地區」。該書由Penguin Classics出版。
38. 關於*Os Sertões*《內地》，參照Euclides da Cunha, *Os sertões: Campanha de Canudos* (Rio de Janeiro: Francisco Alves, 1923); Ventura, *Euclides da Cunha*; Luiz Costa Lima, *Terra ignota: A construção de Os sertões* (Rio de Janeiro: Civilização Brasileira, 1997); Walnice Nogueira Galvão, *Correspondência de Euclides da Cunha* (São Paulo: Edusp, 1997)。
39. 關於「卡努杜斯運動」，參照Henrique Estrada Rodrigues, Bruno Pimenta Starling and Marcela Telles, 'O novo continente da utopia', in Delsy Gonçalves de Paula, Heloisa Maria Murgel Starling and Juarez Rocha Guimarães (eds.), *Sentimento de reforma agrária, sentimento de República* (Belo Horizonte: UFMG, 2006); Pauliane de Carvalho Braga, Raissa Brescia dos Reis and Ana Letícia Oliveira Goulart, 'Canudos', in Heloisa Maria Murgel Starling and Pauliane de Carvalho Braga (eds.), *Sentimentos da terra* (Belo Horizonte: PROEX/UFMG, 2013)。
40. Euclides da Cunha, *Os Sertões* (1902). São Paulo: Cultrix, 1973, p. 392.
41. Duglas Teixeira Monteiro, 'Um confronto entre Juazeiro, Canudos e Contestado', in Boris Fausto (ed.), *História geral da civilização brasileira* (Rio de Janeiro: Difel, 1977), vol. 2: Sociedade e instituições (1889–1930).
42. 勞動階級與工業化，參照Francisco Foot Hardman and Victor Leonardi, *História da indústria e do trabalho no Brasil: Das origens aos anos 1920* (São Paulo: Ática, 1991); Lúcio Kowarick, *Trabalho e vadiagem: A origem do trabalho livre no Brasil* (São Paulo: Brasiliense, 1987); Paulo Sérgio Pinheiro and Michael Hall, *A classe operária no Brasil: 1889–1930 – Documentos* (São Paulo: Alfa-Ômega, 1979, vol. 1)。
43. 更進一步的詳情，參照José Antonio Segatto, *A formação da classe operária no Brasil*. Porto Alegre: Mercado Aberto, 1987。
44. 巴西的無政府主義，參照Francisco Foot Hardman, *Nem pátria, nem patrão! Memória operária, cultura e literatura no Brasil* (São Paulo: Editora Unesp, 2002); Daniel Aarão Reis Filho and Rafael Borges Deminicis (eds.), *História do anarquismo no Brasil* (Niterói: Editora UFF, 2006, vol. 1); Boris Fausto, *Trabalho urbano e conflito social* (Rio de Janeiro: Difel, 1977); Edilene Toledo, *Anarquismo e sindicalismo revolucionário: Trabalhadores e militantes em São Paulo na Primeira República* (São Paulo: Fundação Perseu Abramo, 2004)。
45. 這些報紙的英文譯名依序為*The Friend of the People*, *The Worker's Voice*, *The Land of Freedom*, *The Working Class*, *The Lantern*。
46. Boris Fausto, 'Expansão do café e política cafeeira', in Boris Fausto (ed.), *História geral da civilização brasileira* (Rio de Janeiro: Difel, 1977), vol. 1: Estrutura de poder e economia (1889–1930). See also Fausto, *Trabalho urbano e conflito social*, especially chapter 6.
47. Nísia Trindade Lima, 'Campo e cidade: Veredas do Brasil moderno', in Botelho and Schwarcz (eds.), *Agenda brasileira*.
48. Milton Lahuerta, 'Os intelectuais e os anos 20: Moderno, modernista, modernização', in Helena Carvalho de Lorenzo and Wilma Peres da Costa (eds.), *A década de 1920 e as*

origens do Brasil moderno. São Paulo: Editora Unesp, 1997.

49. Alessandra El Far, *A encenação da imortalidade: Uma análise da Academia Brasileira de Letras nos primeiros anos da República (1897–1924)*. Rio de Janeiro: Fundação Getúlio Vargas, 2000.

50. 英文譯名*Brazilwood Poetry*。

51. 英文譯名*The Anthropophagy Magazine*。

52. Mário de Andrade, *Macunaíma: O herói sem nenhum caráter*. Brasília: CNPQ, 1988, pp. 37–8.

53. Alfredo Bosi, 'Situação de Macunaíma', in ibid.

54. André Botelho, *De olho em Mário de Andrade: Uma descoberta intelectual e sentimental do Brasil*. São Paulo: Companhia das Letras, 2012.

55. 關於**希亞塔阿姨**，參照Carlos Sandroni, *Feitiço decente: Transformações do samba no Rio de Janeiro (1917–1933)*. Rio de Janeiro: Zahar/Editora UFRJ, 2001.

56. 非洲裔巴西人的宗教，每一位新成員都是奧里沙萬神殿**水神**（Oxum，發音是Oshung）的兒子或女兒，**水神**源於掌管淡水的約魯巴（Yorubá）女神。

57. 英文譯名*On the phone*。

58. 小阿爾弗雷多・達羅查・維亞納（Alfredo da Rocha Viana, Jr.，一八九七—一九七三），以皮辛吉尼亞（Pixinguinha）較廣人知，於里約熱內盧出生，是作曲家、編曲家、長笛手及薩克斯風手。

59. 普拉澤瑞斯（一八九八—一九六六）是**卡里奧卡**森巴的先驅之一，無師自通的素人畫家。

60. 里約熱內盧卡特蒂（Catete）區的總統府。

61. Corta-Jaca字面上的意義是Cut the Jackfruit（切菠蘿蜜）。

62. 全名Manuel Bastos Tigre（一八八二—一九五七），多才多藝，是報人、詩人、作曲家、劇作家、諷刺作家、工程師和圖書館長，以及做廣告。

63. 英文譯名The comical fraternity（滑稽兄弟會）。

64. 英文譯名The Parrot Café。

65. Mônica Pimenta Velloso, *Modernismo no Rio de Janeiro: Turunas e quixotes*. Rio de Janeiro: FGV, 1996.

66. **博卡奇**是葡萄牙詩人曼努埃爾・杜博卡奇（Manuel Maria Barbosa du Bocage，一七六五—一八〇五），他的諷刺詩聞名遐邇。

67. Brito Broca, *A vida literária no Brasil – 1900*, 5th edn. Rio de Janeiro: José Olympio, 2005, p. 44.

68. Gilberto Freyre, *Casa-grande & senzala*. Rio de Janeiro: Maia & Schmidt / José Olympio, 1933, p. 307.

69. Ricardo Benzaquen, *Guerra e paz*. São Paolo, Ed.34, 1994.

70. João Batista Lacerda, *Sur les métis au Brésil*. Paris: Imprimerie Devougue, 1911.

71. 全名Aluísio Tancredo Gonçalves de Azevedo（一八五七—一九一三），他是巴西自然主義運動的作家。

72. Lima Barreto, *Contos completos de Lima Barreto*, ed. and introduction by Lilia Moritz Schwarcz. São Paulo: Companhia das Letras, 2010.

73. Antonio Sérgio Alfredo Guimarães, 'La République de 1889: Utopie de l'homme blanc, peur de l'homme noir', *Brésil(s): Sciences Humaines et Sociales, Paris*, vol. 1 (2012), pp. 149–68, and 'A República de 1889: Utopia de branco, medo de preto', *Contemporânea – Revista de Sociologia da UFSCar*, São Carlos, vol. 1, no. 2 (2011), pp. 17–36.

74. Maria Cristina Cortez Wissenbach, 'Da escravidão à liberdade: Dimensões de uma privacidade possível', in Nicolau Sevcenko (ed.), *História da vida privada* (São Paulo: Companhia das Letras, 2001), vol. 3: República: Da belle époque à era do rádio.

75. 同上。

76. Antonio Candido, *Os parceiros do Rio Bonito*, 9th edn. São Paulo: Editora 34, 2001.

77. 全名José Bento Renato Monteiro Lobato（一八八二—一九四八），是很重要的作家、評論家和編輯。

78. Lima, 'Campo e cidade'.

79. pirão是煮魚的木薯糊，angu是木薯糊或玉米糊，paçoca是烤過的花生碎粒加糖與木薯粉混在一起。

80. Manuela Carneiro da Cunha, 'Política indigenista no século XIX', in idem, *História dos índios no Brasil*.

81. 援引卡內羅・達庫尼亞（Manuela Carneiro da Cunha）的資料，*História dos índios no Brasil*, p. 133。

82. Barreto, 'Três gênios da secretaria', in idem, *Contos completos de Lima Barreto*.

83. 關於尉官們，參照McCann, *Soldados da pátria*; Carvalho, *Forças Armadas e política no Brasil*; Mário Cleber Martins Lanna Júnior, 'Tenentismo e crises políticas na Primeira República', in Lucilia de Almeida Neves Delgado and Jorge Ferreira (eds.), *O Brasil republicano: O tempo do liberalismo excludente* (Rio de Janeiro: Civilização Brasileira, 2007), vol. 1: Da Proclamação da República à Revolução de 1930。

84. 「科帕卡巴納堡」矗立在科帕卡巴納海灘末端的岬角。

85. 關於「**普雷斯特斯／米格爾・科斯塔縱隊**」，參照McCann, *Soldados da pátria*; Domingos Meirelles, *As noites das grandes fogueiras: Uma história da Coluna Prestes* (Rio de Janeiro: Record, 1995)。

86. 杜特拉將軍從一九四六至一九五一年擔任巴西總統。
87. Maria Alice Rezende de Carvalho. *Quatro vezes cidade*. Rio de Janeiro: 7Letras, 1994.
88. Roberto Schwarz, 'Nacional por subtração', in idem, *Que horas são?* São Paulo: Companhia das Letras, 2009.

第十四章

1. 痞子（malandro）和痞子風（malandragem），沒有直接對應的英語。痞子是**卡里奧卡**的類型，有魅力、充滿誘惑的男人，通常無所事事。
2. 關於一九一〇年選舉，參照Borges, *A batalha eleitoral de 1910*。
3. 在一八九一年憲法與一九三〇年革命之間，州長被稱為「主席」。一九三〇年，熱圖利奧・瓦加斯以聯邦干預者取代大部分的州主席。一九四六年憲法確立「州長」的頭銜代表州行政首長。
4. 二十世紀二〇年代的勞工運動與鎮壓措施，參照Boris Fausto, *Trabalho urbano e conflito social* (São Paulo: Difel, 1977); Everardo Dias, *História das lutas sociais no Brasil* (São Paulo: Alfa-Omega, 1977). 關於**普雷斯特斯／米格爾・科斯塔縱隊**，參照Meirelles, *As noites das grandes fogueiras*。
5. 米納斯吉拉斯州與聖保羅州之間的協議、緊張局勢與政治體制的穩定，參照Cláudia Maria Ribeiro Viscardi, *O teatro das oligarquias: Uma revisão da 'política do café com leite'* (Belo Horizonte: C/Arte, 2011); John Wirth, *O fiel da balança: Minas Gerais na federação brasileira* (1889–1937) (Rio de Janeiro: Paz e Terra, 1982)。
6. 這座新古典主義風格的宮殿，新弗里堡男爵（Barão de Novo Friburgo）於一八五五年在里約熱內盧**弗拉門戈海灘**（Praia de Flamengo）建造，當作家庭住宅。一八九七年政府將它買下，改為總統府。
7. 全名Gilberto de Lima Amado de Faria（一八八七—一九六九），塞爾希培州聯邦議員和參議員。
8. Gilberto Amado, *Depois da política*. Rio de Janeiro: José Olympio, 1968.
9. 關於華盛頓・路易斯的選擇，參照Cláudia Maria Ribeiro Viscardi, *O teatro das oligarquias: Uma revisão da 'política do café com leite'*; Boris Fausto, *A Revolução de 1930: História e historiografia* (São Paulo: Brasiliense, 1994)。關於咖啡的重要性，參照Sérgio Silva, *Expansão cafeeira e origem da indústria no Brasil* (São Paulo: Alfa-Omega, 1986)。
10. 關於安東尼奧・卡洛斯，參照Lígia M. L. Pereira and Maria Auxiliadora Faria, *Presidente Antônio Carlos: Um Andrada da República*. Rio de Janeiro: Nova Fronteira, 1998。
11. 關於南大河州，參照Joseph Love, *O regionalismo gaúcho* (São Paulo: Perspectiva, 1975)；關於帕拉伊巴州，參照Leda Lewin, *Política e parentela na Paraíba: Um estudo de caso da oligarquia de base familiar* (Rio de Janeiro: Record, 1993)；也參照Ângela Maria de Castro Gomes et al., *Regionalismo e centralização política: Partidos e Constituinte nos anos 30* (Rio de Janeiro: Nova Fronteira, 1980)。
12. 關於熱圖利奧・瓦加斯與若昂・佩索阿的傳記細節，參照Lira Neto, *Getúlio: Dos anos de formação à conquista do poder* (1882–1930). São Paulo: Companhia das Letras, 2012, vol. 1。
13. 「自由聯盟」與政綱，參照Boris Fausto, *A Revolução de 1930: História e historiografia*; Lúcia Lippi de Oliveira (ed.), *Elite intelectual e debate político nos anos 30: Uma bibliografia comentada da Revolução de 1930* (Rio de Janeiro: Fundação Getulio Vargas, 1980); Milton Lahuerta, 'Os intelectuais e os anos 20: Moderno, modernista, modernização', in Helena Carvalho de Lorenzo e Wilma Peres da Costa (eds.), *A década de 1920 e as origens do Brasil moderno* (São Paulo: Unesp, 1997)。
14. Caravanas（旅行隊）指大批的人長途跋涉。
15. 關於旅行隊與「自由聯盟」的公共論壇，參照Fausto, *A Revolução de 1930*.
16. Franklin Martins, *Quem inventou o Brasil?* Rio de Janeiro: Nova Fronteira (forthcoming)。
17. 全名Antônio Evaristo de Marais（一八七一—一九三一），一九〇二年「巴西社會黨」建黨的元老。
18. 全名Maurício Paiva de Lacerda（一八八八—一九五九），是「共產黨」黨員。戰後他拋棄共產主義，加入保守派「全國民主聯盟」。
19. 關於西尼奧（Sinhô），參照Martins, *Quem foi que inventou o Brasil?*; J. B. da Silva (Sinhô), 'Eu ouço falar (Seu Julinho)' (Rio de Janeiro: Odeon, 1929).
20. 選舉結果，參照Neto, *Getúlio*。
21. 關於路易斯・卡洛斯・普雷斯特斯，參照Domingos Meirelles, *1930: Os órfãos da Revolução*. Rio de Janeiro: Record, 2005。
22. 若昂・佩索阿被謀殺，參照Meirelles, *1930*; see also José Joffily, *Anayde Beiriz: Paixão e morte na revolução de 30* (Niterói: CBAG, 1980)。
23. 「普林塞薩起義」，參照Inês Caminha Lopes Rodrigues, *A Revolta de Princesa: Uma contribuição ao estudo do mandonismo local* (João Pessoa: A União, 1978); Meirelles, *1930*。
24. 引自Meirelles, *1930*, p. 532。
25. 一九三〇年叛變期間的軍事行動，參照Frank D. McCan, *Soldados da pátria: História do Exército brasileiro — 1889–1937* (São Paulo: Companhia das Letras, 2007); José Murilo de Carvalho, *Forças Armadas e política no Brasil* (Rio de Janeiro: Zahar, 2005)。
26. Pedro Nava, *O círio perfeito*. São Paulo: Ateliê Editorial, 2004.
27. 茹阿雷斯・塔沃拉逃脫的插曲，參照Neto, *Getúlio*, p. 415。

28. 華盛頓・路易斯的反應與垮臺，參照Meirelles, *1930*; Neto, *Getúlio*。
29. 引自Meirelles, *1930*, p. 619。
30. 回顧這段歷史的研究文獻，參照Marieta de Moraes Ferreira and Surama Conde Sá Pinto, 'A crise dos anos 1920 e a Revolução de 1930', in Delgado and Ferreira (eds.), *O Brasil republicano*, vol. 1。
31. 關於臨時政府的措施，參照Dulce Pandolfi, 'Os anos 1930: As incertezas do regime', in Delgado and Ferreira (eds.), *O Brasil republicano*, vol. 2; Neto, *Getúlio*。
32. 引自Neto, *Getúlio*, p. 520。
33. 關於熱圖利奧・瓦加斯的勞動政策，參照Carvalho, *Cidadania no Brasil*; Ângela Maria de Castro Gomes, *Cidadania e direitos do trabalho* (Rio de Janeiro: Zahar, 2002)。
34. 一九三二年選舉法，參照Carvalho, *Cidadania no Brasil*; Jairo Nicolau, *Eleições no Brasil: Do Império aos dias atuais* (Rio de Janeiro: Zahar, 2012)。
35. 關於埃爾維拉・科梅爾，參照Lélia Vidal Gomes da Gama, *Elvira Komel: Uma estrela riscou o céu*. Belo Horizonte: Imprensa Oficial do Estado de Minas Gerais, 1987。
36. 這些政治勢力，參照Ângela Maria de Castro Gomes, 'Confronto e compromisso no processo de constitucionalização', in Boris Fausto (ed.), *O Brasil republicano*. São Paulo: Difel, 1981, vol. 3。
37. 「一九三二年保利斯塔起義」，參照Hélio Silva, *A guerra Paulista: O ciclo de Vargas* (Rio de Janeiro: Civilização Brasileira, 1976, vol. 2); Maria Helena Capelato, *O movimento de 1932: A causa Paulista* (São Paulo: Brasiliense, 1981); Lira Neto, *Getúlio: Do governo provisório à ditadura do Estado Novo (1930–1945)* (São Paulo: Companhia das Letras, 2013, vol. 2)。
38. Oswald de Andrade, *Marco zero: A revolução melancólica*. Rio de Janeiro: Civilização Brasileira, 1978.
39. 引自Silva, *A guerra paulista*。
40. 工廠的工人未參與叛變，參照Capelato, *O movimento de 1932; Leôncio Basbaum, Uma vida em seis tempos* (São Paulo: Alfa Omega, 1978)。
41. 一九三二年軍事行動，參照McCann, *Soldados da pátria*; Neto, *Getúlio*。
42. 熱圖利奧・瓦加斯的措施，參照McCann, *Soldados da pátria*; Neto, *Getúlio*。
43. 制憲議會與《一九三四年憲法》，參照Carvalho, *Cidadania no Brasil*。
44. 熱圖利奧・瓦加斯的看法，參照Neto, *Getúlio*, p. 189。
45. 援引諾貝特・弗賴（Norbert Frei）的詞句。參照Norbert Frei, *L'État Hitlérien et la société allemande: 1933–1945* (Paris: Seuil, 1994), p. 95。
46. 關於「**巴西整合行動**」，參照Marcos Chor Maio and Roney Cytrynowicz, 'Ação Integralista Brasileira: Um movimento fascista no Brasil (1932–1938)', in Lucilia de Almeida Neves Delgado and Jorge Ferreira (eds.), *O Brasil republicano: O tempo do liberalismo excludente – da proclamação da República à Revolução de 1930*. See also Marilena Chaui, 'Apontamentos para uma crítica da Ação Integralista Brasileira', in André Rocha (ed.), *Escritos de Marilena Chaui: Manifestações ideológicas do autoritarismo brasileiro* (Belo Horizonte: Autêntica; São Paulo: Fundação Perseu Abramo, 2013, vol. 2)。
47. 普利尼奧・薩爾加多（一八九五－一九七五）是「巴西法西斯黨」建黨元老。
48. 米格爾・雷亞萊（一九一〇－二〇〇六）是哲學家、詩人與法律學者。
49. 巴西武裝部隊的法西斯主義，參照McCann, *Soldados da pátria*。
50. 關於「**全國自由聯盟**」，參照Francisco Carlos Pereira Cascardo, 'A Aliança Nacional Libertadora: Novas abordagens', in Jorge Ferreira and Daniel Aarão Reis (eds.), *A formação das tradições (1889–1995)* (Rio de Janeiro: Civilização Brasileira, 2007); Marly Vianna, 'A ANL (Aliança Libertadora Nacional)', in Antonio Carlos Mazzeo and Maria Izabel Lagoa (eds.), *Corações vermelhos: Os comunistas brasileiros no século XX* (São Paulo: Cortez, 2003)。
51. 米格爾・科斯塔的全名Miguel Alberto Rodrigo da Costa（1885–1959），他參與「一九二四年**尉官**起義」、「一九三〇年革命」與「一九三二年憲政革命」的戰鬥。
52. 「共產黨」的部分，參照Marly de Almeida Gomes Vianna, 'O PCB: 1929–43', in Ferreira and Reis (eds.), *A formação das tradições*; John W. Foster Dulles, *Anarquistas e comunistas no Brasil (1900–1935)* (Rio de Janeiro: Nova Fronteira, 1977)。
53. 引自Neto, *Getúlio*, p. 235。
54. 援引Francisco Carlos Pereira Cascardo, 'A Aliança Nacional Libertadora: Novas abordagens', in Ferreira and Reis (eds.), *A formação das tradições*, p. 475。
55. 關於「共產國際」參與一九三五年起義，參照William Waack, *Camaradas. Nos arquivos de Moscou: A história secreta da revolução brasileira de 1935* (São Paulo: Companhia das Letras, 2004)。
56. 關於納塔爾與伯南布哥起義，參照Marly de A. G. Vianna, *Revolucionários de 1935: Sonho e realidade* (São Paulo: Companhia das Letras, 1992); Hélio Silva, *1935: A revolta vermelha* (Rio de Janeiro: Civilização Brasileira, 1969); Paulo Cavalcanti, *O caso eu conto como o caso foi: Da Coluna Prestes à queda de Arraes* (Recife: Cepe, 2008, vol. 1), chapter 6。
57. 里約熱內盧起義，參照McCann, *Soldados da pátria; Vianna, Revolucionários de 1935*; Silva, *1935*。
58. 熱圖利奧・瓦加斯政府的鎮壓，參照Dulles, *Anarquistas e comunistas no Brasil (1900–1935)*; Vianna, *Revolucionários de 1935*; Waack, *Camaradas*。
59. 格拉西里亞諾・拉莫斯（一八九二－一九五三）是眾所周知的巴西作家。

60. 英文譯名*Prison Memoirs*。
61. Graciliano Ramos, *Memórias do cárcere* (Rio de Janeiro: Record, 2007), vol. II, pp. 69–70. On Graciliano, see Wander Melo Miranda, *Graciliano Ramos* (São Paulo: Publifolha, 2004).
62. 雙面間諜的部分，參照R. S. Rose and Gordon D. Scott, *Johnny: A vida do espião que delatou a rebelião comunista de 1935* (Rio de Janeiro: Record, 2010)。
63. 熱圖利奧．瓦加斯準備對抗政變，參照Neto, *Getúlio*; Boris Fausto, *Getúlio Vargas* (São Paulo: Companhia das Letras, 2006)。
64. 援引Fausto, *Getúlio Vargas*, p. 75。
65. 關於「柯恩計畫」，參照McCann, *Soldados da patria*。
66. 全名Alberto Martins Torres（一八六五－一九一七），是多產作家和評論家。
67. 這些共同特徵，參照Fausto, *Getúlio Vargas*。
68. Ramos, *Memórias do cárcere*, vol. I, p. 34.
69. 關於鎮壓機器，參照Fausto, *Getúlio Vargas*; McCann, *Soldados da pátria*; Neto, *Getúlio*。
70. 民事警察是國家偵查警察部隊的名稱。
71. 與蓋世太保的交流，參照Neto, *Getúlio*, p. 263。
72. 同上，p. 264。
73. 「**新國家**」的宣傳機構和合法性，參照Lúcia Lippi Oliveira, Mônica Pimenta Velloso, and ngela Maria de Castro Gomes, *Estado Novo: Ideologia e poder* (Rio de Janeiro: Zahar, 1982); Dulce Pandolfi, *Repensando o Estado Novo* (Rio de Janeiro: Fundação Getulio Vargas, 1999).
74. 關於諾埃爾．羅沙，參照João Máximo and Carlos Didier, *Noel Rosa: Uma biografia*. Brasília: Editora UnB/ Linha Gráfica Editora, 1990。
75. 葡萄牙文serestas，英文Brazilian serenades。
76. 關於審查制度，參照Robert M. Levine, *Pai dos pobres? O Brasil e a era Vargas* (São Paulo: Companhia das Letras, 2001, p. 94)。
77. 關於「**新聞宣傳部**」（DIP）的活動，參照Magno Bissoli Siqueira, *Samba e identidade nacional: Das origens à era Vargas* (São Paulo: Unesp, 2012)。
78. 在古斯塔沃．卡帕內馬指導下的「教育部」，參照Helena Bomeny (ed.), *Constelação Capanema: Intelectuais e políticas*. Rio de Janeiro: Fundação Getulio Vargas, 2001。
79. 坎迪多．波爾蒂納里（一九〇三－一九六二）是巴西很重要的畫家。
80. 與通俗藝術有關係的區域產品為依據，促進混血文化與國族建構的程序，參照Lilia K. M. Schwarcz, 'Complexo de Zé Carioca: Notas sobre uma identidade mestiça e malandra', *Revista Brasileira de Ciências Sociais*, no. 29:10 (1995); Lilia M. Schwarcz, 'Nem preto nem branco, muito pelo contrário: Cor e raça na intimidade', in Lilia M. Schwarcz, *História da vida privada no Brasil* (São Paulo: Companhia das Letras, 2006, vol. 4). See also Hermano Vianna, *O mistério do samba* (Rio de Janeiro: Zahar, 2012)。
81. 關於卡門．米蘭達，參照Ruy Castro, *Carmen: Uma biografia* (São Paulo: Companhia das Letras, 2005). See also Eneida Maria de Souza, 'Carmen Miranda: Do kitsch ao cult', in Heloisa Starling, Berenice Cavalcante and José Eisemberg (eds.), *Decantando a República: Retratos em branco e preto da nação brasileira* (Rio de Janeiro: Nova Fronteira; São Paulo: Fundação Perseu Abramo, 2004, vol. 2)。
82. 葡萄牙文片名是*Serenata Tropical*（**熱帶小夜曲**）。
83. 很難翻譯**巴薩**這個名詞。它代表風格、天賦和魅力的混合物。
84. Castro, *Carmen*, p. 322.
85. 「睦鄰政策」與相關的文化產品，參照Antônio Pedro Tota, *O imperialismo sedutor: A americanização do Brasil na época da Segunda Guerra*. São Paulo: Companhia das Letras, 2000。
86. 英文譯名是Watercolor of Brazil或Brazilian Watercolor。
87. 關於喬奧．卡里奧卡，參照Ruy Castro, 'Nascido no Copacabana Palace, Zé Carioca completa 70 anos', *Serafina, Folha de São Paulo,* São Paulo (25 November 2012)。
88. 援引卡米拉．費雷拉（Camila Ferreira）的詞句。參照Camila Manduca Ferreira, 'Zé Carioca: Um papagaio na periferia do capitalismo', *Novos Rumos*, vol. 49, no. 1 (January–June 2012)。
89. 這首諾埃爾．羅沙創作的歌曲，參照Mayra Pinto, *Noel Rosa: O humor na canção*. São Paulo: Ateliê, 2012。
90. 實際上巴西鈴鼓（pandiero，音譯潘德羅）與手鼓類似，鼓皮可以調音，鼓框的周邊有金屬鈸，用於森巴伴奏。
91. Gilberto Freyre, *Casa-grande & senzala* (Rio de Janeiro: José Olympio, 1981). 關於吉爾貝托．費雷雷，參照Schwarcz, 'Complexo de Zé Carioca'; Vianna, *O mistério do samba*。
92. 英文譯名*Roots of Brazil*。
93. Sérgio Buarque de Holanda, *Raízes do Brasil* (São Paulo: Companhia das Letras, 2006). 關於布阿爾克．德奧蘭達，參照Robert Wegner, 'Caminhos de Sérgio Buarque de Holanda', in André Botelho and Lilia Moritz Schwarcz (ed.), *Um enigma chamado Brasil: 29 intérpretes e um país* (São Paulo: Companhia das Letras, 2009)。
94. Caio Prado Jr., *Formação do Brasil contemporâneo* (São Paulo: Brasiliense, 1979). 關於小卡約．普拉多，參照Bernardo Ricúpero, 'Caio Prado Junior e o lugar do Brasil no

mundo', in André Botelho and Lilia Moritz Schwarcz (ed.), *Um enigma chamado Brasil: 29 intérpretes e um país*。這三位作家對二十世紀三〇年代和四〇年代文化產製的影響。參照Antonio Candido, 'A Revolução de 30 e a cultura', in Paula Monteiro e Álvaro Comin (ed.), *Mão e contramão e outros ensaios contemporâneos*。

95. 制定勞動法與社會權的成果。參照Carvalho, *Cidadania no Brasil*; Luiz Werneck Vianna, *Liberalismo e sindicato no Brasil* (Belo Horizonte: Editora UFMG, 1999, chapter 5)。
96. 關於**痞子風**，參照Antonio Candido, 'Dialética da malandragem', in Antonio Candido, *O discurso e a cidade* (São Paulo: Duas Cidades; Rio de Janeiro: Ouro sobre Azul, 2004); Cláudia Matos, *Acertei no milhar: Samba e malandragem no tempo de Getúlio* (Rio de Janeiro: Paz e Terra, 1982)。
97. Wilson Batista and Ataulfo Alves, 'O bonde São Januário'. Performer: Cyro Monteiro. Victor 34.691-a, 1940. 關於威爾森・巴蒂斯塔，參照Rodrigo Alzuguir, *Wilson Batista: O samba foi sua glória!* (Rio de Janeiro: Casa da Palavra, 2013)。
98. 大戰期間熱圖利奧・瓦加斯的政治活動與現代化方案，參照Fausto, *Getúlio Vargas*; McCann, *Soldados da patria*; Neto, *Getúlio*。
99. 關於這封電報，參照Levine, *Pai dos pobres?*, p. 100。

第十五章

1. 關於熱圖利奧・瓦加斯的政治謀略，參照Neto, *Getúlio*。
2. 原文是押韻的詩句：Vote no Brigadeiro, que ele é bonito e é solteiro。
3. 候選人的部分，參照Maria Victoria de Mesquita Benevides, *A UDN e o udenismo: Ambiguidades do liberalismo brasileiro* (1945–1965) (Rio de Janeiro: Paz e Terra, 1981); Jorge Ferreira, *O imaginário trabalhista: Getulismo, PTB e cultura política popular 1945–1964* (Rio de Janeiro: Civilização Brasileira, 2005)，尤其是第一章。
4. 關於這兩個插曲，參照Michelle Reis de Macedo, *O movimento queremista e a democratização de 1945*. Rio de Janeiro: 7 Letras, 2013, p. 105。
5. 武裝部隊內部的轉變，尤其是陸軍，參照McCann, *Soldados da patria; Carvalho, Forças Armadas e política no Brasil*。
6. 葡萄牙文política有「爭權奪勢」和「政策」的含意。
7. 引自Carvalho, *Forças Armadas e política no Brasil*, p. 82。
8. 同上。
9. 關於路易斯・卡洛斯・普雷斯特斯，參照Jorge Ferreira, *Prisioneiros do mito: Cultura e imaginário político dos comunistas no Brasil* (1930–1956) (Rio de Janeiro: Editora da UFF; Niterói: Mauad, 2002)，尤其是第九章；Dênis de Moraes and Francisco Viana, *Prestes: Lutas e autocríticas* (Petrópolis: Vozes, 1982)。
10. 「聖雅努阿里奧球場」造勢大會，參照Moraes and Viana, *Prestes; Mário Magalhães, Marighella: O guerrilheiro que incendiou o mundo* (São Paulo: Companhia das Letras, 2012)。
11. 「共產黨」的成長，參照Magalhães, *Marighella*, p. 157。
12. 聖保羅的集會，參照Macedo, *O movimento queremista e a democratização de 1945*。
13. Sé是sede episcopalis的簡寫，即主教座。因此**主教座堂廣場**是大教堂所在地的廣場。
14. 「**新國家**」結束，同時瓦加斯的人氣高漲，參照Ângela de Castro Gomes, *A invenção do trabalhismo*. Rio de Janeiro: Vértice; Iuperj, 1988。
15. **希望主義者**運動，參照Macedo, *O movimento queremista e a democratização de 1945*; Ferreira, *O imaginário trabalhista*，尤其是第一章。
16. 引自Neto, *Getúlio*, pp. 466 ff。
17. 引自Ferreira, *O imaginário trabalhista*, p. 75。
18. 關於這些限制，參照Nicolau, *Eleições no Brasil*, pp. 89–90。
19. 關於「全國民主聯盟」，參照Benevides, *A UDN e o udenismo*。
20. 關於卡洛斯・拉塞爾達，參照Carlos Lacerda, *Depoimento* (Rio de Janeiro: Nova Fronteira, 1978)，以及Rodrigo Lacerda, *A República das abelhas* (São Paulo: Companhia das Letras, 2013); Otávio Frias Filho, 'O tribuno da imprensa', *piauí*, no. 91 (April 2014)。
21. 引自Claudio Bojunga, *JK: O artista do impossível* (Rio de Janeiro: Objetiva, 2001), p. 389。
22. 關於「社會民主黨」，參照Lúcia Hipólito, *PSD: De raposas e reformistas* (Rio de Janeiro: Paz e Terra, 1985)。
23. 引自Bojunga, *JK*, p. 166。
24. 同上。
25. PSD**黨員**（pessedistas）就是社會民主黨人（PSDsters）。
26. 關於「巴西勞工黨」，參照Lucilia de Almeida Neves Delgado, *PTB: Do getulismo ao reformismo* (São Paulo: Marco Zero, 1989)。
27. 把勞工運動當作政治工程，參照Gomes, *A invenção do trabalhismo*。也參照 Macedo, *O movimento queremista e a democratização de 1945*; Ferreira, *O imaginário trabalhista*，尤其是第一章。
28. 瓦加斯總統亡故後的勞工運動，參照Ângela de Castro Gomes, 'Trabalhismo e democracia: O PTB sem Vargas', in Ângela de Castro Gomes (ed.), *Vargas e a crise dos anos 50*. Rio de Janeiro: Ponteio, 2011。

29. 關於「巴西勞工黨」，詳情參照Delgado, *PTB*。
30. 關於這場造勢大會的插曲與後果，參照Macedo, *O movimento queremista e a democratização de 1945*, pp. 144 ff。
31. 選舉的結果，參照Boris Fausto, *História do Brasil* (São Paulo: Edusp, 2012), p. 340; Thomas E. Skidmore, *Brasil: de Getúlio a Castello (1930–1964)* (São Paulo: Companhia das Letras, 2010), p. 97。
32. 關於《一九四六年憲法》，參照Nicolau, *Eleições no Brasil*; Carvalho, *Cidadania no Brasil*。
33. 這句話出自安吉拉．德卡斯特洛．戈梅斯（Ângela de Castro Gomes）。關於一九四六至一九六四年間巴西的民主經驗，參照Jorge Ferreira e Ângela de Castro Gomes, *1964: O golpe que derrubou um presidente, pôs fim ao regime democrático e instituiu a ditadura no Brasil* (Rio de Janeiro: Civilização Brasileira, 2014)。
34. 關於「冷戰」，參照Martin Walker, *The Cold War: A History*. New York: Henry Holt and Co., 1993。
35. 關於「共產黨」成長的數字，參照Skidmore, Brasil, p. 100。
36. 引自Fausto, História do Brasil, p. 343。關於鎮壓工人，參照Fernando Teixeira da Silva and Antonio Luigi Negro, 'Trabalhadores, sindicatos e política (1945–1964)', in Lucilia de Almeida Neves Delgado and Jorge Ferreira (eds.), *O Brasil republicano: O tempo da experiência democrática – da democratização de 1945 ao golpe civil-militar de 1964* (Rio de Janeiro: Civilização Brasileira, 2008, vol. 3); Ronald H. Chilcote, *O Partido Comunista Brasileiro: Conflito e integração – 1922–1972* (Rio de Janeiro: Graal, 2002)。
37. 關於路易斯．卡洛斯．普雷斯特斯的回應與「共產黨」的停權，參照Magalhães, *Marighella*, pp. 182 ff。
38. 引自Nicolau, *Eleições no Brasil*, p. 90。
39. 這項計畫案通稱SALTE計畫，由五個首字母形成：Saúde、Alimentação、Transporte及Energia。
40. 關於杜特拉的決策以及禁止賭博和關閉夜總會的政令，參照João Perdigão and Euler Corradi, *O rei da roleta: A incrível vida de Joaquim Rolla* (Rio de Janeiro: Casa da Palavra, 2012); Isabel Lustosa, *Histórias de presidentes: A República no Catete (1897–1960)* (Rio de Janeiro: Agir, 2008)。
41. 關於立法機關的努力與瓦加斯競選總統的活動，參照Fausto, *Getúlio Vargas; Levine, Pai dos pobres?*。
42. 引自Fausto, *Getúlio Vargas*, p. 164。
43. 同上，p. 166。
44. 關於選舉的數字，參照Boris Fausto, *História do Brasil* (São Paulo: Edusp, 2012, p. 346); Skidmore, *Brasil*, p. 113。
45. 關於能源政策，參照Hildete Pereira de Melo, Adilson de Oliveira and João Lizardo de Araújo, 'O sonho nacional: Petróleo e eletricidade (1954– 94)', in Gomes (ed.), *Vargas e a crise dos anos 50*. See also Maria Antonieta P. Leopoldi, 'O difícil caminho do meio: Estado, burguesia e industrialização no segundo governo Vargas (1951–1954)', in Gomes (ed.), *Vargas e a crise dos anos 50*。
46. 多娜．本塔是善良的老婦人，經營「黃色啄木鳥農場」，這位作者幾本成功的童書有相同的場所名稱。
47. Monteiro Lobato, *O poço do visconde* (São Paulo: Brasiliense, 1960), p.204. 關於蒙泰魯．洛巴托的政治運動，包括石油運動，參照Carmen Lúcia de Azevedo, Márcia Camargos and Vladimir Sacchetta, *Monteiro Lobato: Furacão na Botocúndia* (São Paulo: Senac, 2000), pp. 147 ff。
48. 關於「全國學生聯盟」（UNE）參與石油運動，參照Arthur Poerner, *O poder jovem: História da participação política dos estudantes brasileiros*. Rio de Janeiro: Booklink, 2004。
49. 關於電能產量增加，參照Maria Antonieta P. Leopoldi, 'O difícil caminho do meio: Estado, burguesia e industrialização no segundo governo Vargas (1951–1954)', in Gomes (ed.), *Vargas e a crise dos anos 50*, p. 185。
50. 關於鋼鐵工業與運輸，參照Maria Antonieta P. Leopoldi, 'O difícil caminho do meio: Estado, burguesia e industrialização no segundo governo Vargas (1951–1954)', in Gomes (ed.), *Vargas e a crise dos anos 50*。
51. 關於熱圖利奧．瓦加斯的民族主義發展方案，參照Pedro Paulo Zahluth Bastos, 'Ascensão e crise do projeto nacional-desenvolvimentista de Getúlio Vargas' and 'A construção do nacionalismo econômico de Vargas', in Pedro Paulo Zahluth Bastos and Pedro Cezar Dutra Fonseca (eds.), *A era Vargas: Desenvolvimentismo, economia e sociedade*。相關的發展專案，參照René Armand Dreifuss, *1964: A conquista do Estado* (Petrópolis: Vozes, 1981)，尤其是第一章至第三章。
52. 關於經濟危機，參照Bastos, 'Ascensão e crise do projeto nacional-desenvolvimentista de Getúlio Vargas'。對「冷戰」的重視，參照Walker, *The Cold War*。
53. 關於「三十萬人罷工」，參照Paul Singer, 'A política das classes dominantes', in Octavio Ianni et al., *Política e revolução social no Brasil* (Rio de Janeiro: Civilização Brasileira, 1965); Delgado, *PTB*。
54. 若昂．古拉特的部分，參照Jorge Ferreira, *João Goulart: Uma biografia* (Rio de Janeiro: Civilização Brasileira, 2011)，尤其是第二章與第三章。
55. 引自Ferreira, *João Goulart*, pp. 103–4。
56. 這個時期傳播媒體支持「全國民主聯盟」與他們的活動，參照Alzira Alves Abreu and Fernando Lattman-Weltman, 'Fechando o cerco: A imprensa e a crise de agosto de 1954', in Gomes (ed.), *Vargas e a crise dos anos 50*。
57. 引自Paulo Markun and Duda Hamilton, *1961: O Brasil entre a ditadura e a guerra civil*. São Paulo: Benvirá, 2011, p. 61。
58. 巴西的最低工資額始終是每月價值。

59. 關於「上校的宣言」，參照Ferreira, *João Goulart*; Skidmore, *Brasil*。
60. Paulo Bonavides and Roberto Amaral, *Textos políticos da história do Brasil: República: Terceira República (1945–1955)* (Brasília: Senado Federal, 2002, p. 677); Skidmore, *Brasil*, p. 169.
61. 與坦克雷多．內維斯的對話，參照Carlos Heitor Cony, *Quem matou Vargas: 1954, uma tragédia brasileira* (São Paulo: Planeta, 2004), p. 208。
62. 關於報刊，參照Alzira Alves Abreu and Fernando Lattman-Weltman, 'Fechando o cerco: A imprensa e a crise de agosto de 1954', in Gomes (ed.), *Vargas e a crise dos anos 50*; Markun and Hamilton, *1961*。
63. 英文譯名是*Associated Dailies*。
64. 關於《**即時日報**》事件，也參照Ana Maria de Abreu Laurenza, *Lacerda x Wainer: O corvo e o bessarabiano* (São Paulo: Senac, 1998)。關於塞繆爾．韋納，參照Samuel Wainer, *Minha razão de viver: Memórias de um repórter* (Rio de Janeiro: Record, 1988)。
65. 關於襲擊事件和後果，參照Skidmore, *Brasil*; Claudio Lacerda, *Uma crise de agosto: O atentado da rua Toneleros* (Rio de Janeiro: Nova Fronteira, 1994); Fausto, *Getúlio Vargas*; Ferreira, *João Goulart*。
66. 英文的字面上翻譯是UDNist。
67. 熱圖利奧．瓦加斯的支持者與他代表的事物。
68. 引自Ferreira, João Goulart, p. 127。
69. 最後的部長級會議與自殺事件，參照Skidmore, *Brasil*; Fausto, *Getúlio Vargas*. See also Cony, *Quem matou Vargas*; Rubem Fonseca, *Agosto* (São Paulo: Companhia das Letras, 1990)。
70. 關於抗議遊行，參照Jorge Ferreira, 'O Carnaval da tristeza: Os motins urbanos do 24 de agosto', in idem, *O imaginário trabalhista*。
71. **西尼蘭地亞**是里約熱內盧市中心**弗洛里亞諾．佩肖托廣場**（Praça Marechal Floriano Peixoto）的俗稱。
72. 引自Fausto, *Getúlio Vargas*, p. 195。
73. 引自Bojunga, *JK*, p. 258。
74. 這是喬治．費雷拉（Jorge Ferreira）的論點，參照Ferreira, 'O Carnaval da tristeza', in idem, *O imaginário trabalhista*。

第十六章

1. 關於「**雅卡雷阿坎加**」起義，參照Bojunga, *JK*.
2. 關於一九五五年總統大選，參照Benevides, *A UDN e o udenismo*; Skidmore, *Brasil*; Bojunga, *JK*。
3. 在議會制體制下，任命一位總理，會削弱總統的職權。
4. 引自Ferreira, *João Goulart*, p. 148。
5. 關於卡斐．費里奧政府，參照Skidmore, *Brasil*。關於政變與反政變，參照Ferreira, *O imaginário trabalhista*，尤其是第四章，以及Flávio Tavares, *O dia em que Getúlio matou Allende e outras novelas do poder* (Rio de Janeiro: Record, 2004)，尤其是第三章。
6. 在巴西，眾議院主席是第三順位繼任者。
7. 關於副官與勞工運動的關係，參照Ferreira, *O imaginário trabalhista*，尤其是第四章。
8. 儒塞利諾．庫比契克與軍方的關係，參照Bojunga, *JK*; Ricardo Maranhão, *O governo Juscelino Kubitschek* (São Paulo: Brasiliense, 1984); Maria Victoria Benevides, *O governo Kubitschek: Desenvolvimento econômico e estabilidade política* (Rio de Janeiro: Paz e Terra, 1976)。
9. 關於「標靶計畫」，參照Benevides, *O governo Kubitschek*; Miriam Limoeiro Cardoso, *Ideologia do desenvolvimento: Brasil JK-JQ* (Rio de Janeiro: Paz e Terra, 1977); Clovis de Faro and Salomão L. Quadros da Silva, 'A década de 50 e o Programa de Metas', in Ângela de Castro Gomes (ed.), *O Brasil de JK* (Rio de Janeiro: Fundação Getulio Vargas, 1991)。
10. 一九五〇年代的日常生活，參照Joaquim Ferreira dos Santos, *1958: O ano que não devia terminar* (Rio de Janeiro: Record, 1997)。
11. 關於鋪面高速公路，參照Bojunga, *JK*, p. 407。
12. 引文出處同上，p. 398。
13. 關於貝倫—巴西利亞高速公路的建造，參照Bojunga, *JK*。
14. 儒塞利諾．庫比契克施政的風格，出處同上，及Skidmore, *Brasil*。
15. 卡洛斯．拉塞爾達的看法，參照Lacerda, *A República das abelhas*。
16. 關於發展主義，參照Cardoso, *Ideologia do desenvolvimento*; Celso Furtado, *Desenvolvimento e subdesenvolvimento* (Rio de Janeiro: Fundo de Cultura, 1961); Francisco de Oliveira, *A economia brasileira: Crítica à razão dualista* (Petrópolis: Vozes, 1981)。
17. 關於「**巴西高等研究所**」，參照Caio Navarro de Toledo (ed.), *Intelectuais e política no Brasil: A experiência do Iseb*. Rio de Janeiro: Revan, 2005。

18. 關於「發展不足」，參照Furtado, *Desenvolvimento e subdesenvolvimento*; Maria da Conceição Tavares (ed.), *Celso Furtado e o Brasil* (São Paulo: Fundação Perseu Abramo, 2001); Oliveira, *A economia brasileira*; Marcelo Ridenti, *Brasilidade revolucionária* (São Paulo: Unesp, 2010)。
19. 關於「**阿利那劇團**」，參照Izaías Almada, *Teatro de Arena: Uma estética de resistência* (São Paulo: Boitempo, 2004); Sábato Magaldi, *Um palco brasileiro: O Arena de São Paulo* (São Paulo: Brasiliense, 1984)。
20. 英文譯名*They Don't Wear Evening Dress*。
21. 關於「**維拉克魯茲電影製片公司**」，參照Sidney Ferreira Leite, *Cinema brasileiro: Das origens à retomada* (São Paulo: Fundação Perseu Abramo, 2005); Maria Rita Galvão, Burguesia e cinema: O caso Vera Cruz (Rio de Janeiro: Civilização Brasileira, 1981)。
22. 勿將他與同名的作家混為一談，兩人沒有關係。
23. **強盜**是武裝的土匪，在東北內地的灌木叢林地實施恐怖統治。
24. 關於巴西式**歌舞鬧劇**，參照Suzana Ferreira, *Cinema Carioca nos anos 30 e 40: Os filmes musicais nas telas da cidade* (São Paulo: Annablume, 2003); Sérgio Augusto, *Este mundo é um pandeiro* (São Paulo: Companhia das Letras/Cinemateca Brasileira, 1989)。
25. 關於佩雷拉．多斯桑托斯與《**里約四十度**》，參照Helena Salem, *Nelson Pereira dos Santos: O sonho possível do cinema brasileiro* (Rio de Janeiro: Record, 1996); Leite, *Cinema brasileiro*。
26. 魯伊．蓋拉於一九三一年在莫三比克出生，當時仍然是葡萄牙的殖民地。他以演員和電影導演的身分最為人所知。
27. 格勞貝．羅恰（一九三九－一九八一）製作極具影響力的前衛電影，尤其是一九六四年的《**黑上帝白魔鬼**》與一九六七年《**痛苦的大地**》（*Terra em transe*）。
28. Glauber Rocha, *Revolução do Cinema Novo*. Rio de Janeiro: Alhambra / Embrafilme, 1981, pp. 393–4.
29. 為不同的樂器與聲部的組合，埃托爾．維拉－羅博斯撰寫一系列九首《**巴西風巴哈組曲**》。
30. 關於格勞貝．羅恰與「**新電影**」，參照Ismail Xavier, *Cinema brasileiro moderno* (São Paulo: Paz e Terra, 2001); Rocha, *Revolução do Cinema Novo*; Raquel Gerber et al., *Glauber Rocha* (São Paulo: Paz e Terra, 1977); Lucia Nagib, *A utopia no cinema brasileiro: Matrizes, nostalgia, distopias* (São Paulo: Cosac Naify, 2006)，尤其是第一章：Eduardo Escorel, 'Deus e o diabo – ano I: Glauber Rocha no turbilhão de 1964', *piauí*, no. 90 (March 2014)。
31. 「**巴薩諾瓦**」當作運動，參照Ruy Castro, *Chega de saudade: A história e as histórias da Bossa Nova* (São Paulo: Companhia das Letras, 1990); idem, *A onda que se ergueu no mar: Novos mergulhos na Bossa Nova* (São Paulo: Companhia das Letras, 2001)。
32. 「**巴薩諾瓦**」當作音樂語言，參照Luiz Tatit, *O século da canção* (Cotia: Ateliê, 2004); Walter Garcia, *Bim Bom: A contradição sem conflitos de João Gilberto* (São Paulo: Paz & Terra, 1999)。
33. 「**巴薩諾瓦**」當作商業產品，參照José Gave, *Momento Bossa Nova*. São Paulo: Fapesp / Annablume, 2006。
34. 「**巴薩諾瓦**」國際化，參照Castro, *Chega de saudade* and *A onda que se ergueu no mar*。
35. 「標靶計畫」的瓶頸，參照Carla Maria Junho Anastasia, 'From Drummond to Rodrigues: Venturas e desventuras dos brasileiros no governo JK', in Wander Melo Miranda, *Anos JK: Margens da modernidade* (São Paulo: Imprensa Oficial do Estado de São Paulo; Rio de Janeiro: Casa de Lúcio Costa, 2002); Skidmore, *Brasil*; Maria Antonieta P. Leopoldi, 'Crescendo em meio à incerteza: A política econômica do governo JK', in Gomes (ed.), *O Brasil de JK*。
36. Roberto Campos, *A lanterna na popa*. Rio de Janeiro: Topbooks, 1994, 2 vols.
37. *Revista Brasiliense*, nos. 35–36 (1961), p. 29. 援引Bojunga, *JK*, p. 340。
38. 這是援引瑪麗亞．貝內維德斯（Maria Victoria Benevides）的詞句。參照Benevides, *O governo Kubitschek*。
39. 關於通貨膨脹的數字，參照Maria Antonieta P. Leopoldi, 'Crescendo em meio à incerteza: A política econômica do governo JK', in Gomes (eds.), *O Brasil de JK*。
40. 關於「平行政府」，參照Benevides, *O governo Kubitschek*。
41. 「標靶計畫」的局限性與農村問題，參照Vânia Maria Losada Moreira, 'Os anos JK: Industrialização e modelo oligárquico de desenvolvimento rural', in Delgado and Ferreira (eds.), *O Brasil republicano*; Skidmore, *Brasil*。
42. 關於叛亂，參照Thiago Lenine Tito Tolentino, 'Margens da marcha para o Oeste: Luta pela terra em Trombas e Formoso, Porecatu e sudoeste do Paraná', in Heloisa Marcia Murgel Starling and Pauline de Carvalho Braga (eds.), *Sentimento da terra. Belo Horizonte: Proex, 2013*。
43. 關於「**農民聯盟**」，參照Antônio Montenegro, 'As Ligas Camponesas e os conflitos no campo', in Rita de Cássia Araújo and Túlio Velho Barreto (eds.), *1964: O golpe passado a limpo* (Recife: Fundação Joaquim Nabuco / Massangana, 2007); Joseph Page, *A revolução que nunca houve: O Nordeste do Brasil (1955–1964)* (Rio de Janeiro: Record, 1972)。
44. 關於弗朗西斯科．茹利昂，參照Cláudio Aguiar, *Francisco Julião: Uma biografia*. Rio de Janeiro: Civilização Brasileira, 2014。
45. 關於軍事訓練營，參照Flávio Tavares, *Memórias do esquecimento: Os segredos dos porões da ditadura* (Rio de Janeiro: Record, 2005); Aguiar, *Francisco Julião*; and Claudia Moraes de Souza, *Pelas ondas do rádio; cultura popular, camponeses e o rádio nos anos 1960* (São Paulo: Alameda, 2013)。
46. 保羅．弗雷勒（一九二一－一九九七）是巴西教育家與哲學家，倡導批判教育學，他稱之為「被壓迫者教育學」。

47. 「**基礎教育運動**」，參照Ana Emília de Carvalho and Bruno Viveiros Martins, 'MEB, MCP, UNE e CPC: Cultura e educação no campo na década de 1960', in Starling and Braga (eds.), *Sentimentos da terra*。關於「巴西共產黨」，參照 Angelo Priori, 'O PCB e a questão agrária: Os manifestos e o debate político acerca de seus temas', in Antonio Carlos Mazzeo and Maria Izabel Lagoa (eds.), *Corações vermelhos: Os comunistas brasileiros no século XX* (São Paulo: Cortez, 2003)。

48. 關於巴西利亞的規劃與建造，參照James Holston, *A cidade modernista: Uma crítica de Brasília e sua utopia* (São Paulo: Companhia das Letras, 1993); Bojunga, *JK*; Lauro Cavalcanti, 'Brasília: A construção de um exemplo', in Miranda, *Anos JK*; Tavares, *O dia em que Getúlio matou Allende e outras histórias*，尤其是第四章。

49. 美景市與巴西利亞之間的關係，參照Helena Bomeny, 'Utopias de cidades: As capitais do modernismo', in Gomes (eds.), *O Brasil de JK*。

50. 奧托・拉拉・雷森德（一九二二—一九九二）為各種報紙撰寫歷史（編年史）。

51. 引自Bojunga, *JK*, p. 398。

52. 這句話出自曼努埃爾・班德拉（Manuel Bandeira）的「盧西奧・科斯塔」專欄，參照*Jornal do Brasil*, Rio de Janeiro (24 March 1957), p. 5。

53. 「**三權廣場**」的英文The Square of the Three Powers。

54. 關於工人與衛星城，參照Holston, *A cidade modernista*。關於巴西利亞建造期間的工人，參照Tavares, *O dia em que Getúlio matou Allende e outras histórias*，尤其是第四章。

55. 關於儒塞利諾・庫比契克的策略，參照Sheldon Maran, 'Juscelino Kubitschek e a política presidencial', in Gomes (ed.), *O Brasil de JK*。

56. 雅尼奧・夸德羅斯的候選人身分、競選活動與「全國民主聯盟」的支持，參照Benevides, *A UDN e o udenismo*; Skidmore, *Brasil*; Dulci, *A UDN e o antipopulismo no Brasil*。

57. 關於雅尼奧・夸德羅斯，參照Ricardo Arnt, *Jânio Quadros: O Prometeu de Vila Maria* (Rio de Janeiro: Ediouro, 2004); Tavares, *O dia em que Getúlio matou Allende e outras histórias*，尤其是第四章。

58. 陸軍元帥恩里克・洛特的候選人身分，參照Hippolito, *PSD* ; Ferreira, *João Goulart*。

59. 選舉結果，參照Skidmore, *Brasil*, p. 233; Ferreira, *João Goulart*, p. 213。

60. 關於外交政策，參照Brás José de Araújo, *A política externa do governo Jânio Quadros*. Rio de Janeiro: Graal, 1981。

61. 雅尼奧・夸德羅斯的總統任內，參照Skidmore, *Brasil*; Ferreira, *João Goulart*。

62. Arnt, *Jânio Quadros*, p. 154.

63. 總統的官邸。

64. Tavares, *O dia em que Getúlio matou Allende e outras histórias*, p. 167.

65. 姜戈的旅程與雅尼奧的衝突，參照Ferreira, *João Goulart*。關於厄內斯托・切・格瓦拉的勳章，參照Markun and Hamilton, *1961*，尤其是第四章。

66. 引自Amir Labaki, *1961: A crise da renúncia e a solução parlamentarista* (São Paulo: Brasiliense, 1986, p. 47)。關於雅尼奧辭職，參照Arnt, *Jânio Quadros*; Skidmore, *Brasil*。

67. 引自Labaki, *1961*, pp. 51–2。

68. 此時三軍各有一位軍事部長。

69. 援引阿爾吉麗娜・菲格雷多（Argelina Figueiredo）的論點。參照Argelina Cheibub Figueiredo, *Democracia ou reformas? Alternativas democráticas à crise política – 1941–1964* (São Paulo: Paz e Terra, 1993)。

70. 關於這場政治危機與抵抗政變，參照Figueiredo, *Democracia ou reformas?*; Labaki, *1961*; Markun and Hamilton, *1961*; Ferreira, *João Goulart*; Flávio Tavares, *1961: O golpe derrotado – Luzes e sombras do Movimento da Legalidade* (Porto Alegre: L&PM, 2011)。

71. 萊昂內爾・布利佐拉的部分，參照F. C. Leite Filho, *El caudillo: Leonel Brizola – Um perfil biográfico*. São Paulo: Aquariana, 2008。

72. 關於「**合法廣播電臺**」，參照Tavares, *1961*; Juremir Machado da Silva, *Vozes da legalidade: Política e imaginário na era do rádio* (Porto Alegre: Sulina, 2011); Aloysio Castelo de Carvalho, *A rede da democracia: O Globo, O Jornal e Jornal do Brasil na queda do governo Goulart (1961– 1964)* (Niterói: Editora da UFF, 2010)。

73. 戈亞斯州的部分，參照Maria Dulce Loyola Teixeira, *Mauro Borges e a crise político-militar de 1961: Movimento da legalidade*. Brasília: Senado Federal, 1994。

74. 若昂・古拉特的部分，參照Ferreira, *João Goulart*，尤其是第六章。

第十七章

1. 一月雅尼奧・夸德羅斯，八月拉涅里・馬濟利（過渡時期），九月若昂・古拉特。

2. 關於若昂・古拉特的施政，參照Ferreira, *João Goulart*; Moniz Bandeira, *O governo João Goulart e as lutas sociais no Brasil* (1961–1964) (Rio de Janeiro: Civilização Brasileira, 1978); Marco Antonio Villa, *Jango: Um perfil* (1945–1964) (São Paulo: Globo, 2004)。

3. 關於外交政策，參照Miriam Gomes Saraiva and Tulio Vigevani, 'Política externa do Brasil: Continuidade em meio à descontinuidade, de 1961 a 2011', in Daniel Aarão Reis, Marcelo Ridente and Rodrigo Patto Sá Motta (eds.), *A ditadura que mudou o Brasil*. Rio de Janeiro: Zahar, 2014。

4. 土地改革的各種項目，參照Mario Grynspan, 'O período Jango e a questão agrária: Luta política e afirmação de novos atores', in Marieta de Moraes Ferreira (ed.), *João*

Goulart: Entre a memória e a história (Rio de Janeiro: Fundação Getúlio Vargas, 2006); Leonilde Servolo de Medeiros, *Reforma agrária no Brasil: História e atualidade da luta pela terra* (São Paulo: Fundação Perseu Abramo, 2003); Aguiar, *Francisco Julião*。地主的部分，參照Heloisa Maria Murgel Starling, *Os senhores de Gerais: Os novos inconfidentes e o golpe de 1964* (Petrópolis: Vozes, 1986)。關於土地占用、突擊和謀殺，參照Page, *A revolução que nunca houve*。

5. 關於工會與工人罷工，參照Lucília de Almeida Neves, *CGT no Brasil* (1961–1964) (Belo Horizonte: Vega, 1981)。
6. 關於巴西左派的多樣性，參照Jorge Ferreira and Daniel Aarão Reis (eds.), *Nacionalismo e reformismo radical* (1945–1964) (Rio de Janeiro: Civilização Brasileira, 2007, vol. 2); Ferreira, *João Goulart*。
7. 關於核心改革，參照Daniel Aarão Reis, *Ditadura e democracia no Brasil: Do golpe de 1964 à Constituição de 1988* (Rio de Janeiro: Zahar, 2014); Ferreira, *João Goulart*。
8. 在獨裁時期（一九六四－一九八五），米格爾．阿賴斯、萊昂內爾．布利佐拉與路易斯．卡洛斯．普雷斯特斯，被軍方視為最激進的左翼政治家，因此最危險，在一九七九年的大赦有人起初想要將他們排除。米格爾．阿賴斯最初於一九六二年當選伯南布哥州長。軍事政變後，他拒捕並遭囚禁十一個月，然後在阿爾及利亞流亡。回國後，於一九八六年和一九九四年兩次當選伯南布哥州長。他的孫子愛德華多．坎波斯（一九六四－二〇一四）當了兩任的伯南布哥州長，是二〇一四年總統大選的候選人。在競選活動期間他死於空難，引起全國騷亂。
9. 關於一九六二年選舉，參照*Revista Brasileira de Estudos Políticos*, Belo Horizonte: UFMG (16 January 1964); Skidmore, *Brasil*。關於米格爾．阿賴斯，參照Antonio Torres Montenegro and Taciana Mendonça dos Santos, 'Lutas políticas em Pernambuco: A Frente do Recife chega ao poder (1955–1964)', in Ferreira and Reis (eds.), *Nacionalismo e reformismo radical* (1945– 1964), vol. 2。
10. Roberto Garcia, 'Castello perdeu a batalha', *Veja*, no. 444 (9 March 1977), p. 6.
11. 關於高等戰爭學院，參照Alfred Stepan, *Os militares na política* (Rio de Janeiro: Artenova, 1975); Eliezer R. de Oliveira, *As Forças Armadas: Política e ideologia no Brasil (1964–1969)* (Petrópolis: Vozes, 1976)。
12. 關於社會研究與調查研究所，參照Dreifuss, 1964; Starling, *Os senhores das Gerais; Thiago Aguiar de Moraes, Entreguemos a empresa ao povo antes que o comunista a entregue ao Estado. Os discursos da fração vanguardista da classe empresarial gaúcha na revista Democracia e Empresa do Instituto de Pesquisas Econômicas e Sociais do Rio Grande do Sul* (1962–1971) (Porto Alegre: FFCH-PUC-RS, 2014). MA dissertation in History. Mimeographed。
13. 社會研究與調查研究所製作的影片，參照Denise Assis, *Propaganda e cinema a serviço do golpe (1962–1964)*. Rio de Janeiro: Mauad/Faperj, 2001。
14. 關於公民投票的票數，參照Ferreira, *João Goulart*, p. 323。
15. 副官對布利佐拉的支持，參照Filho, *El caudillo*以及Ronaldo Vainfas, 'A luz própria de Leonel Brizola: Do trabalhismo getulista ao socialismo moreno', in Jorge Ferreira and Daniel Aarão Reis Filho (eds.), *As esquerdas no Brasil: Revolução e democracia* (Rio de Janeiro: Civilização Brasileira, 2007, vol. 3)。
16. 引自Villa, *Jango*, p. 118。對國會的請求和結果，參照Ferreira, *João Goulart*; Skidmore, *Brasil*。
17. 政府遷都巴西利亞後，於一九六〇年成立瓜納巴拉州，卡洛斯．拉塞爾達擔任州長，里約熱內盧是首府。
18. 關於士官叛亂，參照Almoré Zoch Cavalheiro, *A legalidade, o golpe militar e a rebelião dos sargentos*. Porto Alegre: AGE, 2011。
19. 行政機關癱瘓，參照Wanderley Guilherme dos Santos, *Sessenta e quatro: Anatomia da crise* (São Paulo: Vértice, 1986)。關於激進化結果，參照José Murilo de Carvalho, 'Fortuna e Virtù no golpe de 1964', in Carvalho, *Forças Armadas e política no Brasi*l。關於經濟危機與美國的資助，參照Ferreira, *João Goulart*, pp. 351 and 376。
20. 關於中央群眾大會，參照Alberto Dines et al., *Os idos de março e a queda em abril* (Rio de Janeiro: José Alvaro, 1964)。有關若昂．古拉特的演講，參照Ferreira, *João Goulart*, pp. 425 ff。
21. 關於總統的咨文，參照Ferreira, *João Goulart*; Skidmore, *Brasil*。
22. 聖保羅上帝之家為自由遊行，參照Solange de Deus Simões, *Deus, patria e família: As mulheres no golpe de 1964* (Petrópolis: Vozes, 1985); Dines et al., *Os idos de março e a queda em abril*。
23. 引自Ferreira, *João Goulart*, p. 438。
24. 關於全國各地的遊行，參照Aline Presot, 'Celebrando a "Revolução": As Marchas da Família com Deus pela Liberdade e o golpe de 1964', in Denise Rollemberg and Samantha Viz Quadrat (eds.), *A construção social dos regimes autoritários: Brasil e América Latina*. Rio de Janeiro: Civilização Brasileira, 2010, vol. 2。
25. 水兵叛變和後果，參照Dines et al., *Os idos de março e a queda em abril ; Elio Gaspari, A ditadur envergonhada* (São Paulo: Companhia das Letras, 2002); Avelino Bioen Capitani, *A rebelião dos marinheiros* (São Paulo: Expressão Popular, 2005)。
26. 關於艦上的水兵，參照Anderson da Silva Almeida, 'A grande rebelião: Os marinheiros de 1964 por outros faróis', in Reis, Ridente and Motta (eds.), *A ditadura que mudou o Brasil*。
27. 關於政變的日期，參照Starling, *Os senhores de Gerais*。關於美國特遣隊和山姆兄弟行動，參照Phyllis R. Parker, *1964: O papel dos Estados Unidos no golpe de Estado de 31 de março* (Rio de Janeiro: Civilização Brasileira, 1977); Carlos Fico, *O grande irmão: Da operação Brother Sam aos anos de chumbo – O governo dos Estados Unidos e a ditadura militar brasileira* (Rio de Janeiro: Civilização Brasileira, 2008); Flávio Tavares, *1964: O golpe* (Porto Alegre: L&PM, 2014)。
28. 關於這句俚語、這場演講和結果，參照Dines et al., *Os idos de março e a queda em abril* ; Gaspari, *A ditadura envergonhada*; Ferreira, *João Goulart*。

29. 關於安塞爾莫下士，參照Marco Aurélio Borba, *Cabo Anselmo: A luta armada ferida por dentro* (São Paulo: Global, 1981); Urariano Mota, *Soledad no Recife* (São Paulo: Boitempo, 2009)。
30. 若昂．古拉特從里約里內盧、巴西利亞和阿雷格里港回到蒙得維的亞的旅程，參照Ferreira, *João Goular*. 關於布利佐拉的抵抗計畫，參照Filho, *El caudillo*。
31. 當時軍方將瓦加斯罷黜，在他自殺後介入，允許儒塞利諾．庫比契克的授權，以及決定讓若昂．古拉特在議會制政體執政。
32. 米納斯吉拉斯起義，參照Starling, *Os senhores de Gerais*。密謀者的正當理由，參照Olympio Mourão Filho, *Memórias: A verdade de um revolucionário* (Rio de Janeiro: L&PM, 1978); Carlos Luís Guedes, *Tinha que ser Minas* (Rio de Janeiro: Nova Fronteira, 1979)。
33. 儒塞利諾．庫比契克的部分，參照Ferreira, *João Goulart*, p. 256。
34. 坦克雷多．內維斯與國會的會議，參照Ferreira, *João Goulart*。
35. 卡斯特洛．布蘭科當選，參照Lira Neto, *Castello: A marcha para a ditadura* (São Paulo: Contexto, 2004)。關於解除懲罰，參照Lúcia Klein and Marcus Figueiredo, *Legitimidade e coação no Brasil pós-64* (Rio de Janeiro: Forense-Universitária, 1978); Maria Helena Moreira Alves, *Estado e oposição no Brasil (1964–1984)* (Petrópolis: Vozes, 1984)。
36. 社會研究與調查研究所占據國家，參照Dreifuss, 1964，尤其是第九章。
37. 在共和國總統職權之下。
38. 關於軍中的團體，參照Maud Chirio, *A política nos quartéis: Revoltas e protestos de oficiais na ditadura militar brasileira*. Rio de Janeiro: Zahar, 2012。
39. 關於這些危機，參照Carlos Chagas, *A guerra das estrelas (1964–1984): Os bastidores das sucessões presidenciais*. Porto Alegre: L&PM, 1985。
40. 關於卡斯特洛．布蘭科亡故，參照Neto, *Castello*。
41. 科斯塔一席爾瓦政府與繼任危機，參照Carlos Castello Branco, *Os militares no poder. O Ato 5* (Rio de Janeiro: Nova Fronteira, 1978, vol. II); Carlos Chagas, *A ditadura militar e os golpes dentro do golpe (1964–1969)* (Rio de Janeiro: Record, 2014)。
42. 由軍事部長們、三軍的總參謀長與軍事內閣的首長組成的議會。
43. 關於這場危機，參照Gaspari, *A ditadura envergonhada*，尤其是序文部分；Maria Celina D'Araujo and Celso Castro (eds.), *Ernesto Geisel* (Rio de Janeiro: Fundação Getulio Vargas, 1997); Sylvio Frota, *Ideais traídos* (Rio de Janeiro: Zahar, 2006)。
44. 關於社會研究與調查研究所的參與，參照Dreifuss, 1964。
45. 關於德爾芬．內托的聲明，參照Rafael Cariello, 'O chefe', *piauí*, no. 96 (September 2014), p. 23。
46. 關於梅爾森．達諾布雷加的聲明，參照Cariello, ibid., p. 24。
47. 關於埃爾納尼．加爾維亞斯的聲明，參照Cariello, ibid., p. 22。
48. 「就業保障」是大多數公務員享有的權利，他們透過考試被錄取，不得解僱，極端情況例外。
49. 關於卡斯特洛．布蘭科政府的經濟政策，參照Francisco Vidal Luna and Herbert S. Klein, 'Transformações econômicas no período militar (1964–1985)', in Reis, Ridente and Motta (eds.), A ditadura que mudou o Brasil ; Alves, Estado e oposição no Brasil (1964–1984)。
50. 關於康塔根，參照Edgard Leite Oliveira, *Conflito social, memória e experiência: As greves dos metalúrgicos de Contagem em 1968*. Belo Horizonte: UFMG, 2010. MA dissertation in Education。
51. 關於奧薩斯庫罷工，參照Marta Gouveia de Oliveira Rovai, *Osasco 1968: A greve no feminino e no masculino*. São Paulo: USP, 2012. PhD dissertation in History。
52. 關於「巴西的經濟奇蹟」，參照Luna and Klein, 'Transformações econômicas no período militar (1964–1985)'; Gaspari, *A ditadura envergonhada*; Luiz Carlos Delorme Prado e Fábio Sá Earp, 'O "milagre" brasileiro: Crescimento acelerado, integração internacional e concentração de renda (1967–1973)', in Lucilia de Almeida Neves Delgado and Jorge Ferreira (eds.), *O Brasil republicano: O tempo da ditadura – Regime militar e movimentos sociais em fins do século XX* (Rio de Janeiro: Civilização Brasileira, 2007)。
53. 關於「公共關係特別顧問處」，參照Carlos Fico, *Reinventado o otimismo: Ditadura, propaganda e imaginário social no Brasil* (Rio de Janeiro: Fundação Getulio Vargas, 1997)。「公共關係特別顧問處」製作的十六釐米影片，拷貝存放在巴西利亞大學「文化生產中心」。
54. 關於跨亞馬遜高速公路，參照Daniel Drosdoff, *Linha dura no Brasil: O governo Medici (1969–1974)* (São Paulo: Global, 1986); Murilo Melo Filho, *O milagre brasileiro* (Rio de Janeiro: Bloch, 1972)。
55. *Anais do Senado Federal*, vol. 3 (1972), p. 93.
56. Edmar L. Bacha and Roberto M. Unger, *Participação, salário e voto: Um projeto de democracia para o Brasil*. Rio de Janeiro: Paz e Terra, 1978.
57. 當時的電視節目主持人。
58. Márcio Moreira Alves, *Tortura e torturados*. Rio de Janeiro: Idade Nova, 1966.
59. 一九六八年的政治局勢與莫雷拉．阿爾維斯的演講，參照Zuenir Ventura, *1968: O ano que não terminou* (Rio de Janeiro: Nova Fronteira, 1988); Gaspari, *A ditadura envergonhada*。
60. 這是安東尼．佩雷拉（Anthony W. Pereira）的論點。參照Anthony W. Pereira, *Ditadura e repressão: O autoritarismo e o estado de direito no Brasil, no Chile e na Argentina* (Rio

de Janeiro: Paz e Terra, 2010)。

61. Arthur da Costa e Silva et al., 'À nação. Ato Institucional' (9 April 1964), in Carlos Fico, *Além do golpe: Versões e controvérsias sobre 1964 e a ditadura militar*. Rio de Janeiro: Record, 2004, pp. 339 ff.

62. Alves, *Estado e oposição no Brasil (1964–1984)*; Heloisa Starling et al., *Relatório parcial de pesquisa: Instituições e locais associados a graves violações de direitos humanos* (Brasília: Comissão Nacional da Verdade, 2014).

63. 關於「憲兵調查局」，參照Chirio, *A política nos quartéis;* Alves, *Estado e oposição no Brasil (1964–1984)*。

64. Lúcia Klein and Marcus Figueiredo, *Legitimidade e coação no Brasil pós-64* (Rio de Janeiro: Forense-Universitária, 1978).

65. 關於「廣泛陣線」，參照Célia Maria Leite Costa, 'A Frente Ampla de oposição ao regime militar', in Moraes Ferreira (ed.), *João Goulart*。

66. 關於「國家革新聯盟」，參照Lucia Grinberg, *Partido político ou bode expiatório: Um estudo sobre a Aliança Renovadora Nacional (Arena), 1965–1979* (Rio de Janeiro: Mauad X, 2009)。

67. 關於「巴西民主運動」，參照Maria Dalva Gil Kinzo, *Oposição e autoritarismo: Gênese e trajetória do MDB*. São Paulo: Idesp/Vértice, 1988。

68. 當時巴西是強制投票，現在仍然是。

69. 「形勢分析組」的葡萄牙文Grupo de Levantamento da Conjuntura。

70. 「國家情報局」與資訊及鎮壓制度，參照Dreifuss, *1964*; Lucas Figueiredo, *Ministério do silêncio: A história do serviço secreto brasileiro de Washington Luís a Lula (1927–2005)* (Rio de Janeiro: Record, 2005); Carlos Fico, *Como eles agiam: Os subterrâneos da ditadura militar – espionagem e polícia política* (Rio de Janeiro: Record, 2001); Samantha Viz Quadrat, *Poder e informação: O sistema de inteligência e o regime militar no Brasil* (Rio de Janeiro: UFRJ/PPGHIS, 2000)。

71. 關於戈爾貝里．杜科托－席爾瓦，參照Elio Gaspari, *A ditadura derrotada* (São Paulo: Companhia das Letras, 2003); Dreifuss, *1964*。

72. 在巴西和拉丁美洲其餘地區，片商把電影《諾博士》（*Dr No*）的片名改為《魔鬼諾博士》（*The Satanic Dr. No*）。

73. 關於**外部情報中心**，參照Claudio Dantas Sequeira, 'O serviço secreto do Itamaraty'。這是二〇〇七年七月二十三日至二十六日刊登在《巴西利亞郵報》（*Correio Brasiliense*）一系列七篇的報告。

74. 關於「政治與社會秩序部」與警察局，參照Mariana Joffily, 'O aparato repressivo: Da arquitetura ao desmantelamento', in Reis, Ridenti and Motta (eds.), *A ditadura que mudou o Brasil*. 關於**陸軍情報中心**、**海軍情報中心**、**空軍情報中心**，參照Heloisa Starling, 'Relatório de acompanhamento e avaliação de resultados de consultoria especializada para fornecer subsídios para as atividades de pesquisa da Comissão Nacional da Verdade' (Brasília: Comissão Nacional da Verdade, 15 July 2013)。

75. 與德爾芬．內托有關的公司與會議，參照Gaspari, *A ditadura escancarada*, pp. 62 ff; Antonio Carlos Fon, *Tortura: A história da repressão política no Brasil* (São Paulo: Global, 1979), pp. 54 ff; Marcelo Godoy, *A casa da vovó: Uma biografia do DOI-Codi (1969–1991), o centro de sequestro, tortura e morte da ditadura militar* (São Paulo: Alameda), pp. 220 and 412–13。

76. 有關**行動先鋒隊**，參照Mariana Joffily, *No centro da engrenagem: Os interrogatórios na Operação Bandeirante e no DOI de São Paulo (1969–1975)* (São Paulo: Edusp, 2013); Godoy, *A casa da vovó*。**內防作戰中心—資訊作戰支隊**，參照 Ministério do Exército, Centro de Operações de Defesa Interna (Codi/I Ex.), 1970, seventeen typed pages. Acervo Projeto República: núcleo de pesquisa, documentação e memória da UFMG. Arquivo Cenimar。

77. 關於失蹤事件與祕密中心，參照Heloisa Starling et al., 'Centros clandestinos de violações de direitos humanos. Relatório preliminar de pesquisa' (Brasília: Comissão Nacional da Verdade, March 2014)。關於酷刑，參照Heloisa Starling and Danilo A. Marques, 'Tortura em quartéis e instituições militares. Relatório preliminar de pesquisa' (Brasília: Comissão Nacional da Verdade, May 2013); Elio Gaspari, *A ditadura escancarada* (São Paulo: Companhia das Letras, 2002)。

78. 有關學生的部分，參照Maria Ribeiro do Valle, *1968: O diálogo é a violência – Movimento estudantil e ditadura militar no Brasil* (São Paulo: Editora da Unicamp, 2008)。

79. 奧圖．馬利亞．卡波（一九〇〇－一九七八）出生於維也納猶太人家庭。雖然他不是說英語的本族人士，他撰寫的八冊《西方文學史》向來被視為參考書。

80. 引自Ventura, *1968*, p. 123。也參照Mylton Severiano (ed.), *A ditadura militar no Brasil: A história em cima dos fatos* (São Paulo: Caros Amigos, 2007)。

81. 教會的部分，參照Paulo César Gomes, *Os bispos católicos e a ditadura militar brasileira: A visão da espionagem* (Rio de Janeiro: Record, 2014); Kenneth P. Serbin, *Diálogos na sombra: Bispos e militares, tortura e justiça social na ditadura* (São Paulo: Companhia das Letras, 2002)。

82. 用以電擊的小型發電機。

83. 巴西國旗上面的文字。

84. 埃爾德．卡馬拉（一九〇九－一九九九）是解放神學的擁護者，終生為脫貧鬥爭最為人所知。

85. 有關卡洛斯．拉馬爾卡的部分，參照Oldack Miranda and Emiliano José, *Lamarca: O capitão da guerrilha* (São Paulo: Global, 2004); Judith Lieblich Patarra, *Iara: Reportagem biográfica* (Rio de Janeiro: Rosa dos Tempos, 1993). 有關左翼革命運動，參照Marcelo Ridenti and Daniel Aarão Reis (eds.), *História do marxismo no Brasil: Partidos e movimentos após os anos 1960* (Campinas: Editora da Unicamp, 2007, vol. 6)。

86. 關於卡洛斯．馬里蓋拉，參照Magalhães, Marighella。

87. 關於綁架事件，參照Silvio Da-Rin, *Hércules 56: O sequestro do embaixador americano em 1969* (Rio de Janeiro: Zahar, 2008); Alberto Berquó, *O sequestro dia a dia* (Rio de

Janeiro: Nova Fronteira, 1997)。

88. 關於阿拉瓜亞河游擊隊，參照Elio Gaspari, 'A floresta dos homens sem alma', in Elio Gaspari, *A ditadura escancarada* (São Paulo: Companhia das Letras, 2002); Leonencio Nossa, *Mata! O major Curió e as guerrilhas no Araguaia* (São Paulo: Companhia das Letras, 2002)。

89. 農村勞工的部分，參照Heloisa Starling et al., 'Mortos e desaparecidos na área rural. Relatório final de pesquisa'. Brasília: Comissão Nacional da Verdade, November 2013。

90. Jader de Figueiredo Correia, 'Relatório' (Brasília: Ministério da Justiça, 1967). Acervo Projeto República: núcleo de pesquisa, documentação e memória da UFMG. Arquivo: Indígenas.

91. 傳統上，巴西史將卡拉巴爾（Domingos Fernandes Calabar，約一六〇〇－一六三五）視為叛徒。

92. 關於卡拉巴爾，參照Ministério do Exército, 'Parecer "Calabar o elogio da traição" ', 1973, eight typed pages. Acervo Projeto República: núcleo de pesquisa, documentação e memória da UFMG. Arquivo CIE。

93. 關於審查制度，參照Heloisa Starling and Ana Marília Carneiro, 'Política de censura. Relatório preliminar de pesquisa'. Brasília: Comissão Nacional da Verdade, July 2014。

94. **奧斯瓦爾多克魯茲基金會**是一所科學機構，從事生物醫學的研發。

95. 這是米歇爾·德塞圖（Michel de Certeau）的詞句。參照Michel de Certeau, *A invenção do cotidiano: Artes de fazer.* Petrópolis: Vozes, 2002。

96. 「葛洛莉亞八」（葡萄牙文Oito do Glória），參照José Rubens Siqueira, *Viver de teatro: Uma biografia de Flávio Rangel*. São Paulo: Nova Alexandria, 1995。

97. 關於守夜祈禱，參照Ventura, *1968*, pp. 95–6。關於里約熱內盧歌劇院，參照Yan Michalski, *O teatro sob pressão: Uma frente de resistência* (Rio de Janeiro: Zahar, 1985)。

98. Claudia Calirman, *Arte brasileira na ditadura: Antonio Manuel, Artur Barrio, Cildo Meireles*. Rio de Janeiro: Réptil, 2013, p. 49.

99. 視覺藝術的部分，參照Calirman, *Arte brasileira na ditadura*; Paulo Sérgio Duarte, *Anos 60: Transformações da arte no Brasil* (Rio de Janeiro: Campos Gerais, 1998)。

100. 亨菲爾或恩里克·德索薩·費里奧（一九四四－一九八八），他的漫畫抓住巴西人的想像力。

101. 這些歌的英文譯名依序如下：Stampede; No man's land; Favela; Procession; Maria from Maranhão; The razor-blade eater; The road and the guitar player。

102. 流行歌的部分，參照Heloisa Maria Murgel Starling, 'Canção popular e direito de resistência no Brasil', in Heloisa Maria Murgel Starling, Newton Bignotto, Leonardo Avritzer, Fernando Filgueiras and Juarez Guimarães (eds.), *Dimensões políticas da Justiça* (Rio de Janeiro: Record, 2012)。關於**熱帶主義運動**，參照 Christopher Dunn, *Brutalidade jardim: a Tropicália e o surgimento da contracultura brasileira* (São Paulo: Unesp, 2009)。關於**《街角俱樂部》**，參照Bruno Viveiros Martins, *Som imaginário: A reinvenção das cidades nas canções do Clube da Esquina* (Belo Horizonte: UFMG, 2009)。關於媚俗的歌曲，參照Paulo César de Araújo, *Eu não sou cachorro, não: Música popular cafona e ditadura militar* (Rio de Janeiro: Record, 2002)。

103. 意思是：發生在我們周遭的恐怖事件，或許（對那些恐怖分子而言）稀鬆平常，但是有朝一日他們會成為頭條新聞（被揭露和判刑）。

第十八章

1. 原文Navegar é preciso是葡萄牙詩人費爾南多·佩索阿（Fernando Pessoa）一首詩的標題。逐字的翻譯是「航行乃必要」，但是有多重意義。

2. 高原宮於一九五九年由奧斯卡·尼邁耶設計，有一個混凝土主坡道，在禮儀場合使用。

3. *Senhor* (1987).

4. 關於菲格雷多政府，參照Alexandre Garcia, *Nos bastidores da notícia* (São Paulo: Globo, 1990)，尤其是第二部分；Saïd Farhat, *Tempo de gangorra: Visão panorâmica do processo político-militar no Brasil de 1978 a 1980* (São Paulo: Tag et Line, 2012); Lucas Figueiredo, *Ministério do silêncio: A história do serviço secreto brasileiro de Washington Luís a Lula (1927–2005)* (Rio de Janeiro: Record, 2005)。

5. 關於軍方的政治體制減壓專案，參照Alfred Stepan, *Os militares: Da abertura à Nova República* (Rio de Janeiro: Paz e Terra, 1986); Brasilio Sallum Jr., *Labirintos: Dos generais à Nova República* (São Paulo: Hucitec, 1996); Gaspari, *A ditadura derrotada*; Elio Gaspari, *A ditadura encurralada* (São Paulo: Companhia das Letras, 2004)。

6. 序幕的原義是「開端」或「展開」。這個詞用以代表這個國家逐步再民主化的進程。

7. 關於烏利塞斯·吉馬良斯的「反提名候選」，參照Luiz Gutemberg, *Moisés: Codinome Ulysses Guimarães – Uma biografia* (São Paulo: Companhia das Letras, 1994)。也參見Kinzo, *Oposição e autoritarismo: Gênese e trajetória do MDB*; Ana Beatriz Nader, *Autênticos do MDB, semeadores da democracia: História oral de vida política* (São Paulo: Paz e Terra, 1998)。

8. 布利佐拉與民主勞工黨，參照João Trajano Sento-Sé, *Brizolismo: Estetização da política e carisma* (Rio de Janeiro: Fundação Getulio Vargas, 1999)。

9. 關於要求的部分，參照Stepan, *Os militares*; Sallum Jr., *Labirintos*。

10. Folha de S. Paulo (5 April 1978), pp. 4–5. 關於戈爾貝里·杜科托一席爾瓦將軍，參照Gutemberg, *Moisés*。

11. 蓋澤爾政府的經濟危機，參照Luna and Klein, 'Transformações econômicas no período militar (1964–1985)'。

12. 關於亞歷山卓·萊梅謀殺案與後果，參照Caio Túlio Costa, *Cale-se: A saga de Vannucchi Leme, a USP como aldeia gaulesa, o show proibido de Gilberto Gil*. São Paulo: Girafa, 2003。

13. 關於阿恩斯樞機主教，參照Ricardo Carvalho (ed.), *O cardeal da resistência: As muitas vidas de dom Paulo Evaristo Arns* (São Paulo: Instituto Vladimir Herzog, 2013)。

14. 關於弗拉基米爾・赫佐格，參照Hamilton Almeida Filho, *A sanguequente: A morte do jornalista Vladimir Herzog* (São Paulo: Alfa-Omega, 1978); Audálio Dantas, *As duas guerras de Vlado Herzog: Da perseguição nazista na Europa à morte sob tortura no Brasil* (Rio de Janeiro: Civilização Brasileira, 2012); Fernando Pacheco Jordão, *Dossiê Herzog: Prisão, tortura e morte no Brasil* (São Paulo: Global, 2005)。
15. Gaspari, *A ditadura encurralada*, pp. 177 and 215.
16. 對共產黨的軍事進攻，參照Gaspari, *A ditadura encurralada*; Figueiredo, *Ministério do silêncio*。
17. 關於埃爾德・卡馬拉總主教，參照Dantas, *As duas guerras de Vlado Herzog*, pp. 318–19。
18. 關於反對派聯盟與捍衛民主自由，參照Mário Sérgio de Moraes, *O ocaso da ditadura: Caso Herzog* (São Paulo: Barcarolla, 2006)。
19. 關於基本教會社區，參照Maria Victoria de Mesquita Benevides, *Fé na luta: A Comissão de Justiça e Paz de São Paulo, da ditadura à democratização* (São Paulo: Lettera.doc, 2009); Marcos Napolitano, *1964: História do regime militar brasileiro* (São Paulo: Contexto, 2014)。
20. 關於少數民族政治運動，參照Céli Regina Jardim Pinto, *Uma história do feminismo no Brasil* (São Paulo: Fundação Perseu Abramo, 2003); João Silvério Trevisan, *Devassos no paraíso: A homossexualidade no Brasil, da Colônia à atualidade* (Rio de Janeiro: Record, 2007); Lucy Dias, *Anos 70: Enquanto corria a barca* (São Paulo: Senac, 2001); James Green, 'Mais amor e mais tesão: A construção de um movimento brasileiro de gays, lésbicas e travestis', *Cadernos Pagu*, no. 15 (2000), pp. 271–95。
21. 關於另類新聞，參照Bernardo Kucinski, *Jornalistas e revolucionários nos tempos da imprensa alternative* (São Paulo: Edusp, 2003); Maria Paula Nascimento Araujo, *A utopia fragmentada: As novas esquerdas no Brasil e no mundo na década de 1970* (Rio de Janeiro: Fundação Getulio Vargas, 2000)。
22. 《諷刺》是十九世紀諷刺性宣傳小冊子的名稱，與巴西的刊物《私家偵探》（*Private Eye*）有類似的形式和編輯方針。
23. 這些刊物的英文譯名依序為：*The Animal*；*Biting Humour*（Humordaz這個詞結合humor幽默和mordaz咬人）；*Kiss; The Enemy of the King*。
24. 有關學生運動，參照Gaspari, *A ditadura encurralada*; Costa, *Cale-se*. 以及 Paulo Leminski, *Distraídos venceremos* (São Paulo: Brasiliense, 1987)。
25. 反文化與巴西的關係，參照Ken Goffman and Dan Joy, *Contracultura através dos tempos* (Rio de Janeiro: Ediouro, 2007); Santuza Cambraia Naves and Maria Isabel Mendes de Almeida (eds.), 'Por que não?' *Rupturas e continuidades da contracultura* (Rio de Janeiro: 7 Letras, 2007); Luiz Carlos Maciel, *O sol da liberdade* (Rio de Janeiro: Vieira & Lent, 2014); Dias, *Anos 70*。
26. 英文artifice有謀略或騙術的含義。
27. 關於另類文化的詩人，參照Heloisa Buarque de Hollanda, *Impressões de viagem: CPC, vanguarda e desbunde – 1960/70* (São Paulo: Brasiliense, 1980). 關於「吉普賽雲」，參照 Sérgio Cohn (ed.), *Nuvem Cigana: Poesia e delírio no Rio dos anos 70* (Rio de Janeiro: Beco do Azougue, 2007)。
28. 〈致巴西人的信〉，參照Napolitano, *1964*。
29. 英文譯名*The Owners of Power*。
30. 引自Cezar Britto, 'O herói da redemocratização', *Folha de S. Paulo* (17 October 2008), p. A3。
31. 伊迪・阿敏的部分，參照Gutemberg, *Moisés*。
32. 葡萄牙文S.A.代表Sociedade anónima，有限責任公司。
33. 〈八人團宣言〉，參照Napolitano, *1964*。
34. 聖保羅的工業地帶經常被稱為「**保利斯塔ABC**」，因為包含工業城Santo André、São Bernardo與São Caetano。
35. 一九七八年罷工與後果，參照Laís Wendel Abramo, 'O resgate da dignidade: A greve metalúrgica em São Bernardo', in Zilah Abramo e Flamarion Maués (ed.), *Pela democracia, contra o arbítrio: A oposição democrática do golpe de 1964 à campanha das Diretas Já* (São Paulo: Fundação Perseu Abramo, 2006); Ricardo Antunes, *A rebeldia do trabalho: O confronto operário no ABC paulista: As greves de 1978/80* (Campinas: Ed. da Unicamp, 1988); Paulo Markun, *O sapo e o príncipe: Personagens, fatos e fábulas do Brasil contemporâneo* (Rio de Janeiro: Objetiva, 2004)。
36. **保利斯塔ABC**指聖保羅市郊的三個工業區聖安德烈、聖貝爾納多與聖卡耶塔諾。
37. boias-frias是農村工人，清晨由卡車運送到甘蔗種植園區。他們自己帶午飯，裝在馬口鐵盒（或是塑膠盒）——食物無法保溫，boia是冷飯的俚語。
38. 關於「新工會主義」，參照Antunes, *A rebeldia do trabalho*; Ricardo Antunes and Marco Aurélio Santana, 'Para onde foi o "novo sindicalismo"? Caminhos e descaminhos de uma prática sindical', in Reis, Ridenti and Motta (ed.), *A ditadura que mudou o Brasil*; Markun, *O sapo e o príncipe*。
39. 關於CUT「**勞工統一中心**」，參照Gelsom Rozentino de Almeida, *História de uma década quase perdida: PT, CUT, crise e democracia no Brasil – 1979–1989* (Rio de Janeiro: Garamond, 2011); Leôncio Martins Rodrigues, *CUT: Os militantes e a ideologia* (Rio de Janeiro: Paz e Terra, 1990)。
40. 英文經常稱之為Brazilian Labour Party（巴西工黨）。
41. 勞工黨的創立，參照Zilah Abramo and Maués (eds.), *Pela democracia, contra o arbítrio; Markun, O sapo e o príncipe*; Lincoln Secco, *História do PT* (São Paulo: Ateliê, 2011)。
42. 香附子的英文譯名Coco grass或 Java grass，學名Cyperus rotundus。
43. 引自Markun, *O sapo e o príncipe*, pp. 227–8。

44. 「牧民工人協會」是「解放神學」的教會組織。
45. 關於迪亞斯．達席爾瓦的死因，參照Benevides, *Fé na luta*。
46. 「馬特里茲」是教區教堂，「**馬特里茲廣場**」是教區教堂廣場。
47. 相關資料，參照'Relatório final', *Brasil Nunca Mais* (São Paulo: Arquidiocese de São Paulo, 1985); *Direito à verdade e à memória* (Brasília: Comissão Especial sobre Mortos e Desaparecidos, 2007); *Tribunale Bertrand Russel II* (Rome: Fundação Lelio Basso, 1974, 1975, 1976)。
48. 關於特蕾津娜．澤比尼，參照Paulo Moreira Leite, *A mulher que era o general da casa: Histórias da resistência civil à ditadura*. Porto Alegre: Arquipélago, 2012。
49. 「**忠誠之鷹**」，英文譯名Corinthian Hawks，是**保利斯塔**很有人氣的足球隊哥林多人隊（Corinthians又譯科林蒂安隊）官方的球迷俱樂部。
50. 關於「婦女大赦運動」與「巴西大赦委員會」的大赦運動，參照Abramo and Maués (eds.), *Pela democracia, contra o arbítrio*; Haike R. Kleber da Silva (ed.), *A luta pela anistia* (São Paulo: Ed. Unesp; Arquivo Público dos Estado de São Paulo; Imprensa Oficial, 2009)。
51. 關於《大赦法》，參照Glenda Mezarobba, 'Anistia de 1979: O que restou da lei forjada pelo arbítrio?', in Cecília MacDowell Santos, Edson Teles and Janaína de Almeida Teles (eds.), *Desarquivando a ditadura: Memória e justiça no Brasil* (São Paulo: Hucitec, 2009, vol. 2); Carlos Fico, Maria Paula Araujo and Monica Grin (eds.), *Violência na história: Memória, trauma e reparação* (Rio de Janeiro: Ponteio, 2012), especially pp. 25–7; Da Silva (ed.), *A luta pela anistia*。
52. 關於這些行動部門，參照Chirio, *A política nos quartéis*。
53. 蓋澤爾總統的聲明，參照D'Araujo and Castro (ed.), *Ernesto Geisel*, p. 225。
54. 關於這場衝突，參照Gaspari, *A ditadura encurralada*。
55. 關於死亡人數與酷刑的告發，參照'Relatório final' (Brasília: Comissão Nacional da Verdade, December 2014); 'Relatório final', *Brasil Nunca Mais*; 'Direito à verdade e à memória'。
56. 關於毒殺的看法，參照Anna Lee and Carlos Heitor Cony, *O beijo da morte* (Rio de Janeiro: Objetiva, 2003); Ferreira, *João Goulart*。關於儒塞利諾．庫比契克，參照'Laudo referente à análise dos elementos materiais produzidos em virtude da morte do ex-presidente Juscelino Kubitschek de Oliveira e de Geraldo Barros' (Brasília: Comissão Nacional da Verdade, 2014)。
57. 關於恐怖主義活動盛行，參照Gaspari, *A ditadura encurralada*; Figueiredo, *Ministério do silêncio*; Chirio, *A política nos quartéis*; José A. Argolo, Kátia Ribeiro and Luiz Alberto M. Fortunato, *A direita explosiva no Brasil: A história do grupo secreto que aterrorizou o país com suas ações, atentados e conspirações* (Rio de Janeiro: Mauad, 1996)。
58. 菲格雷多將軍的部分，參照José Casado, '50 anos do golpe/Riocentro', *O Globo*, Caderno especial (6 October 2014), pp. 2–5。
59. 菲格雷多政府瓣瘓，參照Stepan, *Os militares*; Sallum Jr., *Labirintos*。
60. 〈但丁德奧利韋拉修正案〉與「**現在就直接選舉**」運動，參照Alberto Rodrigues, *Diretas Já: O grito preso na garganta* (São Paulo: Fundação Perseu Abramo, 2003); Domingos Leonelli and Dante de Oliveira, *Diretas Já: 15 meses que abalaram a ditadura* (Rio de Janeiro: Record, 2004)。
61. 關於財政醜聞，參照Rodrigues, *Diretas Já*。
62. 莫雷拉．佛朗哥，從一九八七至一九九一年擔任里約熱內盧州長。
63. 宏博顧問公司受雇計票，使用當時先進的軟體，操縱選票。
64. 關於宏博顧問公司醜聞，參照Paulo Henrique Amorim and Maria Helena Passos, *Plim-Plim: A peleja de Brizola contra a fraude eleitoral*. São Paulo: Conrad, 2005。
65. 位於里約熱內盧市中心，有新古典風格的大教堂，該市的象徵之一。
66. 後來連任兩屆「共和國」總統。
67. 從一九八三至一九八七年擔任聖保羅州長，見下文。
68. 巴西利亞的中央大道。
69. 引自Leonelli and De Oliveira, *Diretas Já*, pp. 518–19。關於這兩位候選人，參照Gutemberg, *Moisés*。
70. 關於坦克雷多．內維斯，參照José Murilo de Carvalho, 'Ouro, terra e ferro: Marcas de Minas', in Heloisa Maria Murgel Starling, Gringo Cardia, Sandra Regina Goulart Almeida and Bruno Viveiros Martins (eds.), *Minas Gerais* (Belo Horizonte: UFMG/Fapemig, 2011); Vera Alice Cardoso Silva and Lucilia de Almeida Neves Delgado, *Tancredo Neves: A trajetória de um liberal* (Petrópolis: Vozes, 1985)。
71. 關於坦克雷多．內維斯的策略，參照Gilberto Dimenstein et al., *O complô que elegeu Tancredo* (Rio de Janeiro: Editora JB, 1985); Figueiredo, *Ministério do silêncio*。
72. 關於「**自由陣線黨**」與保羅．馬盧夫，參照Eliane Cantanhêde, *O PFL*. São Paulo: Publifolha, 2001。
73. 關於「民主聯盟」，參照Dimenstein et al., *O complô que elegeu Tancredo*; Cantanhêde, *O PFL*; Sallum Jr., *Labirintos*。
74. 引自Gutemberg, *Moisés*, p. 204。
75. 關於坦克雷多．內維斯的疾病和死因，參照Antônio Britto, *Assim morreu Tancredo: Depoimento a Luís Claudio Cunha* (Porto Alegre: L&PM, 1985); Figueiredo, *Ministério do silêncio*。
76. 阿埃西奧．內維斯（一九六〇年出生）是坦克雷多．內維斯的孫子。

77. 關於烏利塞斯・吉馬良斯與「**巴西民主運動黨**」，參照Gutemberg, *Moisés*.
78. 關於若澤・薩爾內，參照Malu Delgado, 'Maranhão 2014', *piauí*, São Paulo, no. 98 (November 2014), pp. 25–30; Cantanhêde, *O PFL*. 關於當代的**上校主義**，參照José Murilo de Carvalho, 'As metamorfoses do coronel', *Jornal do Brasil*, Rio de Janeiro (6 May 2001), p. 4。
79. 關於制憲議會與《一九八八年憲法》，參照Marcos Emílio Gomes (ed.), *A constituição de 1988: 25 anos* (São Paulo: Instituto Vladimir Herzog, 2013); Carvalho, *Cidadania no Brasil*; Nicolau, *Eleições no Brasil*; Adriano Pilatti, *A Constituinte de 1987–1988: Progressistas, conservadores, ordem econômica e regras do jogo* (Rio de Janeiro: Lúmen Júris, 2008)。
80. 於二〇一五年二月三日取得《公民憲法》的網路資料，網址如下：http://www.planalto.gov.br/ccivil_03/constituicao/constituicaocompilado.htm。
81. 烏利塞斯・吉馬良斯於一九八八年十月五日在國會的演講〈公民憲法〉，參照Gomes (ed.), *A Constituição de 1988*, pp. 270–1。
82. 關於「**巴西民主運動黨**」，參照Marcos Nobre, *Imobilismo em movimento: Da abertura democrática ao governo Dilma*. São Paulo: Companhia das Letras, 2013。
83. 關於「**巴西社會民主黨**」，參照Jales R. Marques and David V. Fleischer, *PSDB: De facção a partido* (Brasília: Instituto Teotônio Vilela, 1999)。
84. 關於費爾南多・恩里克・卡多佐，參照Markun, *O sapo e o príncipe*. 關於「**巴西分析與規劃中心**」，參照Flávio Moura and Paula Montero (eds.), *Retrato de grupo: 40 anos do Cebrap* (São Paulo: Cosac Naify, 2009)。
85. 關於《**克魯扎多計畫**》，參照Carlos Alberto Sardenberg, *Aventura e agonia: Nos bastidores do cruzado* (São Paulo: Companhia das Letras, 1987); Miriam Leitão, *Saga brasileira: A longa luta de um povo por sua moeda* (Rio de Janeiro: Record, 2011)。
86. 費爾南多・科洛爾與競選活動，參照Mario Sergio Conti, *Notícias do Planalto: A imprensa e o poder nos anos Collor* (São Paulo: Companhia das Letras, 2012); Carlos Melo, *Collor: O ator e suas circunstâncias* (São Paulo: Novo Conceito, 2007); Markun, *O sapo e o príncipe*。
87. 引自Markun, *O sapo e o príncipe*, p. 229。
88. 《**科洛爾計畫**》與其結果，參照Leitão, *Saga brasileira*。
89. 科洛爾政府腐敗，參照Conti, *Notícias do Planalto*; Luciano Suassuna and Luís Costa Pinto, *Os fantasmas da Casa da Dinda* (São Paulo: Contexto, 1992); Markun, *O sapo e o príncipe*。關於保羅・法里亞斯，參照Lucas Figueiredo, *Morcegos negros* (Rio de Janeiro: Record, 2013)。
90. 一九九六年六月二十三日在阿拉戈斯州首府馬塞約，保羅・法里亞斯在他的海濱別墅遭到謀殺。佩德羅・科洛爾於一九九四年十二月十九日死於腦瘤，享年四十二歲。
91. 烏利塞斯・吉馬良斯與彈劾案，參照Gutemberg, *Moisés*; Conti, *Notícias do Planalto*。
92. 關於伊塔馬爾・佛朗哥政府，參照Ivanir Yazbeck, *O real Itamar: Uma biografia* (Belo Horizonte: Gutemberg, 2011)。
93. 關於集體謀殺，參照Eugenia Paim, Márcia Lathmaher and Rosilene Alvim (eds.), *Uma noite tão comprida* (Rio de Janeiro: 7 Letras, 2011); Geraldo Lopes, *O massacre da Candelária* (Rio de Janeiro: Scritta, 1994)。
94. 饒舌音樂，參照Wivian Weller, *Minha voz é tudo o que eu tenho: Manifestações juvenis em Berlim e São Paulo*. Belo Horizonte: UFMG, 2011。
95. 《**雷亞爾計畫**》，參照Leitão, *Saga brasileira*; Markun, *O sapo e o príncipe*; Luiz Filgueiras, *História do Plano Real* (São Paulo: Boitempo, 2000)。

結論

1. André Botelho and Lilia Moritz Schwarcz (eds.), *Cidadania, um projeto em construção: Minorias, justiça e direitos* (São Paulo: Companhia das Letras, 2013); see also Carvalho, *Cidadania no Brasil*.
2. Lynn Hunt, *A invenção dos direitos humanos: Uma história* (São Paulo: Companhia das Letras, 2009).
3. 英文是A slave has no persona（奴隸沒有人格），換言之，奴隸非人。
4. Marcel Mauss, *Sociologia e antropologia*, 4th edn. São Paulo: Cosac Naify, 2011.
5. Roberto Schwarz, 'As ideias fora do lugar', in *Ao vencedor as batatas: Forma literária e processo social nos inícios do romance brasileiro*. São Paulo: Duas Cidades, 1988.
6. Anderson, *Comunidades imaginadas*.
7. Ridenti, *Brasilidade revolucionária*.
8. 《一八二四年憲法》未認可奴隸，並且將投票權給予地主，因此賦予大半人口「次等公民」的身分。
9. Maria Helena P. T. Machado, 'Os caminhos da Abolição: Os movimentos sociais e a atuação dos escravos'. Manuscript. San Francisco: Latin American Studies Association, 2012.
10. Guimarães, 'La République de 1889'.
11. 《聯合國人類發展報告》，發布二〇一五年人類發展指數（HDI），這個指數以預期壽命、識字率、教育和生活水準為依據，在拉丁美洲國家巴西排名第八，低於烏拉圭、巴拿馬、古巴、哥斯大黎加、委內瑞拉和墨西哥。在全球的排名，巴西位居第七十五。
12. 關於盧拉政府的政策，參照Carvalho, *Cidadania no Brasil*; José Maurício Domingues, *O Brasil entre o presente e o futuro: Conjuntura interna e inserção internacional* (Rio de

Janeiro: Mauad X, 2013)。

13. 關於貪腐，參照Heloisa Maria Murgel Starling, Newton Bignotto, Leonardo Avritzer and Juarez Guimarães (eds.), *Corrupção: Ensaios e críticas* (Belo Horizonte: Editora UFMG, 2008); Célia Regina Jardim Pinto, *A banalidade da corrupção: Uma forma de governar o Brasil* (Belo Horizonte: Editora UFMG, 2001)。

14. 關於「國家真相委員會」，參照Napolitano, *1964*; Fico, Araujo and Grin (eds.), *Violência na história*。

後記

1. 關於巴西的民主指數與品質，參照Leonardo Avritzer, *Impasses da democracia no Brasil* (Rio de Janeiro: Civilização Brasileira, 2016); Fabiano Santos and José Szwako, 'Impasses políticos e institucionais no cenário atual', in André Botelho and Heloisa Murgel Starling, *República e democracia: Impasses no Brasil contemporâneo* (Belo Horizonte: Editora UFMG, 2017); Robert Dahl, *Polyarchy: Participation and Opposition* (New Haven: Yale University Press, 1971)。

2. 經濟情景與經濟政策說明，參照André Singer, 'A (falta de base) política para o ensaio desenvolvimentista', in André Singer and Isabel Loureiro, *As contradições do lulismo: a que ponto chegamos?* (São Paulo: Boitempo, 2016); André Singer, 'Cutucando onças com varas curtas: o ensaio desenvolvimentista no primeiro mandato de Dilma Rousseff (2011–2014)', *Novos estudos*, São Paulo, Cebrap, no. 102 (July 2015); Claudia Safatle, João Borges and Ribamar Oliveira, *Anatomia de um desastre: Os bastidores da crise econômica que mergulhou o país na pior recessão de sua história* (São Paulo: Portfolio-Penguin, 2016); Brasílio Sallum Jr, 'A crise política de 2015–16: para além da conjuntura', in Botelho and Starling, *República e democracia*; Miriam Leitão, *A verdade é teimosa* (Rio de Janeiro: Intrínseca, 2015)。

3. 關於二〇一三年示威遊行，直到二〇一六年的抗議活動，參照Angela Alonso, 'Protestos em São Paulo de Dilma a Temer', in Botelho and Starling, *República e democracia*; André Singer, 'Brasil, junho de 2013: classes e ideologias cruzadas', *Novos Estudos*, São Paulo, Cebrap, no. 97 (November 2013); Marcos Nobre, *Choque de democracia: Razões da revolta* (São Paulo: Companhia das Letras, 2013); Eugênio Bucci, *A forma bruta dos protestos: Das manifestações de junho de 2013 à queda de Dilma Rousseff em 2016* (São Paulo: Companhia das Letras, 2016); João Feres Jr et al., 'A mídia impressa na cobertura das manifestações de junho' (Caxambu: Anpocs, 2014)。

4. 他是巴西社會民主黨人。

5. Roberto Schwarz, 'Sobre Cidades rebeldes', in Raquel Rolnik et al., *Cidades rebeldes: Passe Livre e as manifestações que tomaram as ruas do Brasil* (São Paulo: Boitempo, 2013), p. 3.

6. 關於「**黑群**」，參照Bucci, *A forma bruta dos protestos*; Francis Depuis-Déri, *Black blocs* (São Paulo: Veneta, 2014)。對這些群體有不同的觀點，參照 Luiz Eduardo Soares, 'Entrevista com um vândalo', 2014。

7. 自治者行動主義與對抗運動輪流上演的衝突，參照Alonso, 'Protestos em São Paulo de Dilma a Temer', in Botelho and Starling, *República e democracia*。

8. 欲了解這種轉變的來龍去脈，參照Avritzer, *Impasses da democracia no Brasil* (especially chapter 3); Alonso, 'Protestos em São Paulo de Dilma a Temer', in Botelho and Starling, *República e democracia*。

9. 關於週日的示威遊行，參照Bucci, *A forma bruta dos protestos*。

10. 「**洗車行動**」與結果，參照Rodrigo de Almeida, *À sombra do poder: os bastidores da crise que derrubou Dilma Rousseff* (São Paulo: Leya, 2016); Safatle, Borges and Oliveira, *Anatomia de um desastre*; Vladimir Netto, *Lava Jato: O juiz Sergio Moro e os bastidores da operação que abalou o Brasil* (Rio de Janeiro: Primeira Pessoa, 2016); Paulo M. Leite, *A outra história da Lava Jato* (São Paulo: Geração Editorial, 2015)。

11. 葡萄牙文是2a Vara da Justiça Federal。

12. 這五個政黨的英文、葡萄牙文和簡稱，依序為Brazilian Democratic Movement Party/Partido do Movemento Democrático Brasileiro, PMDB; Progressive Party/Partido Progressista, PP; Socialist Democrat Party/Partido Social Democrático, PSD; Workers' Party/Partido dos Trabalhadores, PT; Brazilian Social Democratic Party/Partido da Social Democracia Brasileira, PSDB。

13. 關於貪腐現象與巴西背景，參照Leonardo Avritzer, Newton Bignotto, Juarez Guimarães and Heloisa Starling, *Corrupção: ensaios e críticas* (Belo Horizonte: Editora UFMG, 2012); Célia Regina Jardim Pinto, *A banalidade da corrupção: uma forma de governar o Brasil* (Belo Horizonte: Editora UFMG, 2011); Bruno Wanderley Reis, 'Financiando os que vão ganhar', *Folha de S. Paulo*, 18 September 2016, pp. 4–5。

14. 二〇一四年大選和結果，參照de Almeida, *À sombra do poder*; Safatle, Borges and Oliveira, *Anatomia de um desastre*。

15. Marcos de Moura e Souza, 'Dilma diz que PSDB quer "trazer de volta recessão e desemprego"', *Valor Econômico*, 30 May 2014. 關於經濟政策轉變與後果，參照Singer, 'A (falta de base) política para o ensaio desenvolvimentista'; Sallum Jr, 'A crise política de 2015–16', in Botelho and Starling, *República e democracia*。

16. 反對派政治代理人與他們創立的干預機制，參照Wanderley Guilherme dos Santos, *A democracia impedida: o Brasil no século XXI* (Rio de Janeiro: Editora FGV, 2017); Fábio Wanderley Reis, 'Crise política: a "opinião pública" contra o eleitorado', in Luis Felipe Miguel and Flávia Biroli, *Encruzilhadas da democracia* (Porto Alegre: Zouk, 2017)。

17. 迪爾瑪・羅塞夫總統連任後危機，參照de Almeida, *À sombra do poder*。

18. 「**財政踏板**」與彈劾過程，參照de Almeida, *À sombra do poder*; Safatle, Borges and Oliveira, *Anatomia de um desastre*。

19. 他是巴西民主運動黨人。
20. 本書撰寫時，該議員仍然被囚禁。關於愛德華多．庫尼亞，參照de Almeida, *À sombra do poder*; Leonardo Avritzer, 'Democracia no Brasil: do ciclo virtuoso à crise política aberta', in Botelho and Starling, *República e democracia*。
21. 關於巴西民主儀式的利用和來源，參照dos Santos, *A democracia impedida*; Santos and Szwako, 'Impasses políticos e institucionais no cenário atual'。
22. 她是巴西民主運動黨人。
23. Marina Dias, 'Líder do governo rejeita pedaladas e defesa de Dilma usará fala em processo', *Folha de S. Paulo*, 25 June 2016.
24. Elio Gaspari, 'Há golpe', *Folha de S. Paulo*, 29 June 2016. 關於鐵絲網與政治象徵，參照Alonso, 'Protestos em São Paulo de Dilma a Temer', in Botelho and Starling, *República e democracia*。
25. 從內部破壞巴西的民主機構，參照Newton Bignotto, 'O fascismo no horizonte', *Cult*, no. 212, 6 May 2016。
26. 關於這些偵查，參照'Oito ministros, comando do Congresso e 24 senadores são investigados no stf', *Folha de S. Paulo*, 12 April 2017, pp. A1–A11。二〇一七年六月到八月間，尤其是《環球報》和《聖保羅頁報》，幾乎每天都報導米歇爾．特梅爾的談判。

圖片版權

1. *Image of the New World*, wood engraving with watercolour, by Johann Freschauer, c.1505, published in Mundus Novus, by Américo Vespúcio. BPNY
2. *Terra Brasilis (Tabula hec regionis magni Brasilis)*, manuscript map designed and illuminated on parchment, by Lopo Homen, c.1515-19. BNF
3. *América*, handmade colour engraving, by Johannes Blaeu, 1662, reproduced in Le Grande Atlas. BI
4. Memory of Portuguese Armadas in India . . . or the Book of the Armadas of India. Author unknown, c. 1497-1640. ACL
5. *Landscape with Crops* [The Plantation], oil on wood, by Frans Post, date unknown. s.d. MBB
6. Tapuia Woman, oil on canvas, by Albert Eckhout, 1641. MND
7. Tapuia Man, oil on canvas, by Albert Eckhout, 1641. MND
8. Slave Market in Pernambuco, watercolour on paper, by Zacharias Wagener, 1641. SK
9. Sugarcane Juicer in Brazil, China ink and pencil, by Frans Post, c.1637-44. MRBAB
10. *The Conquest of the Guarapuava Fields: Captain Carneiro goes beyond the river with his comrades, who were killed while he escaped*, gouache and watercolour, by Joaquim José de Miranda, 18th century. CBMPC
11. *Tiradente's Vision* or *The Dream of Freedom*, oil on canvas, by Antônio Parreiras, 1926. UFMG
12. *The Coronation of a King during the Kings' Festival* by Carlos Julião, date unknown. s.d. FBN
13. *Coronation of Dom Pedro I*, oil on canvas, by Jean-Baptiste Debret, 1828. BAS
14. *Rua do Valongo Market*, lithograph on paper, by Jean-Baptiste Debret, 1835. MCM; BBGJM and IPHAN
15. *Hold of a Brazilian Slave Ship*, Francis Maynell, 1845. NMM
16. *Battle of Avay*, oil on canvas, by Pedro Américo de Figueiredo de Melo, 1872-7. MNBA
17. *Iracema*, oil on canvas, by José Maria de Medeiros, 1881. MNBA
18. *Proclamation of the Republic at the Campo de Santana*, oil on canvas, by Eduardo de Sá, 1889. MCM and IPHAN
19. *Allegory of the Republic*, by Frederico Antonio Steckel, 1898. MMGV
20. *Outdoor Mass Thanksgiving Celebration for Abolition in Brazil*, photograph by Antônio Luiz Ferreira, May 17, 1888. IMS
21. a) *Avenida Central, Rio de Janeiro*, photograph by João Martins Torres, c. 1905. FBN 88b; b) Theatro Municipal de São Paulo, photographer unknown, 1923. IMS 88; c) Areal view of the Praça da Liberdade, Belo Horizonte, photographer unknown, date unknown. s.d. APM
22. *The 18 of the Fort*, oil on canvas, by João Timóteo da Costa, 1924. IHGB
23. *Integralist Parade*, photographer unknown, 1937. APERJ
24. *Brazilian Youth in Front of the Palácio Tiradentes*, photographer unknown, 1941. AN
25. *Candomblé Daughters-of-the-Saint Initiation Ritual*, photograph by José Medeiros, 1951. IMS
26. *The Embarkation of Getúlio Vargas's Body*, photographer unknown, 1954. AN
27. *Juscelino Kubitscheck in a Brazilian-made Car*, photographer unknown, 1956. AN
28. *Construction of the Brasilia-Acre Vilhena Highway*, photographer unknown, 1960. AN
29. *Geisel*, photographed by Orlando Brito, May 1977. Private Collection
30. *Lula giving a speech to striking workers in the ABC region of greater São Paulo, including Santo André, São Bernardo do Campo, and São Caetano do Sul*, photograph by Fernando Pereira, 1979. CPDOC-JB
31. *Duel in MC (hip-hop competition)*, photograph by Pablo Bernardo, 2012.

全球視野

巴西：被殖民掠奪的熱帶天堂，以狂歡掩飾創傷的森巴王國

2022年10月初版　　定價：新臺幣680元

著者　Lilia Moritz Schwarcz
Heloisa Murgel Starling
譯者　許邏灣
叢書主編　王盈婷
校對　潘貞仁
內文排版　菩薩蠻
封面設計　許晉維

出版者　聯經出版事業股份有限公司
地址　新北市汐止區大同路一段369號1樓
叢書主編電話　(02)86925588轉5316
台北聯經書房　台北市新生南路三段94號
電話　(02)23620308
台中辦事處　(04)22312023
台中電子信箱　e-mail：linking2@ms42.hinet.net
郵政劃撥帳戶第0100559-3號
郵撥電話　(02)23620308
印刷者　文聯彩色製版印刷有限公司
總經銷　聯合發行股份有限公司
發行所　新北市新店區寶橋路235巷6弄6號2樓
電話　(02)29178022

副總編輯　陳逸華
總編輯　涂豐恩
總經理　陳芝宇
社長　羅國俊
發行人　林載爵

行政院新聞局出版事業登記證局版臺業字第0130號

本書如有缺頁，破損，倒裝請寄回台北聯經書房更換。　ISBN 978-957-08-6493-9 (平裝)
聯經網址：www.linkingbooks.com.tw
電子信箱：linking@udngroup.com

Brazil: A Biography
Original English language edition first published by Penguin Books Ltd, London

國家圖書館出版品預行編目資料

巴西：被殖民掠奪的熱帶天堂，以狂歡掩飾創傷的森巴王國
/ Lilia Moritz Schwarcz、Heloisa Murgel Starling著．許逸灣譯．初版．
新北市．聯經．2022年10月．656面＋16面彩色．17×23公分（全球視野）
譯自：Brazil: a biography
ISBN　978-957-08-6493-9（平裝）

1.CST：巴西史

757.1　　111012313